打造淮海经济区最具竞争力新型工业化基地

徐济之间最具带动力宜居宜业福地

微山湖畔最具幸福感平安地

风清气正干事创业充满活力的政治新生态

沛县年鉴

PEIXIAN YEARBOOK

2018

（总第13卷）

沛 县 人 民 政 府　主办

沛县地方志办公室
沛县县委研究室　编纂

图书在版编目（CIP）数据

沛县年鉴. 2018 / 沛县地方志办公室，沛县县委研究室编. -- 北京：方志出版社，2018.11
ISBN 978-7-5144-0771-6

Ⅰ. ①沛… Ⅱ. ①沛… ②沛… Ⅲ. ①沛县—2018—年鉴 Ⅳ. ①Z525.34

中国版本图书馆CIP数据核字（2018）第261243号

沛县年鉴（2018）

编　　者：沛县地方志办公室
沛县县委研究室
责任编辑：梅中英

出 版 人：冀祥德
出 版 者：方志出版社
地址　北京市朝阳区潘家园东里9号（国家方志馆4层）
邮编　100021
网址　http://www.fzph.org
发　　行：方志出版社图书经销中心
电话（010）67110500
经　　销：各地新华书店
责任照排：南京德玺文化发展有限公司
印　　刷：南京凯德印刷有限公司

开　　本：889×1194　1/16
印　　张：24.5
字　　数：612千字
版　　次：2018年11月第1版　2018年11月第1次印刷
印　　数：0001~1000册

ISBN 978-7-5144-0771-6　定价：260.00元

沛县地方志编纂委员会

名誉主任 李淑侠

主　　任 苏　伟

副 主 任 张　磊　张长缨　吕高骥　刘雪君　李令军

委　　员 杨　琦　肖新华　董　磊　牛文成　吕丕江　姜晓亮　许西峰
宋红军　张　李　孟宪峰　胡红侠　唐清泉　周兴华　王德信
张正沛　董传文　贺　磊　孙益峰　尤志峰　王　苏　刘胜峰
王银燕　华大鹏　张　婧　马允东　段庆安　惠　通　张成坤
霍怀玲　仝玉彪　胡建峰　孟庆雷　王沛生　徐　伟　韩友静
张京奎　姜仁民　满振华　朱志军　邱秉人　李　颖　钟　声
胡绍斌　罗　慧　赵丹宇　苏莎莎　张文华　白晓蕾　孙　超
黄厚立　陈怀栋　石怀涛　吴凤英　陈　静　郑天雷　张兴浩
孙道远　张　敏　魏广斌　孔　涛　王书伟　郭险峰　韩方兴
刘平伟　苏增彦　张　伟　贺中建　杜　超　蔡可路

委员会下设办公室，黄厚立同志兼任办公室主任。

《沛县年鉴》（2018）编纂人员名单

主　　编 黄厚立　姜晓亮

副 主 编 翟文静　耿　昊　郑志远　刘天堂

编　　辑（按姓氏笔画排序）

丁　婕　吴玉程　何　虹　刘天堂　张天野　郑志远
徐　彤　高惠敏　翟亚蓬　黎　敏

摄　　影 赵传龙　刘　杨　胡传松　翟文静　郝中华　孔庆乐

顾　　问 吕丕江

地址：沛县沛城镇沛公路 2 号行政中心主楼 331 室
电话：0516—89679785
邮箱：jspxnj@163.com
邮编：221600

编辑说明

一、《沛县年鉴》(2018)指导思想旨在准确、科学、系统地记载沛县行政区域内自然、政治、经济、文化、社会等方面的年度资料，为各级领导科学决策提供客观依据，为社会各界了解沛县和研究沛县提供权威信息，也为《沛县志》的续修积累资料。

二、《沛县年鉴》(2018)是《沛县年鉴》于2005年创刊后的第13卷，主要反映沛县地方特色，彰显年度特色，全面、系统、翔实地记载2017年沛县自然、政治、经济、文化、社会等方面的基本情况，以及全县干部群众取得的新成果、新进展、新经验。

三、《沛县年鉴》(2018)体例为条目式，基本结构为类目、分目和条目三个层次。本卷年鉴共设40个类目、202个分目、1377个条目。条目为基本记述层次，标题为黑体字加【 】标识。为便于读者检索，附有索引。

四、《沛县年鉴》(2018)条目撰稿人姓名加( )列于条目正文之后，同一分目相邻条目为同一作者的，均列于末条目正文之后。

五、《沛县年鉴》(2018)收录的统计资料，均由全县各部门、镇区、驻沛单位提供，并经供稿单位领导审定；文中所用数据由于统计口径、方法不同而有差异，读者引用时应以沛县统计局核定的数据为准。

六、《沛县年鉴》(2018)文中去年未有特别标明的，均指2017年度。

七、《沛县年鉴》(2018)有纸质版和光盘版两种版本，光盘版随纸质版年鉴同步发行。

八、《沛县年鉴》(2018)由沛县地方志、编纂委员会与沛县县委研究室联合编辑出版，得到全县各部门、镇区、驻沛有关单位和社会各界人士的大力支持和帮助，在此深表谢忱。同时恳请广大读者对年鉴编辑工作提出宝贵意见。

数字沛县

实现地区生产总值 756.32 亿元，增长 8.6%；

一 般公共预算收入 54.46 亿元、同口径增长 5%；

固定资产投资增长 11.4%；

社会消费品零售总额增长 12.2%；

城乡居民人均可支配收入为 29680 元和 17245 元，增长 8.9% 和 9.2%；

第十七届全国县域经济基本竞争力百强县第 46 位；

全国县域经济与县域综合发展百强县第 33 位。

领导视察

5月3日，省委书记李强到沛县调研

12月18日，省委常委、省纪委书记蒋卓庆到沛县调研

领导视察

7 月 26 日，副省长蓝绍敏到沛县调研特色田园乡村建设工作开展情况

1 月 11 日，市委书记张国华到沛县走访慰问敬老院老人、老复员军人、老党员、低保户和困难残疾人，为他们送去党和政府的关怀与温暖

3月8日，市委副书记、市长周铁根到沛调研经济社会发展情况

5月4～5日，全县一季度经济运行分析会暨重大项目观摩会召开，图为县领导在龙工厂（淮海）跨境电商产业园观摩

重要会议

12 月 29 日，中国共产党沛县第十四届委员会第四次全体会议召开

10 月 27 日，沛县传达党的十九大精神大会召开

6 月 6 日，沛县"两学一做"学习教育常态化制度化工作推进会召开

7 月 15 ~ 16 日，沛县经济工作会议召开

8月8日，沛县“阳光扶贫”工作推进会召开

1月6～9日，沛县第十七届人民代表大会第一次会议在县文化中心礼堂开幕

1月5～8日，中国人民政治协商会议沛县第十届委员会第一次会议在新城区会议中心开幕

3月3日，中国共产党沛县第十四届纪律检查委员会第二次全体会议召开

项目建设

6月28日，沛县洲业国际汽车城大型招商启动仪式举行

9月8日，县政府与中国万和战略合作签约仪式举行

11月8日，2017沛县投资环境推介会举行

9月29日，中核投资、中核华兴、
能科技与沛县人民政府战略合作协议签
暨徐州核润光能揭牌开工仪式在沛县举行

10月31日，沛县29个重大项目集中开工

12月1日，沛县—北京高校合作共建学生实践基地签约仪式在北京大学举行

5月6日，“中科院专家沛县行”活动举行

9月28日，县经济开发区与宜兴经济技术开发区签订合作框架协议

文体活动

8 月 17 日，《沛县志》（1978—2008）发行仪式暨二轮修志总结表彰会召开

5 月 24 日，爱敬诚善，好人沛县——江苏省道德模范与身边好人现场交流活动举行

3 月 25 ～ 26 日，2017 年全国青少年大众跆拳道金杯赛在县体育馆举行

7月31日，鱼水情义长——纪念中国人民解放军建军90周年群众歌会在县文化中心礼堂举行

6月5日，中国武术九段、国家武术研究院专家委员会主任张山带领国家体育总局武管中心调研组到沛县调研“全国武术之乡”开展情况

“农商银行”杯2017年全国技巧冠军赛于11月18—25日在沛县举行

中山堂

歇山重檐门楼

中山堂

红色青墩寺

青墩寺，是一座佛教古刹，曾名万福寺、玉皇殿。相传始建于汉代，经过历朝历代的翻建维修，建有大佛殿、三圣宫、鲁班祠等古建筑，庙宇庄严，古木参天，香客云集。

1905 年，废科举，兴学堂，孟楼乡绅朱才全利用青墩寺闲置庙舍创办私塾。后规模渐大，名士汇集，学校声名列徐州八县之首，时有“江南燕子矶，江北青墩寺”之美誉。1921 年，为颂朱才全办学之德，县知事于书云亲书“热心兴学”匾额以褒其功，村民勒石以记。

1925 年秋，为缅怀孙中山先生的丰功伟绩，由国民政府直接拨款，在校园内东侧用数百棵柏树栽成“中山”二字，校园正中建造设计新颖、宏伟壮观的大礼堂，国民党元老胡汉民亲题“中山堂”匾额，青墩寺小学声望日隆。

青墩寺小学的辉煌，不仅是沛县近现代教育的翘楚，而且是中共沛县第一个特别支部的诞生地，是沛县革命的摇篮。

1927 年前后，在北京、上海、武汉、徐州等地读书的沛籍学生孟昭佩、徐兰谷、孙洪奎、赵荣鼎、李高嵩、李清涵、李蔚亭、石允文、阎希烈等，先后加入中国共产党。《新青年》《创造月刊》《语丝》《拓荒者》等一些进步书刊传入沛县。外地来沛执教的教师朱秀章等宣传革命思想，推荐郭沫若等进步作家的译著，在青年学生中产生积极影响。1927 年“四一二”反革命政变后，在外地入党的部分沛籍学生受中共党组织的委托，先后回沛从事党的地下工作，播撒革命的火种。

1928 年春，共产党员孟昭佩从武汉返乡，以在青墩寺小学任教为掩护，秘密宣传马列主义和共产党的政治主张，进行革命活动，在城南青墩寺发展党员。至翌年上半年，先后发展教师潘承祥、孟广霖，学生袁开印、

红色校园

革命英烈塑像群

中山堂内部建筑结构

三圣宫、大佛殿

司元筹等加入中国共产党。还发展李大义、李成栋加入青年团，建立党团小组，孟昭佩任组长。1928 年冬，在徐州上学的共产党员李清涵、李蔚亭利用放寒假之机，在家乡四座楼小学，发展该校教师李清涛、主茂卫、周文德加入中国共产党，建立党小组，李清涛任组长。

1929 年夏，在徐州上学入党的韦兆祥、曹广善回到家乡，分别在王寨、孟桥小学任教，从事建党工作，建立党小组，曹广善任组长。在徐州上学入党的陈端体在家乡张柳庄小学任教，发展陈端本、陈端身入党，建立党小组。经上级批准在青墩寺附近的松树林里秘密举行中共沛县特别支部成立大会，出席会议的有孟昭佩、孙洪奎、潘承祥、孟广霖、李蔚亭、袁开印、司元筹等人。孟昭佩被选为特支书记，隶属中共徐州县委领导。会上还确定特支与徐州县委的联络员和党组织发展的重点地区。中共沛县特别支部的建立，使沛县革命斗争有了坚强的组织者和领导者，沛县人民革命斗争开始在党的统一领导下有组织地进行。从此，古老的沛县大地上，革命之火熊熊燃烧起来。

1938 年 5 月，沛县沦陷。日军飞机狂轰滥炸，青墩寺小学惨遭灭顶之灾，被迫停课，后辗转于附近村庄，由当地教师分点上课，开始流亡生涯。

1945 年，日军投降。为纪念抗战胜利，在青墩寺小学残垣断壁的原址上，由村民集资建造古朴端庄、青砖灰檐的两层小门楼。当地村民为重建学校，争先恐后地献工献料，全校师生 400 余人以及热心村民，从孟楼到青墩寺排成 3 里多长的一条长龙，将砖瓦手传手运到施工现场。门楼正面中间仍题写当年的校训“闻鸡起舞”。

1948 年 11 月，沛县解放。历经沧桑的青墩寺小学终于获得新生。为发扬革命传统，缅怀革命先烈，继承革命遗志，1984 年 7 月，沛县人民政府将青墩寺小学列为县级重点文物保护单位，并拨款整修。

沛县特别支部成立大会在该松树林举行

小门楼，上方题写校训“闻鸡起舞”

百年校庆纪念碑

纪念青墩寺小学创始人朱才全热心兴学懿行碑

中国人民政治

9月17日，省政协原副主席、省国际文化交流中心理事长罗一民到沛调研文化发展情况。市政协副主席王军，县委书记李淑侠，县政协党组书记、副主席揭月华陪同

县政协主席郝敬彬带队调研

县政协领导专项督促三小车辆整治

县政协老领导“看沛县·话发展”活动

县政协主席郝敬彬走访慰问贫困户

2017年，县政协紧抓“凝大智慧，聚众合力，谋新良策，发好声音，扬正能量，创高质效”的工作方针和“创五型机关，做六讲委员”的工作主线，充分发挥协调关系、汇聚力量、建言献策、服务大局重要作用，为加快建设“三地一新”和“强富美高”新沛县作出了积极贡献。一是参政议政。十届一次会议以来，共收到提案244件，立案102件，答复率和满意率均在99%以上，被评为2017年度徐州市提案工作先进单位、徐州市社情民意信息工作先进单位。二是建言献策。围绕县委确立的工作重点开展调查研究，形成《关于充分发挥创新驱动的引领作用打造淮海经济区最具竞争力新型工业化基地的建议》《关于深度挖掘利用汉文化资源打造历史文化名城的建议》《坚持生态优先　引领绿色发展　打造江淮生态大走廊最具特色的绿色地标》等3篇调研报告，为县委、县政府的决策和工作部署提供了重要参考。三是民主监督。一年来，共整理社情民意信息256件，上报市政协167件，很多意见建议得到市、县和有关部门的重视。向市、县政法、交通、教育、环保、金融、城建、医疗卫生和食品药品监督

寻访红色足迹，不忘初心，专题党日活动

协商会议江苏省沛县委员会

县政协党组书记揭月华深入企业了解经营情况

等30多个行业和部门推荐100多名委员，担任党风监督员、特约检察员、行风评议员和医德医风监督员。组织委员参加“两参一改”活动，对行政执法部门的依法行政、“两个习惯”等进行不间断监督。四是存史资政。编辑出版《沛县政协志（2006—2016）》《冯亦吾诗词》等，总计20万字、1500余册。《不只是观点的碰撞》等17篇稿件在《人民政协报》《江苏政协》《徐州政协》等新闻媒体刊发。五是激发活力。制订《沛县政协委员履职管理办法》《社情民意信息评选表彰办法》《关于加强和改进政协提案工作的实施意见》等；探索建立政协沛县十届常委群、委员群，方便委员工作联系；申请开通“政协沛县”微信公众号，改版升级沛县政协网站，及时发布政协工作动态，展示委员风采。

中共十九大精神宣讲报告会

政协沛县十届委员能力提升专题培训班

政协沛县十届一次会议

政协沛县十届三次常委会

主席（扩大）会议

江苏省沛县经济

省委书记娄勤俭到开发区企业调研

江苏沛县经济开发区位于淮海经济区中心位置、美丽的微山湖畔，规划面积70平方公里，常驻人口4.3万人。2006年4月经江苏省政府批准为省级经济开发区，创建国家级开发区工作已上报国务院。

沛县经济开发区坚持走“创新驱动、特色发展”之路，打造创业创新的集聚区、科技创新的先导区、体制改革的先行区、产业升级的示范区，经过多年的发展，已形成“一区多园”的发展格局。先后获批江苏省新型铝材特色产业基地、江苏省绿色食品加工基地、江苏省光伏科技产业园和省行政审批制度改革试点园区、省生态工业园区、省知识产权试点园区、省两化融合示范区等。目前，开发区拥有工业企业369家，其中规模以上企业109家、高新技术企业18家。

县委书记李淑侠到开发区调研

开发区领导赴企业春节慰问

开发区领导赴企业调研

徐州核润光能有限公司揭牌暨项目开工典礼

开发区

2017年，开发区完成规模以上工业总值472亿元，同比增长13%；开票收入120亿元，同比增长21%；公共财政预算收入13.5亿元，增长5%；实际使用外资额6864.9万美元，同比增长9%；进出口总额2亿美元，同比增长82%；用电量5亿度，同比增长19%。2016年，沛县经济开发区在全省89家省级开发区中列第18位，属第一方阵，在苏北33家省级开发区中列第5位。连续2年在全县科学发展考核中列第一位。

安全生产会议

全县重大项目集中开工仪式

专题组织生活会

龙工场跨境电商产业园

“263”专项行动推进会

新型铝材产业园

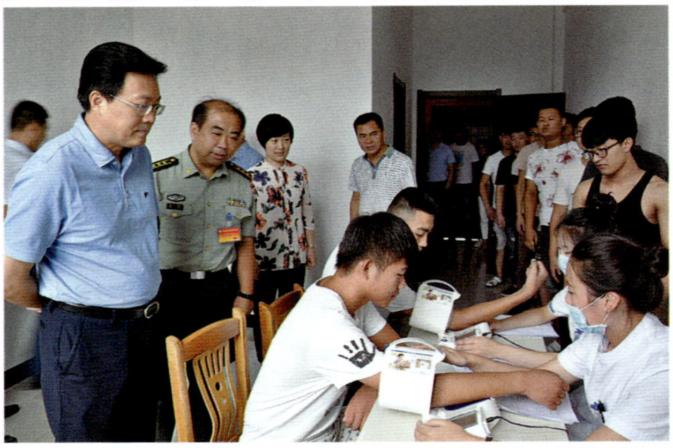

县委副书记、县长吴卫东到沛县征兵体检站指导工作

沛县人武部政委陈刚到张寨镇问慰困难群众

沛县人民武装部

2017年以来，沛县人民武装部，坚持经济社会与国防建设协调发展，落实党管武装制度，狠抓各项工作落实，不断加强基层全面建设。

牢记职责使命，武装工作领导有力。注重深刻领悟习主席“政治建军、改革强军、科技兴军和依法治军”的强军兴军战略思想，深入学习中共十九大精神特别是关于国防和军队建设重大理论观点和决策部署，树立发展不忘国防、和平更要备战的思想，不断提高武装工作理论水平，增强抓好武装工作的使命感。

聚力练兵打仗，军事训练扎实有效。落实上级赋予5500人的民兵整组任务，编实建强应急、支援、储备队伍3个体系18支专业兵种队伍。军事训练向实战化聚焦，始终坚持军事训练中心地位，全年，先后组织“四会”教练员集训、民兵情报信息员集训、防汛分队集训等多批次集训，参训人数达852人次。认真组织学习《民兵应急分队实战化训练纲目》，严密组织完成了徐州军分区赋予的新大纲医疗救护分队试训任务，战时救护能力得到有效锤炼提升。

突出规范有序，战备秩序严格正规。结合民兵整组点验，对基层规范化建设进行检查推进，并对安国镇、张庄镇规范化建设试点进行观摩，进一步立标准、抓规范、严秩序。加强战备要素建设，组织相关军地人员对战时重要目标和动员支前潜力进行调研，掌握第一手资料；建立军警联动联防机制，配齐防暴恐袭击器材。

坚持军民融合，国防动员创新发展。以争创双拥模范县八连冠为契机，为全县现役军人办理免费乘坐公交车“拥军爱心卡”等多项双拥共建活动。连续六年举办“八一”军民联欢晚会。发放各类重点优抚对象补助金、立功受奖人员兑现奖励和退伍军人优待金7000余万元，给部队送慰问金、慰问品合计40万元，建军90周年之际，专门拿出70万元慰问抗战老战士、烈属和伤残军人，尊崇军人职业的社会氛围愈加浓厚。

省军分区政委孟中康到沛县人武部检查指导工作

徐州军分区政委王金富到沛县指导工作

徐州军分区参谋长高亮到沛组
兵点验大会

县领导到沛县人武部问慰全体官兵

新兵启运

沛县民兵防汛骨干集训

作风纪律整顿

全县专武干部进行防汛勘察

送子参军

沛县民兵应急连参加徐州市民兵应急分队大比武

县人武部全体人员到鸳楼沛县烈士陵园重温入党誓词

副市长王文生到县局检查指导工作

政委赵庆杰到交警大队检查指导营房建设工作

沛县公安局

2017 年，全县公安机关积极融入建设“强富美高”新沛县发展大局，履行维护稳定、打击犯罪、治安防控、服务发展的职责任务，实现了“两个确保”“三个不发生”的既定工作目标，维护了全县社会治安稳定，公安工作和队伍建设的再上新台阶。

圆满完成了中共十九大、国家公祭活动、习近平总书记到徐、“两会”安保等一系列重大安保任务，维护了社会大局持续平稳。精心组织“三打击一整治”“5+2”基础管控攻坚会战、打黑除恶“围猎”、保平安护稳定“冬季攻势”百日会战等专项行动。现行命案实现 100% 全破，组织侦破公安部挂牌的柴延若网络贩枪案等 5 起大要案件。社会面巡逻防范能力和基层基础建设进一步提升，为新沛县全面和谐发展服务。

局领导现场督导县局网格化区域及“三城同创”工作

局领导节前看望慰问大病特困民警

召开“迎新春”老干部座谈会

召开2017年度民警光荣退休座谈会

举行“迎新春”拔河、跳绳比赛

“迎新春”篮球比赛

召开涉案财物返还大会

召开2017年度全县公安机关总结表彰大会

举行“健康送警营”活动

安国湿地

沛县旅游局

省市局领导考察微山湖千岛湿地度假区

旅游惠民月活动启动仪式

沛县一日游

2017年，沛县旅游工作围绕汉刘邦、微山湖、大沙河“一帝一湖一河”人文生态资源优势，实施汉文化景区、沿微山湖生态旅游带、沿大沙河乡村旅游带“一区两带”开发计划，以旅游品牌创建为突破口，着力打造旅游高端产品，加大宣传推介力度，培育旅游市场，规范旅游行业管理，实现旅游工作高质量发展。2017年沛县核心景区(点)全年游客接待总量98.65万人次，同比增长10.1%。旅游总收入7.16亿元，同比增长10.2%。2017年10月，杨屯昭阳庄园被国家旅游局评定为第三批中国乡村旅游创客示范基地，已成为徐州市休闲农业与乡村旅游线路的重要节点。

大风歌群雕

汉魂宫

投资6000万元，实施汉城景区提升工程，包括汉街综合整治工程、汉城景区园林景观提升工程、汉代名人雕像工程、歌风台及高祖原庙加固工程。发挥汉之源文化旅游发展有限公司作用，整合优势资源，搭建招商引资平台，瞄准大项目，盯住大企业，开展“2017旅游招商年”活动。以汉城景区、沛公园景区5A级提升，以微山湖千岛湿地省级旅游度假区、安国湖国家湿地公园、汉之源旅游风情小镇、湖西滨湖田园小镇为重点，推进旅游景区建设，打造区域性龙头产品，彰显沛县丰厚的历史文化蕴藏，提升“刘邦故里、大汉之源”旅游形象。

千岛湿地

省国土厅长李侃桢（左四）到沛县调研指导矿地融合工作

局长张京奎（右一）走进民生热线直播间

沛县国土资源局领导班子

近年来，沛县国土资源局坚持“保护资源、节约集约、维护权益、改革创新”的工作原则，以“节地增效”双提升为主线，以创建资源节约集约模范县为抓手，实施矿地融合战略，在全省率先出台集体建设用地有偿退出办法，争创国家级绿色矿业示范区，盘活低效闲置用地，为沛县经济科学发展提供了资源保障。先后荣获第三届国土资源节约集约模范县、国家地质灾害防治“十有县”，江苏省资源节约集约模范县、江苏省土地执法模范(先进)县、江苏省依法行政先进单位、江苏省文明行业（单位），徐州市先进基层党组织、徐州市先进集体、徐州市服务百姓“零障碍”金牌服务岗、徐州科学发展观考核一等奖。全市国土资源系统年度综合考核连续10年第一，获县政府特殊贡献、市县人大代表评议满意单位、机关作风建设软环境建设民主评议先进单位等多项荣誉。

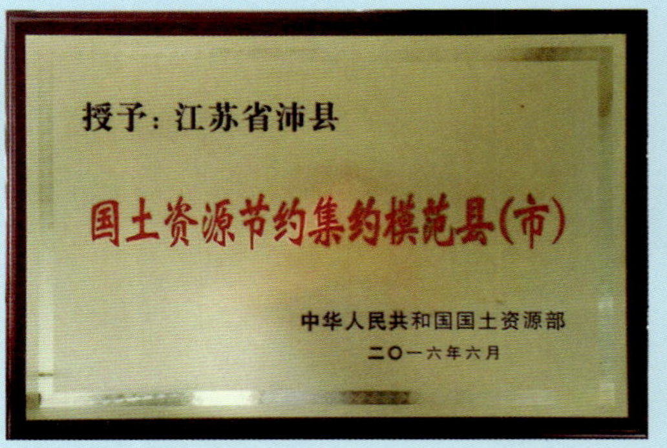

沛县国土资源局

黄河故道（沛县段）项目开发后现状地貌

2017年杨屯镇采煤塌陷地综合整治工程开工

安国湿地生态新景致

沛县规划局

沛县信息网络中心

沛县规划局主要承担全县的城乡规划、建筑设计、工程测量、地质勘探等业务工作。设有办公室、行政审批科、政策法规科、财审科、规划监察大队等8个内设科室，下辖沛县规划设计院、沛县建筑设计院、沛县规划测绘队、沛县规划技术服务中心、沛县规划设计档案馆5个下属单位。共有干部职工115人，其中班子成员3人，中层以上干部27人；高级技术人员28人，中级技术人员19人，助理工程师15人。

2017年，沛县规划局围绕建设徐济之间现代化中心城市目标定位，创新城乡规划理念，精致规划重点项目，精品设计重点工程，严格城乡规划管理，发挥城乡规划在经济社会发展中的引导作用，精心打造绿色城市、特色小镇、优美乡村。全年完成总体规划报批和中心城区控规编制、《沛县地下管线综合规划》及《沛县综合管廊规划》编制、敬安小城市总规修编、鹿楼镇工业区控规编制，完成杨屯光伏小镇、沛县绿色建筑小镇、五段和孟庄2个新型社区及甄楼、张楼、高庄、刘邦4个美丽乡村规划方案编制，完成碧桂园凤凰公馆等80多个建设项目规划与建筑方案的设计工作；组织召开规委会7次，对76个项目方案进行审

沛县廉政教育中心北沿街透视图

高新区润康医药产业园龙湖大道沿街透视图

沛县汉源小学主入口南广场透视图

组织党员到淮海烈士纪念馆开展理想信念教育

野外测绘

沛县大学研发中心

朗诗玺悦府小区沿樊哙路透视图

歌风佳苑小区鸟瞰图

沛公路两侧整体鸟瞰

查；组织召开 87 次专委会，对 113 个项目方案进行论证；组织召开 25 次论证会，对 41 个项目方案进行了审查论证；依法核发“一书三证”139 份；为 181 个建设项目进行地形图测绘 424 幅；完成 23 个项目带状地形图测绘 98.95 公里；对 96 个项目进行建筑物放线 332 件；对 31 个项目 179 栋楼房进行竣工测量总面积 113.40 万平方米；为 43 栋楼房进行了沉降观测；为 42 个建设项目进行建筑施工图设计总面积 50 多万平方米、方案设计总面积 70 多万平方米；为 56 个项目进行地质钻探总进尺 15000 米。

2017 年度，先后获得徐州市城乡规划工作先进集体、沛县直机关（单位）绩效考核先进单位一等奖、重大项目和为民实事工程部门服务奖、城乡建设与管理服务先进单位、沛县创建江苏省文明城市工作先进单位、宣传思想文化工作先进集体、全县学习型党组织建设示范点、服务‘三农’工作先进单位、招商引资服务先进单位、全县政法（综治、法治）工作先进单位”等 10 项荣誉称号。

领创国际广场（红星美凯龙）

沛县民政局

2017 年，沛县民政局发挥民政部门在构建和谐社会中的基础作用，在保障改善民生、创新社会治理中的重要作用，重点工作进展顺利，各项业务协调发展，多项工作取得新突破。全年共发放城乡低保金 8300 万元，发放医疗救助资金 2630 万元，发放临时救助资金 102 万元。拨发省级救灾款物 136 万元，县级财政拨付救灾资金 20 万元。沛县慈善会开展“情暖江苏·爱满彭城”春节慈善慰问活动，共慰问 115 户，发放慰问金 23 万元。救助贫困家庭儿童重大疾病 49 人，发放慈善救助金 63.8 万元；慈善助学共救助当年考取二本以上困难家庭学生 135 人，发放助学金 41 万元。全年共办理结婚登记 11941 对，离婚登记 3434 对，补领结婚证 6323 对，补办离婚证 290 本。开展农村低保政策落实及兜底脱贫工作，在全市率先开展申请救助家庭经济状况核查。加快推进“沛县夕阳红老年公寓”建设，扶持民办养老机构和促进“医养融合”养老机构建设。全面落实残疾人、困境儿童保障工作，儿童服务体系建设逐步形成。进一步加强殡葬改革工作，倡导移风易俗新风尚。殡改工作进一步加强，全县共建成公益性公墓 264 个、镇级骨灰堂 2 个、村级骨灰堂 2 个；除夫妻安葬外，4800 名新死亡人员进入公墓安葬。加强沛县烈士陵园和光荣院等优抚事业单位建设和管理。做好退役士兵职业技能培训和补助金发放工作，469 人参加免费职业技能培训，发放一次性经济补助 1761 万元。全面落实军休干部“两个待遇”。全面完成行业协会与行政机关脱钩，开展公益创投。推进“政社互动”和城乡社区减负增效，开展和谐社区建设工作，强化社区服务管理体系建设，指导全县 384 个城乡社区推选产生村务监督委员会，建成率 100%。村居代表会议制度、村居小组会议制度建成率 100%，村务公开制度落实率 100%。

副市长赵兴友到沛检查养老机构安全生产情况

县委书记李淑侠走访慰问五保老人

副县长刘雪君调研夕阳红老年公寓建设

县纪委派驻纪检组见面会

县领导走访慰问市武警支队

春节慰问困难群众

走访慰问王杰部队并向王杰班赠送《王杰事迹全集》

学习中共十九大精神报告会

召开民主生活会

全县民政工作会议

沛县、微山两县平安边界联席会

慈善助学金发放仪式

双拥模范县推进会

国际防灾日宣传

沛县交通运输局

省交通厅领导到沛县检查

县委书记李淑侠现场办公

市发改委领导到沛县交通局调研

沛县交通局为县政府职能工作部门。主要职能：贯彻执行国家、省、市有关交通运输的方针、政策法律、法规和规章，组织实施国家、省、市、县重点和大中型交通基础设施工程建设；承担全县道路运输和水路运输的行业管理，负责全县路政、运政、航政、港政等行政执法工作。

局领导现场指导工作

局领导到安全生产现场检查

全县公路总里程 2588 公里，其中二级及以上公路 359.097 公里。高速公路 1 条，国省道 5 条（G518、S322、S253 以及在建的 S272、S427），里程总计 186.3 公里；县道 21 条，总里程 447 公里；乡道 737 公里，村道 1062 公里。近年来，通过实施 253 省道、321 省道沛县城区段改线工程，实现一级公路环绕县城的目标。大沙河沿河西路和微山湖环湖西路连接沛县周边 12 个乡镇，构筑沛县最外围旅游观光通道。S272 徐沛快速通道全长 54.6 公里，其中沛县段长 28.9 公里，2018 年 1 月 1 日实行试运营，待全线贯通后，沛县至徐州的时间将缩短至 35 分钟。S427 改扩建工程积极有序推进，其中，南环东延段预计 2018 年 9 月底建成通车。

2017 春节送福活动

开展防灾减灾宣传活动

全系统学习党风廉政建设精神

建军 90 周年献歌

新能源公交车

建成后的河涯口桥

卫计委班子成员共商全县卫生计生发展大计，推进“健康沛县”建设

三级医联体建设亮点纷呈。图为徐州市矿务局总医院沛县鹿楼镇中心卫生院“糖尿病诊疗分中心”授牌仪式

沛县卫生和计划生育委员会

全县现有县级二级甲等医院 2 家（人民医院、中医院），县级卫生计生单位 7 家（疾控中心、卫生监督所、卫校、急救站、妇保所、计划生育宣传指导站、济众健康产业发展服务中心），乡镇卫生院 26 家（具备二级医院综合服务能力 4 家，省示范卫生院 12 家），村级卫生室 433 家（省示范卫生室 30 家），民营医院 11 家（二级综合医院 2 家，二级专科医院 2 家），企业医院 2 家，全县实际开放床位 5188 张。全县市级以上重点专科 9 个，其中县中医院中医脑病科为省重点专科。近年来，县卫计委深入贯彻落实国家和省、市卫生与健康大会精神，以提升基层服务能力为核心，以各项创建工作为抓手，以改革创新为动力，以办好人民满意的卫生事业为目标，勇于担当，务实重干，全县卫生计生重点工作扎实推进。先后荣获“全国基层中医药先进单位”“国家级妇幼健康优质服务示范县”“省人口协调发展创建工作先进县”“省卫生应急工作示范县”“省家庭医生签约服务十大创新举措”等荣誉称号。

卫计委和公安局人民警察志愿者协会共同举办“健康送警营”主题公益活动

特色科室建设成效显著。图为沛县鹿楼镇中心卫生院医学康复科申评省级特色科室现场

组织全体人员集中观看中共十九大开幕式

全县实施妇幼健康工程，为育龄妇女搞好贴心服务

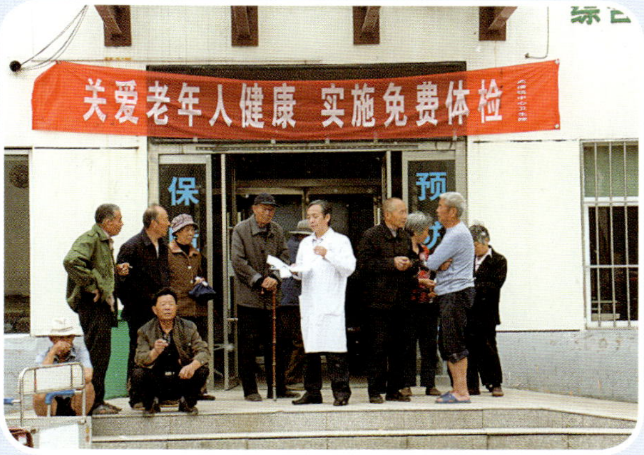

为 65 岁以上老年人免费健康体检

沛县家庭医生签约服务从 108 个创新举措中脱颖而出，荣获“2017 年度江苏省家庭医生签约服务十大创新举措”

沛县医疗卫生帮扶陕西麟游县村卫生室项目资金捐赠仪式

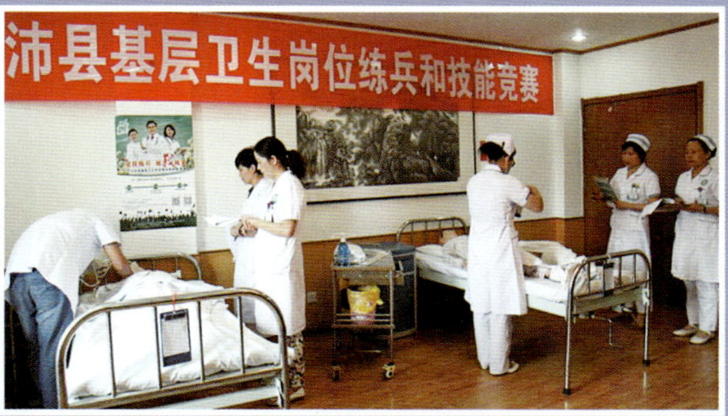

沛县基层卫生岗位练兵和技能竞赛在县人民医院举行

沛县市场监督管理局

江苏省食药监局局长莫宗通到沛县调研食品安全工作

沛县市场监督管理局于2015年3月22日挂牌成立，由原县工商行政管理局、县质量技术监督局、县食品药品监督管理局三家单位合并而成，为县政府组成部门。机关内设14个科室、1个执法大队，下辖10个基层分局、1个检验检测中心、1个食药监督所。

2017年，继续深化商事制度改革，推进简政放权、放管结合、优化服务改革，加强事中事后监管，维护公平公正市场环境。在全市率先放宽市场主体住所登记，创新实行企业注册登记“同城通办”管理。启动企业登记全程电子化办理，实现“不见面”审批。市场主体数量持续放量增长，2017年全县新设企业2265户，新增注册资本总额183.02亿元，办理个体工商户开业登记9442户。

严格日常监管，开展“全覆盖、零容忍、拉网式”全面排查，梳理食药安全隐患，解决突出问题。以打造百姓放心餐饮为目标，举全县之力，开展餐饮业综合整治，抓实餐饮质量安全再提升工程；围绕重点领域和民生热点，开展专项执法行动，全面整治和规范市场秩序，始终保持打假治劣高压态势，依法严肃查处违法行为。

2017年先后荣获全省商事制度改革工作集体三等功、全省食品药品监管系统2012-2017年度先进集体、全省食品药品监管工作先进单位、沛县创建省文明城市工作先进单位、中共十九大安保维稳工作先进集体、安全生产先进单位、宣传思想文化工作先进集体等18项省市县荣誉称号。

市工商局局长吉镇到沛县开展“服务双百”活动

县政协委员调研食品安全监管

全县市场监督管理暨党风廉政建设工作会议

行政审批服务

中秋月饼市场检查

9 月 26 日，徐州市人大执法检查组到沛县检查

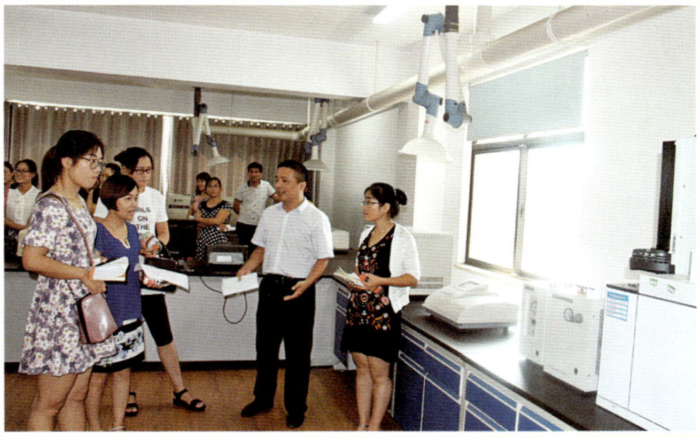

实验室开放周活动

3·15 消费者权益日活动

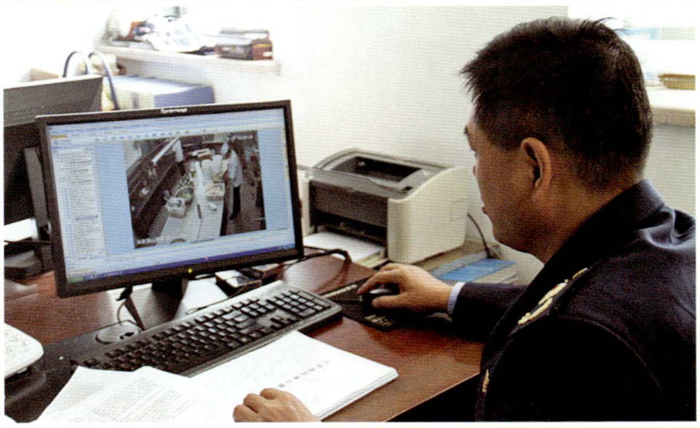

工作人员通过远程监控系统监管餐饮单位后厨

沛县文化广电新闻出版与体育局

市委书记周铁根调研沛县文化中心

县委书记李淑侠向比利时联邦众议长西格弗里德·
拉克赠送沛筑乐器

2017 年，县文广新体局落实县委、县政府工作部署，坚持以文化惠民为主线，构建公共文化服务体系建设网络，打造“文化沛县”“欢乐沛县”“和谐沛县”“幸福沛县”“书香沛县”，文化基础设施建设显著增强，群众文化活动丰富多彩，文化影响力、集聚力、辐射力明显提升。

基础设施明显改善。投资 4.5 亿元，融文化馆、图书馆、博物馆、规划展览馆和影剧院于一体的沛县文化中心投入使用，公共文化设施实现提档升级。投资 10 亿元建设沛县体育中心，已完成规划设计等前期工作，2018 年将完成 1000 万元工程量。投资 600 万元用于全县镇（街道）综合文体活动中心提档升级工程，镇级文化设施跃居全市领先水平。9 月 28 日，全市公共文化设施达标建设工作现场会在沛县召开。村级综合文化服务中心达标建设工程深入推进，155 个村居顺利通过省文化厅达标验收。

免费培训成效斐然。依托县文化中心主阵地，不断加大免费文化艺术培训力度。县文化馆开设有舞蹈、美术、书法、戏曲、摄影、剪纸、钢琴、二胡、小提琴、沛筑、架子鼓、吉他、陶笛、古琴、吟诵、瑜伽、形体、模特等 40 余个门类、100 多个培训班。免费培训班三个月一期，目前已经举办了 7 期，累计培训学员 15000 余人。沛县文化中心已成为宣传文化教育基地、文化娱乐活动基地、民俗文化传承基地、乡土人才孵化基地。

艺术创作硕果累累。新编创的现代梆子戏《苦楝树下庄户人》参加全省优秀戏曲展演，省文化

“欢乐沛县”夏季乘凉晚会

2018 年春节文艺晚会

承办苏鲁豫

县委常委、宣传部长徐正冲调研基层文化建设

省文化厅副厅长吴晓林调研县文化中心

厅副厅长吴晓林等领导现场观看演出并提出修改意见。吹打乐《鼓乐铿锵庆金秋》获第十二届江苏省“五星工程奖”金奖；唢呐《苏北风情》获第十届中国艺术节“群星奖”。沛县唢呐、沛县武术代表省文化厅先后出访印度、尼泊尔、斯里兰卡、马尔代夫、台湾等国家和地区，受到国际友人赞誉。

文化活动丰富多彩。组织举办2017年“翰墨乡情”书画大赛、元宵节民俗展演、春节文艺晚会、夏季乘凉晚会、广场舞大赛、周末群众大舞台等群众文化活动和“戏曲票友大赛”“青年歌手大赛”“唢呐大赛”等群众性赛事。全年送戏下乡316场，送电影下乡6494场，全县文化氛围日益浓厚。成功举办江苏省跆拳道冠军赛、全国技巧冠军赛暨首届沛县技巧邀请赛等19项体育竞技比赛。组队参加国家省市比赛，共获金牌40枚、银牌35枚、铜牌26枚，并获3项团体第一、4项团体第二。体育赛事世界冠军增至30人。

缅怀革命先烈　重温入党誓词

2017全国技巧冠军赛暨首届沛县技巧邀请赛

大赛

刘邦文化节大型音诗舞画《大风飞扬》

沛县文化中心鸟瞰

省总工会副主席马永青、市总工会副主席王建民到沛县慰问困难职工，县总工会主席徐忠良陪同

县委书记李淑侠慰问困难职工

县委副书记、县长吴卫东慰问困难群众

象棋比赛

夏季“三送”活动

社区普法活动

春节送春联活动

沛县总工会

2017 年，县总工会落实“围绕中心、服务大局、心系职工、切实维权”的工作方针，以工会改革创新为动力，开展创先争优活动，依法推动企业普遍建立工会组织，依法推动企业普遍开展工资集体协商，全面维护职工合法权益，积极参与社会管理创新，各项工作取得新成效。县总工会先后荣获全国职工保险互助先进单位；省职工服务平台建设示范单位；市五一劳动奖状，市“喜迎十九大·永远跟党走职工读书演讲比赛”优秀组织奖，市科技创新成果博览会优秀组织奖、最佳展厅奖；县绩效考核一等奖，县为民实事工程先进单位。

职工技术创新部署会

喜迎十九大知识竞赛

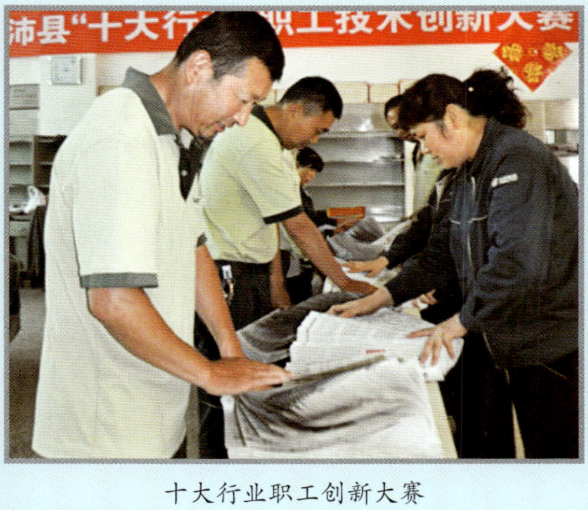
十大行业职工创新大赛

恩奇医药杯乒乓球比赛

市教育局副局长李清到校调研

承办省现代化实训基地建设视导会议

江苏省沛县中等

校长华传阳（左一）到张寨李庄开展阳光扶贫

校长华传阳（右二）到朱寨燕牌坊村宣传党的十九大精神

江苏省沛县中等专业学校（沛县开放大学）是一所多元构成的现代化中等专业学校，融中等职业教育、成人教育和各类社会培训于一体。学校是首批国家级“重点中等职业学校”、省“四星级中等职业学校”、省“高水平示范性中等职业学校”、省“高水平现代化职业学校”“全省职业教育先进单位”“省教育工作先进集体”、省“文明单位”、省“德育特色学校”、省“和谐校园”、省“平安校园”、省“文明校园”、省“技能型紧缺人才培训基地”。

学校设机电工程系、建筑工程系、商贸信息系、现代服务系、成人教育系、综合基础部“五系一部”体系，专业总数稳定在 15 个左右。在校生总数为 9657 人，其中在校中职生总数为 6276 人（全日制 2661 人，非全日制中职 3615 人）。教师 442 人，其中专任教师 370 人，研究生 80 人，专任专业教师 228 人。

学校以立德树人为根本，以服务为宗旨，以就业为导向，以提高办学质量为中心，坚持创新、协调、绿色、开放、共享的创新发展理念，全面推进教育教学改革。机电技术应用专业群被认定为省级现代化专业群。学校建有省高水平示范性实训基地 3 个，机电技术应用实训基地被认定为省级现代化实训基地。2017 年，在徐州市技能大赛中，共有 66 人获奖，其中 10 项一等奖、18 项二等奖、23 项三等奖。在全省技能大赛中，6 项获三等奖。在第八届江苏省文明风采大赛中，获二等奖 1 人，三等奖 5 人，优秀奖 9 人。在首届“淮海职教杯”创业大赛中，1 项获二等奖、3 项获三等奖。鲜明的办学特色、卓越的办学成绩赢得社会各界的广泛好评。

承办省现代化专业群建设视导汇报会

沛县开大 2017 春国开实地教学检查汇报会

专业学校（沛县开放大学）

❶ 参加淮海职教杯创业大赛
❷ 喜迎十九大演讲比赛
❸ 去淮塔参加党性教育活动
❹ 合作办学签约仪式
❺ “百千万”大走访
❻ 学习贯彻中共十九大精神
❼ 2017 年新生军训开营
❽ 秋季田径运动会

沛县政务服务中心

中心大厅一楼总服务台

县委常委、常务副县长吴以贵主持召开江苏政务服务“一张网”沛县推进会

投资项目代办“绿色通道”

2017年，沛县政务服务中心围绕“三地一新”发展目标，深化“放管服”改革，强力推进“互联网+政务服务”。2017年，中心被列为全省政务服务综合试点单位。创新服务模式，推行“不见面”审批。推进政务服务“一张网“建设，组织全县43家职能部门按省“三级四同”标准，编制行政权力事项办事指南7082份，六大类政务服务事项实现“应上尽上、全程在线”，其中1101项政务服务事项实现“不见面”审批全覆盖。

推行投资项目代办制，确保“3550”改革目标落地生效。设立项目代办窗口，为重大项目建设开辟“绿色通道”，全面推行“一窗办、集成办、马上办”，压缩流程，提高办事效率。推行建设项目并联审批，建立“联合审图”工作机制。审批环节减少40%，审批要件减少30%，审批时限在法定时限基础上再压缩50%。力争让企业群众办事“只进一扇门”“最多跑一次”。

畅通“12345”政府服务热线服务渠道。在全市县区中率先完成与省、市、县三级系统数据对接，实现“三个统一”，即统一号码接听，统一标准服务，统一规则办理。设立“大走访”专席，开通“12345”微信、微博，全流程办理“大走访”诉求，全天候接听“大排查、大整治”举报，全方位受理“为民办实事”建议，实现了“一个号码管服务”，确保“事事有回音，件件有落实”。

2017年，12345政府服务热线共接市民来电反映事项计43713件，日均业务量143件，接通率达100%，办结率96.8%，及时办结率95%，回访满意率99.4%。承办省政府热线转派工单87件，市政府热线转派工单700件。

实施放管服改革，推进“3550”改革落地生效

CERTIFICATE
质量管理体系认证证书
沛县行政审批服务中心
ISO 9001:2015
《质量管理体系 要求》
二〇一七年五月二十六日
方圆标志认证集团

县行政审批中心标准化工作通过国家认监委认证

商务部副司长穆小红到沛县指导商务综合执法工作

江苏省商务厅副厅长周常青调研沛县城乡配送体系建设工作

徐州市商务局局长张颖一行到沛县指导城乡高效配送体系建设工作

沛县商务局

县委书记李淑侠在北京拜访石墨烯联盟

2017 年，沛县商务局紧扣发展主题，咬定外资外贸目标任务不放松，实施招商引资主战略，扶持发展电子商务等新兴产业，开创商务工作新局面。全县实际到账注册外资 1.7282 亿美元，完成年计划的 128.97%，同比增长 32.55%，居五县二区第一位；全县进出口额完成 32.5278 亿元，完成年计划的 140.81%，同比增长 63.13%，居五县二区第二位；市对县重大招商项目考核认定总投资 5 亿元以上重大内资项目 14 个，重点突破项目 2 个，总投资 3000 万美元以上外资项目 8 个，居五县二区第二位。利用外资、外贸进出口额、重大招商项目引进三项招商引资暨开放型经济指标在市对县综合考核中总分居五县二区第一位。中核建集团、苏美达集团、协鑫集团、杭萧集团、碧桂园集团、浙江创领集团、大龙网等一批中字头、国字号企业和知名民营企业落户沛县，为沛县产业转型升级、经济跨越发展奠定良好基础。商务局被县委、县政府表彰为 2017 年度机关绩效考核一等奖、创建江苏省文明城市工作先进单位，被县人民政府表彰为 2017 年度安全生产优秀单位，被江苏省商务厅批准为 2017 年商务领域市场监管公共服务体系重点建设单位，城乡高效配送体系建设开创了“沛县模式”，得到国家商务部、江苏省商务厅高度肯定，在全国宣传推广。商务局行政审批科荣获 2017 年度全县作风建设大家评第二名。

县委副书记、县长吴卫东，副县长辛传坤拜访石墨烯联盟

局长朱志军拜访中兴通讯股份有限公司

局长朱志军开展全县成品油市场联合执法动员

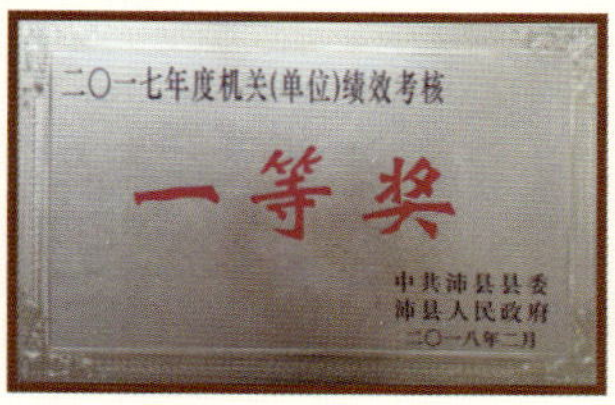

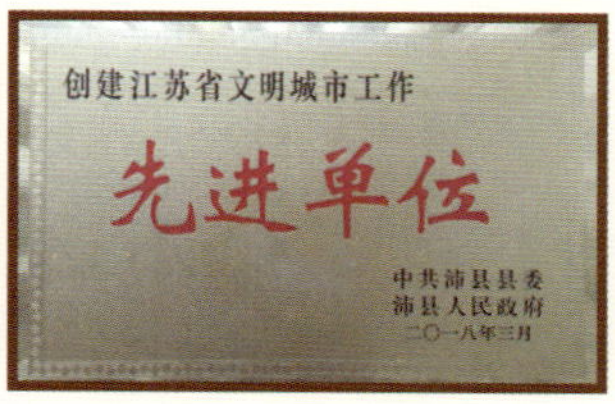

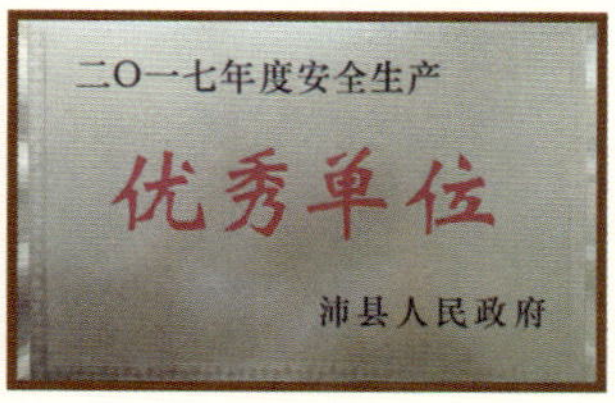

沛县教育局

2017 年，沛县有各级各类学校 164 所，其中，小学 117 所，初中 25 所，普高 8 所（含完中 1 所），特教学校 1 所，中等职业学校 2 所，九年一贯制学校 11 所。全县有教职工 9265 人，其中专任教师 9000 人。教师学历合格率，高中 100%、初中 100%、小学 100%、幼儿园 100%。全县有省特级教师 10 人，省、市名师名校长 24 人，人民教育家后备人才培养对象 1 人。2017 年，全县义务教育阶段省教育现代学校 105 所，省三星级以上普通高中 7 所。全县有省市优质幼儿园 53 所，合格园达标率 100%。全年撤并学校 3 所，新建学校 4 所。

2017 年高考，沛县全县本科上线 1895 人，比上年增加 793 人，本科上线率 65.03%，比上年提升 38.21 个百分点。其中文化一本上线 354 人，比上年增加 144 人，上线率比上年提升 9.22 个百分点，增幅全市第二。张寨中学高考艺体成绩突出，上线率达 63.2%。2017 年中考在试卷难度提升、全市总均分下降、沛县参考率提升 7.7% 的情况下，沛县中考学籍总均分比 2016 年提升 35.6 分，增长幅度全市第一。沛县被认定为徐州市唯一的公办初中高位较均衡县。沛初中、五中、三中在全市 259 所公办初中位居前 10 名。

县委常委、宣传部长徐正冲，副县长刘雪君，教育局局长贺磊到学校调研

省市县领导参观童学馆

2017 徐州市小学品质课程现场推进会

运动会开幕式

“深入学南通　学讲再提升”现场推进会。

创意线描

正阳小学承办 2017 徐州市小学品质课程现场推进会的剪纸现场

世界冠军成长报告会

地表水厂水源地

沛县水利局

省水利厅厅长陈杰到沛县视察水利工作

市委副书记徐大勇调研沛县河长制工作

县委李淑侠书记察看水利工程

2017 年，沛县水利局围绕安全水利、环境水利、生态水利、节水水利、智慧水利、法治水利目标，创新思路，加快建设，规范管理，打造精品，全面做好水利水务各项工作，为建设“强富美高”新沛县提供水利支撑。全年水利水务完成投资 10.5 亿元，沛县供水 PPP 项目入选全国十大水务 PPP 示范项目案例。小型农田水利工程和农村河道长效管护两项工作在省水利厅、财政厅组织的全省绩效考评中获优秀等次。农水重点县建设、水美乡村创建分获市考核第一名。沛县农村饮水科技推广基地被省水利厅授予“电解食盐消毒技术”应用示范基地称号。

市水利局局长卜凡敬调研沛县水利工作

局长韩友静现场察看工程施工情况

全县水利水务工作会议

大沙河水利风景区李庄节制闸段

沛县“十佳好人”农村水管员刘广备接受记者采访

水利部淮委南四湖局下级湖水利管理局

国家防办到局检查指导防汛抗旱工作

河长制工作调研

结对共建座谈会

学习中共十九大精神专题党课

举办建党日教育活动

"弘扬好人文化，建设道德高地"专题讲座

下级湖水利管理局成立于 1985 年 8 月，原名为湖西管理所，2003 年 4 月更名为南四湖水利管理局下级湖水利管理局，隶属于水利部淮河水利委员会沂沭泗水利管理局南四湖水利管理局，是具有行政管理职能的纯公益性事业单位。依据国务院国发〔1981〕148 号文件，下级湖水利管理局管理南四湖湖西大堤 58.58 公里堤防以及苏北堤河闸、大王庄闸、大屯闸、挖工庄西闸、挖工庄东闸等五座边界水闸，以及堤防工程相对应的南四湖 200 平方公里水域。单位主要职能包括防汛抗旱、水资源管理与利用、水行政执法、直管工程的维修养护等。

2017 年，下级湖局弘扬"献身、负责、求实"的水利行业精神，以水利管理为主业，以加强工程管理、提高管理水平为目标，以防汛抗旱、水资源监管为抓手，加强单位制度化、规范化、现代化建设，提高管理水平和服务能力，为推动南四湖湖西地区经济社会的和谐发展做出了应有的贡献。

湖内巡查

杨屯段堤防工程

志愿者服务活动

环湖骑行水法规宣传活动

三湖段堤防工程

江苏省沛县国家税务局

党组书记、局长张卫东给安国镇刘邦村贫困户送慰问金

到湖西农场贫困户家中宣传中共十九大精神

“税收宣传月”走进沛县政务服务中心

江苏省沛县国家税务局成立于1994年10月，有干部职工170人，下设9个基层分局，县局内设8个行政科室，直属机构1个，事业单位1个。主要承担全县工商企业和个体工商户的纳税服务、税收征管、风险应对、税务稽查等工作职能。

2017年，沛县国税局坚持“蹄疾步稳、稳中求进”工作主基调，聚焦改革主旋律，便民办税优服务，多方协税谋共治，国税站位进一步提升，税企关系进一步融洽，队伍建设进一步和谐，实现了政府点赞、社会好评、干部满意的多赢局面。

国地税联合举办企业所得税汇算清缴培训

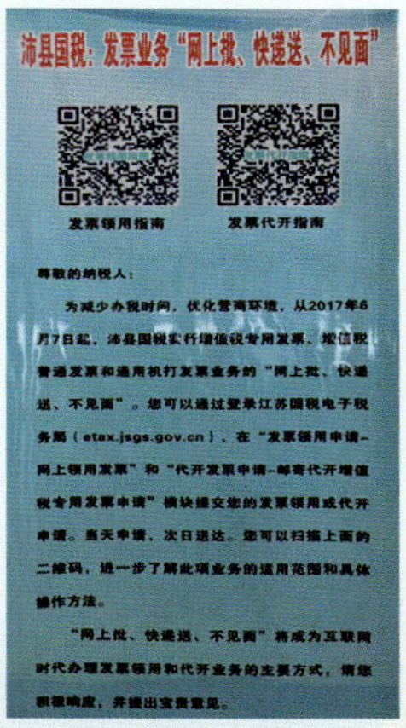

“迎新春”趣味运动会

创新开展纳服业务，营造良好营商环境

参加庆祝建军90周年群众歌会

2017年度国税地税深度合作工作会议

党性教育月组织党员干部到淮海战役烈士纪念塔开展凭吊活动

领导班子

市局局长胡军一行到大成航空公司调研

徐州市沛县地方税务局

2017 年，是沛县地税局砥砺前行、攻坚克难的一年。面对复杂的发展形势和艰巨的改革任务，沛县地税局根据省市局和县委、县政府的工作部署，坚持稳中求进的工作基调，不折不扣地做好规定动作，倾力做好自选动作，彰显地域、部门特色，围绕统筹推进“一二三四五”工作格局，做实“八篇文章”的工作布局，突出重点，聚焦热点，突破难点，主动作为，圆满完成年度各项工作任务。

全年组织各项收入 33.74 亿元，其中入库税收收入 25.65 亿元，总量、增幅分列全市第三、第四位，同比增长 36.11%。地方“九税”收入质量均在合理区间之内。纳税服务水平持续优化，在做好 12366“税务门诊”等传统服务方式的基础上，发挥“互联网＋纳税服务”优势，相继推出微信、支付宝纳税服务。统筹推

勤廉教育

重温入党誓词

关爱儿童身心健康

推广掌上办税

党组书记、局长付宝丽到帮扶村走访慰问困难群众

营造良好的税收营商环境

进“3550”商事改革，以政府“一张网”建设为契机，梳理“不见面审批”清单 65 项。在县委、县政府 2017 年度绩效考核中荣获一等奖。县局荣获国家级“五四红旗团支部”、江苏省“五一”劳动奖状等荣誉称号。税收宣传在市级以上新闻媒体刊发 88 篇，其中在《经济日报》、人民网、新华网等媒体上刊用 26 篇，1 幅新闻图片荣获第十一届“金嗓子”摄影大赛三等奖；7 篇政务信息被省政府采用，2 篇被国办采用，1 篇被总局领导批示肯定。在市局的“业务大比武”考试中，3 人获市局“岗位能手”称号，2 人获省局“岗位能手”称号，1 人通过税务师资格考试，1 人通过司法资格考试。2017 年，沛县地税局在市地税局年终绩效考评中再次进入先进行列。

税警联合查办假车船税税票案

税法宣传进校园

税法宣传

税企党建共建

沛县广播电视传媒中心

主任尤志峰到帮扶村农户家中走访

沛县广电传媒中心为正科级事业单位，职工247人，负责全县范围内广播电视报纸等媒体宣传和广播电视节目传输工作。电视有新闻综合频道、生活频道、快乐频道三个频道，每天播出时长约60小时；广播电台FM90.7每天播出约17个小时节目。报社负责编发《沛县日报》，保障沛县人民政府网的安全运行，经营好“沛县发布”微信公众号。《沛县日报》四开四版，每周五期，印刷量每期1万份，免费赠阅。“沛县发布”每天推送信息4–5条，粉丝量7万左右。

完成县春节联欢晚会、十九大精神宣讲报告会、夏季乘凉晚会、广场舞大赛等实况录制，较好地完成各项专题宣传工作。利用新闻媒体的优势，组织策划“送温暖——新闻公益行”活动，50余家爱心组织分赴全县镇村、社区、贫困家庭，送钱送物送关爱，受到社会各方的一致好评。

筹办“CCTV3黄金100秒走进沛县”“义乌小商品展销会”“年货大集”“我要上春晚”等活动，根据客户要求，精心制作专题片，开办专题栏目。先后制作“工业经济巡礼”“县春节联欢晚会”“徐州二院就在你身边”等专题专栏，取得了良好的社会和经济效果。

广播电视播全年发节目栏目2500多档，获市级以上奖励优秀作品17件；报纸全年编发稿件1200余篇；政府网站全年向省政府网站报送信息317条，采用19条，专题1个；向省信息中心报送390篇，采用274篇。沛县发布全年共制作发布320余期，图文信息1300余条，发展粉丝6万余人。

2017广电金秋车展

记者在高温天气下采访

“我要上春晚”决赛现场

新闻公益行

沛县气象局

2017 年，沛县气象部门发布重要天气报告 30 期，灾害性天气预警信号 30 期。实施 3 次全区人工增雨作业，增雨总量 1100 万立方米。组织对人影作业点、作业装备的全方位安全检查和评估。全年综合观测业务质量在全省排名前列；按照“三个转变”的要求推动防灾减灾救灾工作，国突平台建设纳入县“十三五”突发事件应急体系建设重点项目，被江苏省气象局评为 2017 年创新项目，沛县成为全省第一家建设突发事件预警信息发布中心的市县。投资十余万元投资建设气象（防雷）安全信息化监管平台，实现气象安全监管的流程化、规范化运作。排查全县易燃易爆危化品等企业的防雷安全隐患，全年梳理完成 100 余家企业，建立企业主体责任体系 50 余家；全市第一家成立县级气象部门党组，制定局党组成员党风廉政建设责任清单，开展“党风廉政宣教月”活动，邀请纪委专家开展党风廉政教育专题讲座。推进“两学一做”学习教育常态化，开展“百千万”走访帮扶和阳光扶贫活动。完成刘邦文化节的气象服务保障工作。气象台被评为春运工作先进集体。

“人影”业务竞赛

不忘初心专题党日廉政教育活动

3·23 世界气象日科普宣传

5·12 防灾减灾日气象科普亲子活动

述职述学述廉专题会议

气象预警发布系统

人工影响天气应急演练

重大灾害性天气会商

走访慰问阳光扶贫活动

沛县安全生产监督管理局

县委副书记、县长吴卫东带队检查建筑工地安全生产工作

国务院安委办督导组到沛县督查安全生产工作

全县安全生产工作会议

开展安全生产宣传咨询日活动

2017年，沛县安全生产监督管理局贯彻党中央、国务院和省市关于安全生产工作的决策部署，树立安全发展理念，狠抓责任落实，强化监督检查，夯实基层基础，圆满完成全年安全生产保障任务，全县安全生产形势持续稳定好转。

全县全年发生各类生产安全事故65起，同比下降33.7%；死亡25人，同比下降7.4%，实现了事故起数和死亡人数“双下降”。未发生较大及以上事故和任何职业病疑似病例。县政府连续10年被市政府表彰为安全生产优秀单位并居领先位次。2017年县安监局荣获全省安全生产监管监察系统先进集体、全省“安全生产月”活动优秀单位、全省职业卫生监管工作先进集体等荣誉称号。2017年9、10月份，在迎接国务院安委会大检查及“回头看”活动时，受到上级有关部门的充分认可。

收听收看全省安全生产电视电话会议

沛县城市管理局

2017年，沛县城管局围绕全国城市管理体制改革，以住建部在城管行政执法队伍中开展“强基础、转作风、树形象”专项行动为引领，以加强城市管理执法队伍建设为主线，坚持依法行政，努力提升队伍内在素质，转变工作作风，树立良好的城管执法形象，全力打造“精致、细腻、整洁、有序”的城市管理新常态。市容管理执法工作规范有力，户外广告规划实现精细化管理，渣土工作效能不断提升，城市规划监察工作稳中有序，便民利民工程建设顺利推进，城区环境卫生保洁全覆盖，农乡垃圾分类成效显著。先后被授予2017年度重大项目和为民实事工程先进单位三等奖、争取资金先进单位三等奖、创建江苏省文明城市工作先进单位、城乡建设与管理先进单位、县直机关（单位）绩效考核先进单位一等奖、安全生产先进单位、政协提案工作先进单位等荣誉称号。

局长任泽亚慰问贫困户

举行换装仪式

县政协领导调研沛县垃圾发电厂

沛县首批公共自行车投放社会

人大代表调研老旧小区改造工作

沛县农业机械管理局

2017 年，沛县农业机械管理局以实施粮食生产全程机械化示范县创建为重点，按照“补短板拓领域促发展，调结构提质效转方式”的总体思路，明确目标任务，落实工作举措，各项农机化工作取得了积极成效，成为全县农村经济社会发展的一大突出亮点，为粮食增产、农民增收作出了贡献。至 2017 年底，全县农机总动力约 103.6 万千瓦，其中：大中型拖拉机 3750 台，与大中拖配套的秸秆还田机 2661 台、旋耕机 3500 台、播种机 1540 台。稻麦联合收割机 2710 台，玉米联合收获机 472 台，水稻插秧机 2050 台（其中乘座式 819 台），粮食烘干机械 416 台。拥有大棚王拖拉机、微耕机、多功能田园管理机、精整机、蔬菜移栽机、高效植保机械、电动卷帘机、保鲜设备、微灌设备等高效设施及特色农业装备 7000 余台。

全县有农机专业合作社 288 个。通过这些服务组织推进跨区作业、订单作业、托管服务、租赁经营等农机社会化服务，切实提高主要农作物生产的组织化程度。全县粮食生产全程机械化作业水平达到 95.1%，其中：耕整 99.4%、种植 93.8%（其中水稻机插 81.5%）、植保 92.3%（其中高效植保 89.9%）、收获 96.8%（其中玉米机收 91.9%）、烘干能力 93.8%（其中产地烘干能力 82.7%）、秸秆处理 96.9%（其中还田 90.4%）。

市委书记周铁根察看沛县粮食生产全程机械化工作

省农机局局长沈建辉到沛县检查指导“一项行动两项工程”工作

市县人大代表调研粮食生产全程机械化工作

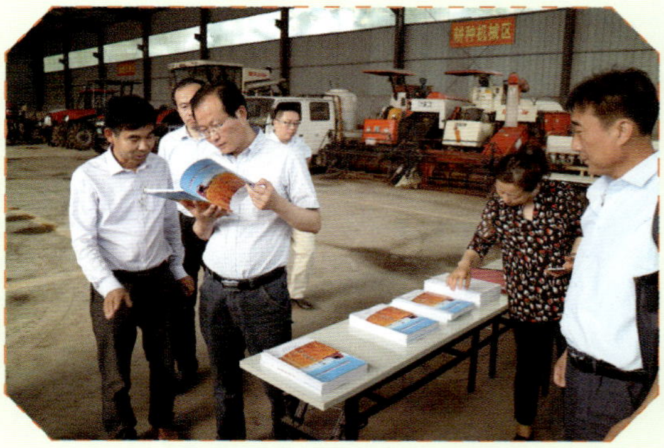

县委副书记黄浩察看农机专业合作社

玉米机械化收获

稻秸秆机械化还田

副县长刘华东现场检查指导粮食生产全程机械化工作

沛县残疾人联合会

理事长赵义基层大走访

党风廉政建设大会

2017年，沛县残疾人工作科学谋划，突出重点，以开展“两学一做”常态化制度化教育活动和学习贯彻中共十九大精神为契机，加大对贫困残疾人的康复救助力度，扶持残疾人就业创业。着眼于促进残疾人服务托住底、补短板，稳步推进残疾人社会保障体系和服务体系建设，有效提升残联组织的服务能力和管理水平，完成各项工作任务，获县委、县政府综合考核二等奖，为民实事先进单位等荣誉称号。

省残联副理事长胡乃亮到沛县调研残疾人康复工作

省残联副理事长肖敏调研残疾人辅助性就业工场

市残联理事长李敬峰调研残疾人就业工作

召开县委巡查工作动员会

举办党支部专题党课

县残联向帮扶村发放电风扇20台

团员植树活动

清明祭扫沛县烈士陵园

“暖冬行动”走进安国镇中心小学

共青团沛县委员会

“希望来吧”暑期夏令营

2017年，共青团沛县委员会围绕“服务党政大局、服务青年所需”工作主线，立足改革创新，做好共青团改革探索及镇（街道）、场团组织换届选举工作；立足文明城市创建，开展志愿服务活动；立足经济发展与民生事业，发挥群团组织功能，在助推经济发展、推动文明城市创建、加强青少年思想引领、保障弱势青少年成长生活、维护青少年权益等方面得到提升和进展。

参观王成启红色文化收藏馆

杨屯中学入团示范仪式

南京工程学院大学生朝露支教团赴王孟庄小学开展科技夏令营实践活动

目　录

中国共产党沛县委员会

沛县人民代表大会

沛县人民政府

政协沛县委员会

中共沛县纪律检查委员会

社会团体

法　治

军　事

商贸 服务业

园区经济

矿区经济

经济综合管理

基础设施

信息化建设

生态环境

城乡建设

科技　教育

新　闻

文化　体育

医疗卫生

社会生活

镇·街道概况

人物　荣誉

文　献

媒体报道选萃

2017年沛县国民经济和社会发展统计公报

索　引

高起点开局 高标准起步
以只争朝夕精神高质量推进“强富美高”新沛县建设

县委书记 李淑侠

（2018年2月22日）

一年来，全县上下在县委、县政府的坚强领导下，勇于担当、协力攻坚，围绕“三地一新”主攻方向，坚持稳中求进总基调，聚力创新强县，聚焦创业富民，经济社会发展呈现欣欣向荣、蓬勃向上的良好态势。主要经济指标增速继续保持全市前列，全年完成地区生产总值756.32亿元、增长8.6%；公共财政预算收入54.46亿元、同口径增长5%；全社会固定资产投资624.45亿元、增长11.4%；社会消费品零售总额275.45亿元、增长12.2%；金融存贷比突破50%。第十七届全国县域经济基本竞争力百强县跃居第46位，全国县域经济与县域综合发展百强县列第33位。2017年中国工业百强县列第80位，入选中国最具投资潜力特色魅力示范县200强。全市重点经济工作考核居第二名、保持第一方阵，在全市县（市）区社会治理重点工作目标考核中位居第一，各项重点工作继续走在全市前列。

一年来，我们牢牢把握做强实体经济这个重心，抓招商筑平台，项目建设一路高歌。全年新签约亿元以上项目83个，总投资503.73亿元；新开工亿元以上项目71个，总投资303.82亿元。全县呈现园区基地化、产业集群化、项目规模化、平台中心化、人才高端化的“五化”景象。新型工业化基地建设实现重大突破，形成国家级粘胶纱生产基地、省级光伏科技产业基地、省级新型铝材特色产业基地、省级高端装备制造业特色产业基地、省级绿色食品产业基地等五大基地。光伏光电向全产业链发展，产值超百亿元；新型铝材向高端、轻量突破，集聚上下游企业20家以上；装备制造业向智能、低碳迈进，特种车辆、无人机等一批科技型企业快速成长。以大项目为引领，形成单月签约、双月开工、季度观摩“123”工作法，项目数量、体量、质量显著提高，形成工业项目顶天立地、服务业项目“井喷式”发展、农业产业化项目扎实推进的良好态势。金融中心、大数据中心、科创中心、总部经济中心顺利推进，助推实体经济迈向中高端。

一年来，我们牢牢把握开放这个关键，抓改革促创新，发展活力持续迸发。两项“一地一策”牵引性改革压茬推进，农村集体产权制度改革等7项国家级改革试点、杨屯经济发达镇行政管理体制改革等9项省级改革试点工作次第展开，形成农村生活垃圾资源化利用、城乡物流高效配送体系“沛县模式”。“放管服”改革不断深化，政务服务网上“不见面审批”实现全覆盖，政务中心被列为全省标准化试点。人才集聚实现突破，引进“长江学者”2人、“国家千人计划”专家2人，获批国家知识产权强县工程试点县。千岛湿地生态片区、沛北生态经济功能区、矿地融合发展示范区建设稳步推进。

一年来，我们牢牢把握民心这个最大政治，抓增收促和谐，民生事业大步迈进。总投资15亿元的78件民生实事全面完成。城市品质加快提升，高标准建设新人民医院二期、新实验学校等一批功能性项目，完成棚户区改造163万平方米。美丽镇村亮点纷呈，3个镇（街道）、2个村通过首批省生态文明建设示范镇（街道）、村验收。城乡居民人均可支配收入分别为29775元和17268元、增长9.2%和9.4%。精准脱贫扎实推进，9个省定经济薄弱村实现新“八有”，2.1万名建档立卡低收入人口人均年收入突破6000元。社会治理水平不断提升，在省民意调查测评中，群众安全感达98.5%，群众对法治建设的满意率达99%。

一年来，我们牢牢把握全面从严最新要求，抓作风强执行，干事创业氛围更加浓厚。扎实推动全面从严治党向纵深发展，积极营造风清气正的政治生态，激励党员干部既干净纯洁又奋发有为，勇担当、善作为的要求深入人心，全县上下思想同心、行动同力，全力以赴谋发展的氛围更加浓厚。各级各部门以沛县发展为己任、为全县大局勇担当，各级干部围绕大局、服务发展，从实处抓落实，向实干要实绩，以优良作风和高效服务推进重点改革、重大项目和重要工作，广大企业家聚焦实业振兴敢拼敢闯敢创新，全县上下呈现出开拓奋进、务实担当的可喜局面，沛县大地涌动着生机蓬勃的发展活力，涌现出许多感人肺腑的动人事迹。这些成绩的取得记录着全县上下真抓实干的奋斗足迹，融汇成广大干群砥砺前行的磅礴力量。

发展成绩振奋人心，赶超压力催人奋进。在充分肯定成绩的同时，我们还有一些发展的短板和弱项不容忽视：**从全市重点经济工作考核情况看，**虽然我们总体水平保持全市前列，但有一些指标的完成情况和排名仍不尽人意，新增省级以上高新技术企业数、互联网+制造业、电子商务示范项目建设、新增贷款等指标处于全市相对靠后位置。**从自身发展看，**规模大、带动力强的增长点仍然偏少，高新技术产业比重偏低的问题还很突出，现代服务业、高新技术产业的集聚效应还没有充分显现。发展的软环境有待进一步优化，从2017年度“机关作风大家评”情况来看，个别单位和少数干部的工作作风、精神状态与新时代新形势新任务的要求不相适应，“慵懒散拖”问题依然存在。**从周边县区看，**各地抓落实抓推进都在赶早抓实，发展态势咄咄逼人。可以预见，我们面临的压力将是巨大的，面对的区域竞争也将是空前的。对此，全县上下必须保持清醒头脑，对经济发展的复杂性和艰巨性要有充分的认识，对面临的各种矛盾和困难要有足够的估计，务必树立一切归零理念，增强从头开始意识，牢牢掌握各项工作的主动权。

今年是贯彻党的十九大精神的开局之年，是改革开放40周年，也是决胜全面建成小康社会、落实“十三五”规划承上启下的关键之年。春节前，县委全会和县“两会”确定了今年的目标任务和今后一个时期的努力方向，这标志着我们踏上了开创沛县美好未来的新征程。站在新起点、面对新任务，我们以什么样的状态走进这非同寻常的新的一年？以什么样的成绩来推进高质量发展？以什么样的作为接受高水平建设全面小康的实践洗礼？这些都对沛县今后发展的走向和成效至关重要，需要我们认真加以思考。

一、统一思想、凝聚共识，以奋勇争先的姿态推进高质量发展

省委娄勤俭书记强调，2018年，我们要坚持高起点开局、高标准起步，推动高质量发展走在全国前列，重点实现经济发展、改革开放、城乡建设、文化建设、生态环境、人民生活“六个高质量”。这既是全省发展的总基调，也是沛县发展的总方向，更是今年工作的主旋律。全县上下要紧扣高质量发展这一主题，思想再解放、改革再出发、工作再务实，奋力在新一年各项工作中展现新作为、创造新业绩。

一是强化机遇意识，以更宽视野谋划高质量发展。心中有全局才能定准位，善于谋大势才能抓大事。站在新的发展起点，我们必须以更宽的视野审视发展面临的机遇和挑战，以更宽的视野谋划高质量发展。从外部看，去年，习近平总书记十九大后首次地方视察来到徐州，为徐州未来的发展注入了新的动力；国务院批复新修订的徐州城市总体规划，在国家层面明确徐州作为淮海经济区中心城市的定位；省委常委会专题研究徐州工作，把徐州作为全省“1+3”重点功能区战略的独立板块，支持徐州建设“四个中心”、打造淮海经济区CBD。沛县作为徐州的重要板块，特别是随着徐沛快速通道的加快建设，将融入徐州半小时都市圈，这必将开启沛县发展的新时代。从内部看，这两年，经过全县上下的共同努力，引进建设了一批事关长远的重大项目；通过抢抓采煤塌陷地治理机遇，打造了良好的生态环境、储备了丰富的土地资源；通过实施差别化考核、完善招商考核机制等，有效破解了发展难题，全县改革的活力更足、创新的氛围更浓。这些都为我们推进高质量发展，开启了多重机遇窗口，开辟了广阔发展空间，提供了强劲跨越动力，我们将迎来高速发展期。我们必须牢牢抓住当前宝贵机遇，切实把沛县放到全省乃至全国发展的大局中去定位思考，谋划目标的境界更宽广些、内涵更全面些，努力把每一个可能都转化为推动沛县发展的现实成果。

二是强化使命意识，以更高定位引领高质量发展。发展如攀峰，越往山顶环境越复杂、挑战越严峻，只有路径选择科学、速度匹配合理、力度把握得当，才能登得更高、看得更远。围绕实现高质量发展，县委全会和县“两会”对做好今年各项工作进行了全面部署，明确提出要按照高质量发展的要求，深入推进“三地一新”新实践，着力在推进经济发展高质量、城乡深度融合发展、文化强县建设、深化改革创新、提升人民生活品质、生态文明建设六个方面走在前列，加快建设高水平全面小康，奋力开创“强富美高”沛县建设新局面。全县各级各部门务必增强时不我待的紧迫感，牢牢把握“三地一新”发展大局，自觉把分管的工作、把本部门本单位的工作放在全县发展大局中来定位，做到眼界更宽、定位更高、理念更新，努力在新起点上争创新业绩，在新平台上实现新跨越。

三是强化担当意识，以更大魄力推进高质量发展。盲目乐观就会停滞不前，自我满足等于自我淘汰。这两年沛县的发展虽然取得了一些成绩，值得自豪，但过去的成绩只是继续前进的基础，绝不是高枕无忧的资本。我们必须清醒地看到，与苏南等先进地区相比，沛县仍然有很大差距。特别是进入新时代，面对高质量发展的新要求，我们必须以强烈的责任感、使命感、紧迫感和担当精神、拼搏精神、务实精神，提升比学标杆，坚持做大总量和提升质量有机统一，与先进地区比发展质量、比发展水平、比区域竞争力；必须大力冲破各种思想观念束缚、体制机制障碍和利益固化藩篱，加快突破不适合、不符合发展要求的体制机制，努力在重要领域和关键环节改革上取得新突破；必须以质量和效益来衡量发展的含金量，把老百姓是否得实惠作为检验工作成效的标准，进一步提升功能承载力、要素集聚力、产业竞争力、区域影响力，推动沛县在高质量发展上再上新台阶。

二、把握关键，精准施策，以务实有力的举措推进高质量发展

拎衣要拎衣领子，牵牛要牵牛鼻子。当前各项工作头绪多、任务重，我们既要系统谋划、有序推进，又要把握关键、精准发力，紧紧围绕县委中心工作，抓牢推进高质量发展的核心环节、关键节点，把各项工作抓细抓实。

一是聚力重大项目，增强跨越发展新动能。无论是高质量发展，还是高水平全面小康，都离不开源源不断的重大项目作支撑，这就决定了我们项目建设的目标只能“高”、不能“低”，项目推进只能“冲刺”、不能“慢行”。**要紧盯进度抓项目。**坚持“一切力量向项目集中、集中一切力量抓项目”，每一个环节都要紧盯不放。项目洽谈时，要主动出击，只要有一线希望，都要尽最大的努力；项目建设中，要全力化解项目用地、融资等难题，按下项目“快捷键”，形成项目“加速度”；项目投产后，要继续跟踪、对接服务，推动项目做大做强、发挥效益。**要优化服务促项目。**今后的发展比的是人才、是新动能、是营商环境。洽谈引进一个项目很不容易，往往走遍千山万水、吃尽千辛万苦，然而流失一个项目却易如反掌。各级各部门要切实增强服务意识、创新意识，继续深化“放管服”改革，在政务服务网上“不见面审批”实现全覆盖的基础上，从服务、政策、制度、环境等多方面进一步优化供给，切实当好服务项目的“店小二”，大力营造有利于经济发展、项目突破的小气候。**要谋划在前引项目。**县四套班子领导要发挥好表率作用，带头深入招商引资、项目建设一线，切实加强对包挂镇（街道、场）和分管条线的督查指导；各镇（街道、场）特别是开发区要承担起经济发展主力责任，咬定目标、攻坚克难，在项目招引建设上见真章出实效；机关部门要发挥自身优势，多提供项目信息，多投身招商前沿，多服务投资主体，在全县形成“一切围绕项目干”的浓厚氛围。要树立“无中生有”理念，打开思路，拓宽视野，跳出现有产业抓产业，重点紧盯新兴产业培育，让新兴产业从无到有、从有到优。同时，要把着力点放在本土企业投资的挖潜上，打好亲情牌、家乡牌。沛县成功的企业家很多，他们的根在沛县，要想方设法把他们引回来、留下来。今年我们排定的很多重大项目都是沛县本土企业投资的，比如投资60亿元的徐州中辉光伏太阳能电池片、投资25亿元的中通物流总部产业园、投资8亿元的徐州拓正茂源多晶硅铸锭三期等项目。

二是聚力实体经济，抢占转型发展制高点。企业是实体经济的中流砥柱，企业强则产业兴、沛县强。**要提升企业运行质效。**县委、县政府将持续开展降低企业成本行动，打好组合拳，在减税、降费、降低要素成本上加大力度，为企业“松绑助力”。广大企业要抓住当前降成本和减税降费的机遇，引进更多高端设备，打造企业发展的新引擎。要全面推进科技体制改革，加大科技创新投入，优化以企业为主体的创新资源配置，深入推进“政产学研”协同创新，以科技创新带动产业全面创新。**要提升企业市场竞争力。**强化品牌意识，引导企业发扬“工匠精神”，推进产品深加工，积极参与国家、行业标准制定，推出具有核心竞争力的终端产品，全力培育一批行业领军企业、标杆企业和龙头企业。发改、商务、市场监管等部门要组织企业利用各种高层次平台，进行产品推广、品牌营销，扩大沛县产品市场占有率。**要提升企业管理水平。**广大企业要转变经营模式，舍得花高薪聘请职业经理人来管理，敢于容纳先进企业来参股，提升现代化管理水平。要树立资本运作理念。上市是企业最佳的直接融资方式，也是企业内外兼修、脱胎换骨的发展过程，更是稳定本土企业的一个重要抓手。目前，在沛县投资的上市企业共有11家，但是本土上市企业为零，这是比较突出的短板，与沛县的发展态势和经济地位极不匹配。要加大政策扶持力度，创优企业上市服务，健全完善企业上市动态管理、梯度培育、包干联系机制，以最强的力度、最优的服务、最快的效率助推企业进军资本市场。

三是聚力乡村振兴，开创城乡融合新局面。中央一号文件日前下发，这是改革开放以来第20个、新世纪以来第15个指导“三农”工作的中央一号文件。今年的中央一号文件，围绕实施乡村振兴战略讲意义、定思路、定任务、定政策、提要求，对统筹推进农村经济建设、政治建设、文化建设、社会建设、生态文明建设和党的建设，对实施乡村振兴战略的三个阶段性目标任务都作出了部署，是加快推进乡村治理体系和治理能力现代化，加快推进农业农村现代化，谋划新时代乡村振兴的顶层设计，管全面、管长远。全县上下要认清形势，准确把握未来走势，科学定位，锐意创新，切实增强推进乡村振兴的责任感、大局观和创造性。**要聚焦产业兴旺，加快让农民腰包鼓起来。**富裕是乡村振兴的内在要求，乡村振兴就是要让农民群众的钱袋子鼓起来。要坚定不移推动强村富民，深入推进农业供给侧结构性改革，加快构建现代农业产业体系、生产体系、经营体系，提高农业创新力、竞争力和全要素生产率，推动农业农村发展由满足"量"的需求向重视"质"的提升转变，培育农业农村发展新动能，擦亮沛县农业品牌。培育农村新经济，积极推进以休闲农业、乡村旅游、农村电商为代表的新产业新业态，加快"美丽资源"向"美丽经济"转变。以推进农村集体产权制度改革试点为引领，加快壮大集体经济，立足特色、因村制宜，千方百计激活农村集体经济"造血细胞"，全力以赴消除集体经济薄弱村。**要聚焦生态宜居，加快让城乡环境美起来。**牢固树立"两山"理念，巩固国家生态县验收成果，积极创建国家生态文明建设示范县。全面落实主体功能区生态空间规划和管制措施，严守土地、生态、基本农田、城市发展边界"四条红线"，实施招商项目负面清单制度，提高项目环评、能耗等准入门槛，守住开发强度底线。深入推进"263"专项行动，着力解决好突出环境问题，坚决打好治气治水治土三大攻坚战。抓住全国首批农村生活垃圾分类和资源化利用示范县建设契机，推进农村清洁河道、清洁村庄、清洁家园建设，实现城市生活垃圾总量"零增长"和农村生活垃圾分类处理全覆盖。**要聚焦治理有效，加快让基层堡垒强起来。**村级组织是乡村振兴的根本保证，特别是今天参加会议的各位村（居）书记，是村级组织的主心骨，是乡村振兴的带头人。大家长期奋战在第一线，工作在最基层，处在矛盾的焦点上，却始终兢兢业业地为全县重点工作推进贡献力量，为全县发展奉献了很多，牺牲了很多，非常辛苦，非常不容易。对大家的工作，县委是高度肯定的。县委将更加重视农村工作，鼓励能人回村任职，继续选派经验丰富的机关事业单位干部担任第一书记，有计划地组织农村党支部书记到先进地区考察学习，提升宣传贯彻党的政策、推动驾驭发展的能力，全面落实村干部能够享受到的政策待遇，真正让农村干部有奔头、有希望、有保障，打造能干事、群众服、地位高、有影响的干部群体。**要聚焦城乡整合，加快让城市形象靓起来。**今后几年是沛县城市大开发、大建设、大发展的关键时期，用好这一黄金期，沛县城市面貌就能往上迈一个大台阶，城市形象就能实现一个大提升。要注重功能、形象双提升，通过规划管好城市功能，使城市功能布局与产业转型升级相匹配，做到集聚集约集群，与群众生活需求和活动规律相适应。注重精细化管理，大力推进智慧城市建设，促进城市管理向数字化、精细化、智慧化升级。深化省级文明城市创建，坚持政府推动和社会参与相结合，坚持全面加强与重点突破统筹推进，真正把文明创建做到点子上、落到关键处，让市民共建共享文明成果。

*四是聚力共建共享，彰显改善民生新成效。*习近平总书记指出，让老百姓过上好日子是我们一切工作的出发点和落脚点。我们要自觉践行以人民为中心的理念，进一步强化民生导向，主动顺应群众期盼，下大力气解决好事关群众切身利益的问题，切实提高广大老百姓的富裕程度和生活质量。**要始终把困难群众放在心上。**目前全县低收入人口基数还比较大，今年要完成2.1万名低收入人口的脱贫任务，其中的1.1万名一般低收入农户生活状况相对较差，发展能力相对较弱，增收达标难度较大。要坚持精准扶贫、精准脱贫，格外关注、格外关爱、格外关心弱势困难群体生活状况，加大生活、就业、教育等扶持力度，千方百计帮助他们排忧解难，把党和政府的温暖送到千家万户。加快启动兜底计划，为那些靠自身能力无法摆脱贫困的群众提供切实有效保障。**要着力把民生实事落到实处。**富民，不仅要增加收入，也要改善生活质量。今年我们排定了总投资28.5亿元的115项民生实事，各地各部门要坚持守土有责、守土尽责，以这些民生实事工程为抓手，积极推进教育、医疗、文化、养老等公共服务建设，下更大决心改善生态环境，真正把民生工程办成民心工程，让人民群众有更多获得

感、更强幸福感。**要坚持把创业就业作为重点。**创业是致富之源，就业是民生之本。要进一步释放"大众创业、万众创新"活力，加强创业指导、就业辅导和技能培训，让群众创业就业有本领；落实富民创业扶持政策，浓厚全民创业氛围，让群众创业就业有信心，使居民的"口袋"真正鼓起来。**要切实把百姓诉求回应到位。**广大党员干部要结合即将开展的"不忘初心、牢记使命"主题教育活动，不忘群众根本、回归群众之中，体验群众生活、体味群众情感，多从群众中提炼经验和做法，多从群众中汲取智慧和力量，多从群众的立场和角度看问题想事情，让我们的各项决策部署更接地气、更具实效、更得人心。

五是聚力改革创新，增添对外开放新活力。当前，无论是推进一地一策改革，还是农业农村、教育医疗等领域改革，都有不少"硬骨头"要啃。今年，县委将把改革工作实绩考核列入考评体系，各专项小组要强化改革意识，各级干部要敢做脊梁、不惧艰辛，保持勇往直前的激情、破釜沉舟的气概，坚定不移地推进各项改革，为沛县发展开辟更大空间。**要聚焦试点。**进一步加强试点工作的统筹谋划，严格落实包挂领导、牵头单位的主体责任，进一步细化方案和工作举措，及时评估试点的成效和问题，确保早出经验、早日推广，着力发挥试点的先行示范作用。着重抓好中央和省、市改革试点在沛县的落实，特别是农村集体产权制度改革、农村产权流转交易服务标准化等13项国家和省重大改革试点，确保不折不扣抓好落实、抓出成效。要继续牢牢扭住年度其他重点改革项目，有针对性地解决存在问题，以点带面，带动全县面上改革纵深发展。**要突破难点。**全力防控金融风险，深化政银企对接，完善担保机制，发挥好应急转贷资金等资金池作用，全力破解企业发展资金瓶颈。健全政企互动机制，为企业提供更加精准、更加高效的服务。主动防范化解风险，把防范金融风险摆在首要位置，强化诚信意识，打击非法集资，加强互联网金融监管，加大对银行的监管力度，严厉惩处恶意抽贷、断贷行为，营造良好的金融生态环境。**要系统思维。**坚持以系统化的思维丰富完善改革发展的思路和举措，把系统思维落实到经济发展的各领域、全过程，全力推动探索性发展、创新性发展、引领性发展，通过一点一滴的改变、日复一日的更替，推动沛县改革发展和群众生活实现量变到质变的华丽转身。

三、压实责任，合力奋进，以抓铁有痕的韧劲推进高质量发展

面对新的形势、新的任务，关键在于加强组织领导、狠抓工作落实。要以贯彻落实新时代党的建设总要求为主线，增强"四个意识"，锤炼严实作风，以永远在路上的决心持续加强作风建设，以抓铁有痕的韧劲狠抓落实，为推进高质量发展提供坚强有力的保障。

一是强化拼搏精神，奋发有为勇立潮头。在新一轮区域竞争中，谁能够先行先试、形成特色、创出品牌，谁就能抢得先机、赢得主动、拔得头筹。各地各部门要认真审视自己的工作，主动把工作置身于全县全市乃至全省的范围去比较、去谋划、去奋争，发扬勇于拼搏、勇于进取、勇争一流的精神，围绕现有的产业基础、园区布局、资源禀赋和人文条件，聚焦优势、精准发力，打造特色、争创唯一，加快形成一批支撑发展的特色产业、特色园区、特色镇村、特色做法，培植更多创新型增长点。**要勇于拼搏。**高扬敢拼敢抢的时代旋律，对看准的事情要迅速出击、果断行动；对定下来的事情要立说立行、狠抓落实；对部署的工作要跟踪问效、一抓到底，努力使各项工作尽早前推，各项目标尽快实现。**要勇于进取。**始终保持锐意进取、开拓创新的勇气，坚持向改革要出路、向创新要办法，敢于打破思维定式、敢于冲破观念束缚、敢于突破传统路径，用改革创新为推进高质量发展构筑强引擎、增添新动力。**要勇争一流。**始终保持敢为人先、追求卓越的豪气，敢同勇者比胆识，敢与快者比速度，敢和强者比位次，无论是经济指标，还是重点工作，该拿第一的决不拿第二，能争第一的就奋力争先，努力干出一番无愧于历史、无愧于人民、无愧于自己的崭新业绩。

二是强化严实作风，沉到一线苦干实干。现在，沛县的发展有很多好机遇、好项目，怎么抓住用好，怎样走出一片新天地，这尤其考验我们的干事担当。今天全县各级领导干部都在会场，“领导”“领导”，领着干才能聚人心，导向实才会有信心。我们必须激扬敢打必胜、担当如铁的勇气锐气。**要敢负责。**县四套班子领导对分管的工作要主动负责、主动会办，鼓励和支持基层创新干、积极干。各地各部门要认真履职、敢于担责，对县委定下的目标坚决执行，对分配的任务快速推进，该抓的要抓，该管的要管，该顶真的要顶真，不敷衍、不回避、不推卸，努力在全局工作中多挑担子、多作贡献。县委导向很明确，坚决为敢于担当的干部撑腰，旗帜鲜明地重用、保护担当实干的干部，健全完善鼓励激励、容错纠错、能上能下三项机制并加大落实力度，只要不谋私利，按纪律规矩办事，即使工作出现失误，组织上也一定为担当者担当。**要善作为。**各级干部在招商引资、项目推进上，不管遇到什么样的困难，都要主动协调、贴近服务；在城镇建设、园区发展中，不管存在什么问题，都要敢抓敢管、高效推进；在民生工程、社会保障方面，不管出现什么矛盾，都要高度重视、积极应对；在执行政策、规范操作上，不管遇到什么障碍，都要致力改革、勇于突破，真正为发展履职尽责。**要强作风。**进一步强化政治意识、规矩意识，坚决在思想上政治上行动上与以习近平同志为核心的党中央保持高度一致。要把“清廉”印刻在心中，模范遵守党的政治纪律、组织纪律、廉政纪律和国家的各项法律法规。要扩大“评议”参与面，广泛开展形式多样的学习教育和警示教育，进一步优化工作作风。

三是强化实绩导向，全面提升发展质效。围绕“一切向发展聚焦、一切向民生发力”，进一步完善目标考核机制，在全县上下进一步形成抓项目、抓发展的浓厚氛围，推动大家对照年初的目标，以更大的力度抓统筹、求突破，积小胜为大胜。要从实考核强激励。更加注重发挥考核的“指挥棒”作用，严格按照差别化考核方案，考真考严，不打和牌。县领导带头抓、牵好头，各牵头部门对相应指标负总责，严格审核把关，坚决拉开分值差距、分出层次，不搞普惠制，杜绝平均主义，保证考核结果与实际工作相符，提高考评的公信度，确保考出正气、评出正能量。要从严督查强责任。对重点任务完成情况，实时监控、跟踪督办，做到重点工作推进到哪里、督查督办就跟进到哪里、预警预报就响应到哪里。对重要指标完成情况制度化晒、比，为实干家、领先者点赞，让他们开心、露脸、充满获得感。要从真问责强导向。“动员千遍，不如问责一次”。要进一步完善问事必问人、问人必问责、问责问到底的问责机制，强化考评结果在物质奖励、评先评优和干部使用等工作中的综合运用，奖惩分明，奖要奖得让人心动，惩要惩得让人心痛，特别对充满激情、绩效突出的单位和个人，要大张旗鼓地表彰奖励、提拔重用，真正形成激励的导向、实干的导向、绩效的导向。

现在已经进入冲刺首季“开门红”的关键阶段，每一天都很珍贵，每一天都不能懈怠。大家要迅速走出节日氛围，收年气、聚士气，进入开局就是决战、起步就要冲刺的工作状态，抓早抓主动、紧前不紧后，坚持高目标定位、快节奏推进，确保一季度首战告捷、强势开局。**要细化目标责任。**各级各部门要围绕全年各项任务和首季“开门红”目标，对各项重点工作、重点指标，迅速上手，早部署、早安排，明确时间节点，细化落实责任，每一天、每一周、每个月做什么事情、做到什么程度，都要排出时间表、列出路线图，全力以赴拼速度、抢进度、超序时，特别是对慢于序时或出现回落的指标，及时预警、分析原因、研究对策，真正做到以周保旬、以旬保月、以月保季。要深入一线主动服务企业。县四套班子领导要带头深入到包挂企业，及时会办解决企业生产运营中遇到的困难和问题，推动广大企业迅速复产。各层各级要全力当好“店小二”，及时掌握企业所需所急所虑，真心实意为企业排忧解难，着力构建“亲”“清”政商关系，让更多企业在沛县扎下根、做得大。**要狠抓重点项目建设。**对排定的387项重大项目，现场办公、排忧解难，全力以赴抢工期抢进度，切实以高效率赢得高速度、以快节奏实现快发展。要迅速掀起新一轮招商热潮，走出去、请进来，盯客商、抢项目，对有投资意向的重点项目，落实专人加强跟踪，力争一季度再签约落地一批重特大产业项目。**要全力抓好安全稳定。**元宵佳节临近，全国“两会”召开在即，各级各部门必须时刻绷紧安全稳定这根弦，牢牢守住公共安全这条底线，不懈怠、不卸责、不诿过，将各项工作做细做实，确保全县社会大局和谐稳定。

新征程承载新任务，新目标赋予新使命。今天的沛县正处在一个发展前景空前广阔的时代，时与势都在我们面前展开；今天的沛县正处在一个发展氛围空前厚重的时代，各项改革创新叠加起磅礴的力量。让我们紧密团结在以习近平同志为核心的党中央周围，以这次大会为新的起点，进一步解放思想、实干担当、奋发有为，努力在推进高质量发展、加快建设高水平全面小康的征程上创造新的业绩、续写新的辉煌，共同谱写“强富美高”新沛县的精彩篇章！

汉风筝韵

坚持新发展理念 树立高质量导向 全面谱写沛县发展美好篇章

县 长 吴卫东

（2018年1月17日）

一、2017年工作回顾

2017年是加快建设“强富美高”新沛县进程中不平凡的一年。一年来，在中共沛县县委的坚强领导下，在县人大、县政协的监督支持下，全县上下认真贯彻落实习近平新时代中国特色社会主义思想，突出“三地一新”主攻方向，积极践行新发展理念，务实创新，砥砺奋进，顺利完成了全年目标任务。预计（下同）实现地区生产总值715亿元、增长8.5%；一般公共预算收入54.46亿元、同口径增长5%；固定资产投资增长11.2%；社会消费品零售总额增长12.3%；城乡居民人均可支配收入分别为29680元和17245元，增长8.9%和9.2%，经济社会发展保持稳中有进、稳中向好态势。第十七届全国县域经济基本竞争力百强县跃居第46位，全国县域经济与县域综合发展百强县位列第33位。

（一）致力于稳增长、促转型，综合实力不断提升。坚持“工业立县、产业强县”不动摇，把项目建设作为加快转型升级和动能转换的主抓手，推行单月签约、双月开工、季度观摩点评机制，形成了招商引资逆势上扬、有效投入持续扩大、产业结构不断优化的良好局面。

工业经济提质扩量。全年规上工业总产值、增加值分别增长12%和10.5%；工业开票销售439亿元、增长25%；工业用电量26.9亿千瓦时、增长4.26%。新兴产业加快崛起，光伏光电和装备制造两大产业初具规模，特别是光伏光电产业培育取得突破性进展，太阳能电池片产能扩大到5GW，获批省级光伏科技产业园。传统产业加快转型，技改投入占工业投资的36%，其中纺织产业规模居全市首位，获批中国粘胶纱生产基地县，灌排产业被评为省级特色产业基地。重大项目加快推进，华丰高精铝板带二期、宝通编织机械、鑫宇光伏二期、珀然铝轮毂一期等项目竣工投产，科创中心二期、润康医药、嘉寓光伏等项目快速实施。招大引强成效显著，中核建光伏、杭萧钢构、中辉光伏二期等一批大体量产业项目落地建设，全年签约亿元以上项目76个、计划投资430亿元，新开工项目61个、计划投资205亿元，招引项目个数和体量均创历史新高。

现代农业增产增效。粮食生产实现“十四连丰”，粮食安全保障有力。小型农田水利重点县、农村河道疏浚治理等农水工程全面完成，新增高标准农田2.5万亩、改造高效设施农业3万亩，连续7年被评为全省高效农业先进县。新增县级示范家庭农场100家，创建县级示范农民专业合作社100家，市级以上农业龙头企业达到49家，适度规模经营面积超过70%。新增“三品”认证43个、申创市名牌产品2个，云雪面粉公司被评为全国百家绿色食品示范企业，张寨博源农业示范园高标准建成上海外延蔬菜基地，湖西农场稻渔综合种养示范区通过国家级示范园区考核评审。率先在全市建成应急移动气象台和风廓线雷达系统。农机化水平达91.6%，获评全国第二批基本实现主要农作物生产全程机械化示范县。农业现代化建设水平继续保持全省前列、全市第一，成为国家农业可持续发展试验示范区重点县。

现代服务业竞相突破。大力实施服务业提速计划，服务业增加值占GDP比重达到40.8%。商圈培育加快推进，城投广场商业楼主体完工，地下商业街投入使用，侨城酒店基本竣工，中金国际广场土建封顶，新的城市商业格局初步形成。物流板块亮点突出，淮海经济区智慧物流园启动规划建设，飞马快递城乡高效配送“沛县模式”被商务部推广，东方运销在苏北县级第1家获批5A级综合型物流企业。电子商务蓬勃发展，龙工场（淮海）跨境电商产业园签约入驻企业90家，忠意食品、佳家美纸业和大农合获批省级电商示范企业，县电商产业园、五段镇、朱寨暗楼村分别获批省级电商示范园区和示范镇村，全县电子商务交易额达到98亿元。建筑业保持良好发展态势，新增企业28家，实现产值340亿元、税收7.8亿元，产业规模位居全市首位。

（二）致力于抓创新、推改革，发展活力明显增强。坚持以改革破难题，以创新育优势，在平台建设、要素集聚等方面不断取得新突破，市场和社会主体活力有效释放。

重点领域改革成效显著。深化供给侧结构性改革，落实“去降补”政策措施，有序化解煤炭行业过剩产能，关停龙固矿、沛城矿2家煤矿；商品房住宅去化周期降至6.87个月，库存总量位于合理区间；取消或停征涉企收费35项，有效降低了企业运行成本。深化农村综合改革，农村产权流转交易服务标准化国家试点稳步推进，全年实现交易额11.38亿元，农村产权交易市场建设综合考核全省第一；颁发土地经营权证692份，实现权证抵押贷款1.27亿元；农村集体产权制度国家级改革试点全面启动。深化“放管服”改革，政务服务“一张网”6大类1101项权力事项实现“不见面审批”，“3550”改革实现审批时间压减50%以上，沛县综合服务旗舰店PC端在全市率先上线，政务中心获批全省标准化试点单位。杨屯镇入围新一轮经济发达镇省级行政管理体制改革试点。深化投融资体制改革，成立5支产业发展基金支持实体经济发展；金融机构授信170亿元支持路网改造、水环境治理等项目建设，棚改基金、债券融资等6个直融项目顺利推进；实现企业股权融资1.4亿元，天鸿源新能源、鸿裕燃气、汉和电缆等77家企业在江苏省股权交易中心挂牌；PPP项目入省库18个、投资总量205亿元，其中敬安小城市建设、供热管网等5个项目已经成功落地；金融机构存款、贷款余额分别达到518亿元和269亿元，存贷比首次超过50%。

创新驱动势头更加强劲。自主创新力度加大，研发经费支出占GDP比重达1.93%，培育高新技术企业9家，获批省级引智项目14个，建成省级企业研发机构16家、省级众创空间4家；恒辉机械自动编织装备达到国际先进水平，金虹钢铁、铸本混凝土获批省两化融合贯标试点企业，中宇光伏等3家企业通过国家知识产权管理体系认证。引才战略成效明显，举办智汇沛县系列对接活动，新建校企联盟40家、大学技术转移中心2家，引进长江学者、国家“千人计划”专家4人，入选省市“双创计划”12人，与北大、清华等5所“双一流”高校合作共建学生实践基地；全县万人发明专利拥有量达到1.58件，获批国家知识产权强县工程试点县。

载体平台做优做强。“1+2+8”的园区发展格局基本形成。开发区加快国家级创建步伐，入驻国内外知名企业80余家，“一区多园三中心”布局加快构建，综合实力位列全省89家省级开发区第18位，宜沛共建园区综合考核居全省第20位、排名提升3位。沛北开发区创建省级开发区有力起步，初步形成高新技术、纺织加工、粮食物流加工、机械加工4个产业板块，拓正茂源、赛福纳米、江龙炭材等高新技术企业成功入驻。沛县高新区规划建设全面启动，完成一期拆迁20万平方米，润康药业等项目已经开工。张庄、敬安、鹿楼、安国等8个产业集聚区基础设施和服务功能加快完善。开放型经济取得新突破，完成实际到账注册外资1.65亿美元、增长26.6%，进出口总额32亿元、增长47%，服务外包执行额6000万美元，均超额完成市定任务。

（三）致力于提品质、优生态，城乡融合全面提速。围绕建设宜居宜业城市目标，大力改善城乡面貌和生态环境，走出了“生态+特色”的绿色发展新路子。

美丽城乡建设展现新貌。坚持高起点规划设计城市，沛县城市总体规划获批实施，中心城区控规、综合管廊专项规划编制和敬安小城市总规修编全部完成，城乡生产、生活、生态空间进一步优化。城市功能品质加快提升，县人民医院新院、新实验学校等功能项目主体完工，碧水绕城、汉兴公园、樊哙路等景观项目顺利推进，高标准完成鑫达园、江南山水等4个老旧小区改造，实施房屋征收160多万平方米，城市人居环境日益改善。城市管理水平不断提升，数字化城管平台高效运行，垃圾分类收集、生态化处理成效明显，荣获全国首批农村生活垃圾分类和资源化利用示范县。特色镇村建设扎实推进，沛城、大屯、安国建成首批省级生态文明示范镇，敬安辣椒科创小镇被命名为全省首批农业特色小镇，张寨陈油坊村获批全国一村一品示范村，朱寨甄楼村、五段西高庄村建成省级美丽乡村，鹿楼八堡村获批省级乡村旅游示范村，杨屯昭阳庄园被国家旅游局授予中国乡村旅游创客示范基地，五段神龙农庄荣获省四星级乡村旅游园区。

公共基础设施更趋完善。快速便捷的城乡路网加速形成，徐沛快速通道沛县段、湖西航道北段疏浚全部完工；省道427改建、省道253东环段改建加快推进；东风东路、汉城中路完成高标准改造，正阳路北延接通北京路；完成农村公路提档升级100公里，改造危桥60座，县道大中修工程全面建成通车。镇村公交全面开通，新增纯电动公交车300辆，新开通区域性公交线路14条，实施8条农工班线公交化改造。建成城市公共自行车系统，一期800辆自行车投入使用。水暖气管网建设与道路整修同步推进，改造城区供水管网78公里、雨污管网21公里，新增热力管网8公里，铺设天然气管网41公里，城市供气普及率达到80%。地表水厂二期及深度处理项目加快建设。

生态环境保护扎实推进。“263”专项行动取得阶段性成效，中央和省市交办的29件环境信访案件全部整改到位。扎实开展大气、水、土壤专项治理行动，精心打造江淮生态大走廊重要节点城市，荣获“2017年中国绿色发展优秀城市”称号。重拳出击大气污染“五项”治理，全年优良天数272天、优良率77.7%，保持全市领先，连续4年被评为省秸秆禁烧先进县。全面建立县镇村三级河长责任体系，加大微山湖水源地规划建设和保护力度，国考和省考断面水质稳定达标。统筹做好土壤污染防治和节约集约利用工作，荣获“省国土资源节约集约利用模范县”称号。“一湖四园四河四路”绿化工程有序实施，城区新改建绿地100万平方米，绿化覆盖率、绿地率和人均公共绿地分别达到45.29%、43.19%、14.84平方米。完成造林面积1.32万亩，新建更新农田林网5万亩，全县森林覆盖率达到23.39%。

（四）致力于惠民生、补短板，人民生活持续改善。落实以人民为中心的发展理念，积极办好为民实事，全力提升群众的幸福指数。

民生实事成效明显。78件民生实事基本完成，民生福祉不断改善。以富民增收为核心，全面落实创业带就业扶持政策，全年新增私营企业2265户、个体工商户9442户，新增注册资本195.83亿元；城镇新增就业9904人、登记失业率控制在2.02%，农村劳动力转移1.24万人，扶持自主创业4819人，获批全国第三批返乡创业试点地区。深入开展社会保险扩面工作，基本养老和基本医疗参保率分别达98.7%和99%以上。兜牢民生底线，保障性住房新开工4013套、建成3583套，解决了部分困难群众住房需求。扶贫脱贫精准到位，“阳光扶贫”监管系统上线运行，47个扶贫发展项目有序实施，9个省定经济薄弱村实现新“八有”目标，17个村级综合服务中心建成使用，发放扶贫小额贷款1.96亿元，全年完成低收入人口脱贫2.1万人。落实国家东西部扶贫协作要求，加强与麟游县在能源、文旅、教育等方面的合作，协调支持帮扶项目13个。

社会事业均衡发展。教育强基工程加快实施，新（扩）建中小学校8所，改造校舍面积8.35万平方米；高考文化一本上线率增幅居全市第二，中考总均分增幅全市第一；县中等专业学校成功创建

省高水平现代化职业学校、省机电实训基地和专业群，体育中学建成国家高水平后备人才基地。医疗卫生提升工程扎实推进，县人民医院与徐医附院建成紧密型医联体，县镇医联体发展到12个，家庭医生签约服务获评省卫计系统“十大创新举措”，并作为“沛县模式”在全市推广。公共文化服务体系不断完善，开展“纪念建军90周年群众歌会”等文化活动200余场，送戏下乡316场，送电影6494场，送图书1.5万册；成功承办全国技巧冠军赛、省跆拳道冠军赛，被授予中国蹦床与技巧项目高水平后备人才基地。文化事业蓬勃发展，成立沛县汉之源文化旅游发展有限公司，湖西农场生态休闲观光园、安国湖湿地扩建等6个市重点文化产业项目顺利推进，大风乐器列入2017年度中央财政文化产业发展专项资金扶持计划；第二部《沛县志》顺利出版。

社会治理全面提升。扎实推进文明城市创建，“好人沛县”品牌影响不断弘扬光大，沛城街道孔庄村获评全国文明村称号，出租车司机张涛当选“中国好人”，张景宏家庭获得首届全国文明家庭称号。平安沛县、法治沛县建设成效显著，建成市级以上法治文化示范点10个，执行工作全市领先，“两法衔接”走在全省前列，八类主要刑事案件发案率继续保持低位，湖区矿区连续15年保持和谐发展，公众安全感和群众对法治建设满意度分别达到96%、99%，两项指标创历史最好水平。常态化开展“四项督查”行动，高危企业和规上企业实现“智慧安监”全覆盖，安全生产形势总体平稳，全年未发生较大以上生产安全事故；食品药品监管体系更加完善，群众饮食用药安全得到有力保障。政府法制、人防、双拥、民族宗教、档案、审计、统计、老龄、青少年、妇女儿童、残疾人、慈善事业等工作也取得了新的成绩。

一年来，我们全面加强政府自身建设，服务效能不断提升，政务环境持续优化。常态化制度化开展“两学一做”学习教育活动，“马上办、盯紧干”的作风得到大力弘扬，组织、协调、督查“三大体系”充分发挥作用，政府各项工作得到高效推进和落实。高质量办理人大代表建议345件、政协委员提案102件，满意率达99%以上。扎实开展“百千万”大走访活动，领导接访和“每周有约”制度得到落实，群众问政问效、诉求表达的渠道更加便捷顺畅，一些社会关注度高的难点痛点问题得到解决。全面落实党风廉政建设责任制，严肃打击了一批侵占惠农补贴、违规办理低保的腐败行为。严格落实中央八项规定和省市县委十项规定，坚决防止和纠正“四风”新问题，有力营造了勤政廉洁、风清气正的政务生态环境。

我们也清醒地看到，经济社会发展中还面临着不少困难和挑战：发展不平衡不充分的问题比较突出，高水平全面建成小康社会的任务依然艰巨；发展质量和效益还不高，产业层次总体上处于中低端，主导产业核心竞争力不够强，科创平台集聚效应尚不明显，新增长点的支撑作用不足；城乡二元结构比较突出，提高城镇化质量、推进乡村振兴的双重任务十分繁重；生态欠账依然较多，群众对解决突出环境问题的要求越来越高；民生领域存在不少短板，群众的获得感还不够强，社会治理面临的深层次矛盾日益显现；一些政府工作人员的干事本领、担当意识与新时代要求还有不小差距。对这些问题，我们一定高度重视，采取有力措施，切实加以解决。

二、2018年工作任务

2018年是贯彻党的十九大精神的开局之年，是改革开放40周年，也是决胜全面建成小康社会、落实“十三五”规划承上启下的关键之年。综观沛县发展，我们进入了新的战略机遇期。我国经济发展已由高速增长阶段转向高质量发展阶段，随着供给侧结构性改革和乡村振兴战略纵深推进，新的增长动力加快形成，蕴含着许多新的重大机遇。国家“一带一路”倡议的深入实施、徐州淮海经济区中心城市建设的深入推进，都为我县发展创造了良好的外部环境。特别是经过多年发展，我县的产业竞争力、资源集聚力、发展支撑力显著增强，一批重大项目、龙头企业和重点园区正释放新的动能，必将为沛县“换道超车”、加快发展提供坚实的基础。尽管我们还面临不少困难和挑战，只要我们以高度的责任自觉和使命担当，坚持系统化思维、注重规律性把握，把宏观形势驾驭好，把叠加机遇利用好，把独特优势发挥好，就一定能够推动我县经济社会发展再上新的台阶。

今年政府工作总的要求是：**全面贯彻党的十九大精神和习近平总书记视察徐州重要指示，以习近平新时代中国特色社会主义思想为指导，坚持稳中求进工作总基调，坚持新发展理念，紧紧围绕“五位一体”总体布局和协调推进“四个全面”战略布局，紧扣社会主要矛盾变化，树立高质量发展导向，以供给侧结构性改革为主线，以“三地一新”为总抓手，全面做好稳增长、促改革、调结构、惠民生、优生态、防风险各项工作，促进经济社会持续健康发展，加快建设“强富美高”新沛县，在决胜全面建成小康社会新征程上谱写沛县发展新篇章。**

今年全县经济社会发展主要预期目标是：地区生产总值增长8.5%左右，一般公共预算收入保持增长，固定资产投资增长10%以上，社会消费品零售总额增长12%左右，进出口总额和实际到账注册外资完成市下达任务，全体居民人均可支配收入增长快于GDP增速，城镇登记失业率控制在4%以内，研发经费支出占GDP比重2%以上，节能减排完成市下达任务。

完成上述目标任务，我们将重点抓好以下六个方面的工作：

（一）坚持以质量效益为中心，加快建设现代化经济体系。以提振实体经济、做强主导产业、推进项目建设为重点，加快产业结构调整和发展动力转换，努力推动经济转型发展高质量。

聚力壮大产业集群。坚持扩总量、优存量、育增量同步用力，重点培育光伏光电、轻量化新型铝材、纺织新材料、高端装备制造、绿色食品等特色产业集群，大力发展大数据、新能源、新材料、新医药等新兴产业，着力推动新旧动能转换。光伏光电产业，加快推进中辉、鑫宇光伏电池片和中核建、嘉寓光伏组件等强链项目，打造国内有影响的一流光伏科技产业园；轻量化新型铝材产业，发挥珀然铝轮毂项目引领作用，带动铝加工产业向轻量化、高端化转型，做强省级新型铝材产业基地；纺织新材料产业，依托国家级粘胶纱生产基地，鼓励企业运用新装备、新材料、新技术，提升产品质量和档次，增强市场竞争能力；绿色食品产业，大力发展农产品精深加工、仓储物流、市场营销，打响沛县农产品特色品牌；高端装备制造产业，积极延伸产业链条，推进编织机械、灌排设备、电机设备、特种车辆等产品升级和规模扩大，形成装备制造业产业高地。加快发展现代服务业，突出抓好现代物流、金融服务、文化旅游、服务外包等产业发展，重点推进淮海经济区智慧物流园、红星美凯龙家居建材广场、中金国际、洲业汽车生活广场等服务业项目建设，擦亮“沛县服务”招牌。提升建筑业发展业态，成立建筑业产业基金，建设建筑总部经济园和绿色建筑产业园，向全省“建筑强县”迈进。

聚力改善产业环境。强化要素保障，运作好产业基金，加大对成长型、科技型、潜力型中小企业扶持力度。鼓励引导金融机构创新产品供给，转变服务方式，积极引进招商银行、广发银行、兴业银行、天风证券等金融机构来沛设立分支机构，健全支持实体经济发展的金融体系。创新融资机制，扩大直接融资规模，抓好企业上市、进军“新三板”和股权交易所等工作。继续推广运用PPP模式，广泛引进社会资本。深化政银企对接，完善担保机制，发挥好苏科贷、苏微贷、企业应急转贷资金等资金池作用，全力破解企业发展资金瓶颈。持续开展降低实体经济企业成本行动，打好组合拳，在减税、降费、降低要素成本上加大力度，为企业“松绑助力”。健全制度化政企互动机制，为企业提供更加精准、更加高效的服务。大力弘扬企业家精神，支持引导企业专注做标准、提质量、创品牌，着力培育一批行业领军企业、标杆企业和龙头企业。主动防范化解风险，把防范金融风险摆在首要位置，强化诚信意识，打击非法集资，加强互联网金融监管，营造良好的金融生态环境。

聚力攻坚重大项目。持续把主要精力向大项目集中、工作重心向大项目集聚、资源要素向大项目集结，完善领导包挂联系、分级协调制度，落实“123”工作法，加速推进总投资1261亿元的387项重大项目，力促一批重大项目尽早达产达效，确保经济发展当前有活力、未来有后劲。抓牢招商引资“生命线”，围绕产业规划，编制完善项目清单和招商地图，紧盯世界500强、行业100强和“国字头”、“中字号”企业，强化产业链招商、驻点招商、委托招商，加快引进一批上下游配套、基地型和现代供应链项目。加快载体平台建设，举全县之力创建国家级开发区，推进开发区业态提升、配套完善、机制创新、产城融合；全力支持高新技术产业园、沛北经济开发区2个园区创建省级园区，提升其他镇级产业集中区建设水平；加快推进金融中心、科创中心、总部经济中心、物流中心建设，做强要素集聚服务平台；进一步加强宜沛两地在招商引资、产业转移等方面的合作，加快提升宜沛共建园区竞争力。

（二）坚持以内涵提升为突破，加快建设徐济之间现代化中心城市。更加注重把传承历史文脉与建设现代城市有机融合，以城市彰显文化，以文化塑造城市，让文化成为城市的名片，让我们的城市有个性有品位、有魅力有活力。

彰显城市文化品牌。围绕汉文化、水文化、好人文化“三张牌”，讲好沛县故事，建出城市特色。深入挖掘汉文化资源，精品打造刘邦古村、五里三诸侯文化园、吕母冢遗址公园、泗水亭等汉文化景点，提档升级汉城、沛公园等汉文化景区，在城市设计、建筑设计、景观风貌等方面，充分体现汉文化元素，展现“两汉源头”的独特魅力。强化滨湖亲水优势，实施引湖入城规划，依托水韵景观优化城市布局，加快实施湖西滨湖小镇、千岛湿地度假区、安国湖湿地、城区水系优化等项目，把微山湖、大运河、大沙河等不同形态的水文化融入城市建设之中，努力打造江淮生态大走廊上的水润生态之城。发挥好人文化在城市文化建设中的引领作用，用身边好人传递道德力量，用凡人善举凝聚价值共识，推进社会主义核心价值观本土化、大众化、生活化，努力培育奋勇争先、向善向上、互助友爱的城市内涵。加快完善县镇村三级公共文化服务体系网络，深入实施“文化惠民”工程，建设县广电传媒中心等公共文化服务设施，广泛开展全民健身和全民阅读活动，办好“刘邦文化节”，丰富群众性文化活动。培育文化产业体系，塑造新型文化业态，促进文化与旅游、科技、创意等融合发展。

完善城市功能设施。以路网、管网、信息网和棚户区、老小区、商贸功能区“三网三区”为重点，实施85项城乡建设重点工程，加快城市空间更新和设施配套，提升城市功能品质。路网建设坚持“建拓改延”相结合，推进国道518沛县大屯至微山湖段改扩建、省道427改扩建、沛公路西延、汉源大道南延、红光路北延等道路建设工程，形成内顺外畅的城市路网体系。管网建设注重统筹规划和建设管理，有序推进城区供热管网铺设，加大城区易淹易涝片区治理，同时从严执行城市地下管线管理办法，解决好“马路拉链”问题。信息网建设围绕打造“智慧沛县”，完善信息网络基础设施，建设大数据中心、云计算中心，推进智慧健康、智慧教育、智慧交通、智慧环保等重点项目，提高城市运行效率和公共服务水平。围绕城市更新，组织实施19个棚户区改造项目、完成房屋征收130万平方米，全面整治改造阳光小区、鑫粮苑、城市花园等8个老旧小区，切实改善居民居住条件和生活环境。商贸功能区突出发展南环物流集聚区、中心商务区等特色服务业态，加快九龙城新都汇、雨润商业综合体、城区睦邻中心、鼓楼国际广场、大风歌国际农产品物流园等项目建设，提升商贸服务功能。

长效推进城市治理。突出文明化、精细化、智慧化“三化治理”，推动城市环境面貌和治理水平整体提升。深化省文明城市创建，坚持政府推动和社会参与相结合，坚持全面加强与重点突破统筹推进，切实抓好城市出入口形象提升、主次干道环境整治、景区亮化美化、小区环境整治等工作，真正把文明创建做到点子上、落到关键处，让市民共建共享文明成果。坚持精细化管理，深化城市管理执法体制机制改革，积极推行“公安+城管”联勤联动机制，常态化整治占道经营、出店经营、流动摊点等城市“顽疾”。加快城区停车场规划布点，新增道路施划停车位2000个，有效缓解停车难问题。加快建设“公园绿地10分钟服务圈”，新改建街头游园6处，增加公园绿地面积3.3万平方米，让大多数市民出行500米可享休闲绿地。积极推动数字城管向智慧城管升级，不断提高城市管理水平。

（三）坚持以乡村振兴为抓手，加快推进农业农村现代化。系统把握“产业兴旺、生态宜居、乡风文明、治理有效、生活富裕”的总要求，科学制定乡村振兴具体行动计划，在推进农业产业化、转变农业生产经营方式、加快农村基础设施和公共服务设施建设等方面下更大功夫，推动农业农村发展高质量。

加快现代农业发展。深化农业供给侧结构性改革，坚持质量兴农、绿色兴农，加快推进农业结构调整，着力构建现代农业产业体系、生产体系、经营体系，促进农村一二三产融合发展，提高农业综合效益和竞争力。实施“2811”工程，重点打造大沙河和徐沛快速通道两大产业带，做强绿色稻米、优质果品、生态肉鸭、养生牛蒡、辣椒制种、设施西瓜、高效芦笋、特色水产8个特色产业集群，提升农产品加工物流园，拓展上海外延蔬菜基地。积极探索“农业+旅游”“农业+互联网”等新路径，大力发展休闲农业、乡村旅游、农村电商为代表的新产业新业态，打造杨屯昭阳庄园、五段水街、胡寨淮海现代农业等一批田园综合体，培育农村经济发展的强引擎。积极推行农产品标准化生产，实施品种改良、品质改进、品牌创建，提高农产品品质和市场知名度。建设国家农业可持续发展试验示范区重点县，力争高标准农田占比达63%，农业生产机械化水平达到92%。围绕推进小农户与现代农业有机衔接，积极培育新型职业农民，持续壮大家庭农场、农民专业合作社等新型农业经营主体，强化现代农业经营体系支撑。

推动镇村特色发展。加快敬安小城市建设，抓好小城市创建试点PPP项目，提升综合功能和建设品质，示范带动中心镇、特色镇发展。扎实推进五段镇、河口镇孟庄新型社区和张寨镇陈油坊村等特色村庄建设，打造一批规模适中、功能齐全、产业兴旺、环境优美的新型社区和特色田园村落。加快建设安国汉之源文化小镇、杨屯光伏小镇等特色小镇，广泛开展乡村振兴示范村创建活动，形成一批“产、城、人、文”四位一体有机结合的振兴功能平台。总结推广沛城李集开展群众性文化活动的经验做法，注重文化立村、文化兴村，建强乡村文化阵地，弘扬优秀传统文化，倡导现代文明风尚，让农民既有宽裕的物质生活，又有良好的精神风貌。健全“一核三体”机制，构建党政主导、农民主体、社会协同，自治、法治、德治相结合的乡村治理体系，完善村规民约，形成规范有序、充满活力的乡村治理机制。

促进城乡基础设施互联互通。健全城乡融合发展的体制机制，统筹城乡发展规划，逐步实现一体设计、多规合一。加快补齐农村基础设施建设短板，促进优质公共服务向农村延伸，改善农民生产生活条件。完善水利基础设施，加快实施湖西洼地治理、郑集河输水扩大、国家高效节水灌溉等农水工程。加大农业综合开发，加强高标准农田改造和粮食高产示范创建，推进粮食生产全程机械化，保护和提高粮食综合生产能力。扎实推进“四好农村路”建设，加快实施农村公路提档升级三年行动计划，年内完成农村公路提档升级100公里。落实“一事一议”财政奖补政策，修建乡村道路160公里。突出抓好城乡环卫一体化、垃圾分类减量、城镇污水管网建设、农村改厕提档升级等工作，完成镇级污水处理厂提标改造，大力改善乡村人居环境。

扎实推进脱贫攻坚。坚持精准扶贫、精准脱贫，强化产业带动、就业创业、教育助力、健康援助、金融助推、保障兜底和党员干部结对帮扶等工作措施，确保完成年度脱贫攻坚任务。抓好产业扶贫关键，实施“一镇一业”“一村一品”产业扶贫行动，完成土地股份合作社、光伏发电等28个扶贫发展项目，促进村集体和低收入人口增收，确保9个经济薄弱村实现“新八有”。深化农民工等人员返乡创业国家试点县工作，支持贫困户、低收入人口从事现代农业生产、农村电子商务等新业态，以创业促进增收。抓好沛县麟游结对帮扶工作，推动帮扶协作工作取得实际成效。

（四）坚持以改革创新为驱动，加快释放区域发展活力。深度对接国家和省市重大战略部署，纵深推进重要领域和关键环节改革，深入实施创新驱动发展战略，加快集聚各类创新资源，不断增创经济发展新优势。

全力推进科技体制改革。突出抓好“深化科技体制改革，创新驱动城市发展”新一轮牵引性改革，加快构建“产业+企业+平台+人才+载体+金融+政策”产业科技创新生态系统。加强创新平台建设，努力打造高端技术、高端产业、高端人才聚集的重要载体。突出企业自主创新，培育以创新型领军企业、科技“小巨人”企业和高新技术企业为主体的创新型企业集群，累计培育创新型领军企业2家，“小巨人”企业6家，国家高新技术企业力争达到40家。鼓励企业建设高水平企业研发机构，抓好研发平台提质升级，积极争取国家工程技术研究中心和省级企业重点实验室等高端平台落户。深化政产学研合作，发挥科技镇长团作用，推动校地校企产学研合作，年内开展产学研活动不少于10次，建立“校企联盟”25个以上。突出高端人才引进和培养，出台更具吸引力的“高精尖缺”人才引进培养政策，确保人才引得进、留得住、用得好。年内引进两院院士、“千人计划”专家等领军人才2名，海内外高层次创新创业人才20名。

着力深化“放管服”改革。扎实推进相对集中行政许可权改革，落实“3550”审批时限，优化审批流程，提升服务效能；完善政务服务“一张网”建设，实现“网上办、集中批、区域评、快递送、不见面”；开发“沛县综合服务旗舰店”特色服务，推动公共服务事项下沉到镇村，解决政务服务“最后一公里”问题；健全“双随机一公开”工作机制，加强事中事后监管，规范监管行为，全面纠正监管漏洞，保证政府治理体系的良性运行；推行企业准入“多证合一、证照联办”，推进工商注册制度便利化；加强公共资源交易平台整合，实现管理体制、信息平台、规则制度、运行机制“四个一体化”目标，促进公共资源交易更加规范透明。

全面深化农村改革。稳步推进农村集体产权制度改革，抓好清产核资、成员界定、资产量化、股权设置、建立经济组织、权能改革等主要内容和关键环节，盘活农村“沉睡”资产，增加农民财产性收入。积极推进全国农村产权流转交易服务标准化试点工作，提升县镇农村产权交易平台建设水平，实现所有镇村交易全覆盖。继续抓好国家农村承包地经营权抵押贷款试点县建设，推进农村金融服务方式创新，建立适合农业农村特点的农村金融体系，提升金融服务乡村振兴的能力。组织实施杨屯镇新一轮经济发达镇行政管理体制改革，建立简约精干的组织架构、务实高效的用人制度、适应发展实际的行政管理模式。

（五）坚持以绿色发展为引领，加快打造生态宜居环境。顺应人民群众对良好生态环境热切期盼，全力推进国家生态文明建设示范县创建，让沛县的天更蓝、水更清、地更绿、空气更清新。

加大污染防治力度。深入开展“263”专项行动，坚决打好治气、治水、治土三大战役。大气污染防治突出抓好工业废气治理、燃煤锅炉整治、建筑工地扬尘、机动车尾气治理、餐饮油烟管理、秸秆禁烧和综合利用等工作，确保空气质量优良天数达到省市考核标准，打赢蓝天保卫战。水污染防治突出抓好黑臭河道整治，全面推行河长制，实施生态河湖行动计划，保持国控、省控断面水质稳定达标。土壤污染防治突出抓好污染土壤修复治理和畜禽养殖污染治理，增强生态产品生产能力。

推进低碳城市建设。加快发展低碳循环经济，全面落实主体功能区生态空间规划和管制措施，严守土地、生态、基本农田、城市发展边界“四条红线”，完善生态空间管控体系，控制生态空间开发强度。实施招商项目负面清单制度，严把“产业导向、项目准入、节能减排”3个关口，坚决杜绝“三高一低”项目。加强公共机构节能管理，倡导简约适度、绿色低碳的生活方式，推广工业节能、绿色改造、清洁生产，降低单位GDP能耗、水资源消耗。推进循环经济产业园建设，完成“四废”协同处置中心建设。高标准实施“一廊七园十路”绿化工程，年内新增改建绿地面积100万平方米。持续推进农村绿化，实施农村交通干线林带建设工程，新增造林绿化面积1万亩，新建更新农田林网5万亩，森林覆盖率增加0.5个百分点。

做好矿地融合文章。科学编制《矿地融合发展战略规划》，融合城市总体规划、土地利用规划、产业发展规划等，健全沛北国土空间规划体系，优化矿产资源和土地资源结构布局，构建新型沛北空间格局。加快推进土地综合整治和耕地保护、绿色矿业、信息化与科技创新等4大类17项重点工程，统筹推进沛北矿区矿产资源开发、采煤塌陷地复垦、环境生态修复，优化矿区产业、基础设施和村庄布局调整，积极推进国家重点采煤沉陷区综合治理试点，创建国家绿色矿业示范区和省矿地融合示范区，初步形成可复制、可推广的矿地融合发展新模式。

（六）坚持以民生幸福为导向，加快提升社会事业发展水平。聚焦补齐民生短板，办好总投资28.5亿元的115项为民实事，千方百计增进民生福祉，不断提高群众获得感、幸福感和安全感。

全力办好民生实事。实施更加积极的就业扶持政策，抓好下岗职工、建筑业农民工、退役士兵等重点群体的就业技能培训，全年新增就业8000人以上。鼓励创业带动就业，推进创业型街道（镇）、社区（村）和园区创建工作，激发大众创业、万众创新热情。持续开展社会保险扩面征缴工作，重点推进农民工、灵活就业人员和自由职业者等群体参加社会保险，城乡居民养老保险参保率98%以上、发放率99%以上。加大保障救助力度，提高城乡低保、农村五保、孤儿供养标准，抓好特困群体生活救助和困境儿童救助，落实特殊困难残疾人生活补贴和重度残疾人护理补贴制度。深化殡葬改革，促进殡葬事业科学发展。继续推进住房保障和供应体系建设，完善保障性住房准入退出机制，加快建立多主体供给、多渠道保障、租购并举的住房保障制度。稳步推进地表水厂二期及深度处理、第二地表水厂、区域供水、两网搭接等工程建设，全面完成农村小水厂整合重组，实现“同水源、同管网、同水质、同服务”的城乡供水一体化。

优化公共服务供给。优先发展教育事业，统筹城乡教育发展，实现更高水平的优质均衡。全面加强教师队伍建设，实施教育质量提升三年计划，设立教育发展奖励基金，鼓励教师专业发展。调整优化教育布局，实验小学、汉源小学、新城实验学校扩建工程年内建成使用，汉润小学、汉兴小学、北孔庄小学、大屯中心小学等新建工程启动推进。实施学前教育提升计划，逐步加大幼儿教师配备力度，新改建幼儿园51所，创建省市级优质幼儿园16所。大力发展职业教育，积极创建省现代化示范性职业学校。完成特教中心迁建工作。开展“健康沛县”行动，深化综合医改，抓好分级诊疗制度建设，建立现代医院管理制度。发挥医联体综合效应，促进优质医疗资源均衡分布，提升基层医疗卫生机构服务水平。加快建设县妇幼保健院、嘉华老年护理院，实施村级卫生室标准化建设工程，县人民医院新院投入使用。鼓励社会资金进入养老、医疗等领域，构建医养融合一体化养老服务体系。大力发展社会福利事业，抓好夕阳红护理中心运营和农村敬老院升级改造，推进居家养老项目建设和居家养老服务业发展。建成应急广播体系。加强档案保护和利用，加快档案信息化建设。统筹抓好统计、物价、民族宗教、老龄、妇女儿童等其他各项工作。

积极创新社会治理。持续加强平安沛县、法治沛县建设，创新网格化社会治理机制，建设县镇村三级智能化管理平台，加快形成共建共治共享的社会治理格局。加强基层治理探索，做好“政社互动”和社区减负增效工作，推动社区服务规范化。加强社会治安综合治理，实现公共安全视频监控联网应用，构建立体化信息化社会治安防控体系，严厉打击各类违法犯罪行为。扎实推进司法体制改革，规范执法司法行为，推进公共法律服务体系建设。加强和改进信访稳定工作，完善矛盾纠纷多元化解机制，依法解决合理合法诉求，依法处理违法信访行为。扎实开展“七五”普法，促进全民守法。全面落实双拥优抚安置政策。牢固树立安全发展理念，严格责任落实，强化监管执法，创新监管模式，建立长效机制，着力从源头上消除各类安全隐患，坚决防范各类安全事故发生。强化市场监督管理，严厉打击食品药品安全违法行为。完善预警信息发布机制，提升公共安全和防灾减灾救灾能力。加强应急培训和预案演练，提高应急处置水平。继续保持湖区矿区繁荣稳定。

三、加强政府自身建设

建设人民更加满意、更加信赖的人民政府，始终是我们的不懈追求。面对新形势、新任务，我们将以更优的作风、更好的状态、更实的举措，加快转变政府职能，全面提升治理能力和服务水平，不断开创各项工作新局面。

强化宗旨意识，打造责任政府。牢固树立以人民为中心的发展思想，始终把人民的幸福感、获得感作为工作标准，时刻把群众的操心事、烦心事放在心上。坚持问政于民、问需于民、问计于民，放下架子、扑下身子，以主动作为回应民意关切，以深入调研提高决策水平，真正把为人民造福的事情办好办实。完善群众诉求表达和联动回应机制，进一步提高“12345”政务热线服务质量，保证群众诉求“事事有回音、件件有着落”，以公务人员的“辛苦指数”提升人民群众的“幸福指数”。

加强依法行政，打造法治政府。强化法治意识，细化权责清单，提高运用法治思维和法治方式推动工作的能力和水平。健全依法决策机制，完善决策程序、议事规则，发挥好政府法律顾问作用，加强政府合同、规范性文件合法性审查，确保政府决策合法民主科学。自觉接受人大法律监督、工作监督和政协民主监督、社会监督，认真办理人大代表建议和政协委员提案，不断提高落实率和满意率。深化政务公开、信息公开，完善政府信息公开和新闻发布制度，让行政权力在法治轨道上公开透明运行，以政府的“法治指数”提升社会的“公平指数”。

主动担当作为，打造效能政府。按照既要政治过硬，也要本领高强的要求，不断加强学习型队伍建设，提升工作能力，增强创新本领。弘扬敢于担当精神，落实鼓励激励、容错纠错、能上能下“三项机制”，真正为流汗者鼓劲、为实干者撑腰，让敢担当、有作为蔚然成风。强化“钉钉子”精神，弘扬“马上就办、真抓实干”工作作风，确保政府各项工作高效推进、有效落实。完善政府工作推进、协调、督查体系，落实好重点工作定期调度制度，加强绩效考评与政务督查，以政府的“效率指数”提升经济社会的“发展指数”。

严格正风肃纪，打造廉洁政府。认真开展“不忘初心、牢记使命”主题教育，推进“两学一做”学习教育常态化制度化。自觉遵守党的政治纪律和政治规矩，树牢“四个意识”，认真履行“一岗双责”，严格执行《廉洁自律准则》，以更高标准抓好党风廉政建设。坚持用制度管权管事管人，加大对国有资产资本、公共资源交易的行政监察和审计监督力度，落实审计问题整改，强化审计监督全覆盖。厉行勤俭节约，严控“三公”经费支出，驰而不息纠正“四风”，坚决防止“四风”问题反弹回潮。加强廉政教育，强化廉洁执法，坚持无禁区、全覆盖、零容忍整治腐败问题，以政府的“清廉指数”提升人民群众的“满意指数”。

有关名词解释

1. **“3550”改革：**开办企业3个工作日内完成、不动产登记5个工作日内完成、工业建设项目施工许可50个工作日内完成的改革目标。

2. **“263”专项行动：**“两减”即减少煤炭消费总量、减少落后化工产能，“六治”即治理区域水环境、治理生活垃圾、治理黑臭水体、治理畜禽养殖污染、治理挥发性有机物污染、治理环境隐患，“三提升”即提升生态保护水平、提升环境经济政策调控水平、提升环境执法监管水平。

3. **“四项督查”：**环境保护督查、安全生产督查、食药安全督查、信访稳定督查。

4. **“三高一低”项目：**高耗能、高污染、高危险、低效益的项目。

5. **“百千万”大走访：**“百家机关联百镇、千名干部进千村、万名党员入万户”集中走访帮扶活动。

6. **“一核三体”机制**：“一核”指以村党组织为领导核心，“三体”指以党群议事会为议事主体、村民委员会为执行主体、村务监督委员会（小组）为监督主体。

7. **“四好农村路”**：建好、管好、护好、运营好农村公路。

8. **“一廊七园十路”绿化工程**：“一廊”指大沙河花廊，“七园”指汉兴公园、吕母冢遗址公园、东风公园、滨河公园（三期）、汉城公园、西关闸游园、萧何路游园，“十路”指东环路、南环东延段、西北绕城、徐沛快速通道、高速公路鹿楼出入口、汤沐路、汉源大道南延段、易龙新汉城东侧道路、滨河北路、五中东侧道路。

泗水亭

农民变“股民” 资源变资本
——沛县农村集体产权制度改革思路创新彰显特色

近年来，沛县通过颁发土地经营权证，全面启动新一轮农村综合改革。到目前，沛县培育发展家庭农场1508家，流转土地面积51万亩，占全县耕地面积的54%，实现家庭农场人均纯收入高于全县人均纯收入10%以上，带动农业发展路径从产量导向向品质导向转变，促进了全县现代农业高效发展、融合发展。

制度创新激发生产活力，沛县家庭农场制度创新另辟蹊径，彰显特色。即搭建产权交易平台，确保农地规范有序流转；创新土地经营权证抵押贷款，破解资金瓶颈；建立全方位服务体系，营造持久发展的软环境；强化规范管理，促进家庭农场健康发展。

根据中央要求，作为试点县，沛县将进一步在确认农村集体成员身份、有序推进经营性资产股份合作制改革、赋予农民对集体资产股份权能、发挥农村集体经济组织功能作用、多种形式发展集体经济等五个方面进行积极探索。

摸清家底确权到户　释放土地活力

作为江苏省农业大县，沛县一直努力探索创新农业经营方式。“加快培育发展家庭农场是适应市场经济发展要求，转变农业生产经营方式，实现农业现代化的重要选择，也是解决农民增收、农村建设问题，实现城乡发展一体化的重要抓手。”

早在2014年9月16日，沛县就以政府信用为担保，由县长吴卫东为大屯镇贾庙村先栋家庭农场主蔡先栋颁发了沛县1号农村土地经营权证，全面启动新一轮农村综合改革，破除制约农村发展的瓶颈难题。

家庭农场由于规模较大，管理精细，机械化程度高，降低了生产成本，提高了规模效益。沛县示范家庭农场人均纯收入达2万元以上，高于全县农民人均纯收入40%以上。土地流转后，农民每亩能得到800元至1200元流转费用，还能从土地中脱身，季节性打工增加收入。沛县大屯街道王坑村村民王敬启一家6口人，过去经营6亩地，年毛收入不足7000元，流转后，每年有6000元地租纯收入，加上全家打工收入，年收入达15万元。

家庭农场在种养技术运用、机械化应用、品牌打造、农产品深加工等方面更具优势。沛县不定期针对家庭农场开展培训，引导农场主科学种植，有效带动农业发展路径从产量导向向品质导向转变。沛县小康农作物种植家庭农场主袁东异，流转土地发展订单农业，为日本、德国的企业种植山药、洋葱、牛蒡等有机蔬菜，走出了让农业增效益的路子。还有部分家庭农场探索农业融合发展，将水产养殖、休闲垂钓、瓜果种植有机结合，引入农家乐和休闲农业，有效带动乡村旅游产业发展。

制度创新分类改革　多方探路分步推进

规范的农地流转是家庭农场有序发展的基础。围绕“确实地、赋真权、准登记、颁铁证”目标，沛县组织1万多人深入23万农户家中调查核实，对100多万个地块进行测绘制图，并以沛县县政府名义颁发“农村土地承包经营权证”，证书上既有二轮承包面积数又有实际使用面积数。农地的确权颁证，使广大农民吃下了“定心丸”，从而放心大胆地把土地流转出去，且无后顾之忧。

产权交易中心是农地规范有序流转的平台。以政府信用为担保，为农业新型经营主体颁发农村土地经营权证，在江苏省属首创。创新设计经营权证办理“五步工作法”，使土地流转走向标准规范、统一有序，避免各行其是，更不允许侵害百姓利益。

充足的资金保障是家庭农场快速发展的关键。出台《沛县农村土地经营权抵押贷款管理办法（试行）》，县财政拿出1000万元，与邮储银行、农商行和农发行合作建立风险补偿基金。沛县还成立汉润农村土地流转经营有限公司，由县财政注入资金1亿元，在各镇设立分公司，在村居设立服务站。公司主要对全县以家庭农场为主的新型农业经营主体提供资金和融资担保服务；对出现不良经营的土地进行托底接管，由公司自身经营或再次流转经营。

全方位服务是家庭农场持续发展的保障。政府部门重点做好家庭农场的基础服务，创建农村综合信息服务平台，扶持有条件的家庭农场建立网络营销平台，开展农产品同城配送业务。全面落实生产设施用地和附属设施用地有关政策，为家庭农场发展设施农业提供用地保障，帮助农场解决了附属设施难题。

试点探路民主讨论　确保农民财产权利

据了解，目前，农村集体产权制度改革中还面临一些难题，需要通过试点试验来寻找答案。按照中央精神，要把选择权交给农民，由农民选择，而不是代替农民选择。沛县在试点过程中，涉及成员权利的重大事项都要实行民主决策，对于成员身份确认、资产股权的设置等重大问题全部交由农村群众民主讨论决定。

确认成员身份后，农村新增人口还是不是集体成员？根据新制订的《沛县农村集体产权制度改革试点工作实施方案》，沛县提倡农村集体经济组织成员家庭今后的新增人口，通过分享家庭内拥有的集体资产权益的办法，按章程获得集体资产份额和集体成员身份。

农民持有集体资产股份是否可以有偿退出，是否有范围限制？根据沛县《试点方案》，股权设置以成员股为主，农村集体经营性资产的股份合作制改革，必须体现成员集体所有和特有的社区性，只在农村集体经济组织内部进行。股权管理提倡实行不随人口增减变动而调整的静态管理模式。

经营性资产股份合作制改革还涉及股权设置的问题，改革后还要不要保留集体股权？根据沛县《试点方案》，农村集体经济组织是集体资产管理的主体，清产核资后全部成立（股份）经济合作社，把农村集体资产的所有权确权到不同层级的农村集体经济组织成员集体，并依法由农村集体经济组织代表集体行使所有权。鼓励有条件的村居积极探索村民委员会事务和集体经济事务分离。

沛县《试点方案》还提出，要从实际出发探索集体经济发展有效途径。利用未承包到户的集体荒地、滩涂、果园、养殖水面等资源，集中开发或者通过公开招投标等方式发展现代农业项目；利用生态环境和人文历史等资源发展休闲农业和乡村旅游；在符合规划前提下，利用闲置的各类房产设施、集体建设用地等，以自主开发、合资合作等方式发展相应产业。

沛县县委书记李淑侠表示，无论怎么改，都不会把集体经济改弱了、改小了、改垮了；无论怎么改，都不会把农民的财产权利改虚了、改少了、改没了，更不能让老百姓吃亏。要通过改革试点，为沛县土地经营权流转奠定更加坚实的产权基础，让"静止"的土地更好地"活起来"。

沛县加强改革引领发展加快创新推动转型

沛县县委书记李淑侠谈沛县如何打造淮海经济区特色产业基地，建设滨湖亲水生态魅力城市。

一城好水、两汉源头是江苏沛县的城市名片

沛县滨湖亲水，生态优美。沛县地处江淮生态大走廊重要节点，东倚中国北方最大淡水湖微山湖，西有百里大沙河、京杭大运河穿境而过，坐拥万顷微山湖、10万亩采煤塌陷地，近年来相继荣获"中国区域休闲旅游目的地城市""中国最佳历史文化旅游名城""中国最佳生态旅游县"等称号，并成功通过国家生态县验收。

沛县历史悠久，文化灿烂。秦时置县，是汉高祖刘邦故里，以汉文化发源地著称四海，素有"千古龙飞地，一代帝王乡"之美誉，是全国著名的武术之乡、冠军之乡、书画之乡、古筝之乡。

党的十八大以来，沛县县委、县政府深化改革，创新发展，砥砺前行，奋勇争先，取得了不俗的业绩。2017年，完成地区生产总值756.32亿元、增长8.6%；一般公共预算收入54.46亿元，增长5%。沛县在全国第十七届县域经济与县域基本竞争力百强县排名居第46位，是江苏重要的能源基地、中国新型铝材产业基地、中国粘胶纱生产基地县、国家现代农业示范基区、国家农业产业化示范基地、全国农产品加工创业基地。

抢机遇抬标杆　乘势而上开创新局面

国务院正式将徐州确立为淮海经济区中心城市，既是历史给予徐州的一个机遇，也是给予沛县的一个机遇。可以预见，未来徐州的发展必将插上腾飞的翅膀，沛县也必将在这新一轮改革发展中实现突破与升华，开创转型发展新局面。

2016年，江苏省第十三次党代会作出了"聚力创新、聚焦富民，高水平全面建成小康社会"的战略部署，指明了江苏未来5年的发展方向。省委书记李强要求徐州在苏北决胜全面小康征程中发挥领军作用，在推动淮海经济区建设进程中发挥龙头作用，在更好地营造真干事能干事干成事的浓厚氛围中发挥先行作用。这是省委赋予徐州的光荣使命，是引领徐州今后发展的行动总纲。徐州市委、市政府要求沛县在徐州发挥"三个作用"中勇挑重担、走在前列，市委书记张国华、市政府市长周铁根对沛县未来的发展更是寄予厚望，充满期待。

围绕落实"两聚一高"、发挥"三个作用"，结合实际，沛县确立了加快打造淮海经济区最具竞争力新型工业化基地、徐（州）济（宁）之间最具带动力宜居宜业福地、微山湖畔最具幸福感平安之地，营造风清气正干事创业充满活力的政治新生态"三地一新"的发展目标，明晰了沛县在全国、江苏及周边发展格局中的历史方位，明确了在苏北、徐州发展格局中的目标定位。一年多来，沛县紧扣这一目标，聚力创新强县，聚焦创业富民，统筹推进各项工作，全县呈现出经济运行向好、基础建设提速、环境保护加力、改革开放深化、人民生活改善、党的建设加强的良好局面。

抓创新促转型　加快推进新型工业基地建设

县域经济要发展，产业基础是关键。党的十八大以后，特别是去年以来，沛县坚持把改革创新作为驱动发展的"拉动力"，以经济开发区为主战场，吹响了“工业兴县、产业强县”的战略集结号，各板块竞争力加快提升，新的增长点不断涌现，工业经济持续攀升，全县空间定位清晰、产业结构合理、载体支撑有力的发展格局正在加速形成。

在特色产业培育方面，沛县以《中国制造2025沛县行动纲要》为引领，以高端高新为方向，着力做大做强主导产业。加快传统产业转型和新兴产业培育，初步形成了以新能源、新材料、新型铝材加工、生物医药、光伏光电、装备制造为主导的现代工业体系。重点培育和打造新能源、新型铝材、农副产品加工、轻工纺织、装备制造5个百亿级产业集群。2016年，沛县获批“中国粘胶纱生产基地县”，申报了光伏光电、排灌装备、绿色建筑、节能环保4个省级先进制造业基地，一批特色产业基地呼之欲出。商务服务、电子服务、软件和服务外包等新兴服务业加速发展，“333”现代服务业体系加快构建，服务业已成为支撑县域经济快速发展的中坚力量。

在抓项目增投入上，立足沛县的产业基础和资源禀赋，成立铝加工、轻工纺织、光伏光电等7个产业指挥部，强化“单月签约、双月开工、季度观摩评比考核”工作机制，围绕大数据、云计算、新能源、新材料、装备制造等新型产业，开展“全链条、全要素、全服务、无障碍”立体招商，国机、中核建、中粮等一批国字号企业落户，洲业汽车广场、珀然铝轮毂、鑫宇光伏等一批大项目落地。

栽下梧桐树，方能引得凤凰来。沛县还着力打造产业承载平台，坚持举全县之力建设开发区，突出主导产业集群发展方向，着力构建“一区多园三中心”布局，推动资源、要素、项目向园区集中，形成了1个省级经济开发区和10个产业集聚区错位发展、特色发展的“1+10”发展构架。大成航空、龙工场（淮海）跨境电商产业园等项目落户科创园，润康医药等项目落户高新技术产业园，经济开发区累计入驻国内外知名企业387家，其中上市公司投资项目14个。做细做优人才服务平台，做实做精科技创新平台。先后与中南大学、上海交通大学、西安交通大学等11所高校院所开展产学研交流对接，签订校地、校企合作协议6份，校企联盟18家。江苏省创新型试点县通过专家评审，“沛筑”荣获中国发明创新金奖。沛县特色禽畜星创天地（汉戌堂）获国家级星创天地称号。“产业+企业+平台+人才+载体+金融+政策”的产业科技创新生态系统加快形成。

强生态创特色　打造江淮生态走廊“绿色地标”

良好的生态环境是最公平的公共产品，也是最普惠的民生福祉。沛县将深入领会习总书记“绿水青山就是金山银山”的重要思想，坚持把“生态”作为根本依托和最大优势，巩固提升国家级生态县创建成果，着力做好“生态+特色”大文章。

首先是打造江淮生态大走廊沛县绿色名片。坚持“生态优先、绿色发展”，把融入江淮生态大走廊作为生态建设的龙头工程，主动融入“徐州生态圈”和大走廊建设，探索“生态+特色+产业+廊道”发展路径，努力走出一条彰显时代和地域特色的生态经济绿色发展之路。

其次是大力发展生态经济，彰显绿色生产之美。沛县将以供给侧结构性改革为主线，积极培育产业新业态、新模式和新技术，推行绿色制造、绿色施工、绿色出行，提升生态经济创新开放水平，推动产业绿色化、低碳化、智能化发展。依托采煤塌陷地的综合利用，打造光伏光电产业示范基地，建设沛北生态经济功能区，打造矿地融合发展示范区。

再次是优化空间布局，彰显绿色家园之美。按照标本兼治、城乡并治的思路，严守土地、生态、基本农田、城市发展边界“四条红线”，科学合理布局和优化生产空间、生活空间、生态空间。紧密围绕采煤塌陷地修复，建设“沛县生态圈”，建立集环境补偿、资源补偿、用地保障、失地农民生活保障于一体的采煤塌陷区生态补偿机制与政策。全面推行河长制，以实施全省“生态河湖”行动计划为抓手，全力保证水安全，保护水资源，治理水环境，修复水生态，着力打造“河畅、水清、岸绿、景美”好风光河湖。

重民生惠百姓　全力建设宜居宜业幸福城市

习近平总书记曾说，“让老百姓过上好日子是我们一切工作的出发点和落脚点”。沛县确立“打造徐济之间最具带动力宜居宜业福地”和“微山湖畔最具幸福感平安之地”的奋斗目标，其本质就是要为130万沛县人民塑造一个“环境优、生活美、风气新”的沛县新形象，让生活在沛县的人们，为自己的城市感到自豪，为自己身为沛县的一分子感到骄傲。

在推进措施上，主要是突出三个重点：

一是做强龙头打造“一城好水、两汉源头”城市品牌。围绕打造徐州次级中心城市、建设滨湖中等城市的目标定位，突出以水润城、以文化人的生态追求，坚持河湖联动，实施引湖入城工程，放大微山湖资源效应，同时，进一步弘扬汉文化，提升汉城景区功能，为城市建设注入水脉文化，推动水文化与汉文化相融合，构建老城区文脉相传、功能完善，新城区水景一色、品质高端，小城镇特色鲜明、乡情浓郁的城乡发展格局。

二是创新路径构建新型城镇体系。把小城镇建设作为统筹城乡发展的关键环节，大力培育小城市、中心镇、特色镇新平台，以产城融合、城乡互动为方向，打造一批“产、城、人、文”有机结合的重要功能平台。

三是注重特色打造田园乡村升级版。以栖山镇胡楼村、沛城镇任庄村、胡寨镇草庙村等一批全要素、多层次、可复制、可推广的美丽乡村示范村为引领，统筹推进基础设施建设、环境整治提升和公共服务配套，补好农村公共配套不足短板，促进城乡集约高效发展，让农民就地享受城市化生活。

在城乡统筹融合、协调发展方面，沛县把共享发展成果作为终极目标，着力提升人民群众的获得感。

首先是聚焦民富，构建长效多元的富民增收机制。认真落实江苏省聚焦富民33条政策意见，强化产业、创业、就业三大支撑，营造“百姓创家业、能人创实业、企业创新业、干部创事业”的创业氛围。今年上半年，全县新增私营企业1042户，个体工商户新增3812户。

其次是聚焦民享，构建优质高效的公共服务网络。15所幼儿园新改建、实验小学迁建、汉源小学新建、实验学校扩建等工程加快实施。健全城乡公共卫生服务、医疗服务、医疗保障和药品供应保障“四位一体”基本医疗卫生体系，推进三级医联体建设，县妇幼保健医院、新城人民医院二期工程稳步推进。

再次是聚焦民安，构建有序和谐的社会治理体系。沛县近年来相继涌现出1位全国道德模范、16位“中国好人”、18位“江苏好人”，1户家庭同时获得首届“全国文明家庭”、全国最美家庭、全国五好文明家庭标兵殊荣。坚持持续深化文明沛县、平安沛县、法治沛县建设，深入推进社会治安综合治理，扎实开展环境保护、食药品安全、安全生产、信访稳定“四项督查”，初步实现了群众放心舒心、安居乐业，全社会安全有序、和谐宜居的良好状态。

严作风强素质　塑造政治上的绿水青山

县域经济要发展，党的领导是根本保证。县委在工作中注重抓住党员干部这个关键因素，充分发挥党委领导核心作用，坚定不移推进全面从严治党，加强“发展型、服务型、清廉型”基层党组织建设，营造风清气正、干事创业、充满活力的良好氛围，使沛县不仅有生态上的绿水青山，更有政治上的绿水青山。

一是弘扬干在先的求实作风。优化镇（街道、区）重点经济工作、条线部门创新、干部作风效能“三大考核”，完善组织、协调、督查“三大体系”，健全正向激励和容错纠错机制，建立“权力清单”，设立“免责清单”，强化为敢于担当者担当的鲜明导向，推动干部能上能下，坚决不让想干事、能干事的干部“心悬着”，切实让敢担当、善作为的干部“腰杆硬”。

二是强化走在前的担当精神。立足于“实”，推进“党员干部大走访”活动，坚持“清单式交办、销号式管理”，规范交办问题的办理流程，梳理问题5906条，解决各类问题4600余件。

三是树牢争一流的政治底色。围绕廉洁政治“三清示范区”目标，完善作风建设长效机制，加大监督执纪问责力度，紧盯老问题、关注新动向，坚决防止“四风”问题反弹回潮，对全县各单位开展巡察，严管严查严惩，打造具有沛县标签的干部清正、政府清廉、政治清明示范区。

找差距补短板　集聚转型升级新动能

保障和改善民生没有终点，只有连续不断的新起点。当前，沛县正处于全面建设高水平小康社会的关键阶段，与全省发展水平还有很大差距；同时，沛县又处于全国全省重要生态功能区，资源型、粗放型为主的产业结构调整尚未完成，面临着转变发展方式、节能降耗减排的巨大压力，虽然在前期工作中取得了一定成绩，但对照徐州市委对沛县在全市发挥“三个作用”中勇挑重担、走在前列的要求，还存在一定差距和薄弱环节。

具体表现在产业支撑力还需要进一步提升，主导产业核心竞争力还不够强，投资额度大、带动能力强的重大项目偏少，竞争力强的中高端产品、拳头产品缺乏；创新创业活力还不足，专业人才缺乏、企业自主创新动力不足等问题依然突出，科创平台集聚成效尚不明显，短时间内难以形成强大的支撑作用；富民增收步伐还需加快；基础设施建设还存在欠账等。

面对新的发展形势，沛县将按照徐州市委、市政府部署，牢牢抓住“徐州淮海经济区中心城市建设”这一重大战略机遇，突出“干在实处、走在前列”，聚力创新，聚焦富民，以“深化科技体制改革创新驱动城市发展”改革为牵引，瞄准“打造淮海经济区特色产业基地、构筑苏鲁省际边界公共服务高地、建设微山湖畔人文生态魅力城市”三个主攻点，加快提升“县域产业支撑力、城市承载力吸引力、县域资源要素集聚力、县域发展软实力”四个能力，破除区域局限和路径依赖，破解发展瓶颈和难题，集聚弯道超越动能，决战决胜全面小康，加快建设“强富美高”新沛县，奋力在徐州发挥三个作用中干在先、走在前，确保中央和省市委决策部署在沛县落地生根开花结果。

城乡高效配送“沛县模式”

构建配送体系是有效降低配送成本、提高配送效率的有效途径。引导和支持配送企业抱团发展，由邮政速递、申通、国通、韵达等7家会员企业组建了徐州飞马配送服务有限公司。7家公司的配送业务、人员车辆交由飞马公司统筹调配，有效搭建了150条共配段道，全县90%的配送业务实现了包裹集中分拣和“统仓共配”。从政府层面指导和帮助飞马公司搭建了50个城区共配点，合理整合了15个、近90%业务量的镇级配送站，并在较大行政村的村级服务站设置了169个村级配送点。飞马公司引入了菜鸟网络等更为专业的末端操作系统，用一台电脑即可完成仓库配货、末端配送的所有操作指令，仓库分拨更加高效，运输操作更加便捷。同时能够免费为客户批量发送快递包裹提醒短信，提升了客户体验和满意率。以商务部、省商务厅《城乡高效配送专项行动计划》《关于开展城乡高效配送专项行动的通知》等文件精神为依据，加大对城乡共配“沛县模式”的宣传，引导和支持物流企业与村（居）委员会合作共建网络配送点，有效快速地提升了镇村一级网点的覆盖面。参照市对县年度考核指标要求，县政府出台相应的考核奖惩办法，把城乡配送体系建设工作纳入镇村绩效考核，倒逼镇村一级支持配送体系建设。把城乡高效配送体系建设纳入2018年度全县重点推进的工作中来，纳入土地利用和城乡建设规划，加快构建公共配送中心和末端配送网络。对即将在高速出口建设的共配物流中心优先供地并给予资金支持，同时把村级服务站一并纳入共配体系，三级共配网络建设快速推进。借助县镇村三级网络，飞马公司实施统一共配，初步实现了“一网多用”和多方共赢。通过引入骨干电商平台与飞马公司合作，为其注入更多的电商订单、商贸订单，并提供品牌背书。借助电商营销平台和配送网络优势，推动了农产品和乡镇工业品上行。通过引入连锁企业在共配网点布局，在提供便民消费的同时，增加了共配网点营业收入，使共配点实现可持续健康发展。此外，金融、保险等公共行业也对飞马公司共配网点产生了浓厚兴趣，正在开发相关产品对接，增加了平台的普遍服务功能。

实施“统仓共配”后，由于优化了配送线路、优配了业务人员和运输设备，业务员配送面积缩小到原来的四分之一，作业效率明显提升。配送延误率下降80个百分点，商品丢失短少率下降96个百分点，消费者满意度提高20个百分点，消费者投诉率下降60个百分点，年节省房租、人力、水电、车辆及设备维修等成本约300万元。城区充分发挥共配业务量集中的优势，利用社区配送网点，融合了购物、缴费等多项社区便民服务，推动打造“快递+”社区综合服务平台，为城区市民提供便捷服务的同时，又使配送网点保持了鲜活的、持久的生命力。在镇村末端实现了“快递进村”，打通了电商物流镇村“最后一公里”，让村民在“家门口”实现收发件，赢得了广大村民的充分认可。完善的配送网络优化了“工业品下乡”通道。飞马公司通过与骨干电商平台合作，为本地优质农副产品和工业品上行开辟了更加畅通的渠道，2017年这两项货值达到了6000万元，与快递邮包共配的快消品（由县配送至镇、村）货值达到8500万元。实施“统仓共配”后，城区业务员业务量增加了40%，月均工资增加1000~2500元。镇村配送方面，以一个中心镇为例，整合后镇级配送站工作人员30人，每天进口快递包裹2000件、揽件1800件，按照进口每件0.7元、揽件每件1.5元计算，该站每月毛收入约12万元，人员工资提升了50%以上，该站每月可实现利润3万元左右。该镇一个村级配送点由一户贫困家庭负责运营，每天平均进口快递包裹100件，加上零散户揽收，月收入约为2500~3000元，通过实施“统仓共配”，全县实现精准扶贫160户。沛县快递业协会牵头创建了飞马模式，大大提升了客户满意率，实现了快递业的共治。出口件大幅增加，特色农产品上行通道更加畅通，实现了共创。快递业作为现代服务业的关键产业，带动了其他行业的发展，促进了沛县经济的增长，实现了共享。

1月

5—8日　中国人民政治协商会议沛县第十届委员会第一次会议在新城区会议中心开幕。县委书记李淑侠到会祝贺并发表讲话，刘广远代表政协沛县第九届委员会常务委员会向大会作工作报告，王素真主持会议。会议审议《中国人民政治协商会议江苏省沛县第九届委员会常务委员会工作报告》。审议《中国人民政治协商会议江苏省沛县第九届委员会常务委员会关于九届一次会议以来提案工作情况的报告》。列席沛县第十七届人民代表大会第一次会议，听取和讨论《政府工作报告》和其他报告。协商通过《中国人民政治协商会议江苏省沛县第十届委员会提案委员会关于十届一次会议提案审查情况的报告》。协商通过《中国人民政治协商会议江苏省沛县第十届委员会第一次会议决议》。大会选举政协沛县十届委员会主席、副主席、秘书长和常务委员。该次会议应到政协委员340名，实到政协委员330名，符合法定人数。会议选举产生了政协沛县十届委员会常务委员会，选举郝敬彬为政协沛县第十届委员会主席，选举揭月华、王素真、贺伟、李令军、李法伟为政协沛县第十届委员会副主席，张训龙为政协沛县十届委员会秘书长，选举马丽等61名委员为政协沛县十届委员会常务委员。郝敬彬致闭幕词。

6—9日　沛县第十七届人民代表大会第一次会议在县文化中心礼堂开幕。大会主席团常务主席李淑侠主持会议并宣布大会开幕。会议应到代表347名，实到代表339名，符合法定人数。会议按照大会选举办法的规定，经过法定程序进行了选举，张兴涛当选为沛县第十七届人民代表大会常务委员会主任；杨文民、吕高骥、徐龙彬、徐兴常当选为沛县第十七届人民代表大会常务委员会副主任；王前等34人当选为沛县第十七届人民代表大会常务委员会委员；吴卫东当选为沛县人民政府县长；王伟、张长缨、曹为民、刘华东、辛传坤、刘雪君当选为沛县人民政府副县长；邓建云当选为沛县人民法院院长；沈善文当选为沛县人民检察院检察长，须报经市人大常委会批准任命；王中华等67人当选为出席徐州市第十六届人民代表大会的代表。

李淑侠主持宪法宣誓仪式并担任监誓人。新当选的沛县第十七届人民代表大会常务委员会组成人员进行第一批宣誓，张兴涛领誓；新当选的沛县人民政府县长、副县长进行第二批宣誓，吴卫东领誓；新当选的沛县人民法院院长进行第三批宣誓。新当选的沛县人民检察院检察长须报经市人大常委会批准任命，再进行宪法宣誓。会议通过沛县第十七届人民代表大会第一次会议关于《政府工作报告》的决议、关于《沛县2016年国民经济和社会发展计划执行情况与2017年国民经济和社会发展计划》的决议、关于《沛县2016年财政预算执行情况和2017年财政预算》的决议、关于《沛县人民代表大会常务委员会工作报告》的决议、关于《沛县人民法院工作报告》的决议、关于《沛县人民检察院工作报告》的决议。新当选的沛县人民政府县长吴卫东发表讲话。新当选的沛县第十七届人民代表大会常务委员会主任张兴涛致闭幕词。

11日　市委书记张国华到沛县走访慰问敬老院老人、老复员军人、老党员、低保户和困难残疾人，为他们送去党和政府的关怀与温暖。市人大常委会主任刘忠达，市政协副主席冯正刚，县领导吴卫东、张兴涛、郝敬彬、刘雪君陪同。

13日　省住建厅城管局局长王守庆带领专家组到沛县验收数字化城市管理系统，县委常委、常务副县长王伟等陪同。

14日　县经济开发区在京举办项目签约仪式，分别与中国开发区协会签约推进园区循环化改造项目、与北京宸海绿能有限公司签约中德绿色建筑产业园和总投资12亿元的年产180兆瓦铜铟镓硒薄膜太阳能电池组件项目、与北京力智方科技有限公司签约总投资5亿元的年产1万台高空平台车项目。县委书记李淑侠致辞并见证签约，县委常委、县经济开发区党工委书记于帆主持，中国开发区协会会长师荣耀、中国开发区协会副秘书长李原、北京力智方科技有限公司董事长王成玺、德国ANG集团副总裁闻浩南等30余位嘉宾出席。

16日　省水利厅公布了省2016年度"水美乡镇"和"水美村庄"名单，安国镇蔡家村六堡自然村、鹿楼镇八堡村、大屯街道徐庄村、大屯街道马寺村获省"水美村庄"称号。

17日　县委书记李淑侠，县委副书记、县长吴卫东分别走访慰问全国文明家庭张景宏家庭，"中国好人"唐明义，大屯街道中心敬老院老人，大屯街道安庄居困难群众、老党员、退伍军人，龙固镇三河尖敬老院老人、三河尖村贫困户，为他们送去慰问金和慰问品，并向他们致以新春的问候和祝福。

18日　沛县重大项目集中签约仪式举行，县领导李淑侠、吴卫东、黄浩、张兴涛、郝敬彬、王伟、于帆、张长缨、辛传坤、李法伟出席签约仪式并见证项目签约。签约仪式上，县经济开发区与苏美达江苏辉伦太阳能科技有限公司签约总投资20亿元年产1.5吉瓦高效电池片项目；县经济开发区与中利腾晖光伏科技有限公司签约总投资10亿元年产1000万芯光缆生产项目；县经济开发区与杭萧钢构股份有限公司签约总投资10亿元钢构束、剪力强构件生产项目；张寨镇与上海国致集团有限公司签约总投资10亿元淮海国际物流云商城项目；县政府与曜江集团签约总投资20亿元汉城商都提升改造项目；大屯街道与润康医药科技有限公司签约总投资10亿元润康医药健康产业园项目；敬安镇与南京百顺云进出口有限公司签约总投资1.3亿元10万立方米胶合板项目；县经济开发区与上海亮铮发展有限公司签约总投资2.5亿元汉斯半导体模块项目。

是日，在纽约召开的世界著名品牌大会第10届年度峰会，向世界公布了《2016中国最具投资潜力特色魅力示范县200强全名单》，沛县在列。

23日　县领导李淑侠、吴卫东、黄浩、张兴涛、郝敬彬、吴以贵、王伟、徐正冲走访慰问全县享受地市级待遇和任过县级实职的离退休老干部、高职级离退休老干部遗属及特困职工和困难劳模，为他们送去新春的问候和祝福。

是日，2017年沛县春节联欢晚会在县文化中心举行，县四套班子领导与干部群众一起观看。

26日　县委常委、统战部部长吴以贵，县侨联主席程峰拜访了挪威奥斯陆大学地球科学系教授、皇家科学院院士许崇育、美国MicroXactInc.产品部首席材料科学家张洪国，并与他们亲切交流。

1月31日20时至2月1日8时　全县境内迎来春节后首场强降雪，降雪量403毫米，雪深3厘米。

2月

2日　世界刘氏总会总部刘氏宗亲新春团拜会暨刘邦文化研究会揭牌仪式在汉源宾馆举行。活动当天，刘氏宗亲代表宣讲了《刘邦和汉文化》，为刘邦文化研究会揭牌，宣读了沛籍企业家捐助名单并为企业家代表颁发荣誉证书，举行了扶贫助困爱心救助活动，并为受助的每位刘氏宗亲代表颁发了1600元的救助金。

7日　沛县“发挥‘三个作用’走在全市前列”动员大会召开，主要是回顾上年工作，部署2017年任务，表彰先进，鼓舞士气，动员激励全县上下聚力创新强县、聚焦创业富民，奋力在全市发挥“三个作用”中干在先、走在前、争一流，加快打造淮海经济区最具竞争力新型工业化基地、徐济之间最具带动力宜居宜业福地、微山湖畔最具幸福感平安地，营造风清气正干事创业充满活力的政治新生态，以优异成绩迎接中共十九大胜利召开。县委书记李淑侠出席并发表讲话，县委副书记、县长吴卫东主持会议，县委副书记黄浩通报全县2016年度县对镇（区、场、街道）、县直机关和村（居）考核评价工作，县委常委、常务副县长王伟宣读了《关于表彰2016年度镇（区、场、街道）重点工作目标考核先进单位和先进工作者的决定》《关于表彰2016年度县直机关绩效考核先进单位和先进工作者的决定》《关于表彰2016年度村（居）重点工作先进单位的决定》《关于表彰2016年度重大项目和为民实事工程先进单位的决定》，张兴涛、郝敬彬、揭月华、吴以贵、时伯明、张磊、徐正冲、于帆等县四套班子领导出席会议。大屯煤电公司总经理姜华应邀出席会议，享受地市级待遇和任过县处级实职的离退休老干部出席会议。

8日　中国沛县实验学校与黎巴嫩城市国际学校青少年交流活动在县实验学校举行。中国人民对外友好协会副会长宋敬武，黎巴嫩驻华临时代办哈提姆·纳斯鲁拉，原中国驻黎巴嫩大使吴泽献，江苏省人民对外友好协会常务副会长蔡锡生，徐州市人民政府外事办公室主任王连运，县委副书记黄浩，县委常委、宣传部部长徐正冲，副县长刘雪君出席。

9日　全县宣传思想文化工作会议召开，主要任务是贯彻落实省市宣传工作会议精神，充分发挥好宣传思想文化工作引领作用，凝聚人心，推动发展，把广大干部群众的精气神提起来、士气鼓起来、心思集中起来，为沛县在徐州发挥“三个作用”中走在全市前列提供强大精神动力和良好舆论环境。县委书记李淑侠出席并讲话，县委副书记黄浩主持会议并宣读了《关于表彰2016年度宣传思想文化工作先进集体和先进个人的决定》，县委常委、宣传部部长徐正冲对过去一年工作进行总结，并对2017年重点任务进行部署。

是日，徐州市“百千万”集中走访帮扶活动沛县工作队启动会议召开。市委政法委副书记、综治办主任吕伟，县委副书记黄浩出席，县委常委、组织部部长张磊主持会议。

12日　沛县举行重大项目集中开工现场推进会，全面展示新年伊始沛县招商引资、项目建设取得的新成果，进一步唱响撸起袖子加油干的主旋律，吹响发挥“三个作用”走在全市前列的进军号。县委书记李淑侠宣布集中开工，县委副书记、县长吴卫东致辞。

23日　全县城乡建设管理暨棚户区改造工作会议召开，主要是贯彻落实省市有关会议和全县发挥“三个作用”走在全市前列动员大会精神，总结经验，表彰先进，部署全县城乡建设管理工作任务，动员全县上下统一思想，凝神聚力，真抓实干，勇于担当，全力推动全县城乡建设管理工作水平再上新台阶。县委书记李淑侠发表讲话，县委副书记、县长吴卫东部署工作，县委常委、常务副县长王伟主持会议，副县长辛传坤宣读《关于表彰2016年度城乡建设与管理工作先进单位及先进个人的决定》。

26—27日　由《中国县域经济报》主办，县委、县政府承办的《中国县域经济报》·中国县市区新闻宣传联盟在沛县成立并召开第一次全体理事会议。全国政协委员、中国记协原党组书记翟惠生，《中国县域经济报》社长、总编辑殷强，中国记协国内部主任殷陆君，《经济日报》秘书长郑光兴，江苏记协秘书长吴逸，江苏省委宣传部新闻协调小组组长张海泳和《中国县域经济报》副社长刘旭等来自国家及兄弟省市各级领导和新闻界的朋友们齐聚沛县，共同见证“中国县市区新闻宣传联盟”成立。县委书记李淑侠出席联盟成立大会并致辞，县委常委、宣传部部长徐正冲主持联盟成立大会。

3月

1日 全县政法暨信访工作会议召开，主要是贯彻落实中央及全省政法会议精神和市有关政法信访工作要求，总结2016年工作，部署2017年任务，推动平安沛县、法治沛县建设再上新台阶，为实现全年发展目标和发挥“三个作用”走在全市前列营造宽松环境。县委书记李淑侠出席并讲话，县委副书记、县长吴卫东主持，县政协主席、县委常委、政法委书记郝敬彬作政法信访工作报告，副县长、县公安局局长宣读政法信访表彰决定，县委副书记黄浩、县人大常委会主任张兴涛及县法院院长邓建云、县检察院检察长沈善文出席。

是日，全县农业农村暨扶贫开发工作会议召开，认真贯彻落实中央和省市农村工作会议精神，回顾总结2016年全县农业农村和扶贫开发工作，研究分析当前农业农村形势，科学谋划部署今年和今后一个时期推进农业供给侧结构性改革、提高农业农村发展水平的重点任务和主要举措。县委书记李淑侠出席并讲话，县委副书记、县长吴卫东主持会议，县委副书记黄浩总结2016年农业农村和扶贫开发工作、部署今年重点任务，县委副书记赵建东宣读《关于表彰2016年度扶贫开发工作先进单位和先进个人的决定》，县人大常委会主任张兴涛，县政协主席、县委常委、政法委书记郝敬彬出席会议，副县长刘华东宣读《关于表彰2016年度农业农村工作先进单位和先进个人的决定》《关于表彰第四批示范家庭农场的决定》。

是日，全县工业经济暨招商引资工作会议召开，主要任务是贯彻落实全县发挥“三个作用”走在全市前列动员大会精神，总结上年工业经济和招商引资工作，表彰先进，兑现奖励，部署2017年重点工作任务，动员全县上下始终坚持“工业立县、产业强县”发展战略，紧紧抓住招商引资“生命线”不动摇，聚力创新，加快转型，全力开创全县工业经济发展新局面。县委书记李淑侠发表讲话，县委副书记、县长吴卫东部署工作，县委常委、常务副县长王伟主持会议，副县长张长缨宣读《关于表彰2016年度十佳优秀企业家的决定》《关于表彰2016年度优秀工业企业的决定》《关于兑现2015—2016年度工业经济转型发展奖励的通知》《关于表彰2016年度招商引资工作先进个人和招商服务先进单位的决定》，县领导张兴涛、郝敬彬、于帆、周俊鹏及大屯煤电公司副总经理马文智出席会议。

△县体育中学被国家体育总局命名为国家高水平体育后备人才基地（2017—2020）。全国仅有16所县级体校获得认定，体育中学自2008年以来连续三次获得此项荣誉。

3日 中国共产党沛县第十四届纪律检查委员会第二次全体会议召开，县委书记李淑侠出席并讲话。强调全县各级党组织要在县委的坚强领导下，勇于担当、真抓实干、坚定信心、乘势而上，推动全面从严治党不断取得新成效，致力打造风清气正干事创业充满活力的政治新生态，为在发挥“三个作用”走在全市前列提供坚强保证。吴卫东、黄浩、张兴涛、郝敬彬、吴以贵、时伯明、王伟、张磊、陈刚、徐正冲、于帆出席，县纪委常委会主持会议。

4日 县召开创建江苏省文明城市推进会，主要是回顾上年创建工作，分析面临形势，对2017年的创建任务进行再动员再部署，坚决打赢创建“攻坚战”、确保省文明城市创建成功。县委书记李淑侠出席并讲话，县委副书记、县长吴卫东部署创建工作。会上宣读《关于表彰创建江苏省文明城市工作先进集体和先进个人的决定》。

8日 市委副书记、市长周铁

根到沛县调研经济社会发展情况，市县领导李京城、李淑侠、吴卫东、黄浩、张兴涛、郝敬彬等陪同。

是日，沛县人民政府与北京永辰公司中国（天津）跨境商品博览交易中心徐州分中心合作项目签约仪式举行。县领导李淑侠、吴卫东、张兴涛、郝敬彬、揭月华、于帆、张长缨，聚信达控股有限公司董事长江远涛、中天汇优电子商务集团总裁屈青虎、聚信达控股有限公司执行董事长谷荣辉出席会议。

17日 县委常委、宣传部部长徐正冲在阿塞拜疆共和国驻华大使馆举行的中阿建交25周年纪念封确认仪式上，向阿塞拜疆共和国驻华临时代办马汀·米尔扎耶夫赠送沛县大风乐器出品的柳琴。外交部集邮协会秘书长马小玲、北京乐器协会副秘书长金岩出席。

17—20日 李淑侠、黄浩等县四套班子领导带领沛县第一期党性教育培训班学员赴红旗渠干部学院学习。

25日 “新常态背景下的中国经济转型升级”专题报告会举行，邀请上海市委党校经济学部主任、理论经济研究所所长王志平教授作专题讲座，李淑侠、吴卫东、黄浩、郝敬彬、揭月华等县四套班子领导出席。张磊主持报告会。

25—26日 2017年全国青少年大众跆拳道金杯赛在县体育馆举行，来自全国各地的30多支队伍共600名选手参赛，副县长刘雪君宣布比赛开幕。

4月

1—2日 全媒体看沛县大型媒体活动举行，人民网、新华网、搜狐网、网易网、新浪网、腾讯网、《中国经济时报》、中央电视台、蜻蜓FM等媒体记者到沛县感受经济社会发展氛围，畅谈沛县美好未来。县委常委、宣传部部长徐正冲出席活动。

7日 中新社江苏分社社长陈光明带领记者团到沛县采风，县委常委、宣传部部长徐正冲陪同。

8日 市一季度经济运行分析暨重大项目观摩会召开，主要任务是学习省委书记李强在近期会议上的讲话精神，分析当前经济形势，对照全年目标任务查找问题和差距，研究部署下一阶段经济工作。市委书记张国华讲话，市长周铁根主持会议，市委常委、常务副市长王安顺，市委常委、市委秘书长吴新福，市委常委、市经济技术开发区党工委书记王强，副市长徐东海、毕于瑞、赵立群，副市长、泉山区委书记赵兴友，市政协副主席、市财政局局长李京城，市政府秘书长孟铁林，县委书记李淑侠，县委副书记、县长吴卫东出席会议。

10—11日 由东华大学与徐州恒辉编织机械有限公司共同承担的“复合材料预成型体自动编织装备”和“特种编织技术与装备及其产业化”项目科技成果鉴定会举行。中国工程院院士孙晋良、蒋士成、俞建勇，中国纺织机械协会会长王树田，东华大学党委常委、副校长陈革出席，县领导李淑侠、张磊、张长缨、王小明陪同专家现场考察。

19日 神舟十一号搭载“沛县航天育种牛蒡”交接仪式在北京方圆公证处举行。河口镇党委书记窦铜顺从北京方圆公证处公证员手里接过来自神舟十一号搭载的“牛蒡航天育种”，标志着“航天牛蒡”正式落户沛县。

2016年10月17日，神舟十一号飞船在中国酒泉卫星发射中心由长征二号FY11运载火箭发射升空，其返回舱内搭载来自河口镇的20克牛蒡种子，分别为亲本1号10克、亲本2号10克。该批种子经过一个月的“太空遨游”，11月18日由飞船返回舱带回。

20日 中纪委委员、省见义勇为基金会理事长弘强到沛县调研见义勇为工作开展情况。市委副书记、市长周铁根，副市长、市公安局局长陈辉，市政府秘书长孟铁林，县委副书记、县长吴卫东，县政协主席、县委常委、政法委书记郝敬彬等县领导。

22日 “相约春天——2017年异地商会沛县投资考察活动”举行。县领导吴卫东、吴以贵、于帆、张长缨参加活动，北京、内蒙古等异地沛县商会、异地徐州商会、异地江苏商会的会长，浙江、福建等徐州异地商会的会长以及来自全国各地110余名企业家们齐聚沛县，看变化、叙友情、话合作、谋发展。

27日 全县城乡主干道环境综合整治动员会召开，主要是落实省文明城市创建工作任务，针对城乡道路突出问题，布置专项整治行动，通过政府主导、部门联动、合力攻坚的多项措施，全面整治17条城乡道路，切实为群众出行创造一个文明、有序、舒心的交通环境。县委副书记、县长吴卫东出席并讲话，会议宣读《沛县城乡主干道环境综合整治攻坚方案》并部署下阶段工作任务，副县长辛传坤主持会议。

5月

3日 江苏省委书记李强到沛县调研。他强调，沛县要积极保护生态，进一步促民增收，高水平全面建成小康社会。省委常委、秘书长樊金龙，市委书记张国华，市委常委、秘书长吴新福，县委书记李淑侠参加调研。

4—5日 全县一季度经济运行分析暨重大项目观摩会召开，县委书记李淑侠出席并讲话，县委副书记、县长吴卫东通报全县一季度经济运行情况及重大项目建设进展情况，县委副书记黄浩主持，县四套班子领导出席。

6日 “中科院专家沛县行”活动举行，来自中科院各地院所等近70名专家齐聚沛县，交流对接、共谋发展。县领导李淑侠、吴卫东、黄浩、郝敬彬等出席。

12日 县农行营业部被农总行授予2016年度全国农行“青年文明号”，这是该单位在获评2015年度江苏农行“青年文明号”后获得的又一殊荣，也是此次江苏农行系统获得总行级“青年文明号”荣誉称号的两个网点之一。

16日 县委书记李淑侠到图书馆、博物馆、文化馆调研时要求，要充分挖掘文化底蕴，科学定位，优化布局，整合功能，努力打造精品工程。县委常委、宣传部部长徐正冲，副县长刘雪君一同活动。

22—23日 县委书记李淑侠率团赴陕西省麟游县对接扶贫协作工作。县委副书记赵建东，县委常委、组织部长张磊一同活动。

24日 爱敬诚善，好人沛县——江苏省道德模范与身边好人现场交流活动拉开大幕，省文明办综合处处长钱亮星，省美德基金会秘书长张仕冲，市委常委、宣传部长冯其谱，市文明办主任沈丽，县委书记李淑侠及张兴涛、郝敬彬、揭月华、吴以贵、时伯明、张磊、陈刚、徐正冲、于帆等县四套班子领导出席活动。

6月

1日 县委书记李淑侠主持召开党政班子联席会，研究《关于推进“两学一做”学习教育常态化制度化的工作方案》，研究《关于成立沛县落实党风廉政建设责任制暨“三清示范区”建设领导小组的通知》《关于加快推进“三清示范区”建设的实施办法》，听取近期工作完成及下一步工作安排情况汇报。黄浩、赵建东、郝敬彬、吴以贵、时伯明、张磊、陈刚、徐正冲、于帆等党政班子领导出席，张兴涛列席会议。

2日 全县高考工作会议召开，县委常委、宣传部长徐正冲出席，副县长刘雪君主持。2017年全县高考报名4129人，被高职院校提前录取1160人，实际参加高考2969人。共设3个考点(沛中、二中、沛初中)，共108个考场。其中，沛中66个考场、二中21个考场、沛初中21个考场。

6日 全县“两学一做”学习教育常态化制度化工作推进会召开，县委书记李淑侠出席并讲话，县委副书记黄浩主持会议，县委常委、组织部部长张磊传达习近平总书记重要指示以及中央和省市委推进“两学一做”学习教育常态化制度化座谈会精神，县委常委、纪委书记时伯明，县委常委、宣传部部长徐正冲出席。

是日，县委书记李淑侠察看2017年高考备考情况，要求高度重视，认真做好各项准备工作，确保万无一失。县委常委、宣传部部长徐正冲，副县长刘雪君一同参加活动。

7日 县委书记李淑侠深入沛城街道、湖西农场、胡寨镇、大屯街道田间地头看麦收、察夏种，全面了解“三夏”工作进展情况。

李淑侠要求，要充分发动群众，积极组织农机器具，抓紧抢收抢种，确保农业增效、农民增收。副县长周俊鹏一同参与活动。

9日 全县无证幼儿园清理整顿工作推进会召开，县委常委、宣传部部长徐正冲出席，副县长刘雪君主持会议。

10日 徐州市文化和自然遗产日非物质文化遗产沛县宣传展示活动在县好人广场举办，副县长刘雪君出席。

17日 全县“两减六治三提升”专项行动推进会召开，县委副书记、县长吴卫东出席并讲话，副县长张长缨主持会议并传达省委李强书记就《关于甘肃祁连山国家级自然保护区生态环境问题督查处理情况及其教训的通报》批示精神，对江苏卫视“263”在行动曝光栏目调整情况作了说明。

22日 澳大利亚悉尼麻里威尔市市长山姆带领代表团到沛县参观考察，县委书记李淑侠、副县长张长缨陪同。代表团先后到鑫宇光伏、开发区科技创业园等处察看，每到一处，代表团都认真听取相关情况介绍，仔细了解项目管理、生产、销售、成本控制及全县对企业政策扶持等方面工作，充分肯定了项目建设成效。

是日，住建部公布全国首批农村生活垃圾分类和资源化利用示范县名单，决定在全国100个县(市、区)开展农村生活垃圾分类和资源化利用示范工作，沛县成为徐州市唯一入选县(市、区)，江苏共3个县(市、区)入选。

27日 沛县高考人数2914人，二本上线1895人，上线率65.03%。其中，文化一本上线354人，上线率14.31%。全县理科最高分389分(歌风中学张笑冰)，文科最高分362分(沛县中学袁双双)，全县380分以上8人，370分以上27人。沛中参考人数893人，二本上线756人，上线率84.66%；歌风中学参考数798人，二本上线708人，上线率88.72%；二中参考人数453人，二本上线216人，上线率47.68%。

7月

3日 全县领导干部“旗帜鲜明讲政治”专题党课举行，县委书记李淑侠在讲课中强调，全县党员干部要认真学习贯彻习近平总书记系列重要讲话精神，旗帜鲜明讲政治，忠诚担当有作为。黄浩、赵建东、吴以贵、时伯明、徐正冲、于帆等县四套班子领导出席，张磊主持。

7日 县放心消费创建办、县市场监管局、县消费者协会在县邮政局召开2015—2016年度省级诚信单位授牌暨沛县企业诚信经营放心消费座谈会。会议通报了江苏省消费者2015—2016年度省级诚信单位名单，全省316家企业被授予诚信单位称号，沛县有3家企业获此殊荣，分别是中国邮政集团公司江苏省沛县分公司、中国移动通信集团江苏有限公司沛县分公司、中国联合网络通信有限公司沛县分公司。

13日 徐工集团董事长王民、中国驻委内瑞拉大使赵本堂到沛县考察投资发展环境，县委书记李淑侠，县委副书记、县长吴卫东，县委常委、常务副县长吴以贵，县委常委于帆，副县长张长缨陪同。

是日，由县委宣传部、县纪委主办，县文广新体局承办的“欢乐沛县”第24届夏季乘凉晚会——“莲动沛城”系列活动在大风歌广场拉开序幕，县领导时伯明、徐正冲、徐龙彬、刘雪君、李令军与群众共同观看演出。

15日 江苏省专家服务基层助力特色产业创新沛县行活动举行，24名省专家深入沛县围绕灌排、纺织、新能源等行业领域，实地开展科技推广、技术示范、操作指导等现场服务，破解制约企业发展瓶颈问题。省人社厅党组成员、副厅长朱从明，省人社厅副巡视员、国际合作处处长张永祎，市人社局局长翟彩霞，县领导吴卫东、吴以贵、张长缨、王小明出席，吴以贵主持启动仪式。

24日 国开行江苏分行行长邱言文带领国开行江苏分行调研组到沛县调研。县委书记李淑侠，县委副书记、县长吴卫东，县委常委、常务副县长吴以贵，副县长辛传坤、县政府党组成员胡绍斌陪同。

是日，沛县首家“现金清分中心”在县农商银行正式挂牌运营，这也是徐州市成立的首家县级人民币“现金清分中心”，开创了人民币管理的新局面。该中心成立后，主要集中清分丰县和沛县两县金融机构的现金，预计日均清分现金3500万元，年清分现金达120亿元。该中心的成立，不仅能展示农商银行良好的社会形象、雄厚的资金实力，还能实现农商行和其他金融机构“双赢”。

26日 江苏省副省长蓝绍敏到沛县调研特色田园乡村建设工作开展情况，副市长赵立群，市政协副主席、市规划局局长李靖华，县委书记李淑侠，副县长辛传坤陪同。

是日，全县“百千万”集中走访帮扶问题整改落实会议召开，贯彻落实省、市关于“党员干部大走访、两聚一高大落实”活动座谈会精神，总结分析前一段时间集中走访帮扶活动开展情况及存在问题，研究部署当前及今后一段时间的工作任务。县委副书记黄浩出席。

是日，继2011年“13弦”沛筑获得国家专利后，沛县民间艺人郝敬春把制筑工艺发扬光大，“56弦”沛筑又获国家专利。筑是我国古老的击弦乐器，汉高祖（公元前196年），汉高祖刘邦平英布还都，经过故乡沛县，置酒沛宫，招乡亲会饮，击筑自歌吟诵出千古绝唱《大风歌》，而后筑一直被称为沛筑，但自宋代以后失传。这次研制的“56弦”沛筑又称中华筑，每个音代表一个民族，56个音代表着中华民族的和谐团结。

27日 省政府办公厅印发《省政府办公厅关于第四届江苏省优秀年鉴的通报》，公布第四届江苏省优秀年鉴获奖名单，《沛县年鉴》(2015版)在全省综合年鉴评奖中，获综合优秀二等奖。

28日 中国共产党沛县第十四届委员会第三次全体会议召开，主要任务是深入学习贯彻习近平总书记系列重要讲话精神和治国理政新理念新思想新战略，认真贯彻落实省委十三届二次全会、市委十二届四次全会精神和省委常委会专题研究徐州工作部署要求，总结2017年以来工作，研究部署聚焦富民重大任务，明确下一步工作要求，动员全县上下抢抓新机遇干在实处、集聚新动能走在前列，以做好各项工作的优异成绩迎接中共十九大胜利召开。县委常委会主持会议。县委书记李淑侠发表讲话，吴卫东、黄浩、赵建东、郝敬彬、吴以贵、时伯明、徐正冲、于帆出席会议。

31日 鱼水情义长——纪念中国人民解放军建军90周年群众歌会在县文化中心礼堂举行。县委书记李淑侠致辞，代表县委、县政府和全县130万人民，向驻沛官兵和工作在各条战线上的复转军人以及革命伤残军人、烈军属致以节日的问候和良好的祝愿！

8月

1日 县委副书记、县长吴卫东调度市重大项目及县重大工业和服务业项目进展情况，要求高度重视，整合力量，全力以赴推进项目建设。县领导吴以贵、张长缨、刘华东参加调度会。

4日 县委书记李淑侠赴大屯街道开展大走访、大排查、大整治活动，县领导郝敬彬一同参与活动。

是日，农业部发布第七批“全国一村一品示范村镇”名单，张寨镇陈油坊村(陈由方葡萄)榜上有名。

7日 全县安全生产工作会议召开，贯彻落实国家及省、市系列安全生产工作会议部署要求，认真分析当前沛县安全生产工作的突出问题和薄弱环节，落实针对性措施，促进全县安全生产形势持续平稳好转，为中共十九大胜利召开营造和谐平稳的社会环境。县领导吴卫东、刘华东、刘雪君、徐刚、梅良杰、胡绍斌出席，副县长、县公安局局长主持会议。

8日 全县“阳光扶贫”工作推进会召开，县委书记李淑侠出席并讲话，县委副书记黄浩部署全县“阳光扶贫”工作，县委副书记赵建东出席，县委常委、纪委书记时伯明部署全县“阳光扶贫”监督执纪问责工作，副县长刘华东主持。

17日《沛县志（1978—2008）》发行仪式暨二轮修志总结表彰会召开，一批修志工作先进集体和先进个人受到表彰。市史志办主任宋余东，副县长刘雪君出席。

《沛县志》(1978—2008)是1995年版《沛县志》的续志,共37编140余万字。新编《沛县志》紧贴时代脉搏,全面、系统、翔实地记述了改革开放30年全县自然、经济、政治、社会、文化等各个方面所取得的巨大成就,是一部沛县百万人民由温饱走向小康的奋斗史,是介绍沛县、研究沛县、宣传沛县的百科全书,也是最为权威的进行爱国主义教育的乡土教材。这部反映沛县历史和特色的地情书由中华书局终审出版,南京凯德印刷有限公司印刷,共6000册,光盘版随纸质版志书同步发行。

29日 全市大走访大排查大整治工作推进会召开,主要对深入开展大走访大排查大整治工作进行再部署、再动员、再落实,推动走访排查整治工作向纵深发展、取得更大成效,为党的十九大胜利召开营造安全稳定的社会环境。吴卫东、黄浩、赵建东、揭月华、吴以贵、时伯明、张磊、陈刚、张长缨等县四套班子领导在沛县分会场收听收看视频会议。

9月

1日 全县大走访大排查大整治工作推进会召开,主要目的是按照省市最新部署和要求,就大走访工作进行再深化、再推动、再部署,对社会矛盾和安全隐患大排查大整治等重点工作,进一步明确工作要求、强化责任担当、落实关键举措,确保当前突出矛盾和问题得到有效化解,营造和谐稳定的社会环境。县委书记李淑侠,市第二督导组组长、市农委副主任徐冬分别讲话,县委副书记、县长吴卫东主持,县委副书记黄浩通报全县大走访工作情况,县委常委、政法委书记张长缨通报全县大排查大整治工作情况,赵建东等县四套班子领导出席。

7日 协鑫新能源控股公司董事局主席朱钰峰到沛县洽谈合作事宜,县领导李淑侠、吴卫东、于帆陪同。

8日 县政府与中国万和战略合作签约仪式举行,县委书记李淑侠致辞,县委副书记、县长吴卫东主持,副县长梅良杰、中国万和控股有限公司董事长钟涛、万和紫荆实业有限公司董事长欧阳世伟出席。签约仪式上,梅良杰与钟涛签订了战略合作框架协议,与欧阳世伟签订了新城区商住地块开发项目投资意向协议。9月7日,李淑侠、梅良杰与签约客商进行了座谈交流。

21日 市委常委、组织部部长、统战部部长徐大勇到沛县开展调研和走访活动。县委书记李淑侠,县委副书记黄浩,县委常委、组织部部长张磊陪同。

是日,全县"两个全覆盖"改革动员部署暨新任职干部集体谈话会议召开,深入贯彻落实中央和省、市会议精神,对沛县开展"两个全覆盖"改革工作进行部署和安排,并对新任巡察干部和纪检干部进行集体谈话。县委书记李淑侠出席并讲话,县委常委、纪委书记时伯明主持并宣读《关于全面落实县纪委向县一级党和国家机关派驻纪检机构的方案》,县委常委、组织部部长张磊宣读县委巡察机构、县纪委派驻机构县管干部任职决定。

22日 全县新型城镇化建设工作现场推进会召开,调度当前新型城镇化建设进展情况,分析存在问题,进一步明确任务,压实责任,再加力度,再强措施,加快推进新型城镇化进程,确保新型城镇化各项目标任务顺利完成。县委副书记、县长吴卫东出席并讲话,副县长梅良杰主持。

26日 全县2017—2018年秋冬季大气污染防治强化管控工作动员大会召开。县委副书记、县长吴卫东出席并讲话,副县长、县公安局局长出席,副县长辛传坤通报2017年以来全县大气污染防治工作进展情况并部署下一步工作,副县长梅良杰主持会议。

27日 全县重大招商项目集中签约仪式举行,县领导李淑侠、吴卫东、揭月华、于帆、辛传坤和浙江省泰顺县委副书记周秀松等出席签约仪式并见证项目签约。

是日,全县秋季农业生产暨扶贫开发工作会议召开。县委书记李淑侠出席并讲话,县委副书记、县长吴卫东主持,县委副书记黄浩部署具体工作,县领导赵建东、张兴涛、揭月华、刘华东、辛传坤出席。

29日 中核投资、中核华

兴、核能科技与沛县人民政府战略合作协议签约暨徐州核润光能揭牌开工仪式在沛县举行。副市长徐东海，县领导李淑侠、张兴涛、郝敬彬、吴以贵、于帆，中国核工业建设集团公司总经理、党组副书记顾军，中国核工业建设股份有限公司党委委员及投资事业部总经理、中国核工业华兴建设有限公司董事长及党委书记陈宝智，中国核工业建设集团公司战略规划部主任赵翼鑫，中核投资有限公司总经理、中国核能科技集团有限公司董事局主席艾铁伦，中国核能科技集团有限公司董事局副主席刘根钰，中国核能科技集团有限公司联席行政总裁张瑞出席。

是日，全县警示教育大会召开，县委书记李淑侠出席并讲话，县委副书记黄浩主持，赵建东、张兴涛、郝敬彬、张磊、徐正冲、张长缨、梅良杰出席。

是日，第十届亚洲技巧锦标赛在哈萨克斯坦落幕，来自中国、印度、伊朗、哈萨克斯坦等7个国家和地区的147人参加了比赛，中国队勇夺男子四人项目冠军和混合双人项目亚军，其中，荣获男子四人项目冠军的张俊硕、付智是沛县体育中学培养输送的优秀运动员。

是日，第四届中国·徐州文化博览会在徐州国际会展中心开幕，县委常委、宣传部部长徐正冲，副县长刘雪君参加开幕式并参观沛县馆。

30日 《中国共产党沛县历史》第二卷（1949—1978）出版发行。该书由引言、编章、附录组成，共分5编、24章，31万字，是中共沛县县委组织领导全县人民进行社会主义革命和建设的历史。全面记述了1949—1978年沛县新民主主义建设和社会主义建设中政治、经济、文化、社会等各个方面探索前进、曲折发展的历史进程，全面反映了沛县经济社会深刻而巨大的变化，系统总结了社会主义革命和建设中的历史经验和教训，具有较强的史鉴功能和资政作用，是一本了解沛县党史的红色“家谱”。

10月

11日 全县信访维稳工作调度会召开，县委书记李淑侠出席并讲话，县委副书记、县长吴卫东主持会议，黄浩、赵建东、张兴涛、郝敬彬、吴以贵、时伯明、张磊、陈刚、徐正冲、于帆、赵士鹏等县四套班子领导出席，县委常委、政法委书记张长缨，副县长、县公安局局长分别部署十九大期间全县信访维稳工作。

17日 全县中共十九大安保维稳工作推进会召开。县委书记李淑侠出席并讲话，县委副书记黄浩宣读《关于对县粮食局相关人员在信访维稳工作中失职问责的通报》，县委常委、纪委书记时伯明，县委常委、组织部部长张磊，县委常委、宣传部部长徐正冲出席，县委常委、政法委书记张长缨主持会议，副县长、县公安局长部署安保维稳工作，副县长梅良杰部署安全生产工作。

18日 市委副书记、市长周铁根到沛县调研经济社会发展情况，县委书记李淑侠，县委副书记、县长吴卫东，县委副书记黄浩陪同。

是日，上午9时，县领导李淑侠、吴卫东、黄浩、吴以贵、刘华东、辛传坤、周俊鹏、王小明、刘雪君、徐刚、梅良杰及全县党员干部、基层群众收听收看十九大开幕盛况。

25日 徐州市首届医患同心、感恩有你、我心中的健康使者——双十佳表彰会召开，县人民医院周立娟和张寨卫生院贺中景分别获得了市十佳护士奖和市十佳医生提名奖。另外，县卫计委还荣获优秀组织奖。

27日 全县传达中共十九大精神大会召开，动员全县上下迅速掀起学习贯彻落实十九大精神的热潮，把思想和行动统一到中共十九大精神上来，把力量凝聚到夺取新时代中国特色社会主义伟大胜利上来，团结带领全县人民奋力开创各项事业发展新局面。县委书记李淑侠传达十九大精神，县委副书记、县长吴卫东主持，黄浩、赵建东、张兴涛、揭月华、吴以贵、时伯明、张磊、陈刚、徐正冲、于帆、赵士鹏等县四套班子领导出席。

28日 值中国传统的敬老节日“九九”重阳节，县委书记李淑侠到栖山镇周店村看望慰问百岁高龄老人，县委副书记、县长吴卫东到魏庙镇看望慰问百岁老人，为老人们送上节日祝福和党和政府的关怀与温暖。副县长刘雪君一同参加活动。

31日 全县三季度经济运行分析暨重大项目观摩会召开，对前三季度经济运行情况进行回头看、找差距，落实中共十九大精神，对年底前经济工作再动员、再鼓劲，进一步明确责任、夯实举措、冲刺全年，确保完成年初确定的目标任务。县委书记李淑侠讲话，县委副书记、县长吴卫东分析三季度经济运行形势并安排部署下一步重点经济工作，张兴涛、郝敬彬、揭月华、吴以贵、时伯明、张磊、徐正冲、于帆、赵士鹏等县四套班子领导出席。

11月

2日 全县文明城市创建工作会议召开，县委常委、宣传部部长徐正冲出席，副县长刘雪君主持。

8日 2017沛县投资环境推介会举行，市委常委、组织部长、统战部部长徐大勇出席并讲话，市人大常委会副主任陈新生出席，县委书记李淑侠致辞，县委副书记、县长吴卫东主持推介会，县领导黄浩、赵建东等出席。

9日 2017中国徐州第二十届投资洽谈会项目签约仪式举行，全县招商洽谈工作取得丰硕成果，成功签约9个项目，计划总投资额为134.3亿元。张国华、周铁根、李淑侠、吴卫东、辛传坤等市县领导出席签约仪式。

21日 中共十九大精神宣讲报告会举行。市委宣讲团成员、市委常委、组织部部长、统战部部长徐大勇到沛县宣讲党的十九大精神，县委书记李淑侠主持，黄浩、张兴涛、郝敬彬等县四套班子领导出席。

是日，“学习贯彻党的十九大精神，提升能力，助力沛县——领导干部大讲堂”活动启动大会举行。县委书记李淑侠强调，全县领导干部要以参加“大讲堂”活动为契机，深入学习贯彻中共十九大精神，不忘初心、牢记使命，守望相助、团结奋斗，进一步提升素质能力、锤炼过硬本领，全力以赴完成全年经济社会发展目标。黄浩、赵建东、张兴涛、郝敬彬、陈刚、徐正冲、赵士鹏等县四套班子领导出席，县委常委、组织部部长张磊主持。

22日 省委宣讲团成员、省委党校科社教研部主任徐民华到沛县宣讲中共十九大精神，县委书记李淑侠主持报告会，吴卫东、黄浩、赵建东、郝敬彬、张磊、陈刚、徐正冲、赵士鹏等县四套班子领导出席报告会。

23日 沛县扶贫济困“一日捐”启动仪式举行，李淑侠、吴卫东、赵建东、张兴涛、郝敬彬、徐正冲、于帆、张长缨、赵士鹏等县四套班子领导及机关事业单位人员现场捐款。县委副书记黄浩主持启动仪式。

24日 “拥抱新时代 放飞新梦想”沛县学习宣传贯彻党的十九大精神诗歌朗诵会举行，市委宣传部副部长吕岩，县委常委、宣传部部长徐正冲出席。

25日 “农商银行”杯2017年全国技巧冠军赛暨首届沛县技巧邀请赛颁奖晚会在沛县文化中心礼堂举行。国家体育总局体操运动管理中心主任、党委书记缪仲一，国家体育总局体操运动管理中心技巧项目主管唐金山，副市长李燕及李淑侠、吴卫东、黄浩、张兴涛等县四套班子领导出席。李燕、李淑侠及国家省市体育部门领导为获奖运动员颁奖。缪仲一和李淑侠共同为沛县被授予“中国技巧项目高水平后备人才基地”揭牌。“农商银行”杯2017年全国技巧冠军赛于11月18—25日在沛县隆重举行。本届冠军赛是由国家体育总局体操运动管理中心、中国蹦床与技巧协会、江苏省体育局、徐州市体育局、沛县人民政府主办，县文广新体局承办。经过7天的紧张激烈角逐，本届冠军赛圆满闭幕。

在沛县期间，刘雪君还陪同缪仲一等观看了“农商银行”杯2017年全国技巧冠军赛暨首届沛县技巧邀请赛；徐正冲陪同缪仲一等及17名沛县籍世界冠军参观了县体育中学。

26日 “智汇沛县—纺织产业发展论坛”举行，县委副书记、县长吴卫东，县委常委、组织部长张磊，副县长、科技镇长团团长王小明，中国产业用纺织品行业协会副会长郑俊林，东华大学纺织学院院长陈南梁等相关领导和专家出席。

27日　全县农村集体产权制度改革试点工作会议召开，主要是贯彻落实中央对推进农村集体产权制度改革工作的部署要求，结合十九大精神和当前农业农村发展的新形势新要求，对全县农村集体产权制度改革试点工作进行安排部署。县委书记李淑侠出席并讲话，县委副书记、县长吴卫东主持，县委副书记黄浩部署全县农村集体产权制度改革试点工作，县委副书记赵建东、副县长刘华东出席。

30日　全县宣传思想文化系统学习宣传贯彻党的十九大精神宣讲报告会举行，市委宣讲团成员、县委常委、宣传部部长徐正冲向宣传思想文化系统党员干部宣讲中共十九大精神。

12月

1日　沛县—北京高校合作共建学生实践基地签约仪式在北京大学举行。北京大学光华管理学院副院长龚六堂、光华管理学院党委副书记滕飞，清华大学法学院党委副书记王钢、法学院党办主任李蕊，中央财经大学财政税务学院党委书记樊勇、财政税务学院副院长肖鹏，中国政法大学民商经济法学院党委书记王洪松、国内合作处副处长刘建，中国科学院大学本科部部长燕敦验、本科部学工部主任王守奎，县委书记李淑侠，县委常委、组织部部长张磊，副县长辛传坤出席。

4日　市人大代表年末集中视察调研活动开展。市人大代表、县委书记李淑侠，市人大代表、县人大常委会主任张兴涛，市人大代表、县人大常委会副主任杨文民出席，县委常委、县经济开发区党工委书记于帆陪同。

8日　江苏省第一环境保护督查组督查徐州市情况反馈会召开。县委书记李淑侠，县委副书记、县长吴卫东在徐州市主会场参加会议。县领导郝敬彬、时伯明、张磊、徐正冲、于帆、辛传坤、周俊鹏、刘雪君、徐刚在沛县分会场收听收看。

20日　徐州报业传媒集团党委书记、社长刘明带领徐州日报全媒体记者和“徐州发布”《学懂弄通做实十九大精神系列访谈活动》栏目组走进沛县，对县委书记李淑侠进行专访，县委常委、宣传部部长徐正冲参加活动。

26日　徐州—上海外延蔬菜生产基地揭牌仪式在张寨镇博源农业示范园举行。上海市商务委副主任吴星宝、上海市浦东新区商务委主任辛雅琴、上海市农产品中心批发市场总经理张春华、市委副书记杨时云、副市长毕于瑞、县委副书记黄浩、副县长刘华东出席活动。

26日　县政府与上海强丰集团举行淮海现代农业综合体项目签约仪式。上海市商务委员会副主任吴星宝，上海强丰实业有限公司董事长吴连强，市委常委、组织部部长、统战部部长徐大勇，副市长毕于瑞，县领导李淑侠、吴卫东、黄浩、刘华东出席签约仪式。

淮海现代农业综合体项目位于徐沛快速路胡寨出口处，规划面积1600亩，总投资约3亿元，建设集循环农业、新型田园社区、生产加工、众创培育、休闲旅游为一体的现代农业综合体项目，同时建设上海市外延蔬菜示范基地，带动沛县农业外延基地发展。

是日，县委党史工委被省人力资源和社会保障厅、省委党史工作办公室联合授予全省党史系统先进集体称号，是全市唯一一个获奖的县级单位。

27日　全省领导干部警示教育大会召开，李淑侠、吴卫东、黄浩、赵建东、张兴涛、郝敬彬、吴以贵、时伯明、陈刚、徐正冲、于帆、张长缨、赵士鹏等县四套班子领导在沛县分会场收听收看。

是日，市民期盼的首批公共自行车亮相。作为“为民办实事”项目，沛县投入480万元，一期投放800辆，让市民环保出行。

该车车身为绿色，带有车筐，车架上印有“沛县公共自行车”字样，前后轮位置印有“大汉之源、生态沛县”字样。沛县计划投入2000辆公共自行车，一期投放800辆。建设30个自行车站点，其中，新城区10个站点、老城区20个站点，主要分布在各大主要人流集散点，每个站点平均车辆数约30辆，全部站点都可以实现异点还车。市民持身份证到江苏银行办理市民卡，直接刷卡即可使用。按照1小时内使用免费，1小时以上则每小时1元收费。

29日 中国共产党沛县第十四届委员会第四次全体会议召开，主要任务是高举习近平新时代中国特色社会主义思想伟大旗帜，深入贯彻中共十九大精神和习近平总书记视察江苏重要讲话精神，认真落实中央经济工作会议和省市全会精神，扎实推进县第十四次党代会决策部署，回顾总结2017年工作，研究部署2018年任务，动员全县各级党组织和广大党员干部群众，在新的起点上不忘初心、牢记使命，团结拼搏、砥砺奋进，不断推进“三地一新”新实践，持续谱写“强富美高”沛县新篇章，开辟新时代中国特色社会主义在沛县实践的新境界。县委常委会主持会议。县委书记李淑侠发表讲话，吴卫东、黄浩、赵建东、吴以贵、时伯明、张磊、陈刚、徐正冲、于帆、张长缨、赵士鹏在主席台就座。会议期间，与会人员分组讨论了李淑侠的讲话、县委常委会工作报告和《中国共产党沛县第十四届委员会第四次全体会议决议（草案）》。出席这次全会的县委委员31名，候补委员7名。全体委员以举手表决的方式通过了《中国共产党沛县第十四届委员会第四次全体会议决议》。

硕果累累

县情概况

经济建设

【概况】 2017年沛县成为全面小康县，第十七届全国县域经济基本竞争力百强县跃居第46位，全国县域经济与县域综合发展百强县位列第33位。被评为全国文明县城、国家园林县城、全国生态文明先进县、中国最佳生态旅游县、最佳历史文化旅游名城和区域休闲旅游目的地城市。实现地区生产总值756.32亿元、增长8.6%；一般公共预算收入54.46亿元、同口径增长5%；固定资产投资增长11.4%；社会消费品零售总额增长12.2%；城乡居民人均可支配收入分别为29680元和17245元，增长8.9%和9.2%，经济社会发展保持稳中有进、稳中向好态势。

【农业】 粮食生产实现“十四连丰”，粮食安全保障有力。小型农田水利重点县、农村河道疏浚治理等农水工程全面完成，新增高标准农田2.5万亩、改造高效设施农业3万亩，连续7年被评为全省高效农业先进县。新增县级示范家庭农场100家，创建县级示范农民专业合作社100家，市级以上农业龙头企业达到49家，适度规模经营面积超过70%。新增“三品”认证43个、申创市名牌产品2个，云雪面粉公司被评为全国百家绿色食品示范企业，张寨博源农业示范园高标准建成上海外延蔬菜基地，湖西农场稻渔综合种养示范区通过国家级示范园区考核评审。率先在全市建成应急移动气象台和风廓线雷达系统。农机化水平达91.6%，获评全国第二批基本实现主要农作物生产全程机械化示范县。农业现代化建设水平继续保持全省前列、全市第一，成为国家农业可持续发展试验示范区重点县。

【工业】 全年规模以上工业总产值、增加值分别增长12%和10.5%；工业开票销售439亿元、增长25%；工业用电量26.9亿千瓦时、增长4.26%。新兴产业加快崛起，光伏光电和装备制造两大产业初具规模，特别是光伏光电产业培育取得突破性进展，太阳能电池片产能扩大到5吉瓦，获批省级光伏科技产业园。传统产业加快转型，技改投入占工业投资的36%，其中纺织产业规模居全市首位，获批中国粘胶纱生产基地县，灌排产业被评为省级特色产业基地。重大项目加快推进，华丰高精铝板带二期、宝通编织机械、鑫宇光伏二期、珀然铝轮毂一期等项目竣工投产，科创中心二期、润康医药、嘉寓光伏等项目快速实施。招大引强成效显著，中核建光伏、杭萧钢构、中辉光伏二期等一批大体量产业项目落地建设。签约亿元以上项目76个、计划投资430亿元，新开工项目61个、计划投资205亿元，招引项目个数和体量均创历史新高。

【现代服务业】 实施服务业提速计划，服务业增加值占GDP比重达到40.8%。商圈培育加快推进，城投广场商业楼主体完工，地下商业街投入使用，侨城酒店基本竣工，中金国际广场土建封顶，新的城市商业格局初步形成。物流板块亮点突出，淮海经济区智慧物流园启动规划建设，飞马快递城乡高效配送"沛县模式"被商务部推广，东方运销是苏北县级第1家获批5A级综合型物流企业。电子商务蓬勃发展，龙工场（淮海）跨境电商产业园签约入驻企业90家，忠意食品、佳家美纸业和大农合获批省级电商示范企业，县电商产业园、五段镇、朱寨暗楼村分别获批省级电商示范园区和示范镇村，全县电子商务交易额达到98亿元。建筑业保持良好发展态势，新增企业28家，实现产值340亿元、税收7.8亿元，产业规模位居全市首位。

【对外贸易】 全县新增3000万元以上内资开工项目139个，计划总投资342.82亿元；新增3000万美元以上外资项目9个，计划总投资21.41亿元。全县新增3000万元以上签约项目139个，计划总投资532.88亿元，新增亿元以上重点在谈项目43个，计划总投资715.26亿元。进出口额完成32.5278亿元，完成年计划的140.81%，同比增长63.13%，居五县二区第二位，为历年最好水平。新批外资项目23个，增资项目5个，协议注册外资完成3.73亿美元，完成市计划的184%；全县实际到账注册外资完成1.73亿美元，完成年计划的128.97%，同比增长32.55%，居五县二区第一位，创历年来最高水平。全年服务外包合同额完成8000万美元，服务外包执行额预计完成6000万美元。

【交通运输】 公路总里程达2588公里，公路密度达190公里/百平方公里。其中，高速公路40.9公里，一级公路29.4公里，二级公路164.8公里，三级公路216.7公里，四级公路1795公里。公路客运站场14个。航道总里程达180公里。其中，二级航道39.2公里，五级航道52.3公里，六级航道68.3公里，等外航道20.3公里。全县境内公路客运量0.1045亿人次，客运周转量1.9055亿人公里。货运量0.211亿吨，货运周转量27.78亿吨公里。共有营运客车497辆，座位数19436个，营运货车12176辆，吨位6.1万吨。徐沛快速通道沛县段、湖西航道北段疏浚全部完工。省道427改建、省道253东环段改建加快推进。东风东路、汉城中路完成高标准改造，正阳路北延接通北京路。完成农村公路提档升级100公里，改造危桥60座，县道大中修工程全面建成通车。城市公交车共261辆，公交线路21条，日发班次1008班，运营里程373.1公里，日均客运量3万人次，公交出行分担率26%。智能公交站台156座，充电桩26个。镇村公交全面开通，新开通区域性公交线路14条，实施8条农工班线公交化改造。建成城市公共自行车系统，一期800辆自行车投入使用。

【科技创新】 2017年，沛县成功获批国家知识产权强县工程试点县和江苏省知识权强省建设区域示范县。新增发明专利申请377件、发明专利授权66件，全县万人发明专利拥有量达到1.58件。39件优秀专利获省知识产权局专利资助资金7.8万元。获批高新技术企业9家、高新技术产品17个，13家企业入选江苏省高新技术企业培育库。新增省级众创空间4家、工程技术研究中心3家、技术中心2家、研究生工作站6家、博士后创新基地4家。累计建成国家级技术中心1个、省级科技企业孵化器3家、省级众创空间4家，全县拥有省级企业研发机构56个、市级603个，规模以上工业企业实现市级以上企业研发机构全覆盖。自主创新力度加大，研发经费支出占GDP比重达1.93%，恒辉机械自动编织装备达到国际先进水平，金虹钢铁、铸本混凝土获批省两化融合贯标试点企业，中宇光伏等3家企业通过国家知识产权管理体系认证。引才战略成效明显，举办智汇沛县系列对接活动，新建校企联盟40家、大学技术转移中心2家，引进长江学者、国家“千人计划”专家4人，入选省市“双创计划”12人，与北大、清华等5所“双一流”高校合作共建学生实践基地。

文教卫生

【教育事业】 2017年，全县本科上线1895人，比上年增加793人，本科上线率65.03%，提升38.21个百分点。其中文化一本上线354人，比上年增加144人，上线率提升9.22个百分点，增幅全市第二。中考总均分增幅全市第一。县中等专业学校成功创建省高水平现代化职业学校、省机电实训基地和专业群，体育中学建成国家高水平后备人才基地。新（扩）建中小学校8所，改造校舍面积8.35万平方米。歌风小学扩建工程教学楼、多功能教室、图书馆竣工验收，交付使用。占地78亩，建筑面积2.3万平方米的正阳小学南校区建成投入使用。占地78亩，建筑面积3万平方米的实验小学正在按节点主体建设。3所新（扩）建学校缓解了老城区学位紧缺的问题。新建幼儿园23所，创建省、市优质幼儿园10所，办园质量和水平进一步提高。全县共清理取缔无证幼儿园205所，认定看护点320所，提升发证21所。多层次开展教师全员培训，省级以上培训300人次，市、县级培训30000人次。沛县教师赴南通跟岗培训200人。沛县通过社会招聘新教师230人，通过政府购买服务的方式再聘用合同制教师78人，一定程度上缓解教师短缺的压力。全年完成校安工程项目5个，其中安国中学综合楼、五段俞庄小学（幼儿园）教学楼、王店中学教学楼建筑面积约18000平方米，投入资金约5544万元。在建工程7个，建筑面积21800平方米，5所竣工验收。

【文化事业】 2017年，出版文学、美术、摄影等专著6部，在市级以上报刊发表文艺作品127件，在市级以上各种展览赛事参展参演参赛作品71件，获奖作品26件，作家丁可、白丁荣获江苏省第六届紫金山文化奖。人才队伍实力增强。新增市级作协、书协、美协等会员23名、省级会员9名、国家级会员3名，文艺队伍数量和实力均居全市县（市）前列。成功举办“2017年春节文艺晚会”、“江苏省道德模范与身边好人现场交流活动”、“莲动沛城”第二十四届夏季乘凉晚会、“纪念建军90周年群众歌会”、“2017年‘翰墨乡情’书画大赛”、“沛县元宵节民俗展演”等系列活动，开展“中国梦·沛县情”原创文艺作品征集活动，组织沛县第三届戏曲票友大赛、沛县第二届青年歌手大赛、徐州市第十三届民歌大赛等活动，举办“百姓大舞台”系列活动12场，“文化进社区”演出150场。县文化馆免费培训班级增加至50个，累计培训学员6000人。“文化三送”送戏下乡198场（含进社区演出52场），送电影5198场，送图书1.5万册。现代梆子戏《苦楝树下庄户人》申报2018年度江苏省艺术基金。完成第四批市级非遗代表性传承人申报工作，第三批县级非遗代表性项目沛县命名12个，代表性传承人19人。组织沛县省级非遗项目“沛县狗肉鼋汁烹制技艺”及代表性传承人樊宪涛、“徐州剪纸（沛县剪纸）”传承人康雪云和冯相兰赴连云港参加非遗展演。组织拍摄省级非遗项目“沛县荷叶落子”影音资料。

【体育事业】 投资400万元，对好人广场体育设施进行升级改造。在徐州国际武术、举重、柔道、跆拳道等多项比赛中获金牌40枚、银牌35枚、铜牌26枚，并获3项团体第一，4项获团体第二。在第十四届全国武术之乡武术套路比赛中，取得8金12银8铜，获团体总分第13名。在“我要上全运太极拳剑公开赛”中获得两个二等奖。在徐州首届广场舞大赛获得两个三等奖。承办江苏省跆拳道冠军赛、“农行杯”象棋比赛、全县风筝节比赛、沛县鸟鸣大赛、第五届全县广场舞大赛等活动，成功举办“2017年沛县毽球比赛”“2017年‘精英杯’沛县传统武术比赛”“‘海情杯’青少年足球赛”“‘迎五一’卡斯特杯全县职工羽毛球比赛”等活动。

【卫生事业】 2017年，徐医附院与县人民医院建成紧密型医联体。市三级医院与县医院以及敬安、龙固和鹿楼等五家基层区域性医疗卫生中心构建医疗联合体。构建省级技术孵化中心、徐州市三级医院、县医院、区域医疗中心之间的综合医联体。基层区域医疗卫生中心建设不断强化。敬安、鹿楼、魏庙、大屯和龙固5家中心镇卫生院全面通过基层区域医疗卫生中心验收。鹿楼镇中心卫生院康复医学科创建为省级特色科室。朱寨镇卫生院中医妇科，张寨镇、杨屯镇卫生院眼科和鹿楼镇卫生院老年病科等13个科室创建为市级特色科室。龙固、鹿楼和沛城镇3家卫生院通过全国群众满意卫生院验收。龙固、敬安和魏庙创建为省卫生应急示范镇。河口、杨屯和张庄镇等5家卫生院创建为省示范卫生院，10家卫生室达到省示范标准。在建立健全起辖区内二级医疗机构、卫生院、健康管理团队指导下的村级卫生室“三位一体”服务的基础上，积极构建“1+4”的顶层签约服务模式，被市卫计委作为“沛县模式”在全市基层医疗卫生机构广泛推广。

改革开放和人民生活

【重点领域改革】 深化供给侧结构性改革，落实“去降补”政策措施，有序化解煤炭行业过剩产能，关停龙固矿、沛城矿2家煤矿；商品房住宅去化周期降至6.87个月，库存总量位于合理区间；取消或停征涉企收费35项，有效降低企业运行成本。深化农村综合改革，农村产权流转交易服务标准化国家试点稳步推进，全年实现交易额11.38亿元，农村产权交易市场建设综合考核全省第一；颁发土地经营权证692份，实现权证抵押贷款1.27亿元；农村集体产权制度国家级改革试点全面启动。深化“放管服”改革，政务服务“一张网”6大类1101项权力事项实现“不见面审批”，“3550”改革实现审批时间压减50%以上，沛县综合服务旗舰店PC端在全市率先上线，政务中心获批全省标准化试点单位。杨屯镇入围新一轮经济发达镇省级行政管理体制改革试点。深化投融资体制改革，成立5支产业发展基金支持实体经济发展；金融机构授信170亿元支持路网改造、水环境治理等项目建设，棚改基金、债券融资等6个直融项目顺利推进；实现企业股权融资1.4亿元，天鸿源新能源、鸿裕燃气、汉和电缆等77家企业在江苏省股权交易中心挂牌；PPP项目入省库18个、投资总量205亿元，其中敬安小城市建设、供热管网等5个项目已经成功落地；金融机构存款、贷款余额分别达到518亿元和269亿元，存贷比首次超过50%。

【民生实事】 8件民生实事基本完成，民生福祉不断改善。以富民增收为核心，全面落实创业带就业扶持政策，全年新增私营企业2265户、个体工商户9442户，新增注册资本195.83亿元；城镇新增就业9904人、登记失业率控制在2.02%，农村劳动力转移1.24万人，扶持自主创业4819人，获批全国第三批返乡创业试点地区。深入开展社会保险扩面工作，基本养老和基本医疗参保率分别达98.7%和99%以上。兜牢民生底线，保障性住房新开工4013套、建成3583套，解决部分困难群众住房需求。扶贫脱贫精准到位，“阳光扶贫”监管系统上线运行，47个扶贫发展项目有序实施，9个省定经济薄弱村实现新“八有”目标，17个村级综合服务中心建成使用，发放扶贫小额贷款1.96亿元，全年完成低收入人口脱贫2.1万人。落实国家东西部扶贫协作要求，加强与麟游县在能源、文旅、教育等方面的合作，协调支持帮扶项目13个。

【社会治理】 扎实推进文明城市创建，“好人沛县”品牌影响不断弘扬光大，沛城街道孔庄村获评全国文明村称号，出租车司机张涛当选“中国好人”，张景宏家庭获得首届全国文明家庭称号。平安沛县、法治沛县建设成效显著，建成市级以上法治文化示范点10个，执行工作全市领先，“两法衔接”走在全省前列，八类主要刑事案件发案率继续保持低位，湖区矿区连续15年保持和谐发展，公众安全感和群众对法治建设满意度分别达到96%、99%，两项指标创历史最高水平。常态化开展“四项督查”行动，高危企业和规上企业实现“智慧安监”全覆盖，安全生产形势总体平稳，全年未发生较大以上生产安全事故；食品药品监管体系更加完善，群众饮食用药安全得到有力保障。

生态建设

【生态环境保护】 “263”专项行动取得阶段性成效，中央和省市交办的29件环境信访案件全部整改到位。扎实开展大气、水、土壤专项治理行动，精心打造江淮生态大走廊重要节点城市，荣获“2017年中国绿色发展优秀城市”称号。重拳出击大气污染“五项”治理，全年优良天数272天、优良率77.7%，保持全市领先，连续4年被评为省秸秆禁烧先进县。全面建立县镇村三级河长责任体系，加大微山湖水源地规划建设和保护力度，国考和省考断面水质稳定达标。统筹做好土壤污染防治和节约集约利用工作，荣获“省国土资源节约集约利用模范县”称号。“一湖四园四河四路”绿化工程有序实施，城区新改建绿地100万平方米，绿化覆盖率、绿地率和人均公共绿地分别达到45.29%、43.19%、14.84平方米。完成造林面积1.32万亩，新建更新农田林网5万亩，全县森林覆盖率达23.39%。

【“263”专项行动】 根据中央环保督察要求和省委、省政府、市委、市政府“263”专项行动部署，沛县排查环境问题，围绕生态环境指标的提升，制定行动方案，把紧盯关键矛盾作为这次行动计划重点，以“两减”为突破口，推动能源结构、产业结构转型升级，从源头上为生态环境减负；以“六治”为主抓手，切实解决群众关心关注、反映强烈的突出生态环境问题，增强群众满意度和幸福感；以“三提升”为着力点，建立长效生态保护机制。县财政全年累计投入“263”专项行动项目资金达2.3亿。成立县长任组长、全体副县长任副组长、各相关单位负责人为成员的专项行动领导小组，并下设办公室，分管副县长兼任办公室主任，抽调县环保局2名分管副局长担任专职副主任，并从7个部门抽调19人组建领导小组办公室，做到机构、人员、经费、办公室地点“四落实”，实体化运作。各镇、街道、县直单位建立相应架构。发改、城管、商务、市场监管、水利、农委等“263”领导小组通力协作，对减煤、减化、垃圾分类等11项项重点工程有序实施。全县煤炭消耗量比上年同期减少103.36万吨。其中，22家规上企业比上年同期减煤95.21万吨。配置移动式垃圾箱体2155个、垃圾转运车辆102辆，依托光大环保能源(沛县)有限公司垃圾发电项目，年焚烧生活垃圾18.25万吨。对10条县、镇级河道实施疏浚工程，开展农村坑塘生态治理，累计疏浚河道40.7千米，完成土方122.8万立方米。完成规模畜禽养殖场污染治理设施改造52家，建设污染处理设施7.6万立方米。1.5万亩黄河故道农业综合开发项目启动实施，大沙河绿化及清淤工程已完工，江淮大走廊湖西段绿化工程基本完工，大沙河重要湿地廊道完成90%，京杭运河清水廊道完成2000亩。

城乡建设

【美丽城乡建设】 2017年，坚持高起点规划设计城市，沛县城市总体规划获批实施，中心城区控规、综合管廊专项规划编制和敬安小城市总规修编全部完成，城乡生产、生活、生态空间进一步优化。城市功能品质加快提升，县人民医院新院、新实验学校等功能项目主体完工，碧水绕城、汉兴公园、樊哙路等景观项目顺利推进，高标准完成鑫达园、江南山水等4个老旧小区改造，实施房屋征收160万平方米，城市人居环境日益改善。城市管理水平不断提升，数字化城管平台高效运行，垃圾分类收集、生态化处理成效明显，获全国首批农村生活垃圾分类和资源化利用示范县称号。特色镇村建设扎实推进，沛城、大屯、安国建成首批省级生态文明示范镇，敬安辣椒科创小镇被命名为全省首批农业特色小镇，张寨陈油坊村获批全国一村一品示范村，朱寨甄楼村、五段西高庄村建成省级美丽乡村，鹿楼八堡村获批省级乡村旅游示范村，杨屯昭阳庄园被国家旅游局授予中国乡村旅游创客示范基地，五段神龙农庄荣获省四星级乡村旅游园区。

【公共设施建设】 快速便捷的城乡路网加速形成，徐沛快速通道沛县段、湖西航道北段疏浚全部完工。省道427改建、省道253东环段改建加快推进。东风东路、汉城中路完成高标准改造，正阳路北延接通北京路。完成农村公路提档升级100公里，改造危桥60座，县道大中修工程全面建成通车。镇村公交全面开通，新增纯电动公交车300辆，新开通区域性公交线路14条，实施8条农工班线公交化改造。建成城市公共自行车系统，一期800辆自行车投入使用。水暖气管网建设与道路整修同步推进，改造城区供水管网78公里、雨污管网21公里，新增热力管网8公里，铺设天然气管网41公里，城市供气普及率达到80%。地表水厂二期及深度处理项目加快建设。

千古龙飞地城雕

中国共产党沛县委员会

【概况】 2017年，在中央和省、市委的正确领导下，县委坚持以习近平总书记系列重要讲话精神和治国理政新理念新思想新战略统揽全局，围绕打造淮海经济区最具竞争力新型工业化基地、徐济之间最具带动力宜居宜业福地、微山湖畔最具幸福感和谐平安之地，营造风清气正干事创业充满活力的政治新生态，坚持稳中求进工作总基调，深入贯彻新发展理念，突出“干在实处、走在前列”，在把握大势中谋篇布局，在保持定力中攻坚克难，在统筹兼顾中精准施策，全县经济运行持续向好，改革创新持续发力，城乡面貌持续提升，人民生活持续改善，从严治党持续深化，经济社会发展呈现欣欣向荣、蓬勃向上的良好态势。

【“两学一做”学习教育活动】 紧盯真学实干，常态推进“两学一做”。坚持“两学一做”学习教育常态化制度化，举办红旗渠精神等党性教育培训22班次、专业能力提升教育培训4班次，培训科级以上干部1500人次。县委常委会以上率下，一季一专题、一月一研学，一周一篇目，率先在“学”上深化拓展。把“两学一做”与“百千万”集中走访帮扶活动等相结合，组织推动各级党员领导干部深入一线、服务基层，全年走访群众家庭31.6万户、企业1153家，对市容环境、交通秩序等32大类、6212项问题进行彻底治理，投资15亿元统筹推进的78件重点民生实事得到落实。抓实每月26日主题党日活动，创新党员活动日、微党课、情景互动式党课、网络教育等方式方法，构建基层组织和党员队伍建设、规范党内政治生活的长效机制。

【经济综合实力】 完成生产总值756.32亿元、增长8.6%；一般公共财政预算收入54.46亿元、同口径增长5%；全社会固定资产投资624.45亿元、增长11.4%，城乡居民收入29680元和17245元，分别增长8.9%和9.2%。工业开票销售收入439亿元，同比增长25%，位居全市第一。全县规上工业企业500家，实现规上工业总产值1889亿元，同比增长15.71%。规上工业增加值356.25亿元，同比增长12%，位居全市第二。工业用电量26.9亿千瓦时，同比增长4.26%，位居全市第二。新型工业化基地建设实现重大突破，形成1个国家级和4个省级产业基地的发展态势，呈现园区基地化、产业集群化、项目规模化、平台中心化、人才高端化的“五化”景象。光伏光电产值超百亿元，新型铝材向高端、轻量突破，装备制造业向智能、低碳迈进。列入市重大项目计划13个实施项目，年度计划投资111亿元，实际完成投资120亿元。102个县重大工业和服务业项目，年度实施项目88个，实际完成投资188.5亿元。珀然铝轮毂项目实现当年签约、当年开工、当年投产，创造了快速、高效、务实的“珀然速度”。全年签约亿元以上项目83个，总投资503.73亿元，居五县两区第2位。新开工亿元以上项目71个，总投资303.82亿元。实际到账注册外资完成1.73亿美元、进出口总额32.53亿元人民币，考核分别居五县两区第1位、第2位。农村综合改革的突破为实施乡村振兴激发了活力。县、镇、村三级产权交易服务平台实现全覆盖。共完成10个品种2452宗项目交易，成交总额21.82亿元。县级农村产权交易市场综合考评位居全省第一。全国农村承包土地经营权抵押贷款试点工作走向深化，全国农村集体产权制度改革试点县工作全面启动，农村集体资产清产核资工作基本完成。

【改革创新】 综合改革全面深化。“工业经济上台阶”和“深化科技体制改革，创新驱动城市发展”两轮“一地一策”牵引性改革压茬推进。“放管服”改革不断深化，办件合规率省市第一，政务中心被列为全省标准化试点。获全国农村集体产权制度改革试点、全国首批农村生活垃圾分类和资源化利用示范县、江苏省经济发达镇行政管理体制改革试点，获评苏北唯一“2016年度江苏省国土资源节约集约利用模范县”。金融生态持续优化，平台公司项目融资授信160亿元，存贷比至11月底达51.86%。创新活力持续增强。签订校地、校企合作协议4项，建立校企联盟40家，获批省级星创天地1家、众创空间4家。培育高新技术企业9家，高新技术产业产值500.58亿元。全社会研发投入占比达1.93%。万人发明专利拥有量达到1.62件。人才引进拓展提升。创新开展“铝加工产业科技成果对接专场”“中科院专家行”等引才活动，与5所“双一流”高校合作共建学生实践基地，引进“长江学者”2人、“国家千人计划”专家2人。14名高层次人才获批省双创项目。

【城乡一体化建设】 以务实的态度和高效的作风抓城建项目，建立一系列科学合理的工作体制和推进机制，形成一系列卓有成效的工作方法，86项重点工程进展顺利，进一步拉开城市框架，完善城市功能，城市外在形象和品质内涵同步提升。把以人为本理念贯穿城乡建设管理和文明城市创建始终，站在群众的角度来思考和谋划城乡建设管理和创建工作，实施一大批民生工程和项目，城市环境持续亮化，群众素质不断提升，城乡面貌焕然一新，农村生活垃圾分类形成“沛县模式”，群众获得感、满意度不断增强。沛县被授予2015—2017年度江苏省文明城市称号。坚持“多规合一”理念，高起点做好规划编制和城市设计，《沛县城市总体规划》通过市政府批复，城市规划的科学性、整体性和前瞻性水平不断提高，城乡生产、生活、生态空间进一步优化。深入实施城市绿化、亮化、美化工程，推行人性化、精细化、品质化管理，让城市更美、与人更亲近、与自然更和谐。经营城市的理念不断深化，工作思路不断创新，瓶颈制约加快化解，形成房屋征收、房产开发良性互动、滚动发展的良好局面。敬安小城市建设势头强劲，杨屯光伏小镇产城融合，安国汉之源文化小镇文旅互动，绿色建筑小镇、洪福禅意小镇特色鲜明，一批“产、城、人、文”有机结合的重要平台逐步形成。3个镇（街道）、2个村被命名为省首批省级生态文明建设示范镇（街道）、村，6个村通过市美丽宜居村庄验收。

【和谐社会建设】 坚持把握民心这个最大政治，抓增收促和谐，民生事业大步迈进。总投资15亿元的78件民生实事全面完成。城市品质加快提升，高标准建设新人民医院二期、新实验学校等一批功能性项目，完成棚户区改造163万平方米。美丽镇村亮点纷呈，3个镇（街道）、2个村通过首批省生态文明建设示范镇（街道）、村验收。精准脱贫扎实推进，9个省定经济薄弱村实现新“八有”，2.1万名建档立卡低收入人口人均年收入突破6000元。社会治理水平不断提升，在省民意调查测评中，群众安全感达98.5%，群众对法治建设的满意率达99%。

【党建工作】 坚持以上率下，紧盯“关键少数”，严格落实“三会一课”制度，认真开展“回头看”，对标比差、查漏补缺，抓好突出问题的整改。“两学一做”学习教育实现常态化、制度化，在“学、做、改、干”上向基层延伸，全县党员的党性修养不断提高。深化村级“一核三体”运行机制和“抓党建、促增收”竞赛活动等“书记项目”，基层党建工作亮点纷呈。7名村党组织书记被授予江苏省农村基层党建工作突出贡献奖，10个社区党组织获市星级“服务先锋”称号。坚持以实干实绩论英雄的用人导向，“政治强、业务精、敢担当、作风正”成为沛县干部的鲜明特征，全年调整干部362人次，干部配备梯次结构不断优化。创设“智汇沛县”招才引智活动品牌，创新开展“铝加工产业科技成果对接专场”“中科院专家行”等引才活动；北京5所“双一流”高校首批68名学生到沛县实践活动圆满结束，优化人才引进平台，提高沛县知名度，让沛县的干部接触更多前沿知识与科技信息，沛县人才招引工作进入新的层级。

重要会议

【沛县“发挥‘三个作用’走在全市前列”动员大会】 2月7日，沛县“发挥‘三个作用’走在全市前列”动员大会召开，主要是回顾上年工作，部署2017年任务，表彰先进，鼓舞士气，动员激励全县上下聚力创新强县、聚焦创业富民，奋力在全市发挥“三个作用”中干在先、走在前、争一流，加快打造淮海经济区最具竞争力新型工业化基地、徐济之间最具带动力宜居宜业福地、微山湖畔最具幸福感平安地，营造风清气正干事创业充满活力的政治新生态，以优异成绩迎接中共十九大召开。县委书记李淑侠出席并发表讲话，县委副书记、县长吴卫东主持会议，县委副书记黄浩通报全县2016年度县对镇（区、场、街道）、县直机关和村（居）考核评价工作，县委常委、常务副县长王伟宣读《关于表彰2016年度镇（区、场、街道）重点工作目标考核先进单位和先进工作者的决定》《关于表彰2016年度县直机关绩效考核先进单位和先进工作者的决定》《关于表彰2016年度村（居）重点工作先进单位的决定》《关于表彰2016年度重大项目和为民实事工程先进单位的决定》，张兴涛、郝敬彬、揭月华、吴以贵、时伯明、张磊、徐正冲、于帆等县四套班子领导出席会议。大屯煤电公司总经理姜华应邀出席会议，享受地市级待遇和任过县处级实职的离退休老干部出席会议。

【全县宣传思想文化工作会议】 2月9日，全县宣传思想文化工作会议召开，主要任务是贯彻落实省市宣传工作会议精神，充分发挥好宣传思想文化工作引领作用，凝聚人心，推动发展，把广大干部群众的精气神提起来、士气鼓起来、心思集中起来，为沛县在徐州发挥“三个作用”中走在全市前列提供强大精神动力和良好舆论环境。县委书记李淑侠出席并讲话，县委副书记黄浩主持会议并宣读《关于表彰2016年度宣传思想文化工作先进集体和先进个人的决定》，县委常委、宣传部部长徐正冲对过去一年工作进行总结，并对2017年重点任务进行部署。

【全县农业农村暨扶贫开发工作会议】 3月1日，全县农业农村暨扶贫开发工作会议召开，贯彻落实中央和省市农村工作会议精神，回顾总结2016年全县农业农村和扶贫开发工作，研究分析当前农业农村形势，科学谋划部署2017年和今后一个时期推进农业供给侧结构性改革、提高农业农村发展水平的重点任务和主要举措。县委书记李淑侠出席并讲话，县委副书记、县长吴卫东主持会议，县委副书记黄浩总结2016年农业农村和扶贫开发工作、部署2017年重点任务，县委副书记赵建东宣读《关于表彰2016年度扶贫开发工作先进单位和先进个人的决定》，县人大常委会主任张兴涛，县政协主席、县委常委、政法委书记郝敬彬出席会议，副县长刘华东宣读

《关于表彰2016年度农业农村工作先进单位和先进个人的决定》《关于表彰第四批示范家庭农场的决定》。

【全县工业经济暨招商引资工作会议】 3月1日，全县工业经济暨招商引资工作会议召开，主要任务是贯彻落实全县发挥“三个作用”走在全市前列动员大会精神，总结上年工业经济和招商引资工作，表彰先进，兑现奖励，部署2017年重点工作任务，动员全县上下始终坚持“工业立县、产业强县”发展战略，紧紧抓住招商引资“生命线”不动摇，聚力创新，加快转型，全力开创沛县工业经济发展新局面。县委书记李淑侠发表讲话，县委副书记、县长吴卫东部署工作，县委常委、常务副县长王伟主持会议，副县长张长缨宣读《关于表彰2016年度十佳优秀企业家的决定》《关于表彰2016年度优秀工业企业的决定》《关于兑现2015—2016年度工业经济转型发展奖励的通知》《关于表彰2016年度招商引资工作先进个人和招商服务先进单位的决定》。

【全县经济工作会议】 7月15—16日，全县经济工作会议召开，县委书记李淑侠出席并讲话，县委副书记、县长吴卫东分析全县上半年经济运行形势、安排下半年重点经济工作，县委副书记黄浩主持会议，县四套班子领导出席。会议分两阶段进行，第一阶段现场观摩，第二阶段集中开会。

【中国共产党沛县第十四届委员会第三次全体会议】 7月28日，中国共产党沛县第十四届委员会第三次全体会议召开，主要任务是深入学习贯彻习近平总书记系列重要讲话精神和治国理政新理念新思想新战略，认真贯彻落实省委十三届二次全会、市委十二届四次全会精神和省委常委会专题研究徐州工作部署要求，总结2017年以来工作，研究部署聚焦富民重大任务，明确下一步工作要求，动员全县上下抢抓新机遇干在实处、集聚新动能走在前列，以做好各项工作的优异成绩迎接中共十九大胜利召开。县委常委会主持会议。县委书记李淑侠发表讲话，县部分领导在主席台就座。

【全县传达中共十九大精神大会】 10月27日，全县传达中共十九大精神大会召开，动员全县上下迅速掀起学习贯彻落实十九大精神的热潮，把思想和行动统一到党的十九大精神上来，把力量凝聚到夺取新时代中国特色社会主义伟大胜利上来，团结带领全县人民奋力开创各项事业发展新局面。县委书记李淑侠传达十九大精神，县委副书记、县长吴卫东主持，县四套班子领导出席。

【中国共产党沛县第十四届委员会第四次全体会议】 12月29日，中国共产党沛县第十四届委员会第四次全体会议召开，主要任务是高举习近平新时代中国特色社会主义思想伟大旗帜，深入贯彻中共十九大精神和习近平总书记视察江苏重要讲话精神，认真落实中央经济工作会议和省市全会精神，扎实推进县第十四次党代会决策部署，回顾总结2017年工作，研究部署2018年任务，动员全县各级党组织和广大党员干部群众，在新的起点上不忘初心、牢记使命，团结拼搏、砥砺奋进，不断推进“三地一新”新实践，持续谱写“强富美高”沛县新篇章，开辟新时代中国特色社会主义在沛县实践的新境界。县委常委会主持会议。县委书记李淑侠讲话。

重要活动

【2017沛县重大项目集中签约仪式】 1月18日，沛县重大项目集中签约仪式举行，县领导李淑侠、吴卫东、黄浩、张兴涛、郝敬彬、王伟、于帆、张长缨、辛传坤、李法伟出席签约仪式并见证项目签约。李淑侠在仪式上作致辞，充分肯定此次签约的重大意义。县经济开发区与苏美达江苏辉伦太阳能科技有限公司签约总投资20亿元年产1.5GW高效电池片项目，县经济开发区与中利腾晖光伏科技有限公司签约总投资10亿元年产1000万芯光缆生产项目，县经济开发区与杭萧钢

构股份有限公司签约总投资10亿元钢构束、剪力强构件生产项目，张寨镇与上海国致集团有限公司签约总投资10亿元淮海国际物流云商城项目，县政府与曜江集团签约总投资20亿元汉城商都提升改造项目，大屯街道与润康医药科技有限公司签约总投资10亿元润康医药健康产业园项目，敬安镇与南京百顺云进出口有限公司签约总投资1.3亿元10万立方米胶合板项目，县经济开发区与上海亮铮发展有限公司签约总投资2.5亿元汉斯半导体模块项目。

【“中科院专家沛县行”活动】 5月6日，“中科院专家沛县行”活动举行，来自中科院各地院所等近70名专家齐聚沛县，交流对接、共谋发展。活动分三个阶段举行。第一阶段，举行科技创新报告会。第二阶段，举行活动开幕式，李淑侠、吴卫东分别作致辞。中科院院士韩布兴作题为《绿色化学与可持续发展》的演讲。县委常委、组织部部长张磊推介沛县招才引智政策；县政府与中科院南京分院签订全面合作协议，县科技局与中科院兰州化学物理研究所签订共建“沛县中科院特色资源高值化利用研发中心”合作协议，县经济开发区与中科院常州化学研究所签订产学研合作协议，江苏天象生物科技有限公司与中科院南京土壤研究所签订“耕地土壤重金属污染修复技术及新产品应用”合作协议，徐州万盛现代农业发展有限公司与中国农业科学院郑州果树研究所签订“优质葡萄新品种引进及高效绿色栽培模式技术研究”合作协议，江苏亿海肥业有限公司与中科院南京土壤研究所签订“有机无机肥系列产品产业化技术开发”合作协议；与会人员观看沛县人才专题片。第三阶段，项目路演。大连化物所张家港产研院院长韩涤非、中科院宁波材料技术与工程研究所研究员许高杰、中科院上海硅酸盐研究所助理研究员何云龙等专家做科技成果介绍。在沛县期间，专家们还先后到大屯煤电公司商务中心、华昌铝厂、丰源铝箔、鑫宇光伏、科技创业园、忠意食品、刘氏会馆等处参观考察。

【全县重大招商项目集中签约仪式】 9月27日，全县重大招商项目集中签约仪式举行，县领导李淑侠、吴卫东、揭月华、于帆、辛传坤和浙江省泰顺县委副书记周秀松等出席签约仪式并见证项目签约，吴卫东主持签约仪式。集中签约的16个项目，涉及新能源、新材料等多个领域。这些项目发展前景好，引领性和成长性都很突出，符合沛县产业政策导向。随着这些项目的实施和建成投产，必将进一步促进沛县产业转型升级、发展提质增效，必将进一步提升沛县整体经济实力和区域发展竞争力。签约只是各方合作、互惠双赢的良好开端，下一步的关键是落实落地、快投快建、达产达效。沛县将围绕“放管服”改革着力打造优质软环境，采取灵活多样的快速推进机制，一如既往地支持项目更好更快发展。

【沛县与北京五所高校合作共建学生实践基地】 12月1日，沛县—北京高校合作共建学生实践基地签约仪式在北京大学举行。北京大学光华管理学院副院长龚六堂、光华管理学院党委副书记滕飞，清华大学法学院党委副书记王钢、法学院党办主任李蕊，中央财经大学财政税务学院党委书记樊勇、财政税务学院副院长肖鹏，中国政法大学民商经济法学院党委书记王洪松、国内合作处副处长刘建，中国科学院大学本科部部长燕敦验、本科部学工部主任王守奎，县委书记李淑侠，县委常委、组织部部长张磊，副县长辛传坤出席。李淑侠作致辞，龚六堂作讲话，辛传坤代表县政府分别与北京大学光华管理学院、清华大学法学院、中央财经大学财政税务学院、中国政法大学民商经济法学院、中国科学院大学签订合作共建学生实践基地协议。与会人员观看沛县发展专题片，听取沛县人才工作概况及招才引智政策介绍。

调研活动

【李淑侠到安庄开展“百千万”走访帮扶调研活动】 3月8日，县委书记李淑侠到大屯街道安庄开展“百千万”走访帮扶调研活动。低保户刘全威家因病致贫，父亲病故，爷爷有病长年卧床，奶奶无劳动能力，生活困难。李淑侠叮嘱镇村干部要切实发挥职能，用实际行动关心困难群众的生活，多了解他们的生活状况和需求，力所能及帮助他们解决实际问题。

【李淑侠到敬安镇调研】 4月10日，县委书记李淑侠到敬安镇调研，副县长辛传坤一同活动。李淑侠先后到金虹钢铁电弧炉改造生产线现场、敬安镇工业集中区主要道路及辅助道路修铺现场、敬安镇新区金虹大道东延长段建设现场、徐州长胜物资贸易废钢加工项目现场实地察看。详细了解项目进展情况并提出具体要求。强调敬安镇要进一步明确责任，拓宽思路，保持好精气神，发挥好“三个作用”，干在先、走在前，集聚合力把敬安镇打造成镇域经济发展排头兵。

【李淑侠调研全县水利工作】 5月12日，县委书记李淑侠调研全县水利工作。县委副书记黄浩、副县长刘华东一同活动。调研期间，李淑侠还先后到县水利局防洪工作指挥部、苏北堤河、顺堤河、沿河等处察看，详细听取相关情况汇报，并要求要落实防汛责任，责任分工要明确到位；完善度汛以及应急方案，根据各地实际情况制定有针对性的预案；排查和治理隐患，特别是对往年隐患点及险工险段进行重点排查治理；监控雨情水情，预警信息要第一时间传达到位；切实做到有备无患，防患于未然，确保安全度汛。

【李淑侠到图书馆博物馆文化馆调研】 5月16日，县委书记李淑侠到图书馆、博物馆、文化馆调研时要求，要充分挖掘文化底蕴，科学定位，优化布局，整合功能，努力打造精品工程。县委常委、宣传部部长徐正冲，副县长刘雪君一同活动。李淑侠先后到位于县文化中心的图书馆、博物馆、文化馆察看，并详细了解各馆科室分布、布局设计、配套设施等具体情况。

【李淑侠到县经济开发区调研】 8月17日，县委书记李淑侠赴县经济开发区调研企业发展情况。李淑侠先后到忠意食品、沛公酒厂和青岛啤酒厂察看，并听取相关情况汇报。要求各企业要牢固树立创新意识，立足市场需求，增强自主创新的内生动力，依托科技创新提升产品附加值，在创新发展中寻找新突破、实现新发展。要把质量安全放在提高企业核心竞争力的重中之重，着力做好生产全过程的控制，为群众提供高质、安全的产品。

【李淑侠到安国镇调研】 9月18日，县委书记李淑侠到安国镇调研，县政协党组书记、副主席揭月华，县委常委、宣传部部长徐正冲一同活动。李淑侠察看刘邦村和三诸侯文化园，听取安国镇经济社会发展情况汇报，要求要立足规划引领，优化空间布局。充分考虑安国湖湿地坐落其内、龙湖大道贯穿东西、紧靠大沙河等因素，主动接受主城区辐射，突出汉文化引领，科学构建发展布局；算好效益账，进行精细化规划。要立足产业强镇，增强镇域实力。大力引进高精尖项目，优化工业产业结构；加快传统产业优化升级，推进农业与文化旅游业相融合。要立足资源优势，打造安国特色。高扬汉文化主旋律，注重与县城实行错位发展，并积极丰富完善花卉、生态等内容。要坚持项目化引领，量化目标任务，全面加快重大工业、城建等项目建设。要立足大走访大排查大整治，营造和谐稳定的社会环境。深化大走访大排查大整治活动，确保全覆盖、无盲区、零容忍，奋力为中共十九大的召开营造安全稳定的社会环境。

【李淑侠到湖西农场调研】 9月19日，县委书记李淑侠到湖西农场调研，县委副书记黄浩，县委常委、统战部部长赵士鹏，副县长梅良杰一同活动。李淑侠察看湖西农场杂交水稻育种基地、农贸市场建设现场及特色小镇、田园综合体规划情况，详细了解相关情况。李淑侠要求，要科学规划。认真分析自身的交通区位、发展空间等优势及与周边地区相比较存在的不足之处，突出生态优先，紧跟政策导向，对战略定位进行充分论证，大力优化空间布局，建设集生态、康养、现代农业等于一体的新湖西。要整合资源。紧密结合国家政策，统筹交通、市场等资源，打出自己的王牌，实现特色发展。要做好启动工作。强化组织领导，加强队伍建设，提升工作效率；进一步解放思想，抓住发展机遇，抓紧启动前期工作。要制订实施方案，明确任务，落实责任，加快实施进度。各部门要各司其职，协同作战，精准发力，形成强大合力。

【李淑侠到魏庙镇调研】 11月23日，县委书记李淑侠到魏庙镇调研，强调认真学习宣传贯彻中共十九大精神，抓住新机遇，实现新发展。县委副书记黄浩、副县长周俊鹏一同活动。李淑侠察看沛县盛达农机合作服务社、魏庙镇产业集聚区、魏庙镇农村产权交易中心等处。详细了解当前发展情况，并对下步发展规划提出具体要求。要抓住发展新机遇。抓住政策新机遇。深入学习十九大报告，从中找出与自身发展相呼应的关键点，认真加以研究，科学谋划美好未来；积极实施乡村振兴战略，以农旅融合为重点，努力实现农业更强、农村更美、农民更富。抓住交通新机遇。大力释放徐沛快速通道穿境而过的交通区位优势，坚持走"绿水青山就是金山银山"之路，切实做好产业布局，提升发展竞争力。抓住微山湖新机遇。深入挖掘微山湖的生态环境资源、水运资源，发挥水陆叠加效应，全面融入主城区，主动接受徐州辐射，激发发展新动能。（杨　宠）

组织工作

【概况】 2017年，全县组织系统以迎接中共十九大胜利召开和学习贯彻中共十九大精神为主线，以"两学一做"学习教育常态化制度化为重点，聚焦主责主业、强化担当作为，组织工作水平全面提升。

【贯彻中共十九大】 组织全县党员干部集中收听收看十九大开幕式，第一时间学习领会中共十九大精神；用好远程教育和新媒体平台，多渠道加强宣传教育，迅速掀起学习贯彻热潮；统一配发《党的十九大报告辅导读本》《十九大文件汇编》等书籍，引导党员干部通过读原著、学原文、悟原理，增强对十九大精神的思想认同、理论认同。将十九大精神列入党员干部教育培训的必修课，邀请中央党校谢志强教授为全县党政领导干部作十九大精神专题辅导；举办全县科级干部十九大精神专题轮训班、党员冬训班、公务员轮训班，实现十九大精神学习培训全覆盖。以群众喜闻乐见的形式，在农村、社区、非公企业等广大基层一线，组织开展形式多样的宣讲活动，推动十九大精神在基层落地生根。

【"两学一做"学习教育常态化制度化】 把"两学一做"学习教育作为推动全面从严治党向基层延伸的一项重大政治任务。在"学"上下功夫，坚持以上率下学，县委书记李淑侠带头为全县党员干部上党课，示范带动全县各级讲党课1600场次，营造浓厚的学习氛围。在"做"上出实招，推动"两学一做"学习教育与中心工作深度融合，在脱贫攻坚、"百千万"大走访、重大项目建设等重要工作中检验学习教育成效，推动党员干部在实干中彰显先锋本色。在"改"中见实效，聚焦群众关切期盼精准"改"，组织各级党组织和党员干部结合实际，真查实改，列出清单、逐项销号、抓好落实，进一步提高"两学一做"学习教育带给基层群众的获得感。

【干部队伍建设】 突出公道正派、敢于担当的用人导向，旗帜鲜明地为担当者担当、为负责者负责，严把政治关、能力关、实绩关、审核关，切实把组织放心、干部服气、群众公认的干部选出来、用起来，全年101名政治素质好、业务能力强、工作实绩突出的干部得到提拔重用。拓宽选人用人渠道，创新开展公开调任工作，从事业单位领导干部中调任8名镇（街道）副镇长（副主任），打破行政事业干部交流壁垒。扎实推进"789"青年干

市委常委、组织部长徐大勇在杨屯镇昭阳庄园调研

部培养计划，先后选派50余名年轻干部到全县重大项目、招商引资、房屋征收等工作一线进行锻炼。大力开展年轻干部培养选拔工作，全年新选配80后镇党政正职1名，85后正科职干部1名、副科职干部4名，干部队伍年龄结构得到进一步优化。大兴学习研究之风，举办3期“领导干部大讲堂”、9期红旗渠党性教育培训班，在清华大学、浙江大学等高校院所，举办县域经济、创新驱动等专题班次，培训领导干部3000多人次。常态化开展干部提醒、函询、诫勉工作，切实做到抓早抓小、防微杜渐。全面贯彻落实领导干部个人有关事项报告两项法规，领导干部自觉接受组织监督的意识不断增强。

【基层党组织建设】 坚持项目化推进，全面完成年初确定的47项党建重点工作任务，组织开展基层党（工）委书记抓基层党建工作述职评议活动，实施对镇（街道）和县直机关党建工作年度考核，层层传导党建工作责任和压力，全县各级党组织党建意识显著增强。基层基础取得新进展。7名村党组织负责人荣获省基层党建工作突出贡献奖，张寨镇张庙村党支部获批省级支部书记工作室，53名村支部书记获市“五星”党组织书记荣誉称号，10个社区党组织获市星级“服务先锋”荣誉称号，全面完成13个村综合服务中心的提档升级，高标准打造52个农村党建示范点，21个软弱涣散村级党组织实现转化提升。党员队伍活力不断增强。打造“党建+公益”的“沛县模式”，组建党员志愿服务队，在文明城市创建、十九大安保维稳、照护温暖孤寡老人等工作中，广泛开展党员志愿服务，彰显沛县党员队伍的“红色力量”。加强党内关爱帮扶，组织开展“七一走访”“党费暖基层”等专项行动，进一步增强广大党员的归属感和党组织的凝聚力。

【人才工作】 创设“智汇沛县”招才引智活动品牌，开展“高校专家科技成果对接专场”“中科院专家沛县行”等系列引才活动，邀请中科院院士、千人计划专家等160名“高精尖”人才到沛县开展产学研对接活动。省双创人才孟婷教授与恒辉编织机械合作研制的自动编织装备获得2017年度中国纺织工业联合会科技进步一等奖。“千人计划”专家董明博士引领的碳纳米材料产业初步呈现出集聚效应。与南京航空航天大学、南京财经大学、山东理工大学等高校合作共建联合研究生院，对接北京大学、清华大学等5所双一流高校共建毕业生实训基地，人才培养载体建设取得了新成绩。4人获批省双创人才项目，10人获批省双创博士项目，8人入选市“双创计划”，38人入选市研究生企业集聚工程，14家企业成功获批省级引智项目，29人入选省乡土人才“三带行动”计划，重点人才引进项目数量、质量均取得历史性突破。

【党员教育管理】 坚持从严管理党员队伍，加大基层党员干部教育培训力度，提升履职能力和服务群众水平，在全市率先举办“村党组织书记论坛”，3名优秀村党组织书记走上讲台传经送宝，组织开展农村骨干党员培训班，实现全县村党组织书记全部轮训。组织3个批次非公企业和社区党务工作者外出培训，开阔视野，提升能力。扎实推进“两学一做”学习教育常态化制度化，创新开展优秀党课下基层、“党旗在飘扬”等先进典型选树活动，持续用力抓好基层党支部建设，抓实每月26日主题党日活动，创新党员活动日、微党课、情景互动式党课、网络教育等方式，构建基层组织和党员队伍建设、规范党内政治生活的长效机制。把“两学一做”与“百千万”集中走访帮扶活动等相结合，推动各级党员领导干部深入一线、服务基层。全年走访群众家庭31.6万户、企业1153家，对市容环境、交通秩序等32大类、6212项问题进行彻底治理，投资15亿元统筹推进的78件重点民生实事得到落实，基层基础工作进一步夯实，党建服务功能进一步强化。

【干部监督工作】 认真执行领导干部报告个人有关事项制度，按照上级统一部署，组织县处级领导干部及任正科职3年以上的干部按照文件要求，以“首次填报”的形式进行全面的、兜底的个人有关事项填报。按照规定的抽查比例对任正科职3年以上干部个人有关事项报告进行查核。会同县审计局认真梳理到龄科级正职及镇党政正职任职满3年、县直机关党政正职任职满5年的干部，委托县审计局对17名工作人员进行经济责任审计，及时做好审计结果反馈和督促整改工作。在干部调整中，对每位拟提拔重用人选做到“凡提四必”，不让一名“带病”干部蒙混过关，坚决防止“带病提拔”“带病上岗”。将2015年以来新提拔为科级干部的因私出国（境）证照进行集中保管，做到应备尽备、应交尽交。全力开展清理党政领导干部违规在企业兼职取酬问题“回头看”工作和退（离）休领导干部在社会团体兼职情况的排查工作，通过规范清理工作，进一步提高领导干部党风廉政意识，从源头上避免违规情况发生。建立领导干部年度自查报告制度，要求科级以上干部年初书面报告上年度“八小时之外”表现情况，及时纳入干部监督信息库。 （王　阳）

宣传工作

【概况】 2017年，围绕“五位一体”总体布局和“四个全面”战略布局，以学习型党组织建设为重点强化理论武装，学习贯彻中共十九大和十八届五中、六中全会精神为重点加强新闻宣传，强化导向、壮大主流为指导严把舆情管控，建设文化强县促进文化产业发展为重点推进文化创新，以群众性文明创建活动为重点引领文明创建，理论武装、新闻宣传、舆情管控、文化创新和精神文明建设等各项工作均取得新突破、新成效。

【理论武装】 抓好党委中心组学习。围绕中共十九大精神、习近平总书记系列讲话和中共十八届三中、四中、五中、六中全会精神、社会主义核心价值体系、中央省市县重要决策部署、党风廉政建设等内容，制定下发《2017年全县党委（党组）中心组专题学习计划》，落实党委中心组学习制度，推动“两学一做”学习教育常态长效。推进学习型党组织建设。制定下发《2017年全县学习型党组织建设工作要点》，打造党员干部理论学习平台，强化对全县基层党委中心组理论学习指导督导。拓宽基层宣讲覆盖面。邀请省市宣讲员、专家学者到沛县开展“十八届六中全会精神”、“中共十九大精神”和“发挥三个作用，建设强富美高新徐州”专题宣讲，其中“发挥三个作用，建设强富美高新徐州”宣讲工作获评市委宣传部优秀组织奖。围绕时代主题，成立县委宣讲团，全年开展集中宣讲近千场，做到企业、农村、机关、校园、社区、网站基层全覆盖。开展“百姓名嘴”推荐评比活动，推出一批讲理论、说形势、议是非的百姓名嘴、草根宣讲骨干。推动社科普及工作，歌风书院被省社科联评审为省社科普及示范基地。组织党员冬训工作。制定下发《关于认真组织开展2016—2017年度基层党员冬训工作的意见》，张寨镇、敬安镇获批省党员冬训示范镇。

【新闻宣传】 强化与上级媒体合作力度。在中央及省、市级主流媒体发稿1630篇，其中，在《人民日报》《新华日报》《徐州日报》等中央及省市主流平面媒体刊发重大稿件288篇，中央电视台播发稿件1条，江苏广播电视台、电台播发稿件23条，人民网、新华网、中新网等重点网络推出877篇宣传推介沛县的原创稿件。开展“聚焦生态国土，突破矿地融合”大型新闻行动、采访直播“元宵少年派，中黎欢乐颂”沛县与黎巴嫩青少年交流活动，中央电视台《中国影像方志》栏目组三次到沛县拍摄纪录片。《沛县日报》政府网站聚焦县委、县政府中心工作发布政务要闻1351条，其他信息3091条。广电台策划开设“聚焦‘三地一新’”“开票销售收入超千亿”“走基层·企业发展面对面”“棚户区改造”“喜迎十九大”“百姓办事零障碍，为民服务零距离”等宣传专栏，对沛县在政治、经济、社会事业、民生和党建等方面取得的成绩进行重点报道。“沛县发布”微信公众号制作发布300期，并推送发布图文信息1300余条，发展粉丝6万余人，单期最高阅读量达1万余人，头条阅读量最高达2万人次。向网友发送信息500余条，点击率近200万人次，留言4000余条。

【文化活动】 文艺创作百花齐放。出版文学、美术、摄影等专著6部，在市级以上报刊发表文艺作品127件，在市级以上各种展览赛事参展参演参赛作品71件，获奖作品26件，作家丁可、白丁荣获江苏省第六届紫金山文化奖。人才队伍实力增强。新增市级作协、书协、美协等会员23名、省级会员9名、国家级会员3名，文艺队伍数量和实力均居全市县（市）前列。群众文化活动亮点纷呈。成功举办“2017年春节文艺晚会”、“江苏省道德模范与身边好人现场交流活动”、“莲动沛城”第二十四届夏季乘凉晚会、“纪念建军90周年群众歌会”、“2017年‘翰墨乡情’书画大赛”、“沛县元宵节民俗展演”等系列活动，开展“中国梦·沛县情”原创文艺作品征集活动，组织沛县第三届戏曲票友大赛、沛县第二届青年歌手大赛、徐州市第十三届民歌大赛等活动，举办“百姓大舞台”系列活动12场，“文化进社区”演出150场。组织开展“文润彭城第二届徐州文化惠民消费季”活动和“第四届徐州文博会参展活动”以及“‘中国梦·沛县情’原创文艺作品征集活动”。公共文化服务体系建设稳步推进。对新博物馆、图书馆、吕公苑三个项目进行重新设计提升，县体育中心规划概念设计已通过规委会论证。县文化馆免费培训班级增加至50个，累计培训学员6000人。全年新增数字电视用户1.5万户，广电宽带用户5000户。“文化三送”送戏下乡198场（含进社区演出52场），送电影5198场，送图书1.5万册。现代梆子戏《苦楝树下庄户人》申报2018年度江苏省艺术基金。文化产业健康发展。组织完成“第十三届深圳文博会沛县展厅”参展工作，组织江苏大风乐器有限公司、江苏香道食品有限公司、湖西农场生态休闲观光园、沛县昭阳文化旅游有限公司4家企业“2017年度江苏省省级现代服务业（文化）发展专项资金项目”申报，江苏香

全县宣传思想文化工作会议

道食品有限公司列入香道红喜蛋非遗项目建设及产业化项目计划。完成第四批市级非遗代表性传承人申报工作，第三批县级非遗代表性项目沛县命名12个，代表性传承人19人。组织沛县省级非遗项目“沛县狗肉鼋汁烹制技艺”及代表性传承人樊宪涛、“徐州剪纸（沛县剪纸）”传承人康雪云和冯相兰赴连云港参加非遗展演。组织拍摄省级非遗项目“沛县荷叶落子”影音资料。

【文明创建】 实施道德文化建设工程。编印沛县创建江苏省文明城市《市民手册》40万份、德耀沛城好人义举榜及核心价值观24字各20万份。选树培育道德模范，向中央及省、市文明办推荐身边的好人候选人20人，其中，张涛当选诚实守信“中国好人”、“江苏好人”和“徐州好人”，张景宏当选第六届江苏省孝老爱亲道德模范。突出长效开展志愿服务活动，全县在江苏平台注册志愿者8.2921万人，成立志愿服务队3830支，在城区40家单位35个交通路口开展文明交通劝导活动。实施文明创建提升工程。在4个街道、职能部门抓好文明城市创建的基础上，把城区划分为90个责任区，县直机关90家单位在划定区域内，全程、全面参与文明城市创建工作，全县申报候选单位161家。实施未成年人成长关爱工程。组织开展“擂响腰鼓”“阳光体育”“梦想画展”“智慧妈妈”等专题活动，开展省级“童心向党——2017‘童声里的中国·成长的歌谣’创作大赛”活动和“第五届沛县‘美德少年’”推选活动。

【社会宣传】 先后举办“喜迎十九大全景看沛县”、“喜迎十九大最美在身边”、“喜迎十九大最美沛县故事荟”巡讲、“最美笑脸沛县表情”等系列活动，组织杨屯镇、安国镇、沛城街道、汉兴街道200名干部群众赴南京国际博览中心观看《砥砺奋进的江苏》大型主题图片展，“喜迎十九大全景看沛县”VR作品荣获江苏省“喜迎十九大全景看江苏”视觉作品大赛网络人气奖（最佳城市全景漫游）。组织开展社会主义核心价值观微电影剧本征集活动，县博物馆等10家单位被命名为市级爱国主义教育基地。创新社会主义核心价值观教育基地建设培育，利用20家县社会主义核心价值观教育基地开展宣传教育活动近千场。组织观看革命历史影片《建国大业》，举办“新婚夫妇向烈士献花”和开展“红色文化校园行”“情暖孤老‘童’享蓝天”等活动。荣获2017年度全市文化科技卫生“三下乡”先进集体。开展感动沛县十大最美人物评选活动，微信投票点击率达146万，举行“喜迎十九大最美在身边”感动沛县十大最美人物发布暨最美沛县故事荟启动仪式，表彰奖励十位最美人物，创新开展“喜迎十九大最美故事荟”活动，组建最美百姓名嘴团，走进镇村、社区、企业、军营、机关、学校等，受教育群众达数万人，深得广大干部群众拥护。

（张沛然）

统战工作

【概况】 2017年，全面贯彻落实中央及省委、市委关于统一战线系列决策部署紧紧围绕全县发展大局和重点工作，充分发挥统一战线优势，求真务实，开拓创新，扎实工作，各方面工作取得新进展。县委统战部荣获全市统战工作实践创新成果二等奖，县机关绩效考核一等奖。

【构建大统战工作格局】 县委高度重视统战工作，从各方面加强对统战工作的领导。10月，根据工作需要和人事变动情况，县委调整统战工作领导小组，由县委书记任组长，县委、人大、政府、政协分管领导为副组长，相关职能部门、社会团体为成员，指导各单位贯彻落实中央及省委、市委关于统一战线的方针、政策、法律法规，讨论有关职能部门涉及统战工作全局的重点问题，督促检查统一战线方针、政策、法律法规的贯彻落实。县委统战部发挥牵头协调作用，带领工商联、民宗局、台侨办等部门，齐心协力，共同发力，形成了统战工作统筹推进、协调发展的“一盘棋”格局。县委办公室印发《全县统一战线重点工作责任分工方案》的通知，将统战工作重点工作任务分解到相关单位。县委统战部向县四套班子领导和镇、街道（场）、部门党政主要领导赠阅《党政干部统一战线知识读本》200本，通过编印《统战工作简报》，宣传统一战线理论知识，营造有利于统战工作开展的良好氛围。

【党外干部培养选拔】 探索创新党外干部培养选拔工作制度，健全完善《县委组织部、统战部培养选拔党外干部会商制度》，定期与组织部门沟通交流，共同研究党外干部工作，推进更多的党外干部走上领导岗位。沛县副科级及以上党外干部21名。

【党外知识分子统战工作】 制定下发《县委常委、党员副县长与党外人士联系交友制度》，及时更新联系交友名单，通过定期联系走访，听取意见建议。抓好党外知识分子工作，对全县党外知识分子总量进行调查统计，对其中的代表人士进行登记造册，建立经常联系，积极筹备县党外知识分子联谊会换届工作，下发《关于做好第二届党外知识分子联谊会会员推荐工作的通知》，对各单位上报人员进行严格考察筛选。注重发挥党外知识分子联谊会作用。专门为联谊会提供办公场地，县财政每年拨款5万元用于支持联谊会正常开展活动。联谊会制定和完善章程、例会制度等，每年年初召开会议，制订工作计划、推进措施、确定调研课题，并将会员按工作性质划分5个活动组。组织党外干部和党外知识分子考察老旧小区综合整治、餐饮业综合治理、集团化办学、大沙河综合开发、鹿楼镇工业园区等经济社会一线，针对当前产业转型升级、保障改善民生、城乡一体化发展以及农村产权制度改革提出很多好的意见和建议。

【新社会阶层人士统战工作】 先后召开全县新的社会阶层人士联席会议、统战工作会议，结合沛县实际制定出台《关于加强新的社会阶层人士统战工作的实施意见》和《沛县新的社会阶层人士统战工作实施方案》，同时，建立《新的社会阶层人士统战工作联席会议制度》《新的社会阶层人士统战工作联席会议成员单位工作职责》《新的社会阶层人士统战工作联席会议办公室工作细则》，全县24家职能单位作为成员单位，明确联席会议成员单位工作职责，并在全县联席会议单位中配备统战工作联络员，形成统战部门牵头，各有关部门各负其责的工作格局，增强做好新的社会阶层人士统战工作的领导力、执行力和约束力。重点打造四个行业分会品牌："沛县青年科技创业团""沛县新媒体协会""沛县律师服务团""沛县医疗卫生服务团"，同时以基地建设为主抓手，开展各类实践活动。

【非公经济领域统战工作】 成立沛县女企业家商会，沛县张寨镇外出创业者商会、沛县服装服饰行业商会三家行业商会。全县各类行业商会达到13家，顺利完成镇街商会换届工作，18个镇（场）区已实现镇街商会全覆盖，并且成立相应党支部。11月26日无锡沛县商会成立，新疆、西安、石家庄、青岛、济南、深圳等一批异地沛县商会正在积极筹建

沛县新的社会阶层人士统战工作联席会议

中。组织沛县纺织企业赴上海参加中国国际纺织纱线展览会，成功举办“相约春天—2017年异地商会沛县投资考察活动”“沛籍异地商会乡梓行”等活动，邀请常州青年企业家联合会、绍兴市场商会等外地商会和知名企业家到沛县考察，取得积极成果，汉斯自动化、红星美凯龙、颐高集团等先后在沛落地。建立健全沛县非公经济代表人士库。组织非公经济代表人士参加沛县企业家创新驱动与产业发展专题研修班（上海）、“两新”党组织负责人示范培训班（杭州），部分非公人士参加“徐州市工商联‘企业家培训基地’揭牌仪式”，部分兼职副主席（副会长）、行业商会负责人和非公经济代表人士等40人观摩县人民法院虚开增值税发票案件庭审现场，联合县检察院共同建立苏北首家非公经济“法治护航驿站”。积极开展非公经济人士理想信念教育，组织100余名非公经济人士收听收看江苏省年轻一代民营企业家理想信念报告会、20名年轻一代民营企业家参加徐州市年轻一代民营企业家理想信念报告会。开展“光彩公益”活动，引导各级商会组织向全县贫困户、贫困学子等捐助款物50万元。全年走访调研30家非公企业和10家商会组织，全面了解企业实际状况，帮助解决实际困难。联合县发改委、敬安镇、杨屯镇等单位深入沛县部分冶金铸造企业，了解企业生产发展情况，帮助企业解决实际问题。积极开展精准帮扶，多次组织银企座谈会，为会员企业发展提供资金帮助。邮储银行沛县支行全年共为商会、企业授信5400万元，放款775万元，与5个行业商会建立长期信贷联系。组织优秀民企代表积极参与“徐州市工商联民营企业转型发展观摩会”“淮海经济区首届工业品博览会暨物资采购平台上线仪式”“女企业家商会内部观摩活动”等企业交流活动，促进企业发展，推动企业转型升级，助力企业走出去，扩大沛县企业与沛县非公经济人士的市场竞争力与市场影响力。

【海外统战】 聘请挪威奥斯陆大学地球科学系教授、皇家科学院院士许崇育，美国联企有限公司张建洲总裁，美国首席材料科学家张洪国为海外顾问，建立良好交流关系，并邀请3人参加江苏发展大会和徐州市举行的彭城英才荟，许崇育在主论坛紫金山科技创新讲坛作了题为全球气候变化与江苏可持续发展演讲。推荐沛县书画院院长逯国胜、沛县书画院副院长张劲为徐州华侨书画院理事。加强对沛县籍华侨、华人、华裔新生代、留学生及其眷属的调查摸底工作，建立健全信息台账，不断更新华人、华侨及留学生人员信息库，与40名海外精英进行精准对接，为进一步开展好海外联谊交友和引资引智工作夯实基础。参与组织中黎青少年友好视频交流活动，通过电话、网络等方式加强联络沟通。多次邀请徐州驻澳大利亚商会会长尚玉忠，到沛县商谈在澳沛县籍人士信息的搜集和统计工作，根据沛籍在澳的分布情况，11月，成立第一届澳大利亚沛县同乡联谊会，聘请澳大利亚徐州商会会长尚玉忠为顾问。12月省侨办确定在县经济开发区设立“华侨华人创新创业服务中心”。深入台侨港资企业走访调研，重点宣传涉台、涉侨法律法规、政策、APEC商务旅行卡的申办程序及便利条件，有力提升台侨港资企业经营、管理水平。

（王乙兴）

督查工作

【概况】 2017年，围绕县委决策部署、县委主要领导重要批示指示要求，充分发挥县委参谋助手的积极作用。通过重大决策部署重点督查、目标任务安排分解督查、重点工作项目跟踪督查、阶段工作事项专项督查、领导批示要求高效督查等多种方式，在抓督查促落实上取得优异的成绩。

【中心工作督查】 围绕县委中心工作，对三重一大、为民实事工程、“四项督查”和“两减六治三提升”专项整治、大排查大整治行动、“百千万”大走访活动、信访稳定工作、夏季秋季秸秆禁烧工作、重点工作考核等一系列县委、县政府重点工作进行督查。

对县委、县政府重要会议(文件)议定事项,进行汇总督办,编制督查汇总表,进一步明确责任县领导和责任单位以及办理时限,定期跟踪督办,主要把督办工作着力点放在未落实的关键环节上,并定期开展回访,对办理结果,以督查专报、简报、周报表等形式,向县委主要领导反馈,直至事项完结。全年共开展督查活动百余次,下发各类交办单426件,催办单43件,督办单2件,下发督查通报18期,编发督查专报21期。

【信件办理】 做好各级领导批示查办件以及人民来信的登记、转办、督办,把握办理时限,及时给予反馈。对一些涉及群众切身利益的热点问题,采取现场督查方式,了解实情,推进落实。共计办理各类信件378封,其中,"人民来信" 47封、"书记信箱" 331封(省委书记信箱13封、市委书记信箱184封、县委书记信箱134封),信件内容主要涉及信访处理、物业服务、房产登记、修路、环境卫生等民生问题。全年信件办理未出现任何问题,真正做到"让书记放心、让群众满意"的目标。 (张海啸)

保密工作

【概况】 2017年,严格按照《中华人民共和国保守国家秘密法》等有关法律、法规不断加大保密宣传教育、监督管理和技术防范力度,健全各项管理制度和工作责任制,加强对涉密人员的管理,全力提高保密工作法制化和规范化水平,保密工作取得明显成效,全县保密工作稳步发展。

【网络保密管理】 对全县涉密网络和非涉密网络进行分类管理。涉密网络方面,加强对涉密网络的管理,按照省市局工作要求,对全县11家单位进行督导检查,要求各单位严格执行涉密网络管理规定,严格对涉密计算机进行管理,确保不发生明密混用现象,确保中央及省市文件精神落实到位。非涉密网络方面,利用现有监控系统,定期定时对非涉密网络监测情况汇总处理,设立问题登记本对监测出的问题进行登记,安排专人一一核实,建立网络失密协查机制,发现问题及时处置,网络保密水平不断提高。

【涉密人员管理】 按照省市文件要求,不断完善涉密人员登记管理制度,对全县43家单位和110人进行动态管理,建立涉密人员管理档案、指导涉密人员保密教育培训、日常监管及权益保障等相关工作。

【网站保密检查】 保密局牵头,联合县委宣传部、新闻中心组成的县互联网门户网站保密检查组,对全县120家单位及18个镇、街道进行检查,共检查门户网站19个,政务微博21个,微信公众号24个,政务邮箱23个,确保所有刊登、转载信息全部清查到位。

【保密宣传】 免费向重点单位发放保密教育类书籍《红色往事——镌刻在党旗上的保密故事》一书,在机关单位中开展保密法宣传教育,推动保密宣传进机关。 (曹雷鸣)

农村工作

【概述】 2017年,按照中央及省、市、县文件精神,坚持新发展理念,聚力创新、聚焦富民,以落实农业供给侧结构性改革为主线,以促进农民增收为中心,以推进体制机制创新为动力,加大农村改革力度,全面落实强农惠农富农政策,切实发挥牵头、协调、督导、参谋、调研等作用,尽职尽责,持续改善农村民生,推动农业增效、农民增收、农村增绿,为全县农村经济社会全面发展提供强有力支撑。2017年沛县获全省农村产权交易市场建设先进集体,被国务院确定为农村集体产权制度改革全国试点县。

【农村产权交易】 组织完成9个品种1250宗项目的公开交易,成交总金额10.74亿元。成立以来累计完成10个品种2440宗项目公开交易,成交总额21.71亿元,总金额位居全省第一。其中,村集体资产资源类项目678宗,成交总额1.76亿元,集体增收

全省产权交易标准化工作推进在沛县调研

710.34万元；村集体小型建设项目招标509宗，成交总额1.27亿元，节支345万元。农户承包土地经营权流转1253宗，流转面积18.5万亩，溢价4624.93万元。

【农村集体产权制度改革】 按照《中共中央国务院关于稳步推进农村集体产权制度改革的意见》精神及农业部、中农办《关于确定农村集体产权制度改革试点单位的函》要求，2017年沛县作为全国100个试点县之一，于7月启动农村集体产权制度改革试点工作。

【村级集体“三资”管理】 全县370个涉农村居集体经营性收入34546.74万元，资产总额57644万元，负债总额8708万元。村级集体经济收入100万元以上的村11个，20万~100万元的村150个，20万元以下的村209个。严格落实农村资金、资产、资源各项管理制度，建立沛县农村集体资产监管平台，并实现县、镇、村三级联网。全县18个村（组）完成社区股份合作制改革并办理工商登记手续，受益农户5932户，入社成员21023人，量化集体净资产4282万元。累计分红1375万元，人均分红0.36万元，实现集体资产保值增值和农民收入的增加。

【一事一议财政奖补】 完成164个村164个奖补项目，修建道路148.52公里。奖补项目总投资4343.64万元，其中，一事一议筹资858.37万元，省财政奖补资金2721万元，县级财政配套资金450万元，村集体资金44.47万元，社会捐助资金191.23万元，其他78.57万元。

【家庭农场建设】 培育家庭农场1766家，省级示范家庭农场20家，市级示范家庭农场113家，县级示范家庭农场396家。出台《关于创建县级示范家庭农场服务联盟的意见》文件，在全县范围内开展示范家庭农场服务联盟创建活动，创建示范家庭农场服务联盟33家。

【合作社建设】 全县工商注册登记的农民合作社有2231家，其中，国家级示范社6家、省级示范社56家、市级示范合作社70家。注册成员19.64万户，占全县总农户数的81.5%，158家农民合作社纳入2017年省优先扶持发展合作社名录。出台《关于开展县级示范农民合作社创建活动的意见》，全年共创建县级示范农民合作社100家。为规范示范农民合作社财务管理规范化水平，县统一为83家合作社购置财务软件，推进合作社财务电算化。全年共培育国家级示范社1家、省级示范社6家。1家合作社被评为江苏省“百强合作社”、2家合作社理事长被评为“百佳理事长”、1名辅导员被评为“百优辅导员”。

【农业保险】 种植业投保达到90%以上，高效农业占比达到55%以上。全县小麦共投保户数46095户，投保面积为57.44万亩，签单保费为1608.26万元，其中，农户自缴保费482.48万元。水稻共投保2.6万户，承保面积36.4万亩，签单保费1330.85万元，其中，水稻大灾保险投保709户，承保面积19.49万亩，签单保费857.35万元。玉米共投保2.1万户，承保面积24.25万亩，签单保费726.41万元，其中，玉米大灾保险投保200户，承保面积3.94万亩，签单保费157.77万元。杂交水稻制种保险投保户数286户，投保亩数1.18万亩，签单保费为117.91万元，其中，农户自缴47.16万元。主要种植业签单保费共计3306.43万元，高效农业签单保费1849.13万元，投保户数9801户。全年主要种植业保险理赔金额854.94万元（不含水稻玉米），高效农业保险理赔金额4543.77万元，共计理赔5398.71万元。

【休闲观光农业】 围绕西部依托大沙河开发，打造沿大沙河果都休闲观光农业带；中部依托高效设施农业，打造鲜果采摘、园艺观赏休闲观光农业带；东部依托微山湖资源，打造湖区渔家生活体验休闲观光农业带的发展思路，加快推进休闲观光农业示范园和特色"农家乐"示范点工程建设，全县具有一定规模的休闲观光农业园区20家、农家乐10家。五段神龙农庄、杨屯昭阳庄园分别获得农业部颁发的四星级、五星级乡村旅游园区，张寨禾顺采摘园和沛城开元生态园、大屯郝尧农家乐分别获得市级优秀农业园、优秀农家乐，鹿楼八堡村（沙河果都园）获评省级乡村旅游示范村。

【村居重点工作考核】 将村集体经济发展与扶贫开发、党风廉政建设、综合服务中心建设与使用、产权制度改革、移风易俗、违法建设与违法用地管控、电子商务发展、信访稳定、环境保护、垃圾收运体系等十项工作作为全县推进农业农村发展和城市社区管理服务的基础性重点工作，对全县387个村（居）进行考评。按成绩高低排序，综合评定出119个一等奖村（居）、194个二等奖村（居）、94个三等奖村（居）。

（魏慧敏）

精神文明建设

【概况】 2017年，以培育和践行社会主义核心价值观为根本，认真贯彻落实中央及省、市文明办的工作部署，紧紧围绕争创省级文明城市创建目标，广泛开展群众性精神文明创建活动，切实加强公民思想道德建设，努力提高市民文明素质和社会文明程度，为加快建设"三地一新"新沛县，提供强大思想保证、精神动力和道德支撑。

【文明城市创建】 突出文明城市、文明镇村、文明单位三大创建。按照"县镇联动、街道为主，部门参与、划片分段"的工作思路，坚持问题导向，在4个街道、职能部门抓文明城市创建的基础上，把城区划分为90个责任区，将县直机关90家单位安排在划定区域内，全程、全面参与文明城市创建工作，对各自区域范围内的市容环境、交通秩序、公益广告"脏乱差低"现象进行跟踪督查整治。在城区范围内开展抓机关带干部促社会、抓窗口带职工促行业、抓学校带学生促家庭、抓社区带居民促小区的"四抓四带四促"活动，通过出重拳、补短板，抓整改、惠民生，赢得市民群众的广泛支持，创建活动成为全社会普遍认可的利民惠民工程。经过努力，市民参与创建的意识增强了，对创建的满意度提高了，市民文明素质和城市文明程度显著提升。全县命名2014—2016年度县级精神文明建设先进单位144家，其中，文明行业9家、文明单位33家、文明校园35家、文明镇4家、文明村（居）52家、文明窗口11家。

【社会主义核心价值观建设】 以创建省级文明城市为契机，把学习宣传践行社会主义核心价值观融入精神文明建设全过程。把"讲文明树新风"公益广告、"图说我们的价值观"宣传及"遵德守礼"提示牌等社会主义核心价值观宣传工作列入精神文明建设工作要点，并作为对各镇（街道、场）、县直各单位年度精神文明建设考评的重要内容。编印并下发德耀沛城好人义举榜及核心价值观24字宣传海报各20万份，同时在城区建筑工地围挡、车站、公交站台、广场、校园门口等处张贴公益广告，全方位宣传

县委书记李淑侠春节慰问道德模范张景宏

社会主义核心价值观，使社会主义核心价值观的内涵和要求通俗化、明了化、大众化。

【道德建设】 开展“我推荐、我评议”身边好人活动，深化“好人沛县”建设，提升公民道德素质。以“寻找最美沛县人”为载体，评选“沛县好人”为抓手，进一步加强道德模范和好人典型的学习宣传工作。深化道德讲堂建设，推动道德讲堂在全县社区、村（居）、文明单位全面覆盖，通过设置“流动讲堂”“双百最美巡讲”“空中讲堂”，把“爱、敬、诚、善”教育融入其中，向不同领域、不同群体拓展延伸。积极向中央及省、市文明办推荐身边好人候选人12人，其中，张涛当选诚实守信“中国好人”、“江苏好人”和“徐州好人”，张景宏被授予“第六届江苏省道德模范”荣誉称号，张涛、张景宏、唐明义分别被授予第五届徐州市道德模范荣誉称号，张敏等10人被评为“沛县好人”，李郁青被授予徐州市第九届“徐州市十佳文明职工”暨“五一劳动奖章”，褚庆峰被授予徐州市第九届文明职工，农行沛县支行矿区支行综合柜员岗被评为徐州市第九届“五一文明岗（班组）”。春节前夕组织26家文明单位慰问道德模范、身边好人。5月份成功举办江苏省道德模范与身边好人（徐州·沛县）现场交流活动，通过播放短片、现场讲述、互动访谈、诗歌朗诵与沙画、歌舞等文艺形式融合的方式，展现好人可信、可敬、可学的鲜明特质，让观众在节目欣赏中受到教育，弘扬正能量，传递真善美。

【未成年人教育】 深化未成年人“八礼四仪”文明礼仪养成教育。开展“缤纷的冬日”系列活动。以乡村学校少年宫为主阵地，开展“擂响腰鼓”“阳光体育”“梦想画展”等活动；以未成年人成长指导中心为主阵地，开展亲子沟通团辅、“智慧妈妈”微讲堂等活动。持续净化社会文化环境，开展以网吧、校园周边环境和出版物市场为重点的专项集中行动，保持依法打击的高压态势。组织中小学生参观爱国主义教育基地，围绕“中国梦”这个主题，开展征文、演讲、小手拉大手等系列活动，加强未成年人的思想道德建设。组织参加省级童心向党——2017“童声里的中国·成长的歌谣”创作大赛。组织开展第五届沛县“美德少年”推选活动，李腾蛟被评为第四届江苏省、第五届徐州市美德少年，关天波获第五届徐州市美德少年提名奖。

【志愿服务】 突出长效抓志愿服务。完善志愿服务招募系统，继续招募志愿者，全县在志愿江苏平台注册志愿者8.2921万人，成立志愿服务队3830支，分别在城乡开展实施关爱孤寡老人留守儿童残疾人、预防未成年人犯罪普法教育宣传、邻里互助、开展农民工、文明交通劝导等一系列志愿活动。与团县委联合组织开展“雷锋精神放光芒、文明城市涌新风”为主题的“雷锋月”活动，在城区40家单位35个交通路口开展文明交通劝导活动。继续推进“小小警察”交通执勤活动，每逢周末，在县内主要路口协助交警指挥交通，不仅让孩子们在参与文明交通劝导活动中得到教

育与锻炼，也带动家长一起参与文明城市创建。（卫　森）

县直机关党的建设

【概况】 2017年，围绕各项工作任务，以抓好规范强基础，抓好创新增活力，抓好党建促发展，抓好作风优环境为重点，切实履行管党治党责任，全面提高党的思想、组织、作风、制度和反腐倡廉建设，持续做优“零障碍”办事环境，推动“两学一做”学习教育常态化制度化，在发挥“三个作用”上争当先锋。

【机关思想建设】 坚持把“两学一做”学习教育常态化制度化作为党员教育管理的重要抓手，从严从实完成所辖114个支部“两学一做”学习教育的督导工作。通过开展建党96周年系列活动、党性教育月主题教育实践活动，教育引导党员干部加强党性锻炼，增强党性修养。分行业、系统，自下而上，在各窗口评选出一批“党员示范岗”和“金牌服务岗”。开展“党旗在飘扬”系列评选活动，评选出8名服务先锋，8个先锋团队，推动形成“比、学、赶、超”的良好氛围。

【机关党组织建设】 优化组织设置，新设立基层机关党委1个，支部1个。督促各基层支部按期换届，调整充实4个基层支部班子，选拔一批既懂党建又懂业务的行政负责人担任机关党组织书记。以落实“打造‘四强’支部，担当机关先锋”专项行动为基础，督导各支部落实“三会一课”等制度，夯实机关党建工作基础。严把党员入口，提高党员发展质量，培养积极分子59人，发展党员20人，转正25人。开展党员组织关系转接排查，加强党员组织关系规范管理，严防“口袋”党员现象，接转党员249名。严格执行党费收缴规定，按时足额收缴党费，收缴党费90.28万元。推动机关党建工作信息化建设，完成所辖党组织和党员信息采集工作。

【百姓办事“零障碍”工程】 弘扬马上就办、真抓实干优良作风。继续深化落实“零障碍”全程协办制度，严格执行首问负责、一次告知、限时办结等制度，规范机关干部服务行为，提高行政服务效能。继续做好“零障碍”视频监控平台的管理和维护工作，让优质服务在监督的环境下运行。继续结合文明城市创建工作中承担的窗口行业督导任务，严格按照创建标准，深入现场办公，并专题研究，对发现的问题反馈给相关单位进行限期整改。

【机关作风建设】 配合县纪委，采取日常巡查、重点抽查等方式，多形式、多角度对机关作风建设情况进行督促检查；对重点部门、重点岗位、重点环节加强督导检查。从社会各界聘请20名党风政风监督员，深入窗口、部门进行暗访。全年开展作风检查40次，下发《作风督办函》25期。在“零障碍”短信投诉平台的基础上设立投诉电话，及时督促有关单位对群众诉求作出回应。处理群众投诉49件次，做到件件有落实，事事有回复。

【机关绩效考评】 组织完成对113家县直机关单位的作风建设

工作作风检查

考核及民主评价工作，逐步建立注重日常的作风纪律以及注重实效的民主评价和激励机制。

（蒋焕焕）

党校工作

【概况】 2017年，努力服务于全县改革、发展、稳定大局，创造性地开展工作，取得一定的成绩，得到上级部门的肯定。在科研工作中，一项课题“沛县农村社会治理创新调查研究”被评为全省党校系统优秀课题，在县直单位绩效考核中被评为二等奖。

【培训宣讲】 举办各种培训班21期，参训学员达6000人次，主要培训班次有冬训班、入党积极分子培训班、四有党性培训班、全县新任村干部党风廉政建设培训班、商务接待培训班、全县水利系统党员干部学习十八届六中全会精神培训班、全县学习十九大暨公务员能力提升培训班等。在学习贯彻中共十九大精神、习近平总书记系列重要讲话精神、“发挥三个作用”、普法宣传和“两学一做”教育活动中，组织优秀教师赴各乡镇、各机关、企事业单位开展宣讲活动20场，为提高全县党员干部能力素质，提高干部群众思想水平发挥主力军作用。

【队伍建设】 加强领导班子建设。根据工作调整情况，及时修改完善领导班子成员工作分工，落实分管责任，明确工作职责。定期召开领导班子会议，及时沟通事关党校发展的重大事项，提出班子建设要求，树立团队精神，提升管理水平，努力打造一支开拓奋进、充满活力、团结和谐的领导班子。加强教师队伍建设。坚持政治理论学习制度，夯实教师队伍的理论基础；强化自学，督促教员收看“宣讲家”网站视频，学习高水平专家教授讲授的前沿理论，提高教师授课水平；大力实施培训者受训工程，通过选派教师参加上级党校业务培训、跟班观摩学习、开展实地调研、开展教学比武、教学研讨等途径，提高教师能力素质。

【教学科研】 在教学工作中突出党校教育特色，以党性教育为重点的主班次培训占年度办班数60%以上，教学时间占50%以上，同时强化教学专题的针对性和实效性，学员满意度提升。在科研工作中以规范管理为前提，以增强理论联系实际能力、强化应用性研究为抓手，取得较大突破，推出教学专题10个，一项市级课题“沛县农村彩礼的现状、纠纷及其法律对策调查研究”立项，一项课题“沛县农村社会治理创新调查研究”被评为全省党校系统优秀课题。

【教学管理】 加强学时学分制管理，对党员干部在年度内参加各类学习培训情况进行学分折算登记，定期衡量党员干部的学习能力和学习状况。建立党员干部教育培训电子档案，以学时学分记录为重要内容，对全县党员干部参与各类学习教育培训的情况进行分类登记保存。建立考核激励评价体系，真正把培训考核结果上报到组织部门和学员所在单位，作为评价和选拔使用干部的重要依据之一。累计建立并完善学员学习档案5000份，培训文书档案320卷，调查问卷4400份，学员试卷66000份。（刘晓晨）

老干部工作

【概况】 2017年，努力夯实老干部政治待遇和生活待遇“两项基础”，积极打造关心下一代工作、老年教育工作和老干部活动“三项工程”，圆满完成县委、县政府交办的中心任务，年终考核获得机关三等奖。

【强化老干部政治学习】 除老干部局不定期组织学习外，主要依靠各基层老干部党支部组织学习。大屯街道办事处党支部、鹿楼镇老干部党支部等单位都常年坚持每月两次的学习制度。还帮助汉台社区建立老干部党支部，帮助制定各项规章制度，把老干部的集中学习抓起来。为便于老干部及时了解党的方针政策和国内外时事，县委为每位高职级老干部免费订阅《新华日报》《徐州日报》《徐州党建》，为每位离休干部和科级退休干部订阅《银潮》杂志和《沛县日报》。

【强化离退休党支部建设】 开展以“五好”（即阵地建设好、活动开展好、管理服务好、档案管理好、规章制度好）为内容的创建活动。召开两次离退休干部党支部座谈会，总结布置创建活动。除召开会议外，还深入基层检查指导工作，及时传递基层活动的经验和信息。大屯街道办事处老干部党支部在创建活动中，积极开展“大手牵小手”活动，深入学校、社区，为青少年作法治报告和党史、国史报告40场，听众达1万人。

【组织“忆党史、看发展”活动】 为庆祝建党96周年，与鹿楼镇党委联合在沛县革命烈士陵园开展“忆党史、看发展”活动。60名老党员参加党课并在烈士纪念碑前重温了入党誓词。

【组织宣讲革命史】 为迎接中共十九大召开，发挥老同志的优势，和县关工委联合组织一支熟悉地方史的“五老”宣讲队伍，到各中小学开展党史国史教育宣讲活动。进行20场，听众达2万人。

【组织老干部学习座谈会】 组织学习领会习近平总书记系列重要讲话精神座谈会，全县各基层老干部党支部分别召开。老干部们结合实际，列举事例，赞颂十八大以来的辉煌成就。他们纷纷表示坚决与以习近平总书记为核心的党中央保持一致，牢固树立政治意识、大局意识、核心意识、看齐意识。

【联办老年书画摄影展】 10月16日，联合县老龄办、老年大学等单位在县图书馆举办“中国人寿杯”老年书画摄影作品展。200名老干部、老年书画摄影爱好者及群众参加展览，共展出书画摄影作品200幅，从各个方面讴歌了自中共十八大以来，伟大祖国和家乡发生的巨大变化，受到社会各界人士的好评。

【宣传老干部先进典型】 充分利用各新闻媒体和网站，加强对老干部先进典型的宣传报道。重点宣传全国离退休干部先进个人王世晶，“中国好人”张兴良、张捍华及老干部联络员郑援朝等人的先进事迹。

【服务中心工作】 积极开展“百千万”大走访活动。在大屯街道郝尧村，全局在职党员6人对全村700多农户逐一走访、摸排。做好精准帮扶工作。利用休息日，到扶贫联系点安国镇五座楼村开展扶贫帮困慰问活动，给贫困群众送去党的温暖。投入文明城市创建工作。在所包的网格内动员群众，宣传群众，并与群众一道大干苦干。打造优美环境，优良秩序，优质服务，完成文明城市创建任务。协助栖山镇担负起夏收秋收秸秆禁烧工作。深入到田间地头，宣传秸秆禁烧的新政策、新规定，讲解农作物秸秆合理利用的办法，并在重点地区日夜巡查，严防死守，做好秸秆禁烧工作。 （刘　冉）

党史工作

【概况】 2017年，围绕县委、县政府中心工作，根据年初确定的沛县党史工委度重点职能工作任务，凝心聚力，锐意进取圆满完成各项工作，荣获全省党史系统先进集体奖。

【编纂出版《中国共产党沛县历史》第二卷（1949—1978）】《中国共产党沛县历史》第二卷（1949—1978）由引言、编章、附录组成，共分5编、24章，反映中共沛县组织从1949年中华人民共和国成立至1978年中共十一届三中全会召开近30年的历史，是中共沛县组织领导全县人民进行社会主义革命和建设的历史。

【征集编纂《沛县革命人物事辑》初稿】 为充分发挥党史以史鉴今、执政育人的作用，深度挖掘沛县丰富党史资源，加强革命人物的生平、事迹、思想和贡献的研究，彰显革命人物的革命精神、内涵特质和时代价值。《沛县革命人物事辑》一书，编入在不同历史时期对党的建设和革命事业有重大影响的沛县籍革命人物，以及对沛县革命有重要影响的外地革命人物。如孟昭佩、郝中士、张光中、鹿渠清、李云鹏、

党史工委庆祝建党96周年举办党史展览

郭子化、郭影秋、吕励之、贾云明、肖平、王传耀、孟宪璞、赵万庆、朱华、贾广和、张涵广、李公俭、朱本正、胡玉岭等。采用编年体进行记述，全书约30万字，已完成初稿。

【征集编纂《沛县大事记》（1995—2017）初稿】《沛县大事记》（1995—2017）记录县委、县政府领导全县人民进行改革开放的重要决策、重大举措、重大事件、重大成就和全县政治、经济、社会、文化、自然等方面的大事要事，做到大事不漏、要事突出，为下一步编写党史三卷提供翔实的历史资料。由党史工委、县志办和档案局合编，全书约40万字。年底，全书初稿完成。

【党史培训】 在县委党校举办的入党积极分子培训班上，宣讲新中国成立前共产党浴血奋战、争取民族独立的英雄事迹。增强学员对党的认识，坚定跟党走的信念。

【利用媒体宣传党史】 通过《沛县报》、沛县发布等新闻媒体宣传党史。《沛县报》、微信沛县发布专版介绍孟昭佩等烈士的事迹，以及沛县党组织的建立及其活动情况。激励人们牢记现在的幸福生活来之不易，是用烈士的鲜血换来的。铭记党的教诲，要知党恩，报党恩。

【党史展板展出】 党史工委于6月开展党性教育月活动，以庆祝中国共产党建党96周年为契机，6月26日上午，在汉城商都南门路东，国税局附近，进行一次党史展板展出，展出沛县早期党活动的图片资料，以及现阶段能够展示沛县工业、农业、城建、社会事业等所取得成就的图片资料。组织党员群众开展一次学习革命先烈先辈精神的主题活动。

【到红色基地讲党史、忆党史】 会同县相关部门组织全县优秀党员代表和入党积极分子前往张寨镇青墩寺、鸳楼烈士陵园开展“讲党史、忆党史”活动。深入了解红色基地所承载的革命历史、革命精神，进一步传承革命传统，培养爱国情感，增强党性意识。

【论文征集和研讨】 完成省市党史办安排的论文征集和研讨工作。向省理论研讨会提供论文3篇：《沛县在苏鲁边区临时建立与发展中的作用》《弘扬雨花英烈精神，坚定共产主义信念》和《论习近平治国理政思想的三个重要方面》。完成省交办的抗战人物张光中的简历。参与《全国革命遗址普查成果》江苏篇的编写。

【党史研究】 完成市史志办交办的《抗战时期沛县人口伤亡和财产损失课题调研报告》。参与全市纪念抗战胜利70周年理论研讨会，论文《论徐州统一战线的作用》获奖。在《徐州史志》杂志上发表抗战文章。撰写党史专题《沛县的发展历程与重要成就》。

（郝凤兰）

外事及台侨工作

【概况】 2017年，围绕县委、县政府中心工作，以科学发展观统领外事和对台侨务工作，服务“三重一大”和项目建设，扩大对外及对台经贸文化友好交流，各项工作取得新的进展。

【开展“台侨外事工作进园区”活动】 第一季度围绕宣传涉台涉侨法律法规，组织开展服务台侨港资企业走访调研活动，先后到7家台侨港资企业开展涉台、涉侨法律法规宣传活动，举办各类推介说明会10场次，走访企业20家，接受咨询30人次。第二季度围绕推进徐州“侨梦苑”沛县辅助区建设，深入徐州鑫宇光伏科技有限公司、中华特产总汇2.5产业园了解生产经营情况，帮助解决实际困难，协调台侨企业矛盾纠纷2件次。第三季度为外向型企业办理APEC商务旅行卡18人次。积极为企业提供国外招商信息，印发各类服务手册200余本，帮助解答出国（境）可能遇到的问题。第四季度开展“为侨服务”示范单位创建工作，12月，县经济开发区被省政府侨务办公室确定为首批“华侨华人创新创业服务中心”。坚持“用情暖侨、问政于侨、发展惠侨”的工作思路，积极组织侨眷侨属、归国留学人员开展各项活动，努力将县经济开发区打造成为侨公共服务的新高地。

【对外及对港澳台经贸交流】 围绕经济转型发展新要求，突出特色招商，发挥职能作用，不断扩大出国（境）经贸文化交流。共办理因公出国（境）团组10批21人次，其中，自组经贸招商团组2批10人次，重点办理好县委、县政府赴澳、新经贸招商团组和赴香港招商会团组申办工作，取得显著成效。5月，徐州市人大调研组到沛县检查公务出访绩效工作情况，听取工作汇报，实地查看相关企业生产经营情况，肯定沛县公务出访团组成效。

【来访接待工作】 先后接待加拿大清洁能源协会主席包化富、台胞李宗藩、澳大利亚马里克维尔市市长山姆、澳大利亚徐州商会尚玉忠、美国欣欣教育基金会代表王爱祯、余新丽到沛县考察。参与组织中黎青少年友好视频交流活动，进一步增进两国文化、友好交流。

【组织开展纪念“两岸开放交流30周年”征文活动】 下发征文通知至全县各镇、区、场、街道，明确要求，认真组织撰稿、征文。张贴告示至各社区、街道，发动社会力量，广泛征文。联系县文联、档案局有关单位组织精干力量撰稿、查找史料。联系重点台胞撰稿，征得台胞李宗藩、李宗薇兄妹各1篇文稿。共征得各类稿件20篇，经遴选后上报8篇。胡寨镇杨蕴《一封无法寄出的家书》获得二等奖。

【开展“百千万”“阳光扶贫”走访帮扶活动】 先后到沛城街道邓园村开展三轮“百千万”走访调研，共走访群众347户，走访企业2家，梳理、解决问题34条；深入安国镇刘河涯村开展“阳光扶贫”走访帮扶活动，与21户低收入农户形成结对帮扶关系，到村集中走访6次，开展走访帮扶工作，帮助农户收种，宣传各种优惠政策，提供各类就业信息，协同村干部落实农户小额贷款和代缴合作医疗事宜，帮扶资金共计2500元。 （张　猛）

沛县人民代表大会

重要会议

第十七届人民代表大会会议

【概况】2017年1月7—9日，第十七届人民代表大会第一次会议召开。大会通过第十七届人民代表大会第一次会议关于《政府工作报告》的决议、关于《沛县2016年国民经济和社会发展计划执行情况与2017年国民经济和社会发展计划》的决议、关于《沛县2016年财政预算执行情况和2017年财政预算》的决议、关于《沛县人民代表大会常务委员会工作报告》的决议、关于《沛县人民法院工作报告》的决议、关于《沛县人民检察院工作报告》的决议。会议按照大会选举办法的规定，经过法定程序进行选举，张兴涛当选为第十七届人民代表大会常务委员会主任；杨文民、吕高骥、徐龙彬、徐兴常当选为第十七届人民代表大会常务委员会副主任；王前等34人当选为第十七届人民代表大会常务委员会委员；吴卫东当选为县人民政府县长；王伟、张长缨、曹为民、刘华东、辛传坤、刘雪君当选为县人民政府副县长；邓建云当选为县人民法院院长；沈善文当选为县人民检察院检察长，须报经市人大常委会批准任命；王中华等67人当选为出席徐州市第十六届人民代表大会的代表。

第十七届人大常委会会议

【概况】2017年1月16日，第十七届人大常委会召开第一次会议，县人大常委会主任张兴涛，县人大常委会副主任杨文民、吕高骥、徐龙彬、徐兴常出席会议，县法院、县检察院负责人列席会议。会议审议通过个别代表提出的辞去代表职务的请求。

2月24日，第十七届人大常委会召开第二次会议，县人大常委会主任张兴涛，县人大常委会副主任杨文民、吕高骥、徐龙彬、徐兴常出席会议，副县长辛传坤、县法院院长邓建云、县检察院检察长沈善文列席会议。会议审议通过县人大常委会2017年工作要点，审议通过第十七届人大常委会代表资格审查委员会成员名单。

3月10日，第十七届人大常委会召开第三次会议，县人大常委会主任张兴涛，县人大常委会副主任杨文民、吕高骥、徐龙彬、徐兴常出席会议，县委副书记、县长吴卫东，县检法主要领导列席会议。会议审议通过吴卫东所作的关于提请任命王德信等干部职务的议案；听取任职人员拟任职发言；任命王德信等为新一届县人民政府组成部门负责人，并向被任命人员颁发任命书；会上，新一届县人民政府组成部门负责人集体向《中华人民共和国宪法》宣誓。

4月21日，第十七届人大常委会召开第四次会议。县人大常委会主任张兴涛，县人大常委会副主任杨文民、吕高骥、徐龙彬、徐兴常出席会议。县长、检法主要领导、列席会议。会议听取审议县政府关于全县老旧小区改造工作情况的报告；听取审议县人大常委会执法检查组《关于开展〈中华人民共和国种子法〉执法检查情况的报告》；审议通过《县人大常委会议事规则（试行）》；审议通过《县人大常委会组成人员工作守则》；审议通过《县人大常委会关于在县人大代表中开展“三走三问”主题实践活动实施方案》；审议通过《县人大常委会关于规范性文件备案审查办法》；审议通过《县人大常委会关于县人大代表建议、批评和意见的处理办法》；审议通过《县人大常委会关于县人大代表履职情况的考评办法》；审议通过了有关人事任免事项。

5月16日，第十七届人大常委会召开第五次会议，县人大常委会主任张兴涛，县人大常委会副主任杨文民、吕高骥、徐龙彬、徐兴常出席，副县长刘华东、县法院院长邓建云、县检察院检察长沈善文列席。会议审议通过有关人事任免事项。

6月5日，第十七届人大常委会召开第六次会议。县人大常委会主任张兴涛，副主任杨文民、吕高骥、徐龙彬、徐兴常出席，会议由张兴涛主持，县政府县委常委、常务副县长吴以贵列席会议。会议审议并表决通过县政府有关事项的议案。

6月20日，第十七届人大常委会召开第七次会议，县人大常委会主任张兴涛，副主任杨文民、吕高骥、徐龙彬、徐兴常出席，县政府副县长辛传坤、县法院院长邓建云、县检察院检察长沈善文列席，张兴涛、杨文民分别主持第一、第二阶段会议。会议听取审议县政府关于2016年县本级财政决算（草案）的报告、2016年县本级财政预算执行和其他财政收支情况的审计工作报告、“两减六治三提升”专项行动开展情况的报告及县人民法院执行工作情况的报告。会议表决通过了关于批准2016年县本级财政决算的决议和县政府提请有关事项的决定。

8月25日，县人大常委会主任张兴涛主持召开县十七届人大常委会第八次会议，副主任杨文民、吕高骥、徐龙彬、徐兴常出席，县委常委、常务副县长吴以贵列席。会议听取审议县人大常委会执法检查组关于开展《中华人民共和国公路法》执法检查情况的报告；听取审议县政府关于2017年上半年国民经济和社会发展计划执行情况的报告、2017年上半年财政预算执行情况的报告、全县招商引资工作情况的报告、第十七届人大一次会议代表建议办理工作情况的报告。会议还审议有关人事任免的议案。

10月20日，县人大常委会召开第十七届人大常委会第九次会议，县人大常委会主任张兴涛主持会议，副主任杨文民、吕高骥、徐龙彬、徐兴常出席会议，县政府副县长刘华东，县法院院长邓建云，县检察院检察长沈善文列席会议。会议听取审议县人大常委会执法检查组关于开展《江

6月9日，县人大常委会组织视察工业项目

苏省老年人权益保障条例》执法检查情况的报告；县人大常委会执法检查组关于开展《徐州市集中供热条例》执法检查情况的报告；听取审议县政府关于全县城乡供水工作情况的报告；表决通过《县人大常委会人事任免办法》和有关人事事项。

11月23日，县人大常委会主任张兴涛主持召开第十七届人大常委会第十次会议，副主任杨文民、吕高骥、徐龙彬出席会议，县政府副县长梅良杰、县法院院长邓建云列席会议。会议听取审议县政府关于提请调整2017年全县国民经济和社会发展计划固定资产投资预期目标的议案；听取审议县政府关于全县为民实事工程完成情况的报告；听取审议县政府关于2016年度县本级财政预算执行和其他财政收支审计查出问题整改情况的报告；听取审议县人民法院关于提请任命县法院人民陪审员的议案。

12月6日，第十七届人大常委会召开第十一次会议。会议由县人大常委会主任张兴涛主持，副主任杨文民、吕高骥、徐龙彬出席。会议听取审议代表资格审查委员会关于个别代表的代表资格报告，并表决同意这一报告。会议还经过投票选举，补选徐州市第十六届人民代表大会代表1名。

12月29日，第十七届人大常委会召开第十二次会议，县人大常委会主任张兴涛主持会议，副主任杨文民、吕高骥、徐龙彬出席会议，县政府常务副县长吴以贵，县法院院长邓建云，县检察院检察长沈善文，县委组织部、发改委、财政局负责人列席会议。会议听取审议县政府关于提请调整2017年全县国民经济和社会发展计划部分预期目标的决定；听取审议县政府关于提请调整沛县2017年财政预算的报告；听取审议人代工委关于个别代表资格变动情况的说明；听取审议县十七届人大二次会议有关建议事项；听取审议县十七届人大二次会议选举办法（草案）；听取审议县人大法制委员会、财政经济委员会组成人员通过办法（草案）；听取审议县人大常委会工作报告稿。

监督工作

【概况】 常委会听取审议县政府关于沛县2016年县本级财政决算、预算执行和其他财政收支审计及查出问题整改情况的报告，县政府关于沛县2017年上半年国民经济社会发展计划和财政预算执行情况的报告。依法审查批准2016年度县本级财政决算和2017年度计划、预算调整。建立预算联网实时监督查询系统。组织代表对全县总部经济建设、建筑业发展情况进行深入调研。

听取审议县政府关于全县招商引资工作开展情况的报告。组织代表对全县重大工业项目建设工作、开发区及工业集中区建设情况进行视察。组织代表对全县高效农业生产、大沙河沿线10万亩现代农业示范区建设、休闲观光农业发展、徐沛快速通道两侧10万亩优质绿色稻麦产业带建设工作、粮食生产全程机械化整体推进示范县创建、矿区采煤塌陷地治理情况进行视察。听取审议县政府关于全县老旧小区改造、城乡供水和为民实事工程完成情况的报告。审查批准县政府关于将棚户区改造项目政府购买服务资金列入财政预算的6项议案。组织代表对全县教育质量提升情况进行深入调研。组织代表对精准扶贫、镇村医疗设施建设及医疗服务水平提升工作进行视察，配合省、市人大开展了深化医药卫生体制改革和食品安全情况专题调研。先后3次组织代表对沛县老旧小区改造方案的制定、计划的实施和棚户区改造工作的进展情况进行专项督查。听取审议县政府关于全县“两减六治三提升”专项工作情况的报告。组织代表对全县新型城镇化建设工作进行视察。首次举行水环境治理工作专题询问会，组织90名县人大代表和常委会组成人员对县政府及8家相关部门进行现场询问，2名副县长到会应询，形成专题询问意见书，交由县政府办理落实。听取审议县人民法院关于执行工作情况的报告。组织代表对全县“两法衔接”工作开展情况进行深入调研。组织295名人大代表，对27起庭审案件进行旁听评议，对120名新一届人民陪审员进行集中任命。组织代表对全县社区矫正工作进行视察。对全县禁毒工作开展情况进行深入调研。

代表工作

【概况】常委会积极搭建履职平台，在县级人大代表中开展“走进企业问发展、走进社区问和谐、走进农村问民生”的“三走三问”主题活动。活动的开展引起县委重视和支持，县委办公室出台《关于在县镇两级人大代表中开展“三走三问”活动的意见》。在活动中走访贫困村民14000户、企业360家，提出有针对性意见600条，促进了全县一大批经济社会发展中问题和矛盾的解决。

审议通过《沛县人大常委会关于县人大代表履职情况的考评办法》。常委会组成人员每人联系7~9名代表，实现与345名县人大代表联系的全覆盖。利用人大代表活动中心，开展代表联系选民活动，全年12批次接待选民1600人，收集群众意见1400条。

法律监督

【概况】组织代表对《中华人民共和国种子法》《中华人民共和国公路法》《江苏省老年人权益保障条例》《徐州市集中供热条例》四部法律法规的贯彻落实情况开展执法检查。

规范人事任免

【概况】坚持党管干部和人大依法任免相统一的原则，制定《沛县人大常委会人事任免办法》，完善任免程序，规范任免行为，根据县委人事安排，行使法定职权，依法任免国家机关工作人员85人次。

完善建议督办

【概况】审议通过《沛县人民代表大会代表建议、批评和意见处理办法》，以制度的形式规范代表建议办理工作。听取审议县政府关于一次会议以来代表建议、意见办理情况的报告，提出审议意见。对代表意见建议的办理情况实行满意度测评。

加强自身建设

【概况】严格遵守党风廉政建设若干规定，大力弘扬求真务实的工作作风。推进“两学一做”学习教育常态化制度化。修订完善《常委会会议议事规则》和《人大机关工作制度》等14项工作制度。坚持例会制度，每月一次工作例会、每周一次主任办公例会。制定《沛县人大常委会宣传工作考评办法》，先后在《人民代表报》《人民与权力》等刊物发表文章30篇，7篇调研报告和4篇新闻稿件在省、市人大“好新闻”“好稿件”评选中获奖。实行常委会组成人员包挂指导镇（街道）人大工作制度，制定《镇（街道）人大工作争先创优评比办法》。借助人大“外脑”，优选26名专业人员，组建人大“智库”。对人大理论研究会进行换届，为常委会工作开展提供理论支持。（周　鹏）

沛县人民政府

综　述

沛县是江苏北部的重要门户，与山东省微山县、鱼台县接壤。面积1806平方公里，人口130万，辖13个镇、4个街道、1个省级经济开发区、1个农场。秦时置县，是汉高祖刘邦故里，以汉文化发源地著称四海，素有“千古龙飞地、一代帝王乡”之美誉，是全国著名的武术之乡、书画之乡、古筝之乡。沛县是滨湖城市，水脉纵横、生态优美。是江淮生态大走廊重要节点，东距微山湖不足5公里，西有百里大沙河，坐拥万顷微山湖、十万亩采煤塌陷地。沛县微山湖湖西水源地被评为首批“中国好水”水源地。在苏北率先通过国家生态县验收。沛县是能源基地，资源富集、产业兴旺。是江苏重要的能源基地、中国新型铝材产业基地、中国粘胶纱生产基地、国家现代农业示范区、国家农业产业化示范基地、全国农产品加工创业基地。沛县是全国百强，经济繁荣、社会和谐。是首批国家文明县城、江苏省文明城市。相继涌现出1位全国道德模范、16位“中国好人”。

2017年完成地区生产总值756.32亿元、同比增长8.6%，公共财政预算收入54.46亿元、同比增长5%，全社会固定资产投资624.45亿元、同比增长11.4%，社会消费品零售总额275.45亿元、同比增长12.2%，金融存贷比突破50%。第十七届全国县域经济基本竞争力百强县跃居第46位，全国县域经济与县域综合发展百强县列第33位。2017年中国工业百强县列第80位，入选中国最具投资潜力特色魅力示范县200强。

抓项目筑平台强实体，经济发展质态加速改善。以制造业为重点的实体经济发展势头强劲，招商引资实现逆势上扬，项目建设呈现“虹吸效应”，平台布局更加科学完善，全县发展呈现园区基地化、产业集群化、项目规模化、平台中心化、人才高端化的“新五化”景象，形成产业振兴带动全面发展的生动局面。园区基地化。新型工业化基地实现重大突破，形成中国粘胶纱生产基地、光伏科技产业基地、新型铝材特色产业基地、高端装备制造业特色产业基地、绿色食品产业基地五大基地。产业集群化。围绕基地建设产业集群，光伏光电产业招大引强，集聚产业链企业25家，产值超百亿元，电池片产能扩大到5GW，鑫宇光伏电池片获首届“中国能源装备十大年度创新产品”荣誉称号。新型铝材产业向轻量化迈进，集聚上下游企业20家以上。高端装备制造业转型提速，落户年产1万辆高空平台车、年产3万吨汽车铝散热器项目，QS潜水泵、JP绞盘式喷灌机均占全国市场份额的60%以上。项目规模化。以大项目引领带动，探索形成单月签约、双月开工、季度观摩点评“123”工作法，项目数量、体量、质量显著提高。全年新签约亿元以上项目83个、总投资503.73亿元。新开工亿元以上项目71个、总投资303.82亿元。国机、中核建、中粮等一批国字号企业落户，洲业汽车广场、鑫宇光伏等一批大项目落地。服务业项目呈“井喷式”发展，红星美凯龙、深圳华南城等重大项目顺利入驻。物流板块亮点突出，东方运销集团公司获批国家5A级物流企业。跨境电商快速崛起，龙工场（淮海）跨境电商产业园累计签约入驻企业90家，结汇103亿美元。电子商务蓬勃发展，获批省级电子商务示范3家、省级电商示范创建项目6个。农业产业化项目扎实推进，湖西农场稻渔综合种养示范区通过国家级示范园区考核评审，陈油坊村荣获“全国一村一品示范村（镇）”称号。国家现代农业示范区综合水平列全国第四，农业现代化进程苏北第一、全省领先。平台中心化。县经济开发区创建国家级开发区稳步推进。高新技术产业园高点起步，润康医药产业园快速推进。沛北经济开发区产业集聚量质双提升，有望获批省级开发区。张庄、敬安、鹿楼、安国等8个镇级集聚区定位日渐明晰，全县“1+2+8”平台错位发展、特色发展格局逐步形成。金融中心、大数据中心、科创中心、总部经济中心四大中心建设顺利推进，助推实体经济迈向价值链中高端。

抓改革重创新促转型，发展动能转换步伐加快。以改革破难题，以创新育优势，创新创业活力显著增强。“工业经济上台阶”和“深化科技体制改革，创新驱动城市发展”两轮“一地一策”牵引性改革压茬推进，农村集体产权制度改革、农村产权流转交易服务标准化建设等7项国家级改革试点、杨屯经济发达镇行政管理体制改革等9项省级改革试点工作次第展开，4项改革试点为全市独家，示范引领带动作用逐步显现。以节约分类为方向，形成农村生活垃圾资源化利用“沛县模式”。以共享协同为重点，整合全县快递企业，形成城乡物流高效配送体系“沛县模式”。“放管服”改革不断深化，梳理公布“不见面审批”清单1101项，实现政务服务网上“不见面审批”事项清单全覆盖，办件合规率省市第一，政务中心被列为全省标准化试点。人才聚集实现突破，引进“长江学者”2人、“国家千人计划”专家2人。14名高层次人才获批省双创人才、博士项目，获批国家知识产权强县工程试点县。与北京大学、清华大学等5所“双一流”高校合作共建学生实践基地。县镇村三级河长制度全面建立。千岛湿地生态片区、沛北生态经济功能区、矿地融合发展示范区建设稳步推进，全县空气优良率78.3%左右，居全市前列。城市品质加快提升，高标准建设新人民医院二期、新实验学校等一批功能性项目，完成棚户区改造163万平方米。美丽镇村亮点纷呈，3个镇（街道）、2个村通过省首批省级生态文明建设示范镇（街道）、村验收，6个村通过市美丽宜居村庄验收。

抓生态育特色提品质，绿色发展底色日益提升。践行绿水青山就是金山银山的理念，融入江淮生态大走廊建设，探索“生态+特色”城乡生态协调发展路径。城乡布局不断优化。《沛县城市总体规划》（2016—2030）通过市政府批复，城市规划的科学性、整体性和前瞻性水平不断提高，城乡生产、生活、生态空间进一步优化。城市品质加快提升。湖西航道二期疏浚、安国湿地扩建等22项工程顺利完工。路网建设和城市功能项目、城市产业项目、绿化项目建设日新月异，城市人居环境日益改善。美丽镇村亮点纷呈。3个镇（街道）、2个村通过江苏省首批省级生态文明建设示范镇（街道）、村考核验收。6个村通过徐州市美丽宜居村庄验收。生态环境持续优良。县镇村三级河长制度全面建立，水环境质量有效改善。动真碰硬推进“263”专项行动，全面完成燃煤锅炉整治和年度减煤任务，关停8家化工企业。连续四年被评为省秸秆禁烧先进县。

抓民生促增收创和谐，人民群众获得感不断增强。统筹推进增加收入、夯实保障、优化服务等总投资15亿元的78件民生实事，人民群众获得感显著提升。富民增收渠道不断拓宽。突出抓好高校毕业生、返乡农民、下岗工人等群体就业，入选全国第三批结合新型城镇化开展支持农民工等人员返乡创业试点。城乡居民人均可支配收入分别为29775元和17268元、增长9.2%和9.4%。公共服务更加完善。推进教育卫生资源均衡配置，文化一本上线率增幅全市第二，沛县中等专业学校成功创建省高水平现代化职业学校、机电实训基地、机电专业群，三级医联体建设持续推进，家庭医生签约服务"沛县模式"获省创新奖。扶贫脱贫精准到位。精准脱贫扎实推进，9个省定经济薄弱村实现新"八有"，2.1万名建档立卡低收入人口人均年收入突破6000元。社会治理开创新局面。持续深化大排查大整治，省市反馈意见涉及沛县的问题全部整改到位。开展信访稳定"百日会战"，十九大期间全县社会大局持续稳定。开展智能化立体化防控体系建设及多元化矛盾纠纷化解机制建设。微山湖接边地区连续15年保持和谐稳定。"大走访"活动持续深化。走访群众家庭31.6万户、企业1153家，实现全覆盖。创新开展"深化大走访聚力助三夏""大走访大宣讲"等活动，形成"大走访+"综合效应。

坚持把党的建设作为根本保障，管党治党水平全面加强。"两学一做"学习教育常态化制度化扎实推进，打造一支政治强、业务精、敢担当、作风正的沛县干部队伍。创新举办"村党组织书记论坛"，搭建"党组织+经合组织"载体，探索"村包户、党员联农户"等工作法，基层党组织组织力大幅提升，10个社区党组织获市星级"服务先锋"称号，7名村党组织书记获省农村基层党建工作突出贡献奖。党风廉政建设成果卓著，纪检监察体制改革稳步推进，实现巡察派驻"两个全覆盖"。反腐败呈压倒性态势，风清气正的政治生态不断巩固。沛县纪委荣获"全国纪检监察系统先进集体"称号。

重要会议

县政府常务会议

2月17日，县长吴卫东在常务会议室主持召开县政府第一次常务会议。会议研究讨论《关于加快工业经济创新发展的若干政策意见》《2017年度全县招商引资工作意见》《"两减六治三提升"专项行动实施方案》《沛县工程建设领域农民工工资支付管理办法》《沛县商品房开发资金监督管理办法》《2017年沛县"三化"创建绿化实施意见》等相关文件。听取全县工业经济暨招商引资工作会议、"两减六治三提升"专项行动动员会议、安全生产工作会议、城乡建设管理暨棚户区改造工作会议等会议的筹备情况，以及设立安全生产监管分局情况的汇报等议题。

5月8日，县长吴卫东在常务会议室主持召开县政府第二次常务会议。会议研究讨论《沛县科学技术进步奖实施办法》《沛县"十三五"人民防空发展规划》《沛县防空地下室建设管理及易地建设费征收细则（试行）》《沛县城市规划区集体土地上房屋征收与补偿办法（试行）》《三里河、龙王庄、杨彭庄小学地块房屋征收决定书》《东风路北侧新实小三期地块房屋征收决定书》和《关于〈火车站北侧（汉源宾馆西侧）地块房屋征收补偿安置方案公开征求意见〉的通告》。听取《沛县全面推行河长制工作方案》《沛县防洪预案》、PPP重点项目推进情况、敬安镇小城市创建情况及有关人事事项汇报等9个方面议题。

8月4日，县长吴卫东在常务会议室主持召开县政府第三次常务会议。听取《沛县"招金引银"工作考核办法（试行）》《县政府关于改革市场主体住所（经营场所）登记方式的实施意见》《沛县城区公共管网自来水价格及居民生活用水实行阶梯价格》《关于城区居民生活用管道天然气实施阶梯价格》《差别化污水处理费及建制镇征收污水处理费》《2017年沛县重大项目建设考核办法》等情况汇报，研究讨论《组建沛县不动产登记交易服务中心实施方案》等9个方面议题。

10月27日，县长吴卫东主持召开县政府2017年第四次常务会议。会议研究讨论《关于成立县委县政府法律顾问委员会的通知》《关于沛县农村集体产权制度改革试点工作的实施方案》《关于2017年度“沛县经济年度人物”和“十佳优秀企业家”评选活动的方案》《关于沛县阳光二期、三期公租房租金调整的报告》《关于成立县招商引资工作推进指挥部的通知》《关于理顺汉文化景区管理体制及成立沛县汉之源文化旅游发展有限公司的报告》《关于沛县农工班线实施公交化改造的方案》《关于交通道路PPP项目谈判结果的报告》《关于沛县中心城区供热配套管网工程PPP项目招标结果的报告》《关于沛县地方债务情况及化解方案的报告》等10个方面的议题。

11月15日，县长吴卫东在常务会议室主持召开县政府第五次常务会议。会议听取关于敬安镇PPP项目总体进展情况的汇报，同时研究该项目需要协调解决的问题。

12月13日，县长吴卫东在常务会议室主持召开县政府第六次常务会议，听取关于2018年县重大项目（重大工业和服务业项目、重大基础设施和城建项目、农业农村重点项目）、为民实事和重大改革事项、城建重点工程等编排情况的汇报，研究并原则通过《沛县城市地下管线管理办法》《沛县老龄事业发展“十三五”规划》《沛县“歌风文化艺术奖”奖励办法》3个文件。

12月29日，县长吴卫东在常务会议室主持召开县政府第七次常务会议，会议听取并研究《关于调整完善镇（区、街道）财政管理体制的方案》《关于修改沛县城市规划区集体土地上房屋征收与补偿办法的建议》《2017年沛县国民经济和社会发展计划执行情况与2018年计划草案的报告（讨论稿）》《2017年沛县财政预算执行情况与2018年财政预算草案的报告（讨论稿）》《2018年政府工作报告（讨论稿）》等议题。

其他重要会议

4月26日，全县财税审计工作会议召开，主要是贯彻落实省、市有关会议精神，总结上年以来财税和审计工作，分析当前面临形势，安排部署全年任务，为完成全年财税征收工作打下好的基础。会议宣读县委书记李淑侠关于全县财税审计工作的批示。

4月27日，全县城乡主干道环境综合整治动员会召开，主要是落实省文明城市创建工作任务，针对城乡道路突出问题，布置专项整治行动，通过政府主导、部门联动、合力攻坚的多项措施，全面整治17条城乡道路，切实为群众出行创造一个文明、有序、舒心的交通环境。

6月17日，全县“两减六治三提升”专项行动推进会召开，传达省委书记李强就《关于甘肃祁连山国家级自然保护区生态环境问题督查处理情况及其教训的通报》批示精神，明确责任，细化措施，确保专项行动取得实效。

9月26日，县政府召开秋冬季大气污染防治会议，主要是贯彻落实市政府相关会议精神，通报近期大气污染防治工作情况，分析面临的形势和短板，进一步提高认识、明确任务、靠实措施，全力抓好防治和管控工作，推动全县空气质量持续改善提升。

12月7日，全县金融生态环境暨社会诚信体系建设工作推进会召开，分析当前金融工作和社会信用形势，查找存在问题，研究部署下步建设任务。

重要决策

【农村集体产权制度改革试点】 6月，沛县被农业部、中农办确定为全国100个农村集体产权制度改革试点县（区）之一。沛县以明晰农村集体产权归属、维护农村集体经济组织成员权利为目的，以推进集体经营性资产改革为重点任务，以发展股份合作等多种形式的合作与联合为导向，着力构建“权属清晰、权能完整、流转畅通、保护严格”的农村集体产权制度，切实让“资源”变“资产”，让村民变“股民”。县委、县政府成立县主要领导为组长的沛县农村集体产权制度改革试点工作领导小组，领导小组下设“一办三组”，即办公室、业务指导组、矛盾处理组、监督检查组，全县17个镇（街道）366个村（居）参与此次产权制度改革。2017年，沛县农村集体产权制度改革试点工作按照方案时间节点稳步推进，清产核资全部完成，为下一步成员界定和股权量化奠定良好的基础。

【全面推行河长制】 县委、县政府出台《沛县全面深化河长制工作方案》，明确“严格水资源管理、加强河湖资源保护、推动河湖水污染防治、开展水环境综合治理、实施河湖生态修复、推进河湖长效管护、强化河湖执法监督、提升河湖综合功能”八大任务。全县2条流域河道、26条县级河道、148条镇级河道、2594条村级沟河，均已实现河长制全覆盖。据统计，全县已有县级河长12名，镇级河长114名，村级河长334名。总河长、河长全部履职巡河。对巡查发现、群众反映的问题，实行“一事一办”，及时进行交办督办查办。

【“三化”创建绿化】 完成三化成片造林面积4000亩，其中，湖西农场的美国薄壳山核桃1500亩、张庄镇天悦山庄的油用牡丹600亩。新建更新徐沛快速通道两侧农田林网2万亩，主要把杨树更新为榉树、金丝垂柳、乌柏、红枫等。全县创建“三化”示范片1个（微山湖大堤湖西农场、胡寨段），省级“三化”示范村4个。栖山胡楼新村、张寨陈油坊村、朱寨镇暗楼村、五段镇五段新村，以汉兴街道办的树人小学为代表的“三化”示范单位48个。

【电子商务示范创建】 沛县以七段村玻璃瓶产业、龙固汽车坐垫、大屯裘皮工艺品、安国瓜菜、栖山河口敬安的特种蔬菜等特色产业为抓手，开展各类示范创建工作。2017年创建成功省级电子商务示范基地（园区）1个——沛县电子商务产业园，省级电子商务示范企业3个——徐州忠意食品有限公司、徐州佳家美纸制品厂、沛县大农合农产品电子商务专业合作社，省级农村电子商务示范镇1个——五段镇，省级农村电子商务示范村1个——朱寨镇暗楼村。创建成功市级农村电子商务示范镇2个——安国镇、栖山镇，市级农村电子商务示范村2个——河口镇张李庄村、敬安镇吴庄村，市级示范企业1个——江苏大风乐器有限公司，市级示范基地2个——五段镇七段电子商务产业园、大屯街道电子商务产业园，推动全县电商产业集聚发展。

【建成城市公共自行车系统】 公共自行车是沛县县委、县政府为市民办实事工程之一，大力发展公共交通，让更多市民享受公共自行车出行的便利，形成低碳环保的出行理念。沛县一期共投放30个站点、800辆自行车、1000个锁止器，在各方的支持和努力下租用量达到213567辆次，调运量共计25320辆，在市民租用车辆的同时确保市民有车可借、有桩可还，方便市民的使用，有效解决市民出行最后一公里的难题，缓解大气污染，在全民健康方面起着不可或缺的作用。

【农村生活垃圾分类和资源化利用】 2017年6月，沛县被住建部确定为全国100个农村生活垃圾分类和资源化利用示范县（区）之一，沛县在体制建设、运行机制、设施建设、垃圾处置等方面狠抓落实，全面推动18个镇（场、街道）生活垃圾分类工作。按照“服务半径3公里、覆盖3~4个行政村，服务人口1万人”的标准，在全县范围内因地制宜、因村制宜建设阳光堆肥房和沼气处置设施2类就地垃圾分类处置设施，日处理能力有机垃圾约30吨，建成阳光堆肥房30座、沼气处置设施6座，阳光堆肥房产生的肥料和沼气池产生的沼渣均已经监测公司化验检测，有机质指标达到国家标准，重金属指标正常。农村“户分类投放、村分拣收集、镇回收清运、有机垃圾生态处理”的运作模式已初步形成，基本达到垃圾处置减量化、资源化、无害化。

【实施棚户区改造】 2017年，棚户区改造工作，全年完成李园、龙王庄、三里河、杨彭庄小学、新实小三期、火车站北、汉源宾馆西、汉源遗留零星、开发区马庄、韩河、韩新庄、大屯高新区、铁西片区一期、原三中西、东环东扩、南环东沿、沛城匣北、东风路、润东纺织、汉源8#、9#地块20个征收项目，房屋征收面积约160万平方米。完成御水华庭小区、中央御景小区、汉润家园三期、格林春天小区、盛世珑庭小区、北孔庄小区等项目回迁上房工作。全年上房套数5074套，上房面积54万平方米。全年完成保障房项目新开工4110套，完成基本建成3005套，均超额完成省下达任务。 （朱 斌）

机构编制

【概况】 2017年，深化行政体制改革，加大简政放权和政府职能转变步伐，科学有效管理机构编制资源，为建设“强富美高”新沛县提供有力的体制机制保障。沛县编办荣获全市机构编制工作先进单位、全县机关绩效考核一等奖。

【“放管服”改革】 4月，出台《关于加快推进“不见面”审批改革的实施方案》，通过网上全程办理、梳理“不见面审批”事项清单，涉企投资项目审批无偿代办、优化审批服务流程，审批结果EMS快递送达等举措，推进“不见面审批”改革。7月、10月分两批次，共梳理公布“不见面审批”清单1101项，实现政务服务网上“不见面审批”事项清单全覆盖，在线办理政务服务事项达到100%，累计完成电子证照信息的归集22.6万件，部门覆盖率达80%。

【“3550”改革】 7月，下发《县政府办公室关于印发沛县优化企业营业执照、不动产权证、施工许可“三证照”办理流程（试行）的通知》及《关于成立“3550”案例运行工作专题组的通知》，细化责任分工，审批服务流程优化再造，推进“网上办、集中批、联合审、区域评、代办制、不见面”，“开办企业”实现最短一个工作日办结，“不动产登记证”最短1.5个工作日办结，“施工许可证”最短22.5个工作日办结，大大降低制度性成本，激发市场活力。年内全县新设企业2111户，增长16%。新增注册资本总额168.9亿元，同比增长36%。办理个体工商户开业登记8730户，同比增长34%。

【综合行政执法改革】 3月，从机构、编制、人员、经费来源、执法内容、执法依据等方面对全县承担执法职能的28家部门的92个机构进行摸排，形成《关于全面推行综合行政执法改革的实施方案》，拟在环境保护、交通运输、农林水利、城乡建设、城市管理、市场监管、文化旅游等7个领域开展行政综合执法改革。沛县市场监管、环保部门分别成立市场监督管理稽查大队和环境监察大队，集中行使本部门执法权，实现“一支队伍执法”。

【经济发达镇行政管理体制改革】 江苏省新一轮经济发达镇行政管理体制改革启动以来，县编办积极与杨屯镇对接，精心准

12月7日，全县事业单位信用等级评价业务培训会

备，7月，制定《关于申报第二批经济发达镇行政管理体制改革试点的请示》，参与全省范围的竞争性选拔，11月，经省委、省政府批准，沛县杨屯镇成功入围新一轮经济发达镇行政管理体制改革试点镇。为加快推进杨屯镇试点改革，至12月，初步形成《沛县杨屯镇行政管理体制改革试点工作实施方案》。

【事业机构编制管理】 县通过机构"撤一建一、撤多建一"，编制内部调剂等方式满足需求，设立公共资源交易中心、不动产交易中心。完成县委巡察机构、纪委派驻机构设置。整合存量资源，优化布局结构，新设立金融办、公证处、南北共建园区等5家事业机构，整合城乡医疗保险机构等9家事业单位，撤并职责弱化、规模过小的中心商贸区管委会、社控办、会计函授站等6家事业单位，并收回事业编制共75名。

【公立医院人员编制备案管理】 4月，会同卫生计生、人社、财政、发展改革等部门，对县人民医院运转情况、人员结构和编制需求进行调查分析，制定《沛县创新公立医院人员编制管理实施方案》，明确主要任务和标准。为编制备案制管理提供参考依据，逐步实现"标准核定、备案管理、岗位设置、分类聘用"。

【机构编制评估】 6月，研究制定《沛县事业单位机构编制评估暂行办法》，建立"前置评估、跟踪评估、效能评估"的全程评估制度。评估结果作为深化事业单位改革决策和事业单位机构编制调整的重要依据。已开展事业单位评估13家，有效提升机构编制综合管控水平。

【控编减编】 根据市编办《关于核减沛县事业人员编制的批复》，沛县印发《关于核减事业人员编制的通知》，核减事业编制322名，全面完成2015—2017年事业编制核减1075名的编制核减任务，确保沛县事业编制在2012年底基数上只减不增。

【绩效考核】 2月，出台《关于2017年度县直机关（单位）绩效考核的实施办法》《关于印发〈2017年度县直机关（单位）绩效考核实施细则（试行）〉的通知》，增加重点经济工作、舆情处置、信访维稳、棚户区改造及县委、县政府确定的其他重点工作等考核内容，争先创优增加对改革试点和现场会的考核，进一步营造鼓励改革氛围，发挥牵引突破和示范引领作用。设立特殊贡献奖，加大在全县重点工作、重大项目建设、重大改革创新等方面的奖励力度，对作出突出贡献的部门，单独进行奖励。将实绩考核、效能考核分别由原来的45分调整为40分，民主评价分值由原来的10分调整为20分，让考核更体现民意，增强绩效考核的公认度。加大绩效考核跟踪督查力度，通过月度通报重大项目建设、重点经济工作进度，季度公布实绩、效能情况，半年节点考核等方式，让参与考核单位及时了解本部门考核结果，更好地跟踪问效。

【事业单位登记管理】 全面推进全县事业单位登记管理全事项、全流程网上办理。进一步推进统一社会信用代码制度改革，制定实施细则，做好事业单位法人、行政机关、编办直接管理机构编制的群众团体统一社会信用代码赋码及证书发放工作，在全县全面推行事业单位"四证合一""一证一码"。事业单位登记管理实现"一次性告知、材料齐全，立即办理。网上办、不见面"。结合机关事业养老保险并轨，全面完成机关群团统一社会信用代码赋码和事业单位法人登记工作。

【事业单位信用等级评价】 12月，对全县符合参评条件的329个事业单位、63个举办单位和10个监管部门经办人员进行"沛县事业单位监管服务平台信用评价"系统操作业务培训。通过培训，各单位详细了解事业单位信用等级评价的重要意义、评价的组织与程序，监管部门的职责以及结果的运用。县编办充分发挥牵头部门的作用，做好与各举办单位、事业单位以及其他监管部门的工作沟通，确保按照时间节点要求顺利完成事业单位信用等

级评价工作。（邓　伟）

人事人才工作

【招才引智】 2017年，围绕全县人才工作年度目标任务，实行项目化管理，收到良好效果。牵头组织徐州骏骅交通运输设备有限公司申报，并成功入选省“双创计划”高技能类双创人才1名，组织江苏新格灌排设备有限公司邹骏博士成功入选江苏省企业博士后类“双创博士”，获批省级国外智力资助项目14项，增设省博士后创新实践基地4个，大屯煤电公司职工杨古荣技能大师工作室获批省技能大师工作室。县内5家博士后创新实践基地引进5名博士申报2018年的“双创博士”。

【人才队伍建设】 开展高级专业技术职务推荐工作，推荐专家型高级专业技术人员380人。开展专业技术人员继续教育审验工作，共审验13062人，涉及单位128家。做好教师教学能力测试和论文鉴定工作，共审核过渡在职教师职称鉴定申报论文1102篇，确保真实性和有效性。开展中小学教师系列中级评审96人，初级职称网上审核通过784人，全年累计新增专业技术人员3921人。完善职业技能培训与鉴定一体化服务，积极推行育婴员、养老护理员等工种培训、鉴定工作，并将高技能人才指标纳入对各镇专项考核，高技能人才队伍规模持续增长，全新增高技能人才801人。有1人被评为江苏省技能大师工作室、1人被评为国家技术能手。（李　盼）

政务服务

【概况】 2017年，深化“放管服”改革，加快推动全省政务服务“一张网”建设，完成政务服务事项“应上尽上，全程在线”，加快推进六大类政务服务事项1101项“不见面”审批全覆盖，确保“3550”改革目标落地生效。政务中心列入全省政务服务标准化综合试点单位。

【政务服务标准化】 政务中心按ISO 9001：2015《质量管理体系要求》标准，完成政务服务管理质量手册编制，完善政务服务工作标准和管理标准，编制《开办企业办事指南》《不动产登记办事指南》《备案类投资项目办事指南》《核准类投资项目办事指南》《房地产开发类投资项目办事指南》等窗口工作服务指南100种，中心标准化工作通过国家认监委认证。政务中心被列入全省政务服务标准化综合试点单位。

【互联网+政务服务】 中心积极推进政务服务“一张网”建设，实现“应上尽上、全程在线”。组织全县43家职能部门依据省“三级四同”标准编制办事批南。全年编制行政权力事项办事指南7082份，其中，政务服务事项办事指南1101份，完成沛县政务服务平台与省政务服务“一张网”平台的对接升级，实现“应上尽上，全程在线”。据省政务网运行指标反应，12月，沛县在基础数据汇集方面，在全省96个县区

政务服务中心大厅

中，累计办件覆盖率、当月办件合规率全省第一，综合指标居全市领先。江苏政务服务网沛县旗舰店APP版在全省96个县区中第7个上线，在全市率先上线。

【“12345”服务热线】 9月上旬在全市县区中率先完成与省、市、县三级系统数据对接，实现“三个统一”，即统一号码接听，统一标准服务，统一规则办理。服务渠道全面覆盖。设立“大走访”专席，开通“12345”微信、微博，全流程办理“大走访”诉求，全天候接听“大排查、大整治”举报，全方位受理“为民办实事”建议，实现“一个号码管服务”。社会影响日益提高。全年，“12345”政府服务热线共接市民来电反映事项计43713件，日均业务量143件，接通率达100%，办结率96.8%，及时办结率95%，回访满意率99.4%。承办省政府热线转派工单87件，市政府热线转派工单700件。

【“3550”放管服改革】 简化办事流程，压缩审批时限，推进“3550”落地生效。配合编办梳理“3550”工作流程，推行“容缺审批”“模拟审批”等审批新模式，简化审批服务流程，开展“多评合一”“多规合一”“多图联审”一系列举措，在建设类审批区，设立“多评合一”“多图联审”窗口。全年共受理各类办件量386669件，办结386282件，办结率达99.9%。新增设企业2010户，新增注册资本总额161亿元，比上年同期增加36%。新增个体工商户5478户，比上年同期增加119%。新增注册资本总额7.39亿元，增加108%。审批投资项目424个，增加102.8%，总投资473.22亿元，增加282.9%。核批单体投资项目405个，增加93.7%，投资额462.61亿元，增加122.4%，工业项目242个，增加227%，投资额211.86亿元，增加344.5%.市场活力得到进一步的释放。

（辛　娜）

信访工作

【概况】 2017年，明确信访维稳工作定位，突出信访维稳工作重心，强化信访维稳工作责任，信访维稳工作举措，充分履行信访稳定工作职责，信访维稳工作有序运转、态势良好。在做好各项信访日常工作的基础上，以县党政领导约访接访、信访积案化解、矛盾纠纷排查化解等为重点，解决合理诉求，加强信访稳控，打击违法信访，全县信访工作取得一定成效，但越级访总量仍居高位。

【“一岗双责”机制】 实行“一岗双责”，强化源头预防。把工作重心前移、工作措施前置，从源头上减少矛盾纠纷的发生。在制定政策、实施重大项目时，做好社会稳定风险评估。在开展各项工作时注重程序、规范行为、依法办事，尽可能减少社会矛盾的产生。从源头上梳理排查各种矛盾纠纷、信访案件，对苗头性问题进行预警，及时调处化解、确保大事化小、小事化了，把矛盾和问题解决在萌芽状态。将进京、赴省、去市尚未解决的信访案件，全部落实领导包案，明确包案责任。按照“属地管理，谁

省大排查大化解检查组到沛县指导工作

主管、谁负责”和“一岗双责”的原则，责任单位都落实“五包一”稳控责任，包案领导在包稳控的同时，一同包化解工作。压实“一岗双责”责任。对全县涉稳人员进落实教育稳控措施。按照“一岗双责”的要求，落实信访主体责任。压实“一案双责”。对于重点人员按照“一案双责”的要求落实责任。

【约访机制】 坚持县党政领导约访制度，每月10日、25日分别固定为县委、县政府主要领导约访日，其他县党政领导每人每月至少1次在县接访中心约访。镇（街道）党政主要负责人开展“每周有约”活动，党政主要领导每周至少1次约访。把已发生、尚未化解的信访案件的信访人、向各级领导写信反映问题的信访人、网络舆情信访人、矛盾纠纷排查中发现的可能上访的当事人等纳入约访范围，坚持现场集中会办，当场解释解决群众关心的热点难点问题，尽快解决合理诉求，促进息诉息访。开展县党政领导约访活动和“每周有约”活动，使信访疑难问题得到妥善解决。县领导全年共约访群众142批510人次，其中，县主要领导约访20批38人次，化解7批24人次。

【督查问责奖惩制度】 按照“属地管理、分级负责”“谁主管、谁负责”“依法、及时、就地解决问题与疏导教育相结合”的原则，对排查出的重点人员落实包案领导，严格按照《沛县信访工作责任追究办法》，落实信访工作责任，强化信访责任追究。

【规范信访秩序】 按照“四个到位”的要求，对诉求合理的解决问题到位、诉求无理的思想教育到位、生活困难的帮扶救助到位、行为违法的依法处理到位。启动依法查处妨害重大活动安保违法行为处置机制，成立专人专职工作小组，牵头负责违法犯罪人员的依法处罚工作。

【“百日会战”活动】 7月初开展信访积案“百日会战”，“百日会战”是进一步做好信访工作，为党的十九大胜利召开营造良好环境的重中之重。通过统筹各方工作力量，集中时间，集中精力，限期化解信访积案。充分发挥联席会商会办、领导包案、督办等途径的优势和作用，条块联动，重视从政策层面上解决合理问题，同时采取多种帮扶手段，努力实现信访积案“清仓见底”的目标。“百日会战”共交办重点案件260件，目前化解报结189件，化解报结率72.6%。

【重点时期信访】 2017年“一带一路”国际合作高峰论坛、江苏发展大会、中共十八届七中全会、十九大等重要活动期间全县信访形势平稳可控，保证重点敏感时期的大局稳定。

【信访救助】 全年共救助困难信访老户19人，发放救助金171万元，其中，市信访救助71万元、县信访救助50万元、乡镇和县有关单位配套50万元。

（刘　强）

档案工作

【概况】 2017年，主动提供服务，全面加强业务建设，圆满完成全年目标任务。被江苏省档案局授予年度全省档案宣传工作二等奖，荣获县“机关绩效考核二等奖”。

【档案数字化】 开展数字化档案加工，完成党群全宗群档案的数字化，承担智慧城市档案建设任务和为民办实事工程。

【档案利用】 全年共接待查阅档案资料者3075人，调阅档案资料4507卷（册），出具有效档案复制件证明4763份。完成馆藏到期文书档案（1986年度）的划控工作。涉及115个全宗，共划控2003卷，其中，开放1475卷，控制528卷。根据查档案接待工作情况，编写档案利用文章50篇。

【档案接收】 接收县人社局、县教育局及沛县破产企业等30家单位的文书档案1943卷、1198件，会计档案28516卷、40件，并完成其消毒、编目、上架、施药等相关工作，使其投入正常利用中。

市档案局领导到沛县档案安全专项检查

【档案编研工作】 高质量的编撰印2016年12月 至2017年11月共计12期大事记，编写大事记6万字，收集每期《沛县日报》，结合政府领导出席的各项重大工作活动进行编写大事记并校对，一月一册后呈交给分管领导检查后再出版成册，编写档案利用效果选篇，完成编写档案利用效果典型事例选编，完成大事记编写工作并完成大事记全年合订本工作。

【文明城市创建资料组工作】 做好文明城市创建档案资料组工作。按县文明办的要求，做好对文字资料的审核、页面扫描、图像上传、网上提交等工作，顺利完成县文明城市创建档案资料组建档任务。

【服务基层】 指导基层档案室规范化建设。根据《江苏省机关团体企事业单位档案工作规范》，严格按照规范化标准，推动基层档案室星级创建工作，提高档案管理水平。指导县国土局、沛城派出所、朱寨国土所、栖山国土所、张庄国土所等多家单位星级创建工作。县国土局档案工作通过省五星级工作规范测评，沛城派出所档案工作通过省四星级工作规范测评，朱寨国土所、栖山国土所、张庄国土所等3家单位通过省三星级工作规范测评。指导县各基层档案室工作。应县行政服务中心、县烟草局、县国土局、县农商行、建工服务中心、城建档案馆等多家单位的要求，直接深入基层第一线进行业务指导，通过电话、网络等其他渠道对自来水公司、港华燃气公司、农行、检察院、法院等单位进行业务指导。开展全县档案年检工作。通过听取汇报、实地查看、查阅台账等方式抽检。督促、指导县各有关单位完成2016年度文书档案归档工作。3月，举办三期县优秀档案员业务培训会，共组织受到县档案局表彰的全县档案先进个人21人次参加培训。5月，举办全县会计档案管理办法培训会，共组织县各镇、街道、机关、团体、企事业单位财务人员200人参会。6月，举办两期17家单位22人次的文书档案整理集中培训会和两期18家财政所20人次的镇（街）财政所档案工作人员业务培训会。与县政务服务中心、县编办等部门的沟通和协调，完成技术链接，对接省政务服务网，于10月20日开通网上办理申报功能。6月9日组织国际档案宣传周活动，通过向档案利用者发放宣传资料来扩大档案工作的影响。 （李 敏）

地方志工作

【荣誉】 2017年，《沛县年鉴（2015）》在江苏省第四届优秀年鉴评审中荣获综合二等奖。县地方志办公室获县委、县政府年度绩效考核三等奖。

【《沛县志1978—2008》出版发行】《沛县志（1978—2008）》2009年6月启动编纂，历经8年面世。8月17日，沛县人民政府召开《沛县志（1978—2008）》发行仪式暨二轮修志总结表彰会议，县政府副县长刘雪君代表县政府对新县志的出版发行表示祝贺，徐州市史志办主任宋余东、副主任邢艳玲到会祝贺。新县志的出版发行标志着沛县二轮修志工作圆满结束，一批修志工作先进集体和先进个人受到表彰。

《沛县志（1978—2008）》是1995年版《沛县志》的续志，共37编140万字。新编《沛县志》紧贴时代脉搏，全面、系统、翔实地记述了改革开放30年全县自然、经济、政治、社会、文化等各个方面所取得的巨大成就，是一部沛县百万人民由温饱走向小康的奋斗史，是介绍沛县、研究沛县、宣传沛县的百科全书，也是权威的爱国主义教育乡土教材。

【基层修志指导】 指导有条件的镇（区场）和部门编纂志书，并对其进行监管，是县志办的职能之一。先后到湖西农场、沛县人民医院两家单位，对其编志工作进行指导和辅导，两家单位的志书编纂工作有序推进。

【年鉴出版】 3月，《沛县年鉴》2017卷开始征集资料，在全县各镇区场、各街道、各部门的配合下，6月，资料征集完毕。经过约3个月的编辑修改及出版社的审稿，11月，全书进入印刷程序，12月，由江苏人民出版社出版发行。《沛县年鉴（2017）》是创刊后的第12卷，全面、系统、翔实地记载了2016年沛县自然、政治、经济、文化、社会等方面的基本情况，以及全县干部群众"践行发展新理念开启振兴新征程为夺取全面建成小康社会新胜利而努力奋斗"取得的新成果、新进展、新经验。反映沛县地方特色，彰显年度特色。

《沛县年鉴（2017）》体例为条目体，全书共设40个类目、202个分目、1377个条目。有纸质版和光盘版两种版本，发行。

【《徐州年鉴》供稿】 及时完成《徐州年鉴（2017）》的组稿工作，提供《千古龙飞地一代帝王乡》宣传彩页2页。供稿全面系统地记述了2016年沛县农业、工业、对外贸易、环境保护、城乡建设、交通运输、教育文化卫生、社会保障等方面的情况并对"重点改革""创新创业""第十一届刘邦文化节"等以专题条目记载。

【《大汉寻源》出版发行】 10月，《大汉寻源》由江苏人民出版社出版发行，印数3000册。该书由徐州著名文史学者田秉锷撰稿，由沛县著名摄影家赵传龙提供照片。全书以图文并茂的形式再现了汉高祖刘邦从一介布衣成长为开国皇帝的过程。此书的出版对加强沛县的汉文化研究有积极作用。

【编写《沛县大事记》】 县地方志办公室与党史工委、档案局新编《沛县大事记（1995—2017）》，时间跨度23年，尽览沛县发展成就，展现沛地变革风云，为后人留下宝贵的历史资料。

【编写《革命老区县发展史（沛县卷）》】 该书全景式展现作为湖西革命根据地重要组成部分的沛县的历史发展，以讴歌党的领导、发扬革命传统、激励启示后人。全书主要由"沛县自然历史""沛县的革命斗争""沛县革命史上的重大事件""沛县的红色遗存及英模""今日沛县""沛县的扶贫开发"等部分组成。全书预计16万字，计划2019年出版发行。

【《乡村记忆》电视专题片获奖】 县地方志办公室与县电视台合作拍摄的50集大型电视纪录片《乡村记忆》在徐州市广播电视优秀作品评选中获多项奖励。徐州市文化广电新闻出版局《关于公布2016年度全市广播电视优秀作品评选结果的通知》中，《乡村记忆——小炉匠》获一等奖，《乡村记忆——安庄、湖陵、一溜八堡》获二等奖，《乡村记忆——刘邦店的传说》获三等奖。

（翟文静　黎　敏）

机关事务管理

【概况】 2017年，以"树标杆、补短板，求突破、走前列"为主基调，立足"标准化建设、规范化管理、精细化服务"，坚持内管外扩、改革创新，推动机关事务管理工作科学发展、健康发展。

【公务接待】 贯彻落实中央"八项规定"，强化接待工作的统筹协调职能，做到牵头抓总、整合资源，始终站在政务的高度做好事务服务，规范优化服务流程、服务标准和服务细节。

【国有资产管理】 按照中央《关于进一步做好办公用房清理整改工作的通知》的要求，执行党政机关办公用房配备标准，对全县党政机关办公用房进行清理整改，对办公用房实行统一配置标准，对机关单位的办公家具进行全面调查、统计、造册，规范管理。

【公务用车改革】 按照上级公车改革的相关要求，统筹抓好车辆平台建设、管理调度等工作，实行用管分离、企业化运作，实现平稳过渡、无缝对接的车改目标，完成全省统一部署的号段管理、喷涂标识。同时结合实际，区分重大活动、应急保障、调研等情况，分别制订服务保障方案与措施，合理进行车辆使用调度。

【公共节能管控】 重点做好技术节能和管理节能，根据季节气温等情况及时调整能耗，实行节假日分区送冷、送暖。健全节能管理体系和工作制度，完善能耗统计系统，推进能耗定额管理，加强监督考核。推进合同能源管理，加大节能改造力度，扩大节能新产品、新材料、新技术推广范围。强化节能宣传培训，大力倡导节约文明，发挥机关单位节约示范带动作用。

【会务服务管理】 全面推行“精细化”会议服务理念，完善服务制度、流程，制定会议联动机制，对会议各环节进行查漏补缺，确保不出问题。加强对会务服务人员的培训，提升整体素质。

【餐饮服务管理】 实施食材定点采购、保证绿色健康，不定期对各食堂进行抽查，进行整改提升，确保食品安全。建立菜品研发档案库，编制各类时令特色菜谱，开发特色美食窗口，提高菜品质量。同时加强就餐管理，缓解高峰时段排长队的情况，满足机关人员特色化就餐需求。

【安全保障能力】 健全安全管理长效机制，建立“人防、物防、技防”相结合，人工和视频监控互补的巡防网络，建立行政中心车辆智能识别管理系统、车库蓝牙门禁系统，增强对重点地段、部位的安全管控与县信访局、公安局等部门建立信访联动机制，通力协作，信息互通，做好群体性上访事件应急处置工作。定期开展消防安全知识培训和消防演练活动，落实消防责任人、管理人带班，不间断巡防巡查制度，有力维护行政中心安全稳定。

【物业服务管理】 以行政中心、文化中心的保洁业务为基础设立保洁部，以夕阳红物业为基础设立小区物业部，以送水业务为基础设立综合服务部。在做好两个中心和新城公寓的保洁服务的同时，积极参与县文明城市创建网格化管理工作，行政中心垃圾分类工作。

【工程维修】 强化行政中心的日常维护工作，建立报修责任制，抓好维修质量，提高服务意识。抓好电梯、锅炉、中央空调、照明、强弱电、排水管道等各方面的维修和保养工作，全年累计受理各类维修事项达4896项，完成率为99%，有效保证“三个中心”设施设备的安全运行。

（朱晴晴）

综　述

【概况】 2017年，县政协共召开全委会议1次，主席会议15次，常委会议5次，专委会议21次，界别、镇场街道联络小组会议2次，开展专题调研3次，专题视察10次，专项活动11次。

重要会议

【全委会议】 1月5日，政协沛县十届一次会议举行预备会议。会议传达县委《关于成立沛县第十七届人民代表大会第一次会议和政协沛县第十届委员会第一次会议临时党委的通知》，听取政协沛县十届一次会议筹备情况汇报，审议通过十届一次会议的议程，日程，秘书长、副秘书长名单，大会秘书处分组、常委值班安排和提案审查委员会名单。对九届五次会议以来优秀提案先进个人、提案承办先进单位、优秀界别、先进镇场街道工委和“好委员”进行表彰。举办十届政协委员培训班，徐州市政协教文卫体委主任黄越就“明确职责，积极参与，做‘懂政协、会协商、善议政’的政协委员”作报告。报告会后，全体委员观看了《警钟》《镜鉴》专题警示教育片。

1月6—8日，中国人民政治协商会议沛县第十届委员会第一次会议召开，会议应到委员340名，实到330名，符合法定人数。中共沛县县委书记李淑侠到会祝贺并发表讲话，县政协主席刘广远代表政协沛县九届委员会常务委员会向大会作工作报告，县政协副主席闫淑芹向大会作政协沛县九届委员会常务委员会关于五次会议以来提案工作情况的报告。与会委员列席沛县第十七届人民代表大会第一次会议，听取县人民政府县长吴卫东所作的政府工作报告。10位委员就人民群众普遍关注的热点问题，先后作专题发言。会议选举产生政协沛县十届委员会常务委员会，选举郝敬彬为政协沛县第十届委员会主席，选举揭月华、王素真、贺伟、李令军、李法伟为政协沛县第十届委员会副主席，张训龙为政协沛县十届委员会秘书长，选举马丽等61名委员为政协沛县十届委员会常务委员。

【常委会议】 3月24日，政协沛县十届委员会召开第一次常委会议。县政协主席郝敬彬，党组书记、副主席揭月华，副主席王素真、贺伟、李令军、李法伟，全体政协常委出席会议。各界别、各镇场街道召集人议和驻沛市政协委员列席会。会议协商通过专门委员会设置及有关人事事宜，协商通过《沛县政协常委会2017年工作要点》。

7月28日，政协沛县十届委

政协主席郝敬彬在张庄镇宣讲中共十九大精神

员会召开第二次常委会议。县政协主席郝敬彬，党组书记、副主席揭月华，副主席王素真、贺伟、李令军、李法伟，全体政协常委出席会议。各界别、各镇场街道召集人和驻沛市政协委员列席会议。会议听取讨论县政府上半年全县经济社会发展情况通报；协商通过《关于充分发挥创新驱动引领作用打造淮海经济区最具竞争力新型工业化基地的调研报告》。

10月22日，政协沛县十届委员会召开第三次常委会议。县政协主席郝敬彬，政协党组书记、副主席揭月华，副主席王素真、贺伟、李令军、李法伟，全体政协常委出席会议。各界别、各镇场街道召集人和驻沛市政协委员列席会议。县委常委王伟代表县政府通报上半年全县经济社会发展情况。会议协商通过有关人事任免事宜，审议通过《关于挖掘地方历史文化资源提升城市建设文化品位的调研报告》。

11月29日，政协沛县十届委员会召开第四次常委会议。县政协主席郝敬彬，政协党组书记、副主席揭月华，副主席王素真、贺伟、李令军、李法伟，全体政协常委出席会议。各界别、各镇场街道召集人和驻沛县市政协委员列席会议。副县长刘华东应邀到会通报工作。会议听取县政府关于提案办理情况的通报，并进行协商讨论，听取讨论县依法治县领导小组关于法治沛县建设情况通报，安排部署“创‘五型’机关，做‘六讲’委员”工作实施意见。

12月29日，政协沛县十届委员会召开第五次常委会议。县政协主席郝敬彬，政协党组书记、副主席揭月华，副主席王素真、贺伟、李令军、李法伟，全体政协常委出席会议。各界别、各镇场街道召集人和驻沛市政协委员列席会议。会议听取政协沛县十届二次会议筹备情况汇报，审议通过大会议程（草案）、日程（草案），审议通过关于召开政协沛县十届二次会议的决定（草案），审议通过秘书长、副秘书长名单（草案），大会秘书处分组名单（草案）、常委值班名单（草案）和提案审查委员会成员名单（草案），协商讨论沛县第十七届人民代表大会第二次会议《政府工作报告》（征求意见稿），讨论通过《政协沛县十届委员会常务委员会工作报告》（草案）和《政协沛县十届委员会常务委员会提案工作报告》（草案）以及报告人名单（草案），审议县政协各专门委员会工作报告，协商通过政协委员任免事项（草案），协商讨论《坚持生态优先引领绿色发展打造江淮生态大走廊最具特色的绿色地标》调研报告，协商通过《沛县政协委员履职管理办法》《政协沛县委员会关于加强和改进政协提案工作的实施意见》《政协沛县委员会关于加强和改进反映社情民意信息工作的意见》《关于开展“委员履职提升年”的意见》，协商通过县政协2018年工作要点。

【主席会议】 4月18日，县政协召开十届四次主席会议。协商研究2017年主席会议重点督办提案，协商通过“关于充分发挥创新驱动的引领作用，打造淮海经济区最具竞争力新型工业化基地的建议”调研课题以及外出考察计划，协商研究全体政协委员培训(提案、社情民意、文史培训)，协商通过《政协沛县委员会界别

(联络小组)活动办法》,协商通过文件传阅制度。11月22日,县政协召开十届十二次主席会议。协商研究十届二次全委会筹备工作,协商讨论增补常委、委员事宜,协商研究《创“五型”机关,做“六讲”委员实施意见》,协商研究十届四次常委会筹备工作。12月27日,县政协召开十届十五次主席会议,调度十届二次全委会筹备工作,协商研究十届五次常委会筹备工作,协商研究十届二次全会表彰工作,协商研究十届二次全会大会发言情况,协商研究2018年调研报告选题,协商通过《关于开展“委员履职提升年”的意见》。

【其他会议】 3月23日,全市县(市)政协主席座谈会在沛县召开。市政协主席、党组书记王昊出席并讲话,市政协副主席、党组副书记周宝纯主持,县领导李淑侠、郝敬彬、揭月华、贺伟、李令军、李法伟及各县(市)政协主席和有关负责人出席座谈会。

6月20日,县政协主席会议重点提案督办协商会召开,组织开展视察督办主席会议重点提案“关于加强城区电动三轮车管理的提案”。县政协主席、县委常委、政法委书记郝敬彬,县分管领导等出席。

7月21日,县政协召开政协沛县界别、镇场街道联络小组工作座谈会。会议听取政协沛县各界别、各镇场街道联络小组上半年工作汇报及下半年的工作打算。政协主席郝敬彬对上半年的界别、镇场街道联络小组工作作总结,对下半年的工作作部署。

重要工作

【调研视察】 5月2—4日,5月16—19日,为推进创新驱动发展战略的贯彻落实,县政协邀请发改委、开发区等单位组成联合调研组,由县政协副主席贺伟带队先后对盐城东台、大丰,徐州邳州,山东禹城、邹平、高密等地进行考察。7月3—9日,8月21—29日,为挖掘历史文化资源,提升沛县文化形象,打造淮海经济区最富汉文化特色的文化旅游名城,县政协主席郝敬彬、副主席李法伟带领县委办、规划局、住建局等相关单位负责人,先后到宿迁、南通、苏州、杭州、西安、贵阳、成都等地进行考察。11月7—11日,由县政协副主席李令军带队,就关于加强微山湖周边区域合作,推进江淮大走廊(沛县段)生态廊道建设,先后到湖州、无锡、扬州、淮安等地开展专题调研。11月14—17日,为有利于产业集聚发展,加快推进建筑产业现代化,由县政协主席郝敬彬、副主席李法伟带队,先后到南京、常州、浙江绍兴等地进行考察。11月4—10日,县政协副主席贺伟带队到扬州高邮、杭州江干、宜昌当阳、徐州新沂等地考察提案工作。12月25—26日,县政协副主席李法伟带队到南通如皋、泰州靖江考察委员履职管理工作。

5月28日,县政协副主席王素真带领部分政协委员及相关单位负责人视察全县法治文化小区建设进展情况,先后视察安国镇法治文化游园、安国镇蔡家村、杨屯镇西姚桥村、杨屯镇法治文化游园等,对下一步全县法治文化建设提出合理化建议。6月13日,县政协副主席李法伟领部分政协委员及农委、农工办负责人视察全县高效设施农业建设进展情况,先后到朱寨镇、鹿楼镇、安国镇、龙固镇、杨屯镇实地调研,并对高效设施农业发展提出一些意见和建议。6月16日,县政协副主席李令军带领文广新体局、汉城景区管理处及部分政协委员视察全县文化旅游资源开发工作,先后到汉之源景区、安庄渔村、千岛湿地、昭阳庄园、三诸侯文化园等处视察,并对文化旅游产业发展提出合理化建议。

9月13—26日,县政协党组书记、副主席揭月华,县政协副主席王素真、贺伟、李令军、李法伟分组带领政协委室负责人和部分县政协委员开展带案视察活动。对委员们提出的《关于加快沛县高新技术企业发展的建议》《关于加快沛县智慧城市建设的议案》《关于健全社会救助帮扶体系的建议》等6个提案的办理落实情况进行现场督查。

【交流联谊】 全年共接待上级政

协及兄弟县（市、区）政协到沛县视察调研活动8批次70人。7月15日，南通市政协副秘书长刘才盛等一行到沛县观摩，县政协副主席贺伟陪同。9月5日，中交第一航务工程有限公司副总经理由广君带队到沛县考察，县委副书记、县长吴卫东，县政协主席郝敬彬陪同。9月14日，省政协原副主席、原党组副书记，省国际文化交流中心理事长罗一民等一行7人到沛县调研文化建设情况，县委书记李淑侠，县政协主席郝敬彬，县政协党组书记、副主席揭月华，县委常委、宣传部部长徐正冲，县政协副主席贺伟陪同。10月25日，海安县政协副主席周宝红带队到沛县调研文化旅游建设工作，县政协党组书记、副主席揭月华陪同。11月7日，市政协副主席陈萍一行13人到沛县调研汉源文化和城市文化建设工作，县委书记李淑侠，县委副书记、县长吴卫东，县政协主席郝敬彬，副县长刘雪君，县政协副主席李法伟陪同。

【提案工作】 共征集提案244件，经审查，立案102件，其中并案14件。涉及农业、工业、交通、城建、环保、教育、卫生、社会保障等多个方面，所有提案在规定时限内全部办复，其中，解决和基本解决的70件，占69%，正在解决或列入计划解决的29件，占28%，因条件限制暂缓落实的3件，占3%。沛县政协被市政府、市政协评为提案工作先进单位。

【民主监督】 全年共整理社情民意信息256件，上报市政协167件，很多意见建议得到市、县和有关部门的重视。向市、县政法、交通、教育、环保、金融、城建、医疗卫生和食品药品监督等30个行业和部门推荐100名委员，担任党风监督员、特约检察员、行风评议员和医德医风监督员。联合县电视台开办《提案追踪》专题栏目，围绕一次性餐具生产企业监管等提案，精心打造6期专题片，扩大提案办理工作社会影响力。围绕“深化小区物业管理”开展专项工作民主监督，通过召开座谈会、组织委员实地视察等形式，促进物业管理市场健康有序发展。9月，县政协开展“我为中心城市献一策”活动，广大委员积极响应、踊跃参与，共提交各类调研报告和建议82篇，经筛选上报市政协41篇，部分建议得到市委、市政府和有关方面采纳。

【文史宣传】 发挥文史资料在“存史、资政、团结、育人”方面的独特作用，认真做好文史资料的收集、整理、发行工作，举办沛县政协书画联谊会会员作品展，编辑出版《冯亦吾诗词》等系列丛书及专题片。《不只是观点的碰撞》等17篇稿件在《人民政协报》《江苏政协》《徐州政协》等新闻媒体刊发。11月28日，在省政协文史工作第二十三次会议上，沛县政协作典型发言，得到省政协及与会专家的一致好评。

（李璪籍）

【概况】2017年，围绕“廉洁政治‘三清示范区’”建设目标，全面压实扛牢监督责任，党风廉政建设和反腐败工作不断取得新成效，为全县经济社会发展提供坚强的保障。

【三清示范区】坚持高起点高定位，“三清示范区”建设扎实推进。县委不断增强主责意识，明确“以‘三清示范区’建设推动全面从严治党向纵深发展”的总体思路。县纪委全面履行专责监督责任，不折不扣推动落实。工程化管理、项目化推进。示范引领、督促落实。建立县纪委班子成员联系点制度，加强调查研究、监督检查和督促指导，培育“三清示范区”建设示范点，发挥引领带动作用。年底由县委常委、副县长带队对19个镇区和19个县直单位重点考核，同时又随机抽取20个县直单位由县纪委常委带队现场考核，及时通报结果，推动问题整改，实行“两个责任”落实过程监督，建立全县113个单位定期报送履行“两个责任”纪实信息制度，有效推动责任落实从“无形”向“有形”转变。

【执纪审查】坚持执纪为民，严查群众身边“微腐败”。坚持把执纪审查作为落实全面从严治党的政治责任担当，实施“惩腐肃贪”工程。紧盯重点人群，持续减存量遏增量。坚持无禁区、全覆盖、零容忍，有腐必反、有贪必肃，强高压长震慑，最大限度压缩腐败的生存空间和滋生土壤。有效维护群众利益。紧扣“六大纪律”，强化刚性约束。坚持把纪律和规矩挺在前面，对“踩红线、闯雷区”发现一起、查处一起，不搞下不为例。通过个案查办，掌握类案规律，深化专责监督，推动系统治理。先后向多家单位提出监察建议，督促落实主体责任，建立完善农机补贴定向核查、危房改造资金管理、贫困生补助信息公开等制度，“不能腐”的制度笼子越扎越牢。

【纠正“四风”】落实中央八项规定精神，把纠正“四风”往深里抓实里做。坚持由浅入深、由易到难，持续深化“作风养成”工程。紧盯关键节点强化监督。坚持节前关爱提醒、节中监督检查、节后问责通报。开展公车私用、公款吃喝、婚丧嫁娶、大操大办等专项整治活动，不断巩固风清气正的政治生态。保障精准扶贫严肃问责。将“阳光扶贫”监管系统建设作为政治任务，发挥“再监督”职能。共开展各类督查12次，纠改突出问题112条。

【工作创新】创新方式推动作风持续好转。推进机关作风建设和效能建设，履行“两个责任”，协同开展综合整治，多轮次组织开展明察暗访和专项督查，探索群众参与、社会监督的有效途径。专题开展“机关作风大家评”活动，邀请县重点项目负责人、“两代一委”代表、政风行风监督员、服务对象等，采取定向评议、公开评议、现场评议、跟踪评议等评议方式，对10个群众“满意度较高的科股室”予以通报表扬，对10个群众“最不满意科股室”列为重点管理，对评议结果最差的3个科股室负责人予以免职，同时对分管负责人和主要负责人实施问责，倒逼转作风、提效能。

【廉洁自律教育】 注重教育提醒关爱，党员干部纪律意识显著提升。强化纪律红线，把规矩立起来，严明政治纪律和政治规矩。围绕“干部清源”工程，严把党风廉政意见回复关。全年，共回复党风廉政意见1635人次，否决17人次。廉政教育突出向基层延伸。开展村级干部勤廉主题教育，先后对400名村会计进行“三资四化”专题培训、对168名新任村干部进行专题廉政教育，举办村干部家庭“护廉”820人次，开展“警示教育月”活动，通过免费发放《典型案例》“口袋书”、组织八项规定知识测试、参观廉政书画展等，以小见大、日积月累、风化俗成，培育养成遵规守矩的良好自觉。

【队伍建设】 按照时间表、路线图，有序推进巡察、派驻和监察体制改革，做到机构组建到位、人员编制到位、职能衔接到位，实现巡察、派驻、监察三个“全覆盖”。开展“打铁还需自身硬”专项行动。成立机关党总支，做到组织健全、制度完善、学习经常、工作有序。分层分批开展家访活动，把组织关爱带到“八小时”之外。开展“百千万”大走访活动，班子带头开展调查研究，深入一线发现问题、解决问题。坚持“思想武装”不动摇，集中开展思想政治、作风建设和工作纪律专题培训，提升纪检监察干部政治站位、坚定“四个意识”、严明纪律规矩。坚持提升能力不停步，通过“走出去、请进来”，开办清风讲堂，开展业务练兵等，让大家在互帮互学中深度融合。坚持纪律建设不停步，制定沛县纪检监察干部“十不准”、八小时之外社会交往准则等制度规范，自觉接受社会各界监督，努力打造敢担当、善作为、争一流的战斗集体。9月8日，沛县纪委作为“全国纪检监察系统先进集体”受到中央纪委表彰。（朱正岩）

社会团体

沛县总工会

【概况】 2017年,以工会改革创新为动力,开展创先争优活动,扎实推进“两个普遍”,全面维护职工合法权益,参与社会管理创新,各项工作取得新成效。县总工会先后荣获全国职工保险互助先进单位、省职工服务平台建设示范单位、市五一劳动奖状,市“喜迎十九大·永远跟党走职工读书演讲比赛”优秀组织奖,市科技创新成果博览会优秀组织奖、最佳展厅奖、县绩效考核一等奖,县为民实事工程先进单位。

【组织建设】 抓好建会入会工作。推动有条件的镇、街道(区)因地制宜建立产业工会,构建覆盖全行业(产业)不同所有制企业职工的工会组织网络。全年新建工会组织93家,新增会员13000人。开展“争创模范职工之家,争当优秀工会干部”活动,全力打造职工之家建设。指导各镇、街道(区、场)工会按照职工之家建设标准,着力打造“模范职工之家”典型,发挥模范先进的示范带动作用。强化工会干部教育培训。选派70名基层工会干部参加上级部门的培训,举办6期基层工会干部培训班和党性教育活动,组织党员干部学习党章党规和习近平总书记系列重要讲话。

【困难帮扶】 建立帮扶站点65家。开展“工会常伴·贴心送暖”、大病救助活动,为患有重大疾病的特困职工、困难农民工、困难劳模实施救助,根据困难程度,分别给予1000~3000元救助,帮扶困难职工及困难劳模2000人,发放帮扶资金200万

县领导慰问困难职工

元。通过“金秋爱心助学”活动，对全县70名新考入专科以上学校特困职工、困难农民工子女，实施2000~3000元救助。对100名中小学生特困职工子女每户500~1000元进行救助。强化互助保障。全年共为117家单位，9250名在职职工办理互助保险，参保金额63万元，赔付受益人数达305人，赔付金额达40万元。与县妇幼保健所联合开展为全县女职工免费体检活动，为2200名女职工免费进行“两癌”筛查。免费职业培训。帮助和扶持下岗失业人员和进城务工人员提高就业技能和创业本领。开展“庆‘三八’、架金桥”女性就业专场招聘会；分期提供计算机、服装、家政服务等不同类别的技能培训，全年共计免费培训600人。

【维权服务】 组织开展5次大型普法宣传活动和两次工会劳动法律监督检查，发放宣传材料8000份，为2000名职工群众提供咨询服务，共检查150家企业，对6家企业发出意见书，建议书4份，清欠职工工资300万元，整改率100%。共解答法律咨询活动145人次，网上咨询96人次，提供法律援助资料420份，参与劳动争议调解39起。

【民主管理】 印发《2017年度工资集体协商集中要约行动月活动实施方案》，召开全县集体协商集中要约启动会，并下发《关于构建和谐劳动关系意见通知》《关于转发〈关于进一步完善和规范职代会预审、监督、反馈报告制度的意见〉的通知》，积极推动和谐劳动关系幸福企业创建。全年工资集体协商覆盖企业1084家，职工20万人，签约企业达97%。

【劳动保护】 开展“安康杯”安全知识竞赛活动。推荐评选出省级“安康杯”优胜单位1家，市级“安康杯”优胜单位5家，市级“安康杯”优胜班组2家。6月28日县总工会与县安监局联合举办“安康杯”安全知识大赛。为园林工人新建6座“安康爱心驿站”，增补物品，保证正常运转，受益环卫园林职工达800人。

【劳模管理】 发挥先进引领作用，弘扬劳模精神。五一劳动节前夕联合县电视台、县新闻中心开辟“劳动者的一天”专栏宣传劳动者的风采，营造尊重劳模、关心劳模、学习劳模、争当劳模的良好社会氛围。广泛开展以创新促发展劳动竞赛活动，印发《关于在全县“十大行业”中深入开展职工技术创新竞赛的通知》，召开动员会，营造“万名职工大练兵、千名职工大比武”的浓厚氛围。全县开展竞赛的企事业单位66家，其中，重大工程劳动竞赛4个，涵盖26个工种，参与竞赛职工6000人。推荐县“沛筑”传承人郝敬春为省“身边的江苏工匠”。

【素质建设】 开展践行社会主义核心价值观实践活动，开展“喜迎十九大，永远跟党走”全县职工读书征文大赛活动，举办道德讲堂活动2次，自愿服务“进企业、进社区、进工地”活动5次。职工文体活动丰富多彩。五一劳动节前夕举办“农行杯”职工象棋比赛，“卡斯特杯”职工羽毛球比赛和老年退休职工摄影大赛活动。组织参加市“中国梦·劳动美”职工书画摄影展获优秀组织奖；组织参加市总工会“喜迎十九大·永远跟党走职工读书演讲比赛”活动，县职工牛杰夺得演讲比赛第二名。组织工会干部职工参加市总工会写作摄影及影视制作培训、职工定向越野等比赛活动。加强职工书屋建设，推荐评选全国职工书屋1家，省级职工书屋1家。县农业银行职工书屋荣获全国职工书屋建设示范点荣誉称号，县新龙供电服务公司获江苏省职工书屋荣誉称号。选树职工先进典型。评选表彰沛县“十佳文明职工”10名、“文明职工”60名，“五一文明岗”31个、“五一文明班组”35个，推荐评选表彰市“十佳文明职工”1名，“五一文明岗”1个。

【服务发展】 积极参与省级文明城市创建，开展文明创建活动。组织县总职工志愿者服务队，进企业、社区，到街面、车站宣传《中华人民共和国工会法》、健康常识、安全生产知识，文明交通、文明旅游倡议，接受咨询近1000人次，发放各类宣传手册5000

份，同时积极做好省文明单位三连冠创建工作。开展“百千万”走访帮扶活动。积极组织县总党员干部职工深入到包挂村，走访、座谈农户600户，梳理发现问题40个，并且问题基本得到解决。结合工作职责在三夏期间为生活困难的家庭送去400~600元慰问金，帮助他们解决夏收夏种难题。在县推进工作会议上，县总工会作工作经验介绍发言。在国庆前夕再度组织全体干部职工深入包挂家庭走访排查安全隐患，为维护社会稳定作出一定贡献。开展阳光扶贫工作。组织机关全体人员进行帮扶工作培训，并对包挂的困难户进行筛选比较，对10户困难家庭进行慰问，为每户送去500元慰问金。加强作风建设。切实履行“一岗双责”，驰而不息纠“四风”、树新风，深化落实中央八项规定和省市县委十项规定精神以及百姓办事“零障碍”工程，坚持把纪律和规矩挺在前面，努力推进县总作风建设良好发展。（李　建）

南京工程学院大学生朝露支教团赴王孟庄小学开展科技夏令营实践活动

中国共产主义青年团沛县委员会

【概况】2017年，围绕“服务党政大局、服务青年所需”工作主线，立足改革创新，认真做好共青团改革探索及基层团组织换届选举工作；立足文明城市创建，开展志愿服务活动；立足经济发展与民生事业，竭力发挥群团组织功能，在助推经济发展、推动文明城市创建、加强青少年思想引领、保障弱势青少年成长生活、维护青少年权益等方面得到提升和进展。

【思想引领】积极贯彻落实“学习总书记讲话，做合格共青团员”教育实践活动，开展“青春献礼十九大，不忘初心跟党走”主题活动，用社会主义核心价值观和习近平总书记青年工作思想武装青少年头脑。清明节期间，团县委组织全县团干部及团员青年代表，在鸳楼烈士陵园举行清明祭英烈活动，并重温入团誓词。五四青年节当天，在杨屯中学举办2017年度县级离队入团仪式示范活动。国庆期间，开展“弘扬青春能量，献礼祖国华诞”主题活动，深化团员青年爱国主义教育。以“公检法司团，五指成拳共护成长”为工作品牌，提高青少年法治意识和自护意识，整合学校及公检法司等执法司法机关的力量，开展普法知识进校园、检察院开放日、“小小法官”等活动，为未成年人的成长营造安全和谐的环境。

【强本固基】夯实基层团组织建设，完成对13个镇团委的换届工作，4个街道办事处明确团工委负责人，为镇（街道）配备专兼职团干部144名，选举产生县级团代表187名、市级团代表32名。加速推进沛县共青团改革，以“建设青年身边的共青团”为靶向，编制《共青团沛县县委改革实施方案（送审稿）》。开展团员规范清理及身份认定工作，对团员基本信息、组织关系转接、交纳团费、参加组织生活等情况进行摸底核查，妥善处理历史遗留的存量团员发展不规范问题。深入实施“磐石工程”，推进团支部书记“双述双评”工作，全县

723个团支部完成述评，综合评议等次为好的占86.2%，2018年将根据评议结果对团组织形式及团干部进行调整。深化“青年之家”建设，杨屯镇青年之家被评为“2017年度江苏省乡镇（街道）示范服务平台”。

【志愿公益】 做好困境青少年帮扶工作，逐步建立完善全县困境青少年数据库，宜兴团市委提供5万元资金支持，用于帮扶困境儿童与南京工程学院共建大学生社会实践基地，在魏庙镇胡堡村“希望来吧”阵地、张寨镇王孟庄小学开展为期12天的科教公益行。悉心谋划暖冬行动，联合青年文明号、青联委员等“青”字号力量开展“青手相连”暖冬行动，筹款3万余元，走访慰问20户贫困家庭，并为河口镇孟三楼小学和鹿楼镇魏花园小学的小学生送去安全自护知识和理财小课堂、扎实开展圆梦行动，全年共募集助学金32.9万元，资助贫困大学新生81人，为每名贫困大学生提供不少于3000元资助，其中，7人获得爱心企业家连续4年资助。畅通城乡少先队结对渠道，举办“城乡手拉手，书香传希望”捐书活动，号召各县直小学、镇（街道）中心小学少先队员将自己闲置的课外图书捐赠出来，共募集图书5468册，帮助10家贫困村小建设“红领巾书屋”或“红领巾图书角”。

【创新创业】 以“喜迎十九大，青年做先锋”为主题，在各级团组织中开展学习宣传活动，凝聚青年共识，坚定共青团“不忘初心跟党走”的信念，做好党的预备队。在全县开展“青年文明号”创建及“青年岗位能手”评选活动，发挥青年榜样的先锋引领作用，带动更多青年在各自岗位上勤勉工作，以优异成绩献礼中共十九大。在各级“两红两优”评选表彰中，涌现出大批先进团组织及模范个人，其中，沛县地税局团支部被评为“全国五四红旗团支部”。

发挥共青团的桥梁纽带作用，服务青年创新创业。常态化开展银团面对面活动，邀请县农行、邮储、农商行及相关金融机构代表定期为青年创业者提供资金解决方案。定期举办青年创业沙龙活动，为青年创业者提供一个交流想法、获得信息的平台。推选“苏北淘”“大地公社宅配”等优秀项目参与“创青春”“i创杯”“创响江苏”等青年创新创业大赛并全程帮扶，取得较好名次。（李　阳）

沛县妇女联合会

【概况】 2017年，延伸手臂，整合资源，主动作为，在引领女性创业创新、助推家庭教育、关爱困境儿童，妇联组织建设等促进妇女发展、做好民生实事、深化改革等工作中取得优异的成绩。

【创业创新】 共举办电商、家政、来料加工等三类巾帼品牌培训10期1000人次，其中，高级母婴护理师（育婴师）培训360人，获资格认证117人，培训来料加工经纪人31人和600名能手，保健按摩师培训38人，医养结合护理员培训86人，淘宝运营培训19人，扩建升级县级巾帼双创基地，搭建O2O电商平台，带动建好三类服务基地和站点，其中，新建县级来料加工基地1个，服务站13个，联系来料加工新项目4类，惠及1000名低收入妇女，手缝羊绒项目获江苏省扶贫项目奖补资金10万元。获批全国巾帼农业脱贫示范基地1家，省级巾帼示范专业合作组织2家，省级巾帼农家乐示范基地2家，省级巾帼电商服务示范基地1家。举办沛县“农商行杯”手工艺术大赛，以“巧手成就美”为主题，引导广大女性积极参与手工艺术创作和制作，发现和培养手工制作带头人，搭建学习交流、合作发展的平台。从中选送优秀作品参加淮海经济区首届妇女手工制作创新大赛，获一等奖1名，三等奖1名，优秀奖4名。

【民生实事】 女性创业贴息贷款全年累计为902名创业妇女发放女性创业贴息贷款6780万元，收回到期贷款450笔3290万元，回收率100%。创建8个女性创业贴息贷款示范基地，10个贷款示范户，成功申请省财政贴息资金500万元，创业贷款工作运行效果良好，居全省首位，获省奖补经费8万元。组织各镇各部门、各社会组织开展“2+1”结对、双十帮扶，完成示范结对和经济帮扶困境儿童500名。众筹书籍等物资，招募志愿者，新建向日葵读书点30个，举办向日葵课堂6场。创设“她”享购爱心公益社交平台，开启众筹新模式，全年众筹公益金4.2万元；99公益活动全省领先，在全国儿基会发起的“爱心储蓄罐传承好家风”99公益项目中，沛县妇联募集完成公益捐赠24万元，获得配捐10万元，居全市第一，全省前列。

【社工项目】 成功实施省妇儿工委妇女儿童社工项目3个，其中，省级项目资金13万元，自筹项目资金8万元。申报新一轮省妇儿工委妇女儿童社工项目4个，成功获批3个，省级项目资金11万元，自筹5万元，项目经费已经到位，正逐步实施。县妇联整合众筹的各类公益金，引导个社会组织和镇村妇联组织策划开展有特色有实效的县级妇女儿童公益项目，提升各基层妇联组织和社会组织的公益项目运作水平。

【组织建设】 县委组织部和妇联联合发文，明确“紫薇花开”组织建设的目标任务。全面完成镇村妇联换届改建，机关妇联组织新建5家，企业妇联新建2家，两新组织妇联新建3家。经省民政厅核准注册登记，完成沛县生命树家庭教育公益协会、沛县女企业家商会、蓝丝带志愿者公益协会、曙光公益4家社会组织的组建工作，使妇联作为业务主管部门的社会组织达到10家，其他有密切联系的社会组织9家，形成妇联旗下的社会组织矩阵。

【模范榜样】 县内系列表彰100名美德典范，同时推选全国省市先进，成功获评全国巾帼文明岗1家，省级巾帼文明岗3个，省级巾帼建功标兵1名，市级巾帼建功标兵2名，市级三八红旗集体2家，市三八红旗手3人，十佳美德少年、自强少年、成长伙伴3人，江苏省最美家庭1家，徐州市最美家庭和美德典范系列6个。

【特色活动】 开展“最美巡讲”和“家庭护廉网”活动10场，全县范围开展有奖征集“最美家规家训”活动，评选沛县最美家规家训50条，推荐10条参加全省评选，2条获选全省最美家规家训，其中，于康平家庭的家训获全省第一。母亲节期间开展“妈妈的味道——三秀一展”活动，展出家规家训和手工秀、美食秀、播音秀作品计120件。

【家庭教育】 创新家庭教育工作模式，组建500人的母亲教育志愿者网络团队，开展母教研究和宣讲，举办系列读书会、母教论坛、亲子活动。成立沛县“生命树”家庭教育指导中心，联合新心父母成长工作室、道一心坊等家庭教育机构开展家庭教育大讲堂3场次，线上讲座70场次，受到市级媒体关注推广，生命树家庭教育公益协会入选全省我最喜欢的巾帼志愿团队总决赛。

【维权工作】 接待妇女儿童权益保护的咨询、投诉类来电来访38人次，开展维权宣传6场次，组建50人的维权队伍，增设世军律师事务所等3家法律机构为沛县妇联妇女儿童维权岗，特聘郭依敏等3位律师、李凌春等5位心理咨询师为县妇联维权顾问。特别对涉及妇女儿童权益保护的网络舆情高度关注，主动跟进吕浩宇等个案4件，切实擦亮妇联维权品牌。

【幼儿工作】 做好妇联实验幼儿园的教育教学管理工作。举办多次教研活动，开展优质课评比、论文评比，老师素质得到大幅度提升，培养一批骨干教师，为全县幼儿教师起到辐射示范作用。注重家园共育，定期聘请教育专家进行家教讲座，三八节“爱妈妈”“幼儿故事大赛”“远足——春游”、家长半日活动、逻辑狗大赛、系列亲子活动等各种活动的开展丰富幼儿的园内生活，促进幼儿全面协调健康成长。

（姜苏芳）

沛县科学技术协会

【概况】 2017年，坚持“为科技

2017年全国科普日宣传现场

工作者服务、为创新驱动发展服务、为提高全民科学素质服务、为党和政府科学决策服务”的职责定位，发挥科协所属学会（协会）科技工作者优势，开展建言献策，为县委、县政府提供正确的决策依据。围绕县委、县政府中心工作和年初提出的工作目标，勇于创新、狠抓落实，在促进经济社会发展、提升全民科学素质、推动科技创新和建设科技工作者之家等方面取得新进展，为沛县经济社会发展提供“科技引擎”。沛县科协被省科协授予实施“县级科协创新发展能力提升计划”优秀单位，《多媒体科普队登场科普宣传手法时尚》获省科协“四服务一加强”单项工作创新案例。一家县级协会在省科普惠农工作中被授予“2016—2017年度龙头协会”称号。一所学校被市科协授予市“十三五”科学教育综合示范学校。两处科普基地被市科协授予市科普教育基地。6人被评为市优秀科技工作者、1个项目获淮海科学技术奖三等奖，16篇科技论文在市科协举办的论文评比中获奖。建成2个省级科普示范镇、3个省级科普示范村。6个市级科普示范镇、9个市级科普示范村、5个市级科普示范社区。在2017年省科协和徐州市政府开展的中国（徐州）国际创新创业大会海智项目对接活动中，全市落地的3个项目，沛县科协联系促成的项目有2个。

【科普宣传周】 围绕“科技强国创新圆梦”主题，5月22—28日，沛县举办第29届科普宣传周系列活动，县科协组织协调县发改委、县公安局等23家联办单位在朱寨镇、栖山镇，以展板宣传、资料发放、视频播放、现场示范等形式，向现场群众进行形式多样科普宣传。

【全国科普日】 围绕“创新驱动发展科学破除愚昧”主题，9月19日，沛县科协联合发改委、教育局、科技局等20家单位在沛县汤沐路中段开展沛县2017年全国科普日活动。采取现场咨询、发放资料、义诊、展板展出等形式开展科普宣传活动。重点宣传“科学生活、节能减排、环境保护、安全健康、优生优育、创新发展”等科普知识。共设立咨询台20个、发放宣传资料30种13000份、接待咨询群众2100人次、展板90块、义诊200人，参加活动的科普志愿者达40人。

【科普宣传进校园】 采用百姓喜闻乐见方式进行科普宣传方式的创新。为做出适合大众喜欢的科普视频，科协工作人员自学视频剪辑软件技术。多媒体科普志愿者服务队以科协工作人员为主，广泛利用社会各界科普志愿者，在县第三中学和树人小学组织科技辅导员对学生进行科普视频播放，多媒体宣传队在大风歌广场播放科普视频4次，5月22—23日，为了让更多的学生意识到保护眼睛的重要性，联合县教育局邀请徐州市近视眼防控研究中心主任陈灵军分别在汉城国际学校、栖山中学开展“青少年近视防控”主题讲座。

【科技专家企业行】 开展2017年科技专家企业行活动，4月11

日，县科协邀请江苏华商管理咨询公司经理、徐州市发明协会常务副会长、徐州市知识产权研究会高级工程师孟庆才到沛县江苏中宇光伏科技有限公司举办为期2天的企业贯标培训班。组织该公司科管人员参加由南京欧侣企业咨询有限公司经理范建博举办的为期2天的ISO 9001：2015内审员培训。该公司已获知识产权管理体系认证证书。

【需求征集及项目对接】 县科协到各镇及开发区有关企业开展活动，征集8类行业64条需求。其中，灌排机械类10条，纺织类13条，农业类9条，农产品加工类13条，金属材料（钢铁、铸造）类5条，光伏光电类2条，煤、盐化工5条，其他生物医药、设备制造类9条。对接海外项目20个，参加市创新创业大会路演项目4个。

【宣传科技工作者】 加大对科技工作者宣传力度，在省、市科协网站发表沛县科技工作者先进事迹，《勇立创新潮头献身教学科研》的韩英灵、《汗水撒遍全县养殖基地青春献给科普惠农兴村事业》的蒋岩、《精益求精潜心医疗科研默默无闻一心救死扶伤》的杨崇河、《牢记使命兴水利自甘淡泊献青春》的王铁成、《白衣巾帼创佳绩爱岗敬业传大爱》的张珉、《让科技梦在青少年心中生根发芽》付劲松6位先进科技工作者。

【建言献策】 全年编写《科技工作者建议》4期，为地方经济社会发展建言献策。组织《关于开展“集智创新强县聚力创业富民”主题论文和建议征集活动的通知》，论文建议征集评选表彰工作并将优秀论文建议编印成册，上报县领导和市科协。

【科普惠农】 在扶贫村庄张庄镇刘庄村筹建4个图书柜及有400套科普图书的科普图书室。

（吴　丹）

沛县工商业联合会

【概况】 2017年，以“五好”（领导班子好、会员发展好、商会建设好、作用发挥好、工作保障好）工商联创建和“四好”（班子建设好、团结教育好、服务发展好、自律规范好）商会建设为抓手，坚持“夯实组织基础，强化教育引导，聚焦经济中心，积极联络交流，突出服务维权”的工作理念，紧扣“两个健康”（非公有制经济健康发展、非公有制经济人士健康成长）工作主题，把握“三性”（统战性、经济性、民间性）有机统一特色，围绕中心、服务大局，引导广大非公有制经济人士弘扬优秀企业家精神，最大限度地调动非公有制经济人士的主动性、积极性、创造性，为沛县经济社会发展作出积极贡献，圆满完成年初预定的各项目标任务。沛县工商联被评为2017年度全国“五好”县级工商联。

【商会建设】 5月5日下午，沛县镇街商会换届工作动员会召开，沛县县委常委、县委统战部部长吴以贵出席并讲话，沛县工商联主要负责人就换届工作实施意见做说明。各镇街商会换届工作已全面完成，新一届镇街商会班子成员已顺利就位。3月6日，沛县女企业家商会隆重成立，沛县汉方机械有限公司总经理王莉当选首任会长。4月2日，张寨镇外出创业者商会成立大会暨招商推介会在微山湖假日酒店举行。7月4日，沛县服装服饰行业商会在县民政局正式注册。11月26日，无锡市沛县商会第一次会员代表大会暨成立大会在无锡市凯莱大饭店举行。石家庄市长安区沛县商会、沛县家庭农场行业商会已进入民政注册阶段。12月8日，与陕西省麟游县工商联开展帮扶协作活动，经双方协商，沛县工商联与陕西省麟游县工商联签订协作协议并缔结友好商会。

【协调服务】 与人行、农商行等金融机构联系，商讨银企对接和为非公经济服务问题。开展精准帮扶，组织有融资需求的排灌、玻璃、母婴童、纺织等行业商会负责人，与邮储银行沛县支行负责人对接、座谈，为会员企业发展提供资金帮助。邮储银行沛县支行全年共为商会、企业授信5400万元，放款775万元，与5

个行业商会建立长期信贷联系。12月12日，组织4家企业参加徐州市中小企业金融服务银企对接会，推动小微企业融资需求与银行资金有效对接，畅通银企融资渠道，扩大小微企业金融服务宣传面。

【经济服务】 发挥行业优势，凸显职能作用，以异地商会返乡活动为契机，开展招商引资及联络交流活动，为全县招商引资和经济发展作出独特的贡献。4月21—22日，沛县工商联举办“相约春天——2017年异地商会沛县投资考察活动”，来自全国各地的21家异地商会及重要客商110人参加活动。11月10日，太平洋建设集团董事局副主席宋为为及济南、扬州、淮安及陕西等异地徐州商会11名沛县籍负责人到沛县投资考察。异地商会返乡活动不仅让各地客商近距离了解沛县，更让一批重要招商信息能够接续洽谈、落地生根。投资1.5亿元的红星美凯龙家居广场进驻沛县，投资2亿元的无锡汉斯自动化科技（江苏）有限公司落地沛县经济开发区，浙江颐高集团投资的跨境电商园入驻沛县电子产业园。5月3日，浙江美德家具有限公司负责人应邀到沛县投资考察。5月15—17日，绍兴市工商联（总商会）副主席（副会长）、绍兴市越州轻纺市场董事长、会长沈云来率领绍兴市越州轻纺市场商会一行7人到沛县考察纺织企业运行情况并作投资考察。

【联络交流】 有针对性的组织商会之间、企业之间、境内外民企观摩交流学习活动。沛县工商联积极引导，加强指导，搞好协调服务，以联络交流活动激发商会和企业活力。沛县女企业家商会观摩活动，纺织协会、排灌商会多次组织境内外参观参展、交流学习活动，县内多次观摩交流活动。6月6日，组织26家会员企业参加为期3天的淮海经济区首届工业品博览会暨物资采购平台上线仪式。10月25日，组织沛县口腔医院等四家单位参加市联欧盟及中科院专家国内外生物材料及医疗器械研发项目路演活动，积极支持寻求项目合作。

【非公培训】 2月22日，组织部分非公代表人士到格局商学院徐州分院参加“徐州市工商联‘企业家培训基地’揭牌仪式”，听取著名经济学家、国家统计局原总经济师姚景源作“新常态与供给侧结构性改革”授课。5月25日，组织部分非公代表人士参加“徐州市工商联民营企业转型发展观摩会”，实地观摩卡特彼勒（徐州）工程机械有限公司、中信重工开诚智能制造有限公司、天裕集团公司等三家民企，听取徐州市经信委、徐州市财政局负责人员关于民企发展的政策解读，并互动交流。6月2日，组织市工商联十五届执委及市政协工商联界别委员到格局商学院徐州分院听取市政协原文史委主任黄越所作的“利用人民政协组织的广阔舞台，充分发挥工商联参政议政的重要作用”讲座。

【光彩事业】 1月24日，在沛城街道礼堂举办沛县非公经济人士“扶贫助困送温暖”春节慰问活动，全县非公代表人士、各行业商协会共筹集款物30万元，向全县贫困户发放米面油等过节物品10万元，并到任庄敬老院和居委会看望慰问贫困户。9月13日，北京沛县企业商会捐资助学活动在胡寨镇举行。北京沛县企业商会向胡寨镇贫困学生捐助资金10.4万元，26名受助小学生、初中生、高中生、大学生分别获得2000、3000、5000、8000元的助学资金。

【精准扶贫】 6月7—8日，宜兴市工商联负责人到沛县开展扶贫村帮扶工作，完善与沛县魏庙镇房村、沛县鹿楼镇杜桥村帮扶协议，到魏庙镇房村实地察看村民文化广场及村委会建设情况，并带去帮扶资金20万元。县工商联机关全体人员多次到帮扶村沛县鹿楼镇杜桥村走村入户访贫问苦，调查核实信息，协商制定脱贫措施。10月15日，到鹿楼镇杜桥村开展“阳光扶贫”活动，走访12户帮扶户，向5户未脱贫户各发放500元扶贫金。

【理想信念教育实践】 1月3日，先后到沛县栖山镇“铭恨碑”和革命烈士纪念碑接受革命传统教育，到沛县警示教育基地参观，接受廉政教育。3月1日，组织部分兼职副主席（副会长）、行业商会负责人和非公经济代表人士等40人，到县人民法院参加虚开增值税发票案件庭审现场观摩活动。6月21日，沛县工商联联合、沛县县委统战部、沛县人民检察院举行非公经济法制护航驿站揭牌仪式，成立非公经济法治护航驿站是检企共建、非公经济领域预防职务犯罪的一项苏北率先、全省领先的创举性工作。徐州华奥纺织有限公司总经理欧阳运平获“徐州市年轻一代民营企业家理想信念教育实践活动先进个人”称号。 （王耀显）

沛县文学艺术界联合会

【两刊阵地建设】 为了会员发表作品有阵地，文化交流有平台，继续编印《歌风台》《百家》计12期，发行10000本。

【书画展览】 由徐州市委、市政府主办的“汉风墨韵”李可染暨彭城画派书画作品展览在深圳开幕，沛县书画家张劲、安飞、闫增、蔡可魁等作品参加展览。张劲、闫增、蔡可魁作品参加李可染暨彭城画派新疆奎屯展。

【文化交流】 为加强苏鲁豫皖接壤地区书画艺术交流，沛县文联和昭阳庄园组织“昭阳庄园杯”苏鲁豫皖接壤地区书画精品展并同时举办笔会，该展共展出沛

春联送警民

县、丰县、铜山、虞城、金乡、单县、砀山、微山、夏邑、鱼台、滕州、萧县等12个县（市）的书画作品120幅。参展作品集后成册出版发行。沛县见义勇为基金会和沛县公安局及沛县文联联合举办沛县见义勇为书画展，该展共展出作品140幅，展览在全县各乡镇宣传。受到一致好评。江苏省书法家协会、南京印社举办的江苏省篆刻展在南京举办。沛县书法家逯国胜作品入展并加入南京印社。江苏省第四届林散之奖书法作品展在南京举办，沛县书法家纪伟、闫增、唐福平作品入展。

【五星工程奖】 张劲书法作品获省五星工程奖。作品被省文化馆收藏。丁可、白丁作品获江苏省紫金山文学奖。刘充作品《辣妈犟爸》，获国家广电总局2017年夏衍杯优秀剧本奖。

【走进基层】 文联组织书画家进企业、厂矿、街头、部队为市民和一线民警及武警官兵义务写春联18000张，作品100幅。为全县环卫工人写春联4000张。

（张　劲）

沛县残疾人联合会

【概况】 2017年，着眼于促进残疾人服务托住底、补短板，稳步推进残疾人社会保障体系和服务体系建设。获全县机关考核二等奖，为民办实事先进单位，全县安全生产先进单位，全县财税金融审计工作先进单位，争取资金先进单位等称号。

【抢救性康复训练】 596名0~6岁残疾儿童分别在定点康复机构，开展肢体、视力、智力、听力言语、孤独症抢救性康复训练。

6月22日，省残联肖敏副理事长调研残疾人辅助性就业工场

【适配辅助器具】 为残疾人辅助器具适配服务650人，配发900件辅助器具。安装假肢13例、儿童矫形器73例。

【贫困白内障患者免费复明手术】 开展眼疾患者白内障筛查，对符合手术条件的患者陆续实施复明手术，全年完成白内障复明手术300例。

【贫困精神病患者免费给药】 为全县680名贫困精神病患者进行免费送药，为29名贫困重度精神病人实施住院救助。

【两项补贴发放】 配合民政部门实施"两项补贴"发放工作。（重度残疾人护理补贴和困难残疾人生活补贴项目）全年为59378人次残疾人，发放资金2865万元。

【扶贫就业培训】 为44名自主创业成功残疾人发放扶持资金20万元，对84名符合创业条件的残疾人发放残疾人康复扶贫到户贷款贴息4.06万元。举办各类培训班4期，培训残疾人276名。

【教育补贴发放】 对57名残疾学生，发放补贴7.45万元，其中，高中阶段22人，高等教育阶段35人。

【残疾人意外伤害险办理】 6月，通过政府公开招标的方式为全县23309名持证残疾人办理残疾人人身意外伤害保险。

【"残疾人之家"建设】 建设运营栖山镇、春晖、大屯等5家"残疾人之家"，接收日间照料服务对象95名，78名残疾人从事劳动生产，残疾人每月可赚取500~1000元不等的劳动报酬。

【组织文化宣传】 发放惠残民生工程宣传册、宣传单1.2万份，现场解答问题500人次。向全县贫困残疾人发放太阳能7个，液晶电视30台，洗衣机80台，电风扇200台，电饭煲200台。

【残疾人证清理核查】 办理残疾人证1470人。其中，重度残疾人652人，轻度残疾人818人，补办和修改地址的残疾人277人。

（苗培东）

沛县红十字会

【概况】 2017年，以保护人的生命和健康，发扬人道主义精神，弘扬"人道、博爱、奉献"的红十字精神，努力当好政府的人道工作助手，发挥积极作用。沛县红十字会获县直机关（单位）绩效考核先进单位二等奖。

【组织建设】 做好第四次会员代表大会召开的后续工作，健全红十字会理事会，积极把热心公益事业、具有一定影响力的社会各界人士吸收进理事会，明确理事会的职责、权利和义务，建立理事会规章制度，加强红十字会领导力量。在全县各镇、街道建立红十字会基层组织。加强教育系统红十字会的基础建设。做到基层组织管理规范化，开展活动经常化，会员教育制度化。规范冠名医疗机构的管理，落实《冠名红十字医疗机构管理办法》组织冠名医疗机构专家和志愿者在重要纪念日开展人道法宣传、义诊和各类志愿者服务活动。

【宣传工作】 以纪念第70个“世界红十字日”,广泛宣传《中华人民共和国红十字会法》为契机,认真开展“5·8”红十字博爱周活动、“世界献血日”活动、“5·12防灾减灾日”活动以及“世界急救日”活动。制定专项活动工作方案,先后深入沛城街道汉台社区、汉源街道小街子社区为现场群众示范讲解,进行现场救护技能操作演示,共发放宣传资料1500册,重点宣传应急救护、无偿献血、造血干细胞捐献、人体器官捐献等相关知识。在安国镇苇元村、汉兴街道候楼村设立宣传台,悬挂宣传条幅,展出红十字知识展板、图片,向群众发放相关资料,宣传红十字会知识、普及应急救护知识,普及群众2200人。

【应急救护培训】 以中小学为主阵地,实施应急救护培训实事项目。组织中小学老师2名和蓝天救援队2名成员参加省市应急救护师资培训。努力扩大救护培训覆盖面,推进应急救护培训“四进”活动,即“进社区、进农村、进机关、进企业”。沛县红十字会先后在张庄镇、安国镇、鹿楼镇、粮食局、住建局、卫计委、水利局、沛城街道、湖西农场、安保学校等单位进行应急救护培训。开展应急救护知识宣传,利用电台、电视台、政府网络、沛县发布等网络平台普及救护知识。共完成普及性救护11090名,初级救护员1527名。

【关爱弱势群体】 开展“博爱送万家”活动。春节前夕,沛县红十字会和企业红十字志愿者一道,走访慰问大屯、张寨等敬老院以及贫困家庭。将上级拨发及自筹的共计10万元的慰问物资发放到敬老院以及困难群众手中。

【“七一”慰问】 开展“七一”建党节慰问,落实好“百千万”走访活动。沛县红十字会对安国镇苇元村的20名贫困低保户发放慰问金8000元。同时结合红十字会养老照护工作对苇元村60岁以上的老人免费测血压,讲解老年人的养老照护相关知识。先后到龙固镇敬老院、大屯镇敬老院走访慰问、为孤寡老人送去温暖。活动当天,人民医院红十字养老志愿者为老人免费测血压、血糖,解答老人对健康知识的咨询,沛县红十字会又给老人带去羊肉、米面油等物质。

【精准扶贫】 组织参加由中国红十字总会主办,中国红十字基金会、轻松筹网络科技有限公司承办的全国红十字系统首届众筹扶贫大赛,此次大赛是国家精准扶贫参与脱贫攻坚的一次实际行动,构建“互联网+项目+带头人+贫困户”框架,通过轻松筹网络平台销售产品,增加贫困户的收入。沛县红十字会参赛众筹扶贫项目“众筹筑新梦,牛蒡载乡情”。以江苏省第一名参加全国预赛,在决赛中,荣获中国红十字总会众筹扶贫大赛红品项目奖,并赢得10万元生计金奖励。

【人道救助】 做好“向日葵学子”发放工作,共为13名新入学的贫困大学生发放资助金5万元,对鹿楼镇三胞胎姐妹因父亲长期患病、生活困难,考上高中后因学费、生活费面临辍学,沛县红十字会资助5000元,解决她们的入学问题。

【无偿捐献】 推进无偿献血捐献工作,在“世界献血者日”,号召全社会各界人士伸出援助之手献爱心,积极参与无偿献血活动。持续推进造血干细胞和人体器官捐献工作。经过宣传动员,全年共采集100例,初次配型成功19例,同意捐献7例,高分辨2例,9月份完成一例人体器官捐献,实现历史性的突破。

【社区服务站】 以红十字养老照护工作和推进“511”核心业务体系建设为重要载体,以始终把满足群众人道需求作为工作切入点和落脚点,打造沛城街道汉台社区博爱家园建设,努力使之成为打通服务百姓最后一公里的载体。充分利用博爱家园,结合养老照护工作,先后开展养老照护工作5次活动,受益老人200人,发放宣传资料1000份,并以点带面扩大宣传逐步推广辐射。6月、

8月常州市、淮安市红十字会先后到沛县参观学习博爱家园建设和养老照护工作，该社区服务站得到参观学习团的一致好评。

【红十字养老照护志愿服务】 按照江苏省《关于开展红十字会养老照护志愿服务的通知》文件精神，成立由县政府副县长、红十字会会长刘雪君任组长的沛县红十字会养老照护志愿服务工作领导小组，研究制定沛县红十字会养老照护志愿服务工作方案。加大宣传力度，充分利用广播电视、报纸、微信等媒体和公众平台，宣传红十字养老照护的目的意义和服务内容等。县人民医院挑选20名技术精湛、业务娴熟、爱岗敬业的医护人员成立全县红十字会养老照护志愿服务队。充分利用县红十字救护基地成立全县红十字会养老照护志愿服务中心。同时把大风歌志愿者、蓝结爱心公益联盟、金益爱心协会、蓝天救援队等社会公益组织吸纳加入红十字会养老照护队伍，全县养老照护志愿队伍5个共800人。

建立养老照护联系“连心卡”制度。根据照护对象的自身特点选择志愿者服务，及时建立联系卡制度，向照护老人发放联系卡片，老年人都把联系卡亲切地称作“连心卡”。养老照护进社区、进家庭“零距离”服务。先后走入沛城街道和汉源街道的10个社区的20个居民小区开展养老照护进区入户服务工作。受益老人1000人，发放宣传资料5000份。

以点带面推进。通过养老照护培训的老年人进行现身说法，扩大宣传，让养老照护工作从陌生到熟悉，从熟悉到认可再到积极参与。利用建成的“博爱家园”所在及周围社区，逐步推广辐射，从而推动养老照护事业的有序开展，创新思路，提升水平。11月10日，江苏省红十字养老照护志愿服务工作推进会，在沛城街道汉台社区紫荆花园小区召开，推进会有80位代表参观交流学习。代表们详细了解各活动室功能，认真听取县红十字养老照护志愿服务发展的介绍和红十字志愿服务工作开展中的先进经验和做法，相互交流志愿服务工作进展、工作经验及意见建议。省政府将红十字会参与服务工作列入“2017年度十大主要任务百项重点工作”，5月23日成立沛县红十字养老照护志愿服务队，研究制定全县红十字会养老照护志愿服务工作方案，其内容有生活照料服务、康复保健服务、文体娱乐服务、精神慰藉服务、安全援助服务等。红十字养老照护志愿服务队在队长张慧敏的带领下，经常下社区、面向老年人及其子女、社区工作人员、家政服务人员开展集中授课，发放宣传资料，传播普及养老照护知识，充分利用广播电视、报纸、微信等媒体和公众平台，加大宣传力度，引导全社会增强关爱老年人的意识，提高老年人的养老质量。积极协调卫计、民政、人社、老龄等有关部门，探索以红十字志愿者服务为核心，居家养老服务+社区养老服务+机构养老服务“三类服务”一体化的红十字志愿服务模式，提升红十字养老照护志愿服务水平。

【冠名机构年审】 沛县人民医院作为沛县唯一一家冠名红十字医院，指定一名副院长负责红十字工作，制定工作计划，并组织实施，每年至少组织一次对全体医护人员进行红会知识培训，弘扬红十字和南丁格尔精神，认真履行红十字会赋予的权利和义务，参加救灾、救助、救护活动，主动为民办好事，维护红十字的形象和尊严。（马文君）

政法委及综治

【概况】 2017年，以争创"全国社会治安综合治理先进县、全省法治建设示范县、全省公共安全视频监控联网应用示范县"为目标，推进社会治理体系建设。完成中共十九大、建军90周年等重要节点安保维稳任务。全县八类主要刑事案件发案率保持全市低位。邪教人员打击处理专项行动位居全市第一。微山湖接边地区连续15年保持和谐稳定。社会治安综合治理服务中心标准化试点工作顺利通过省专家组验收。县区社会治理重点工作目标考核位居全市第一。市委常委、政法委书记韩冬梅，市人大党组成员赵建华等先后到沛县调研并给予高度评价。

【平安沛县建设】 部署开展"六项排查治理"、"5+2"基础管控、信访问题"百日攻坚"、净化网上舆论环境、基本解决执行难攻坚等专项行动，共排查化解各类矛盾纠纷16816项；对省市督查组交办的各类事项100%办结，确保"两个决不能、四个不发生"。建立警民联防机制，在全市首创聘请义务治安观察员，在沛城街道设立首批10个群防群治瞭望点。所有村（社区）成立群众性义务巡防队伍，共建立409支群防群治队伍7万人。在实现技防"村村通"全覆盖基础上，再投入1050万元推进公共安全视频监控联网应用"智能化工程"，对全县31个老旧小区、63个老旧技防村、社会面盲点技防监控提档升级改造，安装抓拍主机598台，数字高清摄像机3071台，数字高清球机70台，道闸系

市、县领导调研矛盾纠纷多元化调解工作.

统152套，全市率先实现县域技防监控全覆盖。推进刑侦手段提升工程，重点推进人脸识别系统建设、DNA实验室实战应用等工作，“非标准车辆图像智能识别工具”被徐州市公安局评为科技强警基层技术革新类三等奖。构建智慧政法平台，构建政法机关之间信息化执法司法工作业务平台，基本实现主要应用系统互联互通。“两抢”、盗窃、诈骗等侵财案件同比分别下降50%、23.4%和47%。成立县域公众安全感动态监测办公室，常态化监测本辖区公众安全感评价变化情况。2017年省公众安全感测评成绩为96%，居全市（县市区）第二名。

政府法治

【概况】 法治政府质效稳步提升，两法衔接机制规范高效运转，行政诉宗案件数量及败诉率同比下降21%，群众办事“零障碍”满意度95%，12345政府服务热线回访率99.4%。制定出台“三项制度”实施办法，印发《沛县行政执法公示制度实施办法》《沛县行政执法全过程记录制度实施办法》《沛县重大行政执法决定法制审核制度实施办法》，选定县烟草专卖局作为推行“三项制度”的先进典型。政法部门分别制定出台《关于领导干部干预司法活动、插手具体案件处理的纪律、通报和责任追究规定》等规范性文件。开展信用体系管理和双公示工作，归集行业和部门信用信息，完善信用体系数据库，实现县市互联互通，数据实时更新。开展政府机构失信问题专项治理工作，对全县7家失信单位，拟定整改实施方案，并督促执行。开展“法润沛县·春风行动”、“法律八进”和“法润村居”等法治系列宣传活动。建成敬安镇吴庄社区等20个法治文化小区，建成省级法治文化示范点3个，市级法治文化建设示范点7个，法治文化主题公园或广场38个、法治街区120个、法治讲堂383个、法治宣传栏630处，384个城乡社区“好人调解室”全部成立。开展“法治知民意、回访暖人心”系列回访活动，累计回访15万人，梳理回访意见建议1260条，被回访人满意率达95%以上，全县法治建设满意率达99%。

【依法行政】 以完善依法行政制度为抓手，加快法治政府建设进程，主动参与市级立法活动。针对市人大、市政府立法征求意见，县政府法制办组织相关人员进行讨论，形成意见和建议及时上报。依法制定规范性文件。组织县国土资源局、县征收办等相关部门，起草《沛县城市规划区集体土地上房屋征收与补偿办法》，并经县政府2017年第二次常务会议审议通过后印发，同时向市政府、县人大进行备案。后结合具体实施情况提出调整部分内容的建议，报经县政府2017年第七次常务会议审议通过后下发执行。有序开展规范性文件清理工作。组织对县政府及其职能部门和各镇、街道办下发的规范性文件，特别是涉及“放管服”的文件进行全面清理，共清理规范性文件42件，其中，县政府文件18件、部门文件24件，建议废止县政府文件1件。

【决策法治化】 落实行政管理相对人和行业专家、法律人士等参与决策过程制度，增强政府决策透明度，推动决策民主化法治化。坚持决策透明化。以县政府或县政府办名义下发的决策性文件，提交县政府常务会或县长办公会研究前，县政府法制办要求起草部门必须组织征求相关部门和单位的意见，必要时还要向社会征求意见。实行在市县政府网站、政务服务大厅等公示有关事项制度，接受社会公众咨询，收集意见建议，保证政策的合法顺利出台实施。坚持决策专业化。按照“专业的事情由专业的人干”的思路，建立完善专家参与行政决策制度。对未经专家委员会论证的绝大部分事项，不得提交县政府常务会研究。全面落实重大决策社会稳定风险评估制度，对未通过风险评估的事项，一律不得实施。将合法性审查作为重大行政决策提交讨论的前置条件。县政府法制办负责人全程列席县政府常务会议、县长办公会议、县规划委员会会议、县土地利用审查委员会会议，对议题进行合法性把关。对以县政府、县政府办名义下发的规范性文件，由县政府法制办审核后再予印发。建立完善县政府法律顾问制度，提请县委、县政府研究同意后，以县委办、县政府办的名义下发《印发〈关于推行法律顾问制度和公职律师公司律师制度的实施意见〉的通知》《关于成立县委县政府法律顾问委员会的通知》《关于印发〈沛县县委县政府法律顾问委员会工作规则〉的通知》等3个文件，聘请4名政府部门法律工作人员和5名社会律师作为法律顾问委员会委员，为县委、县政府的涉法事务提供法律支持与服务。强化政府类合同审查工作，全年共审核把关政府投资项目合同300份，合同标的累计达17.6亿元，经审核指出合同缺陷100处。参与大沙河景观绿化工程、沛县园林景观绿化提升工程、杨屯光伏和禅意小镇建设、沛县交通道路建设、沛县城区集中供热、敬安镇小城镇建设等6个PPP项目的评审，并对相关合同全部进行合法性审查。

县政府组成部门法制科长座谈会

【规范行政执法】 行政执法行为规范与否，直接影响政府和有关部门在人民群众中的形象。县法制办始终把规范行政执法行为，作为维护人民群众合法权益的重要举措，全力促进公正执法、文明执法。在促进“两法”衔接方面下功夫。健全行政执法与刑事司法衔接机制，推动行政执法机关与刑事司法机关之间及时通报案情、移送案件、依法处理。在督促“三项制度”落实方面下功夫。督促指导各行政执法单位落实行政执法公示制度、执法全过程记录制度和重大执法决定法制审核制度。在强化行政执法责任方面下功夫。县各行政执法部门和单位全面落实行政执法责任制，将执法责任细化分解到岗、到人。全年组织开展行政执法常规检查2次，对30家行政执法单位进行抽查。组织县文广新体局等3家单位参加全市行政执法卷宗评查活动。指导组织县市场监管局、县烟草局、县审计局3家单位申报创建全市依法行政示范点。在完善执法人员资格管理方面下功夫。为经培训考试合格的2000名执法人员换发行政执法证。要求行政执法人员全部持证上岗，对未取得合法有效行政执法证件的，一律不得从事执法活动。清理规范公安、城管、交通运输等部门的执法辅助人员100名。责成各行政执法单位强化对行政执法人员的考核，形成能进能出的动态管理机制。确保行政执法经费纳入县、镇财政预算予以保障。严格监督执行罚缴分离和收支两条线管理规定。

【维权救济渠道】 贯彻落实省市有关文件精神，强化矛盾纠纷多元化解工作，维护社会和谐稳定。强化矛盾纠纷化解机制建设。参与起草以县委办、县政府办名义下发的《印发〈关于完善矛盾纠纷多元化解机制的实施意见〉的通知》，对矛盾纠纷化解作出相关部署安排。强化行政复议应诉工作。以县政府名义全年共受理行政复议案件49件，作出维持决定27件、驳回复议申请22件。全年共办理县政府作为被告的行政诉讼案件70件，主要集中在征地、房屋征收、工伤认定、打假等领域。全年共办理县政府作为被申请人的复议案件8件。强化行政调解工作。县政府出台《关于进一步加强行政调解工作的实施意见》，成立沛县行政调解工作领导小组，小组办公室设在县政府法制办，明确行政调解的原则、程序、制度等，为推进全县行政调解工作有序实施打下良好基础。全年各行政执法单位主持行政调解案件1339件，全部调解成功。强化信访案件办理。结合行政复议诉讼、法制监督检查工作实际，建立健全政府法制信访工作制度，将信访纳入法治化、规范化轨道，及时受理、办理信访案件，基本实现问题在基层处理、矛盾在基层解决的目标。

【法治建设保障】 把提升队伍法治思维和依法行政能力、强化法治政府建设责任作为基础性工作抓紧抓好。重点抓好学法普法。采取到有关单位授课、集中进行执法人员培训相结合的方式，对行政执法人员进行培训考试，并把培训结果和行政执法证件年检结合起来。按照“谁执法、谁普法”的要求，通过悬挂宣传标语、以案普法等形式，组织开展普法宣传活动。做好组织领导。县政府法制办负责人由县政府办公室班子成员兼任。狠抓责任落实，明确各级政府和各执法单位主要领导为法治政府建设第一责任人。（戴书国）

【涉法涉诉信访】 成功化解省市交办7批共计60件次涉法涉诉信访案件，化解率100%。涉法涉诉接访中心接访630件次，转办处置领导签转信访案件56件次。“每周有约”化解上级部门交办案件30件，惩治非法上访人员31名，刑事处罚4人，治安拘留19人，治安警告8人。投入困难群众救助资金143万元，30人得到救助。推进律师参与化解和代理涉法涉诉信访案件，6家律师事务所，24名律师参与涉法涉诉信访案件化解、处置工作，接待来信来访群众325人次，参与化解各类涉法涉诉信访案件37件。260件自排信访积案和91件“百千万”活动办集中交办的重点信访事项，全部按期规范办结。2017年开展2次案件评查工作，调取涉法涉诉信访案卷20件，由县政法委组织公、检、法工作人员和律师进行评查并登记。

【政法队伍建设】 结合“两学一做”专题学习教育常态化，在全县政法系统开展“政法干警永远忠于党”主题教育及争先创优活动。探索完善新型实战训练体系，坚持不懈推进全面从严治党、从严治警。2017年度人民群众对政法干警满意率为90%，全市第一。徐州市十大铁军所队“龙固公安检查站”、全国妇联巾帼文明岗警示教育基地、全国优秀人民警察沈瑜君、全省优秀人民警察刘超、市政法杰出卫士蔡冲等102个先进集体和先进个人先后受到省市级以上表彰，11家基层单位被评为市、县“政法标兵单位”，11人被评为市、县“政法杰出卫士”。

【国家安全工作】 根据省、市国安办要求，国安工作向基层延伸，分别在沛城街道、大屯街道、龙固镇、杨屯镇、安国镇成立试点镇（街道）国安办，国安办主任由各镇（街道）政法委员兼任。积极创新宣传形式载体，4月15日，在县好人广场举办《中华人民共和国反间谍法》以案释法漫画展获市国家安全法宣传工作一等奖。以讲课、播放宣传片等形式推进国家安全宣传进媒体、进网络、进校园、进社会、进企业。围绕构建反奸防谍“钢铁长城”深入相关单位、重要敏感场所（小区）开展国家安全宣传教育，提高干部群众的国家安全意识。

（唐培培　王　丽）

公　安

【概况】 2017年，认真履行维护稳定、惩治犯罪、治安防控、服务发展的职责任务，全面打赢中共十九大安保维稳攻坚战，实现“两个确保”（确保全国不发生重特大群死群伤火灾、确保不发生违法使用枪支致人伤亡案件）、“三个不发生”（不能发生暴恐案事件、不能发生在全国有重大影响的大规模群体性事件、不能发生重大公共安全案事件）的工作目标，有力维护全县社会治安稳定，公安工作和队伍建设再上新台阶，公众安全感测评达96%，实现历史性突破。

【安保维稳】 圆满完成中共十九大、国家公祭活动、习近平总书记到徐州、"两会"安保等一系列重大安保任务，妥善处置各类利益诉求群体聚集维权等不稳定事端，有力维护社会大局持续平稳。全力开展信息维稳攻坚，对复杂疑难信访案件进行重点攻坚，全部实现工作突破化解，依法处理涉访违法犯罪嫌疑人42人。以开展"清信访积案、促和谐稳定"专项行动为抓手，扎实做好信访案件化解工作，先后成功化解公安部、省厅交办案件19起，化解县局自排疑难案件25起。全力做好应急处突准备，先期投入176万元购置运兵车等应急处突装备，新增招录50名防暴队员，组建8个分队共500人的应急队伍，先后开展6次"红蓝对抗"活动和10次的合成演练、应急拉练，提高快速精确设防能力，为圆满完成中共十九大、全国和全省两会、一带一路高峰论坛、江苏发展大会等一系列安保维稳任务奠定坚实的基础。

【刑事侦查】 抓获各类违法犯罪嫌疑人1929人，破获各类刑事案件2110起（其中侵财案件1299起，八类案件130起），较上年上升11.8%（侵财上升8.6%）。刑事拘留747人。同比上升4.6%。精心组织"三打击一整治""5+2"基础管控攻坚会战、打黑除恶"围猎"、保平安护稳定"冬季攻势"百日会战等专项行动，驾驭动态治安局势的能力明显提升。抓获各类在逃人员205名，其中，历年在逃人员86名、境外在逃人员4名、省督在逃人员2名。6起现行命案全部破获，命案再次实现100%全破，并通过多次摸索排查，侦查员行程近2万公里，破获"2007年7月30日"无头案，将潜逃10年的犯罪嫌疑人抓获归案。通过人像比对，并对案件现场勘查到法医鉴定以及当时证人重新复核，多次前往黑龙江等地摸排，历时2个月，将漂白身份近30年的犯罪嫌疑人抓获归案。侦破公安部挂牌案件5起，破获公安部挂牌网络贩枪案，抓获涉案犯罪嫌疑人11名，捣毁制贩枪弹窝点3个，缴获大量制枪弹工具、零部件。破获公安部挂牌督办侵犯公民信息犯罪团伙，辗转江苏、湖北及广州等20个省（直辖市），抓获犯罪嫌疑人26人；远赴湖北武汉，打掉两个盘踞在武汉2年多、犯罪涉及全国30个省的电信网络诈骗犯罪团伙，刑事拘留44人，上网追逃16人。破获"12·05"公安部督办特大跨省系列婚姻诈骗案，抓获30名犯罪嫌疑人，涉及江苏、福建、广西、山东、河北、内蒙古等7省（自治区）30起案件，涉案值120万元。

【社会面防控】 依托巡特警大队、城区派出所及社区保安辅警力量，建立三级管理体制，发展平安志愿者等新型群防群治组织，会同综治部门积极发展6.5万名平安志愿者参与社会治理活动。利用信息化手段，坚持"指巡对接、侦巡对接、监巡对接"无缝对接机制，提升巡防工作的针对性，有效压降发案，可防性案件下降9.2%。开展"5+2+3"基础管控会战活动。出台《基础管控工作奖励办法》，每天7个督导组开展暗访督导检查通报，并以政府督查室名义下发各有关单位整改落实。开展涉边地区维稳、新型媒体肆意传播应对处置、私炒制造烟花爆竹地区的摸排及相关从业人员的管控三项创新举措，补齐工作短板，堵塞安全漏洞。全县17家无证加油站点全部关停，并实现旅馆和网吧实名登记100%，寄递业开箱检查、实名登记100%，基层基础工作显著增强、取得历史性突破。公安安全监管水平进一步提升。开展群租房和三合一场所、高层建筑隐患专项治理等工作，全年共检查消防重点单位3359家次，督促整改火灾隐患或违法行为7123处，下发《责令改正通知书》3068份，下发行政处罚决定书106份，下发临时查封决定书51份，责令"三停"42家，罚款210万元。推进微型消防站建设，建成二级重点单位微型站74个，社区微型消防站61个。重点抓好客车、校车、货车、危险品运输车等"五类"重点车辆源头监管，狠抓"三超一疲劳"、酒驾、毒驾等突出违法行为的查处，确保群众出行安全畅通，未发生一起死亡3人以上道路交通事故，未发生长时间、大范围交通拥堵情况。强化对危险品单位安全监管，年内检查涉危单位317家次，整改安全隐患82处，查处非法买卖爆炸物案件2起、非法运输烟花爆竹案件17起，处罚涉危单位219家次，实现危爆物品“不打响、不炸响、不流失、不被盗抢”的目标。

【基层基础建设】 全年新建、改建新城区所、魏庙所、唐楼所、闫集所四个派出所和交警张庄中队、敬安中队两个中队，基层所队面貌焕然一新。县局物证鉴定室顺利通过省公安厅和省质量技术监督局的资质认定。

巩固和发展技防城建设成果，推动立体化、智能化、可视化社会治安防控体系创新升级。升级环县、环主城区两道电子防线。在省、县际治安卡口和主要治安节点全部建成双向道路高清监控系统和车辆号牌抓拍报警系统。在省县际交界处主要乡村道路、桥梁、渡口全部部署高清视频监控系统。在52处城乡主要道路和交叉路口安装208台车辆号牌抓拍摄像机。升级重点单位、要害部位和反恐目标、重点保卫目标技防网。在反恐目标、重点单位、要害部位安装高清视频监控系统等技防设施。升级易发案场所、部位技防网。在全县主要公共复杂场所和重点部位，全部建成高清视频监控和联网报警设施。在公交站台，公交车、出租车、网约车等交通车辆100%安装视频监控系统。升级移动监控网。采购2套多旋翼警用无人机、15台单兵移动视频。推行可视化指挥、视频导侦和情报研判“三位一体”，逢案必调取视频，多警联动，合成作战。积极与公安部第三研究所合作，布建车辆智能识别系统以及人像动态自动识别系统。“非标准车辆图像智能识别工具”被评为省厅科技强警二等奖。

【队伍建设】 准确把握信息化、大数据时代，坚持政治建警、改革强警、科技兴警、依法治警等措施，从严从实从细抓好保稳定、护安全、促和谐各项工作，组织全体民警开展“百万党员学宪法学党章考法活动”，分批组织全体民警观看廉政视频，分6批组织全体人员到沛县人民检察院廉政教育基地接受教育。巩固执法规范执法品牌。加强源头执法监督，做强源头执法品牌，遏制和减少信访案件的发生。进一步做强做实受案中心、案管中心、案管室建设，进一步固化“日巡查、周通报、月考核”制度、内部执法联席会制度、公检法外部执法联席会制度等经验做法，着力巩固新形势下的执法服务新品牌，实现执法质量考评“十二连冠”。抓预警预防。抓健康送警营。在全市首创，开展“健康送警营”主题公益活动，各镇卫生院选拔专业骨干医务人员，组建“爱警志愿服务健康管理团队”，确保每一个派出所得到整体的、连续的健康管理服务，建立民警健康档案，确保每一名民警及辅警都有签约医生结对为健康顾问，提供个性化的防病、医疗咨询服务。抓典型选树。对各单位和全体民警进行全面量化考核，积极营造以工作实绩为标杆的干部选拔任用导向，使基层民警干有榜样。先后有35名民警荣立个人三等功、二等功以上奖励，并涌现出全国优秀人民警察沈瑜君等一批先进个人。 （豆红祥）

武警沛县消防大队

【概 况】 2017年，社会消防安全责任制得到落实，火灾隐患排查整治工作深入开展，社会化消防宣传工作取得新进展，社会消防安全环境得到新改善，全县消防安全形势持续保持高度稳定，全年共接警732起（其中火灾272起），出动732次，出动消防车863辆次，消防人员5111人次，抢救被困人员36人，疏散人员10人，抢救财产价值4830.1万元。其中，共发生火灾272起，死亡4人，直接经济损失168.6万元。同比上年，火灾起数上升3.25%，死亡人数上升100%，直接财产损失上升23.8%。

【落实“一岗双责”】 坚持“党政同责、一岗双责、失职追责”，将消防工作纳入全县经济社会发展总体规划，层层签订消防工作责

消防志愿者开展消防宣传

任书，落实消防安全“一岗双责”制度，并把考核结果作为党政领导干部政绩考评的重要内容。县委书记李淑侠、县政府县长吴卫东多次带队调研指导消防安全工作，并主持召开县委常委会、政府常务会，研究部署消防工作；县政府分管领导主持召开全县消防工作会议，专题调度消防工作落实情况，并先后召开重大火灾隐患整改工作推进会、政府专职消防队伍建设调度会等5次会议，及时研究解决重大消防安全问题。

【安全管理联动机制】 发挥消防安全委员会作用，完善部门之间消防工作协调机制，健全火灾隐患联合整治、灭火救援应急联动等制度。消防大队与安监、城乡建设、工商、民政等26个职能部门建立消防安全管理联动机制，开展联合检查执法活动20次，推动行业部门监管责任落实。教育、民政、文广新、卫计、旅游等部门在行业内部扎实推进消防安全标准化管理，将其纳入行业考核、等级评定等内容，做到以标准化促规范化。安监、公安、质检等特殊行业部门重点对涉及公共安全的企业场所开展督导检查，严防发生重大安全生产事故。公安部门在内部以“大走访”专项行动为契机，发动各警种、基层派出所开展消防安全大检查，并将消防工作纳入警务督察重要内容。

【企业主体责任落实】 开展单位消防安全“四个能力”（提高社会单位检查消除火灾隐患的能力，提高社会单位组织扑救初起火灾的能力，提高社会单位组织人员疏散逃生的能力，提高社会单位消防宣传教育培训的能力）建设，引导和督促单位有效履行主体责任，健全管理制度，强化防范措施。深化消防安全“户籍化”管理，推广安装独立式感烟报警器1113个，简易喷淋36套，联网监控系统21家，设置充电设施的电动车集中停放点31处，保护面积2800平方米。全县147家消防重点单位全部建立电子档案。落实消防安全“六加一”措施，完成125个微型消防站和4个区域联防联治组织的建设，基本实现全覆盖。

【牢基固本】 依据《徐州市“十三五”社会消防事业发展规划》，结合沛县城镇建设发展和产业规划特点，精心组织重点镇、特色镇编制城乡消防专项规划，制定并落实年度实施计划，全县13个镇已全部完成消防规划编制。

科学规划建设消防站、市政消火栓及天然水源取水点等公共消防设施，做到快补旧账、不欠新账。总投入2200万元的特勤消防站即将进驻。全县新建市政消火栓231个，维修市政消火栓56个。同时，加大经费和装备保障力度，县政府拨付消防经费316.53万元，同比增幅达11%，先后投入260万元购置泡沫消防车、器材装备。

县政府常务会议专题研究政府专职消防队建设，科学规划队站建设，明确事业单位属性、经费项目标准，提出人员经费、日常运行公用经费纳入同级财政预算予以保障，确保政府专职消防员人均工资标准不低于上年度当地城镇非私营单位在岗职工平均工资。新征招政府专职消防员30名。

【防控治理】大队紧盯薄弱环节和季节性火灾特点，加强火灾隐患督改指导和联动执法，先后组织开展冬春火灾防控、夏季消防检查、消防安全“大走访”等系列消防专项整治活动，从严查处危害公共消防安全的违法行为。坚持“有患必除、除患务尽”，联合攻坚整治沛县东关城中村区域性火灾隐患。检查单位3028家，发现火灾隐患或消防违法行为6604处，督查整改火灾隐患或消防违法行为6658处，临时查封47家，行政处罚95起，“三停”41家，罚款202.92万元，拘留21人，集中约谈易燃易爆化工企业负责人13家，签订《化工企业消防安全自查自改承诺书》21份，确保辖区火灾形势稳定。

科学把握研判高层建筑火灾多发、亡人易发这一特点，对高层小区消防安全隐患进行集中整治。整治中，房管、水利、民政等部门开展联合督导，解决高层建筑小区消防车通道堵塞、消防设施缺损、电气线路老化、电瓶车充电及存放不规范等突出问题。城管、治安等部门联合执法，强力拆除小区内占用、堵塞消防车通道的非法建筑和不合格的外墙保温材料。治安、派出所等警种联勤联动，严厉惩治破坏小区消防设施的违法行为。主要对3个老旧高层住宅小区消防安全隐患整治工作，新增消防设施32套，拆除占用消防通道的非法建筑100平方米，设立电动车集中存放点31处，最大限度消除高层小区的致灾诱因。

消防、民政等职能部门还多次召开协调会，专题研究解决社会福利机构消防突出问题。开展联合检查行动5次，检查社会福利机构21家次，依法取缔非法养老院3家。同时，将简易消防设施安装纳入政府为民办实事项目，在全县社会养老机构全部安装独立式感烟火灾探测报警器，并安装简易喷淋设施16套，有效降低火灾发生几率，提升抵御火灾的能力。

【消防安全宣传普及】树立消防宣传是火灾防控的“源头”工作和“第一道防线”的意识，构建广播、电视、报纸和网站“四位一体”消防宣传格局。每月定期在沛县电视台、《沛县日报》开设消防专版（专栏），发动社会单位充分利用宣传栏（牌）、宣传橱窗、LED屏等自有媒体开展消防宣传，通过官方微信等新媒体每日向公众推送消防安全提示信息，关注沛县消防微信公众号2万人，营造浓厚的消防宣传氛围。

发挥消防安全培训“讲师团”固有优势，开展中小学生消防安全网络知识大赛、中小学校消防安全示范课等活动。坚持检查督导和宣传教育相结合，组织“校外消防辅导员”深入各地中小学、幼儿园，开展逃生疏散演练、消防知识讲座、消防互动体验等活动，全县35所中学1万名学生接受消防宣传教育培训。

针对居民家庭火灾、电动车火灾多发和三合一场所火灾危害大等实际，制作并发放《三合一场所须知》《电动车停放、充电场所和民用建筑燃气使用场所消防安全须知》5万份，电动车火灾警示挂图等宣传品1万份，通过社区民警、物业工作人员、保安员和消防志愿者发放至社区，张贴到楼道口、电梯间，不断提高群众自我防范火灾的能力。

（张海路）

检　察

【概况】2017年，深化检察履职，强化服务保障，推动各项工作突破跨越发展，被评为“全国基层民行工作推进年专项活动先进院”“徐州市检察机关先进检察院”，驻看守所检察室被评为“全国一级规范化检察室”，警示教育基地被评为“全国巾帼文明岗”“省级法治文化建设示范点”，全年共计31人次获县级以上表彰。

【服务发展大局】参与整顿和规范市场经济秩序专项行动，严厉惩治非法吸收公众存款、集资诈骗、网络传销等涉众经济犯罪。开展惩治破坏环境资源犯罪专项监督，依托“两法衔接”平台，建议行政执法机关移送涉嫌犯罪案件15件，依法打击问责。强化与

创新非公经济服务方式，精准把脉涉企犯罪风险源点

公安机关的监督配合，办理环境污染、非法采矿、非法狩猎野生动物案件20件，突出微山湖等重点地区的生态保护。落实检察环节的民生工作部署，对11名特困刑事被害人实施救助，发放救助金4.6万元。加大对民生犯罪的惩治力度，提前介入、快捕快诉涉案530万吨的全省最大生产销售伪劣化肥案，维护农民权益。针对国内“臭脚盐”事件，结合办案建议加强执法检查，严格防范不合格食盐流入市场。开展扶贫领域职务犯罪专项预防，举办“精准扶贫、廉洁为民”巡回宣讲，拧紧廉政发条。做好对口帮扶、低收入农户信息采集等工作，助力脱贫攻坚。

【刑事检察】 审查批准逮捕258件339人，审查起诉821件1081人。依法严厉惩治利用邪教组织破坏法律实施犯罪，审查批准逮捕4件12人，审查起诉3件7人。强化与公安机关的监督配合，领先全省建立全程介入侦查机制，提前介入、快捕快诉社会影响较大的非法吸收公众存款案、潜逃近十年的微山湖接边地区“杀人碎尸”案等一批严重犯罪。提起公诉的17人黑社会性质组织案中，首要分子经一审判处有期徒刑25年，有力震慑不法分子，6起案件获省院刊发。

【严查职务犯罪】 查处贪污贿赂案件10件13人，均为大要案；渎职侵权案件3件4人，同比增长100%，合计挽回经济损失1300万元。突出查办医疗、拆迁等民生重点领域腐败案，查处医务人员收受回扣5件6人，贪污、冒领国家拆迁补偿款1件1人，回应群众关切。加大对玩忽职守、滥用职权犯罪的打击力度，办理私刻公章、使用虚假税票办理产权登记的重大滥用职权案以及伪造产权交换补偿协议、造成国家财产重大损失的民生热点案。抽调骨干参与办理中纪委专案，办案工作获领导肯定。

【检察改革】 紧扣“选人、授权、明责”三大环节，对检察人员实行分类管理，经考核遴选出42名员额检察官，确定45名检察辅助和司法行政人员，实现检察官单独序列管理。制定检察长、副检察长、部门负责人及员额检察官权力清单，各类人员在授权范围内独立办案，对案件质量终身负责。围绕以审判为中心的庭审实质化改革要求，制定《重大疑难案件公安机关听取检察机关意见的实施意见》，严格庭前证据审查，强化非法证据排除。出台《规范刑事案件自行侦查和补充侦查工作的意见》，推动证据审查由书面性审查向亲历性审查的转变。建立检察委员会委员评查工作机制，制定《出庭规范工作指南》，组织检察人员开展庭审观摩、专题研讨，强化出庭公诉能力，严格把关办案质量。积极配合开展国家监察体制改革，以对党和人民事业高度负责的态度，坚决确保思想稳、工作稳、队伍稳，实现工作平稳过渡。

【诉讼监督】 对侦查活动、审判活动提出监督或纠正意见43件次，主要监督数据优于上年同期，监督工作实现新的突破，2起案件入选市“十佳案例”。“两法衔接”共督促行政机关移送涉嫌犯罪线索26件，公安机关均立案侦查，“两法衔接”工作获省市县人大肯定。开展技术办案200件，改变原办案机关法医鉴定2件，技术办案质效全市领先。开展“基层民行工作推进年”专项活动，打造以公益诉讼、虚假诉讼监督、审判违法监督、执行监督为主线的多元化民行监督格局。被评为“全国基层民行工作推进年专项活动先进院”，在全国民行工作座谈会上作交流发言。开展驻所检察专项行动，发出检察建议7份，建议收监执行4人。推动积存财产刑案件立案执行1973件，已执行完毕500件，执行金额400万元。对63名无继续羁押必要的犯罪嫌疑人、被告人作出变更强制措施，办案数4倍于2016年同期，彻底扭转该单项工作的落后局面，驻看守所检察室连续三次被评为“全国一级规范化检察室”。

【队伍建设】 制定计划，依计划组织开展集中学习、各支部学习活动，用足用好“三会一课”，并加强考核督导，推动学习活动深入、长效开展。认真开展“两学一做”“百千万”“精准扶贫”等活动。落实中央八项规定，出台实施办法，驰而不息纠治“四风”。加大检察文化及业务能力建设，开展“青春的名义”系列培训，实施公诉人能力提升百日计划，干警素能持续提升，获全市青年公诉人团体辩论赛三等奖，1名干警获评全省专业技能竞赛“十佳标兵”，2项检察业务课目入选全市“十佳精品课程”。

（邵德全）

法　院

【概况】 2017年，始终坚持服务大局、服务人民工作主题，忠诚履职，主动作为，凝心聚力，攻坚克难，各项工作呈现出良好发展态势。先后获“全市百家基层执法单位”“全市未成年人保护工作先进集体”“全省优秀人民法庭庭长”“全省优秀先进个人”等省市级以上集体和个人荣誉63项。全年共受理各类案件17799件，同比增长25.96%，审执结15398件，同比增长26.83%，全院法官人均结案数量由2015年的230件、2016年　的224.5件，上升到2017年的301.92件。

【刑事审判】 共受理刑事案件867件、审结857件，分别上升31.36%和34.12%。审结抢夺、抢劫、诈骗、盗窃等案件254件370人，毒品犯罪案件89件91人。依法审理孟某等12人非法采矿、妨害公务、寻衅滋事罪，该案系全市首例因在湖泊、河道内非法采集河沙造成环境资源破坏而被判处刑事处罚案。严厉打击重大贪污腐败案件。审理沛县医疗系统职务犯罪大要案2件，均判处10年以上有期徒刑。严惩危害食品药品安全犯罪。坚持生产环节、销售环节并处，人身处罚、经济处罚并用，努力维护人民群众“舌尖上的安全”，审结涉食品、药品制假售假案件13件34人。严格执行罪刑法定、罪责相当、疑罪从无原则，依法适用缓刑161人、免予刑事处罚28人。坚持裁前公示、审理公开、文书公开，贯彻“教育、感化、挽救”方针，判处未成年罪犯18人，其中适用非监禁刑1人。创新未成年人司法

“青年文明号”进社区活动

保护机制，积极开展心理干预、档案封存、结对帮教等工作，邀请人大代表、政协、妇联等参与审理“亲生父亲虐待儿童”入刑案，社会效果显著。

【民事审判】 发挥民商事审判的规范、调节、指引功能，维护市场秩序平稳有序，受理民商事案件8560件，审结7482件，诉讼标的金额49.72亿元。突出保障和服务民生工作。推进家事审判方式改革，审结婚姻家庭案件2017件，促进家庭和谐；审结劳动争议案件354件，依法保护劳动者和企业的合法权益，促进劳资关系和谐。探索医疗鉴定人出庭和专家辅助人制度，审结医疗纠纷案件33件，维护医疗秩序。审结房地产纠纷案件198件，促进房地产市场健康发展。突出保障和服务经济发展。贯彻诚实信用原则审理商事案件，维护市场公平交易秩序。审结金融案件561件，规范金融秩序，促进金融业创新发展。推进破产案件审理方式改革，促进生产要素优化组合和经济转型升级。

【执行工作】 共受理各类执行案件7416件，执结6121件，相比同期分别上升67.48%和71.22%，执结到位标的1.83亿元。完善与工商、税务、房管、车管、银行等部门网络查控联动机制，实现对被执行人银行账户全国查控，工商、社保、车辆等14类信息全省查控。推进全县涉诉资产网络竞拍，全年成功拍卖涉诉标的56个，共计386人次参与竞拍，成交金额4518.51万元、溢价率29.26%。与中国人民财产保险股份有限公司沛县分公司合作推行“执行悬赏保险”项目，通过引入第三方平台探寻解决“执行难”新举措。依法惩治规避执行行为，限制消费5872人、拘传244人，司法拘留127人。集中开展“凌晨执行”“夜间执行”“假日执行”等涉民生案件专项行动175次，累计出动警力2474人次，现场为当事人实现胜诉权益868万元。

【便民服务】 打造“智慧法院”，升级线上、线下诉讼服务功能，提供网上查询、网上立案等诉讼服务。完善“一站式”立案服务功能，先后开通当事人网立案平台、远程视频开庭、12368司法热线等服务为一体的绿色服务通道，实行集立案审查、立案登记、法律咨询、材料收转等为一体的“柜台式”立案服务。落实立案登记制，当场立案率98%以上。开展巡回审判工作，强化巡回审理案件审理一件教育一片的法制宣传效果。3月，大屯法庭在龙固镇菜市场巡回审理的合同纠纷案，旁听群众300人次，“以案释法”效果突出。

【司法公开】 推进审判流程、庭审活动、裁判文书、执行信息四大公开平台建设，让群众随时随地了解司法信息，努力让当事人以看得见、听得懂、信得过的方式感受司法公正。推行法院开放日制度，进一步提高法院工作的透明度。探索庭审同步录音录像记录方式改革，让庭审可还原、可再现。开展图文、视频直播庭审176次，累计18万人次观看。深化裁判文书公开，网上公布裁判文书5917份。推行执行全程公开，将执行流程上墙公布，完善执行约谈、24小时执行热线、限期答复及反馈等机制，为当事人知晓执行案件进度提供便利。利用重要节日开展专项法律咨询活动，推进“普法进校园、进社区”等普法宣传活动，进校园、进社区法制宣传10次，约有8000名社会各界群众接受法制教育。在国家及省、市级各类媒体上发表案例宣传、工作动态等文章330篇。

【司法改革】 推进审判工作机制改革。落实立案登记制改革，对符合条件的起诉当场立案，当场立案率98%以上。在刑事案件速裁审判程序工作成效显著的基础上，在民事、商事、执行等方面进行推广，提升审判质效。推进人民陪审员工作机制改革，陪审员参审案件2654件，参陪率94.21%。推进涉诉信访改革，邀请人大代表、人民陪审员参与化解工作。推动建立律师参与涉诉信访、申诉案件机制。推进审判权运行机制改革。按照“让审理者裁判、由裁判者负责”要求，推行司法权力清单和司法责任清单，取消院、庭长对案件的审批审核，实行主审法官和合议庭负责制。突出法官主体地位，探索组建新型审判团队，实行院、庭长带头办案机制。完善审判委员会运行机制，突出对审判工作的宏观指导职能。完善审判管理权、审判监督权运行机制，确保审判权在有效监督下依法公正高效行使。

【队伍建设】 以“学习型法院”建设为契机，在全院开展大学习、大讨论、大调研工作。进一步加强业务培训，突出抓好对新法律法规、司法解释的学习培训，坚持“走出去，请进来”，主动邀请省市级先进法官进行专题授课，所有员额法官均接受省高院集中学习，8次组织干警赴省市先进法院学习经验。开展“学习日”活动，依托“法律讲堂”让干警走上去、讲出来、学优秀、找不足，由系统内部“学者型法官”开展法律讲堂14次，共860人次接受学习。同时，为丰富干警知识储备，订阅法学核心期刊《中外法学》《民商法学》等16种，《南风窗》《中国国家地理》等各类报刊50类，营造良好的学习氛围。严格落实中央八项规定精神，开展规范司法行为专项治理。主动适应纪检体制改革，自觉接受纪检派驻监督。高度重视对审判权的监督管理，出台内部人员过问案件的记录和责任追究规定实施细则，坚持做到放权不放任。以信息化促进司法行为规范化，完善网上办案流程设计，使案件办理的每个程序和节点都留有痕迹，有据可查。健全执法过错责任追究机制和错案倒查机制，健全干警违法违纪群众举报和受理机制，从抓案件入手，认真梳理容易导致司法不公的环节，深入推进廉洁执法。开展党风廉政教育，加强司法作风专项督察，开展审务督察32次、案件回访327件次。

（侯明光）

司法行政

【概况】 2017年，围绕打造人民满意服务型司法行政机关总定位，主动打好“四个全覆盖”（实现矛盾纠纷排查调处、公共法律服务、特殊人群管理、法治宣传教育）转型增效、基层基础达标升级、体制机制改革创新、队伍素质能力提升等攻坚战，进一步增强群众获得感，不断加强改革创新，各项工作顺利推进，为建设“强富美高新沛县”创造良好的法治环境。

【“大调解”机制建设】 完善矛盾纠纷多元化解人民调解机制建设，县、镇、村（居）三级调委会全部达到规范化建设标准。全年共调解各类矛盾纠纷17741件，调解成功17741件，调解成功率100%，其中，县调处中心直接受理调解55例，沛县人民调解工作在省厅年度绩效考核中取得全市第一名的好成绩。市司法局、电视台《彭城和事佬》电视调解工作沛县排名全市第二。

做好“十九大”期间安保维稳工作，“十九大”安保维稳期间，全县共排查出各类社会矛盾纠纷2895件，全部得到及时妥善化解。医患纠纷调处成效显著，县医患纠纷调委会全年受理调解医患纠纷41例，全部得到妥善化解。

【法律援助】 按照省市关于完善法律援助制度的意见和推进方案，经济困难标准放宽到低保标准的2倍，对免于经济审查的，执行“绿色通道”相关规定。加强法律援助律师团建设。2016年建立援助律师团，2017年在此基础上组建名优律师专家库，律师协会和律师事务所主任，担任人大代表、政协委员职务的律师名列其中。加强法律援助标准化建设。结合本地工作实际，广泛征求意见，制定标准化实施方案。把法律援助标准化文件印成小册子发放给相关工作人员，规范案件办理。将标准细目作为审查办案质量的标准之一，检查督导质量建设。全县办理法律援助案件793件，解答法律咨询3365人次，提供法律援助793人次，帮助维权挽回经济损失510万元。

【公证服务】 县公证处以县委、县政府工作为中心，充分发挥在服务、证明、沟通、监督等方面的职能作用，有效预防社会矛盾

12·4宪法宣传

纠纷，促进全县经济活动依法有序进行。截至10月底，办理各类公证事项1750件，其中，民事类1130件，经济类600件，涉台20件，未发现错、假证，公证收费140万元。

【律师职能】 沛县共有律师事务所6家，执业律师39名，7名实习律师，1名市级人大代表，2名县政协委员。全县律师坚持以公平正义为主题，深入推进社会矛盾化解和社会管理创新，努力维护当事人合法权益，较好地发挥律师的职能作用。全县律师代理民商、刑事、行政案件795件，业务收费263.35万元。律师积极开展非诉讼法律服务。全县律师担任政府机关、企业法律顾问共计47家，参与政府决策、新农村建设、国有企业改革、金融体制改革等经济活动。

【普法宣传】 普法宣传主体责任制进一步落实，全民学法、用法、守法氛围浓厚。开展五段镇公职人员学法大讲堂活动、法进校园活动及“法润村居”集中现场活动。开展部署“农民工学法活动周”活动。成功举办全县中小学法治书画展、“12·4”宪法宣传日主题宣传等活动。全县共举办各类法治培训班100场次，发放各类普法资料10万份，法治宣传单张6万张，举办法律咨询40场，累计组织“法律进基层”法治宣传教育活动195次，受教育群众240400人次。

【特殊人群服务管理】 对社区服刑人员共开展调查评估344件，其中，审前评估322件，假释评估22件，组织服刑人员集体教育176场次。累计接收服刑人员286名，解除矫正277名，终止矫正5名，办理居住地变更9名，现在册管理371名（其中管制55人、缓刑293人、假释16人、暂予监外执行5人）。因不服从管理、违反规定给予警告32人次，未出现因监管不力导致的重新违法犯罪现象。

安置帮教方面，全县已衔接人员3198人，重点帮教对象39人，接回重点帮教对象41人，并移交公安机关监控。为未成年子女开展心理咨询等活动累计223人次，远程亲情视频会见成功预约22次，会见10次。

【戒毒禁毒】 根据徐州市委、市政府两办下发的文件要求，沛县挂牌成立沛县社区戒毒社区康复工作站，并在各镇（街道）司法所挂牌成立17个工作分站。积极向县委、县政府争取财政支持，在社区戒毒社区康复工作信息化、业务用房、设备装备等方面进行完善。县政府将禁毒经费纳入本地财政预算，建立动态增长机制，保障社戒社康工作经费。

（亓志华）

军　事

人民武装

【概况】 2017年，坚决维护核心，服务服从改革，致力转变职能，聚集练兵备战，依法从严治军，狠抓各项工作末端落实，单位全面建设呈现整体推进、协调发展的良好势头。

【政治教育】 坚持以迎接贯彻中共十九大会议为主轴，部党委高度重视、全程跟进，把迎接中共十九大、学习贯彻十九大精神作为首要的政治任务，严密组织收听收看十九大、认真参加上级集中辅导和领学悟读，真正让习近平新时代中国特色社会主义思想转化为工作指导、进入工作实践；坚持原原本本学报告，印发宣传展板和学习资料，及时发布学习工作动态，让党员“网上+掌上”随时随地学习交流，深切领悟新时代中国特色社会主义建设作出的重大安排和战略部署，自觉把思想和行动统一到开创“中国梦”“强军梦”伟大新征程上来。落实中央军委《关于深入学习贯彻习主席系列重要讲话精神的意见》、军委国防动员部党委“十五条措施”和省军区党委“十九条措施办法”。参加省军区、军分区统一组织的党委中心组带机关理论学习暨开展维护核心、听从指挥主题教育活动和推进“两学一做”学习教育常态化制度化集中动员教育，干部职工人人谈体会、查不足、说打算，确实用习主席系列重要讲话精神武装头脑、指导实践。

【民兵整组】 以“三个摸透”（即摸透辖区基本情况、摸透适编单位潜力、摸透适编人员数量）为基础，为民兵整组开局铺路。坚持以动员支前、防卫作战、抢险救灾和维护稳定“四大任务”为牵引，以平时能应急、战时能应战和“应急队伍反应快、专业队伍技术精、储备队伍实力强”的要求为指导，把民兵队伍编好、编实、编准。

【军事训练】 适应职能任务调整和训练管理体制改革新模式，始终坚持军事训练中心地位，按照“打基础、抓强化、重实战”的思路，以使命任务为牵引，以实战化训练为抓手，严格按纲施训、依法治训，确保军事训练落实。组织“四会”教练员集训、民兵情报信息员集训、防汛分队集训等多批次集训。认真组织学习分区下发的《民兵应急分队实战化训练纲目》，协调县卫计委、人民医院，严密组织分区赋予的新大纲医疗救护分队试训任务，取得良好效果。

【战备建设】 严格落实战备值班、请示报告等制度规定，及时修订完善战备方案，常态保持

“四随四到”“四通”（值班人员坚守岗位、随叫随到，值班首长不远离营区、随点随到，值班分队常态戒备、随拉随到，其他人员做好准备、随需随到；电话通、文电通、传真通、视频通）要求，战备值班始终保持高效运转。加强战备要素建设，投入10万元对战备值班室、战备库室、武器弹药库进行完善配套，进一步提高战备规范化、信息化水平。健全情报体系，结合民兵组织整顿，逐一核对民兵情报信息员身份信息，优化队伍结构，构建报知网络，完善情报体系。

【兵员征集】 针对征兵工作面临的严峻形势和暴露出的矛盾问题，县征兵办及早部署、全年宣传。在做好传统宣传手段的同时，充分利用网络、电视、报刊、户外液晶屏、公路广告牌等渠道全方位开展征兵宣传工作，同时牢固树立“五率”（即报名率、上站率、合格率、择优率、退兵率）标准意识，严把关、严要求，进一步提高兵员征集质量。

【民兵政治】 利用民兵军事训练、民兵整组等时机，采取集中教育、刊授教育、网络教育、实践教育等多种形式落实教育内容，增强教育实效。在工作中，坚持和落实党委议教制度、教育计划制度、备课示教制度、考勤登记制度和考核验收制度，确保教育的针对性和有效性。结合民兵整组，对民兵基层党组织进行调整充实。按照省军区《关于民兵基层党组织建设的实施意见》精神，建立建强队伍稳定、制度落实、作用明显的民兵基层党组织。

【双拥共建】 利用创建省双拥模范县“八连冠”的契机，充分发挥桥梁纽带作用，积极协调县委、县政府落实《关于完善拥军政策增强军人荣誉感的意见》文件精神。在“百千万”活动中，持续推进2016年扶贫成果，紧贴群众所需，创新帮扶举措，提升贫困村自建自强能力。人武部党员累计走访人民群众680人次，梳理问题430个。县人武部根据县委统一部署为张寨镇王元村制定发展规划，确定帮扶项目，累计投入12.5万元扶贫经费。与沛县司法局联合成立军人军属12348法律服务工作站，已妥善解决涉军维权纠纷9起。通过与公安、信访、司法等部门定期召开联席会议，及时互通信息，有效缓解涉军信访事件造成的社会负面影响。

【基层规范化建设】 以省军区新修订的《基层武装部规范化建设实施细则》为依据，进一步立标准、抓规范、严秩序。结合民兵整组点验，对基层规范化建设进行检查推进，并对安国镇、张庄镇规范化建设试点进行观摩。积极协调县委组织部调整优化专武干部队伍结构，自2015年先后有5名武装部长被提拔使用，9名副科级干部充实到专武干部队伍中，进一步盘活人才资源，激发专武干部工作热情。

【国防教育】 结合“强军风采”群众性文化活动开展，参加“最美江苏兵”评选推荐活动，深入军营创作微视频，与县委宣传部联合举办纪念建军90周年群众歌会。通过系列活动开展，教育引导党员不断增强“四个意识”（政治意识、大局意识、核心意识、看齐意识），增强“四自”（即

新兵起运

自尊、自信、自立、自强）能力，保证党的组织履行职能、发挥核心作用。

【安全管理】 把握改革之年的特殊要求，依法从严教育管理部队。落实《关于严禁违规宴请喝酒的规定》《关于切实做好省军区系统调整改革期间有关工作的通知》等文件指示要求，以迎接全军安全工作大检查为抓手，开展“两学一正”（学条令、学法规、正秩序）和“百日安全”活动，浓厚办事依法、遇事找法、解决问题用法、化解矛盾靠法的氛围。以迎接军委安全工作大检查为牵引，对照安全检查细则列出的检查内容，部机关三次组织拉网式自查，并通过日周例会领导点评、月季安全形势分析、反复查纠彻底整改，扭住人车枪‘弹’密、水火电钱网、酒油黄赌毒、涉外涉地方等重点环节，形成覆盖全员、重点抓建、责任到人的安全稳定工作格局，确保单位建设安全稳定。

【装备管理】 认真贯彻《装备管理条例》，做到战备物资堆放整齐，登记统计核对准确，各项制度落实到位，账物卡表数据相符。严格落实日、周、月、季保养和检查登记制度，严密组织仓库保管人员“三熟悉四会”（熟悉武器装备的数量、质量、批次，会使用、会检查、会保养、会排除一般故障）训练，确保武器装备处于良好的技术状态。

【后勤工作】 落实各项经费预算、支出跟踪管理和党委理财、先审后签、“双主官会签”等制度，坚持每月报告经费收支情况，每季度汇报经费预算执行情况。

（闫卫东）

人民防空

【概况】 2017年，以人民防空为人民为核心，以“战时防空、平时防灾、应急救援”为基本方略，以加强“五化”（新型工业化、信息化、城镇化、农业现代化道路、国防和军队现代化）建设为总体目标，科学统筹、抢抓机遇、主动融入、积极作为，全县人防建设取得一定成绩。

【沛县民防教育体验馆】 在昭阳庄园人口疏散基地建设的基础上，2017年投资1200万元，高标准建设民防教育体验馆，目前已全部完工，具备开放条件。

【基本指挥所建设】 沛县人防基本指挥所已于11月立项，12月26日，江苏省民防局联合徐州市人防办，组织军地有关专家成立评审组，对沛县人防指挥所选址进行勘察。计划2018年完成土建工程，2019年进行内部装修和设备安装，确保2020年底前完成建设任务。

【人防工程建设】 积极推进地下人防后续工程建设。引进江苏港防投资有限公司投资建设、经营和管理。5月21日正式开业。社会反映良好，达到预期目的，收到较好的效果，实现经济效益、社会效益和战备效益的有机统一。

【9·18警报试鸣】 积极参加全省统一组织的“9·18”人防警报试鸣活动，县本级防空警报音响覆盖率达98%以上，五个中心镇镇区音响覆盖率达95%以上。同时在全县所有小区开展人防宣

县领导察看汉城中路地下商业街

传进社区活动，并成功组织一次人防疏散演练，取得较好效果。

【省领导到沛县调研】 6月27日，省民防局局长杨建国率队到沛县调研人防建设情况，参观考察人防地面指挥中心和人防疏散基地，听取汇报，肯定沛县人防工作取得的成绩，并对下步工作提出意见、要求。 （安 涛）

武警沛县中队

【概况】 2017年，依据新《纲要》《军事训练大纲》及条令条例，贯彻《武警部队军事训练“八落实”标准》，狠抓军事训练工作和管理工作不放松，官兵执勤处突和反恐作战能力得到不断提高。部队战备、训练、工作、生活秩序进一步规范。“人、车、枪（弹）、酒、密”五个重点问题得到深入解决，为圆满完成以执勤处突为中心的各项任务奠定坚实基础。中队全课目、全时间、全员额开展训练，标准落实有力、训练秩序正规、骨干队伍过硬、基础科目扎实、重点科目精通、军事对抗过硬、战法运用灵活，年度训练及格率100%，优良率70%。

【战备执勤】 参加“平安沛县”建设，及时完善各项反恐预案，与市公安局防暴队建立横向联动机制，提高反恐协同能力。在战备执勤中，中队坚持“全面建设，体系防控，科技强勤，确保安全”

应急班出动

的十六字方针，加强对勤务的组织指导。加强战备教育，通过采取观看录像、案例剖析、讨论深化的方式，把别人的“亡羊之痛”转化为自己的“除狼之举”，从思想深处敲响执勤安全的警钟。增强战备观念，战备制度落实坚决，战备物资严格执行“三分四定”（三分即携行、运行、后留，四定即定人、定物、定车、定位）要求。分队能迅速有效的实施战备行动，确保部队第一时间能够“拉的出”和“打的赢”。坚持与看守所互相监督，定期组织双向讲评，平均每年召开议勤会议12次，联合演练12次，并按照“共性共抓，个性分抓”的要求，及时有效地消除执勤隐患和事故苗头。强力推进“五防一体化”建设和执勤隐患治理，先后完成看守所监墙内侧钢网墙安装、执勤信息系统高清化改造，执勤目标监门哨上勤，及时完善“犬防”建设，提高安全系数。完成“两会”等重大节日等敏感期的备勤任务和各类临时勤务30次。

【思想政治建设】 制定《政治教育计划》，抓好“四反”教育，统一官兵思想，树立官兵听党指挥的理念，强化官兵政治意识、大局意识、核心意识和看齐意识，搞好理论灌输。组织官兵开展主题演讲和知识竞赛，观看红色电影等活动，深化教育效果。做好落榜考生、身有疾病、家庭困难或思想有包袱的战士的心理疏导和思想稳定工作，抓好两个群众组织（团支部、军人委员会）建设，搞好两个组织骨干培训；抓好两支队伍（干部队伍、党员队伍）。以思想作风建设为重点，增强官兵爱岗敬业意识。创先争优活动。集中组织学、抓住重点学、区分层次学，以强化党性修养、提高能力素质；通过签订《目标责任承诺书》《党员承诺书》及每月评比优秀共产党员和共青团员等活动，激发官兵创先争优的积极性。 （赵永帅 丁宏国）

农业经济

农　林

【概况】 2017年，贯彻落实中央1号文件以及省市县农业农村工作会议精神，坚持率先实现农业现代化不动摇，突出改革创新、转型发展，形成农业持续增效、农民持续增收、农村持续增绿的良好格局。先后被批准为国家现代农业示范区、国家农业产业化示范基地、全国粮食生产先进县、全国标准化示范县、安国湖国家湿地公园（试点）、江苏省农业现代化试点、江苏省湿地保护先进集体，连续七年获批全省高效农业先进县，被批准为全国秸秆综合利用试点县，国家现代农业示范区现代化水平排名全国第四，农业现代化进程苏北第一，全省领先。预计农民可支配收入达到17245元，增长9.2%。湖西农场建成“国家级稻渔综合种养示范区”，建成20万亩“全国绿色食品原料（小麦、水稻）标准化生产基地”，建成“一品一策”农产品标准化生产基地2个，建成有机农业稻米、蔬菜、果品等生产基地9个，面积0.76万亩，认证有机及转换产品8个。建成沛县博源上海蔬菜外延标准化生产基地1个。（张宇野　牟阳春）

【粮食生产】 全县60.1万亩小麦单产448.6公斤，较上年增1.6公斤，总产2.7亿公斤，增0.01亿公斤，秋粮单产、总产实现双增，秋粮平均单产473.2公斤，总产3.8亿公斤。全年粮食面积稳定在137万亩，平均单产491.6公斤，总产6.9亿公斤。水稻旱育稀植、水稻抛秧、机插秧、小麦优质专用调优栽培等主推技术推广应用率达90%以上。

（耿立新　从乐乐）

【高效农业】 推进农业结构调整，推进菜篮子工程建设。全县新增改造高效设施农业面积3万亩，高效设施农业占比达到30%以上。果品面积8万亩，其中，设施果品1万亩。水产面积4.27万亩，肉鸭孵化、养殖、加工均超0.7亿羽，生猪存栏33.2万头，出栏73.5万头，生猪规模比重达93.2%，其中，大中型生猪规模比重达80.2%。完成省级生态健康养殖示范基地5家，累计达到40家。蔬菜复种面积110万亩，总产量达到218.5万吨，平均亩效益超5000元，其中，亩均超2万元设施农业20万亩。

（张尊沛　朱新新）

【产业布局】 突出“一镇一业”“一村一品”，在“一区两带、一横五纵”规划布局内，重点打造绿色稻米、高效瓜菜、优质果品、生态养殖、特色水产五大主导产业。通过结构调整，形成产业优势明显、发展思路清晰、空间布局合理的农业产业新区划格局。基本建成沿微山湖30万亩优质绿色稻麦基地及5万亩特色水产基地，西南、西北部30万亩高效设施菜菌基地、西部5万亩高效果品基地等四大产业基地。蔬菜为主的经济作物复种面积超过110万亩，其中，温室蔬果4.85万亩，大棚蔬菜29.55万亩，出口创汇蔬菜14万亩，浅水藕等水生蔬菜2.2万亩。蔬菜常年在田面积超过30.5万亩，其中，甘蓝、花椰菜、芹菜、茄子、番茄、白菜、番茄、西葫芦、黄瓜、辣椒等设施蔬菜30万亩。大苔蒜、牛蒡、芦笋、洋葱、浅水藕、食用菌等约15万亩。蔬菜总产量超过210万吨，总产值达45亿元，总效益超过13亿元，蔬菜产业成为沛县农业一项支柱产业。（杨　洁　牟阳春）

收割

【沛县山药】 沛县山药，是沛县传统产品，历史上，当地群众就有种植山药的习俗。在明清版《沛县志》物产部分药材类中均有记载，既为药用，也为食用。我国古代的中药典籍，都把山药作为食物药记载。《药品化义》载："山药，温补而不骤，微香而不燥，循循有调肺之功，治肺虚久咳，何其稳当。因其味甘气香，用之助脾，治脾虚腹泻，怠惰嗜卧，四肢困倦。"《本草纲目》载：山药有耳目聪明，轻身，不饥，延年。主治头面游风、头风眼眩、下气，止腰痛，治虚劳羸瘦，充五脏，除烦热。"还可补五劳七伤，开达心孔，多记事，强筋骨，治泄精健忘，益肾气，健脾胃，止泄痢，化痰涎，润皮毛。山药豆煮熟去皮食之，胜于山药，美于芋子。

沛县西南部地处黄河故道冲积平原，境内水资源较丰富，东西走向的主要河道有杨屯河、沿河、鹿口河等，南北流向的主要河道有大沙河、姚楼河、龙口河、徐沛河、苏北堤河、顺堤河等，带来了丰富的矿物质元素，形成了特殊的沙质土壤，土质肥沃，有机质含量大于0.8%，保水和保肥能力强、排灌条件良好，利于沛县山药根茎的生长；沛县为南北气候过渡带，属暖温带半湿润季风气候，气候温和，雨量适中，雨热同季，年平均气温13.9—14.1度，常年降雨量812.7mm，年日照时数为2401.3小时，早春气温回升快，15—25℃的时间持续长，特别适合山药等深根茎类作物生长，生产的山药无论是从品质上，还是从外观上均优于其它产地的山药。

沛县山药栽培需深开沟松土，1987年以来，沛县河口、孟庄、敬安、栖山等乡镇农民利用需换茬的牛蒡、苔蒜田栽培。2016年前后，沛县发展山药面积4万余亩，辐射带动张寨、鹿楼、朱寨、安国等镇区，成为群众脱贫致富的一把金钥匙。

沛县山药生长在牛蒡、苔蒜地中，具有松软土壤、清毒杀菌作用，是在怀山药基础上地方培育的独特品种。所产沛县山药体形修长，粗细均匀、圆润、顺直，根毛少，直径大于怀山药，单株重高的可达20多斤，长约30-60厘米；断面肉质细腻、洁白，富含营养的黏液汁、稠而黏，可扯出屡屡银丝；质地硬实如铁棍，久煮质不散，形不变；沛县山药干物质含量大于24%，蛋白质大于3.1%，淀粉大于16.1%，可溶性物质大于1.4%，出口后很快享有盛誉，成为沛县出口主要产品之一。

（赵恩博）

【农产品质量】推广标准化生产和“三品”认证工作，“三品”认证48个，续报无公害产品58个，有机转换产品5个，“三品”认证总数位居全省前列。加快创建名优品牌，云雪公司被评为全国百家绿色食品示范企业，获省名牌、省著名商标4个，市名牌、知名商标12个。加强“三品”质量检测，配合省对沛县蔬菜基地例行抽检样品120个，合格率达100%。结合产品认证送检蔬果产品36个、粮食产品22个合格率达100%，确保全县农产品质量安全。（刘　琛　张吉艳）

【农业生态环境】全县完成成片造林面积495.3公顷，其中经济林123.7公顷，生态林371.6公顷。新建农田林网3330公顷，完成四旁植树101万株、完成省级绿化示范村11个其中，“三化”示范村4个。森林覆盖率达到23.41%。推进秸秆机械化全量还田，夏秋共实现秸秆机械化全量还田115.5万亩，还田率88%以上。全年完成秸秆收储 14万亩，收储秸秆4.5万吨，其中，夏季完成小麦秸秆收储8.8万亩，秋季水稻秸秆收储5.5万亩，秸秆综合利用率96.5%以上。完成畜禽污染治理设施改造的规模养殖场（户）245家，禁养区内完成关闭拆迁养殖场（户）382家。

（韩清华　朱瑞东）

【农业发展】全县市级以上龙头企业49家，其中，省级龙头企业10家，销售收入达到450亿元，同比增幅9.6%。引导龙头企业与农户按照“公司+家庭农场”等形式，采取委托生产、订单农业、入股分红、利润返还等行之有效的利益分配方式，密切与农户经济联系，形成更加紧密利益共同体，实现龙头企业发展壮大与农民致富增收的双赢。新建村企对接基地2.5万亩，全县村企对接基地30.2万亩，带动农户10.6万户，户均增收8000元。

（牟阳春　朱新新）

【新型农业】黄河故道沛县段文化旅游景区和微山湖片区“油画式”稻田建设初见成效，敬安“辣椒科创小镇”成功创建全省特色农业小镇，张寨镇陈油坊村被农业部认定为“全国一村一品示范村”。全省首家电子商务类合作社沛县“大农合”电商平台注册人数超过5万人，建立“县域运营服务中心+镇服务站+村服务点”三级电子商务运营服务网络，全县农村电子商务交易额突破30亿元。重点引进推广果树新品种20个，通过观察筛选，一些优良品种在生产上进行大面积推广。苹果有晚熟烟富8号、烟富10号，中熟品种蜜翠、华硕，梨有早熟若光、翠冠、中熟黄冠、晚熟黄金，葡萄有阳光玫瑰、圣诞玫瑰、醉金香、巨玫瑰、粉红亚都蜜、夏黑，桃类有加工新品种佛雷德里克和“19”，鲜食晚熟品种有映霜红、映雪红等。

（赵厚清　朱新新）

【农业实事】全县出动执法人员920人次，检查各类农资企业及农资经营门店460家，查处违法案件10起，其中，立案6起结案5起，移交公安1起，上交罚没款4.5万元，处理各类农业生产事故300起，为农民挽回经济损失100万元。加强农业职业技能培训，累计举办农业职业技能培训130期，培训农民13295人，全县新型职业农民达到6.23万人，占比36.86%。全县推广测土配方施肥面积187.2万亩，覆盖242个村，涉及农户19.6万户，免费发放施肥建议卡61万份，测土配方施肥技术覆盖率91.3%。采集制作土样152个，化验920样次。配方肥推广施用面积95.6万亩，配方肥施用总量达2.13万吨（折纯）。全县化肥使用量70850吨，比2015年减施1596吨，减少2.2%。共发放禽流感疫苗2200万毫升，做到领用有记录，使用规范，杜绝浪费。“12316”惠农短信平台收录农民用户超过10000人，全年发送惠农短信70次，合计100万条。（王　建　冯　沛）

【病虫草害发生与防治】粮食作物病虫草累计发生面积1236.96万亩次，防治1799.18万亩次，挽回产量损失16.17万吨。蔬菜病虫发生234.56万亩次，防治278.96万亩次，挽回损失50.40万吨。其中，小麦蚜虫、稻茬麦白粉病、一代玉米螟大发生。水稻灰飞虱、水稻纹枯病、稻纵卷叶螟、旱茬麦纹枯病中偏重发生。二、三代玉米螟中等发生，玉米大小斑病、弯孢霉叶斑病、褐斑病、玉米锈病属中偏轻至轻发生。水稻白背飞虱、褐飞虱、二化螟、稻曲病、稻瘟病等中偏轻至轻发生。设施蔬菜病害中等偏轻发生，虫害轻发生，露地蔬菜病虫害中偏重发生，其中，春季蚜虫、潜叶蝇、夏秋季烟粉虱、茶黄螨大发生，菜粉蝶、小菜蛾、白粉病、霜霉病、越冬番茄灰霉病等中等发生。玉米田、大豆田、直播稻田杂草大发生，麦田杂草、插秧稻田杂草中等发生。在作物病虫害偏重发生形势下，采取综合防控、绿色防控措施把病虫危害降到最低限度。

（王诗龄　牟阳春）

【疫苗防疫】 规范防疫物资管理和使用，完善防疫物资领发保管工作制度，明确县、镇、村专人负责，确保防疫物资管理科学有序，相关信息易查可溯。疫苗等防疫物资均按保存要求进行储存，并建立防疫物资领取、发放台账，确保防疫物资入库数清、出库数明、去向有方、责任到人，严禁“代签”，严查作假。冷链设施运转正常，能满足疫苗的储存要求。在防疫过程中，要求防疫员必须使用保温箱保存疫苗，对因不使用冷链设备，疫苗乱扔乱放，造成疫苗失效导致免疫效果差或免疫失败而引起疫病传播流行的，严格追究相关责任人的责任。截至目前，共发放禽流感疫苗2200万毫升，猪口蹄疫180万毫升，牛羊口蹄疫40万毫升，猪瘟170万头份，猪蓝耳病苗80万头份，猪耳标40万套，牛羊耳标30万套，做到领用有记录，使用规范。

（张长征　朱新新）

【畜牧规模养殖业】 全县畜牧业生产平稳发展，生产总量小幅下降，畜禽产品供应充足。生猪市场价格利好，养殖效益增加。禽蛋价格逐渐好转。全县电子档案更新，确保更新准确率100%。全县生猪存栏32.4万头，同比下降2.4%，出栏65.05万头，同比增加4.2%。肉禽存栏398万只，同比下降43.1%。蛋禽存栏558万只，同比下降11.7%，奶牛存栏940头，规模比重达96%。生猪规模比重达93.2%，其中，大中型生猪规模比重达80.2%。开展“无污染、零排放”生态健康养殖模式，落实“生态健康养殖示范创建工作”，印发畜禽生态健康养殖技术宣传资料1000份，聘请相关专家对养殖户进行培训，并在沛县农业网、农技宝分别刊登肉鸭、发酵床生态健康养殖技术和全省“生态健康养殖示范创建”实施方案。有5家企业符合“省级生态健康养殖”标准和1家部级畜禽标准化示范场，通过组织开展示范创建，为沛县实现畜牧业生产规模化、畜禽良种化、防疫规范化、粪污无害化、产品优质化，打下良好基础。

（朱红陆　从乐乐）

【科技入户】 围绕沛县农业产业实际，按设施蔬菜、优质麦稻、生态肉鸭养殖三个优势主导产业，进行农业主导品种和主推技术的筛选、集成与推广，并形成技术操作规范。在全县涉农行政村建立村级农业科技服务站，配合实施现代农业产业技术体系和挂县强农富民工程项目，构建农科教产学研广泛参与的省、市、县、镇、村的五级农技推广联盟。重点加强2个农业科技试验示范基地的建设，开展农业新品种、新技术、新模式的试验示范与推广工作。遴选培育科技示范户2650个，其中，部级科技示范户1600个（其中蔬菜科技示范户700个、麦稻科技示范户600个、肉鸭科技示范户300个），省级科技示范户1050个（其中瓜菜科技示范户420个、麦稻科技示范户400个、肉鸭科技示范户230个），实现“村村都有示范户和技术指导员”。按照各镇村与推广机构人员的实际情况，选聘技术指导员130名，实行包户责任制，采取集中培训、分户指导等形式，开展入户指导与全程技术跟踪指导。为全体技术指导员开通“农技宝”和“农技耘”，建立沛县微信“科教群”、易信“专家群”，技术指导员通过“农技宝”上报工作日志，向示范户发送“农事提醒”，及时提醒和指导农户生产，解决他们在生产中遇到的农事问题。为全体示范户开通“农技耘”、《农家致富》手机报和12316短信服务，每周一、三、五向示范户发送《农家致富》手机报致富技术信息，为他们提供科技信息服务。组织典型示范户集中培训观摩现场会5次。加强基层农技推广体系建设，健全和完善各项规章制度，推行责任农技推广制度和建立多元推广体系。及时制定培训方案及计划，组织举办基层农技人员知识更新培训，完成培训150人次。

（从乐乐　范学东）

农　机

【概况】 2017年，全县农机总动力达103.6万千瓦，其中，柴油发动机动力79.9万千瓦，汽油发动机动力3.02万千瓦，电动机动力20.68万千瓦。拥有大中型拖拉机总量3750台，小型拖拉机总量16500台，稻麦联合收割机总量2710台，玉米联合收获机总量472台，水稻插秧机2050台，农作物秸秆粉碎还田机总量2661台，秸秆打捆机241台。高效设施及特色农业装备5850台，其他各种配套农机具2.5万台（套）。农业装备向大功率、高性能、一体化方向发展。

【农机组织】 全县拥有农机专业合作社286个，农机维修点68个，农机经销机构53个，拖拉机驾驶培训机构1个，乡村农机从业人员15800人。农机合作社等服务主体作业面积占整个农机作业面积的70%以上，全县农机经营服务总收入超过3.5亿元。

【农业机械化】 全县农业机械化水平稳步增长，经测算达到91.2%。其中，水稻机插秧水平达82.5%，麦稻秸秆机械化还田水平达90%以上，设施农业机械化水平达60%以上，设施农业的耕作、移栽、覆膜等主要生产环节机械化水平快速提高。

2017年沛县主要农机化发展指标情况统计表

表1

序号	项　目	2017年底数据	序号	项　目	2017年底数据
1	农机总动力（万千瓦）	103.6	14	水稻机插面积/机插率（万亩/%）	37.4/82.5
2	大中型拖拉机（台）	3750	15	水稻机收面积/水平（万亩/%）	42.9/98
3	小型拖拉机（万台）	1.65	16	三麦机播面积/水平（万亩/%）	54/90（不包括湖田）
4	联合收割机（台）	3182	17	三麦机收面积/水平（万亩/%）	59/99
5	步进式插秧机（台）	1231	18	玉米机播面积/水平（万亩/%）	25.5/95
6	乘座式插秧机（台）	819	19	玉米机收面积/水平（万亩/%）	24.3/90.2
7	玉米种植机械（台）	1900	20	农机深松作业面积（万亩）	15
8	玉米收获机械（台）	472	21	农机作业总收入（亿元）	3.5
9	农作物秸秆还田机械（台）	2661	22	跨区作业收入（亿元）	0.98
10	秸秆打捆机（台）	241	23	联合收割机跨区作业数量（台次）	1400
11	稻麦秸秆机械化全量还田面积/还田率（万亩/%）	117/90	24	农机合作社总量（个）	286
12	高效设施及特色农业装备（台）	5850	25	农机培训（人次）	3772
13	粮食烘干机械（台）	416			

【全国主要农作物生产全程机械化示范县】 2017年12月，农业部发文《农业部办公厅关于公布全国第二批率先基本实现主要农作物生产全程机械化示范县（市、区）名单的通知》，沛县获批全国主要农作物生产全程机械化示范县，标志着沛县粮食生产开启全程机械化的新时代。沛县自2016年被确定为粮食生产全程机械化示范县创建以来，以政策拉动、市场推动、项目带动为抓手，按照因地制宜、全面展开、重点突破、梯度推进的原则，通过加大财政投入力度，召

全县粮食生产全程机械化整体推进行动现场会

开水稻机插秧育秧现场会、粮食生产全程机械化现场会等多种形式，宣传、引进、示范、推广农机新装备、新技术，使全县农机装备水平、作业水平、服务水平显著提高，粮食生产全程机械化示范县建设稳步推进。至2017年年底，全县小麦、水稻、玉米三大主要粮食作物已实现全程机械化，其中，耕整地水平达100%、种植水平达83.5%、秸秆还田率90.5%、高效植保水平92.3%、机收水平95.5%、粮食产地烘干水平66.6%。全县已建成复合型粮食生产全程机械化核心示范区18个，流转土地11.3万亩。核心示范区内粮食生产的六大环节机械化水平均达到100%，规模化、标准化和规范化种植效益非常显著。沛县多家家庭农场主注册成立农机专业合作社和家庭农场，实行农机专业合作社和家庭农场共建，耕、种、收、植保、还田、烘干六大环节全程机械化。县农机局获评全国主要农作物生产全程机械化示范县，江苏省农机推广先进单位，江苏省农机推广信息宣传先进集体，全市农机安全监理工作先进单位。3月17日，全市农机安全生产工作会议在沛县召开。

【农机安全生产工作连续13年全市第一】 深化“平安农机”建设，夯实农机安全生产基础，全县农机安全生产形势平稳，连续13年在全市第一。县农机监理所蒋琼和农机局郭松分别在全国农机安全监理装备建设及应用经验交流会议和全市农机安全生产工作会议上作经验交流发言。

【全县粮食生产全程机械化推进现场会】 6月6日，召开全县粮食生产全程机械化推进现场会。与会人员观摩沛县张寨镇丰利达家庭农场机械化收种现场，小麦机收切碎抛洒、玉米板茬播种、秸秆还田、水稻机插秧、高效植保、机械化烘干等农机作业现场。沛县张寨镇、湖西农场作交流发言。

【市县人大代表视察沛县粮食生产全程机械化工作】 6月6日，市县人大代表一行14人考察沛县粮食生产全程机械化工作。视察组到张寨镇粮食生产全程机械化核心示范区察看现场机械化作业演示。总结近年来沛县农机化工作取得的成效、存在的问题及今后的打算。准确把握示范县创建的总体要求，培育多元化的农机社会化服务组织，做到精准发力和示范带动。

【扶持推广高效植保无人机】 县政府拿出专项资金对无人植保飞机进行作业补贴，补贴标准为，10千克级补贴购机款的40%，20千克级补贴购机款的30%，20千克以上级补贴购机款的20%。通过政策带动，全年新增无人植保飞机55台。

【专业合作社】 通过融合项目资源，促进农机服务主体“上规模、增实力、树品牌”，引导农机服务主体作业服务领域由单一环节作业服务向全程服务拓展，涌现出一大批像全托管、联耕联种、订单作业等新型服务模式。全县农机专业合作社达286个，承担着全县70%以上的农机作业任务。

【远程调度+管理服务】 农机深

松整地作业，为降低生产成本提高深松质量，借助“互联网+”技术，对实施农机深松整地作业机具加装北斗导航定位“天眼”与农机管理调度指挥系统联网，全县共100台深松机具安装。该系统可对每台深松农机具做到实时自动定点定位、农机作业轨迹查询、农机图像信息采集、无线视频、农机耕作面积计算、农机深松作业探测、农机应急指挥和天气预报等“调度统计+管理服务”功能，彻底改变过去依靠人力对农机作业进行粗略统计的状况，保证作业质量，降低人力成本，提高作业效率。（陈宝林）

农业综合开发

【概况】 2017年，围绕推进沿大沙河10万亩现代农业示范带和沿快速通道10万亩绿色稻米产业带建设工作目标，坚持“科学规划、连片治理、突出重点、整体推进”原则，突出抓好国家级土地治理、产业化经营和省级黄河故道开发、采煤塌陷地治理四类项目建设，通过实施沟、渠、田、林、路综合治理，桥、涵、闸、站、井全面配套，农业基础设施完善，高产稳产高标准农田面积扩大，农业综合生产能力提高，为全县农业提档升级，促进农民增收、农业增效，建设“强富美高”新沛县发挥重要作用。

【国家级土地治理】 总投资5250万元，治理面积3.5万亩，涉及五段、魏庙、胡寨、张寨、朱寨、栖山、湖西农场等六镇一场，新建电站18座，中沟桥15座，过路涵1698座，水泥渠25.12公里，分水闸18座，出水口303座，水泥路35.6公里，植树造林2032株。高标准农田建设按照全面配套、综合治理的要求，以“灌得上、排得出、挡得住、降得下”为目标，通过实施沟、渠、田、林、路综合治理，桥、涵、闸、站、井全面配套，提升耕地质量。项目实施后，抵御自然灾害能力显著增强，建成“田成方、林成网、渠相通、路相连、旱能浇、渍能降、涝能排”的旱涝保收、高产稳产高标准农田。

【国家级产业化】 总投资198万元，扶持沛县杨屯镇福东家庭农场、沛县朱寨镇宇陆家庭农场，财政补助资金98万元，农场自筹100万元，新建钢架大棚79680平方米，连体钢架大棚5120平方米。项目实施后，建成集种植、养殖、采摘、观光等多功能于一体的绿色生态家庭农场，农业综合生产能力稳步提高，实现产业兴旺、生态宜居、乡风文明、生活富裕，生态农业田园化经营、设施农业标准化建设、现代农业规模化发展。

【省级黄河故道】 总投资1500万元，治理面积1.5万亩，涉及鹿楼、安国两镇，鹿楼镇优质果品基地9000亩，投资900万元，安国镇高效果品基地6000亩，投资600万元。新建电站2座，中沟桥4座，过路涵242座，水泥渠1.801公里，截流槽17.061公里，截流槽盖板186座，分水闸2座，出水口13座，低压线路1.588公里，水泥路29.821公里，植树造林823株。项目实施后，改造中低产田1.5万亩，新增耕地面积600亩，新增灌溉面积5600亩，改善灌溉面积5600亩，新增排涝面积6500亩，改善排涝面积6500亩，增加粮食综合生产能力5820吨，项目区人均增收324.6元。

【省级采煤塌陷地】 总投资1200万元，治理面积1.2万亩，涉及杨屯、龙固、安国、大屯四镇（办），建设电灌站8座，桥5座，涵139座，渡槽4座，闸9座，出水口70座，机电井7眼，防渗渠18.65公里，混凝土路17.798公里，农田林网植树1726株，开挖整修沟渠0.98万立方米，项目实施后，新增耕地面积38亩，新增灌溉面积0.4万亩，改善灌溉面积0.8万亩，新增节水灌溉面积0.5万亩，新增除涝面积0.2万亩，改善除涝面积1.0万亩，新增蔬菜生产能力415万公斤，项目区新增年净总收益243.64万元，人均增收193元。

【黄河故道农业综合开发】 大沙河黄河故道综合开发大力实施现代农业经济示范带工程建设，共8大类24个项目，总投资9.88亿元，围绕三大主导产业发展，大

智能温室

沙河沿线栽植果树4.5万亩，新增高效瓜菜面积1.8万亩，特色水产0.7万亩，规划实施高效节水灌溉工程面积1.04万亩，东西大堤两侧实施绿化工程。中泓贯通工程总投资9100万元，灌婴灌区节水配套改造工程，河道清淤疏浚6.55公里。小型农田水利工程，节水灌溉面积0.7万亩，泵站3座，中沟闸1座，过路管102座。道路畅通工程总投资1867万元，完成农村公路提档升级和危桥改造工程。土地整理工程总投资5721万元，全面完成农业开发项目建设任务。农业提升工程总投资36300万元，新增优质果品0.8万亩，高效瓜菜0.4万亩。龙固、杨屯水产科技示范园新开挖标准鱼塘0.36万亩。建设完成栖山、朱寨镇现代农业示范园和安国镇设施瓜菜示范基地。生态建设工程总投资5182万元，建设完成安国镇污水管网、龙固镇大沙河公园、大沙河堤顶坡面护坡绿化、安国湖湿地绿化12万平方米。环境整治工程总投资7622万元，新型社区建设稳步推进、美丽乡村建设及村庄环境整治工程，农村推广生活垃圾机械化收集，完善收运体系管理机制，提升精细化保洁水平。文化旅游工程总投资2亿万元，建设刘邦古村、洪福湿地。扶贫开发工程总投资1362.4万元，完成基础设施项目及产业发展项目。

（王纪刚）

工业经济

【概况】 2017年，坚持“工业强县、产业兴县”战略不动摇，以转变经济发展方式为引领，扩量提质为主线，招商引资、项目建设为抓手，产业结构调整为重点，提高经济质量和效益为核心，在做优存量、做大增量、做强载体上求突破，加大工业经济供给侧改革，加快推动工业经济转型升级。工业开票销售收入431.23亿元，增长18.24%。规模以上工业企业500家，实现规模以上工业总产值1889亿元，增长15.71%。工业增加值356.25亿元，增长12.1%。工业用电量27亿千瓦时，增长4.46%。围绕“工业强县”实施“1266”工程，培育一个国家级开发区，培育两个省级开发区（高新区），壮大六个特色产业园区（基地），即培育六个产业集群，即光伏光电产业集群、轻量化新型铝材产业集群、纺织新材料产业集群、高端装备制造产业集群、绿色食品产业集群、绿色建筑产业集群。

【光伏光电】 沛县光伏光电产业科技含量高、资金投入大、与相关产业的融合度高，对技术突破和经济发展带动明显，集聚徐州鑫宇光伏科技有限公司、江苏中宇光伏科技有限公司、江苏苏美达上电发电有限公司等光伏制造及发电企业25家，形成多晶硅铸锭1吉瓦，多晶硅切片1吉瓦，太阳能电池片4吉瓦，电池组件1.3吉瓦，装机容量200兆瓦，初步形成硅材料—多晶硅铸锭—多晶硅切片—电池片—太阳能光伏组件—太阳能光伏电站以及铝边框、浮筒、支架、逆变器、线缆等配套组件，产业链条更加完善。中辉光伏采用湿法黑硅技术，引进全自动化设备和数字化系统，建设高智能车间，大幅度提高电池的转换效率，迈进世界太阳能黑硅电池片生产先进企业行列。推进江苏辉伦太阳能科技有限公司太阳能电池片生产项目、徐州中辉光伏科技有限公司太阳能电池片项目、徐州核润光能有限公司年产500兆瓦太阳能发电电池组件项目、江苏嘉寓光伏科技有限公司1.5吉瓦太阳能电池组件等项目。到“十三五”期末，力争形成多晶硅铸锭2吉瓦，多晶硅切片2吉瓦，太阳能电池片4吉瓦，电池组件2吉瓦，太阳能光伏电站2吉瓦，建设涵盖光伏研发、制造、检测、贸易、金融在内的产业基地。

【轻量化新型铝材】 轻量化新型铝材产业已集聚江苏丰源铝业、华昌铝厂、沃德铝业等20家企业，积极推进珀然轻量化铝轮毂项目、华丰高精铝板带二期项目等项目建设，新上铝轮毂、高端型材、阳极氧化型材、铝合金车轮、车用铝配件、铝边框、支架等项目，产业链不断做粗拉长。铝加工已形成轧制材、挤压材、锻件三条产业链，已形成90万吨加工能力（分别为上海大屯能源10万吨高精铝板带，江苏华丰铝业10万吨高精铝板带，江苏丰源铝业3.6万吨铝箔、6万吨铝棒，徐州联通轻合金10万吨再生铝和8万吨铝型材，广东华昌铝业8万吨铝型材，江苏沃德15万吨高档建筑和工业铝型材，汉铝铝业10万吨工业建筑铝型材等项目），新型铝材产业园获批“江苏省新型铝材特色产业基地”。

【纺织新材料】 纺织新材料产业集聚鹏翔纺织、华晟纺织等512家企业，环锭纺规模220万锭以上，气流纺550台（套）。纺织业升级步伐加快，设备持续更新，清梳联、自动络筒、赐来福、苏拉、立达、泰坦、淳瑞等全自动半自动先进设备基本普及，装备达到国内先进水平。采用紧密赛络纺、涡流纺、低扭矩环锭纺、喷气纺、嵌入纺等新型纺纱织造技术，发展彩棉纺纱、锦纶、氨纶等产品，工艺水平大幅提升，产品档次不断提高。在以6~100纱线为主的基础上，新增布料和服装等产品，产业链不断延伸。2017年4月，获批“中国粘胶纱生产基地县”，成为江苏省第一家以纱线生产命名的国家级基地。沛县已成为国内两个粘胶纱生产基地之一（另一个为福建长乐），在苏州盛泽市场占有率达90%以上，年产各种规格纱线60万吨，占全市60%以上。

【高端装备制造】 高端装备制造产业包括编织机械、排灌设备、电机设备、特种车辆、无人机等产业，集聚恒辉编织、新格灌排、富华交通运输设备、大成无人机等企业，产业不断向研发、设计、制造、检测、营销、售后服务一体化发展，产品向中高端发展。编织机械产业以恒辉编织机械有限公司为龙头，年产各类编织机械5万台，恒辉编织牵头制定行业标准，拥有多项世界领先的科技成果，获得25项国家专利，与中国矿业大学材料工程学院、东华大学、哈尔滨工业大学等高等院校建立长期合作关系，产学研格局已基本形成。产品已覆盖国内20多个省（直辖市），国内市场占有率达70%，并远销到欧美、东南亚、中东等54个国家及地区。企业着力发展高性能复合材料结构件，主要用于尖端国防和重要民生领域，与东华大学共同承担“复合材料预成型体自动编织装备”和“特种编织技术与装备及其产业化”通过科技成果鉴定，填补国内三维立体自动编织装备和国内外特种编织装备的空白，达到国际先进水平。排灌设备产业经过几十年的发展，已形成规模，灌排装备产业已集聚江苏新格灌排设备有限公司、江苏慧博灌排设备有限公司等38家企业，年产各类灌排装备设备15万台，年产值约20亿元，利税5亿元，从业人员2800人。形成从生产漆包线、电缆线、锡钢片、壳体铸造、水泵电机定转子加工等零部件到组装成各种类型的灌排装备设备及灌排工程服务、排水供水解决方案等产业支链为支撑的较完整的灌排装备产业链条。灌排装备设备产品丰富，主要产品包括水泵、潜水电泵、喷灌、微灌、管灌等成套设备及附属设备，主要产品质量水平达到国内先进水平，沛县生产的QS系列潜水电泵国内市场占有率达到60%以上。

调研企业

2017年获批江苏省高端装备制造业特色产业基地。特种车辆产业年产量5万台，已成为苏北重要的挂车生产基地。富华交通运输设备有限公司、比亚机械设备有限公司、迅驰专用车辆制造有限公司、徐州易达交通运输设备有限公司通过工信部特种车辆《公告》目录。

【绿色食品】 沛县绿色食品产业集群依托丰富资源优势和广阔市场空间，保持较快的增长速度。农产品加工产业园是“江苏省绿色食品产业园”，园内有省级龙头企业9家，市级龙头企业41家，县级以上龙头企业260家。初级农产品资源转化率超过80%。绿色食品产业形成以忠意食品、广西桂柳禽业、中粮饲料、南京雨润等为龙头的集种鸭、孵化、规模养殖、宰杀分割、熟食加工、羽绒加工、服饰寝具、饲料于一体的鸭业链，形成孵化、养殖、宰杀一亿羽产能。以浙江海通、虹达蔬菜、大丰食品等为龙头的集采后分级、包装、保鲜、速冻、脱水及精深加工于一体的创汇果蔬加工产业链，年产能20万吨。以云雪面粉、微山湖米业等为龙头的集生产、加工、品牌化销售于一体的优质稻麦加工产业链，年产400万吨。

【绿色建筑】 沛县建筑业突出结构调整和转型升级，提升行业整体素质和核心竞争力，实施“走出去”发展战略，鼓励和扶持建筑企业拓展县外市场，提高建筑市场占有率，形成以东三省，河北、山东、西北地区为重点，施工队伍遍及全国各地市场布局。实现建筑业总产值350亿元，转移农村劳动力10万人，上缴建筑业税收7.8亿元。江苏大汉集团公司晋升施工总承包特级资质，为全市县区唯一一家特级企业，公司总产值为100.01亿元，上缴税收为1.01亿元，实现了产值超百亿、税收超亿元的“双超”目标。沛县建筑节能与绿色建筑示范区于2012年年底获批，批准示范范围为沛县城区，其中，重点示范区为沛县新城区，位于萧何路以南，沿河以北，汉源大道以东，东环路以西，总用地面积约11平方公里。2012—2014年期间，示范区中新开工示范项目共13个，总建筑面积107.18万平方米。二星级7个，总建筑面积65.77万平方米，二星建筑比例为61.4%。示范区内13个示范项目获得绿色建筑标识。2015年开始，新、老城区全面提高标准，城区内新建建筑按二星级设计标准执行。截至2017年底，3年内全县新建绿色建筑为793.65万平方米，二星级绿色建筑为742.74万平方米，二星建筑占新建建筑比例为93.59%。（王春阳）

挂牌企业

【江苏富华交通运输设备有限公司】 位于沛县龙固工业园区，是三省四县的交界处，地理位置优越，交通十分便利。江苏富华交通运输设备有限公司于2010年5月成立，公司性质为股份制有限责任公司，是一家集生产销售、产品设计、科研开发于一体的现代化企业。公司主要生产汽车挂车箱体、零部件。为适应市场需求变化，提高产品档次，增强市场竞争力，公司与西安交通大学机械工程学院签订了专用车技术联合开发协议。2013年公司成立了挂车技术研究中心，从事各类汽车专用半挂车的研发，同时积极与大专院校合作引进国内外先进技术，先后自主研发了20英尺集装箱运输半挂车（JFH9402TJZ）、45英尺集装箱运输半挂车（JFH9404TJZE）、40英尺集装箱运输半挂车（JFH9400TJZ、JFH9401TJZE）、仓栅式运输半挂车（JFH9400CCYE）、危险品罐箱骨架运输半挂车（JFH9400TWY）、半挂车（JFH9400）、仓栅式运输半挂车（JFH9400CCY）、中密度粉粒物料运输半挂车（JFH9400GFL）、低平板半挂车（JFH9400TDP）、平板运输半挂车（JFH9400TPB、JFH9400TPBE）、自卸半挂车（JFH9400ZLB）、车辆运输半挂车（JFH9220TCL）等多种系列产品，2016年2月29日，产品已通过工信部工业装备司工厂审查，产品型号已经在工信部公告目录公示，自公司公告目录，大量引进技术人才。2017年共有职工128人，各类专业技术人员

12人，其中，高级工程师3人，工程师12人。

【江苏智信塑胶科技有限公司】 采用日本著名化学企业，三菱化学株式会社的工艺技术和配方，专业生产科技含量高的新一代PO涂覆膜，EVA消雾膜，复合功能地膜等产品。公司占地105亩，总投资1.2亿人民币，位于江苏徐州大屯工业园区，拥有广东金明精机8条高端生产线（塑化和电器部分德国进口），德国进口微机控制全自动混料系统。精选国内外优质原料树脂（全部使用日本进口功能助剂），确保了高端薄膜的卓越品质。速丰牌高性耐用农用PO膜，具有以下特点：与薄膜同步的流滴、消雾期国内现有的棚膜一般只能持续3~6个月，使用日本高端技术助剂给薄膜加了一层科技内衣，可高效抑制雾气产生，水滴在膜面形成水膜均匀流下，流滴消雾期可达3~5年，有效地降低棚内温。由于使用了美国埃克森的高科技聚烯烃原料，0.08毫米的薄膜强度超过国际0.12毫米的指标，抗拉伸耐磨损，抗风能力强，尤其适用于卷帘机。产品属性"速丰"高性耐用农用PO膜（涂覆）薄膜强度高，使用寿命长，0.1毫米厚度的"速丰"PO膜寿命可达3年以上，可连续使用多年不用拆换。

【徐州一帆新能源科技有限公司】 是一家专业生产单晶硅、多晶硅太阳能电池板，动力或储能纯三元锂电池组，太阳能纳米锂电一体化路灯系统，太阳能庭院灯系统，太阳能离网并网发电系统等太阳能应用产品的高科技企业。公司现有60多人，国家专利60多项，建立了江苏省博士后创新实践基地流动站1个，2015年获得国家高新技术企业称号，江苏省民营科技型企业称号。现有标准厂房10000平方米。公司太阳能锂电一体化路灯解决了农村、市政照明长期效果不佳、成本过高、寿命不长、安装维护难的问题，目前拥有多项专利，市场反应良好。目前在中国市场上，一帆品牌定位为高端品牌，有5项专利填补市场空白，有自主定价权。

【江苏鹏翔新材料科技股份有限公司】 前身徐州鹏翔纺织有限公司，始建于2004年5月，于2004年11月经沛县工商行政管理局批准成立，法定代表人董良骝，2005年1月10日建成投产。2015年进行股份制改革并正式启动国股转挂牌（"新三板"挂牌）项目，经过多年的发展和积累，公司逐步形成纺、织、并于一体的集团公司经营模式。集团公司注册资本金总额1.5亿元，总资产5亿元，拥有环锭纺纱锭20万锭，旗下拥有鹏翔纺织、海韵纺织、润鹏纺织、鹏威纺织、盛翔纺织等7家子公司。公司年生产粘胶短纤30s、32s、40s、45s、60s及天丝、紧密纺、紧密赛络纺、赛络纺、强念纱、竹节纱、竹炭纱等品种纱线3000余吨，该产品主要用于服装面料的生产。公司成立13年来，经营业绩良好。随着企业的不断发展和完善，公司抗市场风险的能力在逐步增强。公司设备采用德国进口清梳联、高效并条机、FA498粗纱机8台、FA506细纱机、萨维奥自动络筒机以及日本村田自络筒、电子清纱器、实验仪器等新型纺织设备。

【徐州广勤米业有限公司】 位于素有"鱼米之乡"美誉的微山湖畔，优良的地理环境，得天独厚的水利资源和气候资源，为广勤米业有限公司产品的品质奠定了良好基础。公司前身为沛县广勤稻谷加工厂，2010年改革成为公司，为自然人独资企业，注册资金1510万元。2011年，"福乐园""广勤"牌系列大米获得徐州市-产品称号。2012年公司被评为农业产业化市级龙头企业。公司现是集基地有机转换种植及收购、烘干仓储、加工、销售为一体的综合性生产企业，有机转换稻米基地2600亩，已形成农业全程机械化作业种植。占地面积4万平方米，总资产4500万元，现有员工55人（其中，专业技术人员10人，其余为下岗职工和农民工），公司拥有-的精米生产线两条，日生产能力达300吨。所生产"福乐园""广勤"牌系列大米以公司绿色生态种植基地内的优质水稻为原料，严格按照工艺流程生产，选用先进的设备，保证产品质量，色选设备提高米粒的外在感官，烘干设备解决了稻谷升温过程中爆腰破损的问题，米机设备保证了加工过程的整精米率，同时在工艺上不断创新，采用纯净水抛光，保证产品绵软适口的良好品质。公司拥有成熟的销售运输队伍，以“以诚为本，以信为先，微利经营，以量取胜”的经营理念，建立全国范围内良好的销售网，在完善现有的周边徐州各大超市及农副产品批发市场外又成功进入全国十几个省市市场。

【徐州凯迪桑拿设备有限公司】 成立于1996年，是一家专业设计、生产、销售远红外线光波浴房、传统桑拿房、汗蒸房（托玛琳房）、全频谱养生汗蒸房、桑拿炉、远红外光波浴房附件、传统桑拿房附件系列健康产品的大型民营企业。企业已通过ISO 9001国际质量管理体系认证，产品认证有CE、ROHS以及ETL证书，且拥有自营进出口权。生产的桑拿房以优异的品质、精湛的做工、高雅的外观以及适中的价格受到国内外客户的好评，产品远销至北美、南美、欧洲以及东南亚等50多个国家和地区。公司全面实施国际化战略，已建立起一个具有国际竞争力的全球设计、采购、营销与服务网络。为了方便和客户更好的沟通，公司在深圳设立了办事处，主要负责外贸销售工作。

【徐州市华晟纺织有限公司】 始建于2000年，占地20万平方米，地处苏鲁豫皖交接处，江苏沛县杨屯镇工业区紧靠沛龙公路，交通便利，地理位置得天独厚。现有员工1100多名、工程师30名、经济师8名、助工及各类工程技术110名。拥有固定资产3.5亿元，厂房16万多平方米、20万纱锭、年产35000多吨各种规格纯棉、化纤、混纺、赛络纺、赛络紧密纺粘胶纱。产品覆盖全国十多个省、四十多个地区，成为沛县纺织集聚区内最大的纺织企业。公司引进具有国内一流的生产流水线，备有完整的高科技检测设备。清纺机清梳联先进的自调匀整机构、自调匀整的并条机，粗纱享有人机对话的先进液晶显示屏，细纱配备国内先进的新一代超高精度无机械波罗拉，一系列先进设备保证公司成纱质量，自络筒是全进口的萨维奥，保证成纱出厂前产品的严格控制，提高高支纱的产品质量。连续多年被评为质量管理达标企业，重合同守信誉及AAA级资信企业。

（张珂欣）

电力工业

【概况】 2017年，沛县全社会用电量38.04亿千瓦时，同比增长6.1%，用电总量在全市五县二区中跻身第二。电网调度最高负荷69.42万千瓦，同比增长5.34%。公司完成售电量34.88亿千瓦时，同比增长9.48%，实现连续安全生产10097天。设有7个职能部室，2个二级机构，下辖15个供电所，承担沛县130万人口、49.03万电力客户供电与服务任务。全县共有变电站28座，其中，220千伏变电站3座，110千伏变电站15座，35千伏变电站10座，主变总容量2575兆伏安。管辖35千伏及以上线路578.52公里，10千伏配电线路214条2751.9公里。先后荣获省公司职工服务劳动竞赛先进集体、省公司模范职工之家、江苏省厂务公开民主管理先进单位、市公司文明单位、安全生产先进单位等荣誉称号。

【电网安全】 开展“三查三强化”等十项安全主题活动，以第二班组建设为抓手，加强施工队伍管控，进行《电力安全工作规程》培训考试。有效应对高温、暴雨、龙卷风等恶劣天气，确保迎峰度夏期间安全可靠供电。提升作业现场安全监管能力和服务规范，开展各类作业现场督查，开展电网设备、线路通道隐患专项治理行动，电网设备故障率同比下降5.46%。

【电网建设】 电网建设投资5.47亿元，完成配网工程项目470个共1.33亿元，农网工程项目1064个共1.4亿元。有序推进220千伏宜沛变、110千伏滨城变等重点工程，完成110千伏龙北变、周庄—龙北110千伏线路工程的启动送

新建变电站

电工作，110千伏沛县变综自改造顺利实施。开展鹿楼、杨屯等4次配农网大规模集中施工，用户平均停电时间同比下降40%，电网承载能力显著增强。遵循依法治企要求，实施以政府为主体，引入第三方机构评估，全过程痕迹化管控的属地政处费用赔付模式。完成全县全额上网光伏企业5家，装机总容量24.08兆瓦。

【优质服务】 秉承“四个服务”宗旨，开展优质服务主题活动。牵头召开沛县电力工作会议，发布“十项履责方案”。做好煤矿、化工企业、公众活动场所等高危重要客户内部安全用电检查告知和报备工作。开展“百千万”走访活动，主动靠前服务，做好集中调研走访，完成赵庄村的专项帮扶线路架设、李集村的农电网改造，配合市供电公司开展走访帮扶“育才助学”活动，助力精准扶贫。发布服务沛县经济社会可持续发展报告书，彰显和传播责任央企价值。

【企业管理】 对接全县“三重一大”工程和为民实事工程，深化政企关系构造，配合市政建设顺利完成东风路、樊哙路等7项电力迁改工程。联合勘查验收，稳妥解决临时用电带小区问题。参与智慧城市、生态文明城市建设，推进源网荷互动，鼓励使用电能等清洁能源，加大电锅炉替代燃煤热风炉的推进力度，减少大气污染物排放。联合县政府共同构建“无燃煤”示范区，完成替代电量1亿千瓦时。成立供电服务组，进驻经济开发区，助推工业园区持续快速发展。

【党建工作】 推进“两学一做”学习教育常态化制度化，落实“旗帜领航·三年登高”行动方案。创新开展“组织在身边·书记面对面”“向先进看齐·做合格党员”活动。落实党委委员复合式分工职责，项目化落实片区分工。修订完善公司“三重一大”决策实施办法。试点开展供电所“两会一公开”议事规则。开展反腐倡廉警示教育，组织开展开放式党课、新媒体作品创意大赛、周末课堂等一系列活动，公司员工队伍不断焕发组织活力。序时推进“光荣致敬”计划。“双师双岗”青年人才培养模式在国网、省市公司获得关注和认可。公司员工屈原勇荣获全国五一劳动奖章。新龙公司“职工书屋”通过省工会示范点验收。张庄供电所获省公司“四星级供电所”称号。 （邵　柯）

开放型经济

【概况】 2017年，新批外商投资企业23家，协议注册外资3.78亿美元，实际到账注册外资完成1.3亿美元，完成市计划1.34亿美元的128.97%，同比增长32.55%。2017年沛县进出口总额32.5亿元，同比增长63.13%，完成市计划23.1亿元的140.81%，其中，自营出口31.46亿元，同比增长65.72%，进口1.07亿元，同比增长11.62%。

【大项目到账】 到账19个外资项目中总投资超1000万美元的企业有16家，累计到账1.63亿美元，占外资总到账的94.1%，大项目资金到位是2017年外资到账的主要基础。

【进出口增降互现】 受各种因素影响，部分骨干企业进出口下滑，重点行业进出口增降互现。稀土、农产品下降明显，稀土进出口3236.49万元，同比下降18.4%；农产品进出口1.25亿元，同比下降3.1%。铸件、轻纺保持增长，铸件进出口2.74亿元，同比增长66.1%；轻纺产品进出口3.63亿元，同比增长47.5%。

【进出口骨干企业】 全县进出口超过6000万元的企业有12家，累计完成进出口18.47亿元，占全县出口总量的56.8%。其中，龙工场跨境电商进出口6.78亿元，麦企信息科技进出口2.24亿元，云颐无纺布制品进出口1.22亿元，东明铸造进出口9920.61万元，骨干企业的出口成为沛县外贸出口的主要支撑。

【新增长点培育】 有进出口实绩的企业87家，实现进出口零突破的企业44家，新办理对外贸易经营者备案企业66家。通过国内外展会摊位补贴等扶持措施，新增长点沛县汉方机械制造有限公司、徐州国宏包装有限公司出口增幅明显。汉方机械制造出口5029.03万元，同比增长955.8%；国宏包装出口3692.14万元，同比增长718.3%。

【碧桂园落户沛县】 11月世界500强碧桂园集团在沛县成立沛县汉邦碧桂园房地产开发有限公司，该公司总投资3.3亿元，利用外资1983万美元，占地500亩左右，开发40万平方米高档房地产项目，12月份外资全部到账。

2017年沛县外资项目到账情况表

表2

单位：万美元

序号	企业名称	投资外方	投资总额	注册资金	经营范围	到账外资	责任单位
1	徐州达亿程新材料有限公司	中宇投资有限公司	22000万元	22000万元	电子元器	496.37	开发区
2	徐州核润光能有限公司	香港华大发展有限公司	5000	1000	太阳能发电	50	开发区
3	徐州佳彩照明设备项目	香港白春荪	4980	4980	照明器具制造	3070	开发区
4	徐州核瑞太阳能电力有限公司	中核能源发展有限公司	2294.82	917.93	太阳能发电	450	开发区
5	徐州璟锋能源有限公司	香港盛信国际有限公司	580.29	580.29	炭、焦炭销售	591.69	龙固镇
6	徐州苏扬达化工科技有限公司	双赢贸易有限公司	20000万元	8200万元	化工贸易	297.23	杨屯镇
7	沛县汇金建设发展有限公司	香港国鸿国际投资有限公司	10000	10000	基础设施建设	3371.99	国资公司
8	徐州帆定杨金属制造有限公司	香港杨定国	3000	1500	金属工具制造	500	沛城镇
9	江苏泰狄信置业有限公司	BANKOFJIANGSUCOLTD	36920万元	18460万元	房产开发	198.529	开发区
10	沛县天蓝光电科技有限公司	香港李丽敏	4500	4000	电子器件	2600	开发区
11	沛县信聚达机械制造有限公司	聚信达资产管理有限公司	3000	1200	机械加工	500	大屯镇
12	徐州苏扬达化工科技有限公司	双赢贸易有限公司	20000万元	8200万元	化工贸易	238.999	杨屯镇
13	徐州巨阳菌业有限公司	阿联酋巨阳建筑有限责任公司	500	500	房地产开发	113	张庄镇
14	沛县游香工具制造有限公司	香港游香娟	3000	1500	工具制造	1400.03	张庄镇
15	徐州顺固物资贸易有限公司	香港保利国际集团有限公司	308.75	308.75	化工产品	310.45	龙固镇
16	沛县汉邦碧桂园房地产开发公司	恒宙国际有限公司	4963.02	1983.52	房地产开发	1994.43	朱寨镇
17	徐州中宁贸易实业有限公司	中乾国际投资管理有限公司	3000	1506.09	贸易	500	敬安镇
18	沛县威格电器科技有限公司	香港梭乐有限公司	3000	3000	电器生产	600	杨屯镇
	合　计					17282.718	

2017年沛县对外贸易经营者备案登记名单表

表3　　单位：

序号	企业名称	法　人	地址（经营场所）	电话号码	传　真	注册资金	性　质	电子邮箱
1	徐州万国生物能源科技有限公司	蒋立军	沛县工业园区苏福路1号	0516-80367222	0516-80193666	1018	有限责任公司	jianglijunfa@163.com
2	江苏珀然股份有限公司	彭桂云	沛县经济开发区珀然路一号	18360588008	0518-83886152	16000	股份有限公司	CW001@pomlead.com
3	沛县金鹏轻纺有限公司	张朝林	沛县沛屯大道中段	15262119055	0516-89653658	300	有限责任公司	304663858@qq.com
4	沛县一昕进出口贸易有限公司	韩一昕	沛县沛城街道办事处邓元新村四号	0516-89635592	0516-89635592	10	有限责任公司	519637276@qq.com
5	江苏珀然车轮销售有限公司	彭桂云	江苏省徐州市沛县经济开发区珀然路一号	0516-3886152	0516-83886152	1000	有限责任公司	CW001@pomlead.com
6	徐州中天科尔物流有限公司	魏　彬	沛县大屯镇南京路西侧农经中心综合楼	025-85203062	025-85203021	5000	有限责任公司	zhuwenxuan@njyingze.com
7	徐州万威国际贸易有限公司	梁锦华	沛县经济开发区沛公路北侧、汉润路东侧	18914847878	0516-80196678	2000	有限责任公司	627494275@qq.com
8	徐州宏翔玻璃制品有限公司	丁启勇	沛县五段镇后六段2组	0516-85910296	0516-85910296	200	有限责任公司	d85910296@163.com
9	徐州欧润泵业有限公司	苗　惠	沛县沛城街道办事处东外环沛县驾校培训基地向东2公里白河村西端	18168225160	0516-81201099	200	有限责任公司	XZOR1099@163.com
10	江苏华昌铝厂有限公司	李竞文	江苏省徐州市沛县经济开发区汉兴路东	0516-89940719	0516-89940829	700	合资经营企业	315758202@qq.com
11	江苏双康铝业有限公司	孙守喜	沛县魏庙镇轻工业园区沿湖路东侧	13952157901	0516-89850026	2000	有限责任公司	hanhan881010@126.com
12	徐州乾坤矿山设备有限公司	朱信民	沛县安国镇双楼工业园区	0516-89991792	0516-89991792	1000	有限责任公司	631621069@qq.com
13	徐州广友纺织有限公司	蔡雅兵	沛县朱寨镇朱岗村	15852453999	0516-89719222	600	有限责任公司	807114349@qq.com
14	徐州思杰新材料有限公司	朱思杰	沛县大屯街道办事处朱大庄村6组115号	15252278632	0516-8056632	200	一人有限责任公司	260337278@qq.com
15	沛县新丝路纺织有限公司	高凤玲	沛县鹿楼镇工业园区	13327958066	0516-89994777	500	有限责任公司	1594270377@qq.com
16	徐州忠意饲料有限公司	杨忠玉	沛县经济开发区1号路北	15190651188	0516-81220777	1000	有限责任公司	851821162@qq.com
17	徐州果贝食品有限公司	候士武	沛县经济开发区2号路北侧汉祥路东侧	0516-80193903	0516-80193903	1001	有限责任公司	xzgbsp@163.com

续表 3

序号	企业名称	法　人	地址（经营场所）	电话号码	传　真	注册资金	性　质	电子邮箱
18	江苏馨野生态农业科技有限公司	付道坤	沛县沛城街道办事处任庄新村	15952225528	0516-89637140	7000	有限责任公司	15252267340@163.com
19	江苏江龙新能源科技有限公司	王自江	沛县杨屯镇工业集中区工业大道 8 号	15152804228	0516-89898978	2000	有限责任公司	381529430@qq.com
20	沛县天同贸易有限公司	刘素兰	沛县龙固镇镇东居电商大楼四楼 402 室	15365865000	0516-89921438	500	有限责任公司	878974226@qq.com
21	沛县天之浩贸易有限公司	李宗田	沛县龙固镇镇东居电商大楼四楼 403 室	0516-80357279	0516-89921439	500	有限责任公司	878974227@qq.com
22	徐州温暖纺织有限公司	温瑞强	沛县安国镇政府驻地			2000	有限责任公司	
23	江苏首盾耐磨材料有限公司	单东峰	沛县经济开发区华宇电子西侧、华润纺织南侧	13512576973	0516-81208777	5000	有限责任公司	shanfeng8899@163.com
24	徐州双兴铝业有限公司	孙　波	沛县魏庙镇工业园区	15190694345	0516-89850026	518	有限责任公司	hanhan881010@126.com
25	江苏香道食品有限公司	杨须跃	沛县经济开发区南环西路 19 号	0516-89950777	0516-82165777	1100	有限责任公司	2833162330@qq.com
26	徐州涂海进出口贸易有限公司	李广彬	沛县五段镇龙兴路西侧	0516-80366190	0516-80366190	200	有限责任公司	2603232@qq.com
27	徐州利优进出口贸易有限公司	李维金	沛县五段镇龙兴路西侧	0516-80366190	0516-80366190	200	有限责任公司	260337278@qq.com
28	徐州栗达电子科技有限公司	闫业民	沛县沛城街道办事处蒋庄村 102 号	0516-80366610	0516-80366610	500	有限责任公司	2603238@qq.com
29	徐州坤盈建筑材料有限公司	曾召兵	沛县沛城街道办事处邓元新村 26 号	0516-80366610	0516-80366610	300	有限责任公司	260337278@qq.com
30	徐州雪基进出口贸易有限公司	薛安基	沛县五段镇五段 2 组	0516-80366190	0516-80366190	200	有限责任公司	260337278@qq.com
31	徐州锦业纺织科技有限公司	魏垂军	沛县栖山镇胡楼工业园区	15852230101	0516-85919899	500	有限责任公司	chp150012@163.com
32	徐州龙工场跨境电商有限公司	宋晓枫	沛县经济开发区韩信路北侧	18623051129	0516-69090555	10000	有限责任公司	4049804@qq.com
33	徐州裕丰纺织有限公司	李正运	沛县朱寨镇燕牌坊村龙工路南路	0516-89710899	0516-89710899	300	有限责任公司	you58168@163.com

续表3

序号	企业名称	法　人	地址（经营场所）	电话号码	传　真	注册资金	性　质	电子邮箱
34	徐州玉芳服饰有限公司	胡玉芳	沛县大屯街道办事处工业园区	0516-80353924	0516-80353924	450	有限责任公司	260337278@qq.com
35	江苏觅利制衣有限公司	刘效君	徐州市沛县魏庙镇工业园区18号	18651788658	0516-89850026	2000	有限责任公司	hanhan881010@126.com
36	徐州祥达皮具制品有限公司	王东亮	江苏省徐州市沛县魏庙镇魏庙村	15298718039	0516-89850216	1000	有限责任公司	hanhan881010@126.com
37	沛县中金商贸有限公司	时　可	沛县经济开发区	0516-69090027	0516-69090555	20000	有限责任公司	578919623@qq.com
38	江苏汉威国际贸易有限公司	魏玉玉	沛县经济开发区韩信路北侧	0516-80196678	0516-80196678	1000	有限责任公司	458681117@qq.com
39	徐州莱伟服饰有限公司	刘茂海	沛县鹿楼镇工业园区15号	0516-80357987	0516-80357987	200	有限责任公司	260337278@qq.com
40	徐州环亚交通运输设备有限公司	刘祥华	沛县龙固镇工业园区	15852225955	0516-89711888	2200	有限责任公司	335200323@qq.com
41	沛县敬财建材有限公司	高家民	沛县敬安镇冶金铸造产业园	0516-80367706	0516-89775005	200	有限责任公司	lqpcom@163.com
42	徐州安莱冶金材料有限公司	徐光永	沛县敬安镇金虹大道	0516-80367706	0516-89775005	300	有限责任公司	lqpcom@163.com
43	徐州沣收喷灌设备有限公司	孟　松	沛县汉润路西侧	0516-80366190	0516-80366190	2020	有限责任公司	778952275@qq.com
44	沛县汉祥纺织有限公司	张　强	沛县安国镇工业园区	0516-89995417	0516-89995837	100	有限责任公司	879085814@qq.com
45	闽州（江苏）户外用品有限公司	史建忠	沛县张寨镇唐楼村西、栖唐张路南	0516-89625712	0516-89627679	260万美元	独资经营企业	xuxhou.ky@kybags.com
46	徐州麦企信息科技有限公司	时　可	沛县经济开发区韩信路北侧	0516-89619197	0516-89619197	1000	有限责任公司	mm@hhcyd.net.cn
47	徐州龙昂商贸有限公司	时　可	沛县经济开发区韩信路北侧	0516-89619197	0516-89619197	1000	有限责任公司	mm@hhcyd.net.cn
48	徐州佳昶农业科技股份有限公司	贾　敏	沛县沛城镇任庄村	0516-89646210	0516-89648710	796	股份有限公司	519637276@qq.com
49	徐州跨境云贸易有限公司	魏　然	沛县经济开发区韩信路北侧	516-89031639	516-89031639	2000	有限责任公司	245992929@qq.com
50	徐州尚隆益光电有限公司	郭彩霞	沛县汉润路6号	0516-89625161	0516-89627181	500	有限责任公司	DONGDONGMING@163.com

续表 3

序号	企业名称	法　人	地址（经营场所）	电话号码	传　真	注册资金	性　质	电子邮箱
51	沛县连明粮食贸易有限公司	侯　标	沛县五段镇许口村东	0516–89865538	0516–89865538	200	有限责任公司	47737563@qq.com
52	江苏康适达新材料科技有限公司	金小平	沛县张庄镇工业园区一路南侧	13901929201	51689870758	1000	有限责任公司	253171979@qq.com
53	徐州宏彭工程机械有限公司	李彩会	沛县大屯街道办事处高新技术产业开发区 8 号	0516–80353924	0516–80353924	350	有限责任公司	260337278@qq.com
54	徐州雅亮商贸有限公司	谭　凯	沛县经济开发区韩信路北侧	0516–89619197	0516–89619197	1000	有限责任公司	645760211@qq.com
55	徐州壹世佳商贸有限公司	谭　凯	沛县经济开发区韩信路北侧	0516–89619197	0516–89619197	1000	有限责任公司	645760212@qq.com
56	江苏双信建筑工程有限公司	刘新华	沛县经济开发区韩信路北侧	13512575939	0516–89631465	11158	有限责任公司	1105671332@qq.com
57	徐州宏阳新材料科技有限公司	邵明阳	沛县大屯街道办事处	0516–89955555	0516–85911929	10000	有限责任公司	1142536452@qq.com
58	徐州金水呈工贸有限责任公司	刘进平	沛县龙固镇徐济公路北	13852123016	0516–89921169	100	有限责任公司	525002278@qq.com
59	徐州恒韵祥包装有限公司	王步学	沛县栖山镇胡楼工业园区内	13852021881	51689637286	200	有限责任公司	434518839@qq.com
60	江苏丰源车业有限公司	师　文	江苏省徐州市沛县经济开发区沛公路科技创业园 3 号楼	15061702598	0516–67015950	1000	有限责任公司	651374698@qq.com
61	沛县汉唐企业管理有限公司	蔡可成	江苏省徐州市沛县朱寨镇中心街 6 号	18361535309	0516–89643208	1500 万美元	合资经营企业	3282175721@qq.com
62	徐州嘉寓光能科技有限公司	战桐腾	沛县经济开发区沛公路北侧、汉康路东	0516–80250000	0516–80251807	5000	有限责任公司	37368153@qq.com
63	江苏汉岳塑料设备有限公司	王晓侠	沛县经济开发区韩信路北侧	15862270026	0516–89624982	1000	有限责任公司	15862270026@139.com
64	徐州庚金商贸有限公司	耿洪珍	沛县经济开发区韩信路北侧	13327957371	0516–89653332	500	有限责任公司	23748495@.qq.com
65	江苏湖西工贸有限公司	陈　蒙	沛县湖西农场轧花厂西侧	0516–89820222	0516–89820222	1000	有限责任公司	83510202@qq.com
66	徐州三胜桑拿设备有限公司	江何兵	沛县张庄镇范庄村东李庄	0516–89879222	0516–89879222	200	有限责任公司	yuanfen5257@163.com

2017年1—12月沛县企业自营进出口情况表

表4

单位：万元

单位名称	出口			进口			进出口	
	当月	累计	上年同期	当月	累计	上年同期	当月	累计
合　计	31710.35	314620.70	189855.61	771.28	10658.27	9548.73	32481.71	325278.97
江苏大风乐器有限公司	104.91	1389.28	768.77	0.00	0.00	0.94	104.91	1389.28
徐州大丰食品有限公司	1090.09	10293.84	11421.24	58.84	1314.68	440.06	1148.93	11608.52
徐州恒辉编织机械有限公司	449.81	4315.89	2912.80	0.00	233.59	19.75	449.81	4549.48
沛县东方铸造有限公司	868.14	8043.03	5507.89	0.00	0.00	0.00	868.14	8043.03
沛县东明铸造有限公司	1124.54	9920.61	6648.50	0.00	0.00	0.00	1124.54	9920.61
沛县兴艺工艺品有限公司	6.13	32.65	29.69	0.00	0.00	0.00	6.13	32.65
徐州海兰特桑拿设备有限公司	344.44	2500.50	2432.87	0.00	0.00	0.00	344.44	2500.50
徐州凯迪桑拿设备有限公司	98.11	1137.25	1298.96	0.00	0.00	0.00	98.11	1137.25
江苏金石稀土有限公司	47.71	3632.49	3571.27	0.00	0.00	881.50	47.71	3632.49
沛县东士铸造有限公司	405.06	4187.02	2655.61	0.00	0.00	0.00	405.06	4187.02
沛县柏源工贸有限公司	0.00	47.57	96.37	0.00	0.00	0.00	0.00	47.57
江苏华丰铝业有限公司	1007.49	3889.66	0.00	0.00	0.00	0.00	1007.49	3889.66
徐州江龙炭素制品有限公司	0.00	368.69	352.43	0.00	0.00	0.00	0.00	368.69
徐州富海电子科技有限公司	0.00	0.00	0.00	0.00	0.38	0.00	0.00	0.38
徐州福中福食品有限公司	35.25	601.85	502.09	0.00	0.00	0.00	35.25	601.85
徐州互发贸易有限公司	9.28	428.79	131.17	0.00	0.00	0.00	9.28	428.79
沛县海韵纺织有限公司	917.55	4679.00	1840.33	0.00	0.00	0.00	917.55	4679.00
徐州天裕燃气发电有限公司	0.00	0.00	0.00	0.00	2.95	0.00	0.00	2.95
徐州博飞派特国际贸易有限公司	55.79	939.74	922.32	0.00	0.00	0.00	55.79	939.74
徐州金学进出口有限公司	0.00	18.14	19074.39	0.00	0.00	0.52	0.00	18.14
海通食品徐州有限公司	0.00	303.49	472.65	0.00	0.00	70.34	0.00	303.49
徐州云颐无纺布制品有限公司	698.35	10963.38	9444.15	137.24	1280.69	1243.45	835.59	12244.07
徐州新地食品贸易有限公司	0.00	10.44	11.96	0.00	0.00	0.00	0.00	10.44

续表 4

单位名称	出口			进口			进出口	
	当月	累计	上年同期	当月	累计	上年同期	当月	累计
徐州宏瑞胶合板厂	0.00	568.77	791.98	0.00	0.00	0.00	0.00	568.77
徐州康之源桑拿设备有限公司	195.12	1494.02	807.55	0.00	0.00	0.00	195.12	1494.02
徐州鹏翔纺织有限公司	0.00	1430.07	5877.49	0.00	0.00	0.00	0.00	1430.07
徐州凌云硅业有限公司	0.00	18.68	31.54	0.00	0.00	0.00	0.00	18.68
徐州嘉信纺织有限公司	530.99	3602.00	2514.57	0.00	0.00	0.00	530.99	3602.00
沛县东光铸造有限公司	0.00	32.09	2474.88	0.00	0.00	0.00	0.00	32.09
徐州德克沃体育用品有限公司	18.92	46.13	31.68	0.00	0.00	0.87	18.92	46.13
江苏发百国际贸易有限公司	0.00	0.00	0.00	0.00	25.99	22.56	0.00	25.99
徐州江龙炭材科技有限公司	0.00	253.20	427.59	0.00	0.00	0.00	0.00	253.20
沛县宝顺进出口贸易有限公司	0.00	36.06	95.27	0.00	0.00	0.00	0.00	36.06
徐州国贸新材料有限公司	67.74	925.16	240.11	0.00	19.70	0.00	67.74	944.87
徐州华钢耐磨材料有限公司	44.85	826.45	94.49	0.00	0.00	0.32	44.85	826.45
沛县美燕进出口贸易有限公司	0.00	5020.51	3828.69	0.00	0.00	0.00	0.00	5020.51
徐州广朋纺织有限公司	340.29	1840.98	680.63	0.00	0.00	0.00	340.29	1840.98
徐州国宏包装有限公司	220.36	3692.14	451.21	0.00	0.00	0.00	220.36	3692.14
徐州鑫宇光伏科技有限公司	0.00	0.00	0.00	510.23	3643.15	6652.35	510.23	3643.15
江苏丰源铝材料科技有限公司	202.17	2053.75	577.06	0.00	1075.22	0.00	202.17	3128.97
徐州欧泽机械制造有限公司	0.00	4.19	0.00	0.00	0.00	0.00	0.00	4.19
徐州群硕机电科技有限公司	0.00	13.88	9.58	0.00	0.00	0.00	0.00	13.88
徐州翔博桑拿设备有限公司	3.97	14.44	0.00	0.00	0.00	0.00	3.97	14.44
沛县晋佳商贸有限公司	0.00	821.77	764.02	0.00	0.00	0.00	0.00	821.77
沛县龙盛纺织有限公司	0.00	500.28	0.00	0.00	0.00	0.00	0.00	500.28
沛县汉方机械制造有限公司	568.93	5029.03	476.33	0.00	0.00	0.00	568.93	5029.03
徐州长兴纺织有限公司	0.00	390.80	0.00	0.00	0.00	0.00	0.00	390.80
江苏丰联新能源科技有限公司	62.46	1752.31	0.00	0.00	0.00	0.00	62.46	1752.31
沛县贵源进出口贸易有限公司	0.00	2955.24	4919.82	0.00	0.00	0.00	0.00	2955.24

续表 4

单位名称	出口			进口			进出口	
	当月	累计	上年同期	当月	累计	上年同期	当月	累计
沛县恒赐贸易有限公司	0.00	4553.62	0.00	0.00	0.00	0.00	0.00	4553.62
沛县祥巨进出口贸易有限公司	0.00	5171.35	6276.27	0.00	0.00	0.00	0.00	5171.35
沛县纳宏商贸有限公司	0.00	2780.54	2348.38	0.00	0.00	0.00	0.00	2780.54
徐州美狮宝婴儿用品有限公司	0.00	0.00	0.00	0.00	16.92	9.69	0.00	16.92
徐州龙工场跨境电商有限公司	392.36	67793.94	7455.76	0.00	0.00	0.00	392.36	67793.94
江苏天柱物资贸易有限公司	0.00	2082.21	0.00	0.00	0.00	0.00	0.00	2082.21
徐州宏翔玻璃制品有限公司	0.00	12.81	0.00	0.00	0.00	0.00	0.00	12.81
沛县百顺云进出口有限公司	0.00	915.21	0.00	0.00	0.00	0.00	0.00	915.21
沛县富泓利贸易有限公司	0.00	4693.35	0.00	0.00	0.00	0.00	0.00	4693.35
徐州珀然车轮销售有限公司	93.48	930.51	0.00	0.00	219.68	0.00	93.48	1150.19
沛县一昕进出口贸易有限公司	0.00	6317.70	0.00	0.00	0.00	0.00	0.00	6317.70
徐州万威国际贸易有限公司	2101.43	11593.49	0.00	0.00	0.00	0.00	2101.43	11593.49
徐州思杰新材料有限公司	0.00	4474.13	0.00	0.00	0.00	0.00	0.00	4474.13
徐州利优进出口贸易有限公司	0.00	3695.14	0.00	0.00	0.00	0.00	0.00	3695.14
沛县天之浩贸易有限公司	0.00	5464.36	0.00	0.00	0.00	0.00	0.00	5464.36
徐州双兴铝业有限公司	0.00	6722.22	0.00	0.00	0.00	0.00	0.00	6722.22
徐州雪基进出口贸易有限公司	0.00	3554.21	0.00	0.00	0.00	0.00	0.00	3554.21
徐州玉方服饰有限公司	0.00	4617.39	0.00	0.00	0.00	0.00	0.00	4617.39
徐州栗达电子科技有限公司	0.00	6537.16	0.00	0.00	0.00	0.00	0.00	6537.16
徐州桃哥桃弟食品有限公司	0.00	19.82	0.00	0.00	0.00	0.00	0.00	19.82
沛县天同贸易有限公司	0.00	5322.86	0.00	0.00	0.00	0.00	0.00	5322.86
徐州坤盈建筑材料有限公司	0.00	6149.48	0.00	0.00	0.00	0.00	0.00	6149.48
徐州安莱冶金材料有限公司	0.00	4346.78	0.00	0.00	0.00	0.00	0.00	4346.78
江苏江龙新能源科技有限公司	401.46	5380.20	0.00	0.00	0.00	0.00	401.46	5380.20
沛县敬财建材有限公司	0.00	4391.19	0.00	0.00	0.00	0.00	0.00	4391.19
江苏中宇光伏科技有限公司	635.41	2024.25	0.00	0.00	0.00	0.00	635.41	2024.25

续表 4

单位名称	出口			进口			进出口	
	当月	累计	上年同期	当月	累计	上年同期	当月	累计
徐州涂海进出口贸易有限公司	0.00	1499.01	0.00	0.00	0.00	0.00	0.00	1499.01
徐州宏彭工程机械配件有限公司	0.00	3562.47	0.00	0.00	0.00	0.00	0.00	3562.47
江苏汉威国际贸易有限公司	621.76	1019.71	0.00	0.00	0.00	0.00	621.76	1019.71
沛县汉祥纺织有限公司	0.00	1042.93	0.00	0.00	0.00	0.00	0.00	1042.93
徐州龙昂商贸有限公司	1569.75	1883.33	0.00	0.00	0.00	0.00	1569.75	1883.33
徐州麦企信息科技有限公司	15482.32	22405.40	0.00	0.00	0.00	0.00	15482.32	22405.40
沛县中金商贸有限公司	66.24	66.24	0.00	0.00	0.00	0.00	66.24	66.24
沛县塔松工艺品有限公司	0.00	84.20	87.48	0.00	0.00	0.00	0.00	84.20
徐州开元轻纺有限公司	45.53	1584.91	2023.51	0.00	0.00	0.00	45.53	1584.91
沛县美华工艺品有限公司	40.56	281.65	172.20	0.00	0.00	0.00	40.56	281.65
徐州鑫美工艺品有限公司	24.85	260.22	167.55	0.00	0.00	0.00	24.85	260.22
徐州人福伞业有限公司	0.00	845.67	1671.06	0.00	0.00	0.00	0.00	845.67
闽州（江苏）户外用品有限公司	204.81	628.51	0.00	0.00	0.00	0.00	204.81	628.51
元祥精密机电新沂有限公司	328.53	2234.17	944.66	0.00	2.19	0.00	328.53	2236.36
贝比酷普(徐州)贸易有限公司	0.00	0.00	0.00	0.00	20.42	126.46	0.00	20.42
江苏华昌铝厂有限公司	170.19	1689.44	469.18	0.00	0.00	0.00	170.19	1689.44
徐州永欣重工有限公司	0.06	7.18	7.46	0.00	0.00	0.00	0.06	7.18
徐州旭日美嘉木业有限公司	9.24	369.57	103.97	0.00	0.00	0.00	9.24	369.57
徐州阿特拉斯神斧工程机械有限公司	0.00	101.95	96.04	0.00	0.00	62.75	0.00	101.95
徐州汉永塑料新材料有限公司	0.00	57.34	0.00	0.00	0.00	0.00	0.00	57.34
江苏鲁汶仪器有限公司	0.00	0.00	0.00	64.98	706.72	0.00	64.98	706.72
信尔胜机械(江苏)有限公司	3.98	3.98	0.00	0.00	0.00	0.00	3.98	3.98
徐州苏扬达化工科技有限公司	0.00	2.01	0.00	0.00	2084.41	0.00	0.00	2086.43
利库路特新能源汽车江苏有限公司	0.00	4421.62	0.00	0.00	0.00	0.00	0.00	4421.62
徐州格瑞普沃特酒业有限公司	0.00	0.00	0.00	0.00	11.57	0.00	0.00	11.57

2017年沛县新批外商投资企业一览表

表5　　　　单位：万美元

序号	企业名称	投资外方	投资总额	合同外资	经营范围	所属单位	备注
1	江苏焯信贸易有限公司	健丰贸易（香港）有限公司	1441.55	216.23	贸易公司	开发区	新办
2	徐州达亿程新材料有限公司	新加坡中宇投资有限公司	336.37	336.37	电子元器	开发区	增资
3	徐州巨阳菌业有限公司	阿联酋巨阳建筑有限责任公司	500	500	房地产开发	开发区	增资
4	徐州市帆定杨金属制造有限公司	香港　杨定国	3000	1500	金属工具制造	沛城镇	新办
5	徐州佳彩照明设备有限公司	香港　白春葆	4980	4980	照明器具制造	开发区	新办
6	沛县和镁企业管理有限公司	香港和镁实业有限公司	6000	6000	企业管理服务	开发区	新办
7	徐州核瑞太阳能电力有限公司	中核能源发展有限公司	2294.82	449.79	太阳能发电	开发区	新办
8	江苏璟锋能源有限公司	香港盛信国际有限公司	580.12	580.29	炭、焦炭销售	龙固镇	增资
9	江苏泰狄信置业有限公司	HuaYuanGreenlifeLimited	204.8	204.8	房地产开发	开发区	增资
10	沛县天蓝光电科技有限公司	香港　李丽敏	4500	4000	电子器件	开发区	新办
11	徐州海斯特机械科技有限公司	日本　弓长自强	3000	100	机械加工	杨屯镇	新办
12	沛县信聚达机械设备制造有限公司	聚信达资产管理有限公司	3000	1200	机械加工	大屯镇	新办
13	江苏无比乐光电科技有限公司	韩国　李明锆	3000	1200	电子器件	张庄镇	新办
14	徐州沛云铝业有限公司	香港　陈淑连	2000	2000	铝压延加工	敬安镇	新办
15	徐州嘉伦电器有限公司	香港　梁嘉辉	4000	3000	电器制造	开发区	新办
16	徐州嘉伦农产品加工有限公司	香港　张嘉伦	302.98	302.98	稻壳有机饲料	魏庙镇	新办
17	沛县威格电器科技有限公司	香港梭乐有限公司	3000	3000	电器生产	杨屯镇	新办
18	华润新能源（沛县）有限公司	华润电力新能源投资有限公司	2723.83	1089.53	屋顶发电	商务局	新办
19	沛县游香工具制造有限公司	香港　游香娟	3000	1500	工具制造	张庄镇	新办
20	徐州苏扬达化工科技有限公司	新加坡双赢贸易有限公司	287.72	287.72	化工贸易	杨屯镇	增资
21	贝比酷普（徐州）贸易有限公司	新西兰　沙迪	300	200	纺织品贸易	河口镇	新办
22	徐州华港工艺品有限公司	香港　张恩铭	30.12	6.02	工艺美术品	张寨镇	新办
23	沛县安华机电有限公司	香港　卢洁贞	3000	1000	电工机械	安国镇	新办
24	沛县汉邦碧桂园房地产开发有限公司	恒宙国际有限公司	4963.02	1983.52	房地产开发	朱寨镇	新办
25	徐州中宁贸易实业有限公司	中乾国际投资管理有限公司	3000	1506.09	贸易	敬安镇	新办
26	徐州亚之丰农业发展有限公司	香港　张嘉伦	300	270	农产品加工	魏庙镇	新办
27	徐州顺固物资贸易有限公司	香港保利国际集团有限公司	308.75	308.75	化工产品	龙固镇	新办
28	徐州汇海时装有限公司	日本福田琢也	151.2	75.6	机织服装	栖山镇	新办
29	江苏泰狄信置业有限公司	D&SGREENPROPERTYONELIMITED	487.61	487.61	房产开发	开发区	减资
	合　计			38285.3			

（赵士锦　刘艳芝）

商贸流通

【概况】 2017年，全县商贸工作保稳定、顾大局，强职能、促发展，推改革、稳改制，抓党建、促和谐，实现商业系统和谐稳定发展。

【关爱困难职工】 关心困难职工和结对帮扶贫困户是商贸总公司的重要工作，深入到困难老党员、结对帮扶贫困户家中，全面了解他们的实际情况，对困难的家庭进行普遍的走访慰问，帮助病残职工和离退休人员解决生活中的急难问题。把因患大病或长期慢性病、医疗支出过大影响基本生活等有突出困难的家庭作为走访慰问送温暖的重点，切实帮助他们解决实际困难，关心困难职工结对帮扶贫困户的生活，使困难职工和贫困户感受到党、国家及单位的温暖，为构建和谐社会作出应有的贡献。

重温入党誓词

【安全维稳】 加强重大节会期间的维稳工作，执行党委成员挂钩包点制度和24小时带班值班制。针对不同稳控群体上访反映的有关问题，召开党政联席专题会议，完善应急预案，实行分级联保的24小时稳控，构建“三位一体”的大稳定防控体系，把不稳定因素化解在萌芽状态。认真落实《信访条例》，建立健全各项规章制度，党委成员按照接访分工时间安排，定期开展约访活动，广泛了解职工情意。 （陈 勇）

粮油购销

【概况】 2017年，以产业创新发展为目标、粮食购销为抓手、安全储粮为重点，推动全县粮食经济持续稳定发展。

【粮食购销】 收购粮食39.8万吨，其中，托市小麦20.3万吨、托市稻谷3.0万吨、自营小麦15.1万吨，自营稻谷1.4万吨。所有入库粮食质价相符，储存安全。销售粮食35.1万吨，其中，小麦32.4万吨、稻谷2.7万吨。

夏秋两季托市收购期间，各收储单位按照国家最低收购价政策要求，严格执行收购政策，解决农民“卖粮难”问题，达到农民、企业、政府“三满意”。

【粮食仓储建设】为确保不出现老百姓“卖粮难”问题，在争取1800万省财政补贴的基础上自筹资金1437万元，新建并投入使用唐楼南库、鹿湾南库、胡屯库共计3.7万吨。

【粮食市场监管】贯彻《粮食流通管理条例》，与市场监管、交通、物价等职能部门组成联合督查检查组，加大市场巡查力度，打击违规经营、无证收购等行为，规范全县粮食流通市场，维护良好的粮食流通秩序。

【安全生产】为确保储粮安全，粮食系统安全生产工作按照“党政同责、一岗双责、齐抓共管”的安全生产工作责任体系要求，与基层各单位逐级签订安全生产责任书，并围绕各项制度落实、细化措施，共计开展6次安全大检查，切实抓好隐患排查整改，

【粮食安全省长负责制落实】以落实粮食安全省长责任制为中心，对照6大项考核内容、14项重点考核事项、27项考核指标、44项考核目标任务，推进全县粮食安全责任制考核各项目标任务的落实，保障全县粮食安全。

【储备粮管理】完善储备粮管理制度，推进地方储备粮依法管理和工作创新，确保县级储备粮小麦4500吨、粳稻2000吨，达到“数量真实、质量良好，储存安全”的要求。

【粮食库存检查】按照省、市《关于切实做好2017年粮食库存检查工作》文件要求，完成粮食库存县级自查互查、市级普查和省级抽查工作，全县粮食库存数量真实、账实相符，收购资金封闭运行。（王高飞）

物资营销

【概况】2017年，围绕“经济强、百姓富、环境美、社会文明程度高”的奋斗目标和“全面建设小康沛县”的总体要求，以维护物资系统大局稳定为中心，以做好企业改制后续工作为重点，各项工作稳步推进，均取得较好成绩。

供销合作

【概况】2017年，全县供销系统实现销售收入119.26亿元，其中，消费品零售额44.56亿元，农资销售额10.99亿元，农副产品购进额27.98亿元，连锁销售额38.47亿元，市场交易额21.86亿元，实现报表利润2600万元。在省社综合业绩考评中居县级供销合作社综合业绩考核前20、获农民专业合作社建设先进单位称号。龙固供销社获全省千个乡镇基层社推进为农服务工作先进单位称号，在综合业绩考评中获全市供销合作社系统综合业绩考评特别奖。杨屯供销社获全市供销合作社系统项目建设先进单位称号，鸳楼供销社获全市供销合作社系统电子商务先进单位称号，龙固、安国、朱寨等三家供销社分别获全市供销合作社系统二十强基层供销合作社称号，张庄镇潘庄村农村综合服务社获全市供销合作社系统十佳农村综合服务社称号，华龙瓜菜种植专业合作社获全市供销合作社系统十佳农民专业合作社称号。

【资产清查与管理】2007年以来，所属各单位资产因开发、改建等原因发生较大变化，原先的资产档案已不能如实反映各单位资产状况，为全面掌握全系统资产现状，摸清各单位的资产存量。成立由党委书记、主任许海晨任组长，党委委员、副主任邓晔、李颖任副组长，各科室负责人及相关人员为成员的资产核查领导小组，对全系统社有资产状况进行全面核查，完善资产台账，建立健全全系统社有资产动态监管系统，规范和加强社有资产管理，实现资产管理与预算管理、资产管理与财务管理相结合的运行机制，提高资产的使用效率，防止资产的流失，确保资产保值增值。

【全省农综社试点】龙振农业服务专业合作联合社成立于2016年8月，是经省农委、省供销社批准的全省9个农综社试点之一，采取股份制运作，下设6部，即农机服务部、农技服务部、农资服务部、农金服务部、农生服务部、

京东物流中心

运营保障部。在2017年三夏及秋收秋种工作中发挥作用，目前运营高效，效益显著。

发挥农机服务部的职能作用，对5家农机服务专业合作社拥有的54台大型联合收割机、62台大型农耕拖拉机、16台插秧机的农业机械资源，统一管理，合理调剂，为联合社托管的5600亩土地及流转的18000亩土地进行跟踪服务，支持农业生产，农机服务面积达到8200亩，提高农业机械使用率，推动农业机械化发展。

发挥农技服务部的职能作用，实行“农技服务部+合作社+农户”运作模式，对龙固镇的8家庄稼医院、180个各类专业合作社和农户联合起来，推行订单式、托管式等服务，实行统一采购供应、统一植保防治、统一标准生产、统一技术培训，为农户提供规模化、节约化、高效化等服务。截至目前，新成立12个植保合作社，4个育秧公司和1个测土配方施肥站。全年提供农技服务3500人次。

发挥农资服务部的职能作用，实行农业生产资料团购配送、统防统治农药供应配送的运作模式，让成员单位及农民用上质优价廉的农资产品，降低成员单位生产成本，提高经营效益，全年购进化肥2000吨，农药50吨。实现全镇农资配送覆盖率达到90%，并逐步拓展配送空间，向周边地区延伸。

发挥农金服务部的职能作用，对接沛县汉翔农村土地流转经营有限公司，协助农户贷款，解决成员资金短缺、融资难问题。采取联合社以成员联保的方式，为成员提供不超过入股资金3倍且不超过联合社注册资本30%的贷款。截至目前共下发贷款总额达到160万元。

发挥农生服务部的职能作用，依托江苏供销网城建设“一站式”农业农村智能综合信息服务平台，为农民提供服务。目前为止已完成龙固果园村、桃园村、三里村、镇西村、龙西村、山河尖村、张王村、焦刘庄村、新建村、新建居、姚楼村、沙河村、奚阁村、镇东村、张耿庄村等15个电子商务物流服务站的建设工作，并投入30万元为每一家服务站配备电子购物屏、仓储货架、门头标识及物流配送车。由龙固镇政府和供销社共同投资400万元，建筑面积2500平方米的电子商务大楼投入使用，用于沛县龙振农业服务专业合作联合社办公及电子商务平台服务。

依托徐州森磊农业发展有限公司，投资830万元，建成2025平方的农产品加工车间及50吨冷库，实现一、二、三产业融合发展，已完成并投入使用，取得较好的社会效益和经济效益。

【农村综合服务社提档升级】组织相关人员对37个经济薄弱村进行摸底、调研和论证，确定沛县魏庙镇房村、沛县张庄镇潘庄村、沛县张寨镇孙洼村、沛县栖山镇蒲庄村、沛县栖山镇周庄村、沛县朱寨镇王楼村、沛县安国镇苗岗村等7个经济薄弱村为2017年创建单位，并结合沛县实际，制订沛县经济薄弱村农村综合服务社提档升级实施方案，按照县委要求组织实施，改造提升“两超一院”“三个服务站”（“两超”即生活资料超市、农资超市，“一院”即庄稼医院）、“三个服务站”即电子商务服务站、农产品购销服务站、物流配送服务站。

【市场建设】 自建农贸市场3家，分别是杨屯供销农贸商城、张寨社农贸市场、朱王庄社大沙河瓜果专业批发市场。牵头领建的农产品批发市场3家，分别是安国镇农贸市场、河口镇农贸市场、鹿楼镇农贸市场。牵头领建田头市场10个，分别是张庄夹河、张庄李庄、孟庄张李庄（3个）、河口田堤口、河口封王庄、栖山孟寨、河口郑庄、栖山义和。

【电子商务】 与京东集团密切合作，成立沛县电子商务协会京东供销社分会，开展电子商务工作，加快实现供销社的转型升级。同时，加大培训力度，邀请京东集团电商专家对系统内电商人员进行培训，提升从业人员的专业技能。引导专业合作社、种养殖大户开展网上销售，促进传统产业转型升级，已建成栖山、鸳楼、张寨、安国、王店、五段、敬安、大屯、杨屯等9家京东电子商务专营店，建成张庄、安国、五段、龙固、栖山、敬安、朱寨罗安子、河口封皇庄、沛城镇杨彭庄、敬安魅族鞋服、天之锦家纺等11个合作点。10月，沛县强东电子商务有限公司暨京东汇智慧零售综合超市开业庆典仪式在沛县电子商务产业园隆重举行，苏北首家京东汇智慧零售综合超市正式落户沛县。公司注册资本1500万元，拥有京东商城实体店400平方米、高标准展示厅600平方米、标准化仓储物流中心1万平方米，经营生产资料、粮油生鲜、服装鞋帽、家居厨具、家用电器、美妆个护、医药保健、图书音像、玩具乐器、钟表珠宝、电脑办公、汽车用品等16大类、近万种商品。公司实行线上线下一体化经营，购物环境温馨舒适、商品质量信用承诺、物流配送方便快捷、售后服务完善周到。顾客通过手机等便携设备在店内扫码、支付后，进入线下配送环节，达到无负重、轻松购。为供销合作社全面发展电商、创新服务“三农”发挥示范作用。

与江苏供销网城电子商务有限公司合作，购买“屏联网”购物电子终端设备，建成唐楼、安国等农村电子服务站12家。

【专业合作社建设】 新建农民专业合作社6家，总量达到145家，其中，专业合作社联合社9家，覆盖全县所有的主导产业。

（孟庆随）

烟草专卖

【概述】 2017，年共销售卷烟3.19万箱，实现销售收入7.91亿、同比增长11.14%，单条售价99.1元，同比增长11.86%，上缴地方税费实现1.25亿元、同比增长7.2%。共查处168起涉烟违法案件，查获涉案卷烟284.35万支，涉案卷烟案值135.13万元。其中，5万元以上案件13起，破获1起符合国标的网络案件。在市局四个季度考核中，市场净化率达到100%。

【135阶段性发展规划】 “一年强基固本，三年重点突破，五年全市领先”。即通过1年左右的时间，强化双基（基础管理、基本技能）提升工程，促进干部职工素能

沛县烟草志愿者服务队伍为老年零售客户美化店堂

提升。通过2~3年的时间，实现主营业务和重点工作上水平、求突破。通过3~5年时间，实现整体工作从“争先”到“领先”的跨越。

【“三转三提”作风建设主题教育活动】 6月1日，沛县烟草专卖局（分公司）召开“三转三提”主题教育活动动员会，拉开该局（分公司）基层作风建设序幕。“三转三提”，即转思想，提觉悟；转作风，提素能；转方式，提质效活动中，领导干部发挥带头作用，与一线员工同行、同劳动，体验一线员工的工作生活，听取一线人员的心声，摸清基层民意，撰写岗位体验报告35份。

【客户科评为“江苏省质量信得过班组”】 9月，沛县分公司客户服务科被江苏省质量管理协会、江苏省总工会、江苏省妇女联合会、江苏省科学技术协会联合命名为2017年“江苏省质量信得过班组”。客户服务班组共19人，本科以上学历10人，大专学历9人。其中，有烟草行业认定的“烟草制品购销员”证书三级的6人，四级7人，五级5人，持证率达95%，为辖区5400余户零售客户提供消费营销、品牌培育、客户服务等服务工作。

（周　慧）

盐业专营

【概况】 2017年，完成销售收入

市场宣传

1534.74万元、实现利润总额40.2万元、销售盐产品7261.28吨，其中，完成小包装销售2484.96吨、完成年计划100%。完成非盐销售351.19万元、完成年计划100%。出动盐政执法人员1480余人次，出动车辆310车次，检查企业（食品加工）395个次，农贸市场423个次，宾馆、饭店、机关企事业食堂3445个次，商超零售终端5545个次，访问居民户2296户，查处违法案件124起，没收盐产品84吨，移交公安案件3起。

【执法管理】 坚持“盐业主导、部门配合、社会参与”的市场长效管理机制，对涉盐违法犯罪予以最严厉的惩治。开展食盐安全访万家活动。与疾控中心配合，在总结过去走访经验的基础上，提高走访效果，对重点地区、重点乡镇、重点人群进行更深入地走访，以提升食盐安全访万家的质量。加强大要案查办力度，将查办大案要案放在盐政管理工作的显著位置，始终坚持以刑事打击和行政处罚相结合的原则。特别是在盐业改革过渡期，食盐市场乱象环生，违规无序经营，给市场管理带来极大的难度。盐政管理工作始终要保持高压态势，对外省盐到沛县经营严格按照工信部211号和发改委604号文要求核查，对不符合上述要求的坚决查处，对违法经营的严厉打击，全年移交公安案件2起，维护和稳定全县食盐市场秩序和食盐安全。

【专项检查】 开展专项整治行动，组织和开展1月份“元旦、春节期间市场净化行动”，3—6月开展春雷联合执法行动，5月份“5·1及端午专项行动”，8月开展百日联合执法行动，11月与市场监督管理局联合开展食盐安全与食盐质量专项行动，坚持依法惩治盐业违法犯罪行为的高压态势，维护盐业市场的稳定。

【食盐销售】 将全县分成三大片区，主要是小包装直配直送、送销台账等工作。随着直配直送工作的开展，最大限度减少食盐流通环节，提高食盐流通效率。加强IPAD终端机管理，完善客户资料，提升客户管理。每月都严格按照上级要求对客户经理进行考评，要求客户经理做到拜访100%、订单率90%以上、日报天天有。响应省市公司号召，推进“淮”牌品牌宣传，开展“千年淮盐家乡好盐”系列促销活动，在拉近产品与消费者的距离中，增强群众对淮盐品牌和主题活动的关心度和参与度，让绿色健康安全的淮盐产品真正走上千家万户的餐桌。

推进大包装盐的客情维护工作，与沛县鼋汁食品协会签订产品供应协议，保证食品加工企业的持续供应。及时调整市场价格，严防外省盐抢占市场。加强并完善团购业务，提高非盐产品的销售。2017年在全省率先与中国邮政集团沛县分公司签订战略合作协议，通过其“邮掌柜”宣传平台和网络平台进行淮牌的品牌推广及市场铺货，达成销售30万元；与各大银行及人寿保险公司达成供应意向，通过其促销活动推广赠送高端盐和非盐产品。联络各大纺织厂和中小学校、机关单位，全面推进“天下五谷”食用油及“菱花”味精等非盐产品的销售。（李志强）

石油营销

【概况】 2017年，销售成品油6.3678万吨，非油品业务营业额1682万元。公司现有加油站在营站14座（其中，有非油品便利店站13个），新建站1座，其中，龙固站新增LNG加气业务。现有员工122人，主要有汽油、柴油零售，各类预包装食品、散装食品、乳制品（含婴儿配方乳粉）、保健食品、卷烟、雪茄烟零售，天然气、燃料油、润滑油、充值卡零售，日用百货便利店经营。

【市场管理】 石油公司与县政府成品油管理办配合，密切协同公安、工商、安监局于5—8月对全县成品油市场开展联合执法大检查，共处理违法加油站、点28个，有效打击违法经营和不合格油品扰乱市场行为。

【亲情回馈活动】 为更好服务沛县当地经济发展，6—12月份在迎宾加油站、南环加油站开展亲情回馈活动，向加油车辆提供质优价低的油品，受到人民群众的欢迎。

【安全生产管理】 开展设备大检查、HSE管理检查等活动共计10余次，对检查中发现的问题建立整改及管理台账，确保油站全年安全经营无事故。（邱　峰）

电子商务

【概况】 2017年，全县电子商务销售额达到79亿元，电子商务销售额占社会消费品零售总额比重超过25%。其中，网络零售额达32.8亿元，涉农电商销售额达12亿元，直接就业人数超30000人。

【示范创建】 沛县电子商务产业园创建成功省级电子商务示范基地。省级电子商务示范企业3个，即徐州忠意食品有限公司、徐州佳家美纸制品厂、沛县大农合农产品电子商务专业合作社。省级农村电子商务示范镇1个，即五段镇。省级农村电子商务示范村1个，即朱寨镇暗楼村。创建成功市级农村电子商务示范镇2个，即安国镇、栖山镇。市级农村电子商务示范村2个，即河口镇张李庄村、敬安镇吴庄村。市级示范企业1个，即江苏大风乐器有限公司。市级示范基地2个，即五段镇七段电子商务产业园、大屯街道电子商务产业园。

【跨境电商】 龙工场跨境电商产业园依托大龙网在跨境电子商务的渠道与经验，整合相关平台资源，为淮海经济区乃至全国范围内的企业提供跨境电商全链条的一站式服务，引领沛县跨境电商取得快速发展。签约入驻企业90家，完成外贸进出口6.78亿元。（李　新）

服务业

【概况】 2017年，沛县现代服务业围绕总量较快增长、结构持续优化、产业集聚发展的总体目标，着力构建“333”现代服务业体系，推进现代服务业发展。现代物流、信息服务、电子商务、现代商贸、文化旅游和健康养老等现代服务业产业快速发展，服务外包实现突破，集聚区提档升级步伐加快，龙头企业培育成效明显，服务业发展的质量和效益进一步提升。

【现代服务业】　现代服务业增加值完成297.32亿元，增长7.9%，占GDP比重达39.3%。社会消费品零售总额完成275.45亿元，增长12.2%。规模以上服务业固定资产投资完成143.87亿元，占全社会固定资产投资比重达到22.4%。服务业对经济提质增效、转型升级的作用日益增强。重点项目扎实推进。洲业投资（上海）有限公司汽车生活广场4S店、侨城商业地产酒店、中金商贸国际广场、沛县老城区商业综合体等大型商贸项目进展顺利。

【现代物流业】　全县有物流企业388家，从业人员2万人。其中，年业务收入超10亿元以上企业1家，超亿元以上企业2家，超2000万元以上的企业6家。东方运销通过ISO 9001质量体系认证，先后获批国家5A级物流企业和省级重点物流企业，成为苏北县级第一家5A级综合型物流企业。飞马物流园投入使用，开发区综合物流园、敬安镇钢铁物流园、沛县港物流园等一批特色园区正在开展招商。　（刘超然）

民营经济

【概况】　2017年，沛县个体私营企业累计5.98万户，比2016年底增加1.09万户，实现总产值3585亿元、增加值704亿元，分别比2016年底增长10.61%和9.84%。规模以上私营工业企业500个，实现工业总产值2041亿元和工业增加值407亿元，分别比2016年底增长14.21%和12.43%。

【融资渠道拓展】　推行科技型中小企业贷款风险补偿。7月，县财政先期出资400万元，设立科技型中小企业贷款风险补偿资金池，与“资金池”合作的银行按照财政出资额1∶10以上比例确定授信额度。若产生贷款损失，按风险分担比例，从“资金池”划拨相应资金对银行进行补偿。扩大中小企业贷款担保规模。强化对县融资性担保公司监督和指导，在风险可控的前提下，简化贷款担保手续，放大贷款担保倍数。诚和信用担保公司全年为中小企业贷款担保2.08亿元。

【“双创”基地建设】　依据省、市小型微型企业创业创新示范基地建设管理办法，实施沛县“双创”示范基地创建计划，整合资源，分类指导，基地建设和管理水平有较大提升，为小微企业创业创新提供有服务支撑的载体。五段镇七段村电子商务产业园、大屯电子商务产业园、敬安电子商务产业园及鹿楼全民创业园等“双创”基地，入驻小微企业达100家，带动就业1000人。

（刘怀滕）

园区经济

江苏省沛县经济开发区

【概况】 2017年，完成规模以上工业总值472亿元，同比增长13%；开票收入120亿元，同比增长21%；公共财政预算收入13.5亿元，增长5%；实际使用外资额6864.9万美元，同比增长9%；进出口总额2亿美元，同比增长82%；用电量5亿千瓦时，同比增长19%。在全县经济发展考核中，四个季度获得三个第一名，一个第二名，综合成绩列全县第一名。在省科学发展最新考核中，沛县经济开发区在全省89家省级开发区列第18位，属第一方阵，苏北33家省级开发区列第5位。南北共建园区考核排名20位，上升3位。

【招商引资】 突出产业基地招商和产业基金招商，全年新开工项目30个，总投资150亿元，完成新签约工商项目投资额50亿元。轻量化产业实现新突破。江苏珀然股份有限公司投资27亿元年产350万只铝轮毂项目，采用当前世界上先进的锻压铝车轮技术，大幅减轻车轮重量，是中国汽车轻量化的代表，是沛县轻量化产业的重大突破。项目实现当年签约、当年开工、当年投产，创造快速、高效、务实的“珀然速度”。项目全部投产后，可实现年销售收入35亿元、利税7亿元左右。装备制造业实现新提升。已落户英诺菲特（江苏）重工有限公司年产1万辆高空平台车、华峰日轻年产3万吨汽车铝散热器、丰源车业年产100万辆汽车铝保险杠、行李架、天窗导轨、装饰条等项目，为新型工业化发展注入新的活力。光伏产业链条实现新拓展。围绕做长、做粗、做强光伏产业链条，重点引进产

龙工场跨境电商产业园

业链中、下游产品，特别是科技含量高、技术领先的黑硅、perc、MWT技术的应用，提升电池片和组件的转换效率。鑫宇光伏扩产、苏美达集团新上项目，使电池片产能由2吉瓦扩大到5吉瓦。绿色建筑产业实现新进展。与德国AGN集团合作开发中德绿色建筑产业园，引进德国绿色建材方面新理念、新技术、新项目，推进杭萧钢构装配式建筑墙体材料、立智方建筑、车船用铝蜂窝板项目的开工建设，为发展绿色建筑产业、引领新型建材行业发展注入新生动力和可持续发展力。

【产业建设】 园区入驻企业60余家，其中，亿元以上项目29个，高新技术企业10家，固定资产投资118亿元。开发区科技创业园规划建设中瑞合作园区、军转民合作园区，一期11栋标准厂房完工，入驻福斯特光电、中核建光伏组件、亮铮半导体、大成航空、龙工场跨境电商产业园、京东（沛县）仓储物流中心、京东线下体验店，徐州颐高万创中心等四新企业。电子商务产业园入驻大龙网、阿里巴巴等20余家网络平台，重点发展新型铝材、光伏光电、农副产品、商贸物流等电商产业集群，以“互联网+”为驱动引导产业转型提升。

【功能配套】 开发区开发面积40平方公里，占规划面积的76%。先后投入资金30.5亿元用于拆迁安置，累计完成拆迁面积120多万平方米。建成金城、腾飞、汉润、汉祥、汉风水苑、盛世景园等6个安置小区，安置面积52万平方米。在建安置小区3个，建筑面积58万平方米。实施城建工程155项，完成投资47亿元，形成“九纵十五横”道路框架65公里，绿地面积72万平方米。建成雨水管网88公里、污水管网60公里，日处理3万吨污水处理厂建成运营，形成较为完善的基础设施配套和强大的项目承载能力。

【科技创新】 引进创新创业人才35人，申报省“双创人才”项目3人，申报省“双创博士”项目2人，申报徐州市研究生企业集聚工程15人。完成江苏省知识产权示范园区及江苏省众创社区的申报工作，推进企业研发机构建设，基本实现规模以上工业企业市级研发机构全覆盖，推进新格灌排建设并申报省级企业技术中心，中辉光伏、润丽光能建设省级工程技术研究中心。徐州一帆新能源科技有限公司省博士后创新实践基地分站建设进展顺利，省博士后创新实践基地达7家分站。徐州丰源泵业有限公司与江苏大学合作共建省研究生工作站，与江南大学合作共建江南大学技术转移中心沛县分中心、与中南大学共建国家技术转移中心沛县分中心，推进区内食品加工企业科学创新发展。

【平台建设】 推动政府融资平台市场化转型，成立四支基金，投融资能力达到100亿元。11月，第一批以开发区发展公司为平台发行的15.5亿元企业债通过国家发改委核准，具备发行条件。

（李成中）

龙固产业园

【概况】 2017年，园区完成污水处理厂二期2.5万吨/日处理能力、110千伏周庄变电站、消防站及化工专用码头、45公里集污管网项目，初步形成以天成氯碱为中心的盐化工集群、徐州天安化工为中心的煤化工集群。共完成固定资产投资100亿元，入驻投产企业23家，园区实现开票销售收入50亿元。

【招商引资】 围绕煤化工、盐化工、光伏光电产业，立足龙固园区资源优势、产业基础，通过各种方式招商。进入洽谈的项目主要有天裕集团投资10亿元的焦粒制气项目、徐州天然润滑油有限公司投资2亿元的润滑油精炼及分装项目，徐州江龙炭素制品有限公司投资2亿元的石墨电极压型项目。

【重点项目】 徐州天旭化工有限公司煤焦油、粗苯深加工项目，项目总投资15亿元，占地面积43.3公顷，包括10万吨/年粗苯加氢项目、20万吨/年焦油加氢，主要产品有纯苯、甲苯、二甲苯、环己酮、苯乙烯、燃料油，沥青、石脑油、93#汽油、-25#柴油、0#柴油、碳纤维、针状焦等。

徐州天安化工有限公司投资5亿元的干熄焦发电项目，干熄焦装置与2×65孔5.5米捣固型焦炉配套，建设1座额定处理能力为170吨/小时的干熄焦装置，并配套压力为9.5兆帕，温度为540℃的余热锅炉，锅炉产生的蒸汽用来发电，配置25兆瓦纯凝式汽轮发电机组。项目总投资5亿元，年发电2亿千瓦时。

天裕集团环保工程，为提高环境质量，减少烟气、废水及扬尘排放量，天裕集团下辖的徐州天安化工有限公司和徐州观茂焦化有限公司按环保要求，投资1亿元新建物料大棚、熄焦废水深度处理设施及烟气脱硝设施。三项工程2017年建成投入运营后，周边环境质量有很大改善。

徐州天裕燃气发电有限公司投资2.5亿燃气发电项目，新上32兆瓦GE燃气轮机和15兆瓦抽凝式发电机组各一台，建成后年新增发电2亿千瓦时。（刘　猛）

临港产业园

【概　况】 2017年，临港产业园集聚区完成投资2.3亿元，完成营业收入83.37亿元，同比增长132.72%，完成税收收入10583.69万元，同比增长139.24%，入驻企业15家，主导产业营业收入占园区全部营业收入比重为99.99%。

东原港

【临港物流园】 完成徐州市现代服务业运行监测系统每季度网上数据直报，跟踪沛县临港物流园及辖区企业发展运行情况等工作，以东原港为龙头，引导内河公铁水多式联运发展途径，集聚提升园区发展活力。7月，徐州东方运销实业集团有限公司获批中国物流与采购联合会“5A级”物流企业。中天科尔“移动互联网无车承运人电子商务平台”运营势态良好，线上线下物流通力协作，推动园区物流产业稳步发展。

【巨东造船项目】 完成投资2.3亿元，新建动力船头4艘，3000吨级驳船10艘；新建修理船坞1座，以及闸门等配套设施（船坞规格：长84米，宽23米，深7米），超额完成年度目标。2017年新增运力2万吨，年增利税700余万元。

【千岛湿地】 顺利通过国家AAAA级旅游景区、省级旅游度假区复核。安庄渔村作为江苏省特色景观旅游名村，完善旅游配套设施，打造万亩油菜基地安庄核心区，提升游客游览满意度。5月，中央政治局委员，江苏省原委省书记李强到安庄渔村视察，访居民、看农户，了解安庄集体收入、居民人均收入情况，对安庄居让更多村民在家门口就业创业，结合实际走出增收致富的发展路子给予充分肯定。万亩油菜基地安庄核心区完成播种，沟渠、游步道完成规划。安庄渔村全年共接待游客超过2万人次，各级领导观摩考察100余人次。

【生态保护】 做好沛县水源地取水口保护工程外部协调工作，对水源地保护区域所涉及的养殖业和渔家乐进行规范清理整顿，并做到常态化管理。航道周边常态化进行保洁，无生活垃圾、漂浮物。配合县环保局、水利局、交运局等单位，定期进行湖区巡视，对水源地保护区、旅游码头岸线、龙湖大道等周边环境进行全方位综合整治，着力保障饮用水源、净化湖区环境、构建生态绿网、打造天蓝水清地绿美丽新园区。（田 冲 董妍妍）

电子商务产业园

【概况】 2017年，规划建设11万平方米，其中一期1.5万平方米于2015年8月底投入使用。园区依据建设布局，结合沛县电商产业发展实际，共划分五大功能区：知名企业运营区、特色产品展示区、优势产业推广区、创业平台集聚区、电商企业服务区。园区入驻部分企业38家。

【招商引资】 园区内入驻大龙网、阿里巴巴、京东、苏宁易购、天瑞电子商务等知名电商企业19家；绿瘦牛蒡制品、大风乐器、新格灌排等本地特设企业13家；企业创业平台3家，电商服务企业3家。电子商务支撑体系基本健全，公共服务体系基本完备，形成良好的电子商务发展环境。电子商务发展跨入全县领先水平，电子商务服务业成为新兴的重要产业，基本建成产业集中度高、竞争力强、具有鲜明行业电子商务示范基地。加快农产品流通体系建设，鼓励各类经营主体通过电子商务、信息网络、品牌认定等措施，逐步建立农产品流通信息服务网络平台，可以在进行实物展示、销售，利用线上线下电商销售模式，免费为生产企业提供电商平台进行产品销售，做大第三方电子商务平台。加大对知名第三方电子商务平台的招商。鼓励中小企业利用第三方平台开展电子商务，开拓国内外贸易电子商务、大宗商品电子商务等新型电子商务。

电子商务产业园农村淘宝

【重点项目】 徐州颐高万创基地。由杭州颐高和沛县经济开发区共同建设运营。项目主要建设集城市会客厅、创业咖啡、万创空间、智能体验中心、微巢学院、颐居草堂、微巢投资等多位一体的现代化科技创业创新基地，致力打造沛县的国家级科技企业孵化器、国家级众创空间。徐州颐高万创统一规划，统一装修，水、电、网络、空调配套设施齐全，为入驻企业免费提供政策咨询，项目申报，创业指导，孵化培训，项目路演，人才招聘等全方位综合孵化服务。微巢学院是颐高集团服务体系下的培训产品，微巢学院依托颐高集团全国运营项目，整合各类优质圈层资源，为沛县政府、企业、创业者提供系统的创业指导服务。智能展示中心以科技创新等成果展示为核心，引进科技企业孵化成果体验，同步展示特色产业规划，通过线上线下结合全面推动沛县优秀品牌发展。

【龙工场·淮海跨境电商产业园】 由国内跨境电商龙头企业大龙网与沛县经济开发区共同投资组建的平台式、聚集式、吸附式的新业态、新模式产业园。产业园依托大龙网在跨境电子商务的渠道与经验，整合相关平台资源，为淮海经济区乃至全国范围内的企业提供跨境电商全链条的一站式服务，为中国中小企业“走出去”搭建全方位平台，助力淮海经济区跨境电商不断发展壮大。

积极探索跨境电商人才培养新模式，深化校企合作方式，着力打造淮海地区跨境电商人才孵化基地。产业园已与中国矿业大学、徐州工程学院、河南理工大学、黑河学院等多家高校达成战略合作协议，完成100余人次培训。全年累计完成招商入园企业155家，实现出口总额2亿美金，带动就业200余人。

【沛县天瑞电子商务有限公司】 公司集互联网零售、电子商务信息咨询及软件开发于一体的电商公司。在淘宝、天猫、京东、亚马逊等各大电商运行平台注册数十家店铺，全年线上营业额1.2亿人民币，带动当地就业人员150人。（杨　光）

大学生创业园

【概况】 2017年，沛县大学生创业园创业实体61家，孵化成功率80%以上，创业带动就业率达到1∶5以上。筛选大学生创业优秀项目，重点培养高新技术企业4家，骨干企业10家。

【创业创新】 沛县大学生创业园除选用持有国家SIYB教师资格证的老师外，还重点选用有市场实战经验的老师和创业成功人士加入到创业导师队伍。沛县大学生创业园组织成立“创青春·伙伴汇”青年创业沙龙，举办沛县青年创业指导金融政策咨询会、沛县青年俱乐部座谈会、沛县电子商务培训班等各项交流活动，营造在创业的道路上追逐梦想砥砺共进的浓厚氛围。2月，沛县大学生创业园与龙工厂（淮海）跨境电商园达成合作共建平台，围绕以跨境电商产业发展为目的的创新型企业依托跨境电商园内政策上的扶持，实现共赢，也为沛县大学生创业增加活力。

【双创之星】 徐州创业指导中心评选江苏大成航空科技有限公司董事长李光磊为徐州市双创之星。江苏大成航空科技有限公司是一家专注于工业级无人机的研发、应用以及智能农业生态链建设的创新型科技公司，拥有全球领先的植保无人机军工级别飞控技术、服务队伍和飞防人才培训基地，在加拿大建立自主工业级飞控研发团队，产品销售至全国各地，年产植保无人机10000台。江苏大成航空科技有限公司先后多次受到国家各部委、江苏省委省政府、徐州市委市政府以及沛县县委县政府多位领导的关心指导，江苏大成航空科技有限公司与农业部一同举办农业供给侧结构性改革与合作社发展大会，受邀参加第七届金砖国家农业经贸合作论坛等活动。

【优秀项目】 参加“创响江苏”大学生创业大赛，遴选3项优秀大学生创业项目提交资料至大学生创业大赛评选组，其中，“植保无人机、池塘工业化生态养殖、金融级别的农产品销售平台”项目通过初选，江苏大成航空科技有限公司——植保无人机项目获得徐州市级赛创业标兵第一名。沛县鸿擎电子商务有限公司的“玉清”项目入选徐州市大学生创业项目库。

（辛国强）

大屯矿区办事处

【概况】 2017年，围绕地矿共荣，和谐发展的总体目标任务，坚持定量分析和定性分析相结合。安国镇高庄、汪堂、陈尧村21栋搬迁安置房主体工程已建至2层，鹿楼小王庄和沙河二分场货币安置工作圆满结束，龙固镇三里安置小区一期18栋安置房地下基础部分已完工。龙固镇焦刘村、杨屯镇南仲山村搬迁正在进行前期准备工作，杨屯镇蒋海搬迁完成收尾工作。开展"百千万"集中走访帮扶活动，走访群众1231户，走访率达100%。9月，国务院安全生产委员会综合督查组到沛县督查安全生产工作时给予认可。获全县绩效考核先进单位三等奖。

【压煤村庄搬迁】 实施土地集约经营方式，采取搬迁费整体打包的办法，破解土地、资金等难题，加快搬迁进度，确保搬迁新居的高标准和高质量。为配合大屯煤电集团公司姚桥煤矿和徐矿集团三河尖煤矿生产接续要求，分别召开，杨屯镇南仲山村搬迁启动会议和龙固镇焦刘搬迁签约会议。全县搬迁工作正稳步推进。

龙固镇搬迁村庄涉及周庄、三里、焦刘、徐庄、候圩子、张王庄、南菜园、小辛庄等7个村，三里安置小区一期18栋安置房的地下基础部分。焦刘、徐庄、侯伟子的搬迁协议于9月17日签订。

杨屯镇搬迁村庄涉及老镇区、杨屯、蒋海、欢口、西仲山、孔庄、王庄、前场、后屯"一镇八村"。西仲山村、蒋海完成上房，杨屯上房90%（除沿街有门面房的住户外）。孔庄、后屯、欢口三村老村址拆迁工作完成90%左右。老镇区门面房评估丈量结束。

安国镇搬迁村庄涉及陈尧、汪堂、高庄、左尧、魏楼、王庄6个村。陈尧、汪堂、高庄3个村启动搬迁，21栋安置楼正在施工建设中。

鹿楼镇搬迁村庄涉及七堡、张庄、二分场、王新庄4个村（场）。七堡、张庄新村建设结束，48栋848套新居在国庆节上房，上房率100%。二分场、王新庄货币安置结束。

【地矿协调】 协调解决大屯煤电公司2×35M重点工程建设、铁路专用线地面附着物补偿、电厂供水管线用地及建设等问题。建立矿镇村三级信访网络，坚持下访工作制度和定期排查调处工作机制，针对重点矿区以及敏感矛盾多发期进行专项排查，认真细致排查影响矿区稳定的问题和矛盾，多次深入镇村和农户宣讲有关政策，做好耐心细致的解释说服工作，及时妥善处理杨屯镇、鹿楼镇部分群众反映土地征用、搬迁及相关政策等焦点问题，把地矿矛盾消除在萌芽状态。

【矿区防汛防塌工作】 成立由政府分管领导为组长，县矿办、龙固、杨屯等涉矿镇区为成员的采煤塌陷区防汛防塌工作领导小组。各涉矿镇村也成立相应的工作机构，形成一级抓一级，层层抓落实的工作责任机制。采取镇区两套班子挂钩包组包户制度，对全县采煤塌陷群众安全防汛防塌以及村庄的房裂等情况进行拉网式检查，尤其是对一些重点危房户和特困群众，逐人逐户摸清情况，发现问题及时处理，及时消除各类隐患。协调各煤矿企业及早落实防汛防塌资金，落实防汛防塌救灾资金450余万元，督促各涉矿镇村提前做好防汛防塌物资准备和相关防汛工程的维修加固，做到防患于未然。

【征迁资金的管理】 按照法规的规定和地矿双方协议，设立征迁资金专户，做到专户储存、单独核算、专人管理、专款专用，纳入专户管理，及时入账核算。征迁资金的管理以县矿办为主。征迁资金的使用方案，村民委员会提出申请，镇矿办提出初审意见，县矿办核后拨付。各项征迁资金的收支实行阳光操作，公开透明。每项征迁工作结束后的一个月内，将资金收入支出情况向社会公布，保障农民群众的知情权，对群众反映的有关问题，要及时作出解释和处理，定期开展审计检查。

【走访结对帮扶】 按照“百千万”集中走访帮扶活动和帮扶扶贫工作的要求，沛县矿办联系汉兴街道办事处和栖山镇大王楼村。通过分批走访座谈，发放调查问卷，听民声、访民意、察民情、排民忧、解民难，走访群众1231户，走访率100%。帮扶投入资金6万元，用于栖山镇大王楼村专项扶贫。并给结对帮扶对象每户500元的扶贫慰问金。

（蒋海鹏）

大屯煤电（集团）有限责任公司

【概 况】 2017年，按照中煤集团“稳中提质、改革创新”的总要求，抓住国有企业改革“窗口期”和煤炭市场回暖的有利时机，统筹推进改革创新和重点工作，优化生产组织，加强产销协同，加快转型发展，强化风险管控，原煤产量完成年度计划的101%。产销率达100.39%。苏铝铝业公司、铝板带厂铝材加工量和销量分别同比提高57.81%和33.77%。四矿顺利通过国家一级安全生产标准化矿井的检查验收，救护大队被评为国家特级质量标准化救护大队称号。首次获得了中煤集团“安保型”企业称号。

【安全生产】 公司抓好安全工作，实现安全生产年目标。强势导入“零死亡、零超限、零涉险、零着火、零矿震”五零理念，以更高、更严的要求加强安全管理。加快推进安全管理制度改革，制定“双42条”、安全问责等管理制度，对234项安全管理制度进行了梳理修订。坚持严管理、严问责就是对职工生命安全的保障、就是对管理人员保护的原则，全年安全问责共292人。在开展“平安一季度”“警示三月行”“安全生产月”“百日安全”等主题活动的基础上，开展“安全大整顿”活动，保持了安全活动全覆盖。举办2000场次安全培训、宣讲等活动，组织1700余次各类检查，完成121次各级政府部门的迎检工作。救护大队被评为国家特级质量标准化救护大队。首次获得中煤集团“安保型”企业称号，四矿顺利通过国家一级安全生产标准化矿井的检查验收，龙东、孔庄、姚桥煤矿分别实现安全生产9周年、5周年和3周年以上。

【生产经营】 煤炭板块实现产销平衡。四矿和选煤中心坚持低本开采和安全高效的原则组织生产，坚持稳产优产。原煤产量完成年度计划的101%。产销率达100.39%。强化煤质管控措施，煤质管理持续保持集团公司A级水平。发电板块生产与市场拓展协同并进。在内部挖潜降本的同时，争取上网电量，增加转供地

技术创新　节能减排

方新价电。加强攻关，取得8台机组发电许可证。苏铝铝业公司、铝板带厂铝材加工量和销量分别同比提高57.81%和33.77%。

【降本增效】推进苏铝铝业公司、铝板带厂减亏增效工作，通过精简机构、减人提效、对外合作等措施，努力提质上量，较预算减亏1384万元。经营风险管控取得明显成效。加大审计力度，按规审减新城嘉苑、专项工程等项目费用1822万元。紧密跟踪建安公司盱眙工程案件司法拍卖程序，签订以房抵债协议1192万元。做好应收账款清欠工作，为公司应收账款期内降低20%。全力压减法人户数，瘦身健体，提质增效，完成四方铝业公司法人注销，做好铝业公司、进出口江苏分公司法人注销前期准备工作。保持“过紧日子”的危机感和紧迫感，努力降低存货，盘活闲置资金，通过争取国家政策补贴、加大修旧利废力度，推广新设备、新技术、新工艺，为安全生产提供了保障。

【企业改革】公司坚持从顶层设计入手，在广泛调研的基础上制定“全面深化改革、促进创新发展”指导意见，成立宣传、稳定、安全、督查4个小组，推进10大方面23项37个改革方案，其中，组织实施31个改革方案。“三供一业”分离移交工作经过多次谈判和反复协调，与沛县人民政府签订“一大四小”正式协议和社区管理等市政职能剥离框架协议。完成中心区供水改造和新城嘉苑物业管理移交。开展公司两级组织机构、人员“三项制度”改革，整合优化，精干高效。核定二级单位管理岗位编制，共核减编制2679个。完善和规范薪酬制度，注重结构调整，对提质增效、改革创新、减亏增效成绩突出的二级单位给予政策倾斜，公司在岗职工人均收入超过了历史最好水平，初步完成了法人治理改革、全民所有制企业改制目标任务。

【转型发展】启动“十三五”规划评估、梳理、完善工作，邀请专家对公司产业结构进行诊断，明晰了公司“十三五”期间的发展目标、思路和主要举措，对外部产业布局进行调整，全力推进新疆煤炭项目建设。明晰转型发展思路，根据集团公司的战略定位，形成“4411”转型思路，煤炭、电力、铝业和能源综合服务4大产业格局更加清晰。江苏、新疆、蒙陕、淮海4大基地布局蓝图基本形成，完成电力运维、水处理运维、防治水及灾害治理、检验检测、智能制造和节能环保、产业园区、煤矿运维、铁路运维、教育培训、新能源开发服务、物流供应链服务等11个品牌项目推进方案。

【重点工程】历时10年经过攻关获准的2×350兆瓦热电项目，主动与国家发改委、能源局、江苏省能源局以及三大主机供货厂家沟通协商，取得加快推进项目支持，保证设备供货和供图进度。召开加快热电项目建设推进会，成立热电厂组织机构，明确2018年底实现“双投”的目标任务，超前启动接产组织工作。坚持一周一协调、一月一考核，按期完成烟囱封顶、冷却塔筒壁等节点任务。

【矿区稳定】 做好重大会议、重大活动、重大节日期间信访稳定工作，研究制定专项维稳预案，坚持“零报告”制度，加强重点人、重点事盯防管控，迅速妥善处理突发事件，严肃追究相关人员责任，把影响降到最低，全年上访批次、人数同比分别降低65%和18%。根据国家对“三供一业”分离移交和企业办社会职能剥离必须在2018年底前完成的强制要求，在申报专项资金的同时，公司超前投入进行供水、供电、供暖等改造。加快新城嘉苑小区工程验收进程。发放“助学、助困、助病”等资金768万元。恢复职工疗休养，主动沟通协商地方政府争取国家惠民政策。抓住煤炭市场有利时机和上级政策，提高职工收入水平。

姚桥煤矿

【概况】 2017年，围绕“四个坚守、六个突破”的总体目标，开展“全面深化改革、促进创新发展”活动，推行内部市场化管理工作，抓住煤炭市场反弹的有利时机，稳定产量，完成注浆量3.595万立方米，压注罗克休118.35吨、二氧化碳882.57吨、氮气82.12吨，更新、改造、安装注浆管路9670米、防尘管路6700米。顺利通过江苏省和国家局一级安全生产标准化矿井验收。

【安全生产】 确立“01338”安全工作思路，开展“平安一季度”“警示三月行”“党管安全月”“百日安全”等活动，在7008材料道开展水灾事故演练，在7265工作面进行了CO超限报警事故应急演练。各专业系统严格落实“四级隐患排查治理”体系，对西九采区和中央采区冲击地压防治进行重点头面的挂牌督办，强化干部跟值班管理，确保井下24小时有矿领导。共排查隐患512条，其中，D级473条，C级39条。查出安全隐患及问题13844条，“三违”303人次。开展安全大检查47次，查出问题和隐患3294条，均已整改到位。与中国矿业大学合作，引进SOS微震监测系统，配备专业人才、防冲设备和防冲服，开展冲击地压防治针对性科研项目研究、分析与论证。

【生产组织】 落实“两个利用好”，开展“降低生产事故率，提高设备开机率”活动，加强机电设备管理，加大对生产事故率的考核力度，做到“一事故一追查一考核一通报”，最终达到“多出煤、出好煤、低成本、高效率、高效益”的要求。克服工作面地质条件复杂多变、仰采俯采角度大、防冲卸压工作量大、顶板破碎、断层多、落差大、影响时间长、层位调整频繁等困难，加强顶板及防片帮等现场管理。在7271工作面拆除过程中，将3台支架利用连接板形成支点，作为老塘的掩护支架，实现支架自移，取代“支护——回料——再支护”的传统单体支护模式，提高顶板支护强度，加快施工进度，降低职工体力消耗，节约单体支护材料成本，减少施工人员，增强老塘施工作业的安全可靠性。

【系统优化】 克服重点工程多、生产压力大、检修任务重等困难，顺利完成1号主井南北箕斗、两根尾绳和下口立柱的更换等19项重点工作。完成老井东大巷、中央轨道、西五边界和-650西大巷7500米轨道进行集中标准化整治。完成注浆量3.595万立方米，压注罗克休118.35吨、二氧化碳882.57吨、氮气82.12吨，更新、改造、安装注浆管路9670米、防尘管路6700米，杜绝“一通三防”事故。在皮带机综合保护中安装330只沿线急停开关，完成8500米的胶带更换工作。

【技术创新】 保持主副井提升绳良好的使用状态，按照延期使用半年核算，可节约资金约100万元。采用不倒翁结构纯机械设计，在罐笼到达停车点位置时，自动解锁，离开停车点位置，恢复闭锁状态，结构简单，性能稳定，提升井口装车的安全可靠性。成功引进启用全自动清仓机，实现排水系统的机械化、自动化，提高劳动效率，降低工人劳动强度，缩短水仓及沉淀池的清挖周期，每年可减少劳动用工

姚桥煤矿航拍.

5000个，节支降本100余万元。改进井下煤仓高度物位移，使各个煤仓煤位始终控制在一定范围内，减少煤流对仓壁的直接冲击，延长煤仓使用寿命。设计创新自移式机尾调节架。节约成本，而且安全牢固可靠，可重复使用，无需人员单独操作，随工作面溜子移动。被中煤集团评为“优秀双创”推广项目，在中煤系统推广应用。设计钻屑接粉器，使矿压监测接粉称重更精确，降尘率达到90%，提高钻屑监测的工作效率。

【降本增效】 按照“事先算赢”的原则，建立“用钱必问故，无效必问责”的工作机制，坚持“无预算不开支，有预算不超支”，促进各项成本费用的事前管控。推行内部市场化管理，编制姚桥煤矿内部市场化管理各项运行体系文件19个，构建全方位、立体化的“12395”内部市场化管理架构，明确内部市场化推进的时间节点，逐步扩大试点范围。成立物料配送中心，率先在公司推行了井下用料集中配送，通过对下料员、保管员、值班员、井口汇报站、井下工具房等岗位的合并与清理，共减少用工26人，促进企业经营方式的转变，变单位发工资为职工挣工资，逐步实现“价值共创，成果共享，风险共担”。利用报废的铁棚和旧链条加工的活道板代替成品道枕，每块节约120元左右，共减少投入7992付95.9万元。废旧物资回收2342.97万元，修复利用预计完成2230.25万元。全年50种物资单耗定额有47种同比大幅降低，完成率94%，完成公司下达指标。实施双效工程，取得技术攻关、科技创新、小改小革技术成果60余项，产生经济效益300多万元。

【煤质管理】 加强放煤管理，推行放煤产量上下限管理制度，矿井采区回采率完成82.9%，比公司下达的指标79.6%高出3.3个百分点，多回收煤炭资源10万吨。工作面回采率达到92.7%，比计划90%超出2.7个百分点，多回收煤炭资源7万吨。采掘区队坚持正规循环作业，严格执行“日通报、周预警、旬考核、月汇总”制度，控制放煤混矸对原煤质量的影响。原煤计划灰分29.44%，实际完成29.44%，完成公司计划。完成原煤热值5002大卡，较公司年度考核热值4988大卡，提高14大卡。 （师厚振）

孔庄煤矿

【概况】 2017年，孔庄煤矿实现安全生产五周年及安全年目标，完成公司下达的原煤产量和综合进尺计划，“三项制度”改革和内部市场化改革取得实质性进展。实施-785水平暗斜井至四岔门区段卧底换道，主运皮带巷修复，7293水采工艺淘汰及Ⅱ5采区部分巷道优化封闭，8203综采面回收准备，8109综采面和7434综放面安装。顺利通过国家一级安全生产标准化煤矿验收。

【安全生产】 落实安全责任，构建区队自管、班组自主、员工自律的联保互保安全网，完善技术支撑安全、生产安全管理、安全监督考核“三维一体”安全工作体系。规范总工程师例会、月度安全办公会、月度采掘例会、技术会商等制度，实现系统保安全。深化风险分级预控和隐患排查治理“双控”机制，执行“较大安全风险申报单”制度和“班预知、日排查、周预警、月评估”工作机制，对上级查出的较大隐患实行“一案双查”。完善“风险分级管控”“隐患排查治理”“安全质量达标”三位一体的安全生产标准化体系，开展“平安一季度”“警示三月行”“安全大整顿”“百日安全”等主题活动，常态化学习双“42条”规定，出台“低、老、坏”整治长效方案和不规范行为整治内容，规范干部群体的管理行为和岗位职工的操作行为。加大系统、环境、工艺、组织发生变化时的安全管控力度，提升应急保障能力，开展水害、瓦斯爆炸等事故五个类型的应急演练，编制23类应急处置卡，修订10项应急管理制度，完善416块井下避灾路线牌板。

【生产组织】 根据公司月度生产任务，结合采掘生产条件，明确生产组织重点，合理编制月度计划。制定《月度出煤管理办法》《特殊条件下回采考核办法》《领导下井特别规定》等多项管理制度。强化对综采工作面、水采工作面、掘进施工关键时段的技术指导，最大程度地减少因技术问题影响生产，实施提升、主辅运、供电、压风、供水等系统的改造和优化，挖掘系统潜能。坚持正规循环作业，从优化劳动组织、加强交接班管理、改进施工工艺、引进新装备、改造设备设施等方面提高单产单进水平，提高“影响生产的设备事故就是安全隐患”的认识，加大对正规循环率和万吨事故率的考核力度，严格执行生产事故联责考核制度。抓好大系统整治、采区收缩及工作面安装与拆除，实施-785水平暗斜井至四岔门区段卧底换道，主运皮带巷修复，7293水采工艺淘汰及Ⅱ5采区部分巷道优化封闭，8203综采面回收准备，8109综采面和7434综放面安装，化解了7435综放面防灭火与瓦斯威胁，顺利实现回收。

降本增效　修旧利废

【改革创新】 推行内部市场化管理改革，形成矿内部市场化管理的基础性资料，完成各单位定员、定编、定岗、定责，制定运输科、综采二队、掘进二队、掘进四队试点单位内部市场化运行管理办法，梳理、细化试点单位三级、四级工序，按矿1级对2级市场初始定价，编制试点单位2级对3级和3级对4级内部市场价格体系，试点单位实施双轨试运行。推进“三项制度”改革，优化设置组织机构，由40个减少到36个，完成全矿科级干部及管理岗位竞聘，科级干部由149人减少到126人。协议解除劳动合同27人，解除劳动合同53人，办理辞职9人。建立干部业绩评价考核体系、安全管理计分考核体系、安全生产标准化考核体系、差异化薪酬分配体系、创新管理激励体系、岗位人才培养激励体系“六大考核体系”制度。创新采煤生产管理模式。深入研讨“2916”工作制可行性。创新岩巷支护工艺，实施锚网后集中复喷，提高支护效果。

【经营管理】 出台《行政处罚及经济责任追究管理考核办法》等制度，堵塞经营管理漏洞，完善《井下采掘作业劳动定员管理办法》，出台《系统工程激励考核办法》《单项奖励管理办法》，建立科学激励机制。以能否激发工作积极性为标准，对现有的经营管理制度的实用性、合理性、操作性、关联性、公平性进行综合分析。深化预算管理，实现所有成本费用项目线上管控、实时监控。建立重大、重点、预算外成本费用“追踪制”。通过财务数据、经营绩效分析，及时发现成本管理、经营环节存在的问题和不足。对全矿科级干部进行关键业绩指标量化考核，建立起绩效挂钩、奖罚分明的考核体系。

【系统建设】 按计划实施采区封闭和系统优化工作，封闭Ⅱ3、Ⅲ3采区（各类巷道约2100米），制定Ⅱ5采区部分巷道优化封闭方案（封闭Ⅰ5采区、Ⅱ5采区各类巷道约4000米）。施工Ⅳ1采区回风系统优化补套工程，保障采区通风能力。完成III3下部变电所、I4大巷变电所、Ⅳ1中部变电所、II5采区变电所回收，简化供电系统。完成-375米水平I5采区至I6采区段约1100米注浆管路更换。优化混合井副提运行速度曲线，全年增加提升9000余车。以简化系统、提高装备、工艺革新为主线，以接续规划为框架，重点解决采区接续偏紧、单产单进偏低、运输效率偏低、生产系统复杂、安全监控分散、开机率偏低等相互关联的“瓶颈”问题，开展采掘工艺、主提系统、主运系统、辅运系统、供电系统、通风系统、排水系统和调度监测控制集控集成等专项优化，实现减人、减水平、减头面、减系统、减采区“五减”目标。

【干部作风】 下发《管理人员问责办法》，明确问责情形、问责方式和问责程序，完善重点工作督查督办机制。修编“一制（岗位责任制）、一图（工作流程图）、两清单（责任清单和权力清单）”，要求全体科级干部和主管技术员每日手写“干部工作纪实”。出台《严明劳动纪律、强化作风建设、确保工作成效》，严格按制度管理，做到制度面前人人平等，真正做到用心治本、弥补管理漏洞。

【和谐稳定】 维护职工合法权益，坚持矿务公开和阳光分配。完善劳动关系预警疏导机制，密切企业与职工的关系。对困难职工家庭进行帮扶救助，解决实际困难，全年帮助困难职工530多人次，发放救助资金30余万元。开展“文明优质服务窗口”创建活动，改进工作作风、提升服务效率、优化服务环境，坚持主动接访、上门走访、重点约访，及时化解矛盾纠纷，解决居住工房的职工家属和离退休老同志有关冬季供暖、洗澡及路面修复等合理诉求。强化矿区治安，化解矿地矛盾，确保生产生活良好秩序。

（邹士旭）

徐庄煤矿

【概 况】 2017年，徐庄煤矿按照矿“127”工作思路，坚定安全不出事，实现“五零”目标的信心不动摇，团结协作、攻坚克难。实现了安全年和国家一级安全生产标准化矿井目标；西风井建设及采选充留等重点工程正启动和顺利推进，主井机械设备改造、创新使用封车器等技术，2项职工创新成果获国家专利授权；“五小”等43项创新成果荣获公司奖项。矿井跻身全国“十大最美矿区”，获江苏省“文明单位”称号。

【安全管控】 坚持抓早、抓小、抓苗头、抓源头、抓超前管控，提高安全超前防范能力，防范风险升级为隐患，隐患升级为事故。坚持“查大风险、治大隐患、防大事故”，落实“四级隐患排查”和“持表检查，量化考核”等制度。安全隐患较同期相比下降18%。整治“三违”和“不规范行为”，“三违”现象较同期相比下降10%。坚持“四个一”工作法，加强“四个特殊”“五个变化”的重点盯防，对工作面安装拆除等，坚持挂牌督办。落实安全监管主体责任，加强西风井建设管理，坚持日通报、月例会制度，派驻4名专职安全员，24小时跟班，工程进展顺利。完善《徐庄煤矿安全生产标准化管理考核办法》等38项管理制度。以“横向比亮点、纵向比提高、交叉比创新”“精细化区队精品工程创建”“不规范行为专项治理”等活动，通过国家一级安全生产标

内部市场化改革备件超市

准化矿井验收。完善安全管理制度体系，下发《安全风险分级管控实施办法》等26个管理制度和配套文件，开展各类安全培训363期14386人次。开展“10·28”安全警示教育日活动，抓好建矿以来22个典型事故案例的学习，引导职工做安全“聪明人”。

【生产组织】 坚持问题导向，出台顶板事故率、工作面开机率等考核管理办法，提升设备维护、保养、检修质量和使用人员责任心，制定《生产管理“十条禁令”》，加强正规循环率考核，实现均衡生产。制定特殊时期生产计划考核奖励政策。部门相互沟通协调，动态调整工作计划。煤流系统，落实保运措施，完成10000余米钢丝绳胶带更换。

【生产接续】 实施安装拆除抵押金制度，完成“三装三拆”任务。对7335等接续紧张的掘进头实行特殊激励政策。重点围绕保障Ⅱ(1)采区与Ⅱ(3)下采区接续衔接。针对Ⅱ(3)下皮带掘进困难、绞车运输能力小等问题，及时更换绞车主轴和变频器，抽调专业技术人员对绞车运输系统进行24小时现场跟踪管理，确保运输效率。严格放煤管理，加大原煤回收力度，出台煤炭回收考核管理办法，延长工作面回采时间，解决煤炭自燃对安全生产的威胁。

【经营管理】 加强成本费预算管控，由结果通报向过程分析转变，抓好重点成本费用项目及租赁费、煤层注水费及“四费”等费用管控，严格审批流程，规范管理。加大“一预算一跟踪一考核”工作力度。提前预警消耗较大的材料，对50种单耗材料指标分解管控，做到事前预算、事中控制、事后考核。通过减少外委、优化支护参数、修旧利废等举措，创收创效。自主完成主井改造工程，节省费用453万元。完成Ⅱ(3)下采区第三中部车场区段掘进施工图设计，优化东九采区轨道下山修复支护参数，节约外委设计费等相关费用30余万元。开展降本增效活动，全年实现修复产值2700余万元。

【重点工作】 推进“一优二补三减四化”工作。研究设计整合Ⅱ(3)下采区工作面，减少5个工作布置。优化Ⅱ(1)下等采区，预计消减巷道工程量1600余米，多回收煤炭资源400余万吨。制定关闭–400主运系统方案，“一矿一线两面”生产格局初步形成。成立内部市场组织机构，制定阶段目标、时间节点、人员责任。坚持周例会制度，及时协调、解决存在问题。完成市场主体划分、工资比例测算等基础工作。下发《内部市场化管理实施指导意见》等13+21项管理配套文件。试点单位运行正式启动。成立深化改革及协解领导小组，开办深化改革及协解专栏，抓好舆论引导。完成组织机构改革，实现管理人员比改革前减少46人，机构设置减少5个，完成协解人员92人，实现减员316人。召开新班组建设启动会，夯实班组管理基础，班组建设成果显著。供应科机厂车间、矿QC小组分别获“全国青年文明号”“全国优秀质量管理小组”称号，矿劳模技术创新工作室被中煤集团命名为中煤集团徐庄煤矿劳模技术创新工作室，授予“优秀基层创新工作室”称号。

【技术创新】 完成“采选充留”系统立项建议书编制和大型设备不升井或少升井项目可行性报告编制。自主改造主井机械设备，每小时可多提煤40吨，解决主井“卡脖子”问题。创新使用封车器，实现年节约材料费30余万元，解决物料掉落易导致事故的风险。2项职工创新成果获国家专利授权，“五小”等43项创新成果荣获公司奖项。

【干部作风】 完善领导干部下井带班、跟班和值班管理制度。坚持问题导向，在地质条件复杂、生产被动时期，增强各级干部深入现场解难题，指导、服务一线的意识。制定《科级领导干部关键业绩考核办法》《矿领导KPI考核管理》等考核办法。创新廉政教育方式，建立“廉洁365”党规党纪学习测试网络平台，月参与学习测试的党员干部700余人次。试行“两个责任”全程纪实管理，开展“两个责任”落实，时时跟踪、点评互动和意见征集，有效压实“两个责任”。

【和谐建设】 开展“三关三提”活动，召开“安全生产专题组织生活会”，对职工反映的35条问题，制定时间节点、责任人，及时给予解决。设立“矿长信箱”“书记信箱”“职工信箱”，掌握职工信息、思想动态和管控不稳定苗头，矿井保持和谐稳定。保卫科荣获徐州市保卫系统三等功。开展帮扶工作，开展困难家庭救助、秋季助学及“两节”慰问等活动，累计救助困难职工1700余人次，发放慰问金79万元。

（李玉安）

龙东煤矿

【概况】 2017年，克服7163收面突然和拆除条件差，7162大倾角、坚硬顶板、防灭火压力大，一个采区内部接续困难，支架问题多、工作面运煤系统复杂，一线、辅助单位人员减少等诸多困难，抓安全管理、长远发展、对标达标、降本增效、精益生产、企业改革、民生工程等重点工作，成为江苏省首家国家一级标准化矿井，荣获江苏省园林式先进单位称号。

【安全管理】 树立安全生产“五零”和“事故是可防可控”的理念，开展“规范行为、防范事故”和“反松懈、防麻痹，强意识、规行为”活动，重点强化公司“双42条”的学习掌握，增强安全意识。创建“三无”科队创建。开展科队无破皮伤、无“三违”。全年共创建三无科队97科队次。实施违章与产量、进尺挂钩考核，隐患与产量、进尺挂钩考核，“三违”与科队主要领导绩效工资挂钩考核，做到产量不违章，进尺不违章，工作不违章。严格班前、班中、班后三个环节管控，做到不带隐患开工、生产过程不产生隐患违章和不留隐患收工。全年查出隐患5022条，比2016年减少610条。把风险挺在隐患前面，把隐患挺在事故前面，全面开展危险源辨识、风险预控。矿年、月、周对各系统安全风险进行预控，对隐患进行全面排查，科队每天“三人三条线”排查风险隐患，班组每班严把“四道关”排查，解决安全生产中“想不到、管不住”的问题。实行星级安监员管理和安监员淘汰制。成立反“三违”小分队，动态开展安全检查，强化了现场安全监管力度。采取各种举措规范跟班队长、班长、特种作业人员的指挥行为、作业行为。每项临时工程都要上报安全风险任务单，强化临时工作风险预控管理。重点盯防7163拆除、7162–2工作面安装、西4号皮带更换皮带、东二探巷和7164材料道掘进、7162–2工作面大倾角回采几处风险较大的地点，确保安全生产。

【安全生产标准化】 按照“四个经得起”安全生产标准化管理原则，逐条逐项对照新标准找出差距、明确范围、制定整改标准，落实整改责任人，分类管理整改。制定完善《龙东煤矿安全生产标准化管理与考核办法》，在全矿形成了责任明确、逐级负责、层层把关、严格考核的责任体系，加大考核力度，每周一调度，狠抓现场落实，提升工程质量优良品率。强化现场达标监管，从源头、过程和事后“三把关”，抓补欠、抓现场、抓质量、抓落实、抓定置化管理，确保标准化工作精益求精。制定各岗位工种操作流程、操作标准，由职能科室动态抽查考核，确保操作规范化。修订下发《龙东煤矿精细化管理标准》，完善各系统精细化管理细则，严抓过程达标，全面推行精细管理“十化五法”。推进井下无尘化矿井建设，强化源头治理，综合防治，落实防尘责任，推行防尘自动化，降低粉尘，给职工创造清洁舒适的工作环境。10月14日，顺利通过国家一级安全生产标准化检查考核验收。

【经营管理】 多次召开降本增效座谈会，拓展降本项目范围，对可变、固定成本指标逐个进行分析、诊断，研究制定措施，寻找压缩成本空间。明确材料审核职责，打破原有审核模式，依据规程措施下达材料计划，推行材料上墙制度，严格材料员下井跟踪考核，每月对各单位材料使用情况进行通报。完善回收复用奖罚制度。全年共回收旧料651.64万元，复用旧料645.06万元。科学制定生产计划，及时掌握井下生产情况，按照生产任务进行材料供应和使用，每天安排专人核对材料使用消耗情况，确保材料的供应，杜绝材料的浪费。皮带管理科自己修复给煤机，延长了给煤机寿命，节省12万元。皮带实行逆煤流启动，降低了运行成本。机修厂组织职工利用废旧材料，旧锚杆拉直3070根、加工锚索托盘900件、皮带垫片12850件，为矿节约费用近45万余元。利用废旧托辊进行重组修复，共569个托辊可以再利用，为矿节约费用近24万余元。机电科先后修理四小电器410件，修复电缆9946米，共为矿节省74.17万元。

【改革创新】 优化组织机构，将汽车队并入供应科，汽车队原有的应急救援业务划入调度室，将培训中心并入人力资源科，将综安队更名为生产准备队。改革后矿机关职能科室组织机构比改革前减少2个，矿机关定员92人，比改革前减少12人。成立内部市场化运行中心，制定龙东煤矿内部市场化管理实施意见、运行办法及工资分配实施办法，制定下发龙东矿内部市场化定额、价格、计量、结算四项基础管理办法，12月1日在3家单位试运行。对加热站进行自动化改造，实现无人值守。将主井装载硐室自动操作系统和视频信号接入到主井车房，实施远程操作和视频监控。对全矿老弱病职工、长旷人员、岗位工种情况进行摸底排查，对32名长旷职工按规定解除劳动合同，为符合条件的60人办理了协解。

【精益生产】 根据井下情况，科学制定生产计划、生产组织，坚持正规循环作业。重点抓拆除、安装及零星工程管理，合理劳动组织，根据一个班人数、条件规定进尺和拆除支架台数。设备管理责任落实到班组、个人，加大设备日常维保、检修力度，严格考核兑现，提高开机率。根据巷道的服务年限、地质情况及以往施工经验和支护设计验算，多条巷道支护参数达到最优化，提高施工效率。关闭了北辅、西辅、西扩区等采区，封闭7140系统，封闭巷道4890米；优化7162运煤系统，减少3部皮带、3部溜子。优化系统配风，降低矿井通风阻力，满足矿井生产需要。

【和谐创建】 对四大浴室、来宾浴室进行了改造。为1208名职工进行健康体检。解决职工宿舍楼设施陈旧等70多件民生问题。划分责任，消灭死角，植树造林，增加绿地，实现绿化面积全覆盖，把西风井初步建成生态园。慰问工亡职工、工伤住院、特困职工家庭134人次，慰问款8.06万元。发放“三助”资金11.8万元，为6名职工申请公司大病补助3.6万元，救助困难职工343人次，组织102名职工进行荣誉疗养。为员工提供优质的洗浴、住宿、就餐服务，在职工食堂、洗衣机房开展“创文明服务窗口，争当最佳服务员活动”，使员工做到挂牌上岗，微笑服务。

（夏传军）

发电厂

【概况】2017年，面对节能环保升级改造难度大、煤炭价格快速回升上涨经营压力大等困难，调动干群参与改革创新，汇集企业发展力量，推动企业持续发展。完成自备机组上网电量7.23亿千瓦时。

【安全管控】强化安全管控，重点抓安全工作，深刻吸取“7·5”“9·29”人身伤害事故教训，总结形成“理性管理、严格考核”的安全工作思路。开展“平安一季度”“警示三月行”“安全生产月”“百日安全”等主题安全活动，实施安全大整顿。对公司生产安全伤亡事故责任追究办法，安全生产“双42条”特别严重“三违”行为界定标准等安全文件加强宣贯，严格执行各类安全管理规定，对相关责任人进行责任追究，安全生产标准化保持集团公司、大屯公司一级单位以及江苏省电力行业安全生产标准化二级企业。

【环保节能】完成对一、二发电生产分厂新排污许可证的申报、公示和获取。对7号135兆瓦机组开展中修工作，解决7号机组受过去企业经营困难影响，7年未进行大修存在安全生产隐患的问题。形成煤电机组节能减排及环保改造工作方案，推动1、2、6、7号机组的超低环保改造工作。

热电项目球形煤仓

明确6号机组首先进行超低排放改造，妥善处理灰渣环境污染事件。完成二分厂冷水塔填料项目，循环水优化项目，8、9号锅炉二次风机永磁调速三个节能项目的改造、竣工、验收工作。

【提质增效】从生产组织、经营管理、成本控制、电热销售等方面进行重点突破。全年发电机组集中进行春检和秋检，运行方式及效率情况优于上年同期。机组运行方式好于预期，迎峰度夏期间实现了较长时间全机组开机运行方式。7月，完成自备电量上网电价的调整，单位电价增加0.013元/度。优化售电结构，完成自备机组上网电量7.23亿千瓦时，另受益于新价电用户需求的增长。

【改革管理】启动改革创新工作，召开改革动员大会，成立人力资源优化改革等7个改革创新工作组，推进人力资源优化改革、薪酬制度改革、混合所有制改革、生产系统优化和“四化”改革、专业化和安全管理改革、公务用车改革6个方面多项具体改革任务。印发执行三项制度改革方案、人力资源优化配置实施方案。通过审批“协解”19人。对物资采购、外委工程、安全生产事故隐患排查治理、外委修理、全能值班员、高风险作业管理等多方面工作进行流程、制度的梳理，修订并出台管理文件，明确责任部门和要求。

【机组接产】推进2×350兆瓦热电机组项目接产工作。组织成立接产工作机构，明确相关工作负责人。完成生产准备大纲、生产运营模式、机构设置及定编定岗方案的编制，中煤集团公司审定通过。完成第二批接产人员的抽调，抽调化学运行及试验、热工、电气等6个专业的共计23人。实现高压电工、司炉工、压

外国专家现场指导设备使用

力容器、水处理4个特种专业的相关培训和取证工作。采取炉—机、机—电、电—炉的专业转换形式培训学习，确定学员、巡操、副值、正值、值长等逐级晋升模式，完成全能值班员本专业巡操岗位的考试工作。制定并建立生产准备培训激励机制，印发生产准备培训奖励金发放细则，将员工的培训奖励与培训成绩紧密挂钩，保证接产工作的快速推进。完成热电厂所用的艾默生DCS底层支撑软件操作员和工程师的培训共计43人次。规程编写、系统图绘制、设备技术规范修编和补充工作进展顺利。化学专业运行人员进入建设现场熟悉摸排系统设备。

【人文关怀】 开展职业病鉴定，职工健康体检、高空高温体检。规范和加强“三助”资金管理。举办第五届“兴电杯”技能大赛，一分厂运行分场鲁继亮获得上海市“五一劳动奖章”，一分厂电气运行丁班获得上海市“工人先锋号”称号。承办公司2017年度职工技能竞赛维修电工工种实操比赛，电气试验室蒋正峰荣获第一名的好成绩。全年对135人进行了“三助”资助，资助金额12万元。对52名生病住院职工进行探视走访。为27名困难职工助困5万元，走访慰问了34户工亡家属及1户工伤职工家庭，发放慰问困难补助款2.2万元，为2名职工家庭申请公司“一日捐”特困补助0.4万元。 （马晓贺）

苏铝铝业公司

【概况】 2017年，苏铝铝业公司完成了铝板带箔商品量，同比增加4729吨，增幅14%。博斯特公司完成了机加工件商品产量，同比增幅78%，产销量创历史新高。

【安全管理】 制订《苏铝铝业“三违”管理制度》《生产安全事故隐患排查治理办法》《苏铝铝业公司安全风险分级管理实施办法》《年度安全风险报告》，补充完善苏铝铝业《通用工种设备安全规程》和《各工种安全操作规程》82项。开展安全生产大整顿、大检查以及隐患排查治理和“反三违”活动，成立7个安全生产标准化专业检查组和党管安全效能检查组，分专业实施检查，对每个专业检查组设置考核指标。建立检查标准，共发现各类问题和隐患438项，累计处罚43人，金额1.38万元，全部整改。开展应急消防演练4次，加强安全培训教育，组织中层以上干部上安全大课，结合各岗位特点印制应知应会和安全承诺卡片随身携带。开展“双42条”学习，开办各类安全培训班30期，培训员工共1726人次，举办安全警示教育图片展，安全警示教育片拍摄荣获公司一等奖。

【经营管理】 遵循“国企性质、民营机制、市场运作”原则，划小核算单元，建立利润核算中心，以2015年的经营指标为基数，逐年减亏20%为目标，传导经营压力，实行自主管理，四大车间同比减亏600万元，初步形成适应市场竞争、适合铝加工特点的经营模式。紧盯市场，按照“随行就市”原则，扩大装饰板、箔、宽幅单零箔坯料等产品的市场，优化产品结构。研究经营策略，分

占地120余亩的汉韵广场

沛县张庄镇

徐州联谊生物科技生产宠物食品

张庄镇地处沛县最南部，素有沛县南大门之称，与铜山区接壤，是徐州至沛县的节点镇，辖32个行政村（居），127个自然村，总人口10.23万人。交通便利，商贸繁荣。徐济高速公路、徐沛公路、徐沛铁路，县道敬五路、崔孟路、肖五路等穿境而过。全国三大农用机场之一的徐州农用航空站及金汇通航直升机培训中心坐落于该镇杨庙村。境内拥有铁路客运站、货运场各2个。拥有张庄、崔寨2个镇级农贸市场和1个范庄村级农贸市场，拥有大型购物超市10余家。工业特色鲜明，农业亮点突出。拥有4平方公里的工业集聚区，规划布局了新能源（生物质发电、光伏发电）、新康养（桑拿制造）、新加工（轮圈、钢结构、建材）和物流的“三区一园”的格局。大中型工业企业200余家，形成以中西乐器、桑拿制造、建材机械和农副产品加工为主的工业体系。高效农业形成“一线两园五基地”的发展格局，城镇建设突飞猛进。全镇按照“楚风汉韵，现代新镇”的设计定位，实施“西扩新区、北拓园区、南延商区”的发展战略，构建“提升主镇区、改造副镇区、做美新镇区”的建设格局，建成国家AA级汉韵景区、汉阙游园，建设江南新天地、汉韵花园、汉乡小区、中心商务区、商业步行街和12轨中心小学等工程，修铺海河路、振兴路、镇东环路，配套雨污分流、给水、地下电力管网，同步跟进绿化亮化，实现中心镇和国家级生态镇创建达标。社会事业协调发展。城乡低保、农村五保和大病救助工作统筹推进，新型合作医疗实现全覆盖。“户分类、组保洁、村收集、镇转运、县处理”的垃圾收运体系高效运行，村庄环境整治走在全县前列，代表沛县接受省住建厅验收，位居全市第一。农村公路安保及管养工程通过省级示范镇验收，塑造天蓝、水清、地绿的一流小城市美丽形象，有力助推经济社会快速发展。

县委书记李淑侠到张庄镇调研

县委副书记、县长吴卫东到张庄镇调研

幸福农民舞起来

设施菜管理

采摘秀珍菇

沛县南大门——汉阙

县委书记李淑侠到龙固恒辉编织调研工作

副市长徐东海到龙固调研煤盐化工工作

县委书记、县长吴卫东到龙固慰问困难群众

南京财经大学整编专家组调研龙固恒辉公司

沛县龙固镇

龙固镇位于江苏省最北部，地处苏鲁两省四县交界，是工业强镇、商贸重镇、历史名镇，是徐州市达标中心镇、江苏省新型示范中心镇、国家级重点镇、国家级生态镇。全镇共有 13 个行政村、10 个居委会、76 个自然村，全镇面积 66 平方公里，镇区面积 5 平方公里，耕地面积 2320.6 公顷，人口 8 万余人。

2017 年，全镇新增固定资产投资 53.5 亿元，实现财政总收入 3.53 亿元，国税总收入 1.76 亿元，公共财政预算收入 2.51 亿元，增值税完成 1.61 亿元，完成固定资产投资 24.61 亿元，工业开票销售收入达 79 亿元，实际利用外资 802 万美元，进出口额完成 3200 万美元，服务外包完成 412 万美元，新增工业列统企业 2 家，在全县重点经济工作目标考核中荣获一等奖。

徐州天成氯碱有限公司办公区

县政协委员调研重大项目

人大代表调研龙固卫生院

焦刘村搬迁签约仪式

传达学习中共十九大精神报告会

徐州观茂焦化有限公司

水产示范园

亮化工程

沙河公园

组织党员干部集中观看中共十九大开幕式

全县经济运行观摩会在杨屯镇召开

江苏沛北经济开发区招商洽谈会

沛县杨屯镇

杨屯镇位于沛县东北部，地处风景秀丽的微山湖畔，与山东省接壤。全镇总面积 87.6 平方公里，耕地 3.2 万亩；下辖 17 个行政村、4 个居委会，41 个自然村，总人口 62088 人。是国家生态镇、江苏省经济发达镇、江苏省文明镇、江苏省创业型乡镇和徐州市特色小镇。2017 年，全镇完成地区生产总值 40 亿元，固定资产投资 51 亿元，工业开票销售收入 34.1 亿元，财政总收入 2.5 亿元，地方一般公共预算收入 2.05 亿元，农村人均可支配收入 17518 元。

2017 年，杨屯镇突出打造省级经济开发区、省级经济发达镇、国家 4A 级旅游景区三大平台，按照人口向镇区集中、企业向沛北经济开发区集中、文化旅游向洪福湿地景区集中的发展路径，全力建设徐济区域间实力强镇、滨湖新城。

高质量发展动员大会

言让公益联盟举办“两周岁”庆典

“梨园春”到杨屯会堂演出

春节联欢会

杨屯镇第五届全民健身运动会

洪福湿地旅游风景度假区奠基仪式

国家汉文化体育节

洪福湾水产科技示范园

沛县敬安镇

沛县敬安镇地处沛县南端，素有历史名镇、交通要镇、商贸重镇、“百里大集”之称。区域总面积96平方公里，耕地面积7.4万亩，下辖20个行政村、6个居委会，总人口7.2万人。区位优势明显，徐丰公路、敬张公路、沛敬公路以及徐济高速公路穿境而过，交通便利，战略位置十分重要。2017年，全镇上下认真贯彻落实中共十九大会议精神，学习贯彻习近平新时代中国特色社会主义思想，紧扣落实“两聚一高”、发挥“三个作用”目标定位，践行新发展理念，全镇高质量发展、创先争优的氛围强烈，全镇经济社会继续保持良好发展势头，主要经济指标增速继续保持全县前列。

2017年，敬安镇完成固定资产投资46亿元，财政总收入完成3.07亿元，同比增长12.7%；工业用电量6亿度，同比增长20%；工业开票销售收入34.6亿元，同比增长26.7%；完成实际到帐外资2000万美元，外贸出口1716万美元，超额完成县政府下达任务。在全市小城市创建评比中名列前茅；在全年县对镇考核中，获得年度综合考核一等奖，招商引资工作一等奖；4个单项奖中，敬安镇获得项目建设、社会治理2个一等奖，工业经济上台阶、农业和农村工作2个二等奖。

县委书记李淑侠到敬安调研

小城市创建

美丽敬安广场

敬安镇基层党建活动阵地

镇明清古街

辣椒制种产业

广场舞大赛

中共十九大精神宣传

徐州金虹钢铁集团有限公司

市委常委、组织部长徐大勇，县委书记李淑侠在汉台社区传达贯彻中共十九大会议精神

市委常委、组织部长徐大勇到任庄村调研基层党建

县委副书记、县长吴卫东在沛城街道调研

副县长辛传坤到李集村开展“百千万”大走访

沛县沛城

沛县沛城街道地处江苏省北部苏鲁交界微山湖西畔，是沛县城区经济文化的中心。辖区总面积62.4平方公里，辖14个行政村，16个居委会，居民59329户，户籍人口168812人。区域内有微山湖湿地2万多亩，湿地旅游、农林渔资源丰富。水路、陆路交通便利，有徐沛铁路、徐济公路、京杭运河、沿河、苏北堤河、顺堤河。耕地丰田面积3.5万亩，高效农业复种面积1.5万亩，形成城南设施果蔬、沿湖优质稻米及生态养殖三大农业主导产业。工业经济以农副产品深加工为主，现代服务业汽车4S店、商贸物流、商务电子已成规模。2017年被沛县文明委授予“2014-2016年度文明单位”。

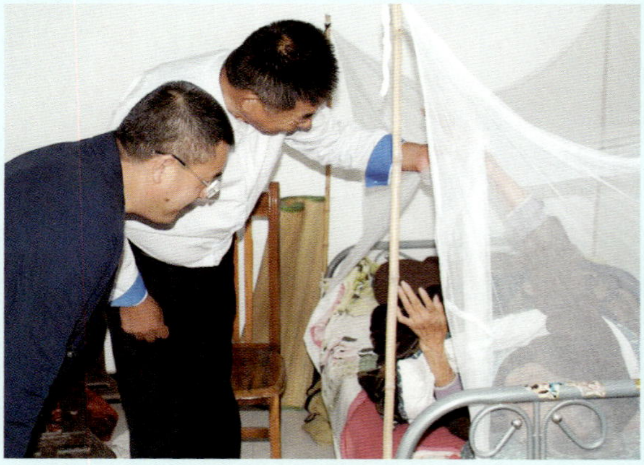

党工委书记朱信勇到任庄村开展“百千万”走访

街道办事处

新沂市基层支部书记参观李集村党建活动基地

江苏省红十字养老照护志愿服务工作推进会在汉台社区召开

组织开展发挥“三个作用”大讨论

盱眙县党政代表团参观任庄村基层党建

组织基层党员收看中共十九大会议实况

任庄万亩农业示范区的鲜切菊花装车外运

沛县栖山镇

市委常委、组织部部长徐大勇到高祖酒业开展走访活动

党委书记姚振川到何庄村慰问贫困户

县委巡察组巡察栖山镇党委工作动员会

栖山镇地处沛县西南部，距沛城 20 公里。海拔 41.6 米，在全县地势最高。全镇总面积 95.6 平方公里，农田承包面积 7.94 万亩，辖 22 个行政村，103 个自然村，共 15428 户，人口 66153 人，党员 1924 人。

2017 年，完成地区生产总值 20.1 亿元，同比增长 8%；固定资产投资完成 20.5 亿元，同比增长 13.8%；一般公共预算收入完成 8262.7 万元，完成全年预算的 76.5%；农民人均纯收入达到 18920 元，同比增长 11.5%。2017 年被授予“徐州市电子商务示范镇”称号，栖山镇卫生院被评为徐州市“十佳”健康团队，栖山中学被江苏省教育厅评为标准化社区教育中心，大王楼村被全国红十字会评为“红品项目奖”优秀奖，王店居、何庄村、魏庄村被江苏省爱卫会评为省卫生村（居）。

陈庄村校外辅导站活动现场

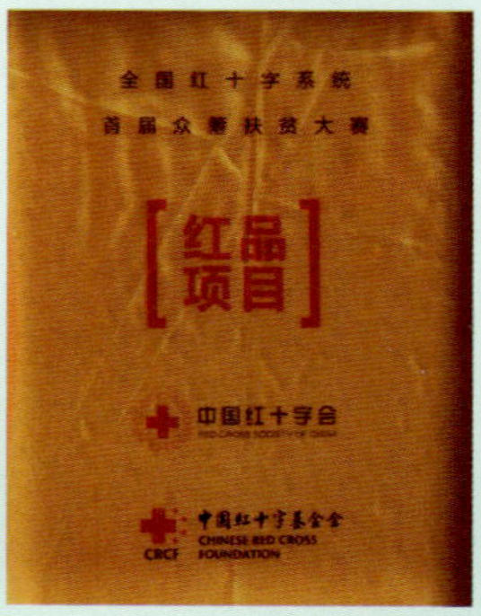

大王楼村文化大院落成典礼

徐州锦业纺织科技有限公司生产车间

袁集千亩芦笋基地

县委书记李淑侠，县委副书记、县长吴卫东率队观摩江苏萨拉曼体育用品工程项目

县委副书记黄浩观摩国晟光伏“农光互补”项目

沛县朱寨镇

稳增长、促转型，综合实力不断提升。坚持“工业强镇、产业兴镇”不动摇，把项目建设作为加快转型升级和动能转换的主抓手，逐步形成了招商引资逆势上扬、有效投入持续扩大、产业结构不断优化的良好局面。2017 年，朱寨签约项目 9 个，总投资 7.59 亿元，全部实现开工建设，并引进外资 2000 万美元。国晟光伏“农光互补”项目一期工程并网发电，二期指标申请到位；江苏萨拉曼运动鞋项目主体结构完工。2018 年新年伊始，投资 13 亿元的中农批项目、投资 1.6 亿元的协鑫光伏项目成功签约。

强农业、促增收，发展活力充分释放。推进沛丰路、沛驾路高效设施农业发展示范带建设，土地流转面积新增 1890 亩，新增高效设施农业 2000 亩，万亩有机水稻种植区建设稳步实施。家庭农场示范建设再掀热潮，成功申报县级示范家庭农场 6 家，农民专业合作社 6 个。现代农业科技示范园建设有序推进，以创新“物联网 + 智慧农业”为重点，推动农业服务平台“农管家”发展智慧型农业，成功创建博士站点，顺利实施第四代日光能温室改造。

惠民生、补短板，人民生活持续改善。围绕建设宜居宜业城镇目标，改善镇村面貌和生态环境，强化民生普惠共享，逐步走出“生态、和谐、惠民”的发展新路子。统筹推进基础设施、文化、教育等社会事业发展，投资近亿元的民生实事落到实处。沛公路西延朱寨段征迁工作顺利推进，朱寨农电站办公楼建成使用，朱寨文化站建设基本竣工，梅村、燕牌坊便民服务中心建设通过验收。成功创建省优质幼儿园 1 所，马元、闫寨等 5 个村的农电线路改造完成。围绕县委、县政府脱贫任务要求，精准实施的 5 个脱贫项目，按照时间节点稳步推进。

项目签约

朱寨镇第四届人民代表大会第二次会议

全镇干部大会

中共十九大精神宣讲报告会

县委书记李淑侠到奥体广场调研

县委常委、宣传部长徐正冲在五段镇走访慰问

沛县五段镇

五段镇位于沛县东南部，与二省三县四镇毗邻。镇驻地五段村，是沿微山湖一溜十八段的中心区域。“黄金大道”京杭大运河穿境而过，被市文物部门认定为“留城故址”。全镇总面积 48.7 平方公里，镇区面积 2.1 平方公里，社会人口 5.1 万人，有 24 个党支部，1358 名党员。辖 14 个行政村，3 个居委会，耕地面积 3.9 万亩，承包人口 3.6 万人，湖田 3.4 万余亩，水面面积 5200 余亩。五段镇河道纵横，水丰草茂，是优质大米、高产小麦、特种水产品的重要产区，素有苏北“鱼米之乡”的美称，已成功创建“国家级生态镇”和徐州市第一批“管理示范镇”。

2017 年，完成地区生产总值 29 亿元，完成全社会固定资产投资 25 亿元，完成公共预算收入 7690 万元，农民人均纯收入 17843 元，社会消费品零售总额 31.49 亿元，列统工业增加值 22.7 亿元，工业应税销售收入 5.35 亿元。在全县重点工作目标考核中位列第八，农村重点工作考核一等奖比例全县第一，社会治理工作考核位列全县第二名。

五段镇第一届农民文化艺术节

抢收抢种

微山湖万亩荷塘湿地生态旅游

微山湖湿地鱼鹰捕鱼

五段镇奥体广场

省级美丽康居村——高庄村

沛县鹿楼镇

鹿楼镇地处沛县最西部，区域面积 125.4 平方公里，总人口 7.79 万人，辖 24 个行政村，138 个自然村，1 个大沙河林场和 5 个林业分场。境内大沙河 15.8 公里纵贯南北，321 省道沛丰公路、丰沛铁路横穿东西，徐济高速公路出入口坐落境内。农业资源得天独厚，林木、果品、蔬菜、食用菌、生态肉鸭等农产品久负盛名，素有林果之乡、肉鸭基地、黑木耳基地、农业大镇之美誉。

县领导到鹿楼镇调研

省市关工委领导到鹿楼镇调研

金旺水泥厂

鹿楼家庭农场

鹿楼镇高质量发展大会

鹿楼经济开发区一角

沛县河口镇

河口镇孟庄新型社区创建规划鸟瞰图

市委常委、组织部长徐大勇在县委书记李淑侠的陪同下到江苏沃凯氟密封科技有限公司开展“大走访、大排查、大整治”活动

县委书记李淑侠到河口镇企业调研

开展“大走访、大排查、大整治”活动

河口镇位于沛县西南部，龙河公路与徐丰公路交汇处。镇域面积82.57平方公里，辖18个行政村、81个自然村，总人口6.16万，耕地面积5485公顷。2017年，全镇财政总收入完成8340.5万元，一般公共预算收入完成5460.1万元，工业总产值同比增长15.3%，固定资产投资同比增长18.2%，全镇经济平稳运行，各项社会事业都保持了持续、稳定、健康发展的良好势头。

打好农字牌，唱响富民曲。充分利用牛蒡航天食品研制成功、牛蒡种子搭载神舟十一号飞船上天这两个契机，加大宣传力度，整合镇内牛蒡企业资源，建设牛蒡文化体验馆，打造牛蒡展销一条街，打响药食两用养生保健牛蒡品牌。

打好工业牌，唱响强镇曲。2017年，全镇新签约项目11个，其中亿元以上项目4个，新开工项目8个。超序时进度完成2017年度全县“三重一大”项目——桃哥桃弟果蔬罐头加工项目及真蒡牛蒡综合加工项目。充分发挥海通食品集团带动作用，完善以农产品深加工为主的工业经济体系。江苏沃凯氟密封科技有限公司新上新能源汽车发动机密封组件生产线和激光切割核心部件生产线，均按序时投产。

打好民生牌，唱响和谐曲。2017年全镇共完成小城镇建设投资5500万元、孟庄新型社区建设投资2920万元，镇区形象与经济活力得到有力提升。成立18个帮扶工作组全覆盖开展“大走访、大排查、大整治”工作，走访过程中疏理解决问题15件，有效拉近了干群距离。投资245万元，建成李集、封皇庄、共和三个村综合服务中心并投入使用。开展阳光扶贫工作，成立18个工作组，组织业务培训26次，对低收入农户国网信息进行核查录入，全镇实现脱贫736户2191人。

江苏真蒡生物科技有限公司

河口镇航天牛蒡育种基地

江苏沃凯氟密封科技有限公司

沛县魏庙镇

魏庙镇位于沛县东南部，地处微山湖泛区，历史悠久，为古留城所在地，徐沛快速通道穿镇而过，通车后南距徐州20分钟车程，北至沛县10分钟车程，京杭运河、顺堤河、西岗河纵横境内，水运交通极其便利。2017年，全镇财政总收入7367万元，一般预算收入5869万元，地区生产总值完成21.75亿元，工业总产值完成110亿元，社会零售品销售总额36.14亿元，社会固定资产投资30亿元，农民人均纯收入17007元。现代农业蓬勃发展。魏庙镇以徐沛快速通道优质绿色稻麦产业带为核心，全力推进示范片区建设，成效显著。农村产权交易市场运行规范有序，交易品种、交易宗数和成交额一直居于全省前列。在2017年10月份考评中，综合排名位列全省镇级第四位。工业经济稳中向好。依托徐沛快速通道即将全线贯通带来的交通区位优势，不断提升项目招引竞争力，成功引进中恒兆建设工程有限公司等多家总部经济，北京九识芯片项目、拓米特工业设备阀门电动执行机构项目等7个项目成功落地。城镇基础设施齐全。镇区逐步形成了三大功能区域，即南部行政区、中部商贸区、北部工业区，新型城镇化建设初步拉开框架。2017年魏庙镇获江苏省农村产权交易市场建设先进集体、徐州市法治创建工作先进单位、徐州市工商联先进基层组织等荣誉称号。

县委书记李淑侠调研魏庙电子商务发展情况

县委副书记、县长吴卫东到镇查看广勤米业二期建设进展

县人大主任张兴涛到镇参加“三走三问”暨“五级人大代表助推脱贫致富奔小康”活动现场会

全市产权制度改革现场会在佟场村召开

祥和社区

留城古街

快速通道

郝尧村虾藕共作种养基地

沛县大屯街道办事处

大屯街道地处沛县新城区北部，是沛县副城区。辖10个村委会、15个居委会，总人口12.3万人，面积61平方公里。2017年蝉联全国文明街道，获首批江苏省生态文明建设示范街道；安庄村获首批江苏省生态文明建设示范村。在全县2017年度重点经济工作目标考核中，街道办事处荣获综合考核一等奖，单项工作中获工业经济上台阶第一名、项目建设第三名、农业和农村工作二等奖，9个村社区荣获一等奖、15个村社区获二等奖、1个村社区获三等奖；获社会治理重点工作一等奖。

县委书记李淑侠（前左二）携县四套班子领导调研润康医药建设工地

江苏省环保厅副厅长陈志鹏（左四）在县委副书记、县长吴卫东（左三）陪同下在安庄村垃圾处理中心调研垃圾分类工作情况

县领导到铬铁合金厂调研

对虾丰收

广场舞大赛

斗羊比赛

沛县汉兴街道办事处

县委书记李淑侠到街道指导工作

县委副书记、县长吴卫东调研前宋康居村建设进展情况

党工委书记武来力陪同市、县人大代表、政协委员调研

2017年，汉兴街道围绕“创新发展、创业富民”的发展定位，与开发区合力共建，同频共振，全力服务项目建设。2017年在全县目标考核中名列第一，前宋庄村荣获“江苏省康居村庄”称号，张楼村荣获“江苏省法制示范先进村”称号。

同频共振，积极作为，全力服务项目建设。完成房屋征收1765户，约36.7万平方米，涉及8个地块。为开发区16个项目提供项目用地1405亩，涉及10个村居。安置上房1480套，约14.8万平方米。同时解决了一些遗留问题。

聚焦富民，突出特色，不断提升现代农业。完成7家县级示范农场建设，创建3家县级五好合作社，注册农场39家，合作社51家，家庭农场年度财务报表全部录入国家市场监督局年鉴系统。新增农村电商112家，位居全县第三。“大农合”关注人数前三季度位居全县第一名。

富民为先，扶贫助困，切实增进民生福祉。创建“贫困农户+家庭农场(大户、龙头企业)+电子商务”的脱贫模式。完成各村(居)小额扶贫贷款581万元。积极参加基层文化娱乐活动，在徐州市委宣传部、徐州市文体局举办的广场舞大赛中，许阁居广场舞荣获徐州市三等奖。

依法行政、精细管理，倾力打造美丽城乡。稳步推进物业管理“4+X”管理模式。投资86万元实施项目28个，形成“户收集－乡镇中转—县城处置”的城乡生活垃圾一体化处理模式。投入资金76万元，完成村内污水处理设施。投资300多万元兴建村民休闲、生活设施，完善村居基础设施建设。

“大走访、大排查、大整治”工作推进会

秋季农业生产暨扶贫工作会议

街道办全体党员在烈士陵园重温入党誓词

“263”专项行动推进会

沛县敬安镇巩楼村

徐州市委副书记夏文达到村察看扶贫项目

县委书记李淑侠到村调研党建工作

副县长张杰到村调研扶贫工作

山东临沂有关部门到村参观扶贫项目

敬安镇巩楼村位于敬安镇镇区西北，徐丰公路北侧，与丰县范楼镇齐阁村相邻。下辖巩楼、黄庄、耿圩子、袁小庄4个自然村及巩楼新村，有12个村民小组，总人口1860人，480户，耕地面积2703亩。多年来以种植山药、牛蒡等经济作物为主，人均收入12000元。村集体经济收入薄弱，为“十三五”期间省定经济薄弱村。近年来，在党支部书记刘洪敏带领下发生了翻天覆地的变化。引资1500万，为巩楼村兴建了农贸市场、小型污水处理厂，引进光伏发电项目，新建村服务中心和村幼儿园。村主干道及周边村庄桥梁、水泥道路的铺设，形成畅通的道路。村内新设农商行自助营业厅1个。

村中各类台账和档案规范管理，做好“村务、财务”公开，发挥村民代表的监督作用，使党员群众关心的热点、难点问题得到妥善解决，扩大村民的参与权、知情权，全力推进基层民主建设，受到广大村民的一致好评。

村民委员会

市政府副秘书长周广春、市农工办主任苏伟、沛县县委副书记黄浩、沛县副县长张杰、徐州城市轨道交通有限公司董事长朱明勇等有关领导参加希望幼儿园竣工仪式

村支两委领导班子

村幼儿园开工仪式

光伏项目

农贸市场

沛县龙固镇韩庄社区居委会

韩庄社区地处龙固镇区，紧邻三河尖煤矿，社会人口1200余人，下辖2个居民小组。近年来，社区在上级各级党委政府的正确领导下，以习近平中国特色社会主义思想为指引，牢记使命，不忘初心，团结带领全居党员干部群众抓党建、谋发展、惠民生，党建工作、经济发展，社会事业齐头并进，奏出了一曲高质量发展、和谐发展的新乐章。

新农村建设

党支部书记周洪跃与群众交谈

主任董文学入户走访

不忘初心抓党建

韩庄社区扣住党建这个关键不放松，一是抓好阵地建设。居委会先后投资10万元，对党员活动阵地进行改造、整修，通过阵地建设提高党支部的号召力。二是抓好制度建设。社区党支部建章立制、照章理事，用制度管人，建立了党组织建设、党员定期培训、经济建设等制度20余项。每项制度都有责任人、监督人、考核评比办法，并签订责任状，通过制度建设提高党支部的战斗力。三是狠抓制度落实。通过“党群议事会”对村务财务进行监督，保持班子及成员的纯洁，在人民群众中树立了良好的形象。基层组织建设取得了质的突破，为社区更好的完成各项工作提供了坚强的政治和组织保证。

投票推荐好人好事

专题组织生活会

牢记使命谋发展

韩庄社区临镇靠矿沿湖，人多地少，农业发展优势不足。社区村两委多次商议，决定利用自身优势探索村集体经济发展之路。围绕临镇优势发展商业，围绕靠矿优势发展服务业，围绕沿湖优势发展水产养殖业。全社区现已办企业、店铺和种养、加工项目400多个，就地转移就业率达100%。在装卸运输队、兴韩物资贸易公司等传统优势项目基础上，又转型投资500万元成立沛县龙大工贸有限公司，从事钢材贸易、粘胶短纤维等经营；投资400万元在奚阁产业园建设高标准厂房出租给入驻企业；在杨屯新镇区投资180万元购置沿街商铺店面，对外出租经营；投资36万元建设太阳能光伏电站等年新增集体收入100万元以上。

讲沛县故事活动

纪念中国共产党成立96周年党员活动日

举办重阳节文艺演出

情牵百姓为民生

在集体收入逐渐壮大的同时，坚持群众的利益高于一切，群众的呼声高于一切，努力把一桩桩老百姓关注的问题解决好，把一件件为民兴办的实事落实好，让群众的生活的更加幸福美好。十几年来，社区集体累积投入1000余万元用于改善农村的基础设施建设，大大改善了居民的生产生活环境；投资40余万元建设了老年活动中心，购置了图书、健身等文体器材，为群众提供了休闲的娱乐场所；购置了垃圾车、垃圾桶和洒水车，安排4人专职从事物业管理，建立了环境管理的长效管理机制；投资20余万元铺设商业街两侧彩色人行道板，疏通下水道，极大地改善了商贸区基础条件，方便群众经商贸易。全居上下呈现了纯洁良善、和睦相处、人心思进、气顺心齐的良好局面。

运输车队

院长崔雷主持召开绩效核算分析会

安全检查

麟游县卫计委系统到院参观交流

党员干部冒雨进行百千万大走访

沛县中医院始建于1956年，是全国第一批县级建院的中医医院，因东汉名医华佗行医于沛，故又名为“华佗医院”。是国家首批二级甲等中医医院，南京中医药大学教学医院，占地面积1.72万平方米，建筑面积4.3万平方米，设置床位500张，实际开放680张，资产总值1.97亿元。设置20个临床科室，16个医技科室，1个重症监护室，1个血液透析室，开设中医专科（专病）门诊30个。

医院在职职工620人，卫技人员495人，中高级职称190人。康复科是国家中医药管理局农村医疗机构针灸理疗康复特色专科，脑病科是沛县唯一一个“十二五”江苏省中医重点专科，肿瘤外科、脑病科、肝病科、糖尿病肾病科是徐州市中医重点专科。医院设备齐全，是当地医疗设备最先进的医院之一。拥有16排螺旋CT、1.5T磁共振、DR、飞利浦C型臂、狼牌腹腔镜、多功能呼吸机、奥林巴斯电子胃肠镜、化学发光仪及多种中医诊疗设备。医院先后荣获全省卫生系统先进党组织、徐州市文明单位、“创先争优先进基层党组织”“三好一满意”“人民满意医院”“诚信单位”称号。

沛县中医院

❶ 沛县中医院“远离回扣，廉洁从医”主题专项活动动员大会
❷ 举办省级教育项目学术研讨会
❸ 道路救助签约仪式
❹ 十四届沛县县委第三巡察组巡察沛县中医院党委工作动员大会
❺ 沛县中医院与奎屯市卫计系统工作交流座谈会
❻ 5·12护士节座谈会
❼ 沛县中医院夏季消防安全培训

沛县疾病预防控制中心

带状疱疹疫苗临床研究与培训会

专题党员大会

疾病预防质量控制验收

“三城同创”启动会

沛县疾控中心成立于2004年4月，属于财政全额拨款的一类公益事业单位。在职职工100人，办公用房建筑面积4560平方米。主要职能是疾病预防与控制；突发公共卫生事件应急处置；疫情及健康相关因素信息管理；健康危害因素监测与控制；实验室检测与评价；健康教育与健康促进；向社会提供预防医学诊疗、处理等专业技术服务；负责全县疾病预防控制工作的业务培训、技术指导和督促检查。内设科室16个，主要从事健康教育、免疫规划、急慢性传染病防治、慢性非传染性疾病防治、地方病与寄生虫防治、消杀与病媒生物防治、公共场所和生活饮用水监测、食品安全风险监测、医院消毒质量和污水监测等工作。

2016年和2017年度，沛县疾控工作被市卫计委评为工作优秀奖。2017年在徐州市举办的“社区医生高血压糖尿病用药知识竞赛”中荣获团体二等奖。

办公大楼

沛县卫生监督所

民生热线与群众进行交流

职能移交仪式

服务单位送来锦旗

文明执法、热情服务

元旦职工文体活动

沛县卫生监督所受县卫计委委托行使卫生计生综合监督行政执法管理职能。卫生计生综合监督行政执法工作是卫生计生工作中的重要组成部分，是实现国家卫生计生管理的重要手段，是执行国家卫生计生法律法规、维护卫生计生秩序、促进经济社会协调发展、建设健康中国的重要保证，具有较强的专业性、技术性。

近年来，卫生监督所内强素质，外树形象，以群众健康为中心，依法监督、文明执法、优质服务，全县卫生监督工作走在了全市前列。连续荣获省卫生监督体系建设工作达标示范单位、全省基层卫生监督综合业务先进单位、全市“百佳基层执法单位”“徐州市工人先锋号”等十多个省市级荣誉称号。

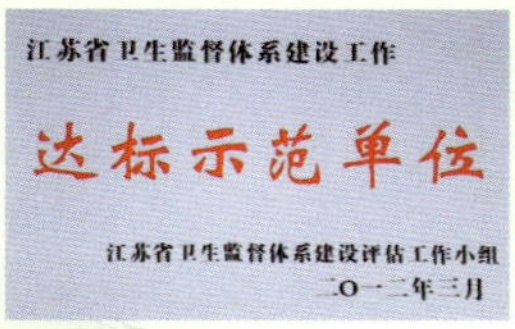

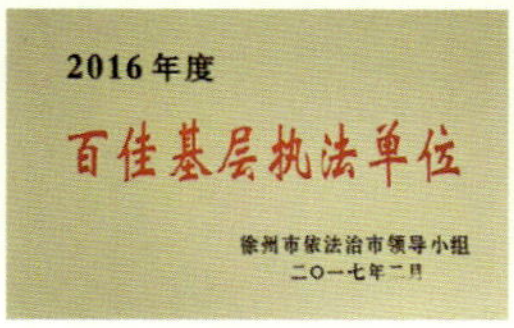

党员活动日活动

沛县妇幼保健所

全体党员定期加强政治思想学习，提高党员的政治觉悟

举办全县托幼机构卫生保健知识培训班

开展妇女宫颈癌、乳腺癌免费筛查活动，全年共筛查 29000 余人

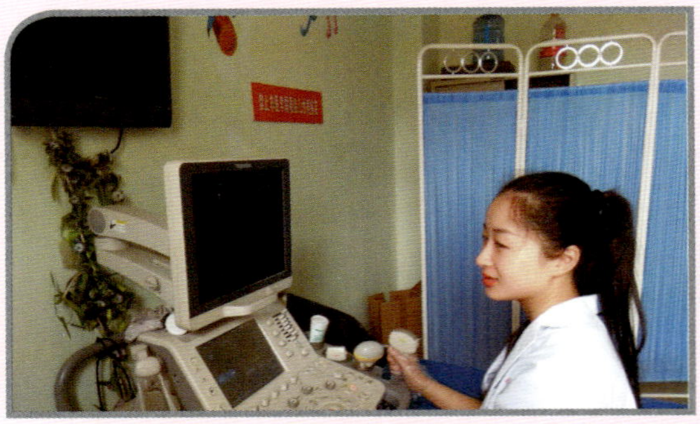

购置 3 台国际先进四维彩超机，成为全县主要产前筛查基地，每年查出异常胎儿 100 余人

沛县妇幼保健所是沛县唯一的妇幼保健专业医疗机构，隶属于县卫计委，为全额财政拨款事业单位。基本职能：坚持以保健为中心，保健与临床相结合的发展方向，以群体保健工作为基础，面向基层、预防为主，依法为妇女儿童提供健康教育、预防保健、计划生育技术服务、妇女儿童常见病筛查与干预及重大疾病防治等公共卫生服务。工作范围：开展县内妇女儿童健康状况及影响因素调查，儿童保健、儿童营养指导、新生儿预防接种、新生儿疾病筛查、婚前医学检查、青春期保健、孕产期保健、更年期保健、计划生育服务、产前筛查与诊断等妇幼保健服务；同时开展重大妇幼卫生项目指导、托幼机构卫生保健指导、孕产妇和婴儿死亡及出生缺陷发生情况监测、妇幼卫生信息统计上报，协助卫生行政部门制定妇幼卫生政策、技术规范和工作制度等。

2017 年全县完成新生儿疾病筛查 14000 余人，免费婚检 4000 余对，农村妇女乳腺癌和宫颈癌免费筛查 29000 余人，免费发放叶酸 11000 余人份，完成艾滋病、梅毒、乙肝母婴阻断筛查 13000 余人，荣获“国家级妇幼健康服务示范县称号”，收到了良好的社会效益。

江苏省沛县中学

沛县中学创办于1923年，省四星级高中，办学历史悠久、底蕴厚重。学校有59个教学班，学生2752人，教职工308人，其中特级教师2人，教授级高级教师1人，研究生学历42人，省市县名优教师112人。近年来，多次获省市表彰，被评为“江苏省教育工作先进集体”，“徐州市‘一师一优课、一课一名师’活动先进集体”。

建校90多年来，沛县中学以“育民族英才、谋中华崛起”为宗旨，以“严谨治学、校风纯朴”而著称。尤其是近年来，沛县中学上下一心、凝神聚力、千方百计、多措并举，创新管理机制，全力提升教育教学质量，学校管理精细、科学到位，教育教学成绩突飞猛进，社会美誉度不断提升。

2017年11月徐州市高三摸底测试中，沛县中学实现了多方面突破，有11位同学跻身全市前100名，其中7名同学总分达400分以上且进入全市前50名，吴萌同学总分413分名列全市第十名。语、数、外三科总分以及各学科均分均进入全市前列，本一上线人数及本一上线率均居全市前三名。沛县中学已成为群众信赖、社会赞誉、家长放心、党和政府满意的省四星级高中。

教职工代表大会

学生课堂展示

集体备课观摩

教师节慰问

“深入学南通　学讲再提升”现场推进会

刘运君艺术馆开馆仪式

“秋硕杯”朗诵比赛

跑操比赛

入团宣誓仪式

沛县第二中学

沛县第二中学始建于 1978 年，1992 年初高中分设，成为县直独立高中。2015 年被评为江苏省四星级高中。

学校占地 121.33 亩，建筑面积 52506 平方米，建有教学楼 3 栋、办公楼 2 栋、多功能报告厅 1 个、学生宿舍楼 3 栋、餐厅 2 栋，实验楼、图书馆、综合楼、科技楼各 1 栋；建有 8 道 400 米塑胶跑道的标准操场 1 个，大型体育馆 1 所；有理化生物实验室 20 个，通用技术实践室 5 个，信息技术专用教室 6 个，省理化生标准数字化实验室、录播教室、标本室各 1 个；图书馆达江苏省二级图书馆标准；“校校通”工程达到第 3 层次要求。

学校有 52 个教学班，在校学生 2434 人。教职工 255 人，专任教师 213 人，本科以上学历 100%，研究生 14 人，特级教师 2 人，特聘教授级教师 1 人，高级职称 100 人，中级职称 77 人，市级学科带头人 12 人，市级骨干教师 19 人，县级名师、学科带头人、骨干教师 63 人。学校共承担市级以上研究课题 116 项，其中国家级课题 1 项，省级课题 5 项。

学校秉承“心新教育”的办学思想、“德志并立，其命维新”的教学理念，强化“三风”建设，重视特色发展。学校先后荣获全省教育系统法制教育先进单位、江苏省平安校园、江苏省国学教育课程基地、徐州市先进集体、徐州市模范学校、徐州市师德建设先进集体、徐州市先进基层党组织等荣誉称号。

获徐州市创新教育学会理事单位

承办徐州市创新教育学会一周年座谈会

校园安全教育活动

家长学校

教研活动

校领导在校本课堂

示范课观摩及研讨活动

校本课程建设全面启动

沛县歌风中学

校长刘国银与泰国博仁大学签订合作办学协议

王鑫老师上对外展示课

师徒结对

2009 年 7 月，县委、县政府为整合教育资源，将沛县歌风高级中学与沛县实验中学合并为沛县歌风中学。2012 年，沛县县政府与南通如皋市政府签订合作办学协议。沛县歌风中学占地面积 68780 平方米，教学区、运动区、生活区三区分开，各自独立，布局合理，设施现代，环境优美。2017 年暑假斥资 50 多万元建成 2 个信息教室，投资 10 多万元建成现代化录播教室。

2017 年，学校共有 37 个教学班，在校学生 1357 人。教职工 161 人，其中专任教师 158 人，研究生教师 24 人，高级教师 71 人，中级教师 42 人，徐州市名师 3 人，沛县骨干教师 4 人。

学校逐步确立了“崇尚科学 追求卓越”的学校精神和“为每一位学生未来发展奠基”的办学理念，确立了“严谨、自律、和谐、进取”的校风，“合作、探究、善导、创新”的教风，“为学探源、求真务实”的学风。合作办学 6 年来，高考人数逐年增加，社会美誉度逐年提升。2017 年从入口看出口，该校为徐州市进步最大的学校，本科上线率超过 90%，高三（1）班张笑冰同学以 389 分的成绩居全县理科第一，张玉坤同学以 388 分的成绩居全县理科第二。高二年级学业水平测试成绩合格率在沛县遥遥领先，在徐州市也跃居前列。

学校荣获“徐州市未成年人思想道德建设工作先进单位”、徐州市“一师一优课、一课一名师”先进集体、徐州市先进集体、徐州市先进基层党组织、沛县教育先进集体、沛县教科研先进集体等荣誉称号。赢得了市、县各级政府及教育主管部门的肯定和社会各界的广泛赞誉。

教学比武

党组织生活会

迎新年文艺汇演

学生计算机机房

不忘初心 奋力前行

承办 2017 徐州市体育高考研讨会

承办 2017 年徐州市美术高考研讨会

足球训练课

第十三届全国学生运动会科学论文报告会在浙江工商大学举行，江苏省副省长王江与校课程基地项目负责人武俊清老师亲切交谈

沛县湖西中学坐落在美丽的微山湖畔，名闻遐迩的中煤集团大屯煤电公司中心区。学校始创于 1940 年，时为我党湖西地区抗日根据地的“湖西抗日干校”，从这里走出了田纪云、朱敦法等一大批革命家、艺术家。学校现有 20 个教学班，在校学生 1060 余人，教职工 155 人。

湖西中学坚持文化特长和专业特长双翼并举的人才培养模式，大力发展阳光体育运动，为学校的精致发展、创新发展、和谐发展增添了活力。2017 年高考超额完成县局下达的各项指标：文化类本科指标完成率 200%；艺体类本科上线 20 人，指标完成率 182%；另有 6 人被本科院校自主招生录取。杨建永老师的课堂实录荣获部级优课，郝鹏辉老师荣获江苏省优质课二等奖，张兰老师获徐州市优质课一等奖。

学校狠抓教育教学管理，突出办学特色，取得了可喜的成绩，先后被评为“中国教育学会科研规划课题实验基地”“全国学校体育联盟实验学校”“全国校园足球特色学校”“江苏省德育先进学校”“江苏省课程改革先进单位”“江苏省艺术特色学校”“江苏省健康促进学校”“江苏省武术文化课程基地”“徐州市课堂教学改革实验定点学校”，荣获“徐州市市长杯校园足球联赛高中女子组一等奖”“沛县第十四届科技进步奖”“沛县第十五届科技进步奖”。

武术文化课程基地一角

沛县湖西中学近景图

消防安全会议

经典诵读大赛

教职工拔河比赛

沛县张寨中学

沛县张寨中学创办于1956年，江苏省三星级高中。学校占地面积128亩，有20个教学班，学生937人，教职工136人。学校秉承传统，开拓进取，先后荣获“中国西部教育顾问单位”“江苏省业余体育训练先进集体”“江苏省招飞先进单位”“徐州市教育系统先进集体”“徐州市教育系统党建工作先进集体”“徐州市教育系统工会工作先进集体”“徐州市德育工作先进单位”“徐州市百佳校园”“徐州市文明单位”“徐州市模范中学”等荣誉称号。

近年来，张寨中学不断加强师资队伍建设，深化课程改革，全面实施学讲方式，努力提高课堂实效，探索适合学校各学科、各课型科学实用的课堂教学模式，同时实施错位发展，努力打造艺体特色品牌。三年中，张寨中学学测过关率，高考本科上线人数逐年提高。

2017年，张寨中学多方筹措资金，进一步改善办学条件。先后投入30余万元为全部18间教室装备了多媒体电子白板等教学设备，同时装配了1间录播教室；投入15万元更换了教职工的办公桌椅。规范化、人性化、温馨、安全的宿舍给学生创造出优美的学习生活环境，对营造学校文化建设氛围，优化校园环境起到了很大的促进作用。

雄鹰文学社

跑操比赛剪影

布局合理的校园

沛县第三中学

沛县第三中学始建于 1982 年，是一所全日制公办初级中学。学校本部有 46 个班级，树人校区 15 个班级，在校学生 4000 多人，共有教职工 237 人，专任教师 218 人，学历达标率 100%。

2015 年暑期，新校区建成，占地面积 97 亩，硬件设施达到一类学校标准。学校实行“半封闭”式的管理，“文明、严谨、勤奋、求实”的校风愈发彰显，“勤学、善思、明理、求真”的学风更加浓郁。

学校在重视学生学习成绩的同时，积极开展丰富多彩的活动，“跑操比赛”“合唱比赛”“体育运动会”“校园艺术节”“经典诵读”等多项活动贯穿每个学年。学校始终遵循“激发热情、追求高效，学生喜欢、家长满意”的办学理念和宗旨，面向全体学生，实施素质教育。在开齐开全课程计划的基础上，学校积极探索，开展校本课程建设，形成了以足球、武术、汉文化研究、国学诵读等特色的校本课程体系。自实行学讲方式以来，教学质量大幅提高，学校校风好、质量高、有特色，涌现出一大批市级名师、优师、骨干教师，深受广大学生、家长喜爱和社会赞扬。

团结奋进的三中教职员工始终秉承“我爱我校，我爱我身”的校训，和谐共进、心手相牵，在改革中求发展，在发展中求创新，以“不服输”的精神走在沛县教育队伍的前列。学校先后被授予江苏省模范学校、现代化示范初中、江苏省书香校园、江苏省平安校园、示范家长学校、德育先进学校，徐州市花园式学校、最安全学校、十佳文化校园、和谐校园、教育工作先进集体等多项荣誉称号。

校长常海赴英国学习，与学生互动

领导关怀

联盟学区教研活动

清明节祭扫活动

第 31 届秋季运动会

学生书画展

十四岁青春仪式活动合影

校园大门

析研判上下游企业生产态势及市场供求，及时采取措施在波动期有进有退，快进快出，在上涨期低进高出，多进少出，在高位时期加快产品发货，累计降低铝库存占用4000吨，全年实现溢价1100万元以上。盘活低效资产，在铝价高位通过降级销售、改轧加工、回炉等方式处置二级品，规范处置程序，生产、营销、质量等部门共同鉴定、公示，面向市场按最高价原则处置，全年累计处置519吨，盘活流动资金780万元。

【技术创新】 确立“改进产品板形”“消除大卷容器箔油点”“改进装饰箔板形及折印”等8项质量攻关课题，明确课题负责人和考核激励办法，6项课题取得突破，箔材车间和新材车间成材率分别提高3.39%和3.07%，产品退货率3.27%，同比下降0.07个百分点。“铝加工企业市场化经营模式的研究与实践”获大屯公司科技进步奖一等奖，“热封箔开发与应用”“20T退火炉差温比例控制的改进”项目获大屯公司优秀科技进步奖三等奖。“1850轧机板面吹扫改造”技术一年节省电50多万千瓦时，箔材车间“提高铝箔轧制油清洁度”技术解决了表面带油、黄褐斑等各种缺陷，保证了产品品质。

【重点工作】 四方法人注销列为中煤集团考核的重点工作，成立专门工作组，制定工作方案与正负激励措施，查阅档案、研究政策、反复与政府部门沟通协商，妥善处理了制约注销的瓶颈，以吸收合并方式在大屯公司率先按期完成了注销工作。依法合规完成一分厂征收，与鼓楼区政府征收部门接洽谈判，双方签订征收协议，完成财产物资搬迁和报废设备处置等。提前谋划铝加工产业升级，统筹考虑搬迁整合、转型发展与土地综合利用，研判区域经济形势与政策规划，完成铝加工升级改造和苏铝土地综合利用前期工作。稳妥推进职工协解工作，落实协解工作部署，制定协解方案，有序完成111名职工协解工作。启动内部市场化管理改革，成立内部市场化办公室，配备专业人员，制定推进计划，实行抵押考核。开展流程再造和组织机构优化，细化业务单元和生产工序，建立基础体系文件，以板二车间为试点测算编制完成一级至四级的定额价格手册发布，实现双轨运行。第二批试点单位按照时间节点完成运行方案制定和定额价格建立，各项工作通过了公司四季度检查验收，初步形成按劳分配的市场化结算体系。推行市场化后职工思想由“发工资”向“挣工资”转变，市场化意识和氛围浓厚，改革效果明显。

【降本增效】 生产相关科室主要领导集中办公，实行重点工作分类考核，保证均衡连续生产，建立峰谷电、基本电费考核制度，同比节电32万元。改变空压机运行方式，用电量由原来每年530万千瓦时降至2017年302万千瓦时，全年节约170万元。生产车间细算成本账，加强成本管控，电耗降低172千瓦时/吨，油耗降低6公斤/吨，辅料消耗下降79元/吨。制定《非生产费用控制管理办法》，分解全年可控费用，与部门负责人挂钩考核，

无人值守中央变电所

同比下降24万元。

（任忠卫　王超）

铝板带厂

【概况】2017年，围绕“三提两降”工作目标，严格落实“严、盯、细、实、高”工作要求，实施“保安全、细管理、强落实、促质量、增效益”工作举措。商品量与上年同比增加80%，销量同比增加64.9%。与上海华峰等4家企业合作，月产能由2000吨增加至6000吨，与吴江万航合作生产中厚板，对方投资1000万元组建生产线，2018年一期预计达产6000吨。铝板带厂获公司年度“科技创新”工作先进单位称号。

【安全管理】坚持“安全第一、预防为主、综合治理”的安全生产方针和安全“零轻伤”目标，贯彻落实上级安全管理各项规定，强化安全主体责任，将责任细化落实到每一个工作岗位。强化现场文明生产管理，加大检查考核力度。开展反“三违”活动，强化隐患排查治理，落实隐患整改闭环。推进安全生产标准化建设，严格考核兑现，开展“警示三月行”“平安一季度”“百日安全”等安全系列活动，职工安全防范意识增强，安全生产持续保持良好态势，实现了全年安全目标。

【管理提升】新建、修订《铝板带厂应收账款风险控制制度》《客户信用评价管理制度》等管理制度20余项，督办督查重点、创新工作10余项，处罚工作不力人员50余人，提升干部职工工作效率，产销量连创新高，商品量与去年同比增加80%，销量同比增加64.9%。深化“一厂两制”用人机制，实行优秀技术人员辞职返聘制度。对外引进技术人才，聘用体制外人员担任部门中层正职。

【对外合作】上海华峰等4家合作企业落户板带，月产能由2000吨增加至6000吨，中厚板、圆片料、复合料产品受到客户好评，实现稳定供货。与吴江万航合作生产中厚板，对方投资1000万元组建生产线，2018年一期预计达产6000吨。

【机构改革】推进机构改革，机构由原先的21个精简为13个，中层正职由24人减至14人。提拔任用7名有能力、敢担当的基层员工。

【科技创新】开展员工岗位创新、技术创新，熔铸车间陈华成、冯波在结晶器水套中增加磁力棒吸附铁屑，解决大板锭弯曲问题和结晶器引锭不平衡问题，提升产品质量，每月节约费用8000~10000元。熔炼炉节能减排技改，提高熔化速度，降低单耗。加热炉均匀性提升改造，使铸锭加热炉温度精度从±20℃提升到±5℃。2300毫米进口高速切边机亮线缺陷改进获公司科技创新二等奖，退火炉料车小车升降液压管路系统改造和冷却炉节能降耗改造获公司科技创新优秀奖。铝板带厂获公司2017年度“科技创新”工作先进单位。

【内部市场化管理】率先在浴室等值守岗位，实行内部承包制，由4人承包浴室比标准设岗减少6人。试点单位热轧车间平台系统在实现班清班结、月清月结的基础上，内部市场化结算实现单轨运行。物料流转段开展内部市场化，改变工作环境，提高装卸料积极性，职工争相学习叉车证、行车证，实现由被动干活向主动抢活干、由发工资向挣工资的转变。

【和谐稳定】全年发布微信公众号30期。关心关爱职工，全年走访慰问困难及住院职工36人次，发放慰问金0.88万元。创新防暑降温工作，生产一线设置冷饮供应点“超市”，职工按照就近原则按需自取。新建6个充电桩，修订完善“三助”资金管理办法。开展“零点送夜宵”活动。开展专项维稳，协调、解决部分职工关于夜班班次信访问题，解决职工合理诉求，保持职工队伍和谐稳定。

（赵庆年）

铁路管理处

【概况】2017年，贯彻公司“四

个坚守、六个突破”总体工作目标，坚持以“全面深化改革、促进创新发展”为工作主线，抓好安全生产、降本增效、内部市场化管理、铁路运维项目品牌建设等工作。全年完成修旧利废175.3万元，回收废旧物资181.8万元，自制品加工20.3万元；全年完成自修工程20项，节约外委施工费用120多万元。先后获上海市“五一劳动奖状”，江苏省厂务公开先进单位、上海市技师创新工作室等称号。

【安全管理】 坚持以安全管控为重点，开展“平安一季度”“安全生产月”“安全大整顿”“百日安全”等活动。对2017年安全风险报告提出的59项安全风险，按危害程度进行再分类、再细化。全年组织开展各类安全检查、标准化验收、领导下现场安全督导等活动200次，查出隐患问题870条（项）。集中力量打击偷盗破坏铁路器材、盗扒铁路煤炭等不法行为，完成选煤大列护送任务42趟次。在6处通行公交车的无人看守道口探索实施信号监控抓拍项目。针对国家铁路局安全专项督查中查出的问题，在扎实做好整改的基础上，开展安全技术规章制度“修废补建”工作，从源头上堵塞安全生产管理漏洞。

【生产组织】 以灵活按照各矿厂装车进度、仓储存煤情况，合理分配空车，压缩入线前等待时间，统筹协调管内各类线路工程项目，减少施工对运输生产的影响。在保证公司煤炭产运销环节有序联动的同时，兼顾徐矿集团煤炭和地方杂货运输，超计划完成了全年货运任务。加强与上海路局相关行车部门的沟通协调，理顺交接交付关系，提高直通车开行质量，保障空车的均衡配给和运输计划兑现率。重新修订完善货车停时考核办法，强化考核兑现，全年累计货车占用费支出1.53元/吨，比目标下降0.02元/吨。加强自备车运用管理，自备车回空率由2.72%降低为0.24%，创历史最好水平，周转率由1.08提升至1.58，做好申报工作，取得国家铁路局颁发的“铁路运输许可证”。

【经营管理】 坚持以经济效益为中心，结合铁路实际，调整理顺管内站搬运价，实现增收数万元。加强全面预算管理，做好运费清收工作，加强主要材料管控，机车燃油消耗同比减少20.3万升，生产材料同比减少76.44万元。全年完成修旧利废175.3万元，回收废旧物资181.8万元，自制品加工20.3万元，完成自修工程20余项，节约外委施工费用120多万元。

【深化改革】 推进“三项制度”改革，通过岗位整合、班组整合、压缩轮班制班次等多种形式，优化组织机构，对各单位部门进行重新定员，全处定员人数1189人，比公司下达定员人数减少12人，以定员为基础，做好人岗匹配工作，对富余人员进行转岗培训和分流安置，缓解生产一线人员紧张状况。严格执行《大屯公司协商解除（终止）劳动合同方案》，26人协商解除劳动合同，充分发挥薪酬分配激励机制作用，在部分工种岗位推行“5人定员、3人承包、4人工资”的维修承包管理机制。对因岗位合并、业务整合而减少人员的单位，给予适当的激励政策，鼓励一专多能、一岗多责。

与泰呈公司合作生产圆盘料

【内部市场化管理】 坚持以体系建设为主线，主动与公司试点单位同步启动，成立专门机构，设置专项奖励基金，制定专项工作实施指导意见及考核办法。针对各项工作定目标、定责任、定措施、定人员、定时间，设立了以价值管理为核心，实行安全质量、成本效益双管控，构建三项管理体系，建立四大服务市场，完善五大保障机制，架构“12345”内部市场化管理建设。建立内部市场化管理工作调度会制度，定期梳理内部市场化建设工作推进过程中遇到的难点问题，安排布置下一步目标措施等。

【品牌建设】 组织制定铁路运维项目品牌建设初步方案，做好铁路运维能力、资质整合，夯实“走出去”发展管理基础。完善鄂尔多斯项目工作部制度建设，完成中煤尿素铁路专用线的工电业务维保工作。加强外部联系协调，主动跑市场、拓资源、找项目，处领导多次带队，前往中煤西北能源公司、陕西榆林能化公司、万华化学集团烟台工业园等地调研考察，争取新的铁路运维项目资源，并组织对各项目的可行性进行反复慎重研证，为打造具有大屯铁路自身特色运维品牌奠定扎实基础。

【党的建设】 严格遵守和执行民主集中制原则，按照《两级组织议事决策规则》，做到重大问题、重大事项事前沟通，会前通气，集思广益，民主决策。解决职工日常生活困难，走访慰问困难职工及家属、发放困补、职工大病救助等共300余人次，发放金额16.02万元。铁路处先后获“上海市五一劳动奖状”“江苏省厂务公开先进单位”“上海市技师创新工作室”称号。 （翟传博）

选煤中心

【概况】 2017年，在稳中求进的前提下，坚持建设“安全、优质、高效”现代化选煤厂发展方向，煤炭质量合格稳定，各项经营指标超额完成，利润远超全年的指标任务，加工成本同比下降，各项费用都实现了节约，企业保持和谐稳定。

【安全管理】 制订安全管理“123410”工作举措，做到技术、生产、安全三统一，严格落实安全生产自主管理、层级管理责任，严格落实事故隐患排查治理和安全风险分级管控制度，做好危险预知、岗位风险预控和现场安全确认，开展各项安全活动，开展无“三违”车间（班组）创建工作，认真落实“查隐患、反三违”指标的考核，加强事故案例、规章制度等安全知识的学习，系统性提升职工的“四种意识”，严格领导干部值带班制度、干部安全包保督导制度，高度重视机电零活、生产事故的处理，实现全年“零伤害”目标。

【生产管理】 根据精煤市场、用户需求和矿井原煤质量情况，灵活制定原煤配洗方案，调整洗煤内控指标，优化精煤产品结构，科学高效组织生产，坚持集中配煤入洗，加强洗选过程控制，实现高效选煤。科学测算各厂洗选产品结构计划，加强工艺系统质量监督，坚持生产工艺系统关键环节质量指标检测，坚持连续生产与集中检修的作业制度，提高系统运行效率。

【科技创新】 以“保安全、提效率、增效益、降成本”为落脚点，开展科技创新，小改小革、劳模工作室、QC小组活动、职工技术比武、劳动竞赛等。组织上报煤炭协会选煤设备论文征集及中煤集团科技进步奖的评审工作，组织申报2017年选煤中心科技进步奖共11项，小改小革133项。黄松选煤技术创新工作室被评为上海市职工优秀创新工作室，创新开发的密度控制系统、新型固定筛的使用被中煤集团收录到“首届职工创新推广目录”中。

【优化系统】 制订洗煤工艺系统优化方案，梳理各单位生产系统流程，强化工艺管理，完善系统工艺。优化大屯厂分流系统，简化粗精煤泥系统，提高煤泥水处理效率，解决旋流器和管道堵塞问题。有效降低姚桥厂设备故障，提高沉淀效率，稳定TBS系统，严控浮精灰分，提高精煤产率。完善孔庄厂新井原煤系统，改造压滤机滤液重复浓缩、压滤的问题，制定并完成煤泥水系统优化方案，优化脱介系统，改弧形筛为固定筛，有效降低介耗，利用闲置的浓缩机，实现系统洗水闭路循环。

【降本增效】 全面分解落实年初各项经营指标，深入推进专项预算管理，严格控制各项支出。完善绩效考核机制，科学合理设定各单位生产量基数，实行超产奖励政策，开展介耗、油耗、电耗和处理量对标工作，加大奖罚力度，提高经营管理水平，加强材料成本管控，坚持月初平衡计划、月中跟踪检查、月末对标分析，在满足生产的前提下降低材料消耗。开展备品、备件和材料的修旧利废工作，走出去发展创效创收又创佳绩。

【安全生产标准化】 坚持月度“一动一静”全覆盖检查，加强检查验收，按照“五落实”要求，制定整改措施，落实责任，实行闭环管理。加强《职工安全学习手册》《岗位安全红线》《安全管理十个方面重点工作》防范措施等相关知识的学习，推进人员的行为规范，引导职工“上标准岗、干标准活、交标准班”。推进现场标准化劳动竞赛活动，开展电缆桥架专项治理，对厂区主要设备、管道、墙面等规范标示，自行设计改造安装脱介筛和磁选机等，加装喷雾、改造尾煤压滤机等设备，解决现场跑冒滴漏问题，改善厂区环境。日常严格标准化作业和标准化管理，标准化水平持续提升。

【机电融合】 发挥选煤板块整合优势，实现“三厂联动，资源共享”。创新推行机电设备融合检修，全程错开三厂检修时间，根据工作量的大小选择部分检修项目互相支援，熟悉彼此环境，学习交流检修经验，促进机电系统的融合，实现人力资源共享，调动三厂机电人员的积极性。共融合检修54项，缓解各厂在集中检修时机电人员不足的问题。

【深化改革】 开展“全面深化改革、促进创新发展”工作，对洗煤生产系统工艺、技术、设备设施和信息控制等方面进行全面梳理，围绕10个方面重点工作和39个小项目开展优化改革。结合自身实际，拟定选煤中心专业化及“走出去”发展方案思路，做好劳务用工改革、干部人事改革、内部市场化改革、薪酬制度改革和成本管控改革。实施人力资源优化配置，编制组织机构优化方案，按照精干高效原则并结合本单位工作实际对组织结构进行梳理优化。按照“一岗多责、一专多能”原则，科学设置岗位，明确各岗位职责和任职条件，进行定编、定员，并适时做好人岗匹配工作。做好劳动用工优化和协商解除劳动合同工作，改进两级机关作风专项行动，进行机关绩效工资分配改革。

【和谐稳定】 开展“以员工为本”的民生工程建设。深入细致做好困难职工、离退休职工、工亡遗属、患大病职工的节日慰问、救助工作。根据需要增添硬件设施，改善班组休息室环境，开展生产现场噪音、粉尘专项治理，有效降低职业病危害，保障职工身体健康。将矿区地表水引进厂区内生活水池，完善单宿、食堂、生产车间的饮水设备，让职工喝上放心水，加强“两堂一舍”管理，打造温馨舒适的生活环境，组织职工开展篮球赛、乒乓球赛、拔河比赛、跳绳比赛等文体活动，提升职工的存在感和获得感。（王　峰）

拓特机械制造厂

【概况】 2017年，创新丰富“以修为主，制修兼营”的发展思路和内涵，坚持“算着干、干着算”的经营方针，严格安全生产管理，强化经营管控，深化改革创新，试点内部市场化建设，抓好重点项目，新开辟北煤机、新集、永泰灵石装备公司等市场，累计承接外部任务2600万元。完成5项专利的申请上报，群众性经济技术创新项目14项，双增双节双降项目21项。

【安全生产】 创新安全管理，借助内部市场化管理平台，对安全问题实行买卖。夯实基础管理，全年共组织修订完善30项安全

减速机产品

管理制度，开展各类安全专项活动，强化现场落实，实现全年安全目标，安全标准化保持地面一级单位行列。抓好生产组织，始终树立用户至上理念，对时间紧、工期短的产品打破生产常规，调动一切可以利用的资源，满足内外市场用户需求。新开辟北煤机、新集、永泰灵石装备公司等市场，累计承接外部任务2600万元。

【深化改革】 按照公司三项制度改革要求，制订厂人力资源优化配置实施方案，优化整合组织结构，重新梳理各部门岗位，明确区分管理岗位、技术岗位、辅助岗位，合理确定岗位职数。通过改革，原26个科室、车间优化整合为18个，总体减少了8个，科级干部减少了3个，管理人员减少了7个，协解25人，全年净减员96人。

【内部市场化管理】 拓特机械制造厂被公司列为内部市场化试点单位。试点先行，开展内部市场化建设，建立内部市场化体系文件和管理制度。按照内部市场化管理理念，细化核算单元，从工序划分着手，制定工序工时定额或单价，完成制修产品、零部件、工序工时定额达8万多项，做到每个工种都有单价，各类材料及低耗分级管控，实现“日清日结”结算模式，构建具有拓特厂特色的内部市场化管理体系。

【科技创新】 重点完成自移旋转皮带机、自移式开关平板车、卷带装置、CST可控起动装置在带机上应用等项目的研制开发，通过了国家安标志中心对安标产品的年度现场监督评审，完成5项专利的申请上报，群众性经济技术创新项目14项，双增双节双降项目21项。

【人才培养】 重视人才培养工作，修订完善首席工程师、首席检验员、A级人才、优秀青年人才、优秀班组长、优秀操作工等各类优秀人才评聘办法，出台工程技术人员内部评聘办法，对优秀的工程技术人员实行特殊职称津贴，特别优秀的人员实行低职高聘。各类优秀人员分别给予每月200~1000元不等的津贴，调动优秀人才的创新热情，激发创造力。

【重点项目建设】 开展进口减速器修理中心项目建设，并如期建成。维修中心的建成，不仅解决了矿区进口减速器修理需求，节省了公司外委修理费用，而且为调整服务结构、拓展服务范围，开辟了一个新的经济增长动力源，进一步拓展了拓特厂服务中煤集团内部及社会单位的能力，为企业后续发展奠定基础。

（朱玉宇）

三河尖煤矿

徐州矿务集团

【概况】 2017年，完成原煤产量139.8万吨，生产精煤82.29万吨，销售商品煤123.45万吨，实现产销平衡。全年完成考核利润1.8亿元。完成创新创效项目80项，产生效益800万元。顺利通过了二级安全生产标准化矿井验收。

【安全管理】 强化基础建设，建立健全安全管理制度46项，实现安全管理的规范化、制度化。全面压实安全管理责任，全矿在岗的副科级及以上管理干部全部签订了年度目标契约书。加强安全宣传教育，开展警示教育，形成浓厚的安全氛围。加强“三违”和不规范行为治理，形成惩治“三违”的高压态势。抓好关键时段的安全管理，制定下发《十九大期间安全保障措施》《年底前安全保障措施》及《不放心人员排查制度》，对21种违章行为提级处理，22种不放心人员一律不得入井。突出抓好重点专业安全管理，提高矿井抗灾变能力。推进安全生产标准化创建，顺利通过了二级安全生产标准化矿井验收。

【生产组织】 全矿坚持正规循环，优化调整生产接续，强化机电设备检修维护，全年机电事故率同比下降60%。回采7140、7142、72207、92208、73101及72209等6个工作面，维持了正常的生产节奏。

【经营发展】 从源头加强煤质管控，每旬组织现场煤质抽查，割矸超过规定部分一律扣除。加强洗选系统管理，全年生产精煤82.29万吨，销售商品煤123.45万吨，实现产销平衡。强化成本管控。严格材料审批、发放，加大自制加工和修旧利废力度，减少新材料投入1468.76万元。扎实推进创新创效工作，完成创新创效项目80余项，产生效益800万元。加强异地项目部经营管理工作，外向劳务实现利润336.56万元。抓好应收账款回笼，落实清收责任，强化跟踪考核，台东山项目部逾期工程款9741.44万元全部清收到位。坚持和谐共赢工作思路，加快征迁工作进度，签订焦刘庄村搬迁综合承包协议，解决长达8年之久的村庄搬迁问题。累计复垦塌陷地36.82公顷，补偿农作物损失510.53公顷，未再发生有影响的农民集访事件。

【民生幸福】 开展“走访转”活动，不断推进“家”文化建设。开展形势任务教育工作，开通“三河尖传媒”微信公众号，累计组织党员大课、形势任务教育大课13场次，编发形势任务教育材料47期。八届二次职代会确定的五件民生实事，全部按期完成。在此基础上，恢复职工企业年金、内退职工工资，提高职工住房公积金和采掘一线直接工岗位津贴，对采掘办公楼外墙、洗手间进行粉刷、改造，清挖工厂水沟，在食堂、单身宿舍等职工生活区安装大功率无线路由器，为采掘和地面生产单位安装直饮水机，为标准化宿舍楼职工发放床上用品。稳步增加职工收入，连续12个月发放安全效益奖，并发放年度安全奖，在岗职工人均收入较2016年增长41%。围绕安全生产，组织开展劳动竞赛和安全生产慰问活动，坚持面向基层、贴近职工，广泛开展各类文化体育活动，丰富职工业余文化生活。（程小飞　韩永亮）

发展计划管理

【概况】 2017年，坚持稳中求进工作总基调，贯彻新发展理念，围绕全县重点工作，尽职履职，统筹推进稳增长、促改革、调结构、惠民生、防风险各项工作，全县经济运行保持稳中向好态势，发展改革各项工作取得较好成绩。获得县直机关绩效考核一等奖、重大项目推进一等奖、部门服务一等奖、城乡建设服务先进单位荣誉称号。

【计划编制】 加强对县域经济社会发展的综合性、全局性、前瞻性研究，深入调查调研，开展咨询论证。科学编制《沛县2017年国民经济和社会发展计划主要指标》，提出全县GDP、固定资产投资等10项主要指标年度目标计划。编制《关于沛县2017年国民经济和社会发展计划执行情况与2018年计划草案的报告》和《关于沛县2017年上半年国民经济和社会发展计划执行情况的报告》，全面总结全县工作成绩，科学谋划沛县经济社会下一步发展的蓝图。

【运行监测】 发挥综合经济部门职能作用，把握政策动态和经济形势变化，按季度开展经济形势分析暨季度项目观摩会，加强经济运行分析科学性、前瞻性和指导性。以统计、财政等单位相关数据为依托，形成一季度、上半年、前三季度和全年经济形势分析报告，及时提出有针对性的政策建议，及时了解经济运行新情况、新特点、新动向，为领导决策提供参考依据。

【项目建设】 始终把项目建设作为经济工作总抓手和推动发展的生命线，完善三级推动、挂钩帮扶、审批代办等项目推进机制，推行“123”工作法（单月项目集中签约、双月项目集中开工、季度项目集中观摩），全年举行三次重大项目集中开工仪式。实施重大项目215项，华丰高精铝板带二期、鑫宇光伏、珀然轻量化铝轮毂（一期）、宝通特种编织机械等项目竣工投产。开发区科技创业园二期、润康医药加快推进，全年完成投资294.5亿元，完成年度计划的105%。14个市重大项目进展顺利，完成投资120亿元，超额完成年度投资计划。

【改革创新】 突出重点领域，深化改革创新，创新能力不断增强。金虹钢铁、汉源建筑2家企业获批省级企业技术中心。鑫宇光伏、拓正茂源、东方运销3家企业获批市级企业技术中心。恒辉编织自动分体式智能高速编织机、鑫宇光伏多晶黑硅PERC电池片等列入省经信委“两新”目录。融资结构持续优化。国资公司二期债13.1亿元成功发行，开发区15.5亿元棚改债获国家发改委批复。积极推进企业上市、挂牌工作，智信塑胶、江龙炭材、东方电子新材料等77家企业在江苏股权交易中心挂牌，区域性股权中心挂牌企业累计85家。基金发行进展顺利。沛县汉之源产业发展基金、沛县拓正茂源产业发展基金、等5支基金已完成工商注册，江苏拓正茂源新能源科技有限公司实现直接融资1.4亿元。开展特色小镇调研，加快推进安国历史汉之源、杨屯光伏小镇等特色小镇创建。编制完成杨屯光伏小镇、安国汉之源文化小镇概念性规划及控制性详规。

【项目审批】 深化“放管服”改革，提升营商环境，激发市场活力和创造力。项目审批工作提速增效，压缩审批时限，提高审批授权率和行政审批效能。全年累计办理各类报批项目641项。其中，单体投资项目611项、总投资602.3亿元，分别比上年增长106%、215%。单体项目中审批工业项目346项，投资额280.86亿元。

【资金争取】 把握国家政策导向和资金投向，捕捉信息、掌握重点，健全机制、主动作为，全年共争取各类资金1.26亿元。《徐州市沛县采煤沉陷区综合治理工程实施方案》通过国家发改委初审，龙固镇三里安置小区项目、龙固镇昭阳大道修复工程、

全县一季度重大项目观摩

龙固镇采煤塌陷地生态修复工程等3个项目获批中央预算内投资6745万元。杨屯镇工业园区绿化配套工程项目获批中央采煤沉陷区综合治理专项资金700万元。徐州国新生物质能源科技有限公司规模化大型沼气工程、中江文华苑A地块保障性安居工程配套基础设施建设分别获批中央预算内投资3000万元、1950万元，其他各类资金182万元。

【课题调研】 围绕产业体系、生态文明、战略性新兴产业和现代服务业发展等重要领域，确定年度重点调研课题，开展专题调研，形成《关于沛县铝加工产业发展情况调研报告》《关于沛县光伏光电产业发展情况调研报告》《沛县参与“江淮生态大走廊”建设情况汇报》《现代物流业发展情况汇报》等一批高质量调研报告，谋划发展、服务大局能力提升。

【落实政策】 对接全面振兴老工业基地和淮海经济区中心城市建设，制定《徐州市创建国家老工业城市和资源型城市产业转型升级示范区沛县实施方案》和《关于省委省政府支持徐州建设淮海经济区中心城市意见重点任务沛县分解方案》。 （朱　桢）

目标管理

【概况】 2017年，目标管理工作以“聚力创新强县，聚焦创业富民”为统揽，围绕补短板、增优势、强后劲，本着导向性、差异性、可行性、简易性的原则，在指标体系设置上，县重点经济工作指标与市考核指标无缝对接，并根据镇区发展差异，分设考核体系，体现差异性、精准化，考核办法完善，推行月点评、季度考核、年度综合考评，录制考核专题片晒成绩单，体现导向性、公开化。

目标管理的激励推动作用充分彰显，市对县重点经济工作目标考核综合排名第二。

【市县考核精准对接】 按照与市对县重点经济工作考核内容精准对接的原则，设立百分考核体系及加减分项。市考核9大类34项指标和2个加分项、9个减分项。县对镇、街道、区、场考核对接9大类32项和1个加分项、9个减分项（服务业增加值和居民人均可支配收入2项指标不宜分解任务，由县统计局承担市考核任务），根据沛城、汉源2个街道及开发区（汉兴街道）工作需要增设城市建设考核内容。2个加分项对接1项（争取省级以上开发区、高新区），由县发改委和改革办承担市考核任务。9个减分项均进行对接考核。根据全县工作实际，在对接的基础上增设保洁体系运营1个减分项。

【重点指标考核】 根据各镇和大屯街道、开发区（汉兴）、沛城、汉源街道和湖西农场的工作实际和职能定位，实施差异化考核，分别单独设立5个百分考核指标体系，即各镇和大屯街道一套百分考核指标体系，开发区（汉兴街道）、沛城街道、汉源街道、湖西农场各1套考核指标百分体系。汉兴街道的主要职能是为经济开发区项目落地搞好服务，招商引资、项目建设、科技创新、人才引进等载体也都在开发区，纳入开发区一并考核。开放型经济、项目建设、人才与科技创新、功能平台建设依然是沛县经济发展短板，是沛县增优势、强后劲的关键支撑，是全县发挥三个作用走在全市前列的关键指标。因此，在考核设计中作为重点，发挥目标考核的鲜明导向作用。

【简化考核体系】 整体框架简晰明了，考核导向鲜明，考核重点突出，以“聚力创新强县，聚焦创业富民”统领发展全局，抓住项目建设、新型工业化、现代服务业、功能平台等重点工作进行考核。重点指标是数据库指标，数据来源明确，得分透明度强。重点工作实行项目化考核，主要考核项目建设投资，透明度高、可操作性强。

【考核方式】 采取月度公布、季度考核、年度总评的考核方式。考核意见和计分细则在4月初下发。通过环环相扣的月度公布、季度考核每个单位时时有压力（分别按四个季度2∶3∶2∶3权重计算各单位年度总成绩），月月有动力，季季争排头，始终处于紧张状态，为全县经济发展注入强劲动力。

【考核成效】 招商引资、项目建设、外资到账、进出口额、财政收入等经济发展支撑指标，与上年同期相比均实现较大突破。招商引资氛围浓厚，新开工项目比上年同期增加15个（2017年99个、2016年84个），计划投资额增加32.21亿元（2017年143.66亿元、2016年111.45亿元）。项目建设申报设备抵扣企业增加51家（2017年219家、2016年148家），增加抵扣税额0.09亿元（2017年1.26亿元，2016年1.15亿元）。珀然铝轮毂、鑫宇光伏、上海能源热电联产、洲业汽车广场、润康医药等大项目建设速度加快。1—9月份，全县外资到账1.04亿美元，完成73.31%，与上年同期相比增加5908万美元，增长130%。1—9月份，完成进出口额27.57亿元，完成83.9%。一般公共预算收入完成39.3亿元，完成年度预算82.7%，超7.7%。三季度考核成绩显示，部分相邻名次分数相差甚小，第四名的大屯街道、第三名的龙固镇和第二名的杨屯镇相差不足1分。与二季度相比，排名上升的单位6家，排名下滑的单位7家，5家单位排名与二季度持平。季度考核结束后目标办把各项指标的完成情况、得分情况、排名情况及综合考核排名制作成视频短片在全县一、二、三季度经济运行分析暨重大项目观摩推进会上分别进行播放。

【考核机制建设】 落实市考核指标任务分解、责任分工、领导包挂等具体工作。形成月调度、季点评工作机制。每月县目标办对市、县重点经济工作指标完成情况、存在问题、推进措施进行调度，并报县主要领导、分管领导。每月对调度存在较大问题、推进速度缓慢的指标，提请召开相应以问题为导向的分析会，完成1—10月份情况调度。每季度召开专题调度会，分析全县指标完成情况、查找存在问题，安排部署下步工作。目标办每月对预计排名低于全市前三的指标牵头单位、责任单位下发工作提醒单，责令分析查找指标排名落后原因、明确下步推进措施。把重点经济工作和重大项目建设一并纳入全县百日会战，明确目标、细化节点、落实责任、奋力冲刺，为全面完成全年目标任务再添新动能。（李光乾）

统　计

【概况】 2017年，围绕沛县经济社会发展大局和上级统计部门工作部署，推进改革创新，抓好企业一套表、“四上”企业申报和审批、基本单位名录库管理、统计信息服务、统计法治宣传、基层统计基础建设等重点工作，完成全年各项统计工作任务。获得省级“第三次全国农业普查先进集体”称号。

【综合业务】 全年沛县完成地区生产总值756.32亿元，按可比价格计算，比上年增长8.6%。其中，第一产业增加值99.64亿元，增长1.8%。第二产业增加值359.36亿元，增长11.1%。第三产业增加值297.32亿元，增长7.9%。全年实现农业总产值192.18亿元，同比增长10.2%。完成规模以上工业增加值356.25亿元，比上年增长12.1%。全年完成固定资产投资624.45亿元，比上年增长11.4%。社会消费品零售总额累计完成275.45亿元，同比增长12.2%。全年完成财政总收入（不含基金）71.55亿元，比上年增长2.1%，其中，公共财政预算收入54.46亿元，增长5.0%。公共财政预算支出89.07亿元，下降6.1%。年末，全县金融机构人民币存款余额512.54亿元，增长12.9%，其中，居民储蓄存款余额345.77亿元，增长6.6%。年末，沛县金融机构人民币贷款余额269.01亿元，增长20.9%。年末，沛县户籍人口（公安局）129.92万人，比上年下降0.6%。根据城乡住户抽样调查，沛县全体居民人均可支配收入23313元，增长9.9%。城镇居民人均可支配收入29776元，增长9.2%。农村居民人均可支配收入17269元，增长9.4%。2017年，全县居民人均生活消费支出14649元，增长8.1%。其中，城镇居民人均生活消费支出18025元，增长5.7%；农村居民人均生活消费支出11491元，增长8.7%。发放扶贫小额贷款1.96亿元，全年完成低收入人口脱贫2.1万人。城镇新增就业9904人，登记失业率控制在2.02%。

【统计调查】 以提高统计报表和数据质量为重点，落实“一深入”“两把关”“三审三核一评估”数据质量控制制度，完成各项统计调查任务。准确完成“八项工程监测”“全面小康监测”与专业统计报表任务。做好各项抽样调查工作。统计局在做好专业统计调查基础上，先后开展农业普查、海洋经济调查、住户调查、畜牧业抽样调查、粮食产量调查、人口变动调查、劳动力调查、“三新”统计调查等专项抽样调查任务，为上级有关部门正确评价沛县经济社会发展成果提供依据。

【统计服务】 在完成上级主管部门布置各项统计调查任务同时，探索为地方经济建设服务多样性。建立“月说明、季分析、年总结”考核奖罚制度，要求各专业统计干部，基层调查研究，对经济社会发展中的重点、热点、难点、疑点问题开展调查研究，提高数据解读能力，为各级领导当好参谋。向社会公布2016年国民经济和社会发展统计公报，出版《沛县统计年鉴2017》。整理、编审和印制2017年沛县统计月报。撰写统计分析、统计信息，开展统计咨询服务。全年共撰写统计信息173篇、统计分析43篇，为社会各界提供统计咨询50次。

【“双基”建设】 落实省、市关于加快县级及以下统计机构基础工作规范化建设，提升基层基础工作再上新水平目标要求，开展一系列整章建制、完善软件、做实硬件、提升统计服务能力与公信力等工作，实现干部队伍专业化、统计工作规范化、信息传输自动化、质量控制制度化、资料管理档案化，推动全县统计工作提档升级。强化培训，打造高素质专业队伍。开展“内强素质，外树形象”活动，增强统计人员责任感与使命感。整章建制，健全统计工作制度化管理体系。在原有制度基础上，按照“通用制度上墙，专项制度入手”原则，先后建立各项规章制度，通过各项规章制度的修改和完善，规范统计工作秩序，提高统计数据质量及做好统计工作软实力。加大投入，夯实统计工作基础环境。全年争取资金近3万元，购买笔记本电脑、办公桌、办公椅、资料柜。修缮会议室，改善工作环境。

【法治宣传】 为筑牢统计执法，保障统计数据质量防火墙，制定《统计执法检查工作责任制》，明确统计法治建设工作目标。做好《中华人民共和国统计法实施条例》宣传教育，注重多样性。开展“统计法治宣传月活动”，采取广场宣传、社区讲解、现场互动、视频播放、资料印发等形式，覆盖所有镇街区场，使统计法治进一步扩大群众知晓度和关注度，为依法统计、依法治统营造良好法治氛围。 （邵　剑　王富学）

审　计

【概况】 2017年，共完成审计项目172项，其中，财政审计11项、民生审计6项、经济责任审计41项（其中部门19项、镇21项、医院1项）、企业审计3项、投资审计111项。审计移送税务部门涉税线索20件，移送主管部门处理线索5件。促进增收节支5.34亿元，其中，促进入库税收0.73亿元，上缴财政非税收入0.81亿元，入库社保资金0.22亿元、土地出让金1.09亿元，审减工程造价2.49亿元。被审计单位根据审计建议，出台相关制度24项。获县委、县政府特殊贡献奖、增收节支先进单位、财税审计工作先进集体、城乡建设与管理服务先进单位、县直机关绩效考核先进单位、沛县学习型党组织建设示范点、徐州市内部审计理论研讨优秀组织奖，连续五届被授予“省级文明单位”称号，审计通联宣传工作连续11年被审计署时代经济出版社、省审计厅表彰。

12月4日，街头法制宣传

【预算执行审计】 审计揭示预算调整范围和比例偏大，预算支出进度不均衡，未编制国有资产（本）经营预算，部分城建支出未纳入年初预算等问题。针对政府投资管理和社会保险费缴纳存在的问题，向县政府提交《我县政府投资项目管理亟待规范》《欠缴部分社会保险费亟待征收》的审计专报。

【部门财政财务审计】 完成教育局、市场监管局、国土局2016年度预算执行审计，农委2014年和2015年财政收支审计，物价局、城管局2015年和2016年财政收支审计，汉兴街道、汉源街道2016年度财政收支审计。揭示6家部门原始凭证不合规、7家部门超范围、超限额使用现金等问题。

【经济责任审计】 对杨屯、县国资办等41家单位原主要领导干部履行经济责任情况进行审计。

依法移交税务机关处理17件，促进落实税收5016.98万元。移交主管部门4件，落实入库财政收入1722.16万元。向县政府提交《县人民医院违规联合办医现象不容忽视》《我县接访经费支出管理亟待规范》审计专报2篇。促进被审计单位建立规范性制度12项，协助出台《关于调整沛县经济责任审计工作领导小组成员的通知》《关于印发〈沛县党政领导干部和国有企业领导人员经济责任审计实施意见〉通知》。

【民生资金审计】 完成2016年度教育费附加筹集管理使用情况、2016年度职工基本养老保险基金、2016年度财政专项扶贫资金管理和使用情况等6项民生资金审计。重复享受的城乡居民养老金32万元已被追回，滞留教育费附加456.27万元已拨付到位，扶贫项目存在问题已移交县委农工办处理，农村危房改造资金已兑付落实到户404.25万元。县政府出台《沛县政府购买棚改服务管理办法（暂行）》，县住房保障体系建设领导办公室制定《沛县住房保障联合审核实施办法》对保障性安居工程建设存在的问题进行规范。

【政府投资工程审计】 完成文化中心、北孔庄安置小区等工程竣工结算审计111项，送审金额15.49亿元，审减2.49亿元，审减率16.07%。对东风路改造、沛县中江文萃苑、S427南环东延改扩建工程等90项县重点工程实施跟踪审计，涉及投资额65.66亿元。促进防范和纠正工程建设管理隐患，揭露高估冒算、虚增造价等问题。完成审计署2016年城镇保障性安居工程跟踪审计（异地交叉审计）、2017年二季度国家和省创新政策措施落实情况跟踪审计。抽调业务骨干配合市审计局完成信息系统审计调查。

（吴庆广）

物价管理

【概况】 2017年，深化改革决策部署，适应经济发展新常态，推进价格改革，加强价格监管，完善主要由市场决定价格机制，围绕全年价格工作目标，提高行政效能，完善民生价格政策，强化政府服务职能。发挥物价部门调控监管服务职能，创造良好价费环境。荣获徐州市物价管理依法行政工作先进集体称号。

【价格调控】 加强组织领导，落实调控措施，制定年度价格总水平调控工作计划，下发沛县价格调控工作目标。健全价格异动应急预案，确保稳定价格总水平的各项政策落实到位。强化科室工作责任落实，确定和细化工作任务，明确工作职责。落实国务院及省、市物价局关于价调基金的各项政策措施，针对具体问题深入研究、认真督导，使价调基金各项工作建设取得实效。出台《沛县价格调节基金使用管理暂行办法》，并根据《江苏省物价局江苏省财政厅关于印发江苏省省级价格调节基金使用管理办法的通知》及省物价局印发的价格调节基金使用管理考核细化分解6项考核指标，逐项分解逐条落实，完善市场价格调控联席会议制度，完成各项考核任务。

【价格监测预警】 落实江苏省价格监测相关规定，加强价格监测预警体系建设。做好15大类120

实施阶梯水价，局长陈磊接受电视台采访

个品种定点定期价格监测的基础上，突出重点跟踪监测48种主副食品、16种重要农业生产资料等市场价格变动情况。强化监测分析工作力度，围绕党和政府关注、群众关心、与居民生活密切相关重要商品和服务价格进行监测、预测，发现价格异动，及时上报信息。通过媒体、网站等多种方式，发布价格成本、监测、分析等信息，增强消费预期，引导居民消费，培育消费热点。定期不定期向政府提供市场价格走势分析材料，为政府决策提供依据。

【规范收费】 根据江苏省定价目录修订划定的省、市、县三级政府定价管理权限，结合县级清理确定的29项价格行政权利结果，做好权利清单的调整和公示工作。创新收费管理模式。规范各收费单位的收费行为，构建长效收费管理机制，做好事中事后监管工作。与县财政局编制沛县现行《行政性事业性收费、政府性基金项目目录》，凡未纳入收费清单目录、未进行收费公示的，一律不得收取，确保收费政策全部落实到位。建立健全收费台账，运用“全国收费动态监管系统”完成单位信息和单位年度收支情况信息录入工作，审核收费单位报送资料，汇总收费单位报送的年度收费情况报告表，并对收费项目、收费标准、收支金额等进行统计分析，确保信息的准确性和合法性，撰写收费统计分析报告上报并公示。在县物价局门户网站公开现行行政性收费、政府性基金项目目录，在城市社区设立块“城市社区收费公示栏”，更新“涉农价格和收费公示栏”9块，在教育、医疗、旅游景点、银行、房地产等系统推行明码标价公示工作。让收费公开透明，并主动接受社会监督。

【签约服务收费】 为建立规范化家庭医生签约服务收费模式，推进沛县家庭医生签约服务工作，研究制定家庭医生签约服务项目收费标准，规范家庭医生签约服务收费行为。重点走访栖山、鹿楼等中心卫生院和基层社区卫生服务点，了解签约服务包类型、服务内容、涵盖项目、执行标准，听取医生和群众意见，力求签约服务项目贴近群众健康需求，收费标准合理、科学。对照医疗服务收费项目标准，从严审核家庭医生签约服务包项目内容、基本公共卫生服务项目费用、服务流程等，重点对8个大包和16个小包检验项目、检验方法进行审核，确保服务包收费低于医疗服务收费标准，降低签约群众负担。家庭医生签约服务必须按照知情、自愿原则，由群众自主选择服务项目和签约。服务协议中必须明确签约服务包名称、项目内涵、收费文件依据、收费标准、医保补偿标准和减免金额等，服务中除向签约群众收取规定签约服务费外，不得另行收取其他费用，并严格执行收费公示制度，接受社会监督。

【平价店建设】 全年共创建7家平价店。按照省、市物价局“建管并重，量质齐升”要求，完成沛县平价店三年建设目标任务。完善平价商店管理长效机制，落实平价商店管理考核、退出、补贴奖励等制度。发挥好平价商店“保供稳价，利农惠民，应急调控”作用。按照市局要求和新准入制度，重新申报12家平价商店。

【价格监督】 把稳定价格总水平作为首要任务，落实稳价政策，强化市场价格监管，为沛县民生改善发挥作用。组织医疗服务收费和药品价格专项检查。1—6月重点检查政府定价药品最高零售价格执行情况，药品加价率特别是基层医疗卫生基本药物零差率政策执行情况，医疗服务价格项目规范执行情况，一次性医用耗材、检查检验价格与收费执行情况等。共检查社区医疗服务中心、县级医院、各乡镇医院、民办医疗机构等18家单位。从检查情况看，部分单位存在医疗服务重复收费、超标准收费等价格违法行为。7—12月联合卫计委对乡镇医疗单位联合执法巡查，规范乡镇卫生院收费行为。根据省、市物价局工作要求，为规范教育收费行为，维护学生及家长的合法权益，对全县中小学校及幼儿园进行教育收费专项检查，检查重点对义务教育阶段免费政策执行情况，非义务教育阶段学校的收费公示情况。学校是否按照规定项目、标准收费，收费是否开票、票据是否规范。对"12358"价格投诉举报电话公示情况行为进行检查，规范全县各级学校的收费行为。按照市物价局统一部署，徐州市涉企检查实行交流检查的形式，由睢宁县物价局对沛县国土局、建设局、房产管理中心、安监局四家单位收费进行重点检查。对检查中发现的价格违法行为，移交市物价局，由市物价局统一进行审理处罚。围绕人民群众生活必需品，对元旦、春节、五一等重大节日期间市场主副食品价格进行跟踪检查，重点检查各大商场、超市、餐饮娱乐、家电零售、药店零售、商品房销售等行业服务和商品价格，并对旅游景点及宾馆、餐饮、娱乐行业明码标价执行情况，旅游服务经营企业是否按规定明码标价、停车场是否收费规范等进行全面检查。先后出动460人次，处理明码标价及促销广告带有价格欺诈性质违规行为8起，确保节日市场价格稳定。

【价格诚信】 所有公开销售场合明码标价签进行统一，先后派出价检人员125人进入各大商场、超市进行宣传，利用元旦、春节、等重大节日以及"3·15"消费者权益日，采取设点宣传、咨询、悬挂标语及新闻媒体宣传等形式，有效规避乱涨价、乱降价、乱打折等价格违法行为出现。确保标签使用、填写规范的基础上，提高商品明码标价率，从根本上把明码标价工作做到每一个商场、每一户商家。全年共发放标价签20万个，有6家单位被评为"县级价格诚信单位"，5家参评"市级价格诚信单位"。

【价格举报】 发挥12358价格举报平台作用，化解价格矛盾纠纷，为群众排忧解难。全年共受理各类价格咨询、举报、投诉案件138件，其中，咨询125件，投诉、举报13件，实行经济制裁金额1.8万元，其中，退还消费者1.8万元，办结率100%，回复率100%。

【成本工作】 农本资料体现全县农业发展脉络，定期下点抽查农户原始记录，把好农本调查第一关，纠正调查户记录中错误，对调查户指标加以解释。通过下点指导及督促检查，调查户业务知识得到巩固。坚持做好农本资料档案管理工作，确保每年成本资料连续性，发挥农产品成本长期调查优势。

【涉税价格认定】 开展存量房交易价格专项调查，形成准确可靠的房地产交易价格数据。在交易业主调查基础上，确定出分区域、分路段、分小区的存量房交易基准计税价格和楼层、朝向、建造年代等相关数据。全年完成202个住宅小区、110条商业门面标准房数据调查与数据采集工作，形成完整的房地产交易价格资料。每月不定期进行存量房交易价格摸查工作，实行定点监测，与沛县10家存量房中介建立信息联络，定时收集实际成交存量房交易价格信息和意向性销售价格信息。通过对收集到的房地产价格信息汇总、分析、研究，调整存量房计税基价和各种系数，确保存量房计税价格认定符合市场规律。定期召开物价、地税、房产等部门联席会议，听取地税部门涉税价格认证评估工作意见，对存在问题进行分析，建立库存量房计税价格与市场价格联动机制。协助地税部门做好评税系统数据库更新维护工作，与地税部门签订沛县存量房交易纳税评估系统维护及涉房交易价格认证服务合同。共受理存量房涉税价格认定205件，评估标的额1.28亿元，增加税收1800万元。

【队伍建设】 建立健全各项目标责任制，制定完善考勤、学习量化考核办法等工作规范，使各项工作有法可依、有章可循，形成以制度管人、人以制度为准则的约束机制。推行物价服务"零障碍"。设立协办员岗位，由专人为前去办事的企业、群众提供受理、咨询、全程导引、主动协办、办结回复等"一条龙"服务，转变工作作风，提高服务质量，打造一支作风过硬、敢于担当、勤廉为民的干部队伍。 （桑 辉）

市场监督管理

【概况】 2017年，突出优服务、

审批服务

强监管、严执法这一主线，深化商事制度改革，坚守食品药品安全，市场监管工作取得显著成绩。被省工商局授予商事制度改革工作集体三等功、被省食品药品监督管理局授予全省食品药品监管系统先进集体、全省食品药品监管工作先进单位。

【服务优化】 坚持商事制度改革导向，深化“放管服”改革，在更大范围、更深层次简政放权，优化高效服务，激发市场活力。梳理审批环节，设计开办企业审批服务流程图，申请材料由原来平均27件压减为11件，新设企业办理时限由原来5~6个工作日降到1.5个工作日以内。启动企业登记全程电子化办理模式，依托县“政务服务一张网”，开通受理通道，推行网上名称核准、预审登记，实现“不见面”审批。在全市率先放宽市场主体住所登记，创新实行企业注册登记“同城通办”管理模式。建立市场监管登记窗口“四办”机制（网上办、马上办、随地办、辅导办），提升服务效能。依托工商银行、中国银行等金融机构，开展“注册登记E线通”业务，通过银行营业网点代办营业执照。6月22日，沛县第一张电子营业执照在沛县工商银行政务中心支行颁发。全年全县新设企业2737户，新增注册资本总额241.86亿元，办理个体工商户开业登记9928户。做好市场主体年报工作，创新设立年报咨询服务岗，利用电话、短信群发等形式，联系上门服务，引导企业年报。落实“双随机、一公开”抽查制度，将未按照规定年报的2800家企业列入经营异常名录管理，全年向企业信用信息平台推送各类市场主体资格监管信息7000条，营造公平有序市场环境。

【品牌和商标培育】 拓宽品牌和商标培育途径，质量管理工作取得新提升。省市名牌、质量奖申报工作有序推进。拟定徐州广勤米业等8家企业申报江苏省名牌产品（含2家复评），徐州中宇光伏等11家企业申报徐州市名牌产品（含5家复评）。申报沛县第一个地理标志保护产品沛县“沛公酒”，实现沛县地理标志保护产品零突破。完成对认证企业调查摸底，CCC认证有效性企业16家，ISO 9001、环境、职业健康安全等体系认证有效性企业120家，无公害农产品600个，绿色农产品21个，有机认证产品2个，开展ISO 22000体系认证企业9家。25件商标获2017年度“徐州市知名商标”称号，其中，“轩畅”“威亚顺发”等13件属新获得，“大风”“沛公家”等12件为再认定。

【标准化创建】 引进标准化管理方法，增强标准化服务能力，沛县政务服务标准化试点项目通过省质监局验收。对沛县农村产权交易服务标准化全面规划，做到全过程、全方位的服务，《农村产权流转交易进交易场所建设与指南》省级地方标准获得立项。推进企业产品标准自我声明公开备案，辖区内60%以上生产企业产品执行标准完成网上声明公开，87家企业上报160项标准，涵盖696种产品。

【计量惠民】 实施计量惠民工程，加大对公共服务等部门计量监管力度，实现集贸市场、民用三表、液化石油气充装站、加油站、医疗卫生机构等五大领域计量监管全覆盖，全年免费检定计量器具24191台（件）。开展加油站计量专项监督抽查、农资等农业投入品定量包装监督检查，抓好定量包装商品生产企业计量分类分级监督管理，2家企业获得省局诚信计量奖励。

【消费维权】 强化消费调处工作，完善投诉受理机制。全年共受理消费者投诉举报405件，解决成功率100%，为消费者免受损失170万元。联合沛县放心创建办、沛县电视台、沛县新闻中心等举办2017年“网络诚信消费无忧315年度报告”活动，对为沛县消费环境做出贡献的诚信企业、餐饮示范店、诚信电商、沛县2016年度“十佳最美消费维权人物”进行表彰，对消费维权重点、热点问题及网络消费典型案例进行点评并向社会发布。

【食品检测】 加快分局、商超透明食品快检室建设，实现80个食品项目快速检测。完成各类食用农产品快检7400批次，落实“你点我检”现场服务快检800批次，成功上传食用农产品快检数据8000批次。开展各类食品抽检5238批次，全县各类食品抽检合格率99.8%以上。11家食品生产企业完成电子追溯系统建设。6月30日，邀请县政协委员参加“市场监管守护安全”体验活动，零距离食品安全监管。8月10—16日，开展“实验室开放周”活动，邀请企业、学生、市民代表等20人，现场观摩食品检验检测工作流程，提升政务公开水平和公信力。8月25日，全市食品流通和食品快检现场会在沛县成功召开。

【餐饮业综合整治】 开展城区质量安全再提升和镇村餐饮业综合整治，创新餐饮星级示范店评定，评定四星、五星示范店33家，早餐示范店50家，小餐饮规范店30家。加强学校食堂、养老机构食堂、建筑工地食堂、农村宴席的食品安全监管，全年开展各类专项检查30次，完成重大活动保障及重点监督管理（两会、学业水平测试等）19次。以推进明厨亮灶工程建设为依托，推行透明厨房和视频厨房建设，让餐饮服务单位从幕后走到前台，让消费者直接监督，消除监管部门、餐饮服务单位与公众间信息不对称障碍，引导公众参与餐饮安全监管。全县城区餐饮单位建档率完成100%，网格化监督责任落实覆盖率100%，动态监管实施率达到100%。并在全市率先建立餐饮服务单位档案室，推进餐饮业许可、服务业量化分级管理、文明餐饮示范街区创建、餐饮服务业动态监管等工作，打开全县餐饮业长效监管新格局。

【药械安全监管】 通过实地检查和远程监管相结合的方式，加强各药品连锁公司经营管理。受理审核药品经营许可新办、变更和办理二类医疗器械备案56例，检查药品、医疗器械、保健食品、化妆品经营单位337家。共飞检药品经营企业28家，全市GSP飞行检查现场会在沛县召开。提高不良反应上报质量，药品不良反应已上报700例，器械不良事件共上报210例。

【特种设备监管】 以人员密集场所的宾馆饭店、商场住宅小区等电梯使用单位为重点，开展电梯专项检查。组织电梯安全知识进小区活动，开展电梯应急救援演练。对涉危化品企业特种设备安全进行专项整治，建立设备台账206台，对违法违规行为立案查处3起。开展气瓶专项整治工作，安装二维码51375个，报废气瓶3万只。

【执法职能】 围绕重点领域和民生热点，加强部门联合执法和区域执法协作，完善“两法衔接”机制，开展专项执法行动，整治和规范市场秩序。开展公用企业整治，查处不正当竞争及其他损害竞争秩序的行为。开展打传规直工作，打击传销宣传、查处涉传活动、建立监管台账。开展电线电缆生产企业、塑编行业、水泥行业、“263”行动、“利剑”行动、“清风”行动等执法检查。开展供水供电、供气供暖、通信、医疗教育等行业专项整治。开展打假保优“锲石”专项行动，加大知识产权保护力度，维护知名企业和品牌的利益。开展地条钢、农资打假、车用燃油、流通领域儿童用品等专项整治，依法查处无照经营、假冒伪劣等行为。开展流通领域儿童用品质量专项整治。共出动执法人员600人，立案280件，移交司法机关12起，对查获的食品、种子、服装等假冒伪劣商品在垃圾发电厂进行无害化集中焚烧销毁，货值达20万元。（王海峰）

土地资源管理

【概况】2017年，围绕“保护资源、节约集约、维护权益、改革创新”总要求，严格保护土地资源，准确把握国土资源工作在服务经济社会发展大局的定位，为全县经济社会“又好又快”发展提供有力支撑。先后获国家地质灾害防治“十有县”、第三届国土资源节约集约模范县、江苏省资源节约集约模范县、江苏省土地执法模范县、江苏省依法行政先进单位、江苏省文明行业（单位）、徐州市先进基层党组织、徐州市先进集体、徐州市服务百姓“零障碍”金牌服务岗、徐州市科学发展观考核一等奖、徐州市国土资源系统年度综合考核连续十年第一、县政府特殊贡献、机关作风建设软环境建设民主评议先进单位等多项荣誉。

【发展用地需求】新增建设用地规模664.5公顷，流量指标规模800公顷，核减耕地保有量3066.7公顷，核减基本农田保护面积5933.3公顷。全年争取各类农转用计划指标280.8公顷，其中，国家计划68.7公顷。国家级节约集约模范县奖励33.3公顷、工矿废弃地复垦和增减挂钩计划各80公顷、争取省级单独选址计划18.8公顷。

【土地征供地】新增建设用地272.43公顷，同比增长4%。其中，单独选址项目3宗（75.3公顷），国家批次建设用地3批86.8公顷，工矿废弃地批次3批74.9公顷，增减挂钩批次1批35.4公顷。全年供地131宗533公顷，其中，挂牌出让经营性用地56宗199.1公顷，工业用地57宗166.7公顷，收取土地出让金35.52亿元，划拨供地18宗167.2公顷，全县消化批而未供土地172.9公顷。

7月26日，省国土厅厅长李侃桢在沛县调研矿地融合工作

【低效产业用地】为确保完成市局下达沛县75.1公顷低效产业用地再开发任务，在对全县疑似低效产业用地情况进行调查摸底，筛选出55家企业，针对不同原因，分类制定处置措施，并由专人负责落实，全年共盘活低效产业用地56宗95.6公顷。推进高标准厂房建设，引导企业建成高标准厂房13万平方米，9万平方米正在建设。

【模范县创建】6月，在江苏省开展国土资源节约集约综合评价考核工作中，沛县名列全省县（区）第20名，成为苏北唯一一家2016年度“江苏省国土资源节约集约模范县”，省厅奖励沛县农用地转用计划指标33.3公顷，缓解沛县年度农转用计划指标压力。

【高标准农田】沛县永久基本农田划定工作是徐州市第一批被省政府下达批复实施的县，划定后全域永久基本农田6.7万公顷，超额完成66.7公顷。完成高标准农田建设项目7个，面积5013.3公顷，超额完成346.7公顷。

【各类土地整治】 实施“三库”及“万村整治”项目共入库138个，总规模604.2公顷，计划新增耕地595.4公顷。占补平衡项目已全部通过市局验收，验收总面积281公顷，实现新增耕地269.9公顷，超额完成市局下达任务。工矿、挂钩项目已验收52.3公顷，实现新增耕地49.7公顷，完成张寨、河口两个省投项目报批工作，项目总规模1200公顷，总资金5247万元。

【执法监察】 依据网格化管理办法，落实“三早”（早发现、早制止、早查处）责任。立案查处35宗，占地面积48.4公顷，共收缴罚没款170万元。遥感监测1032个图斑436.9公顷，耕地290.2公顷。2017年度土地变更调查监测卫片的违法用地耕地比为7.15%，去除农民建房，违法耕地比率为5.01%。

【法治国土】 推进依法行政工作，制定印发“十三五”五年规划和工作计划，组织开展世界地球日、全国土地日、测绘宣传日等专项宣传活动。发放宣传材料3万份，接受咨询2000人，组织干部职工集中学法3次，人均撰写学法笔记2万字。全年共办理行政应诉案件20件，其中，新收一审12件、二审8件，审结6件，无败诉案件。推进非诉案件执行工作，全年申请强制执行行政处罚案件21宗，面积48.2公顷，执行罚款10.5万元。

【矿产资源】 督促矿山企业提高“三率”［开采回采率、选矿（冶）回收率、综合利用率］，杜绝越层越界等违法违规开采行为发生、督促矿山企业按时进行采矿权信息公示，完成储量年报工作。完成沛县城市规划区范围内压矿调查，通过省厅验收。

【测绘管理】 完成全县10家测绘资质单位成果汇交工作，在全市领先。17家测绘资质队伍进行项目备案。定期对沛县永久性测量标志点进行巡查，更新测绘保管员信息档案，及时发放测量标志保管员津贴。

【不动产登记】 8月29日，正式成立不动产登记交易中心，完成人员划转，实现不动产登记“四统一”。超过80%不动产登记业务实现二级审核（即窗口受理初审+审核窗口复审），保证登记安全。全年共办理“不动产权证”13819本，“不动产登记证明”9011本。贯彻中央“放管服”要求，落实省政府“3550”工程。不动产登记均实现5个工作日内办结要求，“一窗受理集成服务”涉及完税、转移、抵押登记环节均在3个工作日内办结。开通“沛县不动产官微”，服务对象可以通过手机端或PC端在线预约登记。在县农商行增设预告抵押登记便民服务网点，在线生成“电子证明”，实现不见面审批便民服务。开通工业企业、微小企业便民服务窗口，对“老弱病残”等特殊群体实行预约上门服务。

【涉土矛盾纠纷】 印发《开展影响社会稳定矛盾隐患排查化解工作实施方案》，对涉地信访矛盾进行梳理排查，在全县系统内集中开展影响社会稳定矛盾纠纷“大排查、大调处”、“百日会战”、信访积案攻坚化解等专项活动。共办理信访案件16件，其中，到部访6件，4件为无效访，另2件已办结。

【地质灾害防治】 编制《2017年度沛县汛期地质灾害防治方案》和《沛县突发性地质灾害应急预案》，建立县、镇、村三级群防群测网络，突出监测重点，与气象部门联合开展汛期地质灾害气象预报预警工作，发放地质灾害防灾工作明白卡362份，地质灾害防灾避险明白卡331份，设立警示牌13处。开展矿山地质环境治理和地质灾害防治项目，向省国土资源厅申报《沛县北部地质环境评审》、《杨屯卞庄地质灾害治理》及沛县地面沉降监测等项目，共申报补助资金约1000万元。

【矿地融合】 7月26日，江苏省国土资源厅李侃桢带队到沛县调研指导矿地融合工作，对矿地融合工作予以肯定，肯定了沛县矿地融合工作有基础、有成效、有需求，并支持沛县纳入江苏省矿地融合工作试点和创建矿地融合示范区。8月，沛县编制创建省级矿地融合发展示范区工作方案，明确主要目标和任务，排定矿地融合发展示范区重点工程，12月15日，获省厅批复。

【矿业发展】 沛县在全国率先申请国家级绿色矿业发展示范区创建，并成功纳入全国矿产资源总体规划和江苏省矿产资源总体规划，作为全国、全省示范区创建试点。2017年，国土资源部、财政部等六部委联合下发《关于加快建设绿色矿山的实施意见》，提出利好政策支持。沛县国土资源局已通过省厅组织论证，正在报部审批（江苏省仅三家）。

【档案建设】 把创建江苏省"五星级"档案工作纳入"2017年度十大重点工程"之一，抽调6批档案员31人，进行档案数字化扫描，共完成扫描229万页，形成综合档案室库藏文书、地籍等各种门类档案7.5万卷（件）。建成278平方米档案用房，其中，库房面积130平方米、办公用房面积52平方米、阅档用房面积20平方米、陈列室面积76平方米。11月14日，通过省、市档案局验收。

【宣传工作】 在江苏省国土资源厅发表信息17篇、徐州市国土资源局发表政务信息37篇，超额完成上级下达任务，在全省国土资源系统位列第二，在全市国土资源系统排名第一。获评"徐州市国土资源系统政务信息先进单位"，县委、县政府"政务信息宣传单位""新闻宣传先进单位"称号。县国土资源局网站连续10年获"省级优秀网站建设"、9年获部表彰"县级政务公开示范单位"称号，经江苏省国土资源厅批准参加申报部评比。发布政务信息280条，各类公告、通知120条，共计更新信息400条，"数字沛县"项目通过省级验收。

【扶贫工作】 组织89名党员干部分6组，把走访对象按户落实到人，走访张庄镇单集等6个行政村4444户，发放"百千万"集中走访帮扶联系卡409张，对132户贫困户发放慰问金及慰问品合计7.5万元，投资20万元为张庄镇单集村建成村支部办公场所。开展"阳光扶贫"工作，组织81名中层以上干部，对张寨镇立寺、李庙、玉皇庙、孙洼村210家贫困户结对帮扶，核查走访，上传相关图片和资料信息，对11家特困户给予每户500元帮扶资金，210户贫困户送去慰问资金2.6万元，扶贫期间投资6.5万元为孙洼村安装路灯84盏。

（蔡东亚）

安全生产监管

【概况】 2017年，树立安全发展理念，狠抓责任落实，强化监督检查，夯实基层基础，圆满完成安全生产保障任务，实现事故起数和死亡人数"双下降"。获江苏省安全生产监管监察系统先进集体、江苏省"安全生产月"活动优秀单位、江苏省职业卫生监管工作先进集体等称号。9月和10月，在迎接国务院安委会大检查及"回头看"活动时，受到上级有关部门的充分认可。

【责任保安全】 "党政同责、一岗双责、齐抓共管、失职追责"的安全生产责任体系初步形成。落实党政领导责任，制定《县领导带队开展安全生产督查的通知》，明确工作职责、工作任务及要求。开展安全生产工作督查，对检查中发现的问题隐患，实行领导包挂制度，督促相关单位做到整改"责任、措施、时限、预案、资金"五落实。强化部门监管责任，下发《县有关部门和单位安全生产工作职责规定》，落实行业主管部门监管职责，执法检查力度加大。突出企业主体责任，开展"企业安全生产主体责任专项行动"，督促企业落实"管生产经营必须管安全"的要求，加大安全投入、安全培训力度，完善安全生产标准体系。

【隐患排查整治】 在重点时段、重点时期部署开展四次安全生产大检查活动，排查生产经营单位2860家，消除隐患3600条，实现安全生产检查循环往复、隐患排查治理滚动开展。在检查方式方法上，注重专家参与，提高检查质量和水平。调整充实安全生产专家库，专家库有危险化学品、建筑、矿山、机电等方面专家近百人。专家参与检查企业

全县安全生产工作会议

200家，消除隐患653条。夏季百日执法聚焦重点行业领域，突出事故易发多发区域、部位和环节，推行效能化执法，实行“一体化”“清单式”“1+4”综合执法模式，将安全生产培训、应急管理、职业卫生、安全生产费用提取和投入与专项检查相结合，一次性查清企业存在的各种安全隐患。加大事前处罚力度，对非法违法行为，发现一起、立案一起、处罚一起，一律按上限处罚。全年县安监部门安全生产行政处罚事前立案225件，罚款总额274万元，无一例行政复议和申诉情况发生。县消防、公安交警、交通运输、市场监管、住建五部门立案263件。

【重点行业专项整治】 结合沛县实际和各行业安全生产特点，开展24个行业领域安全生产专项整治。针对危险化学品方面，出台《沛县危险化学品安全综合治理实施方案》，开展“专项整治回头看”工作，聘请省、市行业专家，对全县危化品生产企业逐一排查问诊。危化品生产经营企业完成“二道门”及警示标志标识建设工作。针对矿山安全，执行“一月一执法检查”制度，防止矿井安全事故发生。共检查企业24家，查处并整改隐患64条。针对建筑施工领域，突出建筑施工脚手架、模板工程分包管理等事故隐患排查，组织专项检查10次，下发整改通知书167份，暂停施工通知书10份。针对燃气管理，组织开展餐饮行业、瓶装燃气等专项整治，规划建设镇区定点换气站，查处黑充气点12家，下达整改通知书30份，更换超期钢瓶7000支，二维码登记钢瓶2万支。针对粉尘涉爆方面，聘请专家成立检查组，对全县34家粉尘涉爆企业进行专项检查，排查隐患46条，对4家存在较大安全隐患的企业予以立案查处，对1家存在严重安全隐患的企业责令停产停业整顿。道路运输、消防、涉氨制冷、特种设备、人员密集场所等其他重点行业领域专项整治取得明显成效。

【效能化执法】 实行“一体化”“清单式”“1+4”综合执法模式，将安全生产培训、应急管理、职业卫生、安全生产费用提取和投入与专项检查相结合，一次性查清企业存在的各种安全隐患。由专家分片坐阵重点行业领域逐家开展“专家会诊式”隐患排查，并全程指导整改。购置移动执法终端29套，全部配备到县所有镇区场、街道，提升执法精准度。（踪怀念）

国有资产管理

【概况】 2017年，以建立完善国有资产监督、管理和营运体系为工作重心，注重改革创新、依法监管，健全国资管理规章制度，打造国资管理“基础年”“规范年”，提高国资管理水平，促进国有资产保值增值。

【管理体制改革】 深化国有资产管理体制改革，加强国有资产监督、管理、运营。依据相关法律、法规重新修订企业国有资产处置程序及流程，确保企业资产处置依法按程序操作。制订县国资委会议议事规程、议题确定程序，召开6次县国资委会议，对全县国有资产管理提出指导性意见。召开煤电公司、江苏金石稀土有限公司“三供一业”分离移交联席会，制订分离移交方案，细化责任分工和工作步骤，按时间节点进行维修改造设计论证、资金申报等工作，组织各资产接收单位与煤电公司、金石公司签订供电、供水、供暖及物业资产分离移交协议。

【行政事业资产清查】 按照国家财政部统一要求，开展行政事业单位资产清查工作。按照工作序时进度，纳入清查范围的261家行政事业单位清查上报工作全部结束，并进行审计核实。通过清查，摸清行政事业单位家底，梳理出资产管理、使用中存在问题，为全面建立行政事业单位资产管理基础数据库、推进资产管理与财政预决算管理相结合、健全完善国有资产管理制度打下基础。

【国有资产收益管理】 国有资产收益是政府非税收入的重要组成部分，加大国有资产处置收入管理力度，完善收入收缴制度，规范收支行为，在国有资产出租、出售、安置房管理、棚户区改造等工作中，全年共完成国有资产收益5.16亿元，实现国有资产保值增值。

【安置房管理】 支持县棚户区改造，完成新实小、李园、三里河、火车站北征收地块的房屋残值拍卖，督促进场施工拆除公司尽快完成拆除任务。参与县城建重点工程建设，在东风路改造和西关闸北环境改造工作中选择拆除公司，督促加快拆除进度，完成县城建指挥部下达的任务。公开拍租拍卖阳光小区二期和四期门面房、车库、储藏室，确保处置过程公开公平公正。规范安置房上房程序，做好御水华庭、中央御景西区和东区等小区安置房验收移交工作，解决拆迁居民安置问题。

（宋云笑　韩　辉）

湿地日出

基础设施

交通运输

【概况】 2017年，公路总里程达2588公里，公路密度190公里/百平方公里。其中，高速公路40.9公里，一级公路29.358公里，二级公路164.833公里，三级公路216.651公里，四级公路1794.995公里。公路客运站场14个。航道总里程达179.99公里。其中，二级航道39.2公里，五级航道52.29公里，六级航道68.25公里，等外航道20.25公里。港口19个，码头泊位10个（1000吨以上），码头总延长11170米。铁路里程21.78公里，车站1个。机场1个。共有营运客车497辆，座位数19436个，营运货车12176辆，吨位6.1万吨。全县境内公路客运量0.1045亿人，客运周转量1.9055亿人公里。货运量0.2110亿吨，货运周转量27.7800亿吨公里。全系统在重点工程建设、行政执法、安全生产、基层管理、文明创建等方面共有42个先进集体和68名先进个人获得上级政府或部门表彰县交通局获评市交通运输局目标考核一等奖，被县委、县政府表彰为工程建设一等奖、争取资金一等奖，获安全生产先进单位、文明城市创建先进单位、信访维稳先进单位称号。

【重点工作】 完成农村公路提档升级100公里，危桥改造60座。S272徐沛快速通道沛县段于2018年1月1日试运营。湖西航道北段疏浚工程江苏段预计2018年6月完成交工验收。S427改建工程南环东延段，完成主线路基工程和桥梁桩基、圆管涵建设，梁板预制完成，完成桥梁下部结构和3千米水稳基层、2千米下面层路面施工。S253东环段改建工程完成西侧机动车道及非机动车道沥青面层摊铺，沿河桥完成西侧桥面施工，东侧进行杆线入地、地下管网、路基土方施工，完成总投资8000万元。沛公路西延改建工程项目初步设计经县发改委批复，全线放线、附属物清点工作基本结束，完成PPP社会资本采购工作，办理征地手续组卷上报。环湖西路预计2018年6月建成通车。撤渡建桥工程中农场桥、李集桥、土楼桥三座桥施工单位进场并开展驻地施工建设。沛县客运南站、大屯客运站配合城投公司进行方案调整，开展前期手续办理工作。龙河公路改扩建工程项目建议书经发改委批复，选址位置图经规划局审批，环评经环保局批复。大微公路（G518）改扩建工程初步设计上报省发改委待审查。疏港公路新建工程项目建议书取得县发改委批复，办理选址意见书，环境影响评价报告经县环保局批复。沛县港迁建工程完成环评、洪评报告和PPP实施方案编制工作。正在协调交通部、省政府召开专项规划调整审查会。交通领域推广运用PPP模式，其中S427改扩建工程、沛公路西延工程、G518大屯至微山湖段改扩建工程、疏港公路新建工程，完成社会资本方政府采购工作，开始落实项目部建设。

【城市客运】 开通龙固矿—煤电公司、张庄—张寨（东线）、龙固—鸳楼、河口—张寨（北线）、姜梨园铁矿—沛城公交公司、胡寨—五段6条区域公交线路，共投入12辆客运班车。将沛县—龙固客运班线16辆车优化调整为12辆公交车运营。新辟、优化公线路3条，新购20辆镇村公交。继续推行优惠乘坐公交惠民工程，实行70岁以上老人和伤残军人、残疾人免费乘车，60~69岁老人以及学生半价乘车，办理特殊群体优惠卡21520张，其中，老年免费卡11472张，老年优惠卡3828张，爱心卡1856张，学生卡3110张。

【公路养护】 按照省、市养护现代化纲要及养护机械化示范点建设要求，在干线养护中提高沥青混凝土摊铺机、铣刨机及装载机等成套大、中型养护机械设备的使用率。在农村公路养护中，以“四好农村路”建设为契机，组织实施小修保养，实施农村公路生命防护工程及农村公路样板路创建，推进农路管理养护常态化、规范化，逐步提高农路路况水平。公路站承办全市养护机械操作人员培训班，锤炼专业操作技能，稳步推进养护机械化进程。干线一级公路机械清扫率100%，二级公路机械清扫率70%。共完成县道路面修复3500平方米、灌缝7.6万延长米、喷油加砂2.8万平方米，修复路基水毁51处360立方米。总投资4000万、33公里进行大中修工程，6月22日全部建成通车。

【客运服务质量考评】 重点规范出租车行业服务行为，开展“无投诉出租车”行业文明创建活动，为群众提供安全、优质、便捷的服务。对出租汽车驾驶员进行诚信考核591人，年审出租车道路运输证318辆，为新增注册驾驶员231人办理服务监督卡，报废更新出租车43辆。3月沛县众信汽车出租公司驾驶员张涛荣登诚实守信类“中国好人榜”。

【交通行业治理】 按照县政府“三级四同”（省市县三级；权力名称、类型、依据、编码）权力清单梳理要求，开展政务服务事项的办事指南编制工作，确认行政权力事项总计648项，编制办事指南648项，其中，行政许可48项，行政处罚527项，行政奖励1项，行政强制25项，行政确认4项，行政其他42项，行政裁决1项。加快流程优化简化，全面梳理“不见面”行政权力事项清单，共梳理各执法单位“不见面”事项8项，其中，海事6项，公路1项，运管1项。加强对建设市场监管和工程质量监督管理，京杭运河湖西航道疏浚工程被省航道局评为优良工程，省道427改建工程创建省级平安工地、优质工程。利用杨屯、鹿楼两个治超检测点，合理分布执法力量，配合公安开展治超活动，加大治理货车非法改装和超限超载工作力度。公安移交各类疑似超限车辆30辆，检测违法超限运输车辆26辆，卸驳载910吨。开展维修市

X188沛敬线县道

场专项整治行动，打击无安全防护、无专业维修人员、无正规修理报价的“黑修理”市场，对无证经营、超范围经营进行查处。共发放督促整改通知书67份，开具整改通知书26份，取缔专项业户19家、二类维修企业1家、二级维护2家，通过专项整治，维修市场得到规范和净化。加快推进内河船型标准化工作，2016—2017年符合拆解船舶86艘，拆解80艘，发放补贴资金742万元，完成总任务的93%，确保完成拆解任务。

【“263”综合整治】 落实省市“两减六治三提升”专项行动和中央环保督查反馈意见的整改工作。逐条细化分解任务，突出抓好京杭运河湖西航道、丰乐作业区东原港等重点水域的港口、船舶水污染防治工作，开展沿京杭运河和其他内河港口非法码头专项整治，加强港口和船舶污染物接收、转运和处置建设，完善运行机制，对合法港口采取淋洒、覆盖等防风易尘措施，逐步实施货物封闭储存。对巨东造船厂存在的水域污染情况进行督促整改，按要求设置废油、废料及垃圾收集系统，完成13艘防污水改造工作，对新出厂的船舶全部安装污水处理器。全县共清理违法码头19个，移动吊机与船吊20部、地磅4台、供电设备5套、砂石16.4万吨。东原港新建喷淋管道1000米、排水沟300米、防尘网1000米、防尘棚5000平方米、沉淀池4个、油桶收集房2间、在天安码头建设2个岸电设施。

【交通干线沿线整治】 起草并下发《全县交通干线沿线环境综合整治五项行动方案》，组建领导小组办公室，成立普通国省道、高速公路、航道、港口、海事五个专项整治小组，明确相关部门的职责。对全县交通干线沿线环境存在的问题进行集中摸底排查，共梳理出问题1384处，形成问题清单下发至各镇（街道办）及相关单位。对梳理出的问题，建立台账，制定工作计划，明确时间节点，落实各部门职责和任务。交通公路部门按要求对国省干线公路沿线清理违法非公路标志和违法广告进行拉网式排查，抽调执法人员和清障车，切割机等装备，对建筑控制区内的非标进行集中清理，重点治理利用路灯杆、电线杆悬挂非标现象，开展道路卫生保洁、垃圾清理及绿化补植工作，重点打击徐丰路敬安段、丰沛路鹿楼段、徐沛路张庄段和沛龙路杨屯段的流动摊点及占道经营等违法行为。共清理非公路标志76个（块），流动摊点62处，违法广告120处，堆积物120米，路树遮挡28处，绿化提升建议问题6处，建筑物构筑物整治建议问题9处，共投入机器、车辆110台，600人次，完成墙体外立面粉刷23.6万平方米，拆除违章建筑15处，整治乱堆乱放320处，清理占道经营125处，新建围墙800米。开展“野广告”清理工作，对张贴面广、屡教不改的单位和个人依法给予行政处罚，共清理移动非标48个、固定非标73块，其中，大型固定非标22块，清理野广告540处。

【安全生产】 按照“三关一监督”工作要求，强化源头监管，落实主体责任，完成春运任务，共投入客车293辆，发送33760班次，运送旅客518300人次，全县交通系统安全生产形势保持平稳。指导全县道路运输企业标准化建设达标考评工作，组织完成所有客运及危险品运输企业达标证书换证工作，全年完成普货及汽修企业做好安全生产标准化达标考评工作。为加强企业标准化建设安全培训教育，邀请南京苏交科集团有限公司的专家对全县15家道路普通货物运输企业、25家机动车维修企业共80人进行培训。构建交通运输行业领域安全生产风险分级管控和隐患排查治理双重预防机制。梳理制定交通安全生产常见违法行为目录清单20项。编制交通运输系统“权利清单”计109项，完善“责任清单”编制23项。开展交通运输安全生产专项整治活动和专项督查，计划在道路运输“两客一危”、水上交通安全、公路水运工程建设、公路安保与治超等重点领域建立交通运输安全隐患风险点目录清单。修订各类应急预案，强化重点领域突发事故应急处置能力。实施防滑除雪工作一次，合理调度机械、人员，利用专业机械设备、专业队伍及时清理国省干道、重要区域积雪。共出动清雪人员160人次，专业机械20台（套），撒布除雪剂40吨，撒布防滑料110吨。加强安全培训教育，完成交通运输安全管理人员培训1次，安全事故警示教育2次，利用多种形式宣传安全知识。邀请南京苏交科集团有限公司的专家对全县15家道路普通货物运输企业、25家机动车维修企业共80人进行培训。参加县安委会、工会等单位组织的“安康杯”竞赛活动，公路站取得第三名。（王　冲）

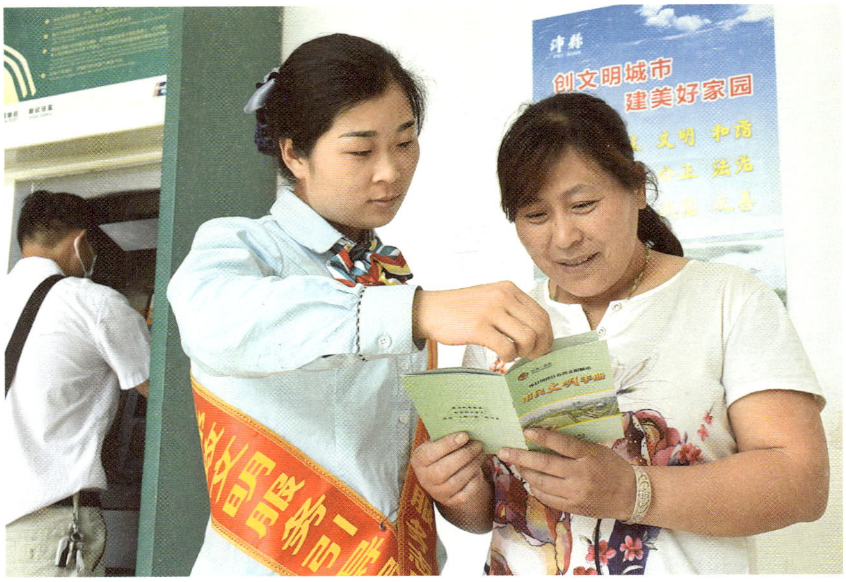

邮政工作人员向客户发放《市民文明手册》助跑文明城市创建

邮　政

【概况】 2017年，沛县邮政累计实现业务收入1.35亿元，增幅9.5%。获评徐州市平安企业、徐州市安康杯优胜单位，综合办公室被徐州市内保系统集体嘉奖，中心支局被评为徐州市青年文明号，张庄支局投递员杨杰华被县委宣传部评为“感动沛县十大最美人物”，综合办陈震被评为县思想文化宣传工作先进个人，维护员李伟被评为“沛县好人”。

【普遍服务】 承担普遍服务重任，按照《中华人民共和国邮政法》和《邮政普遍服务标准》做好信函、包裹、汇兑、报刊发行等邮政普遍服务工作。推进村邮站和“三农服务站”邮政基础设施建设，完善农村邮政物流配送体系，提升农村邮政物流服务能力和水平，促进社会主义新农村建设。“村邮站”建设实现行政村全覆盖，达到“村村建站、户户通邮”的规划目标。

【平台建设】 发展电子商务工作，构建邮政“县级电商运营中心、乡镇电商服务站、邮乐购加盟店”三级运营管理模式，依托线下实体网点和“邮掌柜”、邮乐网等线上平台，参与农村电商建设，已建成1个县级电商运营中心、23个乡镇电商服务站、400个“邮乐购”加盟店，实现农村电商服务全覆盖，为推进沛县“大众创业、万众创新”搭建坚实平台。启动“邮乐购”加盟店示范点建设项目，带动综合服务平台建设提档升级，促进农村电商快速发展。

【营投能力】 持续推进邮政网点装修改造和仓配一体化建设项目工程。对城区18个段道进行整合，成立12个普邮段道和7个快递包裹专投段道，组织2辆汽车和5辆三轮车对快递包裹实行专投。为城区投递部新增22部PDA（掌上电脑），确保所有投递人员人手一部，提高工作效率。为农村支局所配置14辆机动三轮车，保障农村地区快包投递工作。

【基础管理】 组织新版《邮政普遍服务标准》宣贯工作，开展无着邮件管理提升专项检查活动。加强全国两会和元旦、春节、五一、“一带一路”国际合作高峰论坛、中共十九大期间邮件安全保障和安全保卫工作。重点开展从业人员专项排查工作，规范从业人员的风险防范、监督管理，强化案防常识学习和演练，全年组织4次消防演练和5次防抢演练。

【党群工作】 开展“两学一做”学习教育，启动“e时代，微党建”项目，借助微信群、公众号等新媒体，丰富党员学习交流互动方式。按照上级党委工作部署，推进“双示范”建设工作，成功创成江苏省邮政系统“党员示范岗”和徐州市邮政系统“基层党组织示范点”。

【机构人员】 沛县邮政设综合办公室、市场营销部2个职能部室，运营管理部、金融业务部、渠道平台部、包裹快递部、集邮与文化传媒部5个经营支撑部门和30个邮政服务网点，在岗职工392人。（陈　震）

水　利

【概况】 2017年，围绕安全水利、环境水利、生态水利、节水水利、智慧水利、法治水利目标，创新思路，加快建设，规范管理，打造精品，全面完成水利水务各项工作，年度完成投资10.5亿元。县水利局获得县直机关（单位）绩效考核一等奖，争取上级资金量全县第一。小型农田水利工程和农村河道长效管护两项工作在全省绩效考评中获优秀等次。农水重点县建设、水美乡村创建分获市考核第一名。沛县农村饮水科技推广基地被省水利厅授予电解食盐消毒技术应用示范基地。

【城乡供水一体化】 沛县供水PPP模式全国推广，供水PPP项目在财政部102个水务行业项目中脱颖而出，入选全国十大水务PPP示范项目案例，获江苏省和国家PPP双示范项目荣誉。获得财政部示范项目奖补资金800万元，省PPP基金支持2亿元，省PPP基金支持规模居全省县级前列。供水工程稳步推进，微山湖水源地保护工程在投资8000万完成一级保护区工程建设的基础上，全面实施二级及准保护区污染源清理整治。投资8000万元，完成78公里的城区供水管网改造提升。水厂二期及深度处理工程、第二地表水厂工程、两网搭接工程均按节点计划稳步推进。

【河长制工作】 全面建立县镇村三级河长体系，制定出台沛县县级河长会议制度，县级河长全面知河、认河、巡河、护河。推进河道综合治理和生态修复，实施碧水绕城工程，一期工程疏浚拓挖河道5条，长20千米，开挖土方68万立方米。建立健全边界联动机制，加强与微山县、流域管理机构等相关部门的沟通、协调，建立信息情况联通、矛盾纠纷联调、非法行为联打、河湖污染联治、防汛安全联保五项机制，有效解决京杭运河等9条骨干河道40处插花地段管理方面的矛盾问题，确保边界地和谐稳定，苏鲁双方联动巡河治河护河做法得到水利部和省市充分肯定。加强水质监测和河湖监督评价工作，对全县27条主要河流79个监测断面进行现场监测，将水质情况及时上报给各河长。将河道保洁作为公益性岗位，选拔符合要求的农村低保户、贫困户作为河道日常巡查员、保洁员，加强河道管护力量，实现精准助力脱贫。开设“河长在行动”专栏，聘请社会监督员对河湖管理保护进行监督和评价。委托江苏

全县水利水务工作会议

移动公司初步完成集水资源管理、水污染防治、水环境治理、水资源管护、河长动态、一河一策、河长巡河、拍照上传、轨迹查看、事件上报、任务下发、河长工作联系单等相关功能于一体的河长制信息平台建设。

【基础设施网络】 围绕大沙河和徐沛快速通道两大产业带，投资亿元实施大沙河截渗沟疏浚等系列工程，全县完成高效节水灌溉面积1066.7公顷。小型农田水利重点县工程投资3500万元，完成更新改造闸站5座，拆建生产桥26座，新建过路管涵148座，完成土方92.06万立方米，实施高效节水灌溉564.7公顷。冠婴灌区节水配套改造工程投资2200万元，共完成新建泵房3座，桥梁7座，过路涵73座，新建3米宽生产路7.19公里，沟河清淤土方17万立方米，实施高效节水灌溉面积199.3公顷。农村河道疏浚治理工程投资1258万元，疏浚县级河道1条长7.99公里，镇级河道9条长42.64公里，整治村庄坑塘、河道69处。

【农村水利改革】 推进农业水价综合改革，结合水利现代化建设和高标准农田建设，整合各项涉水、涉农资金，加快灌区工程配套改造，完善灌排体系，加快农业供水计量设施配套。农业用水许可管理，完成全县9个中型灌区用水量统计工作。完善农业供水价格管理体制，委托第三方开展农业水价核定工作，出台农业水价综合改革暂行办法，配套出台水权分配、精准补贴和节水奖励实施办法。强化小型农田水利设施产权制度改革。建立长效机制，落实工程管护主体、责任和经费，工程运行良好，通过市级验收。

【效能化执法】 加强执法队伍建设，投资32万元购置执法装备及设备，争取省水利厅配置执法巡逻艇一艘。加快推进水政执法基地建设，完成规划定点等前期工作。在系统内选聘5名人员充实执法队伍，聘请2名律师担任法律顾问。全年出动执法500余人次，处理各类水事案件100余起，查结率在95%以上。加强水资源管理，全年封填封存水源井33眼，超额完成水资源费、污水处理费征收任务。 （郝大程）

南四湖下级湖水利管理

【概况】 南四湖水利管理局下级湖水利管理局成立于1985年8月，原名为湖西管理所，2003年4月更名为南四湖水利管理局下级湖水利管理局，隶属于水利部淮河水利委员会沂沭泗水利管理局南四湖水利管理局，为具有行政管理职能的纯公益性流域水利管理单位。依据国务院国发〔1981〕148号文件，管理南四湖湖西大堤58.58公里堤防，苏北堤河闸、大王庄闸、大屯闸、挖工庄西闸、挖工庄东闸五座省际边界水闸，以及堤防工程相对应的南四湖200平方千米水域。

【工程管理】 以精细化管理为抓手，推进工程规范化、标准化管理，做好河道管理范围内建设项目监管工作，加强对管理范围河湖巡查力度，发现违章及时上报、查处。重点做好赵庙段护堤护岸林林木采伐、更新及堤防整治工作，并对赵庙段堤肩、堤坡、护堤地等进行整治，保障防汛工程完整和安全运行。

【河长制工作】 及时同沛微两县相关部门沟通联系，密切关注、动态跟踪两县推行河长制工作进展情况。融入沛县、微山县河长办，按照责任分工开展相关工作。及时了解相关动态、进展情况，及时上报。配合开展河湖问题排查，对直管工程管理范围内存在的问题进行摸底排查，并登记造册。配合南四湖局编制完成《南四湖综合整治方案》。参与编制《京杭运河徐州段“一河一策”实施方案》，向地方政府提交“清河行动”任务清单。

【防汛防旱】 贯彻“安全第一、常备不懈、以防为主、全力抢险”防汛方针，坚持以人为本、科学防控。做好汛前检查，修订完善各项应急预案，抓好直管工程维修养护项目实施，落实防汛抗旱责任制，强化措施落实，确保直管工程安全度汛。强化防汛队伍

开展河长制工作调研

建设，落实责任人员，为更好地完成防汛任务提供保障。落实防汛值班领导带班制，加强值班管理，规范防汛值班记录。严格执行调度指令，全年共执行上级调度指令13次，调度水闸4座，各水闸共计安全运行146天，最大限度地减少旱涝灾害损失。

【水行政执法】 下级湖局所辖58.58千米湖西大堤涉及苏鲁两省两县12个乡镇，省界插花段16处，管理难度大。为保证堤防工程完整，维护正常水事秩序，加强水政日常巡查力度，坚持广泛宣传与重拳打击相结合，坚决清除堤防违法设障，确保水事违法案件及时发现、及时上报、及时查处，维护正常河湖管理秩序。做好采砂管理的指导、监督、协调工作，确保管辖范围内非法采砂行为处于可控状态，采砂管理工作取得阶段性成效。以“世界水日”“中国水周”为契机，采取多种形式，做好水法规宣传活动，营造良好的水事氛围。

【水资源管理】 以履行水行政管理职能为核心，加大水资源保护力度、水资源费征收为重点，宣传水行政法律法规，实施取水许可制度，做好辖区内取水口水费收取工作。做好水资源管理巡查监管工作，做到日常巡查和定向巡查相结合，在南水北调东线一期工程调水期间，加强监管巡查，密切关注工程调水期间水位、水质变化以及工程设施的安全情况，保证调水工作的正常进行。

【精神文明建设】 开展文明创建工作，巩固精神文明创建成果。组织“绿动四湖”“爱护山川河流”志愿者服务队开展丰富多彩的志愿服务活动，开展扶贫济困、无偿献血、帮扶共建、堤防绿化等形式多样的社会公益活动。开设道德讲堂，践行社会主义核心价值观，弘扬正能量。重视职工精神生活，建立健全职工书屋、活动室、健身房等活动场所，注重精神文明建设工作。11月2日，“职工书屋”通过淮委标准化建设考核。与沛县朱寨镇燕牌坊村开展“城乡结对、文明共建”活动。 （王志杰）

信息化建设

【概况】 2017年，沛县信息化工作重点抓好两化融合、智慧城市建设、信用体系建设等方面工作。推动互联网与制造业融合创新，促进企业、行业各个层面的“两化融合”。发挥政府在信息化建设中引导和协调作用，重点推进“智慧沛县”信息支撑环境系统，扩充与完善基础信息资源共享与服务平台，建设专题应用类数据。推进沛县信用信息平台建设工作，加快公共信用信息基础数据库建设，归集、完善、整合信用信息系统建设，建立社会主体信用信息，形成统一信用信息共享平台，依法向社会公众提供方便、快捷、高效基础征信服务。

【“两化”融合】 抓好两化融合示范试点工作，培育一批示范试点企业，引导企业在生产研发设计、生产制造、经营管理等领域广泛应用信息技术。2017年，全县共申报8批次两化融合类项目，2家企业（金虹钢铁、铸本混凝土）获批省级两化融合管理体系贯标试点项目。3家企业（鑫宇光伏、沛驰车业、江苏精工泵业）获批省级工业互联网“企企通”建设试点企业。沛县经济开发区获批省级两化融合示范区。2家企业（鑫宇光伏、忠意食品）获批省级信息基础设施建设示范项目。做好沛县2017年工业控制系统信息安全检查工作，上报15家企业的重要工业控制系统45台（套）。成功举办县企业信息化变革培训会，邀请阿里巴巴和中国联通的专家，对各镇、街道办、开发区的分管负责人以及41家企业进行专题培训，通过培训，促进沛县企业利用信息化提升管理流程和生产流程，加快企业信息化变革，提高中小企业信息化整体水平。

【智慧城市建设】 召开沛县智慧城市总体规划设计专家评审会，沛县65家单位结合本单位业务发展现状及规划提出具体修改意见。云计算中心需按照B级机房要求进行升级改造项目，通过县采购中心进行公开招标。为保证行政中心及政务中心通信网络服务和政务协同办公系统（OA）维护的连续性，已与沛县移动公司续签千兆互联网宽带及政务协同系统（OA）协议。做好县政府与徐州金蝶公司联合成立信息化服务合资公司前期协调工作。做好2017年沛县政协重点提案视察活动。对接中兴通讯，做好大数据中心建设前期调研论证工作。多次召开部门协调会，推进各部门智慧城市项目建设。

【信息化服务】 做好沛县“四众”（众创、众包、众扶、众筹）企业汇总上报工作，成功举办2017年江苏省“农民用网推广”沛县宣讲团活动，及沛县企业信息化变革培训会。做好全省软件和信息技术服务领域标准化的统计上报工作。徐州鑫宇光伏科技有限公司、徐州沛驰车业有限公司和江苏精工泵业有限公司获评省经信委认定“企企通”建设试点企业。

【信用体系管理和双公示】 社会信用体系建设工作围绕平台建设、数据归集、制度建设、信用产品应用、社会服务等关键环节，打造沛县社会信用工作新生态。2017年底，公共信用信息平台顺利通过省市专家组评审验收。公共信用信息系统完成60个部门、累计约1669万条数据入库。实现包括社会管理、政务服务、金融商务、司法等领域信用建设全覆盖，为政府监管、公众服务、企业发展提供强有力的信息化技术保障。组织各部门归集和公开政府部门依法设立行政许可和行政处罚事项，公共信用信息系统共归集“双公示”数据67466条。组织县内企业申报信用管理贯标，经市相关部门评审，沛县金虹钢铁、远大包装等13家企业获2017年徐州市信用管理贯标企业称号。开展政府失信专项整治，督促8家失信部门完成失信整改。加大部门联合奖惩力度，联合市场监管、商务、人社、公安等相关部门开展网络市场、成品油市场、农民工工资拖欠等专项行动。做好文明城市创建诚信工作组创建协调、督查工作，做好诚信创建工作计划、汇报、考评工作。 （杨　雅）

中国电信沛县分公司

【概况】 中国电信沛县分公司主要经营固话、宽带、手机、电信电视、大数据和IDC、ICT系统集成、云计算等业务，通信网络覆盖全县各乡镇村组。电信公司落实国家“提速降费”要求，全面取消长途漫游费。电信宽带、手机流量资费大幅下降。在行业内率先承诺百兆宽带当日装、当日修、慢必赔，全力提供好的产品与服务，让用户满意装、放心用。荣获省文明单位、市县文明行业，获省、市“诚信单位”及市“零投诉单位”等称号，在全县绩效考核中获驻县垂直部门组一等奖。

【通信能力建设】 电信公司2017年建设完善4G移动网络和光纤宽带网络，提供高速、安全、可靠的网络保障。完成维护网络信息安全、普遍服务、应急通信保障等任务。提速降费，加快4G网络建设，实现全县范围全覆盖，人口覆盖率达到99.5%。全面启动800兆赫兹重耕工程，800MLTE基站开通166处，扇区487个，全面支持NB-LOT业务。全县展开4G+基站建设项目，全面提供“天翼4G+”服务。推进全光网络改造建设，巩固全光网建设成效。实现全县公众及政企客户语音和宽带的全光网络接入，完成全县在用FTTB小区的光改工作，实现全县范围内光纤到户。持续推进通信网络建设和优化，对通城域信网进行大规模扩建，对26个乡镇的汇聚交换机进行万兆接入改造，提高设备接入能力，对EPON接入设备实现10GE上行改造，数据网络上行带宽达到300GE。实现全县全光网通信网络建设，提供专线用户10G接入，提供普通家庭有线宽带200兆字节接入业务，对全县电信iTV用户开通高清视频业

百千万党员走访帮扶队

务，确保用户高速上网和高清视频两不误，提高沛县的信息化水平。配合市政重大基础设施建设项目，总投资约960万元，用于道路通信线路暗化、省道通信线路建设、棚户区拆迁改造搬迁、新旧小区本地通信网建设等。配合县政府对县电信公司南楼地块进行征收，依照流程和规定进行报废、评估、拆除。

【信息化建设】 投资100万元在电信大楼二楼建设“互联网+基地”，集中展示中国电信云计算、物联网、大数据等前沿互联网应用的最新成果，努力打造全县“互联网+基地”。在沛县人民政府政务云平台一期建设的基础上，电信公司本年度与县发改委签订中心机房改造项目合同，对政务云平台实施扩容和机房改造，新增服务器、存储和安全设备，并对机房整体进行改造，将全面提升政务云平台业务承载能力和服务能力。通过发挥光纤、4G+网络、无线视频监控等技术业务优势，协助组织部、卫计委、农委等部门，建成智慧医卫、党员远程教育、智慧农业等智慧应用项目。连续多年与县经信委联合，举办农民上网普及和网络致富宣讲活动，帮助农民提高互联网使用技能，丰富信息服务方式、促进农村信息科技致富。

【服务管理】 推进普遍服务通信保障，对沛县8个行政村，实施普遍服务通信保障，达到预期效果。对杨屯新镇区重新规划网络布局，保证基本通信需求。对新城嘉苑、中央御景等十处覆盖薄弱的新建住宅小区，建设滴灌站点，优化网络，提升用户感知。下调有线宽带和手机流量资费，提升用户“提速降费”感知。推出天翼不限量、两百兆宽带业务，响应国家提速降费要求，为用户提供价格实惠、更多流量、更快数据、更高带宽的天翼和有线宽带体验与服务，百兆光宽带用户规模保持行业领先水平。2017年有线宽带单位带宽价格较2016年下降约50%，手机流量单价较2016年下降约33%。忠实履行保障通信安全畅通任务。全力抗击暴雨、大风等自然灾害，圆满完成全县范围中共十九大、金砖五国会议、七七事变80周年等多项重大事项和会议的通信保障任务。开展网络信息安全专项行动。开展实名制、IP报备、个人信息保护等专项整治行动，主动对漏洞进行扫描和应急处置，第一时间对勒索病毒进行应急处置，并在网络层对相应的445、139等端口全面进行封堵，抑制病毒复制和传播。

（庞韦韦）

中国移动沛县分公司

【概况】 中国移动沛县分公司主要经营移动通信业务、光纤宽带、互联网电视、数据专线、固定电话、服务器托管、大数据应用等业务。营业网点遍布城乡，设有200家营业厅，300家便民服务点，是沛县地区规模最大移动通信运营商。2017年，沛县移动获省级“诚信单位”市级“价格诚信单位”县级“安全生产先进企业”“价格诚信单位”等荣誉称号。公司集团部荣获“江苏公司标杆班组”称号。

【网络建设】 新建4G-LTE宏站144个，实现沛县村级4G信号全覆盖。通过“城市攻坚战”工程建设专项活动，新增建设20处站点，解决城区长期信号弱覆盖区域。4G小基站建设7处，与宏站相互补充，进行信号有效补盲。室分建设58处，增强居民小区等室内信号深度覆盖。双层网建设31处，多频段实现信号良好覆盖扩大信道容量。

【业务拓展】 响应国家“提速降费”要求，全面降低流动人口通信消费支出，沛县移动推广“长市漫一体化”计费套餐，取消长途漫游资费。让老百姓都用得起移动4G手机，沛县移动在农村地区优惠补贴中低端机型，丰富终端类型，满足用户多样化需求。常态化开展流量套餐促销优惠活动，全面降低4G套餐门槛，对新售终端免费装软件、手把手教上网，并推广“咪咕视频”“咪咕影院”等特色业务，让用户“敢用、会用、放心用”。让移动用户能畅享到全球领先VoLTE高清语音视频通话技术和满足高速的上网

微笑迎接每位用户

网速需求，沛县移动全面推广移动4G+终端，通过大额优惠补贴政策提升上网用户4G+终端渗透率，提高移动上网用户的上网感知效果。

【家庭宽带】 沛县移动宽带网络覆盖全沛县33万户，实现100%小区具备50兆字节以上、99.8%以上的小区具备100兆字节以上接入能力。为提升家庭宽带服务水平，沛县移动在全区范围内建成新型家庭宽带服务中心35家，平均每3~4个小区有一个服务中心，每两个服务中心之间的距离不会超过两公里。服务中心可提供集“光纤宽带、互联网电视、家庭远程监控”等家庭产品体验、办理、服务为一体的一站式服务，并配备专门演示服务人员、业务受理人员及专属的安装、维护人员，驻点为宽带客户服务，为广大市民提供家门口宽带服务的“好管家”。

【行业应用】 依托4G高速率、低时延特性，利用物联网、云计算等新技术，上线即摄即传、移动执法、智慧消防、国土卫士、远程诊疗、视频会议等产品，服务医疗、交通、执法、传媒、旅游、农业、金融商贸等社会生活的诸多方面，以专业、丰富、定制化的信息化应用，提升服务水平、管理效能与营销能力，助力执政、兴业、惠民。承建信息化电子围栏项目，通过大数据分析，为公安部门执法办案提供工具，向区人民医院提供信息化综合解决方案。

【客户服务】 追求“真服务”和“用户满意度”目标，追求用户NPS作为满意度衡量标准，从本质上提升用户基础服务能力，通过改进，2017年，沛县移动用户整体NPS可以达到85%，在全区处于领先水平。沛县移动持续关注、搜集客户集中反映焦点难点问题，跟进疑难问题追踪，周期性开展“总经理接待日、行风热线”等活动，从根本上为沛县百姓处理解决疑难问题。

【文明建设及社会公益】 根据国务院加快建设高速宽带网络、促进提速降费的精神，不断加大基站、宽带工程的投入，网络覆盖能力和网络速率均有提升，每年回馈用户费用近亿元。组织给盐城灾区捐款、慰问困难家庭、六一儿童节给贫困儿童捐款捐物等活动，提供力所能及的关爱与帮助。组织开展“爱我家园”环保活动、“守护蓝天、防治雾霾、从我做起”签名活动等，号召大家从身边小事做起，保护环境、爱护家园，为建设“美丽中国”贡献自己的一份力量。开展3·15消费者权益保护日宣传活动，5·17电信日防电信诈骗活动、助力中高考活动等，以感恩的心为建设和谐社会而努力。

（张传清　魏　欣）

中国联通沛县分公司

【经营概况】 2017年，聚焦创新合作战略，围绕江苏联通“1513”行动纲领，落实执行上级公司生产经营布置，完成年度生产经营指标，收入指标完成率位于区县公司前列。移动网用户规模15万户，宽带用户1.5万户。2G网格基站数231个，3G网络基站数194个，4G网基站数265个，联通3G/4G网络处于领

合唱比赛

先优势，互联网出口带宽达40G。开展用户感知攻坚行动，聚焦影响客户感知和服务支撑两方面突出问题，以问题为导向，倒逼内部管理水平提升，提升客户口碑和一线服务能力。提升用户感知，无线NPS四季度排名全省第一，宽带NPS排名全省第七。县公司荣获省消协"诚信单位"、市公司"先进集体"、"安全生产先进单位"称号，县直机关（单位）驻沛县垂直管理部门绩效考核先进单位一等奖。

【企业责任】 落实服务地方经济发展、关注民生等方面企业社会责任，响应国家号召在运营商中率先进行大幅度"提速降费"，年初创新推出无限流量、无限语音产品"冰激凌"系列套餐。利用混改优势与腾信公司合作推出"大王卡"、与阿里合作"钉钉卡"等20种互联网套餐，提升群众网络体验。宽带提速不提价，带宽普遍增加一倍。响应国家教育部号召，开展"三通两平台建设"提升教育信息化水平，实现千兆进校园百兆进班级，建设无线校园。协助开展全县企业信息化培训会，为中小企业提供物联网、云计算、大数据、ICT等企业信息化综合解决方案。参加县委开展"大走访""阳光扶贫"等工作并且完成任务。

【文化兴企】 开展文化兴企，加强企业文化建设，牢固树立"客户为本、团队共进、开放创新、追求卓越"核心价值观，以及"一切为了客户、一切为了一线、一切为了市场"企业经营理念，打造"客户信赖的智慧生活创造者"企业愿景。每季度开展"立家规、正家风"道德讲堂，组织全体员工参加市公司"第一届职工趣味运动会"及"团结奋进唱响司歌"合唱比赛取得优异成绩。推进聚焦创新合作战略，加快互联网化运营模式转型，打造"新基因、新治理、新运营、新动能、新生态"的"五新"联通。（武　边）

江苏有线沛县分公司

【概况】 江苏有线沛县分公司成立于2015年1月，主要从事广电网络的建设运营、广播电视节目传输、基础电信业务以及数字电视增值业务的开发与经营。公司以丰富的网络资源、安全可靠的运行体系以及全方位的优质服务，成为沛县信息化基础设施和应用平台的重要组成部分。现有员工240人，下设综合办、人力资源部、财务资产部、技术播控部、工程管理部、公众客户部、集团客户部7个部室和14个乡镇营业部。

【网络建设】 加大基础网络双向化改造力度，全年共计投入1300万元，对59个行政村、12个小区、4万用户进行双光纤入户线路改造，干线入地23公里，对48个行政村进行整转入户，1.8万农村用户看上高清数字电视。广电宽带基本实现县域全覆盖，业内独有的宽带、电视双纤运行，为用户看电视、用宽带提供优质保障。孝乐工程、电影院线等一批精品栏目纷纷上线，提高节目内容质量，满足广大用户收视需求。

【优质服务】 城区全面实施网格

化营维服务体系，梳理制订“每日一单”、“1+5”标准化服务流程和“七步保用户”法等考核细则。一线人员都配备专用工作手机，网格工程师从早上8:00到晚上10:00必须在岗在位，所有用户报修在2小时内解决，优质服务水平在业内领先。呼叫中心做到所有用户必访，全年话务量59172个，回访19595个。微信公众号平台每周更新2次，会员近6000个，提升广电网络自身形象。公众号头条的阅读量均在300次以上，位居徐州同级分公司前列。

【转型发展】 公司转型发展取得历史性突破，在全市率先完成147万元的县委加密视频会议系统改造，延伸完成五段镇30万元的视频会议系统建设。4月，慧眼监控平台上线运行，使视频监控业务成为收入新增长点。9月，份先后中标沛县老旧小区监控补盲项目和城区社会面监控联网工程，中标金额560万元。12月，中标农业部信息进村入户沛县地区益农信息社建设项目，中标金额138.9万元。为打破沛县广电智慧建设的空白，公司与县组织部、政法委、教育局等单位沟通，完成广电智慧沛县项目平台招标工作，建设资金获省公司批准，进行平台搭建工作。

【安全保障】 坚持安全发展理念，抓好有线电视网络安全播出工作。通过定期、不定期对中心机房、各镇机房以及线路进行安全检查，完善应急预案方案，多次进行救援演练，圆满完成中共十九大的安播保障工作，被评为省公司十九大安播先进集体。

【综合管理】 加强财务预算、仓库管理以及乡镇营业款收缴管理，加大对重点领域、关键岗位的风险防控，对设备招投标、工程施工、材料采购、财务结算等关键环节，进行全程监督，各种物质材料的采购、入库、领用更加规范，项目的立项、设计、施工、监理、验收流程更加清晰。相继出台《关于进一步规范镇营业部财务管理的规定》《关于加强仓库管理的规定》《一体机营销考核办法》等规章制度，完善内部管理。

【扶贫走访】 公司先后8次集中组织党员干部利用节假日到帮扶点朱寨镇王楼村开展精准扶贫工作，完成入户调查基本情况、精准识别贫困户、建档立卡和“回头看”等工作，兑现帮扶资金1万元。在大走访活动中，全体党员干部多次深入胡寨镇草庙、符庄、辛庄三个村，共走访111户困难贫困户、居民家庭1109户，做到全体村民百分之百覆盖，全年新增享受减免收视费优惠的低收入及军残用户1200户。

（燕宪清）

生态环境

【概况】 2017年，以服务发展大局为中心，提升环境质量、保障群众环境权益为目标，“两减六治三提升”专项行动为抓手，有序推进生态文明建设、环境执法监管、主要污染物减排、水环境综合整治、中央环保督察及省级环保督察交办环境信访案件整改、“263”专项整治等重点工作，全县环境保护工作整体水平显著提高，污染治理取得实质性突破，节能减排工作稳步推进，环境质量总体保持稳中有升，重点区域环境质量改善。

【生态文明】 争取中央及省市环保资金，沛县沿河水环境综合整治一期工程列入省水污染防治示范项目，进入中央水污染防治资金项目库。获上级补助资金1000万元，完成《沛县生态文明建设规划（2016—2020）》的修编，打造沛县“一网、一区、三廊道”（即沛县水生态保护网，生态保护引领区，大沙河生态廊道、徐沛快速通道生态廊道和江淮生态大走廊沛县段）生态格局。全面启动省级生态文明建设示范镇村创建，沛城街道、大屯街道、安国镇和大屯街道安庄村、张寨镇陈油坊村通过省级生态文明建设示范镇村考核，待命名。沛县荣获“2017中国绿色发展优秀城市”称号，连续四年被省环保厅评为秸秆禁烧工作先进县。

【水环境污染防治】 以水生态环境质量提升为目标，治污工程建设为基础，综合整治和强化执法为手段，科技和制度创新为支撑，健全长效监管机制，全面系统治理水体，补水生态短板，取得显著成效。国考、省考断面全面达到考核标准要求，水体水质达到水域功能要求，水源地保护得到全面巩固。

【区域治理】 整治城区黑臭水体，制定城区5条河道是环境整治方案，完善河长负责制等长效监管机制，通过全面清淤、控源截污、堤岸生态修复和景观改造，水质得到基本改善。全面整治城乡河道，达到市对县考核要求。在全面排查全县主要河道水环境状况的基础上，制定和下发河道水环境问题清单，明确整治时间节点，强化责任落实，通过对河面清理、沿线排污口整治、畜禽养殖清理和工业污染企业治理等综合整治措施，县管28条主要河道水环境质量明显改善，基本达到水域功能要求。开展流域水系贯通和碧水绕城工程。科学规划和实施全流域水系贯通工程，在加大治污的基础上，突出生态功能，实现全县水系全面贯通，碧水绕城，打造亲水宜居的滨湖城乡环境。沛沿河李集桥至湖口段水环境综合整治工程，主要包括生态清淤、水质净化和堤岸生态修复等，被列为省级示范工程和国家水污染防治重点工程项目，完成国家和省市考核断面达标任务。沛沿河李集桥国考断面和丰沛运河张桥断面、大沙河龙固桥断面（省考），全面达到考核要求。镇级污水处理厂（设施）正常运行，建成区污水处理设施实现全覆盖，建制镇污水收集和处理率均在80%以上，村庄生活污水处理设施覆盖率在30%以上，规模较大村庄基本建成二级生化处理设施，生活污水处理水平显著提升。

【水源地保护】 加强水源地保护区建设，确保饮用水安全。微山湖水源地保护工作全面落实，划定微山湖水源地保护区，得到省政府的批复。完成水源地保护工程建设，建立水质预警监测站点，初步建立保护和管理制度。全面清理一、二级保护区违法建筑设施和养殖场（户），解决影响水质环境安全隐患。按照水源地保护要求，设立保护设施、界碑、警示标志和宣传牌等，全面落实省政府水源地达标方案和省市水源地保护工作要求，确保水源地水质安全。预警能力加强。投资140万元的地表水源地水质监测站正在施工，建立环保和供水部门两套水源地水质监测体系，数据共享，增强水质预警能力。建立部门联动的水源地巡查制度和应急机制，保障城乡供水安全。

【大气污染防治】 坚持将改善环境质量作为环保工作根本出发点，把环境质量的提高作为促进经济社会可持续发展重要措施，依法强化执法监管，推进污染治理和生态环境保护工作。2017年，全县优良天数272天，优良率78.3%，优良天数同比比例上升4个百分点、PM2.5浓度46微克/立方米，下降14.8%。PM10同比下降7%，二氧化硫同比下降35%，全市排名第一。

【VOC行业整治】 列入2017年市可挥发性污染物整治任务为9项，天成氯碱PVC生产线全部拆除，无可挥发性污染物污染因子的产污工段。新光皮革、常鑫源人造板实施整厂关闭。鑫华耐磨、宁丰木业长期停产。拓特机械制造厂、东明铸造、东士铸造、东方铸造完成可挥发性污染物工程治理。新增5项挥发性有机物治理项目全部完成。

【污染源排放】 制定实施沛县工业污染源达标排放计划（2017—2020年）工作方案，完成电力、钢铁、水泥、污水处理厂等10个行业23家企业的监督监测。

【锅炉整治】 围绕市政府下达的燃煤小锅炉淘汰或改燃任务，已完成269台燃煤锅炉整治任务，其中，淘汰161台，改燃108台，完成下达任务100%。

【土壤污染防治】 按照国家及省、市“土十条”要求，依据相关编制技术指南，紧密结合沛县实际，细化制订《沛县土壤污染防治工作方案》。梳理土壤污染防治项目，夯实管理基数，按照上级分配的163个空间遥感重点企业清单，做好点位核实工作，最终确定详查企业数93家，并在上级指导下完成相关企业周边点位布设工作。10月初，配合省厅完成农产品（水稻）采样工作，完成本年度详查任务。

【农村环境整治】 推进农村环境整治工作，实施3个镇（街道）15个村环境整治任务，向省市争取扩大农村环境整治范围，新增2个街道8个试点村，申请上级补助资金2000万元，到位1000万元，用于对试点村完善垃圾收运设施和较大村庄生活污水处理工程建设。农村基础设施建设得到提升，主要配置的垃圾压缩车，促进镇村街区化管理水平的提升。推广操作简单、运行费用低、处理效果好的生活污水处理工艺，在全省属于先进行列。项目建设规范有序。垃圾收运车辆和设备全部委托政府采购，污水处理工程按照建设程序，实行公开招标，项目资金全部实行县级报账制度，杜绝违规操作，保证资金安全，是全市唯一严格按照规范实施的县区。项目实施进度最快，3个村的生活污水处理工程完成招投标工作，25个村垃圾收运设施和车辆实行政府采购，全部完成项目建设。

【环境执法监管】 按照“职责全

履行、监管全覆盖、执法全公开、查处全落实”要求，履行新《中华人民共和国环境保护法》赋予的执法手段，用足用好查封扣押、按日计罚、限产停产、行政拘留等政策措施，重点打击偷排直排、非法排放有毒有害污染物、非法处置危险废物、故意不正常使用治污设施超标排放、伪造或篡改环境监测数据、污染源在线监控弄虚作假等恶意违法行为，做到依法查处，依法处罚。开展铸造企业专项整治行动、塑编企业专项整治行动、再生棉企业专项整治行动、餐饮油烟专项整治行动、工地扬尘专项整治行动、突出环境问题集中整治行动，依法取缔铸造企业48家，清理“小散乱污”企业140家。按照省政府“五个彻底”要求，开展全县砖瓦窑企业专项整治行动，共排查24家砖瓦窑企业，清理取缔20家，4家停产整治，对停产整治企业，采取断水、断电措施，待整治完成经验收合格后方可恢复生产。加大重点隐患区域监督力度，组织环境执法人员对龙固化工集聚区，从项目审批、项目验收、治理设施运行、在线监控安装和环境应急能力建设等方面开展集中排查，共检查徐州天安化工有限公司、徐州昊阳化工有限公司和徐州金泰龙化工有限公司等18家企业，对企业存在的环境问题分别下达环境整改意见，督促企业按要求完成整改任务，并把存在的环境问题通报龙固镇政府。加强行政执法与刑事司法的有效衔接，持续保持对环境违法行为的高压态势，从严从重从速查处环境违法行为，共查封3家，限制生产4家，移送公安部门行政拘留3家，移交涉刑犯罪6家。

【环保项目审批】 重新编制《窗口办事指南》公示于窗口，便于企业及群众了解相关审批事项流程及要求。开辟“绿色通道”，对窗口受理的民生工程、城市基础设施等项目实行快捷审批，发挥惠民效益，简化审批流程。按照省环保厅《关于停止实施建设项目试生产审批事项的通知》文件要求，第一时间取消建设项目试生产审批事项。快事快办，缩短审批时限。环境影响报告表和报告书的审批时限分别由原来30个、60个工作日缩短至10个、15个工作日。排污许可证审批时限由原来20天缩短至10个工作日。全年共审批项目151个，其中，工业106，非工业45个，都在规定时限内审批，无越权审批、违规审批现象。

【环保宣传】 开展环境宣传教育工作，组织全县五年级学生参与“青少年环境知识科普课堂——生命之水”宣传教育活动。参与各级环保新闻稿件的投稿，共计发表稿件42篇，其中，国家级22篇，省级11篇，市级3篇，县内媒体6篇。“六五”期间，组织全局职工参与环境宣传骑行活动，联合全县20家单位在汤沐路中段举办环保宣传一条街活动，营造全社会关心支持和参与环境保护氛围。

6·5世界环境日县环保局开展环境宣传骑行活动

【环境信访处理】 高度重视环境污染纠纷和环境信访投诉，健全信访处理程序，完善信访处理制度，落实信访值班机制，对“12369”“12345”“一把手零障碍”，部、省、市批转信访案件及书记、县长信箱等批示信件第一时间受理、第一时间查处、第一时间回复。全年共接到环境污染投诉1312件，其中，环保部微信转81件、省厅“12369”转38件、市局“12369”转37件、市政府“12345”转68件、县政府“12345”转895件、县委督查室转12件、信访局转3件（其中国家信访局1件）、网络舆情转7件、本级接访171件，全部按期办结。

【环境监测】 完成各项例行性和监督性监测任务，发出水字报告34份，声字报告4份、气字报告27份、综合报告8份、各类监测数据报表52份。

【环保资金争取】 积极与上级环保部门沟通协调，争取中央和省级环保专项资金共计2185万元。

（张广顺）

旅 游

【概况】 围绕汉刘邦、微山湖、大沙河“一帝一湖一河”人文生态资源优势，实施汉文化景区、沿微山湖生态旅游带；沿大沙河乡村旅游带“一区两带”开发计划，以旅游品牌创建为突破口，打造旅游高端产品，加大宣传推介力度，培育旅游市场，规范旅游行业管理，实现旅游工作高质量发展。核心景区（点）全年游客接待总量98.65万人次，同比增长10.1%。旅游总收入7.16亿元，同比增长10.2%。

【汉城景区】 汉城景区位于沛城中心，总占地989亩，建筑面积15万平方米。1995年5月8日奠基，1996年5月12日建成开放。区内歌风台、汉高祖原庙、汉街、汉源宾馆、汉城公园等一大批仿汉建筑环绕汉文化广场，遥相呼应，蔚为壮观。汉城集食、住、行、游、娱、购于一体，形成“城中之城”的格局。

【汉城公园】 由汉宫区、少儿游戏区、青年娱乐区、老年休闲区、水面活动区及温室盆景园六大景区二十多个景点组成。汉宫区是汉城公园的主景区，占地面积3.5万平方米，主要由汉魂宫、汉阙、望楼、长廊、东西配殿、仙人承露台、沛宫及侧殿等仿汉建筑群组成。

【歌风台】 歌风台系沛县重要景点之一，也是古沛八景之一。公元前196年，汉高祖刘邦平定叛乱的淮南王英布，还归故里，置酒沛宫，邀家乡父老欢宴，把酒话旧，感慨万千，酒酣兴起，这位大汉王朝的开国皇帝、布衣英雄击筑高歌：“大风起兮云飞扬，威加海内兮归故乡，安得猛士兮守四方！”1982年2月，江苏省人民政府将歌风台、大风歌碑公布为省级重点保护文物。歌风台原在古县城东南，历经沧桑，屡迁屡建。今天的歌风台，建筑面积12600平方米，建筑总高26.8米，是汉城建筑群的制高点，壮阔雄伟，在全国同类建筑中堪称首位。

【汉高祖原庙】 公元前195年，汉高祖刘邦病逝。嫡长子刘盈即位，即孝惠皇帝。孝惠帝及群臣认为，先皇出身微细，拨乱反正，

汉城公园

平定天下，为汉太祖，功最高，敬上尊号为高皇帝。为世世代代纪念汉高祖刘邦的丰功伟绩，惠帝诏令各郡各国诸侯，立高祖庙，年节时令祭祀，到了孝惠帝五年（前190年）惠帝令改沛宫为高祖原庙，为天下原庙之首，并亲临故里，拜祭高祖。原庙于1996年建成，占地约15亩，核心区为乐沛殿，是汉城建筑群的重要节点，威严庄重。

【汉街】 集文博、旅游、商贸、住宿为一体，是全国最大的仿汉商业步行街。十字交叉，南北长600米，东西宽440米。青石板路面，仿古灯照明，两旁建筑青瓦白墙，朱黛杂糅，角柱飞檐，古朴凝重，流动着"汉"的神韵，透视着"汉"的风骨。

【沛公园】 沛公园景区为国家AAA级景区，位于沛县新城区的中部，是连接主城区与副城区的生态景观湿地公园，2007年由北京清华大学城市规划设计院编制完成景观规划，占地6平方公里。由六大景区组成：以观赏沿河两岸自然风光为主的水上游览区。以休闲垂钓、亲水观光为主的码头垂钓区；以登高望远、极目远眺为主的登山观景区。以湿地植被、野化农田为主的湿地保护区；以观赏田园风光为主的农业观光区。以休闲放松、回归自然为主的森林苗圃区。沛公园的建设为沛县增添一处靓丽风景，为老百姓提供一片休闲放松的好去处，成为展现沛县生态文明建设的重要窗口。

【安国湖湿地公园】 安国湖湿地位于沛县西北部，由座落于安国境内的采煤塌陷地组成，占地面积约1100公顷，其中一期约600公顷。2012年5月江苏省林业厅批准成立安国湖湿地公园，规划面积10平方公里。该项目由北京远浪潮科技有限公司规划设计，2015年由南京大学完成国家湿地规划方案，被国家农业部批准为国家湿地公园（试点）。

项目拥有八大功能区：水质净化区、湿地体验区、汉文化主题区、荷塘游憩区、科普教育区、观光农业区、林带涵养区、天然生态区（十里芦苇荡，百果花园岛，千亩荷花塘、万鸟栖侯区），建设总投资将超过15亿元人民币。

安国湖湿地在建设过程中，制定水污染长期防治策略，提倡节约用水，实施生活污水生态化处理，完善市政配套措施建设，强化雨污分流管网建设，适时进行河道底泥清淤和滨岸改造，加强宣传教育，提高全民湿地保护意识，形成有利于湿地保护的大环境和良好氛围。

安国湖湿地规划结合所在地安国镇依托安国镇"一帝三丞相，五里三诸侯"的历史文化资源，在湿地周边恢复重建刘邦店（刘邦故居）和安国侯王陵、绛侯周勃、颖阴侯灌婴三个诸侯的故居地安国古村、周田古村、灌婴古村，打造大汉之根景观，再现帝相之地景象，将安国湖湿地打造成国内一流、独具特色的文化生态旅游集聚区。

安国湖湿地景区作为典型的煤矿塌陷区湿地，其建设不仅能提升当地生态环境质量，为煤矿塌陷区的综合治理提供示范，同时丰富公众休闲旅游度假与科教资源，吸纳失地农民就业，增加农民收入，实现湿地的生态、社会和经济效益的多赢。

【微山湖千岛湿地省级旅游度假区】 沛县微山湖千岛湿地省级旅游度假区位于沛县东部大屯街道境内，距城区约5公里，规划面积约17.3平方公里，总投资50亿元人民币。是以商务会议、湿地休闲、滨水度假、文化体验、美食休闲等核心功能为一体的生态旅游度假区。

度假区坚持"生态保护、突出特色、以人为本、创新性、可操作性"五大原则，委托同济大学、南京大学、南京必得旅游规划设计研究院编制完成《江苏省沛县千岛湿地景区规划（2010–2030）》、《千岛湿地国家湿地公园规划》、《沛县微山湖千岛湿地旅游度假区总体规划》等重要规划。

度假区目前拥有安庄渔村、湖西文化园、东原旅游度假村、微山湖胡滨湿地公园、水上会都等项目，已有床位数660张，旅游业相关从业人员1400人。星级酒店5家，农家乐、渔家乐旅馆20家，项目投入超过15亿元人民币。度假区接待游客已超过

50万人次，旅游总收入超过4亿元人民币。

度假区在发展中坚持生态优先、河湖一体化、品牌驱动、文化引领、产业融合“五大战略”，构建生态湿地产业集群。在省级旅游度假区的基础上，以创建“国家级生态旅游示范区、国家AAAAA级景区”为目标，全面系统提升微山湖生态旅游度假区的生态保护功能、休闲度假功能，打造成为全国知名的生态旅游度假区。

【汉之源景区】 国家AAA级旅游景区，位于沛城正阳路北，占地135亩，修建3个休闲广场，3座景观桥，1个亲水平台，5座亭榭。主要由世界刘氏宗亲总会会馆、樊井留痕、泗水飘香、鸿门轩、赤帝亭、古井奉茶等景点组成。

世界刘氏总会会馆是景区的主要建筑组成部分，建筑面积3000平方米，主要由高祖享堂、汉皇刘邦、刘氏源流、汉画像石和汉风流韵五个展厅组成。主要集中收藏展示刘氏宗亲族谱、汉文化研究成果，并作为海内外刘氏宗亲寻根问祖、查考文献、集会联谊、休闲娱乐的活动中心，成为沛县标志性建筑，是汇聚海内外刘氏宗亲的重要场所。

【杨屯昭阳庄园】 昭阳庄园位于杨屯镇西北部昭阳湖畔，占地面积2000余亩，规划建设八大功能片区，精心打造集养殖种植、教育科研、餐饮、养生度假、休闲娱乐、文化体验、人防工程为一体的综合性度假庄园。目前，已完成投资近1亿元人民币。昭阳庄园先后被江苏省旅游局评为“四星级乡村旅游示范点”“国家AA级旅游景区”，徐州市最美乡村旅游点、徐州市级自驾游基地并于2016年10月被农业部评定为全国休闲农业与乡村旅游五星级示范园区，成为徐州市休闲农业旅游观光线路的重要节点。2017年10月被国家旅游局评定为全国第三批“中国乡村旅游创客示范基地”。

【张寨陈油坊葡萄园】 张寨镇陈油坊万亩葡萄采摘观光园地处徐济高速沛县出口南1公里处以陈油坊村为核心，核心区面积5000亩，辐射周边8个行政村面积1万亩，总投资2.5亿元。目前，园区种植鲜食葡萄有摩尔多瓦、维多利亚、夏黑、巨峰、8611等26个早、中、晚熟品种。形成品种齐全，设施完善，管理规范，集鲜食葡萄采摘、乡村旅游于一体的生态产业园。景区绿化覆盖率在96%以上。2016年12月被江苏省旅游局授予“最美百果园”荣誉称号。

【旅游招商】 参加旅游招商会，先后赴北京、上海等地举行招商推介会，与客商就旅游项目进行沟通洽谈。编制县旅游招商手册，参加市局组织的招商推荐会三次。接待中国建筑、恒大集团、聚光科技、光大证券、江南园林、东方园林、上海福盈集团等客商50次。签约项目4个，开工项目一个:洪福旅游度假区项目。

【项目建设】 重点推进千岛湿地度假区、安国湖湿地一期修复工程、汉城景区改造工程、五段神龙水街、杨屯镇昭阳庄园等重点项目建设。其中，安国湖湿地一期修复工程、汉城景区改造工程纳入县重点城建项目。

【品牌创建】 杨屯昭阳庄园成功入选2017年全国第三批“中国乡村旅游创客示范基地”名单，全国共40家单位入选。江苏省2个单位入选，昭阳庄园成为徐州市唯一入选单位。完成沛县香道工业园工业旅游点复核工作，开展光大环保能源（沛县）有限公司工业旅游点创建工作。完成鹿楼沙河果都园、杨屯昭阳庄园、大屯安庄渔村星级乡村旅游区复核工作，开展湖西休闲观光园星级乡村旅游区创建工作。

【旅游管理】 加强行业管理，规范旅游市场，及时协调处理旅游投诉，所有投诉及时处置，全年未发生重大旅游投诉事件。做好百姓办事零障碍工作，确保市局转办旅行社及门市部审批在规定时间内完成。开展旅游市场专项治理，指导旅游企事业单位完善应急预案，对旅游从业人员进行业务培训。禁止零、负、低价团业务，与游客签订旅游合同，在“五一”“十一”等节假日前对旅行社及门市部进行全面检查，对发现的问题下达整改通知书。

【宣传促销】 利用市、县级网络平台，做好旅游信息的更新、发布。通过与徐州报业集团合作，在市级媒体宣传旅游资源。参加市旅游组织的宣传推介活动。2017年参加“春暖花开”徐州旅游产品推介会、第七届淮海经济区旅游交易会、长三角慢生活旅游峰会等活动，昭阳庄园荣获“年度最受欢迎生态旅游景区”称号。开辟旅游线路，“一日游”活动初见成效，徐州电视台、沛县电视台、等新闻媒体纷纷进行报道，产生较好的社会影响力，调动各个景区和旅游企业的积极性，增加旅游从业人员的信心。

（魏　玮　何召磊）

沛县景点名录

表6

名　称	等　级	联系地址	名　称	等　级	联系地址
千岛湿地	4A	龙湖大道1号	泗水亭公园	2A	沛县东风西路
汉城景区	3A	沛县汤沐西路	大风歌景区	2A	沛县韩信路中段
汉之源景区	3A	沛县滨河路中段	杨屯昭阳庄园	2A	沛县杨屯镇卞庄村
沛公园	3A	沛县萧何路	沙河国都园		沛县鹿楼镇八堡果园
三诸侯文化园景区	3A	沛县安国镇政府	陈油坊葡萄园		沛县高速公路入口南2公里

滨河公园

城乡建设

综　述

【概况】 2017年，围绕创新、协调、绿色、开放、共享的发展理念，坚持以人的城镇化为核心，推进区域中心城市、中心镇（小城市）、特色田园乡村建设，城市框架进一步拉伸，城乡公共基础设施配套不断完善，城市品位持续提升，人居环境持续优化。

重点实施总投资234亿元86项城乡建设重点工程，城市功能不断完善，承载能力显著提升。立足“南北贯通、双向开放，对接徐济、融入全国”的发展思路，高标准实施徐沛快速通道、S272徐州至沛县段、S427改建工程、正阳路北延、东风路综合改造等一批重大基础设施项目，快速路、主次干路和支路搭配合理的路网加速形成，基础设施不断健全。坚持以人为本、共建共享，高标准建设新城人民医院二期、廉政教育基地、新实验学校、新城实验学校扩建、智能化中央厨房、歌风小学扩建等一批功能性项目，形成健全的城市功能体系，城市吸纳和承载能力增强，城市功能不断提升。围绕城市品质提升，坚持产城融合发展，加强相互交通联系和功能配套，发挥以汉城路为中心核心商圈优势，开发建设华宇商业步行街、侨城五星级酒店、城投鼓楼国际广场、国星未来城、城投·汉邦广场等260万平方米的城市产业项目，城市产业不断加强。（肖　畅）

城乡规划

【概况】 2017年，围绕打造淮海经济区最具竞争力新型工业化基地、徐济之间最具带动力宜居宜业福地、微山湖畔最具幸福感平安地、风清气正干事创业充满活力的政治新生态“三地一新”发展目标，创新城乡规划理念、统筹城乡一体发展，精致规划重点项目、完善城市综合功能，精品设计重点工程、提升城市建设品位，严格城乡规划管理、规范城乡建设秩序，发挥城乡规划在经济社会发展中的引导作用，精心打造绿色城市、特色小镇、优美乡村。先后获得“徐州市城乡规划工作先进集体”和“县直机关（单位）绩效考核先进单位一等奖”“重大项目和为民实事工程部门服务奖”“沛县城乡建设与管理服务先进单位”“沛县创建江苏省文明城市工作先进单位”“宣传思想文化工作先进集体”“全县学习型党组织建设示范点”“服务‘三农’工作先进单位”“招商引资服务先进单位”“全县政法（综治、法治）工作先进单位”等10项荣誉称号。

【中心城区规划】 组织技术人员开展前期调研、基础资料收集，

沛县领创国际广场（红星美凯龙）效果图

完成中心城区控制性详细规划编制，确定中心城区功能分区、建设用地性质、开发强度和空间布局，控规应用指标量化、条文规定、图则标定等方式对中心城区开发建设进行定性、定量、定位和定界的控制，引导中心城区有序规范开发。

【管线规划】 配合相关单位编制完成《沛县中心城区供热规划》《沛县城区给水工程专项规划》《沛县中心城区电力专项规划》《沛县城市排水专项规划》《沛县燃气专业规划》《沛县城区通信工程专项规划》《沛县城区交通信号控制系统、治安监控系统专项规划》《沛县区域供水规划》等专项规划，在此基础上完成《沛县综合管廊规划》《沛县地下管线综合规划》编制工作。

【敬安小城市总体规划】 敬安镇作为徐州市重点发展的9个小城市之一，根据敬安镇经济社会发展现状，完成敬安小城市总体规划修编，规划方案已通过徐州市政府批复，修编方案确定敬安小城市发展目标方向、规划布局和建设重点。

【景观规划】 利用汉文化资源和微山湖生态资源，完成汉城公园景观提升及周边地块改造规划和湖西滨湖田园小镇规划编制，完成安国汉之源特色小镇规划编制和刘邦古村规划方案编制，做优做大文化旅游产业。

【沛北经济开发区规划】 根据杨屯镇经济发展现状和产业发展需求，编制完成《江苏沛北经济开发区规划》，开发区规划为粮食物流加工产业区、棉纺织加工产业区、光伏特色产业区、机械铸造加工产业区、高新技术产业区五大功能区。沛北经济开发区位于沛县杨屯新镇区西部，东至沛龙公路，南至沛县西北绕城公路，西至沛屯—姚桥铁路支线，北至孟店村，规划范围为269.9公顷。

【科技创业园规划】 根据沛县经济开发区高新技术产业发展需要，编制完成《沛县科技创业园规划》，将科技创业园定位为高新技术企业发展平台，产业园区化、园区城市化、产业一体化高端基地，沛县产城融合发展示范区，规划引导高技术产业、创新产业向科技创业园集聚。

【商贸物流规划】 完成利源物流港、领创国际广场、洲业国际广场、淮海经济区智慧物流园、苏北现代物流园、开发区综合物流园规划设计，构建打造沛县大商贸大物流格局。

【城区绿化规划】 围绕改善生态环境目标，完成沛城闸北侧游园及滨河公园景观设计方案、东外环道路改造景观绿化工程设计方案和东风路、汉城路、正阳路北延段、沛公路等道路绿化设计方案的设计工作，城市公园绿地十分钟服务圈建设成效初步凸显。

【道路规划】 围绕大交通格局构建目标，完成427省道改扩建工程、S253东环路改扩建工程、沛公路西延工程、G518沛县大屯至微山湖段改扩建工程、歌风路东延工程、新沛路东延工程、汉源大道南延工程等道路工程的规划设计，快捷通畅的交通体系逐步确立。

【住房建设规划】 围绕改善提升人居环境目标，完成碧桂园凤凰公馆、珑玺台小区、朗诗熙悦府小区、安建·汉城源筑小区、华宇悦城小区等建设项目规划方案设计，完成李园地块、龙王庄地块、新实小地块、歌风小区地块等20个棚户区改造地块的规划建设工作。

【中小学建设规划】 围绕幼有所教、幼有所托目标，完成汉源小学、新城实验学校扩建工程、王店中学新建教学楼、安国中学新建教学楼、朱王庄小学、鹿湾幼儿园、敬安幼儿园等建设项目的规划设计工作，合理规划布局全县中小学校。

【金融中心规划】 围绕打造金融发展平台目标，完成沛县金融中心的规划设计工作，规划打造经济发展金融支撑平台，建设汇集银行、保险、证券、借贷、外汇交易等功能于一体的一站式金融集聚区。金融中心位于沛公路北侧、正阳路东侧，总建筑面积为8万平方米。

【特色小镇规划】 根据各镇产业特色、人口规模、经济社会发展现状，编制完成杨屯光伏小镇规划方案、沛县绿色建筑小镇城市设计方案，规划打造一批特色鲜明、特点凸显、风情各异的特色小城镇。

【美丽乡村规划】 做好新型社区、美丽乡村规划设计，完成五段和孟庄两个新型社区及甄楼、张楼、高庄三个美丽乡村规划方案设计工作，规划建设一批人美水美环境美、吃美住美生活美、穿美话美心灵美的美丽乡村。

【镇总体规划局部调整】 根据相关各镇经济社会发展需求，配合设计单位完成朱寨镇、杨屯镇、五段镇、安国镇、张庄镇、龙固镇、魏庙镇7个镇总体规划方案的局部调整工作。

【重点项目规划】 发挥规划引领作用，完成沛县体育中心、沛县信息数据中心、沛县大学科研中心、沛县总部经济中心的规划建筑方案及城市设计，完成沛县廉政教育中心、江苏大汉集团总部等80个建设项目规划与建筑方案的设计工作。

【规划展示馆建设】 高起点建设完成沛县规划展示馆，增添沛县形象展示新场所。沛县规划展示馆数字沙盘展厅位于文化中心博物馆内一层，展厅面积约400平方米，展馆的四大功能为：解析城市规划理念、展示城市建设脚步、传递城市规划知识、展望城市未来生活。规划展示馆将成为领导视察的窗口、公众参与的平台、招商引资的载体、宣传教育的基地、旅游观光的新景点。

【规委会审查】 开展民主决策，依法召开规划委员会审查建设项目规划与建筑设计方案，组织召开规委会7次，对沛县中心城区控制性详细规划、沛县金融中心规划与建筑方案、沛公路东段两侧城市设计方案、沛县高新区城市设计方案等76个项目方案进行专题审查。

【专委会审查】 选聘中国矿业大学、徐州市规划局、徐州市市政园林局、徐州市建筑设计院等院校及部门的6名高水平专家组成专家委员会，专委会专家对沛县重大项目建设方案进行技术把关，保证每个项目设计方案做到科学合理。组织召开87次专委会，对沛县中心城区供电专项规划、沛县燃气专项规划方案113个项目方案进行论证。组织召开25次论证会，对沛县未来城规划调整方案等41个项目方案进行审查论证。

【规划方案公示】 实施阳光规划，做好项目方案批前、批中、批后公示工作，征求群众对项目方案的意见建议，根据征求到的意见建议做好项目方案的修改完善工作，对《沛县城市总体规划》和沛县体育中学训练馆、侨城中央学府、未来城小区等73个项目设计方案进行规划公示。

【规划权力清单】 按照“法定职责必须为”的原则，开展“放管服”改革，梳理并编制确定规划行政权力清单，确定核发建设项目选址意见书、建设用地规划许可证、建设工程规划许可证“一书三证”和规划条件及规划许可内容核实、建设工程验线等8项规划行政权力事项。

【一书三证核发】 坚持依法行政，规范核发“一书三证”，共为碧桂园凤凰公馆项目、徐州金虹钢铁项目、沛县歌风小学扩建工程、253省道沛县东环段改扩建工程等建设项目核发“一书三证”104份，其中核发建设项目选址意见书12份、建设用地规划许可证26份、建设工程规划许可证56份、临时建设工程规划许可证10份。

【规划许可文件核发】 依据有关规划法律法规和技术规范，核发许可文件，为翰林世家小区等74个建设项目核发规划总平面图，为雨润城南侧地块等123个建设项目核发用地红线图及规划设计条件通知书，为沛县第二人民医院等43个项目核发选址位置图及规划设计要求，为沛县法院诉讼服务中心等9个建设项目核发建筑红线图。

【验线验基】 强化批后管理，对批后项目跟踪开展验线验基，完成建设项目验线、验基础共135个批次296件，其中对金域香城小区、中江文化苑A地块、未来城小区等174个单体工程进行65次验线。对上城苑、德信九龙城、盛世珑庭、天硕名都小区、北孔庄小区等122个单体工程进行70次验基。

【规划核实】 依据审查通过的建设项目规划总平面图及规划设计要求，把好规划验收关口，对紫金嘉苑、香江花城、城投国际广场C区、御景龙湾二期等17个建设项目进行规划核实。

【规划监察】 规划执法队伍从源头上抓好执法监管和督查监察，对规委会审查通过项目全方位开展规划监察，做到违规、违法建设项目早发现、早制止、早整改。共查处违法建设项目72件，进行行政处罚7件，立案处理7件。对95个建设项目进行规划监察，下发责令停工、停止建设（核查）通知书及责令整改通知书72份。对全县18个镇（区、场、街道办）规划区内的违法建设及农村村民违规建房进行全面检查，做到村村到、不留死角，共下发违法违规建设移交单40份，涉及违规建房43户。

【地形图测绘】 坚持精准测绘的原则，为润康医药健康产业园、龙王庄及三里河地块、沛县体育中心等181个建设项目进行大比例尺地形图测绘424幅。完成沛敬路、龙河路、汉源大道改造工程（樊哙路—宝鼎）、周勃路西延工程、沛县地表水厂二期原水管线等23个建设项目带状地形图测绘98.95公里。

【建筑物定位放线】 依据审查通过的规划定位放线图，高质量开展建筑物定位放线，对沛县歌风小区、领创国际广场、侨城中央学府东区、啤酒厂北侧地块等96个项目进行建筑物放线332件。

【竣工测量】 依据建设单位申请，对竣工项目开展竣工测量，对沛县体育中心训练馆、城投汉邦广场—书香雅苑小区、名城锦园小区等31个项目179栋楼房进行竣工测量总面积113.40万平方米。

【沉降观测】 围绕高层建筑的安全性，做好在建工程和竣工工程的沉降观测工作，连续观测在建工程和竣工工程的水平位移量和垂直沉降量是否在安全范围之内，确保高层建筑安全建设和居民放心入驻。2017年为香江花城小区三期、中江文华苑小区共43栋楼房进行沉降观测。

【建筑设计】 坚持精品设计的原则，为工程项目做好高水平建筑方案设计，为沛县廉政教育中心、沛县汉源小学、沛县大屯高新开发区安置小区、沛县李园安置小区、沛县法院诉讼服务中心、沛县公安局实战技能训练基地综合楼、沛县北孔庄幼儿园及睦邻中心项目等42个建设项目进行建筑施工图设计总面积50万平方米、方案设计总面积70万平方米。

【地质勘探】 围绕城乡建设重点工程，高质量开展地质勘探服务，为江苏珀然股份有限公司轻量化锻造铝车轮产业基地项目、沛县东原洗煤厂、汉兴公园、沛县吕公苑、徐州汉裕铝业项目等56个项目进行地质钻探总进尺36000米、静探总进尺22000米。

【法制信访】 做好法制信访工作，研究解决群众关注的规划方面热点难点问题，化解各种社会矛盾。全年办结两件政协提案、两件人大建议，办理依申请政府信息公开6件次，网上处理信访件一起，接待群众上访6批、18人，回答群众法律咨询128人。

（汪明亮）

城市建设

【质量监督】 2017年，监督工程587项，面积541.8万平方米。接受新报监工程242项，面积181.4万平方米。竣工工程86项，面积94.5万平方米。确定样板引路工程项目7个，全年申报徐州市优质结构工程21项。工程现场监督抽巡查915次，监督抽查工程587个单位工程，发出整改通知418份，抽测通知294份。责令局部暂停施工通知28份，提交不良行为记录12项，建议行政处罚8起，约谈责任主体单位负责人14次，提交未办理施工许可证的工程报告14份。

【材料检测】 检测水泥约571组、砂约381组、碎石约36组、混凝土抗压强度约23370组、砂浆抗压强度约3559组、钢材约5839组、钢筋焊接约8087组、烧结砖约434组、混凝土强度回弹检测596批次、混凝土取芯检测强度229组、建筑门窗226组、防水材料256组、混凝土配合比4组、砂浆配合比245组、加气混凝土砌块109组、混凝土瓦25组、混凝土抗渗1103组、土工击实248组、土工压实度358组。（魏　真）

【招标投标】 完成招标工程145个标段，同比增长率43.4%，招标控制价59.7亿元，中标价33.9亿元，节省25.9亿元。其中，公开招标110个标段，邀请招标35个标段，本地评标145个，异地评标62个。直接发包68个，应招标工程招标率100%，中标结果公示率100%，施工合同备案率100%。（蔡旭东）

【行政许可和非行政许可事项办理】 深化“3550”改革，加快施工许可证审批效率，通过“一站式申报、业务系统审批、结果信息共享”的方式，实现建设项目从项目立项到颁发施工许可证时限控制在50个工作日内的目标要求。推行“店小二”式服务，坚持以“便民、高效、廉洁、规范”为宗旨，以建设“群众满意服务窗口”为目标，履行行政审批服务事项的各项职责。制定《精简建筑工程施工许可前置条件》并经县政府常务会议研究通过。建筑工程施工许可证办理前置要件由22项优化精简为13项。全年共颁发施工许可证33项，建筑面积共计194.58万平方米。交付使用通知书6项，住宅交付使用面积共计26.05万平方米，燃气经营许可4项，经营类别分为汽车加气、瓶装燃气。（王　森）

【政府投资代建项目】 共代建阳光四期1号楼、北孔庄幼儿园、睦邻中心、政务中心屋面及空调改造，民福园小区南侧道路及小区内配套设施改造，北孔庄二期西大门改造、纪委廉政教育中心及卫计委东大门改造，北孔庄二期过渡房装修等8个项目。在确保政务大厅的正常使用下，完成政务服务中心空调、屋面改造两个项目的建设。15天完成民富园小区屋面渗漏、地下室积水、小区健身器材安装等工程，25天时间完成小区内绿化移置及车棚安装。7天完成北孔庄二期14号楼2单元20户过渡房的装修改造工作。对于廉政教育中心存在的问题进行整理汇总，将6项不合理处反馈至设计单位和造价咨询机构进行调整。组织人员采取蹲点驻守的方式，集中对经济薄弱村综合服务中心质量问题进行整改，对媒体反映的阳光四期工程电梯井积水、电梯不能正常运转等质量问题进行全面整改，整改效果明显。（李　岩）

【城建监察】 对建筑市场、市政公用、装饰装修共检查916人次，查出各类违法违章行为76起，限期整改41个，立案查处35起，办理挖掘许可8个。基本实现查处的覆盖率、违法违规的查处率两个100%。（陈　勇）

【城市拆迁】 全年实际完成李园、龙王庄、三里河、杨彭庄小学、新实小三期、火车站北、汉源宾馆西、汉源遗留零星、开发区马庄、韩河、韩新庄、大屯高新区、铁西片区一期、原三中西、东环东扩、南环东沿、沛城匣北、东风路、润东纺织、汉源8#和9#地块20个征收项目，房屋征收面积160万平方米。完成御水华庭小区、中央御景小区、汉润家园三期、格林春天小区、盛世珑庭小区、北孔庄小区等项目回迁上房工作。全年上房套数5074套，上房面积54万平方米。根据《省政府办公厅关于分解下达2017年度保障性安居工程目标任务的通知》规定，2017年度保障性安居工程棚户区改造新开工任务4000套，基本建成任务3000套。全年完成李园、汉祥家园（马庄）、歌风小区、三里河、龙王庄、杨彭庄小学等保障房项目新开工4110套，完成李园、孙洼、双旋池、三里河、龙王庄、杨彭庄小学等保障房项目基本建成3005套，均超额完成省下达任务，通过审计组审计。申请保障性安居工程棚改中央补助资金5464万元，申请棚改基础设施配套补助资金1950万元。争取上级补助资金全部用于棚改项目，做到专款专用。（谢　刚）

【安全生产】 开展建筑安全生产大检查活动11次，建筑安全生产隐患治理排查隐患企业累计296家次。其中，一般隐患879项，重大隐患14项，已全部整改。组织开展“安全生产月”活动，共发放宣传资料1000份，张挂条幅90条，制作宣传牌90块。

（孙雪莹）

【城建档案】 整理城建档案2490卷，文书档案433件，城建档案纸质扫描21484张、图纸扫描12589张。接收竣工档案20家，装盒822卷。业务指导100人。多媒体制作11部，照片7881张，录像1709分钟，共接待前来查档人员200人，为社会各界调阅利用档案1847卷。专题片《托起城乡建设的梦》获徐州市城建电视专题片类二等奖。异地备份电子档案3B，为新城区建设、老城区改造、解决纠纷、房地产权属确认和办证等提供大量有价值材料和有力的依据。编研《沛县2016年城镇建设大事记》一册，2万字。《沛县城乡建设档案馆大事记2016年》一册，2000字。在国家刊物发表论文3篇，省厅网站发表通讯报导7篇。给中央电视台《中国影像方志·江苏卷沛县篇》摄制组提供沛公园施工建设时长23分钟，汉之源景区施工建设视频资料4分钟，航拍视频沛县城区现状25分钟，新老城区二十世纪六七十年代照片20张，调阅歌风台、汉街、汉之源景区竣工图纸60卷。（李爱雪）

【建筑节能】 施工图节能审查项目共110个，通过施工图审查面积533.68万平方米，其中，节能审查面积共485.76万平方米。包含公共建筑38个，建筑面积45.06万平方米，节能65%的公共建筑占比为100%，其中，二星级设计标准的公共建筑面积44.48万平方米，占比达98.71%。居住建筑44个，建筑面积425.20万平方米，节能65%的居住建筑面积达到100%，其中，二星级设计标准的居住建筑面积415.05万平方米，占比达到97.61%。新建公共建筑37.87万平方米，居住建筑节能面积195.65万平方米，所有项目均按照65%的节能标准设计。沛县新城区人民医院项目采用浅层地能可再生能源。翰林世家、名城锦园项目雨水综合利用系统通过隐蔽验。新增翰林世家、夕阳红老年公寓等18个能效测评

空中看沛城

项目，新增年度能耗统计项目10个，新增能源审计项目1个，新增年末分项计量项目4个。国鸿香樟苑获得一星级运行标识，金域香城、侨城中央学府、城投国际广场项目工程获得二星级设计标识。侨城大酒店、朗诗·熙悦府项目采用新风系统。沛县凤凰公馆项目为100%成品房。沛县经济开发区科技创业园二期展厅项目按照德国DGNB白金标准和中国三星标准设计。（张广远）

【燃气管理】 沛县港华燃气有限公司气化站、门站工程一期建成，建设规模为150立方米储罐2台，4台4000立方米/小时空温式气化器，两台800立方米/小时储罐增压器，两台卸车增压器，一台16000立方米/小时的水浴复热器，一台EAG增热器，2个卸车位，可保障民用和商用7天需求量。完成帝王大厦、汉邦景城、剑桥府邸二期、新城嘉苑A、新城嘉苑E区、祥云紫金、易龙新汉城、爱伦堡一期、中央御景东区9个小区燃气管网建设，新开通天然气用户约5000户。（刘知元）

【法制建设】 组织住建系统加强法律法规宣传，以“4·15全民国家安全教育”、“5·12全国防灾减灾日”、“法润村居”及“12·4”国家宪法日等系统宣传活动为契机，增强广大群众及领导干部法律意识，努力营造人人懂法、守法的良好氛围。梳理住建系统行政权力事件共计502项，其中，行政许可14项，行政征收4项，行政奖励5项，行政裁决1项，行政强制1项，其他权力事项25项，行政处罚452项。加强“两法衔接”的管理工作，有效防范住建局系统执法人员的职务犯罪，促进公正廉洁执法。全年公民、法人及其他组织依法申请政府信息公开及时答复率100%，执法过程全过程记录落实率100%，行政裁量权基准等制度落实率100%，行政执法人员以案释法制度落实率100%。（闫冀明）

市政公共事业

【东风路改造】 长1100米，红线宽40米，双侧雨水管道，单侧污水管道，双侧路灯60套，投资2806万元。工程于2017年3月开工，8月竣工。

【樊巷街改造】 长267米，红线宽30米，双侧雨水管道，双侧路灯18套，投资351万元。工程于2017年8月开工建设，11月竣工。

【正阳路北延】 长810米，红线宽50米，总投资1923万元。工程于2017年3月开工，8月竣工。

【汉城路亮化工程】 长700米，沿街两侧建筑物，总投资200万元。该工程于2017年6月开工，10月竣工。

【易龙新汉城东侧路】 长699米，红线宽26米，总投资830万元。工程于2017年8月开工，12月竣工。

【五中东侧路】 长525米，红线宽7~13米，总投资235万元。工程于2017年8月开工，12月竣工。

（孟　波）

【路灯亮化】 新老城区路灯总数已近14500盏。全年共完成8条道路的路灯安装、改造工程，其中，路灯改造近800套，新安装路灯600套，电缆改造4000米，路灯维修工作也顺利完成，共更换各类灯具150套，更换高压钠灯100只，镇流器80只，触发器、电容等各类小配件2000只，更换电缆3000米，投入维修资金70万元。沛县城区路灯灯具节能使用率达到95%，新安装路灯节能灯具使用率100%，控制柜远程监控率95%，路灯亮化率和设施完好率“双达标”。（武　茶）

房地产业

【概况】 2017年，房地产开发面积约262万平方米，总投资约33.75亿元，竣工约121万平方米。房地产开发企业30家。实施开发项目有侨城大酒店、易龙·新汉城北区、中江文华苑（C、D区）、名城锦园等重点工程。

【五州新天地五期】 五州新天地小区（五期）项目（沛县2009-17G地块）用地面积12520平方米，总建筑面积约38417.62平方米，容积率约2.22，项目投资13250.48万元。五期基地形状较规整，南面有20米宽的绿化带，场地平整。商业设施位于基地西侧，邻近车行和人行入口，给居民提供家门口的便利。建筑布局采用沿街商业采用统一的现代设计方式，结合小区出入口形成丰富又统一的城市序列。

【御景云城】 沛县御景云城小区位于沛县樊哙路北侧，汉兴路东侧。由沛县中金置业投资有限公司开发，江苏玉衡建筑工程有限公司施工，徐州市建设工程监理有限公司监理。沛县御景云城小区共占地3.3公顷，总建筑面积83843.26平方米，容积率2.03，绿化率达到30%以上。小区北侧为温州路，东、西、南侧均为居住区，周边有优越的基础设施，如沛县人民医院新城区及各类大小超市，南侧有景色优美的汉城风景区。

【侨城中央学府】 侨城中央学府项目位于徐州沛县张良路北侧，正阳路西侧。整个地块总用地面积为9万平方米，建筑面积22.6万平方米，总户数为1266户，包括东、西两个区。其中，地上建筑面积为15.56万平方米，地下建筑面积为7.06万平方米，项目总投资为5.7亿万元。项目由全国知名房产开发企业侨城地产集团江苏有限公司投资建设，江西建工第四建筑有限责任公司负责施工。周边医院、学校、菜场、中心商业配套齐全，设施完善，交通便利，三大公园环绕，是一个宜居性的公园地产项目。

【卢卡庄园二期】 项目位于沛城新城核心，开发区政府大楼西侧及北侧，南临温州商贸城。总建筑面积为22.42万平方米。小区是沛县唯一以洋房为主的低密度洋房社区。35%的超高绿地率，以意大利坡地园林为蓝本，打造绿意奢华的墅级景观。百余种珍稀植物，打造五重景观秘境，共同交织成如油画般的实景体验，享托斯卡纳风情臻品园林和社区内2万平方米阳光午后浪漫风情商业街，更优享沛县人民医院、大风歌广场、奥体中心等高生活配套设施。 （邓 帅）

城管执法

【概 况】 2017年，以住建部在城管行政执法队伍中开展“强基础、转作风、树形象”专项行动为抓手，以加强城市管理执法队伍建设为主线，坚持依法行政，转变工作作风，树立城管执法形象，打造“精致、细腻、整洁、有序”城市管理新常态，市容管理执法工作规范有力，户外广告规划实现精细化管理，渣土工作效能不断提升，城市规划监察工作稳中有序，便民利民工程建设顺利推进，城区环境卫生保洁全覆盖，农乡垃圾分类成效显著。先后被授予“重大项目和为民实事工程先进单位三等奖”“争取资金先进单位三等奖”“创建江苏省文明城市工作先进单位”“城乡建设与管理先进单位”“县直机关（单位）绩效考核先进单位一等奖”“安全生产先进单位”“政协提案工作先进单位”等称号。

【市容执法管理】 市容工作按照“工作目标化、目标项目化、项目责任化、责任奖惩化”的工作思路，明确目标，强化考核，深化市容管理的网格化管理机制，确保从早晨6点到夜间9点不间断巡查，实现流动摊点、出店经营、乱贴乱画现象基本消除。市容管理工作纷繁复杂、面宽量大，具有易反弹的特点，查处流动摊点721处，出店经营367处。拆除广告牌980块，共计3920平方米。开展专项集中整治市容市貌行动8次，开展专项整治学校周边小商小贩行动4次，夜市集中整治行动3次，城管交警联合执法80次，清理各项非机动车违章停车236起以及僵尸车问题79起，确保城区道路畅通。下发6000份门前责任三包通知书，提升商户环境卫生意识，清除野广告4000处，净化城市建筑、路面容貌。

【户外广告管理】 科学、规范、高效，提升户外广告设置档次。对规划区范围内户外广告设置情况进行调查摸底基础上，对未经审批擅自设置的户外广告设施，组织人员依法拆除。共拆除违规设置的户外落地广告牌220处，拆除违规设置的条幅500处，拆除高立柱广告位一处。设置各类公益宣传广告面积约4000平方米。增强服务意识，规范门头店招设置。推行网上“不见面”门头店招审批，按照城区门头店招设置审批流程和广告牌设置标准进行门头牌审批，简化办事程序、提高办事效率。审批门头店招约1100个，色彩协调，规范统一，提升城市整体形象。

【违法建设执法】 坚持“老违建逐步拆除，新违建零增长”工作目标，进行“网格化”巡查，执法队员采取随车巡查与自行巡查相结合模式，发现问题及时查处。在城中村查处新增违建102处，拆除面积约3653平方米。老违建拆除，坚持规范执法程序，依法拆违。在农机小区、金星小区、江南山水小区、鑫达园小区、新沛西区、新沛东区、维多利亚二期、新庄路北街、汉城公园内、城市花园、香颂雅苑、鼓楼四期、子隆小区、风光地带小区、汉街四广场等小区和公共区域，共拆除擅自搭建的建筑物、构筑物975处，面积20670平方米。配合政府棚户区地块的征收工作。对确定征收重点部位重点查、重点时段重点控，严查突击抢建户，共查处征收地块内的违建户236户，拆除违法建筑面积3950平方米。

【环卫保洁】 筹措资金购置洒水、机洗、机扫、清洗、垃圾清运等5大类环卫机械化作业车辆16台，提升机械化保洁水平。城区机械化清扫保洁面积168万平方米，机械化清扫率为71%。环卫建立“机扫、普扫、高压冲刷、动态保洁、督导巡查”五位一体精细化保洁制度，对城区主干道路面实行“人、机结合”清扫保洁滚动作业机制，按照“护栏车洗、洒水车冲、洗扫车吸、上门车收、保洁员捡”道路保洁五步骤，实行“全方位洒水、定时段清洗、地毯式吸尘、精细化保洁、公交化收集”的五位一体保洁模式。高压洒水车每天上午、下午两次对城区主干道洒水降尘，扫路车对冲洗后的路面进行清扫，严格按照操作标准，依照规定时间，严格控制时速，对路面和隔离护栏进行机械化清扫，确保达到无残留垃圾、无漂浮垃圾、无积灰。道路快速保洁员巡回对道路上瞬间产生的垃圾进行捡拾，确保垃圾落地时间不超5分钟。护栏清洗车每天对城区的交通护栏进行清洗，路沿石清扫车对人行道及路沿石跟进行清扫保洁，实现从粗老笨重的传统大扫帚保洁到精细高效机械化保洁的转变。

【为民工程】 将鑫达园，江南山水，新沛东、西区，城市花园，紫荆花园，阳光一、二、三期，鑫粮苑，子隆小区，风光地带，香颂雅苑，江南名都城12个小区纳入改造计划，计划总投资7862万元。采取分步实施分批改造步骤，依次分批改造。年底完成鑫达园、江南山水、新沛东、西区4个小区的改造工作，通过验收。剩余8个老旧小区已列入沛县2018年为民办实事工程。在老旧小区改造过程中采取一区一策，创新机制，强化日常监管，并充分尊重民意，引导居民全过程参与，解决小区管理中存在的热点、难点问题。推进汤沐路省级示范路创建工作，汤沐路省级示范路创建列入2017年沛县重点工程，9月开始施工建设。工程主要是对汤沐路沿街两侧的外墙进行真石漆喷涂、空调防护罩更换、门头广告牌统一设计安装、道路路面重新铺设、交通护栏、标识更新、人行道铺设、建筑物亮化等项目，年底完成各项改造任务。

【数字化监督】 发挥数管中心的监督、指挥、协调作用，促进二级部门数字化城市管理工作日常化、正规化。中心共立案58600件，处置结案57232件，结案率98%。按期处置结案46560件、按期结案率81%，数据达到平台运行标准。数字化监督指挥中心按月发布通报，按时召开协调会，解决运行中问题。以各种媒介为依托，宣传数字化、宣传城市管理。沛县电视台、沛县报社和网络媒体都对数字化工作进行报道，使市民对数字化充分了解。完善和发展适合沛县情况各种工作措施，保障数字化城市管理工作的良性发展。数字化城市管理是一项新兴发展中的管理模式，作为新的管理模式，平台建设是基础、体制机制是保障、考核评价是关键。在运行过程中加强派遣、结案正确率，拓展和二级部门沟通渠道，保障23个二级部门正常运行。

【农村生活垃圾分类】 6月，被住建部确定为“全国农村垃圾分类和资源化利用示范县”，其中，大屯街道成为省农村生活垃圾分类试点镇。实施农村生活垃圾分类和资源化利用建设，在10个镇（街道）进行先行先试，先后建成13个生态处置中心（阳光堆肥房），日处理农村可堆肥垃圾能力136吨，年消减农村生活垃圾量约5万吨，生物降解成有机肥1万吨。“户分类投放、村分拣收集、镇回收清运、有机垃圾生态处理”的运作模式已初步形成。

【扬尘管控和渣土管理】 规范渣土管理，实现渣土车辆密闭运输，按规定线路行驶，杜绝撒漏。配备渣土运输车辆GPS系统，20家渣土和商混公司300辆车导入监控平台，实施实时监控。推行渣土密闭化运输，逐步解决超高、超载、撒落等渣土运输污染问题。坚决杜绝撒落、扬尘污染，提高城市环境质量。对城区运输车辆进行集中检查及抽查43次，严格查处违规、违法运输车辆18起。开展施工现场扬尘治理检查，要求各施工单位开展施工现场扬尘治理自查。对所有建筑工地扬尘治理定期进行综合检查，每月至少开展1次专项联合执法检查，下发工地整改通知书、告知书60份，对全县不达标工地立案处罚16家，使建筑工地围挡、扬尘、施工环境等突出问题得到治理。

【公共自行车建设】 高度重视城市建设和城市发展，关注民生，把“城市公共自行车系统”建设纳入为民办实事工程，由城管局主导，分两期进行建设。一期投放800辆，二期再投入1200辆。一期建设于年底完成。

【提升执法队伍建设】 加强队伍准军事化管理和执法规范化建设，强化素质，推进执法练兵，年初开展春训3个月活动、集训37次，加强机关效能建设，深化“执法为民、真情服务”活动，开展城管开放日活动，听取意见建议。严抓案件办理，共审理完毕行政诉讼案件25起，胜诉率100%。开展案卷文书培训活动，确保每位持证上岗的执法人员都能熟练掌握运用，从查处到立案，从处罚到结案每道程序必须按照规范执行。（祝　峰）

建设公共自行车

新农村建设办公室

【概　况】 2017年，树立“创新、协调、绿色、开放、共享”发展理念，坚持以统筹城乡发展为主线，以提升农民生活品质为核心，坚持政府引导、市场运作，示范引领、统筹推进，因地制宜、分类指导，突出地域特色、尊重农民意愿、建立长效机制，坚持由点及面，多元渐进，持续提升农村人居环境，强力推动新型社区（美丽乡村）建设，共计划创建2个市级新型社区、4个市级美丽康居村庄和52个市级美丽宜居村。

【创建市级新型社区】 按照新型城镇建设理念，以同步推进社区与园区建设，以“土地集约化、居住集中化、服务均等化、就业园区化、管理社区化”为标准，有序实现社区服务融合、组织融合、居住融合、经济融合，推动农村人口向城镇和社区集中、产业向园区集中、土地向规模经营集中为目标，建设五段镇五段社区、河口镇孟庄社区2个新型社区，新建道路15.62公里，铺设雨污管网7900米，新建居民小区2.5万平方米，新建综合服务中心1050平方米、高标准幼儿园1座、超市1200平方米，改扩建卫生室1个，外立面出新5.5万平方米，新建广场1个、公厕10座，修复和新安装路灯256盏，完成18个建设项目，总投资6750万元。

【创建美丽康居村庄】按照城乡互动的理念，以“产业兴旺、生态宜居、乡风文明、治理有效、生活富裕”为目标，以“科学规划布局美、生产发展产业美、创业富民生活美、村容整洁环境美、乡风文明和谐美”为标准，打造五段镇高庄村、朱寨镇甄楼村、安国镇刘邦村、汉兴街道张楼村4个美丽康居村庄。全年共完成美丽康居村建设项目40个总投资1588万元，新建道路11.07公里，铺设雨污管网1.66万米，新建和改扩建综合服务中心4190平方米、幼儿园2座、卫生室3个、超市586平方米，外立面出新16.98万平方米，新建广场3个、游园2个、公厕8座，修复和新安装路灯161盏，栽植树木5845棵。

【创建美丽宜居村】围绕全面推进村庄整体建设水平提档升级，巩固提升村庄环境整治成效，持续改善农村人居环境，带动相关适宜产业发展，促进全面小康社会建设，争取五年内所有行政村都要建成村容整洁、道路通达、环境卫生、水清岸绿、适宜居住的美丽宜居村庄的目标，全年开展龙固镇李庄村等52个市级美丽宜居村的创建工作。按照“十提升”标准共完成美丽宜居村183个建设项目，总投资8700万元，新建道路12.62公里，铺设雨污管网5.36万米，新建和改扩建综合服务中心24160平方米、卫生室28个、超市286平方米，外立面出新29.65万平方米，改扩建广场2个、游园2个、公厕17座，修复和新安装路灯1559盏，栽植树木7.59万棵。（蔡先梅）

园　林

【概况】2017年，城区新建改建绿地面积100万平方米，绿化覆盖率、绿地率、人均公共绿地面积分别达到45.29%、43.19%、14.84平方米，为广大市民营造“水在城中、城在林中、楼在绿中、人在景中”的良好宜居环境。沛县好人广场被授予“徐州市爱国教育基地”。园林局被县委、县政府授予“县直机关（单位）绩效考核先进单位一等奖”“重大项目推进奖一等奖”“为民实事工程先进单位奖”“部门服务奖”“创建江苏省文明城市工作先进单位”“城乡建设与管理工作先进单位”等荣誉称号。

【河道建设】实施刘园大沟、正阳大沟、老沛龙公路沟、石灰窑大沟等4处河道绿化工程。按照“生态、彩化、低碳、和谐、蓄水、效益”规划建设理念，以榉树、乌桕、银杏、水杉、中山杉等高大乔木为主，注重常绿与落叶彩色树种搭配，疏除过密植物，增设节点广场、游步道、小品。施工总长5.56公里，新增绿化面积为18.2万平方米。

【生态保护引领区】实施安国湖湿地二期修复工程、沛公园绿化改造工程。进行苗木增植，地形整理、园林绿化、道路、桥梁及配套设施的建设，新增、改造绿化面积5.8万平方米。

【大沙河生态廊道】完成全长33公里的大沙河堤顶路绿化工程及两侧绿化工程建设，种植国槐、垂柳等行道树2万株，金银花15万平方米，绿化带66公里，新增绿化面积26.4万平方米，形成水绿相依、错落有致、层次感丰富的郊野景观效果。

【江淮生态大走廊】实施东风路、樊哙路、正阳路北延长段、汉城中路等4条道路的绿化改造。以建设城市绿荫体系为主线，按照“林荫+彩色+生态+立体绿化”规划设计原则，以樱花、桂花、银杏等季相变化丰富的树种为骨干树种，打造“夏季林荫覆盖、初秋色彩斑斓、深秋万叶飘丹”的彩色林荫大道。建设绿道6800米，新增改建绿化面积14.8万平方米。

【公园绿地建设】 推进“公园绿地十分钟服务圈”建设，打造城市开放空间。实施电信局游园、祥和家园游园、投御园游园、汉邦路街头游园、汉城路街头游园、泗水亭公园新建改造工程，新增改建绿化面积5280平方米。

【居住区绿地建设】 以乔木、灌木和草坪地被植物相结合的多种植物配置形式，以乡土树木为主，地被植物以麦冬和宿根花卉为主，对香江花城三期、汉邦景城一期、侨城北地块、紫金佳苑、城投国际C区、新汉城一期、汉城国际等7处新建小区绿化建设，新增绿化面积6.8万平方米。

【园林行政审批】 进行“放管服”改革，制定《沛县园林局推动“互联网+政务服务”、加快政务服务“一张网”建设制度》。完成开发区西外环、南环路东延改扩建工程等35件占用绿地、树木砍伐移栽等行政审批补偿费的收缴工作，配合市政、审计等部门，完成272快速通道、东风路、南环路、东环路等20处绿化苗木勘查、移植、审计工作。完成香江花城三期、汉邦景城一期、侨城北地块、紫金佳苑、城投国际C区、新汉城一期、汉城国际等7处居住区绿化工程的图纸审批、施工监管及综合验收。

【绿地管护建设】 推行由局管理股、基层单位、养护路段长，按“责权利”统一分配、分级管理的“三级监管”考核机制。针对不同岗位、不同路段、不同管理单位采用不同的考核办法，实行末位淘汰、差异考核，合理分配奖励性绩效工资，多劳多得，优绩优酬。同时成立园林管护中心，推进精品绿地创建，加大日常巡查和专项整治力度。

花草浇水

【园林数字化管理】 完善园林数字化管理，制定《沛县园林绿化数字化管理考核办法》，全年累计处理案件3000件，处理违规开路口、擅自砍枝伐树案件20起，毁绿案件同比去年下降15%，公共绿地的保存率和完整率逐年提高，有效地维护城市绿化建设成果。

【精品绿地创建】 根据《徐州市精品绿地评选办法》，按照“精心、精细、精致、精品”的理念加强绿地养护，新增交通节点花卉8处，维修园林景点50处，补植绿化面积4.5万平方米。同时对2017年度精品绿地创建范围进行调整，新增精品绿地20处，确保城区绿化“有地必见绿，绿化上品味”，达到以点带面、整体推进、全面提升的良好效果。

【绿化日常管养】 实施行政中心、大风歌广场两侧苗圃外围等10处草花播撒工作，全年共修剪乔灌木9万株，地被180万平方米。新购汽油机40台，每天出动抗旱设备70台次在干旱季节实行24小时浇灌制，避免苗木干旱死亡现象。及时进行杀虫除病工作，2017年14次对绿化植物进行集中药物防治。

【城市园林品质】 对城区主次干道、街巷两侧、商铺门前具备绿化条件的裸露地实行横到边、竖到沿、拉网式的绿化补植。实施张良路、萧何路等2条道路绿化补植工作，补植面积4.5万平方米。在樊哙路与汉城路交叉口、樊哙路与正阳路交叉口、好人广场西北角等8处节点增加花卉，营造百花齐放的花海景观效果。

（王　瑶）

财 政

【概况】 2017年，沛县一般公共预算收入实现54.46亿元，完成预算的100%，同口径增长5%。按级次划分：县级一般公共预算收入实现32.07亿元，增收9.41亿元，增长41.5%；镇级一般公共预算收入实现22.39亿元，减收12.63亿元，下降36.1%。全县一般公共预算支出实现89.07亿元，完成预算的92.2%，减支5.79亿元，下降6.1%。按级次划分：县级一般公共预算支出实现62.39亿元，完成预算的89.3%，增支4.48亿元，增长7.8%；镇级一般公共预算支出实现26.68亿元，完成预算的100%，减支10.27亿元，下降27.8%。2017年，全县政府性基金收入实现34.74亿元，完成预算的100.6%，增收2.15亿元，增长6.6%。全县政府性基金支出实现42.56亿元，完成预算的86.7%，增支10.01亿元，增长30.8%。2017年，全县社会保险基金收入20.07亿元（不含机关事业单位基本养老保险），完成预算的110%。社会保险基金支出18.29亿元（不含机关事业单位基本养老保险），完成调整预算的100%。省核定沛县2017年地方政府债务限额为61亿元，截至年底，沛县地方政府债务余额56.38亿元，沛县地方政府债务余额控制在限额内，地方政府债务风险总体可控。

【组织收入】 把稳增长作为主要任务，采取主动征收、重点征收、依法征收等关键措施，实现收入的稳定增长。加强收入调度。按照全年收入预期目标，分月制订收入计划，加强分析调度，抓好关键点收入组织，增强收入入库均衡度。强化税源监控。开展税源调查和纳税评估，做好纳税大户的动态监控分析，同时抓好重点行业和零散税源征管。加强营改增相关行业税收的跟踪管理，密切关注财税体制改革、取消和停征行政事业收费等政策对财政收入的影响。推进税收协同共治。形成财政、国税、地税、住建、国土等部门横向互动，县、镇（区、街道）上下联动的综合治税大格局。强化非税收入征管。创新征管模式，加大非税收入管理力度，严格执行规定的征收项目、标准、范围，依法依规征收。推进收费项目一体化征管，提高征缴效率。加大对上争取。抓住“突出支持供给侧改革，继续支持扩大有效需求”的机遇，加强与上级部门联系沟通和信息跟踪，重点围绕产业转型、科技创新、生态环保、重大基础设施等领域，用政策策划项目，全力做好项目申报和资金争取工作，力求获得更多的支持。争取上级项目补助资金达31.58亿元。

【服务经济】推进"放管服"改革，降低制度性交易成本，广泛推广"互联网+"，充分发挥财政政策、资金的引导作用，全面落实各项财政扶持及税费优惠政策，推动经济高质量发展。支持企业减负降成本。认真落实各项减税清费政策，继续推进"营改增"试点工作。因"营改增"改革试点，全县累计减税近7亿元。严格执行小微企业暂免征收增值税以及减半征收企业所得税等税收优惠政策，全年累计减免近6000万元。积极推进收费清理改革，取消、停止征收行政事业性收费和政府性基金16项，全年减轻企业与社会负担3000万元。支持重大项目建设。通过调整结构、盘活存量、用好增量、争取地方政府债券规模等多渠道筹措资金，大力支持城市基础设施、公路、市政管网等重点项目建设，切实增强投资对经济增长的拉动作用。省财政共分配沛县地方政府新增债券额度18亿元，比2016年增加10.3亿元。支持产业转型升级。注重财政性资金的引导作用，促进产业结构转型升级。争取省级工业发展资金，支持徐州鑫宇光伏科技有限公司扩建年产700兆瓦电池片项目。争取上级商务发展资金，扶持出口企业转型升级，培育出口新增长点。安排电子商务资金支持电子商务发展，促进沛县"省级电子商务示范镇"和"省级电子商务示范村"建设。支持实体经济发展。沛县财政出资840万元参与"小微创业贷""苏微贷"产品和科技型中小企业贷款风险补偿资金池，用于扩宽全县中小微企业融资渠道。"苏微贷"新增贷款6040万元，受益企业12家。"小微创业贷"新增贷款8555万元，受益企业27家。科技型中小企业贷款风险补偿资金池新增贷款2320万元，受益企业6家。设立产业发展基金支持拓正茂源等实体经济发展。设立沛县中小企业应急转贷基金，为29家企业累计转贷9.67亿元。支持科技创新驱动。安排科技引导资金1030万元，支持科技创新项目26项，引导科技型企业加大研发投入，拨付专项资金支持大学技术转移中心和高新技术培育服务中心建设。

【保障民生】加大对"三农"、教育、社会保障、医疗卫生、文化等民生领域的投入力度。全县公共财政用于民生支出达72.42亿元，民生支出比重超过80%，保障各项民生工程的资金需求和民生政策的落实。推进扶贫攻坚。统筹安排"阳光扶贫"等各类扶贫专项资金6094万元，精准编排实施5大类47个扶贫项目。建立"阳光扶贫"监管系统，实施低收入农户、扶贫项目、扶贫资金和行业扶贫政策等基础数据动态管理，全面推进贫困人群脱贫致富。加大"三农"支持力度。争取农业综合开发资金7619.2万元，治理面积6.2万亩。争取上级资金7912万元，用于水利项目建设，改善农田水利基础条件。落实惠农补贴政策，全县共发放补贴资金1.54亿元，补贴农户225915户，补贴面积101.95万亩。拨付财政奖补资金1320万元，用于镇级垃圾收运体系建设。全县24名五星级村党支部书记享受事业单位人员经济待遇，安排财政资金72.18万元为全县214名村支部书记办理职工养老保险。优先发展教育事业。安排学前教育公用经费217万元，拨付新城嘉苑幼儿园建设资金1221万元，提高学前教育保障能力。安排义务教育公用经费1.1亿元，促进全县义务教育均衡发展。安排高中公用经费736.9万元，保障高中教学需要；安排歌风中学人才引进资金574万元，促进高中合作办学。按生均2200元标准拨付学校免学费补助370万元，免除中等职业教育学校学生学费。拨付财政资金1500万元，支持中等专业学校职业教育实训基地建设。支持医疗卫生体制改革。全面实施基本药物制度，建立医疗卫生机构绩效考核结果与财政补偿挂钩机制，投入医改财政补助资金1.14亿元，全县公立医院（卫生室）实现基本药物"零差率"销售。按照服务人口人均60元标准投入基本公共卫生服务资金6700万元，免费为城乡居民提供健康档案、健康教育和预防接种等基本公共卫生服务措施。完善社会保障体系。全面推进机关事业单位养老保险改革，有370余家机关事业单位上线清算。继续提高城乡居民养老保障水平，为16.94万名60周岁以上的老年人发放基本养老金2.8亿元。足额发放城乡困难对象生活补贴，发放城乡低保资金和五保对象供养资金1.07亿元，惠及23936名城乡低保对象和3915名五保对象。完善城乡居民医疗费用补偿机制，城乡居民医保财政补助每人提高到470元，全年拨付补偿资金6.36亿元，补偿263万人次。加大文体事业投入。拨付财政资金594万元，实施镇（街道）综合文化站建设及提档升级工程。安排财政资金3835万元，用于县图书馆、文化馆、博物馆、体育场馆等搬迁布展及公共文体服务设施免费开放补助。支持环境保护和生态文明建设。安排资金2.3亿元支持“碧水绕城”、生活垃圾处理以及土壤、大气污染等专项治理，促进沛县生态环境持续改善，切实增强群众满意度和幸福感。

【财税改革】 完善政府预算体系。在编制2017年部门预算的基础上，根据县委、县政府安排部署、部门职责和行业发展规划，提出2017—2019年重大改革和政策事项，汇总编制三年滚动财政规划，建立跨年度预算平衡机制。加强政府性债务管理。严格管控政府债务，用好政府债务杠杆，促进经济社会健康发展。印发《沛县县级政府性债务风险应急处置预案》和《沛县政府性债务风险预警办法》，建立健全政府性债务风险预警机制和债务监控指标体系，有效防范政府性债务风险。按照财政部统一部署，认真清理政府部门融资担保行为和政府购买服务项目情况，对排查出的违规融资担保事项全部进行清理整改。深化财政投资改革。落实PPP项目财政扶持政策，创新推进PPP模式。敬安中心镇（小城市）项目、开发区科创园项目、交通路网项目和供热管网项目等PPP项目吸引社会资本60.75亿元参与市政公用和基础设施建设。供水PPP项目被财政部列为“双示范”项目，成功获批中央奖补资金800万元、省奖补资金570万元，单体项目获得奖补资金位列全省县级第一。创新财政投评机制。进一步创新投资评审机制，强化财政投资评审，加强重大民生项目和县三重一大项目的评审。共审结政府投资项目86个，送审金额58.8亿元，核减金额9.3亿元，核减率15.8%。深入推进预决算公开。坚持以公开为常态、不公开为例外，制定预决算公开实施方案，建立统一公开平台。除涉及国家秘密的信息外，县级使用财政资金的部门和单位共81家公开本部门预算。

【监督管理】 抓好新《中华人民共和国预算法》的贯彻落实，切实规范财政管理，确保财政资金使用的安全高效。继续规范国库管理，以国库集中支付为重点，继续深化国库集中支付改革，出台县级预算单位公务卡管理办法；优化财政国库支付业务流程，健全预算执行动态监控体系。同时，试编权责发生制政府综合财务报告，探索全面、完整反映政府财务状况和运营情况的办法。推进预算绩效管理。完善预算绩效管理指标体系，规范专项资金立项管理，建立“立项科学、管理规范、注重绩效”的专项资金管理机制，加强预算执行过程的绩效监控，推进绩效评价结果在预算编制和管理中的科学应用，将绩效管理贯穿于预算工作的全过程。强化绩效评价结果应用，落实评价结果与预算安排挂钩机制。清理盘活存量资金。健全结余结转资金定期清理机制，全县一般公共预算年度结余压缩至8%以内，加大结转资金统筹力度，清理一般公共预算资金和财政专户资金，盘活用好财政存量资金，统筹用于民生支出。严格政府采购行为。加强政府采购预算管理措施，规范政府采购预算的编制、审核和执行。全县政府采购预算15791.46万元，实际采购中标金额13434.39万元，节约资金2357.07万元，节约率14.93%。强化财政监督检查。建立健全覆盖财政运行全过程的财政监督检查机制，加大对重大财政政策执行情况、财政专项资金支出分配和使用环节的监督检查力度，确保财政资金使用的安全高效。实施法治财政标准化管理。2017年首次被省财政厅评定为“全省法治财政标准化管理

示范点单位”。（刘绍文）

国 税

【概况】 2017年，组织各项税收收入29.07亿元，同比增长61.24%，完成一般公共预算收入13.24亿元，同比增长88.33%。国税局获沛县文明行业称号，5个基层分局获沛县文明单位、沛县文明窗口称号。

【组织收入】 全年清理往年陈欠和本年新欠共计7940万元，2017年末欠税余额较2017年初下降52%。开展行业（事项）等分类别风险应对，按月及时分配应对任务，全年应对企业321户，风险应对成果7711万元，直接入库税款5330万元。落实税务稽查规范，突出案件查处、税收专项检查和专项整治、重点税源企业检查、打击发票违法犯罪等重点工作，严厉打击偷骗税等涉税违法犯罪行为，全年累计立案查处230户，入库税款、滞纳金合计219万元。

【税收共治】 依托政府综合治税平台、互联网等渠道，多方采集数据，提高数据拥有量，全年采集各类信息5880条，加强数据增值应用，强化风险应对各环节特别是深度分析环节的数据应用。全面落实国地税合作规范，通过互设窗口、共驻政务中心等方式，在委托代征、代开发票、税款征收等方面开展全方位合作，推进服务深度融合、执法适度整合、信息高度聚合。国地税联合设立委托代征点47个，委托代征税款1.25亿元，联合办理设立、变更、注销登记7204户次，联合税收宣传1次，联合培训辅导2次，联合免费发放税收资料4000余份。开展与发改、科技、财政、住建、国土等部门合作，构建“党政领导、税务主责、部门合作、社会协同、公众参与”的税收共治格局。

“税收宣传月”走进沛县政务服务中心

【营商环境】 简政放权持续推进，严格执行《税收职责清单》，累计清理管理事项329个，取消调查节点157个、审批环节46个，保留行政许可事项7项，其余事项均调整为备案类事项。行政审批持续简化，推行“免填单”“预填单”等服务，审批效率提高40%。全面办理“三证合一、一照一码”3560户，个体工商户“两证整合”953户，推进事前审批向事中事后管理转变，持续改善营商环境。办税方式迈向现代化，对接“3550”改革目标，创新“不见面”服务产品，新办企业套餐使用率100%，平均为每户纳税人节约办税时间数十小时。8566户纳税人通过O2O模式申领发票，累计邮寄发票超过2000份，减少纳税人往返1500次。全面推行电子税务局，线上业务占比超过90%，非接触式服务渐成主流。深化税邮合作，建立便民服务窗口26个，打造“老百姓家门口的办税服务厅”。

【队伍建设】 鼓励干部参加“三师”考试，加强顶尖人才的培养，全面提升干部核心竞争力。2017年，沛县国税局有4名员工获得注册会计师、税务师、律师“三师”证书，全局现有“三师”人员16人，占比9.4%。强化核心业务，采取集中培训、岗位轮训、导师带训、企业实训等方式，让更多年轻干部到风险应对、纳税服务、稽查等业务岗位锻炼，1人获得“稽查业务能手”称号，1人获得“打虚打骗”先进个人称号。积极组织参加“岗位大练兵、业务大比武”活动，5人入选市局大比武集训名单，3人代表市局参加省局组织的纳服业务大比武。（魏飞龙）

地 税

【概况】 2017年，组织各项收入33.74亿元，其中，入库税收收入25.65亿元，总量、增幅分列全市第三、第四。正常税源（剔除营业税）同比增长36.11%。在县委、县政府绩效考核中荣获一等奖。

【组织收入】 加强对50家重点税源、100家工业大户收入进度进行监控；定期召开税收收入专题分析会，增强组织收入的预见性和主动性。全年组织各项收入33.74亿元，其中，入库税收收入25.65亿元，剔除营业税同比增长36.11%。加强税收风险管理，通过风险平台推送纳税人452户次，应对入库税款1.75亿元，税收贡献率达到6.06%。

【纳税服务】 共设立委托代征点48个，代征税款3980万元，比上年增收1900万元，在全市率先实现委托国税代征地方各税。发挥“互联网+纳税服务”优势，相继推出微信、支付宝缴税服务。统筹推进“3550”商事改革，以政府“一张网”建设为契机，梳理“不见面审批”清单65项。税收宣传在市级以上新闻媒体刊发88篇，其中，在《经济日报》、人民网、新华网等媒体上刊用26篇，1幅新闻图片荣获第十一届“金嗓子”摄影大赛三等奖。

【依法治税】 完成10个开发项目清算，补缴税款1296.13万元，系全市唯一一家完整走通土地增值税清算软件流程的单位。成功侦破江苏省首例车船税税票造假案，犯罪嫌疑人10余人，公安机关刑事拘留3人，查获假税票1500余份，预追缴税款110余万。累计清理数据一万多条，治理完成率居全市首位。推进欠税清缴，紧盯15家欠税大户，强化国地税合作，对9家“钉子户”进行综合防控，累计清欠2000余万元。

加大税务稽查打击力度，重点对企业所得税、土地增值税、高收入群体的个人所得税及房产税、土地使用税、耕地占用税等固定税源开展专项检查，全年立案43户，查结40户，1户进入重大案件审理，2户拟移送公安机关，查实各项收入合计2558.68万元。

【政风行风】 开展公务加油卡专项排查，压缩“三公经费”支出，累计清理加油卡30张，三公经费支出比上年下降1.8%。加强作风监督，不定期明察暗访，对发现问题通报处理。县局获国家级“五四红旗团支部”、江苏省“五一劳动奖状”等称号。

【队伍建设】 以“大讲堂、大考试、大比武”活动为载体，持续推进梯次管理培训，通过“走出去”“请进来”“土教师”，提升队伍综合素质。在市局的“业务大比武”考试中，3人获市局“岗位

推广掌上办税

能手”称号，2人获省局“岗位能手”称号，1人通过税务师资格考试，1人通过司法资格考试。

（杨 兴）

国 资

【概况】 2017年，国资公司针对政府授权资产，进行资产的清理，不让资产闲置。同时，拓宽经营手段，最大限度的盘活存量资产，使公司整体资产保值增值，实现授权资产收入73.45万元。

【融资贷款】 完成融资64.345亿元。其中，“沛国资二期债”13.1亿元，国开行15.5亿元棚改贷款，平安银行6亿元棚改贷款，工商银行8亿元棚改贷款，兴业银行12亿元棚改贷款，光大银行5.5亿元棚改贷款，建设银行三期工程2.2亿融资贷款，招商银行2亿元内保外债，汉源银行流动资金贷款450万元。

【项目建设】 承担19项三重一大项目，总投资94.53亿元。其中，李园地块499.83亩，规划用地面积330.51亩，拆迁面积22.5万平方米，拆迁户数1010户，总建设面积59万平方米，安置地块建筑面积16万平方米。

火车站北地块拆地面积202亩，拆迁面积12万平方米，总投资4.4亿元，7月份进场，年底拆迁完成。

汉源小学建筑面积2.4万平方米，总投资9600万元，已上专委会，等待规委会审批；新城实验学校扩建工程建筑面积8100平方米，总投资3390万元，规划方案、土地征收完成。

推进PPP运作模式，做好城区供热管网和徐州港沛城作业区迁建工程。城区供热管网完成东风路改造工程和PPP项目招标资格预审及PPP项目招标工作。徐州港沛城作业区迁建工程与交通局配合年底前期立项审批。

利用合资公司平台，做好双靛池（含幼儿园）、新实小（含小学、幼儿园）、啤酒厂北（含汉兴公园、幼儿园）的建设，双靛池棚户区年底前A地块安置区内外装修，B地块主体完工。新实验小学棚户区年底前安置区主体验收，商业C基础完工。啤酒厂北棚户区年底前争取一期10栋主体施工，二期9栋基础完工。汉兴公园年底前工程竣工交付。新实验小学及幼儿园、双靛池幼儿园争取底前竣工验收，啤酒厂幼儿园年内主体完工。

【产业基金】 2016年9月29日，注册成立徐州中金创业投资有限公司，专门对县供给侧改革引导基金进行管理运作。2017年，完成中金公司在省发改委的创投备案工作，并设置“汉之源产业发展基金”“汇金城市发展基金”“大风歌旅游文化发展基金”“汉城新型城镇化建设基金”“中金农业发展基金”5个产业发展基金，得到市发改委办理五支基金的注册批复。首期投资4200万元作为引导资金，撬动社会资本1亿元对江苏拓正茂源新能源有限公司进行股权投资。利用政府资金撬动社会资本，通过母子基金形式放大基金投资规模，实现产业基金落地带动产业整体发展。

（董 冰 韩正洋）

金融

金融工作

【概况】 2017年，沛县金融机构人民币各项存款余额515.39亿元，比年初增加61.29亿元，增幅为13.50%。各项贷款余额267.29亿元，比年初增加44.70亿元，增幅20.08%，增量、增速均在市级排名中位居前列。

【普惠金融】 推进“农村土地经营权抵押贷款”试点工作，“沛县模式”得到国家及省、市认可。累计发放农村土地经营权抵押贷款1.29亿元。针对小微商户和农民创业的融资需求，创新推出“小微新易贷”“致富新易贷”“惠农新易贷”“妇女创业贷”“苏科贷”“苏微贷”“小微快贷”等信贷产品，有效解决小微客户贷款难题。

【实体经济】 完善金融顾问制度，开展“企业融资需求大走访”活动，组织全县金融机构主动上门对接，全县制造业贷款余额50.7亿元，占比居全市首位。同时，开展“金融服务乡镇行”活动，全市率先推进“科技支行”专营机构建设，鼓励各金融机构到乡镇设立网点、布设自助服务终端，实现行政村“金融服务站”全覆盖，打通金融服务的“最后一公里”。

【拓宽融资】 制定投融资规划，持续开展重点项目融资推介活动，企业债、私募债、PPN等直融项目顺利推进，江苏股权交易中心成长版挂牌78家，江苏璟峰能源有限公司成功境外借壳，助推3家国有公司与25家金融机构就棚改、路网改造、水环境治理等基础设施项目达成融资合作。

【金融安全】 关注金融风险新动向，完善金融风险的信息互通机制。开展互联网金融风险专项整治和依法清收不良贷款专项行动，完善防范和处置非法集资工作机制，开展“防范非法集资”集中宣传月活动，提高广大群众风险防范意识。开展涉嫌非法集资风险排查和广告资讯信息排查清理活动，从源头治理非法集资滋生和蔓延的环境。 （刘 灿）

中国人民银行沛县支行

【概况】 2017年，围绕中央经济工作会议和总分行工作会议精神，制定“思想引领、管理规范、尽职尽责、创争一流”的奋进目标，创新创优，以“民生为先、支农助企”为共同愿景，助力金融服务民生，不断提升履职绩效，打造县支行履职亮点。县直机关（单位）绩效考核先进单位一等奖。

【货币政策】 引导全县银行业金融机构合理、均衡增加信贷投放，各项存贷款大幅增加，截至12月31日，全县金融机构人民币各项存款余额512.54亿元，比年初增加58.44亿元，增幅12.87%。在徐州五县（市）各项存款中，总量第二名。

【两权抵押贷款】 农村承包土地经营权抵押贷款余额为17338万元，较年初增加6575万元，增速61.09%。超额完成《沛县深化农村承包土地的经营权抵押贷款试点工作实施方案》中预定的目标1.5亿元。创新"政府+银行+公司"的市场化模式，形成"沛县模式"。"沛县模式"先后获得2015年度全省农业农村改革创新成果奖、2015年度江苏省银行业"创新服务"有影响十件大事之一、2017"赢在徐州"双创大赛第二名并得到省"两权"抵押贷款试点督查小组的充分肯定。先后被《新华日报》《农村金融时报》《人民日报》《金融时报》等国内主流网站权威媒体专题报道。

【普惠金融服务地方经济】 弥补薄弱环节服务短板，发展普惠金融，完善扶贫、就业、助学、妇女创业、大学生村干部等民生金融服务，加大金融精准扶贫力度，着力支持大众创业、万众创新。截至12月31日，大学生创业贷款余额1896万元，妇女小额担保贷款余额6784万元。持续开展金融服务乡镇行—支农助企对接活动。加强政、银、企合作，搭建银企融资对接平台，促进经济金融良性互动，推动镇域经济社会平稳健康发展。

【金融精准扶贫】 加强农村金融综合服务站管理，创新"金融综合服务站+信用三农+电商+知识宣传"模式。借助农村金融综合服务站这一与农民联系密切的平台，在获得农户授权的前提下，由农村金融综合服务站平台采集农户基本信息、非银行信用信息和日常交易信息等，为农民小额贷款提供更便捷、快速的渠道。通过把电商、物流功能融入农村金融综合服务站，为村民提供网络销售、网络购物、缴纳各种税费、车（机）票预订等"一站式"服务。搭建金融知识宣讲平台，引导农村百姓提高对金融知识的掌握，不断提高风险意识和法律意识。《金融时报》以《江苏沛县打造"脱贫通道"》为题进行宣传报道。

【金融风险防控】 完成存保数据真实性现场核查、存款保险评级、保费缴纳工作，发挥存款保险的早期纠正功能。强化金融生态环境创建，完成辖内金融生态环境自评估和相关创建材料的上报工作，助推县政府组织召开全县金融生态环境评估指标分析工作会议，研判全县金融运行态势，安排部署推进全县金融生态环境建设工作。针对主要监管指标下滑、宏观审慎评估C档、执行人民银行政策评价靠后的金融机构，及时进行预警提示、约见谈话。

【农村信用体系建设和征信工作】 充实新型农业经营主体数据库信息、完善金融服务网业务功能，中小微企业信息数据纳入金融服务网工作取得新进展。截至12月31日，沛县金融服务网共采集726家家庭农场、639家农民合作社、16家龙头企业共1381家新型农业经营主体的基本信息，将306家中小微企业信息数据新纳入金融服务网。完成融资对接17702.19万元。购置征信自助查询机，方便市民查询需求。

【金融服务和管理工作】 开展对国库经收业务和国库集中收付业务的商业银行的监督和管理，规范商业银行办理国库业务行为，确保国库资金安全。做好国债发行巡查，规范辖区国债承销机构的发行工作。推动跨区域集中式现金清分业务及硬币自循环工作开展，年内完成县域5台半自动硬币清分机的布放工作。指导协调农村商业银行扎实推进集中式现金清分业务，推动辖内5家银行业机构加入清分中心，有效提升流通中人民币整洁度和小面额货币流通速度。2017年，全年累计清分流通币6635捆，残损币及零币3387捆。贯彻落实国务院"放管服"改革要求，完成省、市政府"3550"审批服务流程改革目标，优化开户审核流程、优化账户审批服务，将账户核准工作由2个工作日缩短到0.5个工作日。

【金融消费者权益】 学习贯彻《国务院办公厅关于加强金融消费者权益保护工作的指导意见》和《中国人民银行金融消费者权益保护实施办法》，提高消保工作的规范化水平。利用“3·15金融消费者权益日”和“金融知识普及月”开展消费者权益保护宣传和消费者金融素养问卷调查活动，加强金融消费者教育。落实金融消费投诉处理的各项要求，建立健全金融消费投诉处理规程，全年共受理电话投诉3起。

（孟 杰）

中国农业发展银行沛县支行

【概况】 2017年，贷款余额167705万元，存款余额191702万元；实现账面利润4859万元，完成任务的158.79%；企事业存款日均13.78亿元，完成任务的156.59%；完成中间业务收入174万元，完成任务的154.67%；完成国际结算1540万美元，完成任务的358.14%。

【粮食收购贷款】 主动与国储库、粮食企业沟通协调，理顺三家关系，为共同完成夏粮收购工作打下基础。深入企业调查，现场解决售粮者结算中遇到的实际问题，保证全县夏粮收购工作顺利开展。支持收购小麦21180.5

贷款5.6亿元支持全县粮食收购

公斤，贷款51680.42万元，稻谷3160公斤，贷款4866万元。加上往年库存量，至2017年末，托市粮贷款134824万元，解决农民卖粮难的问题。储备粮占用贷款1714万元，储备稻谷200万公斤，小麦450万公斤，实现企业、农民、政府、银行四满意。

【土地流转贷款】 全国首创土地流转贷款“沛县模式”，得到农发行各级、省市县委政府、省市金融办、人行、银监局等领导的高度认可。发放农村土地流转规模经营贷款9800万元，支持新型农村经营主体（家庭农场、农民合作社等）实体经济240户，助力实体经济的健康发展，解决实体经济融资难、融资贵的问题。

【项目建设贷款】 发放政府融资平台客户贷款12亿元，其中，大沙河项目1亿元，经济开发区汉润家园棚户区改造贷款7亿元，沛县老城区棚户区改造贷款3亿元，土地流转项目中长期贷款1亿元。努力打造成与地方经济相匹配的农业政策性银行，实现政府、企业、银行双赢目标。

（张永志）

中国工商银行股份有限公司沛县支行

【概况】 2017年，在徐州市工商银行全年四个季度支行经营绩效考核中，分别位居14家支行第三名、第二名、第一名、第一名，获江苏省工商银行、徐州市工商银行先进单位称号，江苏省工商银行精品县支行称号，中国金融工会江苏工作委员会金融学习型组织标兵单位称号，徐州市总工会五一劳动奖状。

【主要数据】 各项贷款达28.8亿元，比年初增加6.34亿元，增幅28%，四行同业存量占比保持第二，增量占比第一；对公存款余额达26.4亿元，比年初增加5.2亿元，增幅24%，四行同业存量占比第一，增量占比第二；实现中间业务收入6556万元，完成任务的160%，四行占比第一；实现拨备前利润1.7亿元，再创历史新高。

【贷款业务】 年末总额达230370万元，比年初增加55173万元，增幅31.5%，四行同业存量占比与增量占比连续两年保持第一。公司不良贷款率连续八年为零。法人客户贷款取得历史性发展。年末有贷款客户12户，比年初增加2户，期末贷款余额211175万元，比年初增加56613万元，增幅36.6%，完成市行下达任务26000万元的217.7%。小企业贷款不断优化。期末余额19295万元，实际服务客户26户，与年初持平，客户数占市行14家支行全部小企业客户的七分之一，服务的客户数最多，贷款下降金额则最少。年末存贷比19.01%，远超过省行15%的刚性规定。开展信贷新产品创新，支持传统产业新兴产业发展。“小微创业贷”贷款金额9595万元，打造小微企业精品品牌，居市行领先地位。个人贷款实现重大突破，年末余额5.78亿元，全年投放1.81亿元，市行占比第二名。

【存款业务】 机构存款提质显著，年末余额20.16亿元，比年初增加4.23亿元，增幅26.6%，完成市行下达任务3.03亿元的139.6%；机构日均存款余额18.58亿元，比年初增加4.01亿元，增幅27.5%，完成市行下达任务3.09亿元的130%。每季度绩效考核均稳居市行前三。储蓄存款客户竞争力不断增强，年末余额34.94亿元，比年初新增5599万元，四行占比第二。代发工资单位客户数91户，比年初增加16户，年累计代发额20亿元，同比增加2.79亿元；中高端客户（五万元以上）数30839户，比年初增882户，同比增加324户，客户金融资产达58亿元。对公新开户拓展取得较好的业绩。全年新开对公账户449户，完成市行430户任务的104.4%，其中，新开有效户323户，完成市行258户任务的125.2%。新开机构账户14户，完成市行任务4户的350%。新开大额平台客户5户，完成市行6户任务的83.3%，任务完成率位居市行第一。养老金业务4单，金额4000万元。资产托管业务有所突破，入账托管资金2000万元。

【综合业务】 全年累计签发银行承兑汇票25450万元。办理银行承兑汇票贴现58512万元，完成市行任务的162.5%，占徐州市行贴现总量的43%，每季度均排名市行第一。贴现利息收入1052万元，比上年增加130万元。实现国际结算业务量7489万美元，完成市行任务5000万美元的149.8%；国际贸易融资发生额1600万元，新开外汇结算户4户。公司中间业务收入达4162万元，完成市行任务3720万元的111.9%，位居市行公司条线第一。代理保险销售4544万元，完成任务的127%；基金销售662万元，完成任务的95%；理财销售10.85亿元，完成任务的131%；三利理财余额达6640万元，完成任务的150%。实现个人中间业务收入1621万元，完成任务的102%。国际业务相关咨询服务收入1000万元超额完成任务。国际结售汇徐州大丰食品有限公司国际贸易融资1600万元。徐州开元轻纺有限公司结汇

党课专题讲座

持续增长，已达120万美元。全年新开外汇结算户4户。在全市国际进出口业务整体下降的不利形势下，仍实现国际结算业务量7489万美元，完成市行任务5000万美元的149.8%；实现结售汇8120万美元，完成市行任务7500万美元的108.3%。

【技术练兵】 组织2017年临柜人员岗位技能练兵活动，在徐州市工商银行举办的2017年岗位技能比赛中，荣获团体第二名，一人获得机器点钞一等奖的优异成绩，代表徐州市工商银行参加江苏省工商银行比赛。

【服务教育】 通过服务技能的考核，提升员工业务办理的效率，减少客户等候时间。及时为客户提供咨询及业务办理前的指导，将最适合的服务资源提供给最合适的客户。强化监督，抓好服务细节落实，每半月对网点进行一次服务检查，定期通报。严格考核，全面提升服务质量。把服务考核结果纳入到绩效分配中。真正做到“考核有制度、执行有规范、奖惩有依据”的服务工作标准。在徐州市工商银行2017年四个季度考核中，分别位居14家支行第三名、第四名、第一名、第一名。 （朱浩军）

中国农业银行沛县支行

【概况】 2017年，以农总行“六维方略”为指引，以服务供给侧结构性改革和“增存扩贷、转型提效、强基控险”为主线，主体业务连年在当地同业和徐州农行系统名列前茅，支行党委连续两年被省行评为“三化三严”优秀单位。

【存款业务】 各项存款余额达到103.26亿元，比年初增长9.44亿元，增量居于当地同业和徐州农行第2名，全市增量占比12.8%，当地四行增量占比47%（其中个人存款四行增量占比70%、对公44%）。“春天行动”“激情仲夏”“赢在金秋”综合营销活动分别位居徐州农行第2位、第1位和第3位。

【贷款业务】 全年累计发放各类贷款近12亿元，余额达到32亿元，其中，累计发放“金农贷”等农户贷款9700余万元，余额达到9112万元，比年初净增5100万元，连续两年实现余额翻倍，总量、增量在江苏农行52家县域支行中跃至第19位和第4位；累计发放住房按揭等个人贷款4.32亿元，余额达到24.94亿元，比年初净增3.15亿元，总量、增量市场份额在当地同业连续第11年保持领先，并成功办理系统内及县内同业首笔“车位贷”；累计发放小微企业贷款近7000万元，比年初净增4200万元，增量、增幅均位居徐州农行前列；累计发放实体企业贷款4.6亿余元，优良客户及低风险业务占比100%；全辖不良贷款占比0.25%，严格控制在上级行核定比例之内。

【经营利润】 实现全口径中间业务收入3830万元，同比多收325万元，圆满完成全年目标任务。实现拨备前利润1.56亿元，同比增加2480万元，完成全年任务指标的108%，实现营业收入2.22亿元，同比增加2739万元，完成全年任务的105.3%。 （朱 永）

中国银行沛县支行

【概况】 2017年，沛县中行坚持以“控风险、促发展、增收入、强基础”为主线，全年营业净收入7548万元，增长率达到13.5%；实现绩效争先进位，市场份额稳步提升，全行稳健可持续发展，获评沛县银行业金融机构2017年度执行人民银行政策评价A类机构。

【信贷投放】 贷款余额较年初新增34501万元，其中，公司贷款新增20433万元，个人贷款新增14067万元。个人贷款中，支持中小微企业及三农贷款9450万元。

【信贷产品创新】 对接供给侧结构性改革，服务国家和地方发展战略，通过金融创新促进产业结构优化升级，在零售贷款方面推出中银E贷、工薪贷、随心贷、农户小额贷等创新金融产品，有效地满足客户需求。在公司信贷产品方面，通过中银信贷工厂审批模式，加大对中小企业扶持力度，通过外贸通、苏科贷、网络通宝等特色产品，批量化服务中小企业，支持中小微企业与个体工商户的发展。借助转收款、出口商贴等创新业务，发挥中行国际结算优势，助力沛县出口型企业快速发展。（王　震）

中国建设银行沛县支行

【概况】 2017年，一般性存款余额日均达51.42亿元，余额占比22.47%，较2016年提升0.78个百分点，当年新增70279万元，新增占比28.94%，同业第二位。其中，企业存款当年新增5.38亿元，占比37.81%，同业第一位。贷款余额27.38亿元，比年初新增6.13亿元，居同业第二位，居市分行第三位。全年实现中间业务收入4064万元，比上年多增近1000万元。超额完成市行计划，居同业第二位。年末实现账面利润11467万元，比去年同期多增2362万元。

【零售业务】 夯实存款基础。细化落实营销方案，加强组织推动，开展形式多样的存款新增竞赛活动，同时配备专项费用考核，做好网点常态化、常数化营销、五日底线管理等工作。组织网点学习并使用理财POS、聚财、薪享通等新产品，设计产品宣传单、营销话术，提高产品认知度和竞争力。夯实客户基础。对临界客户、关注类客户、优质个贷客户、优质信用卡客户、CTS客户、大额跨行转账客户等重点客户进行名单制营销，配发营销指引。落实潜力客户营销方案，促进客户资产晋级提升，同时强化高端客户分类管理，一户一策采取精细化营销。夯实产品基础。在社区、网点宣传栏等区域进行“金管家”、黄金T+D等重点产品宣传，提高产品认知度。推进重点产品目标客户名单制管理，坚持重点产品每日通报制度，定期下发业务提示函督促后进网点。通过电话指导、现场培训等多种渠道，使全辖网点迅速熟练掌握新产品优势特点及操作步骤。

【公司业务】 适应客户融资方式多元化趋势，加快资产业务转型，由以信贷投放为主向客户综合融资转变，有效满足客户的融资需求，提升综合服务能力。对公贷款做好银团贷款、供应链融资及贴现业务；小微企业贷款重点发展成长之路、速贷通、助保贷、善融贷等产品，努力提升小企业业务经营管理水平；个人贷款突出发展个人住房贷款，消费金融重点拓展“快贷”、信用卡分期、房产抵押贷款和小额信贷产品。教育及卫生市场资产业务取得进展，沛县人民医院、沛县中学贷款投放共7000万元，人民医院的“银医通”项目取得突破，将于2018年初上线运行。当年消化不良贷款198万元，实现年末公司类贷款“零不良”，个贷逾期率控制在市分行计划之内。

【信用卡业务】 信用卡业务围绕中间业务创收，认真落实客户营销和风险防范工作，竞争性指标和风控指标均保持系统内较好位次。全年POS商户净增235户、

行领导看望贫困户

活动商户净增185户、达标商户净增185户，均排名系统内第一位。分期交易额1.1亿，计划完成率居系统内第四位。信用卡发卡净增4911户、客户净增3658户，均排名系统内第二位。抓客户拓展。夯实网点常态化营销基础，开展员工发卡营销竞赛活动，实行高端客户名单制营销，推动公司及财政预算类客户批量发卡，同时利用合作商户渠道强化重点产品营销。抓重点产品。根据省分行政策及业务发展需要，及时将分期业务发展重心调整到专项分期业务上。

【电子银行业务】 电子银行实现快速发展，移动替代率由2016年的57.25%提升至2017年的82.7%，提升24.66个百分点，提升幅度居全行第四。手机银行活跃户新增34186户，全行第二，较上一年增71.86%。完善常态化营销机制。以电子银行劳动竞赛达标活动作为柜面常态化营销的衡量标准，将电子银行同步率、活跃客户占比作为营销考核的重要指标，营造网点常态化营销氛围。精细化营销机制。参与各种客户体验活动，提高客户动户率水平；整理不动户明细下发网点，开展二次营销，促进有效客户提升；完善考核办法，将买单绩效与客户质量挂钩，促进有效客户拓展。

【企业文化】 推进企业文化建设。加强员工队伍建设，加快人才培养，广泛凝聚力量、营造良好氛围，为业务发展提供有力支撑。对新入行员工建立定期轮岗机制，通过多岗位交流为青年员工搭建锻炼、成长、展示的平台；开展客户经理公开竞聘，选拔优秀青年员工走上客户经理岗位，逐步锻炼培养成才；推进关爱员工工作，全力为员工办实事、做好事、解难事，重点从工作、生活等方面对全行，尤其是一线员工给予人文关怀；精心推进劳动竞赛、困难职工帮扶、文体活动、职工小家等建设。 （许红梅）

沛县农村商业银行股份有限公司

【概况】 2017年，推进精品银行建设工作，品牌形象、社会口碑与日俱增，期间获得“江苏省妇女联合会巾帼文明岗”、“徐州银行业协会2017年度信息工作先进单位”、“2016年度徐州银行业政务信息工作一等奖”、沛县“2016年度先进帮扶单位”、沛县“2016年度大学生村干部工作先进集体”、沛县“2016—2017年度价格诚信单位”、沛县“2015—2016年度金融保险等公共服务行业满意放心窗口”等多项荣誉称号。

【经营发展】 资产总额达到150.75亿元；各项存款余额135.77亿元，比年初增加18.75亿元，增幅16.02%；各项贷款余额97.45亿元，比年初增加9.14亿元，增幅10.35%，存贷款县域市场占有率分别为26.5%与37.2%，均列第一位。

着力支农支小，提高营销广度与深度。围绕沛县产业结构调整趋势，将信贷资源向“三农”倾斜，突出对农民专业合作社、农业龙头企业、家庭农场等新型农业经营主体支持，加大两权抵押贷款投放力度，增强农村金融服务的针对性和有效性。年末涉农

看望朱寨镇燕牌坊村贫困儿童

贷款余额87.79亿元，较年初增加10.63亿元，增幅13.78%。全年共向农业龙头企业、家庭农场主、农业合作社成员、两权抵押等发放贷款2361户、金额4.35亿元。

践行普惠金融。以IPC技术本地化改造为依托，提档升级“阳光信贷”，着力推进集中授信，共涉及351个行政村、20.68万户。目前，支行已确认11.83万户，授信金额57.2亿元，夯实“阳光信贷”工程基础，惠及百姓万家。

3·15消费者权益日宣传活动

【社会责任】 围绕精准扶贫，主动承担社会责任，彰显服务“三农”宗旨。将扶贫小额贷款作为一项政治任务来抓，不断加大扶贫贷款投放力度、创新扶贫开发体制机制，为全县脱贫致富提供有效资金支持。至年末，发放扶贫贷款余额1.92亿元，受益农户1.21万户，位列徐州市金融机构第一。

开展“百千万”工程，包挂扶贫村贫困户263户，全程资助8名学生圆了大学梦。冠名县委、县政府组织的各项公益活动，开展“百场戏曲惠农民”送戏下乡、农商行杯广场舞大赛、农商行杯银行业务技术工匠选拔赛、农商行杯篮球赛等活动。 （徐方旭）

江苏银行股份有限公司沛县支行

【概况】 2017年，各项存款12.4亿元，各项贷款19.3亿元，较年初增加2.95亿元。打造小微金融、科技金融、税e融等特色信贷业务优势，参与地方重大项目建设，抢抓有利商机，落实专人抓好项目的有序落地和有效投放。

【零售业务】 开展“三公里营销”“党员进社区”“异业联盟”等活动。“卡易贷”、“E融”系列产品的推广，提升在当地消费贷款市场的占有率，为广大市民提供方便快捷的融资渠道；科技金融和场景金融发展，通过办理市民卡、电子银行等业务，提升服务水平、优化客户体验，将金融真正融入百姓的生活。

【小微金融】 以特色业务为方向，引领特色金融发展。利用现有的e融系列、苏科贷、新农贷等小微企业平台和产品，支持小微企业发展；把绿色金融、小微金融、科技金融、跨境金融作为发展特色和创新的着力点，把分行的发展战略与沛县当地的实际情况相结合，加强产品创新、服务模式创新、支持实体企业发展，打造沛县当地的金融特色。

【服务当地经济发展】 及时了解掌握政府招商引资工作动态，抓好新注册、新落户项目的跟踪营销、签约工作。有效实施“亲政府”战略，抓好“营销新客户，挖潜老客户”的活动。坚持“走出去、请进来”，通过“党员进社区”活动扩大零售业务的覆盖面，充分发挥江苏银行作为地方法人银行更贴近市场、更了解市场和对市场需求反映更快的特点和优势，实现产品服务对客户需求的“全流程、全方位、全覆盖”。

以县“三重一大”项目为目标，向分行争取信贷规模，加大对棚改基金、医药、发电、新能源、特色小镇、三农金融等项目的资金支持。

【文明优质服务】 做好对个人优质客户、VIP客户的创新服务。不断完善配套设施和全方位的服务功能，拓宽广大客户的需求，提升支行的企业形象和竞争力，以更专业、优质、快捷、热情的服务赢得客户的满意。（陈 鹏）

邮政储蓄银行沛县支行

【概况】 2017年，邮政金融个人存款规模达73.69亿元，年净增4.92亿元，其中，自营网点存款规模达到23.5亿元，年净增1.02亿元；存款时点余额9.17亿元，较年初下降1.94亿元；当年信贷投放8.49亿元，与上年同期相比，年投放净增0.8亿元，其中，"三农"信贷领域投放7.8亿元，小微企业信贷投放0.69亿元。截止到12月末，逾期金额1228.83万元，比年初增加14.70万元，逾期率1.01%，比年初降低0.39%；不良贷款金额1280.7万元，比年初增加49万元，不良率1.06%，比年初降低0.37%。五段镇支行荣获总行"职工文明小家"荣誉称号；魏庙镇支行荣获江苏省银行业协会普惠金融五星级网点荣誉称号；营业部荣获县总工会五一文明班组光荣称号；综合管理部荣获市公安局安保工作先进集体光荣称号；沛县支行在徐州市分行第四届零售技能大赛上，取得团体二等奖的优异成绩。

业务竞赛

【小微及实体经济信贷产品】 在支持小微及实体经济方面的信贷产品有传统小额贷款、家庭农场贷款、富农贷、农保贷、苏农担涉农贷款、税贷通、发票贷等产品。

【金融产品创新】 为支持小微企业发展，推出强抵押、信用类、弱担保近60余款产品，有效缓解其"融资难"问题。其中，借助政府风险补偿资金，推出了"助保贷"弱担保产品；针对成长性好但没有抵押物的小微企业，推出"税贷通""发票贷"等纯信用产品；根据小微企业资金需求特点，推出了额度循环期最长5年的信贷产品；为小微企业解决过桥资金融资难题，推出了"转期贷"产品；根据小微企业融资需求急的特点，推出"快捷贷"产品，将贷款办理时间从受理到审批缩短至8天之内。沛县支行累计放款苏农担1560万元，小企业快捷贷余额800万元，税贷通余额475万元，小企业排污贷余额720万元，小企业医院类贷款投放800万元。

【人员结构持续优化】 实行机关、柜面大瘦身，提升营销人员占比。2017年，根据网点业务及管理实际，推进县行营销职能转变，全年共压降6名柜面人员，3名后台机关人员充实到营销人员队伍，同时新增2名大学生至信贷客户经理队伍，全行营销人员占比44.14%，较上年同期营销人员占比提升9.32%。整合队伍，提高网点管理水平。根据实际情况，将年龄相对较大、管理理念老化的部分二级支行长调整到合适岗位，新提任三位年轻有为的大学生到网点支行长岗位进行锻炼，为二支的经营管理注入新的活力。开放外包，切实提升网点服务水平。大胆尝试外包，与徐州百大劳服公司合作，公开对外招聘，遴选一批年龄适当、文化水平较高的大堂经理，以切实增强网点营销和服务能力。

【内控合规管理体系】 开展网点合规检查工作，注重检查成果转化，法律与合规工作走在全区前列。全行合规检查以风险防控为基准点，通过关注重点网点、重点人员、重点业务，下发专题风险提示、整改意见书等，时刻扎紧制度笼子，确保全行各项业务合规稳健运行；开展“三违反、三套利”及“内控优化年”专项检查工作，确保全行各项业务在合法、合规的轨道上运行；注重员工轻微违规系统和合规管理系统运用。全行员工轻微违规行为累计记分44人次，记分分值123分；同时注重检查过程管控，将检查发现问题录入合规管理系统，做到问题的闭环管理；反洗钱工作走在全区前列，逐步规范网点反洗钱基础管理，强化系统使用考核，上报重点可疑交易一篇，获得市分行和人民银行认可。（潘　玲）

江苏沛县汉源村镇银行股份有限公司

【概况】 2017年，各项存款达12亿，各项贷款达9亿元。现辖5家支行，1个营业部，90多名干部员工。

【经营理念】 树立“立足县域、服务三农”的宗旨，创建支农、兴农、惠农的企业文化，遵循农业、农村经济发展规律和金融规律，及时了解和满足沛县区域范围内“三农”金融需求，发展农户小额贷款和农村小企业融资，提高农户和农村小企业贷款覆盖面和满足度，强化对现代农业的信贷支持，提升农村金融服务水平。

【信贷产品】 践行国家精准扶贫政策及金融支持乡村振兴战略，落实供给侧结构改革，金融服务实体经济的要求，量身定制多款信贷产品，不断贴近群众生产生活需求。先后推出“亲情贷”“土地流转贷款之乡情贷”“宅基地流转贷款之邻里贷”“妇女创业贷款”“农机贷”“装修贷”“失地农民创业贷款”“车位贷”等系列贷款产品。（单世民）

中国人民财产保险股份有限公司沛县支公司

【概况】 2017年，实现保费收入22192万元，同比增长17.77%。其中，机动车辆保险保费收入14419万元，比上年增长15.65%；非车险保险保费收入3199万元，比上年增长38.09%；2017年农业保险保费收入4574万元，比上年增长12.68%。全年账面承保利润1609万元，综合成本率92.23%。全年支付赔款12189万元。共有营业网点11个，其中，1个支公司，7家营销服务部，从业人员68人。

【服务经济社会】 落实车险理赔工作要求，进驻交通事故综合调解处理中心，轮流值岗，及时受理事故理赔，极大方便广大车主的事故处理。坚持保险回归保障、回归健康的理念为导向，尤其是各种大病险、重疾险的出台，既为政府大病医疗保障政策上作了有益补充，又给因病致贫家庭提供生活保障。2017年全面推开大病保险，统筹项目覆盖全县20多万人，商业保险已成为保障和改善民生重要支柱。

农险果树查勘

加大理赔回访力度，提升投诉处理时效，强化服务资源整合，加快小额案件赔款速度，全面推动车险、非车险协赔工作机制，不断提升服务能力。

创新产品和险种，扩大服务领域。在以信用保证险、诉讼保全责任保险、扶贫保险、综治险等为代表的非车险新兴领域精耕细作，提升民生保险覆盖范围。扩大险种覆盖面，涉及种植业、养殖业、高效设施农业、涉农保险等多个领域。加大“三农”服务网点、配置农险查勘车，公司投入GPS、移动查勘设备、测拍仪、卫星遥感、无人机航拍查勘技术等科技手段，为农村保险市场健康发展提供强有力的装备技术保障。

【支农惠农方式】 农业保费收入稳步增长，同时，财政不断加大保费补贴力度，共争取中央和省级财政保费补贴2694.53万元，县保费补贴665.97万元，占总保费收入的近73.47%。保险覆盖面有进一步拓展。按照提质、扩面、增效的总体要求，不断增加新险种、扩大覆盖面，由2007年试点初期水稻、小麦、能繁母猪等单一的种植业、养殖业5个险种，拓展到2017年主要种植业、特色养殖业和高效设施农业三大类25个保险品种。全县主要种植业承保面积稳定在90%以上，主要养殖业实现“应保尽保”，高效设施农业基本实现险种全覆盖。

【农业保险防灾减损功能】 2月21日，遭遇暴雪及冻灾天气，支付蔬菜大棚及露地菜赔款1380.96万元，惠及农户1226户次；3月1日风灾，支付蔬菜大棚赔款589.93万元，惠及农户1271户次；4月13日雹灾，支付桃赔款183.91万元，惠及农户423户次；7月6—7日暴雨，支付高效农业赔款547.53万元，惠及农户1435户次；7月14—15日暴雨，支付高效农业赔款283.05万元，惠及农户542户次；8月12日暴雨，支付高效农业赔款346万元，惠及农户496户次。农业保险在几次灾害救灾中，保险公司快速反应，积极参与，主动理赔，上门服务。支付赔款3331.38万元，有力发挥灾时“撑伞”、灾后“撑腰”的作用。

【文明建设】 开展“3·15消费者权益日”“7·8全国保险公众宣传日”“倡导诚实守信经营、共建消费和谐环境”等活动，向贫困学生组织捐款，献爱心。

（张 娜）

中国人寿保险股份有限公司沛县支公司

【概况】 2017年，总保费规模达到6.31亿元，总量全市第一，同比增12%，刷新沛县支公司历史纪录，为全省“跨越500亿”作出贡献。连年稳居沛县保险市场领先的主导地位。各类保险给付、理赔及时帮助受灾出险单位和个人渡过难关，促进了社会的祥和安定。沛县公司持续加强与县政府各部委的联系与沟通，获得县委县政府综合绩效考核机关（单位）绩效考核先进单位二等奖荣誉，排名驻沛县金融保险单位前列。

【客户服务】 推行e宝、e柜、预约服务等新型服务模式，实行柜面驻场精英充实营业大厅服务力

“为爱健走 将爱传递”公益活动

量，有效缓解大厅客流压力，提升客户感知和客户满意度。同时，借力直播宣传的影响力，有效推广“重疾一日赔”、“微信影像上传”等全新的服务方式，引发社会关注；为客户提供重疾一日赔服务，树立沛县国寿理赔服务品牌。通过“为爱健走将爱传递”第三届万人公益健走活动、“全国保险公众宣传日”、“牵手国寿智慧生活”第七届少年儿童绘画活动等一系列客户活动，客户参与总人数达5000余人，强化中国人寿的品牌效应。

【城乡居民大病保险】 城乡居民大病保险参保人数为103.54万人，人均保费33元，收取保费3416.67万。全年为5832名参保居民，提供11276人次大病保险保障，累计赔付金额为3650.08万元，大病患者报销比例平均提高14.28%，参保居民“因病返贫、因病致贫”的问题得到了较大程度缓解，充分体现中国人寿对“关爱民生，精准扶贫”社会责任的担当。

落实国家“精准扶贫”战略，为全县建档立卡低收入人群在大病保险报销比例上提高10%，在健康扶贫工程上承担应有的责任和担当。

中国人寿沛县支公司受政府委托，承担着全县县级以上医疗机构参保人员外伤（中毒）及异地就医高额医疗费用核查工作，累计受理核查件7279件，经核查不予补偿的阳性件为734件，阳性率为10.08，节省城乡居民医保资金约540余万元，挽回大病保险资金约90余万元。

（刘　汀）

沛城沿河

科学技术

【概况】2017年，按照省科技厅、市科技局工作部署，实施创新驱动发展战略，加快区域创新体系建设，推进研发集聚、孵化集聚、产业集聚和人才集聚，提升县域科技创新水平，科技创新逐步成为引领经济社会发展的第一动力。

【创新体系】出台《沛县深化科技体制改革创新驱动城市发展实施方案》《关于加快工业经济创新发展的若干政策意见》《沛县科技成果转化风险补偿专项资金管理暂行办法》《沛县产业发展和科技创新专项资金管理办法》《沛县省高新技术企业培育资金管理办法（试行）》等政策措施，修订《沛县科学技术进步奖奖励办法》，提高科学技术进步奖奖金额度和频率。

对照国家重点支持的高新技术领域和高新技术企业认定条件，开展科技企业摸底调查工作，筛选出技术基础好、产业带动性强的科技型企业予以重点扶持，引导企业对标杆、补短板，鼓励企业开展高新技术企业和产品申报。获批高新技术企业9家、高新技术产品17个，13家企业入选江苏省高新技术企业培育库。新增省级众创空间4家，工程技术研究中心3家，技术中心2家，研究生工作站6家，博士后创新实践基地4家。累计建成国家级技术中心1个，省级科技企业孵化器3家，省级众创空间4家。全县拥有省级企业研发机构56个，市级603个，规模以上工业企业实现市级以上企业研发机构全覆盖。与东华大学合作共建沛县东华编织机械产业技术研究院，与江苏大学合作共建沛县灌排产业技术研究院。

【知识产权管理】获批国家知识产权强县工程试点县和江苏省知识产权强省建设区域示范县。新增发明专利申请377件，发明专利授权66件。拥有有效发明专利181件，万人发明专利拥有量达到1.62件，39件优秀专利获省知识产权局专利资助资金7.8万元，获批市级科技进步奖2个，其中，“肉鸭发酵床养殖综合配套技术示范与推广”获得市科技进步一等奖。中宇光伏、芭田生态、新格灌排等3家企业获得国家企业知识产权“贯标”认证。东华大学与徐州恒辉编织机械有限公司共同承担的复合材料预成型体自动编织装备和特种编织技术与装备及其产业化2个项目通过科技成果鉴定，分别达到国际先进水平和国际领先水平。重点实施专利提质增量计划以及专利领航、专利小巨人的培育计划，培育一批高价值专利。在传统优势产业、战略性新兴产业中建设一批知识产权密集型企业，大幅度提升沛县自主知识产权拥有量，增强企业核心竞争力。

【政产学研合作】 先后赴中南大学、吉林大学、东北大学等11所高校院所开展产学研交流对接。组织开展“智汇沛县——中科院专家沛县行”“智汇沛县——纺织产业发展论坛”“智汇沛县——山东理工大学专家走进沛县”等有一定影响力的产学研活动10余次，签订校地合作协议4个，建立校企联盟40个，东华大学技术转移中心沛县分中心、山东理工大学沛县技术转移转化中心挂牌成立。累计签订校地合作协议13家，合作共建产学研创新载体7家，建立校企联盟162个。推动产学研精准对接，签订校地合作框架协议3个、与高校院所共建产学研创新载体2家、建立“校企联盟”25个以上。全年组织“千人计划进沛县”“百家院校科技成果进沛县”等有一定规模的产学研活动10次以上。做好科技金融工作，“苏科贷”入库企业达30家，发放贷款不少于6000万元。

【载体平台建设】 沛县科技创业园总规划用地1000亩，包括西部项目区、高标准厂房区和综合服务区三部分。重点招引军民融合、机械机电、电子电器、新能源、新材料、科技研发、软件开发、云计算、大数据、电子商务、动漫设计等“四新”企业入驻。县经济开发区加快国家级创建步伐，入驻国内外知名企业80余家，综合实力位列全省89家省级开发区第18位。沛县高新区规划建设全面启动，完成一期拆迁20万平方米，润康药业等高新技术项目开工。张庄、敬安、鹿楼、安国等8个产业集聚区基础设施和服务功能加快完善。

【企业自主创新】 实施优势产业核心竞争力提升计划。围绕“5+2”产业体系，推进重点领域核心关键技术突破，提升能源化工、农副产品加工、铝加工、轻工纺织、冶金铸造等优势产业的核心竞争力，培育壮大光伏光电、装备制造等高新技术产业和战略性新兴产业，加强新材料、新一代信息技术、生物技术和新医药、节能环保等前瞻性产业研究能力，推动产业和产品向价值链中高端跃升，提高产业层次和企业核心竞争力。围绕恒辉编织、鑫宇光伏、新格灌排等行业龙头企业，打造一批位居行业前列的创新型领军企业。围绕中宇光伏、大风乐器、金石彭源等企业，打造一批科技“小巨人”企业。围绕展宏泵业、中水灌排、欧凯弗等科技型中小企业，打造一批高新技术企业。建设一批重点实验室、院士工作站、工程技术研究中心、工程中心、技术中心等国家、省级科技创新平台。在全县规上工业企业实现市级以上研发机构全覆盖基础上，支持大屯工贸建设国家级研发机构，支持金石彭源、恒辉编织、芭田生态建设省级重点实验室，支持鑫宇光伏、中宇光伏建设院士工作站。

【财政投入保障】 及时兑现对新增高新技术企业、新增发明专利授权、新增省级以上研发平台的奖励政策，同时，落实企业研发费用加计扣除、高新技术企业税收优惠政策，切实做到应免尽免、应减则减。 （唐清磊）

沛县科技创业中心

气象服务

【概况】 2017年沛县气象局荣获“城乡建设与管理服务工作先进单位”“安全生产监管优秀单位”称号，获得地方绩效考核一等奖，被评为沛县文明单位。沛县突发事件预警发布中心工程项目公开招标，为农服务“两个体系”和沛县人影作业指挥系统工程列入农业农村重点工作，沛县气象科普馆正式投入运营，成立县级党组。

【气候特点及灾害情况】 全年平均气温15.8℃，较常年14.6℃偏高1.2℃；年极端最高气温37.8℃，出现在7月24日，年极端最低气温-7.8℃，出现在12月17日；年大于等于35.0℃的高温日数19天。年总降水为801.8毫米，较常年平均745.8毫米偏多56.0毫米，降水时空分布不均匀；年日照总时数1991.0小时，较常年1997.2小时偏少6.2小时。7月6—7日出现雷雨大风，局部冰雹等强对流天气，造成城区积涝，对农作物造成一定程度的影响。全年气温偏高，降水略偏多，日照时数正常略偏少。从总体上看，全年无明显灾害性天气，气候条件对农业生产无较大影响。

【气象服务】 认真履行灾害监测、预报预警、信息发布及应急联动响应职责。有效应对干旱、雾霾、暴雪、强对流天气等各种气象灾害，全年因气象灾害造成的人员死亡数为零。参与巨灾保险、农业政策性保险、气象指数保险等标准制定和定损理赔工作。建成农村大喇叭应急直播系统。开通微信、微博发布业务，实现周边县市区域联防。加强应对气候变化宣传、决策咨询、气候事件影响评估等服务。

【防灾减灾救灾】 落实《江苏省气象灾害防御条例》，建立以预警信号为先导的停工停课机制，完善部门间高效联动主动应对气象灾害的响应机制，实现应急预案100%对接，成立省市县三级突发事件预警信息发布中心，实现有气象服务站、电子显示屏和预警大喇叭，气象灾害应急演练与隐患排查以及防雷安全监管等纳入安全生产专项考核。全年向公众发送各类气象服务短信1000余条，发布各类气象灾害预警信号36条，为各级政府和公众主动防御、有效抗灾争取更多时间。

述职述法述学述廉专题会议

【业务现代化】 深化观测网络自动化与部门共建共享。加强现代化城区暴雨内涝监测，建设5套城市自动气象站，实现国家自动气象站3G网络自动备份，建成全市第一家应急移动气象站，推进数据规范化入库并上传省局。完成突发事件预警发布中心、人影增雨防雹作业指挥系统等重大项目。

【社会管理】 气象灾害防御、防雷安全等纳入各级政府安全生产责任书和全市安全生产检查重点内容。开展防雷安全整治行动，对全县易燃易爆场所进行检查，定期检测率100%。强化全县重大活动施放气球安全检查，开展执法15次。做好法治政府考核、政府信息公开等各项工作，打造“透明气象”。

（樊晓华　张淑颖）

教　育

【概况】 2017年，沛县有各级各类学校164所（含民办学校，不含幼儿园）。其中，小学117所，初中25所，普通高中8所（含完全中学1所），特教学校1所，中等职业学校2所，九年一贯学校11所。各级各类学校中，民办学校4所。全县中小学在校学生15.54万人（含民办学校），其中，小学11.36万人，初中3.02万人，高中1.13万人，特教中心校308人，全县中等职业学校在校生5414人。全县有幼儿园86所（其中民办幼儿园40所），在园幼儿4.64万人。义务教育阶段入学率100%，初中巩固率100%，高中阶段入学率97%，学前三年幼儿入园率97.4%。

全县有教职工9265人，其中专任教师9000人。教师学历合格率高中100%、初中100%、小学100%、幼儿园100%。全县有省特级教师10人，省、市名师名校长24人，人民教育家后备人才培养对象1人。2017年，全县义务教育阶段省教育现代学校105所，省三星级以上普通高中7所。全县有省市优质幼儿园53所，合格园达标率100%。全年撤并学校3所，新建学校4所。

【中高考新突破】 在高考中，沛县全县本科上线1895人，比2016年增加793人，本科上线率65.03%，比2016年提升38.21个百分点。其中文化一本上线354人，比2016年增加144人，上线率比2016年提升9.22个百分点，增幅全市第二。张寨中学高考艺体成绩突出，上线率达63.2%。中考在试卷难度提升，全市总均分下降，沛县参考率提升7.7%，中考学籍总均分比2016年提升35.6分。增长幅度居全市第一。沛县被认定为徐州市唯一的公办初中高位较均衡县。沛县初中、五中、三中在全市259所公办初中位居前10名。

【学校建设】 全年新（改、扩）建学校9所，其中，新建学校实验小学、汉源小学、正阳小学南校区等学校3所，改（扩）建学校歌风小学、安国中学等学校6所。歌风小学扩建工程教学楼、多功能教室、图书馆竣工验收，已交付使用。实验小学（占地78亩，建筑面积3万平方米）主体建设完工。正阳南校区（占地78亩，建筑面积2.3万平方米）9月已经建成投入使用，3所新（扩）建学校缓解了老城区学位紧缺的问题。新城区新规划建设沛县汉源小学（10轨，占地69亩，建筑面积2.4万平方米）已开工建设，新城实验学校（建筑面积8100平方米，投入资金3390万元）扩建启动，建成后将缓解新城区学位紧缺的问题。完成校安工程项目5个，安国中学综合楼、五段俞庄小学（幼儿园）教学楼、王店中学教学楼、建筑面积约1.8万平方米，投入资金约5544万元。安国镇二郎庙小学新建4500平方米，投入资金1434万元。湖西农场中学新建2000平方米，投入资金677万元。校舍安全工程和义务教育“改薄工程”有序推进，城乡之间、校际之间的教育资源进一步均衡。

【教师队伍】 沛县多渠道、全方位扩充教师队伍。通过社会招聘新教师229人，通过政府购买服务的方式再聘用合同制教师71

运动会开幕式

人，缓解教师短缺压力。沛县教育系统坚持“请进来”和“走出去”相结合，多层次开展教师全员培训。省级以上培训300人次，市、县级培训3万人次。沛县教师赴南通跟岗培训200人次，全年多次组织高中组研训人员赴南通如皋市参加高中备课组长会议和如皋教学视导，与南通开展协同教研，巩固和完善集体备课、活动单编写、三课范式等教研成果。

【沛县名师工程】 教育局为加强教学常规管理，规范和优化教师的教学行为，制订出台《沛县新教师123成长方案》《中小学“教学七认真”实施意见》等一系列教师发展实施意见，并实施“名师名校长工程”和“青蓝工程”，建立名师培养梯队，制订《名特优教师（校长）考核办法》。年内，沛县有10所学校被评为徐州市“师德建设先进集体”；6所学校被评为徐州市教育系统先进集体；24名教师获徐州市“师德先进个人”，另有徐州市德润彭城·最美教师2名；徐州市优秀教育工作者49名；徐州市首批“三师工程”申报工作中，沛县12人获得“青年良师”、9人获得“带头优师”、2人获得“领军名师”称号。获县委、县政府表彰的先进集体43家，优秀教育工作者257名。

【学生综合素养增强】 教育局以立德树人为核心，创新德育方式方法为指导，集中开展习惯“养成教育”“立本教育”“责任教育”等德育活动，促进学生良好道德品质的形成和文明礼仪习惯的养成。全年开展阳光体育活动，推进足球进校园、武术进校园，全面提高全体学生的体质健康水平。开展阅读活动、社团活动、特色学校创建和全县中小学特色艺术、特色体育成果竞赛活动，成功举办3800人参演的沛县第二届中小学体育艺术节等活动，其中2个特色节目被省厅选出，参加学生资助汇报演出。

【联盟学区】 为统筹推进义务教育一体化，解决义务教育城乡发展不协调的问题，促进优质均衡发展，在深化集团化办学成果基础上，沛县教育局推进城区优质学校（领盟学校）牵头，与其他成员学校组成联盟学区。教育局成立以教育局局长贺磊任组长，教育局班子成员和城区领盟学校校长任成员的领导小组。各联盟学区由局领导包挂，包挂领导和教研员组织并参与活动。学区联盟按照五种工作机制开展工作：行政研讨机制、资源共享机制、集体备课交流机制、多元结对机制、考核评价机制。联盟学区形成紧密型教育教学共同体，充分发挥领盟学校优质资源的示范、引领作用，有效加强联盟学区建设管理，实现联盟学区内“合作共生”。联盟学区方案实施以来，各学区能按照计划，积极开展各项活动，教研活动风生水起，各联盟间互学互助，合作共生，义务教育教学质量持续提高。

【教育基地建设】 为落实农民收入五年倍增计划实施方案，按照《沛县农民收入五年倍增计划实施方案》关于农民培训的要求，继续加强农村社区教育的服务功能。下半年共招收农民“学历技能双提升”新学员3000人，退役士兵培训450人，开展农村实用技术培训2.8万人次，农村剩余劳动力转移培训4000人，农民创业培训3000人次，社区教育的其他培训16万人次。11月栖山镇社区教育中心和沛城街道社区教育中心成功创建省标准化社区教育中心；3个镇社区教育中心通过江苏省标准化社区教育中心评估。全县开展新农民“学历技能双提升”培训、农村实用技术培训、社区教育培训达37.6万人次。

【学前教育】 落实“学前教育五年行动计划”，按照每5000~10000人1所幼儿园的底线标准，分期建设一批规范、安全、优质的公办幼儿园和普惠性民办幼儿园。沛县计划新（改、扩）建幼儿园33所，实际完成36所。年内，创建省、市优质幼儿园14所。按照“统筹规划、合理布局、规范管理、依法取缔”的工作思路，沛县开展无证幼儿园清理整顿工作。取缔无证幼儿园180所，认定幼儿园看护点249所，提升发证21所，基本实现“办园手续规范、园舍设施规范、人员配备规范、教材使用规范”的目标。

【学生资助工作】 沛县帮扶救助孤贫中小学、大学生，促进社会公平。在沛县县委、县政府的支持下，教育局组织开展孤贫生慰问活动，为36名孤贫学生提供来自社会、企业的3.6万元资助。高考结束，为了让贫困学生能够顺利进入大学，圆满完成学业，沛县对126名新考入大学的本科学生进行资助，资助金额达35.1万元。结合上级精神，沛县向省资助中心争取资金2336.86万元，为2913名大学生办理助学贷款。向589人次中职学生发放助学金58.9万元；为3015名全日制中职学生免学费663.3万元；为3499人次高中困难学生发放助学金349.9万元；为1083人次普通高中建档立卡家庭经济困难学生免学费86.64万元；为2.33万人次义务教育阶段学生发放生活补助费1412.29万元（含低保生资助金额）；向2794人次学前教育困难儿童发放资助金139.7万元。结合沛县实际情况为37名大学毕业生办理就业补偿20.1万元，完成了2090名学生的助学贷款利息催收工作，还息成功率达96.18%。6月，沛县学生资助工作获省教育厅、财政厅绩效优秀等次认定。

【教师省市技能大赛】 在江苏省教育厅举办的中学实验说课大赛中，沛县第五中学的老师孙宪明荣获省级一等奖。在江苏省教育厅举办的生物实验操作技能大赛中，沛县第五中学的老师孔菁荣获省级二等奖。在江苏省小学科学实验教学技能大赛中，沛县实验小学的老师刁爱强荣获省级二等奖。在江苏省教育厅举办的幼儿园教师自制玩教具大赛中，沛城镇汉源幼儿园的老师张海凤荣获省二等奖。在徐州市初中物理实验技能大赛中，沛县张庄中学的老师葛传宝荣获一等奖，沛县栖山中学的老师魏垂宝、张庄中学的老师张延辉荣获二等奖。

【中小学教育技术装备】 沛县教育现代化水平不断提升，全县中小学课桌凳更新2万多套，共计220余万元。强化校园安保，完善校园安防设施，与公安系统联网，实现一键式报警，完成监控系统工程，安装视频监控340套、监控探头7000余个，周界报警系统186套，实现校园技防全覆盖。30所学校更新教育教学设备，投入资金1000万元，顺利通过市现代化学校验收。

【省厅专项督导】 12月5日，省督导组一行4人在省教育厅教育评估院调研员施永进的带领下，对沛县的改薄工作进行专项督导。督导组听取副县长刘雪君的政府专项汇报，查看改薄资料，召开座谈会，实地查看10所学校，对沛县的改薄工作取得的成绩给予肯定，同时也指出存在的问题和不足，提出下一步整改建议，对推动沛县改薄工作的开展，起到促进作用。

【市局专项督导】 11月30日，市教育局副局长葛宝堂一行9人，对沛县的义务教育质量监测工作进行专项督导，督导组听取副县长刘雪君代表县政府作的情况汇报，查阅相关资料，实地察看了6所学校。肯定一年来沛县教育所取得的成绩，也指出存在的问题，提出下一步工作建议。教育局党委成员及相关股室负责人参加督导汇报工作。

【徐州市督导考核】 4月21日，市督导室副调研员苏建刚率领的市政府教育督导团一行10人，对沛县教育工作进行了督导考核。督导团听取了副县长刘雪君代表县政府的工作汇报，访谈了教育、财政、国土、住建等职能部门，查阅资料台账，查看8所中小学、8所幼儿园。督导组对沛县教育工作给予高度评价，指出县政府切实履行教育职责，依法保障教育投入，统筹协调各类教育发展，加强教师队伍建设，教育工作走在全市前列。督导组还对沛县教育工作提出意见和建议，指出要进一步规范教育经费管理，加强班级班额的控制，规范各项教育管理。刘雪君代表县政府表示，一定按照督导组的要求，继续做好沛县的教育工作。

【沛县教育现代化监测】 江苏省

督导室对沛县进行现代化教育现代化监测评估，共设置8个一级指标、42个监测点、83个监测要点。督导室根据《江苏省教育现代化建设市县检测评估细则》，仔细研究标准，科学落实分工，规范采集填写数据，规范操作流程，经评估，沛县2016年综合得分82.48分，圆满完成既定目标。

【文体活动】 1月，开展“迎新春送祝福”师生志愿服务活动，组织正阳小学、实验学校、沛县初中、五中、三中、树人小学等100多名城区师生为群众免费写春联、送春联、送剪纸。3月，值“向雷锋同志学习”54周年之际，全县中小学校开展“学习雷锋，做美德好学生”实践活动。4月，组织开展“我们的节日清明”实践教育活动，开展“网上祭英烈”，引导各中小学祭扫烈士墓，缅怀先烈英雄事迹，增强爱国热情；与县文广新体局联合举办第三届“县长杯”校园足球联赛活动，来自全县中小学的22个代表队进行了35场比赛，推进校园足球运动活动的开展。5月，在正阳小学组织开展全县中小学习惯养成教育现场推进会，全县300多人参加此次活动。6月，组织开展全县中小学特色艺术、特色体育成果竞赛活动。10月，组织举办全县田径运动会，比赛有63支代表队，504名运动员参加。

【沛县9名教师参加国际合作交流】 沛县完成2017年江苏英语教师雏雁培育项目培训学员的选拔工作，9名教师短期出国进修再充电。其中，沛县3人在选拔工作中取得优异成绩，11月份将赴美国学习。

【信息化建设】 沛县不断加大教育信息化经费投入，全年用于添置硬件设备、软件开发、网络升级维护等总投资4154万元，占教育公用支出的8%，保障教育教学的正常进行。其中，办公设备购置1862.7万元，专用设备购置1185.6万元，信息网络及软件购置更新15.7万元。另新建沛县正阳小学、沛县实验小学，由江苏沛县中江国际城镇开发有限公司在工程款结算中支付、政府采购中心采购中信息化经费投入总计1089.86万元。智慧教育基础条件改善，智慧教育体系完善，推动智慧校园建设，中小学实现宽带接入“千兆到校、百兆到班”数达到28所，超过“教育发展目标责任书”要求的16所。

（王　利）

学校简介

沛县中学

【概况】 2017年，全校有59个教学班，在校生2752人，教职工308人，其中，特级教师2人，教授级高级教师1人，研究生学历42人，省市县名优教师112人。被评为“江苏省教育工作先进集体”“徐州市‘一师一优课、一课一名师’活动先进集体”。

【人事改革】 8月，县委、县政府选聘原江苏省白蒲高级中学校长、党总支书记范建银任沛县中学校长，并在校内选拔燕海军为副校长，组成沛县中学新的领导班子。

【刘运君艺术馆开馆】 沛中校友、中国国画画家协会理事，全国著名画家刘运君艺术馆11月25日在沛县中学开馆。徐州市政协原副主席张爱军，沛县县委常委、宣传部部长徐正冲，以及来自北京、上海、南京、徐州等地的书画家、书画爱好者近200余人参加开馆仪式。

【承办全市教育学南通现场推进会】 12月19日，徐州市教育局在沛县中学举行“深入学南通学讲再提升”现场推进会。以“学研交互主体相长”为主题，沛县中学与江苏省白蒲高级中学27位骨干教师开设了同题异构课。通过听课、评课、集中交流等多种形式，总结学讲计划成果。徐州市教育局副局长李运生，沛县县委常委、宣传部部长徐正冲，沛县教育局局长贺磊及全市各县区教研员、高中骨干教师和沛县所有高中教学骨干近400人全程与会。

【学科竞赛】 2017年，江苏省学科奥赛，沛县中学获国家级、省

教师节慰问

级奖总人数多达174人。其中，国家二等奖1人，国家三等奖16人，省一等奖8人，省二等奖86人，省三等奖63人。胡思哲获第三十四届全国中学生物理奥赛省一等奖、国家二等奖；朱信宇获全国高中数学联赛省一等奖；李宸臣获第三十一届高中化学奥赛省一等奖；赵子皓、朱济弱、孟士豪、龙天宇、田长青等5位同学获生物学奥赛省一等奖。获奖等第及获奖总人数均创历史新高。

【承办全市地理研讨会】 4月11日，徐州市高三二检地理质量分析暨高中地理教学研讨会在该校顺利举行，全市一百余位高中地理教师参加活动。沛县中学老师邱兆莲、张权展示“学讲”模式教学研讨课，教师发展中心进行同步直播。徐州市教研室地理教研员俞峰、县教研室主任、正高级教师、江苏省地理特级教师蔡梅对两位年轻教师的课进行了点评并作专题讲座。

【工会改选】 4月26日，学校召开第十七届教职工代表大会，共84位代表参加会议。校长于进泉作《打造江苏名校，建设幸福沛中》的学校工作报告，副校长、工会主席司成立作工会工作报告。全体代表围绕报告展开热烈的讨论。通过差额选举，选出沛县中学工会第十七届委员会委员。

【成人仪式】 为引导青年学生树立远大志向，担当社会责任，增强学生的青春、责任、梦想意识，通过仪式教育凝聚学生情感，助力学生成人成长成才，创建和谐文明校园。6月21日，学校举行2017届高三学生成人仪式暨毕业典礼，全体毕业生进行成人宣誓。毕业生代表、班主任代表、老师代表、校领导依次讲话。全体同学高声合唱毕业歌。

【第四十七届运动会暨跑操比赛】 9月29日，3000余名师生齐聚校体育场，参加一年一度的体育盛会——校运动会暨跑操比赛。运动会既是学校体育教育水平与质量的展示，也是学校教学改革与事业发展的一次综合展演。

【歌手大赛】 12月30日，举行“喜迎2018元旦‘华艺杯’第十五届校园十佳歌手大赛决赛”。

（闫成功　范建银）

沛县第二中学

【承办公益捐赠仪式】 3月27日，由国联人寿徐州分公司主办，沛县教育局、沛县二中承办，北京联合保险经纪有限公司江苏分公司、江苏省鼎盛创新消防科技有限公司协办的“情暖彭城”第二季“守护未来希望，构筑安全校园”公益捐赠仪式在沛县第二中学举行。此次公益活动的主旨在于宣传安全教育知识，增强安全意识。会上，国联人寿等三家单位向沛县第二中学师生捐赠团体意外保险和一批消防器材及抗震救援救生物资。

【承办徐州市创新教育学会座谈会】 9月18日上午，徐州市创新教育学会一届三次常务理事暨学会成立一周年座谈会在沛县第二中学召开。徐州市教育局电教馆馆长，出席会议并讲话，徐州市文联副主席郭念堂、徐州市鼓

安全校园教育活动

楼区政协副主席房友东等参加座谈，会议由学会常务理事、丰县教育局副局长王刚主持。李尊栋代表学会秘书处向大会汇报了学会成立一周年所开展的工作，提出了下一步工作目标，并指出要围绕徐州市推进“学讲课堂”、教育“学南通”等中心工作开展课改教研活动。

【家长学校成立】 9月23日，近240名沛县第二中学学生家长到南大报告厅，参加家长学校成立仪式暨开学典礼大会。家长学校的主题为家校联手，共塑未来。校长纪认振介绍学校近三年来取得的成绩和获得的社会认可度，希望沛县第二中学的每一位家长，能在“亲师合作、家校共育”的工作中切实履行好自己的多种角色，成为民主型、表率型、指导型父母，成为孩子的朋友，孩子的榜样，孩子眼中的“偶像”。

【校本课程建设全面启动】 9月27日，沛县第二中学首先在高一年级进行全面的校本课程开设工作。从课程研讨与设置到指导教师外出培训，从师生志愿双选到设施设备维修与更新，前期准备工作历时近一年，物质准备近两个月，在9月27日正式开课。该学期共开设17门校本课程，指导教师22人，参与学生720余人。上课时间定于每周三下午第三节课。

【开展大型系列示范观摩课】 11月份，沛县第二中学开展“学生活动与高效课堂的兼容”系列示范观摩课。为全面推进“教育学南通”，推动课堂教学的优质高效，形成“学生活动与高效课堂的兼容”的局面，自11月7日始，沛县第二中学开展一系列示范观摩课，每周一次，全校除相关教研组必须参加外，没有课的老师也都要求参加。示范课结束后，教研组长认真组织交流研讨，同学科教师各抒己见。

（宋永良　纪认振）

沛县中等专业学校

【概况】 2017年，完成秋季中职全日制班招生1106人，位居全县高中阶段学校第一。开放大学春秋季本专科招生1603人，处于全省领先地位。农民双提升培训招生2441人，超额完成各类招生计划。坚持以立德树人为根本，以服务为宗旨，以就业为导向，以提高办学质量为中心；坚持创新、协调、绿色、开放、共享的创新发展理念，全面推进教育教学改革；坚持全面依法治校，深刻领会“四个全面”教育新要求，培育和践行社会主义核心价值观；坚持以转型发展、内涵式发展，全面提升教育质量；探讨集团化、规模化办学模式，推进产教深度融合，推进现代职业教育体系建设。

【教育活动】 9月19日，校党委

江苏省沛县中等专业学校

组织全校党员干部到江苏省首批党性教育现场教学基地淮海战役纪念馆开展党性教育活动。校党委书记、校长华传阳带队，全体党委委员、各党支部书记、各系部处室馆一线党员代表佩戴共产党员标识参加活动。

【"百千万"及"阳光扶贫"活动】 校党委成员、部门主要负责人及党员干部共计60人，分批次深入朱寨镇6个村进行集中走访帮扶活动。走访居民家庭5744户，实现走访全覆盖，主动协调帮助群众解决生产生活问题。2017年7月开始，校党委成员及党员干部20人，响应市"阳光扶贫"号召，到张寨镇李庄村进行结对帮扶，为群众排忧解难。

【中高职衔接教育】 继续加强与南京信息职业技术学院、江苏建筑职业技术学院和徐州工业职业技术学院的合作，互相交流，推进中高职衔接教育的健康发展。在全省现代职教体系"3+3"试点项目视导中获得好评。

【产教融合项目建设】 争取国家产教融合项目建设专项资金2000万元，地方配套2000万元，学校自筹1000万元，新建学校公共实训基地建设，主体已完工。

【省级机电技术应用实训】 5月23日，根据江苏省教育厅办公室《省教育厅办公室关于公布2017年全省职业学校现代化专业群认定结果的通知》，机电技术应用专业群被认定为江苏省中等职业教育现代化专业群。5月31日，江苏省教育厅、江苏省财政厅联合发文《省教育厅省财政厅关于公布2017年江苏省职业学校现代化实训基地名单的通知》，机电技术应用专业实训基地被认定为江苏省职业学校现代化实训基地。

【省市技能大赛】 各系部根据各专业特点，举办各具特色的专业技能竞赛活动。承办全市建筑类、艺术类及光伏发电项目技能大赛，在市级技能大赛中，共有66人获奖，其中，10项一等奖、18项二等奖、23项三等奖，有31位师生参加省赛。在全省技能大赛中，6项获三等奖。

【省文明风采大赛】 在第八届江苏省文明风采大赛中，该校师生在征文演讲、摄影、才艺展演等类别比赛中，获二等奖1人，三等奖5人，优秀奖9人。

【首届"淮海职教杯"创业大赛】 11月25日，首届"淮海职教杯"创业大赛中，沛县中等专业学校选送的参赛项目和参赛选手全部获得大赛奖励。其中，闫昊的《玉米家园》项目（指导老师杨恒花）、李萌的《留美瞬间工作室》项目（指导老师杨恒花）获创业计划竞赛（中职组）三等奖；耿传善团队的《祥露母婴专营店欣享旗舰店（天猫店铺）》项目（指导老师刘丽）获创业实践挑战赛毕业生组三等奖；徐泽忠、王琪两位老师分别荣获创业教育教学能力竞赛二等奖、三等奖。

【系部风采】 2—5月，沛县中专综合基础部举行雷锋精神演讲比赛、硬笔书法大赛、感恩教育会、技能应考誓师动员会及"我们怎样过生日"主题班会等系列活动，彰显系部风采。4月14—28日，在主任闫廷会、老师李权玉带领下，机电工程系16级汽修专业47名学生，赴上海参加第十七届上海国际汽车工业展览会社会实践活动，赢得一致认可与好评。5月18日，商贸信息系特邀请国家心理咨询师时艳秋在我小礼堂召开心理健康知识讲座。该校墨莲动漫社团在校团委副书记王诗盼的带领下，参加徐州首届社团展示交流会，校学生上台展示"二次元宅舞"，得到领导和其他社团的认可好评。

【对口单招高考】 对口升学本专科上线率100%，其中，艺术专业杨彪被南艺本科录取，学生学业水平测试总过关率97%，居于全省前列。

【教科研工作】 1项省级课题结题，2项省级课题立项，4项市级课题结题，发表获奖论文100余篇。在省信息化教学设计大赛中张进、闫世伟、厉广彬3人获省一等奖，6人在市级大赛中获奖；在省微课大赛中，2人获省二等奖，2人获省三等奖；在徐州市微课大赛中张洪占、赵志慧、王诗盼、蒋倩、李兴伟5位教师荣获一等奖，刘长虹、陈强2位教师荣获二等奖，刘保伟、彭金萍2位教师荣获三等奖。张洪占、刘芳及燕勇、任芳团队被评为徐州市出彩职教人。

【安全工作】 维护校园安全稳定，开展平安校园建设工作，严格落实安全稳定工作责任制，推进校园公共安全体系建设，提高安全防患执行力。加强校园防控体系建设，定期开展安全隐患排查，提高安全防患的预见能力，开展安全法治教育。

【主题教育活动】 开展创新创业教育和职业生涯规划教育，按照“五个一”要求扎实开展创业活动。开展丰富多彩的社团、才艺大赛和文明礼仪等活动。完善校青年志愿者队伍建设，引导学生参加社会实践活动。充分利用心理健康教育中心，定期举办青春期心理健康系列讲座。加大宣传力度，创新宣传方式，充分利用校内及校外宣传媒体，大力营造健康向上、文明和谐的创新创优氛围。

【社会培训】 继续与县有关部门联合，坚持学历教育与技能培训并重，面向社会，对在岗职工、下岗职工、两后（初、高中毕业后）毕业生和农村剩余劳动力开展适用技术和职业技能培训。继续依托各乡镇成教中心建立教学点，送科技下乡，为农民提供技术服务；充分发挥沛县电子商务培训中心作用，免费培训电子商务人员；加强退役士兵培训，利用国家免学费政策，努力提高退役士兵学历和技能水平。2017年完成新型职业农民培训2441人，开展电子商务培训268人，育婴师培训66人。

【沛县开放大学】 沛县开放大学办学规模不断扩大，办学层次不断提升，办学影响力不断增强。2017年，开放大学春秋季本专科招生1603人，处于全省领先地位，学校被评为“江苏开放大学招生工作先进集体”，李亚被评为江苏开放大学招生先进个人。在2017年国家开放大学教育教学评优活动中，沛县开放大学荣获“优秀管理集体”“国开江苏分部网上教学优秀单位”称号，邵宪永获“网上教学优秀组织者”称号，邵晓云获“优秀教学先进个人”称号。

【成立沛县联合研究生院】 12月27日，根据徐州市机构编制委员会办公室《关于江苏省沛县中等专业学校（沛县开放大学）内设机构更名的批复》及沛县人民政府《县政府关于同意建立沛县联合研究生院的批复》，学校内设机构校企合作部更名为联合研究生院。与南京航空航天大学、南京财经大学公共管理学院、山东理工大学联合招收硕士研究生班。 （高绪东）

沛县安保中等专业学校

【概况】 2017年，学校占地180亩，建筑面积10.9万平方米，完成投资2亿元，是江苏省唯一、全国少有的以保安员为主要培养目标的公办全日制中等专业学校。学校获得省公安厅行业培训资格许可，保安专业被认定为省级“特色专业”，保安实训基地被认定为徐州市高水平示范性实训基地、徐州市辅警培训基地。“徐州保安”被评为“全国优秀劳务品牌”、江苏省五大知名品牌。

【办学方针】 服务社会管理，促进劳动就业。坚持特色立校兴校，建成以保安专业为主，酒店管理、中餐烹饪、城铁乘务、物业管理、汽车驾驶与维护等10多个专业为辅的现代化服务业专业群，所开设的对口高考现代农艺、运动训练、艺术、市场营销等专业的专业课过关率达100%。

【荣誉与成绩】 3名学生入选国家散打队。1名学生在国家级文明风采大赛中获奖，7名学生在江苏省文明风采大赛中获奖。6名学生参与“欢乐春节精彩江苏”艺术团，在印度、斯里兰卡、马尔代夫三个国家演出9场，赢得三国观众的赞誉，得到国家驻外使领馆、文化部和江苏省等各级领导的高度评价。关天波是2016年徐州市职教唯一获得“徐州市美德少年”提名奖的学生。

【特色创新】 受江苏省教育科学院委托，在省中等职业教育第二批专业指导性人才培养方案及专业核心课程标准开发工作中，学校保安专业团队主持制订的“保安专业指导性人才培养方案”“保安专业的两门专业基础课程”“保安服务概述”“保安员人文素养”和两门专业平台方向课程“守护巡逻基础”“安全技术防范基础”标准顺利通过省教科院专家组的认定。

【光荣事迹】 教师杜建军利用自己保安专业紧急救助技能，见义勇为，救人不留名，被县文明办推荐为2017“沛县好人”“徐州好人”候选人。

【校企合作】 与徐州鑫宇光伏科技有限公司签订《校企合作办学协议》，为光伏技术培训第一批学员50人；与徐州龙工场跨境电商有限公司签订《双创实习基地共建协议》，提供为期1年的百名大学生培训场地，并完善各种服务。

（孙　彬）

牧曲

报纸网站

【概况】 2017年，新闻中心荣获县直机关绩效考核先进单位（二等奖）、为民办实事工程先进单位（三等奖）、江苏省县市新闻中心系统先进单位称号。网络宣传持续向好，政府网站内容保障工作位居全市前列，荣获“江苏省信息系统信息资源共享平台”工作三等奖。

【重点宣传】 在《沛县日报》一版开设《喜迎十九大·砥砺奋进的五年》《创建文明城市在行动》《发展联播》《我在现场》《经济透视》《项目一览》《城市聚焦》《大风时评》《乡土点击》等栏目，全面总结报道沛县五年来各行各业取得的辉煌成绩，强化重大工程建设、农村经济发展、文明城市创建、“百千万”工程等方面的宣传，全年编发重点稿件300余篇。在二版主推以“两学一做”为主旨的《党员干部晒家风》，以展现镇村经济、企业转型发展的《乡村映像》《企业浏览》《基层扫描》等，以关注弱势群体为主旨的《民生礼包》，以记录草根创业历程，激励其奋进的《创客约吧》及以帮助群众答疑解惑为主旨的《网事直击》等个性化栏目，编发消息、通讯、专访、图片新闻等稿件1500余篇。

【民生宣传】 加强与县教育局、市场监管局、民政局、司法局等与群众联系密切的单位合作，开办“教育专版”及《市场监管动态》《民生动态》《记者调查》《民生笔谈》《七五普法》等专栏。《乡村刮起武林风》《沛城，这里有属于你的幸福》《尽心竭力让群众住上“放心房”》《爱心用在生命如歌——曙光小学为重病学生举办募捐活动》《小城市慢生活大幸福》《拥军模范张浩为王杰部队写“假如明天上战场”临战慰问信》《66名老知青重回“第二故乡”》等一系列反映群众生产生活、改善民生民计的稿件，受到社会各界的广泛好评。配合县委宣传部开展“寻找最美沛县人”活动，采写刊发好人好事稿件60余篇，挖掘了吴洪金、王大亮、聂金沛、周立娟、贺中景、王宝红、魏垂宝、李恩建、居梅、王传海、刘西梅等一批“最美沛县人”。发挥舆论监督职能，采写编发《保健品营销全是套路，老人缘何屡屡中招？》《莫让朋友圈沦为拉票圈》《春暖游园正当时，别让不文明行为煞风景》《“小饭桌”如何“安放”才安心》《忙坏家长、累坏孩子，辅导班缘何“高烧不退”？》《老年代步车上路让人心惊胆战》《为何“限塑令”比塑料袋还要软弱？》《带薪休假，何时不再是镜花水月？》等70余篇深度报道，表明主流媒体正义的态度和立场。

【精编副刊】 对副刊进行重新定位，注重内容和版式创新。坚持文化引领，精心打造沛县文化建设的主阵地及文学爱好者的精神田园。以文学副刊《歌风台》为平台，努力打造本土作家群体。由本地作者撰写的《永远没有那么远》《从军记》《在晚秋里漫步》《我的婆婆》《我和沛县有个约定》《中国，让世界倾听你的声音》《六十八年前的回忆》《祖国颂》等激情四射、各具特色的作品刊出后，受到文化界人士及众多文学爱好者的好评，不仅调动了本土作者的写作热情，更为打造具有地方特色的版面起到积极推动作用。以引领健康生活为宗旨的《健康》《旅游》《小编带你尝遍沛城美食》等栏目一推出，便得到广大读者和市民的赞赏。

【网络媒体】 政府网站全年更新各类信息4000余条。运用图文、视频等手段，消息、评论、发言摘登等形式，大力宣传沛县政治、经济、文化及社会各方面的工作及取得的新成绩。向省政府网站、省信息中心报送信息679条，网站内容保障工作位居全市各县区之首。“一把手”零障碍服务厅安全运行，发布有效网贴1700余条，回复率97.5%，架起政府与市民的“连心桥”。

【做优新媒体】 “沛县发布”通过群发文字、图片、语音、视频、图文消息等独具特点的形式，引导社会舆论，扩大宣传效果，全年制作发布300余期、近2000条图文信息，单期最高阅读量达1万余人。对沛县党政大事进行重磅宣传，点击率大幅提升，达200万人次，留言4000余条。微信作品《一座盛产诗歌的城市，是实现梦想的好地方……》在全省新闻中心系统“喜迎十九大·全景看家乡”微信作品竞赛中，荣获三等奖。

【作品获奖】 江苏省县市新闻中心系统好新闻评选中，《沛县日报》有8件作品获奖，“沛县发布”有1件作品获奖，分别是李小曼写的通讯《零散土地拼出现代农业大版图》；胡正夫、司天戎、徐春艳写的猴年新春系列评论获一等奖；魏恒涛写的消息《最美家庭申请入党》获二等奖；黄敏慧写的消息《有一种爱叫随手公益》；周涛写的消息《湖西农场融合花开有声》；马阳阳写的通讯《聂建军：葡萄串出幸福生活》；任练写的通讯《一声问候，一杯热水，一把椅子，爱心驿站用心温暖环卫工》；周涛写的通讯《转型之铝活力绽放》；徐春艳开设的专栏《我在现场》；魏艳丽的网微《噼里啪啦，噼里啪啦，昨晚沛县如此闹腾的背后》；黄敏慧制作的标题《托管式服务让农民有机可乘》；新媒体部选送的作品《一座盛产诗歌的城市，是实现梦想的好地方》获三等奖。

（王苏豫）

广播电视

【概况】 2017年，广电传媒中心核定编制133人，在编人员247人，电视拥有新闻综合频道、生活频道、快乐频道3个频道，每天播出时长约60小时，广播电台FM90.7每天播出约17个小时节目。《沛县日报》四开四版，每周五期，印刷量每期1万份，免费赠阅。“沛县发布”每天推送信息4~5条，粉丝量7万左右。

【中心宣传】 围绕“工业强县、产业立县”主题，大力宣传县委、县政府的决策部署和中心工作；

中国县市区新闻宣传联盟成立大会在沛县举行

根据全县不同时节工作重点开设专题专栏，充分展现沛县重大项目建设、加快城乡一体、发展现代农业、推进生态建设、深化文明创建等卓有成效的实践，在全县营造“凝聚力量、攻坚克难，全面推进强富美高新沛县建设”的良好发展氛围。

【民生宣传】 民生栏目《曼婷在现场》针对群众反映的环保、交通、教育、卫生、物业等问题进行多角度、深层次采访报道。《电视问政》《民生热线》栏目直接受理群众投诉，问政单位的主要负责人走进演播室接受采访，解疑释惑，说明原因，承诺办理期限，架起了政府与群众沟通交流的桥梁。新闻时评《与鹏有约》精选民生话题，深入浅出，分析透彻，切中时弊，反响很好。

【专题宣传】 新开设《美好沛县》《徐州二院就在你身边》《党旗飘飘》《经济与生活》等栏目，年均播出专题节目104期；配合县科学发展考核专题工作会议，制作系列《沛县工业经济巡礼》和《招商引资》、《生态建设》、《文明城市创建》等专题片。完成县春节联欢晚会、十九大精神宣讲报告会、夏季乘凉晚会、广场舞大赛等实况录制，较好地完成各项专题宣传工作。

【公益宣传】 大篇幅开展环境保护、文明创建、禁毒禁赌、安全生产、防范非法集资、倡导文明出行等公益宣传，同时利用新闻媒体的优势，组织策划“送温暖——新闻公益行”活动，50余家爱心组织分赴全县镇村、社区、贫困家庭，送钱送物送关爱。

2017年广电春季房展开幕

【事业发展】 县委、县政府高度重视广播电视工作，根据实际需求，先期已投资500多万元购置高清摄像机、高清非编、无人机、广播发射机等，高清制播网建设年底完成招投标工作。规范安播流程，制订安全播出预案、健全完善安全播出制度、加强技维人员培训，不断强化责任意识，严守操作规程，较好地完成了十九大、春晚、全国两会等重要安全保障期安全播出任务。无线数字信号覆盖是一项惠民工程，根据省局要求按计划已完成基础设施改造、信号检测等工作，2017年12月28日无线数字信号试播，信号良好，等待省局的统一推广、开播24套中央省市县频道。

【经营创收】 以服务中心、服务社会为核心，策划推出广播频率、电视频道品牌节目，努力做到以品牌促创收。高水平举办好一年两次的车展房展，突出精品办展，在内容上力求创新，在服务上优质贴心。每次车展均销售额在2000万元以上，房展意向购房均在50套以上。精心制作专题片，开办专题栏目。先后制作《工业经济巡礼》《县春节联欢晚会》《徐州二院就在你身边》等专题专栏。

【学习培训】 为提高队伍素质，采取送出去学、请进来教、内部培训等办法，理论学习与参观学习相结合等方式，围绕“培养名记者、名播音、名编辑和技术专家”人才目标，努力培养一支德才兼备的广电人才队伍。先后组织8批40人的中层干部、创收骨干培训，邀请“广电实战专家团”“中广影视传媒”等专业机构进行针对性的理念、业务培训，先后组织4批次20多人到海安、海门、姜堰等先进县学习经营创收经验。　（刘孔磊）

文化体育

【概况】 2017年，以文化强县为目标，以改革创新为动力，坚持文化体育惠民的工作方向，加快构建现代公共文化服务体系，实施全民健身战略，满足人民群众精神文化需求，文化事业和产业事业呈现出良好的发展格局。全年完成图书馆和博物馆的新馆搬迁工作。“全国技巧锦标赛”在沛县举行。

【文化三送活动】 “文化三送”送戏下乡316场（含进社区演出50场），送电影6494场，图书1.5万册已分类整理后统一配送给各镇文体站，完成全年指标任务。

【非物质文化遗产】 完成第四批市级“非遗”代表性传承人申报工作，公示命名第三批县级“非遗”代表性项目12个，代表性传承人19人。组织沛县省级“非遗”项目“沛县狗肉鼋汁烹制技艺”及代表性传承人樊宪涛、“徐州剪纸（沛县剪纸）”传承人康雪云和冯相兰，赴连云港参加全省“非遗”展演。“沛县剪纸”市级传承人康雪云，赴南京参加“江苏省首届乡土人才传统技艺技能大赛”。组织拍摄省级非遗项目“沛县荷叶落子”影音资料，建设“非遗”数据库。

【城乡文化市场管理】 全县文化市场经营秩序稳定，共计立案64件，结案64件，按编制人均办案数达8件。出动执法人员860人次，出动车辆260台次，共开展各项检查284次，联合执法行动3次，检查各类经营单位563家次，无一起案件引起行政复议或行政诉讼，努力维护城乡文化市场健康发展。

【公共文化服务体系建设】 会同县政府督查室对全县8个新建综合文体站进行实地督查。4月中旬，在县文化中心举办全县文体站站长、文化业务骨干培训班。5月23日在杨屯镇召开全县文化建设现场会，与各镇（区、街道）签订“2017年度公共文化服务设施网络建设目标责任书”。9月28日，徐州市公共文化设施达标暨应急广播建设推进会在沛县召开，副市长李艳、市文广新局局长高成富、县委书记李淑侠参加会议。

【免费培训】 文化馆面向社会免费开设声乐、器乐、舞蹈、瑜伽、形体、美术、书法、摄影、剪纸等艺术培训内容，小剧场、多功能活动室、老年活动室、少儿活动室、“非遗”展厅等，做到开放时间、内容、方式向社会公示，门前设立免费培训宣传栏，学生作业展示栏。艺术培训内容细化至钢琴、二胡、小提琴、架子鼓、吉他、陶笛、沛筑、古琴、吟诵、瑜伽、形体、模特、地方戏、京剧、泥塑、花艺、茶道、化妆等，近30多个门类、60多个培训班，全年培训学员1.1万人次，受到老百姓的好评。9月，徐州市公共文化工作会议在沛县召开，徐州市副市长李艳对沛县文化馆公共设施建设及免费培训成效给予充分肯定。

【博物馆免费开放】 博物馆建立健全免费开放制度，改善服务设施设备，营造优质服务环境，提升服务质量，让更多的社会公众走进博物馆，利用博物馆，了解沛县发展历史。全年坚持每周开放时间56小时，节假日、休息日保持正常服务，全年共接待游客10万人次，团体接待1000批次。

【王伟捐赠文物】 沛县籍企业家王伟为家乡博物馆无偿捐赠汉代陶器7件，程大利绘画作品9件，欧阳中石等当代书法家作品6件，丰富沛县博物馆馆藏。同时，他还为沛县图书馆捐赠一批图书。

【国家一级馆】 图书馆对照国家文化部制定的“基础建设、制度管理、读者服务、成果成效、科技含量、创业创新”六大块、1000分的量化考核标准，完成一级图书馆评定需要的各项工作。在实地检查中，图书馆获得省、市专家组的好评，尤其是对“程大利捐赠馆”和地方文献收藏工作给予较高的评价，通过“国家一级馆”的检查验收。

【图书馆搬迁】 新馆设施设备现场测量招标，到杭州等南方图书馆参观学习新馆建设理念和管理成效等。10月开始闭馆搬迁，闭馆前做好读者宣传工作，处理好读者退证、还书等系列服务工作，给读者一个明白交代，这项工作还作为为民办实事的一项实际措施。整个退证、改签、更替过程中，没有出现一次不协和的状况。搬迁之前认真盘点各个科室的实物馆藏，做到书、账、物“三清楚”，整个搬迁过程中，没丢失一件物品一本书。

（张　让　张　凯）

【文化馆开展活动】 文化馆参与组织或自筹自办各类型社会性文化活动。

1月参与策划、编排《新征程、新跨越》春节大型联欢晚会。

1月承办沛县2017年《翰墨乡情》书画作品大赛。

3月参与组织沛县第五届广场舞大赛。

4月举办鲁卡奇杯沛县首届少儿美术书法大赛。

6月承办徐州市非物质文化遗产沛县宣传展示活动。

二季度举办“中国梦，沛县情”2017沛县文艺作品大赛征集活动。

7月举办第三届沛县戏曲票友大赛。

7月组织举办纪念中国人民解放军建军90周年《鱼水情义长》大型群众歌会。

7月参与组织、策划、编排《欢乐沛县》第二十四届夏季乘凉晚会暨第五届广场舞颁奖晚会。

8月举办第二届沛县青年歌手大赛。

全年举办“百姓大舞台”演出6场。

全年组织业务人员、文艺骨干及业余文艺团队送文化下基层、进社区演出200场。

【全民健身活动比赛】 1月1—2日，在沛县好人广场网球场举行2017年“庆元旦”沛县网球公开赛，40人参加。

2月25日，2017年举行沛县毽球比赛，煤电公司、徐州共有100人参加比赛，邀请徐州和煤电公司队伍参加，并表演网赛项目。

3月19日，2017年沛县太极拳剑公开赛在体育馆举行，100名运动员参加。

3月25—26日，举行全国大众跆拳道金杯赛，国内各俱乐部共有30支队伍600人参加比赛。

4月2日，沛县风筝节在大风歌广场举行，比赛采取网上和现场报名的形式，共有150对选手参加比赛。

4月15—16日，由沛县文广新体局和教育局联合主办的沛县第三届“县长杯”校园（青少年）足球联赛在沛县汉源中学和体育中学举行，来自全县的26支代表队参加比赛。

4月18日，2017年沛县第一届鸟鸣大赛在沛县火车站广场举行。

4月22—23日，举行2017年沛县迎五一卡斯特杯职工羽毛球比赛。

4月27—28日，在农业银行三楼举行农行杯象棋比赛。

4月30日至5月1日，举办“海情杯”青少年儿童足球邀请赛，宿迁、滕州、枣庄、丰县、沛县歌风小学八支队伍参加，经过两天的比赛，宿迁、沛县、枣庄获得前3名。

5月6—7日，2017年“精英杯”沛县传统武术比赛在沛县体育馆举办。沛县各镇（街道、区、场）、各武术馆（校、俱乐部、武术拳社）的37支代表队，557名武术运动员参赛。

5月18日，在大风歌广场举行全县第五届“农商银行杯”广场舞大赛决赛，此活动自三月份启动以来，全县387个行政村（居）、392支队伍、4465名广场舞爱好者报名参赛。比赛分为初赛、复赛和决赛。初赛由各镇、街道自行举办，从初赛的参赛队中按照成绩从高到低取三分之一，132支队伍进入复赛；复赛共分为8个赛区，各赛区按照成绩从高到低再取三分之一，46支队伍进入决赛。其中一等奖5个，二等奖8个，三等奖12个，优秀奖21个。

6月2—4日，完成2017年徐州市青少年武术套路比赛承办工作，全市各县区9支代表队参加比赛。

6月9—11日，承办2017年徐州市中小学生跆拳道比赛，共有徐州市各县、区、的8支代表队215名运动员参加比赛。

6月16—19辅助完成2017年江苏省拔河项目一线社会体育指导员技能再沛县（沛县站）工作。

6月26—30日，举办全县海鸥搏击杯五人制足球比赛，一共6支队伍参加，每天晚上7点到9点在好人广场比赛。

8月4日，2017年全民健身日系列活动暨第三届“农商银行杯”五人制足球联赛在沛县好人广场笼式足球场开幕。本次比赛有全县企事业单位和社会团体共20支代表队220人参加。

2017年全国技巧冠军邀请赛颁奖现场

8月5日，由江苏省社会体育管理中心和徐州市体育局主办，沛县文化广电新闻出版与体育局和沛县武术协会承办的2017年江苏省传统武术太极拳（剑）交流比赛在沛县体育馆开幕，本次比赛有全省各地区市、县的15支代表队近200名运动员参加。

8月9日，2017年全民健身日沛县分会场武动沛县千人跆拳道演练展示活动在沛县体育馆举行，共有来自沛县各跆拳道培训机构的1500名跆拳道爱好者参加。

8月12—13日，举办2017年沛县第二届“恩奇医药杯”乒乓球邀请赛。共有来自全国各地的41支代表队，近300名运动员参加比赛。

8月20日，沛县中小学生（青少年）乒乓球比赛在体育馆乒乓球馆举行。

9月26—29日，举办沛县国家体育锻炼标准达标测试赛，共300人参赛。

10月14—18日，江苏省青少年跆拳道冠军赛在沛县开赛。全省13个地级市的364名青少年参赛。

10月15日，由沛县文广新体局、沛县总工会主办的沛县2017年“农商银行杯”职工篮球联赛在沛县好人广场举行，共有来自全县的10支代表队100余名运动员参赛。

10月27日，2017年碧桂园杯城市足球联赛开赛。

10月28日，2017年沛县中小学生田径运动会在沛县初级中学开赛。共有来自全县的63支代表队643人参加高中组、初中组和小学组的比赛。

10月29日，沛县2017年“农商银行杯”职工篮球联赛在沛县好人广场篮球场闭幕，来自全县的10支代表队参加比赛。

11月4日，2017年沛县“沛公园”健身绿道骑行活动暨沛县第一届骑行认证启动仪式在沛公园举行，500名爱好者参加活动。

11月18—19日，沛县体育传统项目学校武术比赛在体育中学举行，200名中小学生参赛。

11月18—26日，“农商银行”杯2017年全国技巧冠军赛暨首届沛县技巧邀请赛在沛县体育馆举行，全国97支队伍1034人参加比赛，比赛分业余组和专业组，并于11月25日晚上举办颁奖晚会。国家体操管理中心主任缪仲一到场颁奖并和县委书记李淑侠揭牌“国家级技巧后备人才基地”。

【老年及青少年系列参赛】 4月12日，2017年江苏省徐州市老年人体育节可乐球展示交流活动在丰县举行，沛县代表队获得优胜奖。

4月26—29日，举行中华人民共和国第十三届运动会群众比赛暨2017年太极拳健康工程系列活动太极拳公开赛（华南、华东赛区）比赛，沛县代表队邵靖参赛获得两项银奖。

4月29—30日，组队参加丰县徐州市青少年篮球比赛，参赛选手获得小学男子第6名，初中男子第3名。

5月12—13日，徐州市青少年击剑比赛在邳州举行，沛县组队22人参加比赛，获得5金、4银、4铜，团体总分第2名的好成绩。

5月13日，徐州市青少年摔跤比赛在徐州市体育中心举行，沛县组队13人参赛，获得团体第二名。

5月13—14日，徐州市蹦床技巧比赛在徐州市水上中心举行，沛县组队8人参加，获1金，3银。

5月19—21日，徐州市中小学生散打比赛在睢宁举行，沛县代表队以301分获得总分团体第1名，以13枚金牌获金牌数第一。

5月22—26日组队参加在盐城建湖举行的江苏省县级田径比赛，获银牌2枚，铜牌4枚。

5月26—28日，沛县9支代表队130人参加徐州市第二届国际武术节传统武术比赛。

5月28—29日，组队参加在徐州市体育中心举行的徐州市中小学生拳击比赛，获得团体总分第二名。

6月2—4日，组队参加2017年徐州市中小学生武术套路比赛。徐州市各县区的9支代表队168名运动员参加比赛。沛县以15金、总分230的成绩获得团体第一名。

6月9—11日，组队参加2017年徐州市中小学生跆拳道比赛，来自徐州市各县区的8支代表队215名运动员参加比赛，沛县以总分318获得团体第一名，获得金牌11枚，银牌15枚，铜牌18枚，获奖牌总数第一。

6月10日，沛县红歌舞蹈队、沛县汉兴街道许阁居委会代表队代表沛县参加徐州市首届广场舞大赛获得2个三等奖。

7月18—25日，参加2017年江苏省青少年武术散打锦标赛，沛县参加运动员获得1个女子团体第二名，4个个人第三名。

7月28日至8月2日，带队参加第四届武术之乡武术套路比赛，获得8金12银8铜积37分，团体总分第十三名。

11月7—11日，沛县二洪拳社10人代表江苏省参加第七届世界传统武术锦标赛。　（张尊健）

文学创作

【概况】 2017年，沛县文学创作团下设小说组、散文组、诗歌组、报告文学组、戏曲组、摄影组，有团员160多人。团中有中国作协会员9人，中国散文学会会员21人，江苏省作协会员30人，中国煤协会员21人，市作协会员60多人。沛县的作者在市级报刊发表作品达400多篇，在国家级、省级刊物发表作品达50多篇。

【《歌风台》成为省内刊联盟理事单位】 1月，江苏省文学内刊联盟成立，全省136家刊物，推选出20家理事单位，沛县《歌风台》是徐州各县区唯一的理事单位。

【创作团召开成立十周年大会】 5月30日，沛县文学创作团召开成立10周年庆祝大会，县委常委、宣传部部长徐正冲出席会议并讲话，会议表彰了十年来在小说、诗歌、散文等方面取得成绩的十八名优秀作者。作为献礼的三本《沛县文学作品选》同时发行。

【紫金山奖落户沛县】 8月23日，江苏省第六届紫金山文学奖在南京评审揭晓，沛县作家丁可的《丁可诗选》、白丁的短篇小说《妹妹的上海之行》获紫金山文学奖。

【沛县两位作家获奖】 第七届全国煤矿文学"乌金奖"揭晓，沛县作者白丁、黑马双双获奖，白丁的获奖作品是文学评论《相得益彰的成功合作——从小说〈神木〉到电影〈盲井〉》，黑马的获奖作品是诗集《苏北记》。

【小说创作喜获丰收】 沛县作家的小说作品陆续在各地报刊发表，宋传恩的短篇小说《秋山冷月图》载《大风》2017年1期；《这是谁干的》载《林中凤凰》2017年4期；短篇小说《夜深沉》载《连云港文学》2017年3期。白丁的短篇小说《女工王玲玲》载《佛山文艺》2017年五期。赵承沛5篇寓言闪小说载《喜剧世界》2017年9期。

【金坛《洑湖》助沛县文学创作】《洑湖》杂志是省内有影响的内刊，第4期设立"联盟视线"栏目，刊登沛县六位作家的文章，有宋传恩的短篇小说《翰墨苑》；朱广海的短篇小说《龙须风发》；王忠萍的短篇小说《即使你的好，也只是一场美丽的谎言》；杨林静的散文《城市的碎片》；葛宇的散文《溺水》；张雅的散文《外婆的村庄》。

【散文创作成果显著】 沛县多位作家的散文被多地报刊选用。白丁的散文《写给高考的女儿》载《中国煤炭报》6月9日副刊；随笔《珍惜时间是一辈子的事》载《桂林晚报》6月15日副刊；随笔《拿什么打动你，我的读者》载《中国煤炭报》6月23日副刊；随笔《小说的情感力量》发《中国煤炭报》8月7日副刊；随笔《浓缩的人生》发《中国煤炭报》8月16日副刊。陈春红的散文《编织美丽》载《中国煤炭报》8月30日副刊。程红的散文《一曲乱红泪雨飞》载《中国煤炭报》3月17日副刊。宋传恩的散文《湖畔风情》载《洑湖》第2期；散文《微湖深处探渔家》载《炎黄文化》第2期；散文《帝王之乡话沧桑》载《徐州日报》5月6日副刊。

【诗歌创作硕果累累】 吴允峰的诗歌《重新认识两位亲人》及简介、照片刊于《2016江苏新诗年选》"百家"栏目。诗歌《具体生活》三首载《草堂》第8期。组诗《我并没有看上去那么着急》载《阳光》第10期。组诗《一部分》获2017第三届上海市民诗歌节创作奖一等奖。黑马的诗歌《中国，从梦想抵达辽阔》载《诗林》第4期。《我们的征程是星辰大海（组诗选四）》载《诗刊》（新时代），《阳光》第7期发《居住在煤炭中间（外三首）》；《扬子江》第5期发《遍地乡愁》。《时代文学》第7期发《黑马的诗》即《读雪》《时光书》《小镇上》3首。如月的组诗《春天奏鸣曲》载《翠苑》杂志第4期，组诗《如月的诗》载《大风》杂志第3期女诗人特辑，诗歌《一窗秋景》载《中国煤炭报》8月30日。

【会刊《歌风台》影响逐渐扩大】 沛县文学创作团的刊物《歌风台》已发行60多期，内设小说天地、散文世界、诗歌舞台、新人新作、文学评论等栏目。刊物以本地作家的作品为主，间发外地名家的作品。6期《歌风台》计发中短篇小说、散文、诗歌、评论400多篇。刊物除当地读者阅读外，还与全国各大报刊出版社交流，并分寄在外地的沛籍名人学者。反馈评价很高，望把《歌风台》办成沛县的一个名牌刊物。

【文学专著】 朱广海的散文集《故乡行》由江苏人民出版社出版；黄清华的《张贞观集》由中国文史出版社出版；黑马的诗集《寻隐者》由长江文艺出版社出版；周节文《爱莲堂文存》由文汇出版社出版。（宋传恩）

卫　生

【概况】 2017年，沛县卫计委在县委、县政府机关绩效考核中荣获一等奖，同时获得为民实事工程先进单位奖。在市卫计委重点卫生计生工作目标管理中获评优秀奖。家庭医生签约服务荣获江苏省"家庭医生签约服务十大创新举措"。在重大改革事项以及巴蜀火锅城燃气爆燃、张庄市场失火等突发事件中做出贡献。

【公共卫生服务】 健全完善居民健康档案管理。以常住人口111.68万人作为人口基数，以居民健康档案管理系统记录的数据为统计依据，达到91.56%；各单位建档率均在75%以上。65岁以上老年人体检9.59万人，体检率72.3%；全县传染病报告发病率为十万分之91.4。开展预防艾滋病宣传教育活动，扩大抗病毒治疗覆盖面，落实对病人抗病毒治疗和随访管理。推进结核病防治工作，全县新登记活动性肺结核病人220例；累计在管高血压患者12.75万人，管理率76.13%，在管糖尿病患者4.38万人，管理率66.68%；孕产妇死亡率为0，孕产妇保健管理率96.5%，"两癌"筛查率100%，儿童保健管理率97.3%，育龄妇女健康教育覆盖率95%以上，知识知晓率90%以上；严重精神障碍患者管理工作得到加强。全县严重精神障碍患者录入5073人，在册患者4615人，报告患病率4‰。突出抓好传染病防治及突发公共卫生事件处置，全县及时发现、登记并报告辖区内发现的传染病病例和疑似病例共1651例，报告突发公共卫生事件1例，传染病疫情报告率、报告及时率、突发公共卫生事件报告率均为100%。

【三级医联体建设】 以精准帮扶为契机，科室建设为核心，加强市县镇医疗联合体建设。徐医附院与县人民医院建成紧密型医联体。市三级医院与县医院以及敬安、龙固和鹿楼等五家基层区域性医疗卫生中心构建医疗联合体。构建省级技术孵化中心、徐州市三级医院、县医院、区域医疗中心之间的综合医联体。

【医药卫生体制改革】 徐医附院和沛县人民医院结为紧密型医联体，并已实现各科室对接，全面提升医疗技术服务能力；抓好基层医疗单位法人治理结构改革，加快实行院长聘任制和院长任期目标责任考核制度，探索"医疗服务收入扣除成本，提取基金后，可全部用于奖励"的薪酬制度改革；推进分级诊疗制度建设。以慢性病和重点人群为切入点，以家庭医生签约服务为抓手，夯实基层诊疗基础，力争基层医疗卫生机构诊疗量占总诊疗量60%以上。

【医政医管】 强化“三基三严”训练（三基即基本理论、基本知识、基本技能，三严即严格要求、严谨态度、严肃作风），改进服务流程，保证医疗质量和医院核心制度的落实；抓规范服务，坚持合理检查、合理用药、合理治疗，规范服务行为；抓经济管理，加强预算、收费、资金、资产管理，严格执行医疗服务项目和收费标准，杜绝不合理收费。医疗卫生机构成立医疗质量控制委员会、护理质量控制委员会和院内感染控制委员并实际开展监督控制工作，确保医疗、护理和院感工作持续改进。

【医德医风】 加强医德医风，认真执行医疗卫生管理、法规、诊疗护理规范，严格遵守各项规章制度和岗位职责，并开展经常性监督检查，针对存在问题制订和落实改进措施。同时，提高服务意识，改善服务态度，以病人需求为导向，不断改善服务流程、服务态度和就医环境，杜绝生、冷、硬、顶、推现象，开展“人性化”服务。增强医患情感交流，定期召开座谈会，院长大查房等，征求意见。完善病人投诉处理制度，设投诉电话、意见箱，及时接待、处理病人投诉。并坚持实施医疗收费及药品价格公示和查询制度、“收费一日清单制”等，杜绝不规范收费情况的发生。高度重视群众满意度调查结果的运用，以问题为导向，加大整改力度，为群众提供满意的医疗卫生服务。

【创建工作】 按照省市工作要求，实施区域基层医疗卫生中心建设，敬安、鹿楼、魏庙、大屯、龙固5家乡镇卫生院进行重点扶持，通过省专家组严格评审，在全省104家参审单位中沛县排名第12位。推进特色科室建设，鹿楼镇中心卫生院中医科通过省级示范中医科评审，医学康复科被评为省级特色科室，朱寨镇卫生院的中医妇科和张寨镇卫生院的消化内科两个特色科室申报省级考评验收，杨屯镇卫生院眼科、鹿楼镇卫生院老年病科等7个科室创建市级特色科室，龙固、鹿楼和沛城镇3家卫生院通过全国群众满意卫生院验收。龙固、敬安和魏庙创建为省卫生应急示范镇。河口、杨屯和张庄镇等5家卫生院创建为省示范卫生院，10家卫生室达到省示范标准。

沛县人民医院新址

【家庭医生签约服务】 在借鉴外地经验、先行试点，建立健全起辖区二级医疗机构、卫生院、健康管理团队指导下的村级卫生室“三位一体”服务的基础上，构建“1+4”的顶层签约服务模式，被市卫计委作为“沛县模式”在全市基层医疗机构广泛推广。3月份，县政府以家庭医生签约服务为题，分别在全市综合医改座谈会和全市卫生计生工作会议上做交流发言。10月份，在省卫生计生委组织的全省家庭医生签约服务创新举措现场复评会上，沛县家庭医生签约服务最终从全省各市县卫生计生委及基层医疗单位的106个创新举措中脱颖而出，获评“2017年度江苏省家庭医生签约服务十大创新举措”。10月29日，沛县作为江苏省唯一代表在杭州召开的第六届“全国基层卫生大会”上做典型发言，得到与会专家和领导的一致好评。

【基本公卫项目】 按照“以标准化促进基本公共卫生服务均等

化”工作要求，在组织管理、项目实施、例会制度、督查考核、信息报送、项目公示等方面实行“六统一”。完善村级资金直付制度。项目办按照考核结果对村级补助资金直接拨付。结合项目特点和推进难点，按标准化分类实施。分别在魏庙、唐楼和鸳楼3家卫生院辖区卫生室试点安装智能查体系统，糖尿病、高血压患者随访检查数据实现直接上传，避免以往真实性和规范率不高的问题出现。完善项目考核机制。制定统一的村级考核细则，引入第三方对健康知识普及、慢病管理、妇保儿保管理、卫生监督协管等8项指标进行电话调查，提升考核工作的规范化、科学化水平。沛县基本公共卫生服务工作在省基本公卫考核中被评为优秀等级。

【综合监督】 采取多种形式做好打非宣传工作，严厉打击非法行医；开展餐具、饮具集中式消毒服务单位卫生监督专项整治监督检查工作。辖区内餐饮具集中消毒服务单位共13家，其中6家已取得工商营业执照，对6家餐饮具集中消毒服务单位经营项目进行备案登记。全年抽检餐饮具90份，合格90份，合格率100%，并向社会进行公示。做好传染病防治分类监督综合试点评价工作，对30家一级医疗机构的传染病防治工作进行监督检查，综合评价合格单位29家，不合格单位1家，对检查中存在的问题均下达限期整改意见书，并在规定期限内对各单位的整改情况进行“回头看”。对学校（含幼儿园）卫生监督工作监督频次为每年2次，监督覆盖率100%，学校建档率100%。全面落实卫生计生监督执法全过程记录工作，建立执法全过程记录制度，真实、准确反映行政执法行为，实现执法全程留痕，定期对执法记录仪反映的行政执法人员队容风纪、文明执法情况进行抽检，定期对记录的案卷、声像资料进行回放检查。

【安全生产巡检】 在充分调研论证的基础上，县域所有医疗卫生机构实施互联网+大数据智慧医疗安全生产巡检平台建设工作。由平台建设单位南京移软通信科技有限公司派专家和各医疗卫生机构一道依据国家安监总局的《较大危险因素辨识和防范手册》和国家卫计委检查表上的现场重点部位要求，认真排查单位的重点岗位、危险部位和关键设备，设置巡检点和巡检工单，及时制定巡检制度，实施定时、定人、定点巡检。年底前全县已有35家医疗卫生机构完成安全隐患点的核定，上线单位35家，每月检查35家。安装单位基本每天都在进行安全巡检，各单位已经把智慧安监软件作为本单位安全巡检的必备工具，普遍反映良好。

【基础设施建设】 完成龙固镇卫生院、杨屯镇卫生院整体搬迁工程建设，全部搬入新址运行；加快城南社区门诊综合楼工程建设进度，推进沛县嘉华老年护理医院项目建设，该项目年初被列入县2017年度重点工程。为朱寨卫生院急诊综合楼项目争取省财政扶持100万元，县委、县政府已将村级卫生室建设项目列入为民实事工程，计划分三年的时间，投资约5400万元，实现村卫生室产权回归公有。

【人事机制创新】 建立卫生医技人才招聘引进工作机制，通过公开招聘和校园招聘，共招聘卫生院医技人员80人。免费订单定向培养30名农村医学生，逐步缓解乡村医生短缺形势。在薪酬制度上，实施“允许医疗卫生机构突破现行事业单位工资调控水平，允许医疗服务收入扣除成本并按规定提取各项基金后主要用于人员奖励”的薪酬制度改革。目前，在5家医院试点的基础上全面推行。

【医养结合模式】 强化县人民医院、中医院老年病专科建设，鼓励有条件的乡镇卫生院开设老年护理病区，安国、唐楼、鸳楼等卫生院老年护理病区已经投入使用。26家卫生院（社区卫生服务中心）均与辖区内养老机构签订合作协议，并实质性运作。鼓励有条件的养老机构内部开设门诊部，保障敬老院与医疗机构签订的服务协议实质性运作，提升医养服务能力和水平。根据社区养老、居家养老的特点，发挥健康产业发展服务中心的职能作用，融入县、镇、村三级老年日间照料中心社会化服务。

【先诊疗后付费】 为确保农村建档立卡低收入人口"先诊疗后付费"政策6月1日在全县正式实施，根据沛县实际，出台"沛县健康扶贫政策清单"和"沛县建档立卡低收入人口就诊基本流程图"，并运用滚动显示屏全面展示优惠清单，同时对全县41家参保医疗机构进行督导，确保如期运行，让全县符合政策人群切实享受到优惠。

（鹿启伟　王牧天）

医疗机构

沛县人民医院

【概况】 2017年，门急诊量为62.8万人次，比上年增长3.34%。出院5.23万人次，比上年增长4.77%。综合药占下降1.34%，总收入5.62亿元，同比增长6.58%，通过二级甲等医院复审。医院获江苏省爱委会颁发的年度"江苏省健康单位"，县直机关效能考核二等奖，城市建设与管理"先进单位"，政法工作"先进集体"，宣传思想文化工作"先进集体"，全县机关党建工作"先进单位"，全县纪律审查工作"先进单位"等多项荣誉。医院正式入盟成为"中国医疗自媒体联盟"成员单位。院长任泽强当选为第三届江苏省医院协会医院医保专业委员会副主任委员，副院长张慧敏获评江苏省"养老照护工作"先进个人，护士长周丽娟获徐州市"十佳护士"荣誉称号，主任医师张珉获徐州市总工会颁发的"五一劳动奖章"。医院第三方评价医院满意度为94.92%，比上年提高0.1个百分点。

【医联合作】 继续深化与徐州医科大学附属医院（徐州二院）的医联合作，坚持把"输血模式"作为提升医院管理水平的有效手段，积极构建徐医附院托管沛县人民医院运行模式，聘请徐医附院各级层面管理人员到院任职，推行全方位、多学科的对口精准帮扶，全面升级医院信息管理系统，深化综治和平安医院创建；学习借鉴徐医附院好的管理经验，推行医院财务预算管理，推行医务人员职称职务改革。

【学术交流】 国家心血管疾病诊疗中心、中国医学科学院北京阜外心血管疾病医院主任医师、教授宋雷带队，到院进行业务指导。南京鼓楼医院心胸外科王东进团队主动脉疾病诊疗学术交流会中华医学会心血管疾病精准诊疗组专家到院指导工作。徐医附院专家燕宪亮和主任花嵘为院医师进行"三基三严"培训。院检验科主办全县"临床检验新技术研讨会"，医院院内坚持强基固本，强化全体医务人员"三基"考核，院外加强学术交流，选派48位医师外出进修、60余位医师外出参加学术会议，举办主动脉疾病诊疗学术交流会、市超声医学年会、市临床药学年会、肿瘤外科新技术研讨会、感染管理学术交流会、护理安全管理培训。

【新技术新设备】 开展B超下神经阻滞、冠状动脉造影及PCI术、内镜下微创治疗技术等新技术20余项。高血压小脑出血破入脑室铸型的手术治疗等3项技术获徐州市医学新技术引进三等

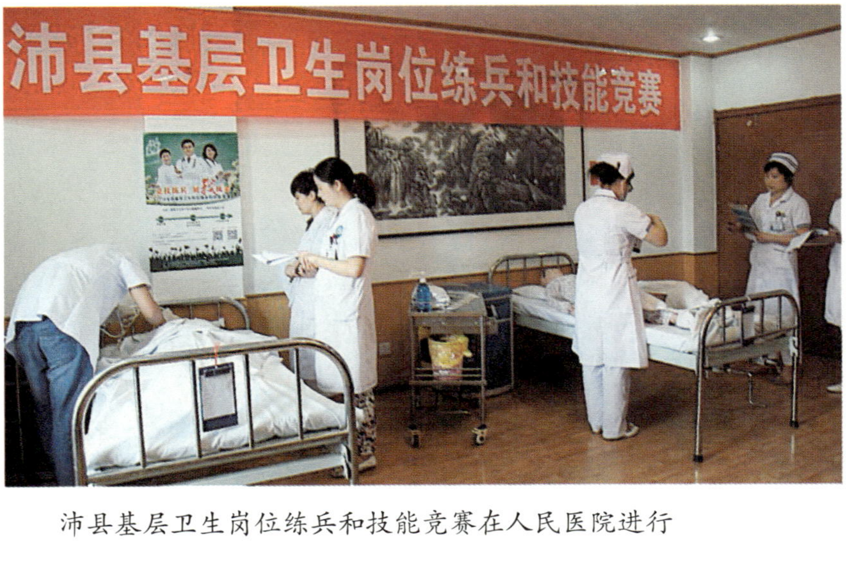

沛县基层卫生岗位练兵和技能竞赛在人民医院进行

奖，移动治疗管理系统的应用技术获沛县科技进步一等奖，内窥镜结合低温等离子治疗小儿鼾症的临床疗效观察等3项技术获县科技进步二等奖，EMS碎石清石系统治疗多发性肾结石中应用等4项技术获县科技进步三等奖。发表论文166篇，其中，SCI期刊2篇、中华级1篇、北大核心期刊2篇。按照国家卫计委第一阶段提升500家县医院医疗服务能力要求，该院能开展技术提升至86%。升级医疗设备，2017年购置飞利浦128排螺旋CT、日本潘太克斯电子胃肠镜等精端设备。

【人才队伍】 制定2017—2021年人才工作五年规划，优化人才引进政策和待遇，广纳优秀人才，积极储备人才。修订完善医院人才激励机制，挖掘培养人才，留住固有人才。引进"双创博士"3名，江苏省特聘医学专家1名，中高级实用型人才5名，招聘医护技人员191人，聘用合同制人员431人，安排院内各级各类专业人员外出学习交流达300余人次，外出进修学习近100人次，专科培训60余人次。2017年高级职称增加28人，中级职称增加30余人，初级职称增加60余人，人才队伍质量不断壮大和优化。

【医疗服务】 通过市卫生计生委专家组到院对孕产妇和新生儿危急重症救治中心的验收，改善服务质量，落实持续改善医疗服务行动计划。全院共推出服务亮点60余项，如开设徐医附院专家门诊、开展义诊月活动、护理延伸服务、养老照护、预约就诊、推广日间手术等。创优服务流程，城乡居民医保实行实时结算，省内与跨省职工医保门诊及住院病人费用实时结算，与县工商银行、建设银行合作，增加自助挂号、支付宝微信支付功能。加强应急建设，推进医院急诊科规范化建设，提高应急医疗救治水平，2017年病房危重病人抢救成功率达到97%。改善基础设施，举全院财力人力，加快新医院建设，预计2018年6月份全面竣工并交付使用。破解焦点问题，加强医联建设，常见病、多发病在县医院得到有效治疗，医疗纠纷和事故总体下降31%，向上级医院转诊率下降5%左右，基本实现大病治疗不出县，缓解群众"看病难、看病繁、看病贵"问题。

【文化宣传】 围绕"高举旗帜、围绕大局、服务于民、改革创新"宣传文化工作总要求，全方位、多层面做好与徐州二院医联体的宣传，新技术、新项目、新设备、新科室的宣传，全年制作播放《徐医二院就在你身边》21期。做强医院的"微信"平台，全年上稿355篇。办好每月一期《院报》，更新维护医院网站和医院文明网站，启动医院"五个一文化工程"，加入中国医疗自媒体联盟。全年组织志愿者进社区义诊、健康宣教活动52次。

（徐　强）

沛县中医院

【概况】 2017年，完成业务收入1.98亿，全年服务门该急诊26.7万人次，出院病人2.35万人，药占比43.3%（不含中药29.7%），完成手术5030例次，销售中药饮片678.38万元，中药处方18.9万剂。

【设施设备】 调整药事、设备科室职能，发挥以电子病历为核心的医院信息化建设，获批100万元专项建设资金，实现全院信息网络全覆盖。共采购568.94万元设备，其中，中医设备5件、约58.5万元。建立设备使用记录和维护保养记录，万元以上设备完好率90%以上，使全院设备正常运转，保证临床使用。

【感控措施】 细化院感质量管理措施和考核标准，完成120例食源性疾病监测任务，感染病例160例，医院感染率0.63%，传染病报告20例，无传染病漏报、迟报病例发生，符合二级医院感染管理控制水平线。

【中医工作】 申报"名老中医工作室"，同时获得省级专项资金50万元。肾病科荣获"徐州市中医特色专科"称号，获得50万元专项资金。投资43万元建立"华佗馆"，将名老中医工作

医院外景

室和治未病科进行整合。在“三伏”“三九”期间为患者提供“冬病夏治”“夏病冬治”穴位贴敷治疗，共服务患者1550人次。根据地区人群体制，开展“养生保健灸法”，针对备孕女性开展“华佗暖宫灸”“督灸”“全经灸”灸法，对特殊人群开展“动力灸”“鳖甲灸”等特色新灸法。在护理技术操作上，各病区辨证施护，根据疾病均能开展特色护理技术，凸显中医药在“未病先防”“既病防变”“病后防复”中的优势。

【技术创新】 全年医院共发表各类期刊37篇，其中，被知网、万方数据库收录12篇。脑病科，“平肝祛风清热、行气活血止痛法治疗偏头痛的疗效评价及作用机理研究”通过江苏省中医药局课题验收，并荣获市级科技进步奖三等奖。肾病科《益肾健脾汤及合并中药灌肠对慢性肾功能衰竭患者蛋白尿及血清肌酐变化影响的临床研究》获县科技进步奖二等奖，《喉镜下静脉全麻在小儿斜疝术中的应用》《腹腔镜与开放手术治疗急性结石性胆囊炎疗效比较》《雾化吸入治疗小儿支气管炎哮喘急性发作的临床护理对策》《对骨科手术患者实施优质护理干预的效果观察》获县级科技进步奖三等奖。全年共完成住院医师规范化培训5人，接收其他进修实习学生26名。

【增强业务能力】 落实核心制度重点，完善质控体系建设，树立质量第一，医疗工作得到持续改进。整体质量得到提升。根据各临床科室、护理单元特点，定期组织业务查房、技能考核，对病历实行动态监督，不定期开展护理考核，组织处方点评。对制度落实不力、整改不严、措施不到位的科室严格落实惩治措施。通过一系列的手段，推进学科发展，提升医院的核心竞争力。

【技能培训】 全年共组织继续教育培训11次，其中，省级继续教育项目1次，授予Ⅱ类学分29分，1210余人，Ⅰ类学分3分，95人。持续开展“三基三严”大练兵活动，提高医务人员急救能力。组织实习生参加南京中医药大学实践技能比赛荣获针灸组第一名。护理部在全院护理队伍推广使用“医护E家”手机APP，全员实行在手机上考试，即时考核，提高效率。

【优质服务】 实施开展优质护理示范工程，推行护士岗位管理，扎实开展“三基三严”大练兵活动，7月，对120余名青年护士进行综合业务考核，合格率达到96.3%，提高护理人员基本知识和技术质量。全年共评出40位优质护理服务标兵及8个示范科室。发放满意度调查表张，满意度达95%，徐州市第三方满意度调查护理满意度大于等于90%。

【平安医院】 加强医疗流程、病历质量的监管，及时整改医疗行为隐患，化解医患矛盾风险，防范重大医疗安全隐患的发生。加强安全防范系统建设，以人防、物防、技防建设为重点，查找漏洞，补齐短板，遏制“医闹”的发生，保持对涉医违法犯罪的“严打”高压态势，果断采取措施坚决制止。全年发生医疗纠纷6起，全部由医患调处中心调处。

（韩兆春）

人民生活

【概况】 2017年，城乡家庭抽样调查资料显示，全县人民收入持续增长，生活水平持续提升。全体居民人均年可支配收入2.33万元，比上年增长9.9%。其中，城镇居民人均年可支配收入2.97万元，增长9.2%；农村居民人均年可支配收入1.72万元，增长9.4%。城乡居民消费水平不断提高，城镇居民人均年生活消费支出1.80万元，农村居民人均年生活消费支出1.14万元，分别增长5.7%和8.7%。

【食品】 沛县城镇居民人均年食品消费支出3685元，农村居民人均年食品消费支出2538元，分别比上年增长1.7%和5.8%。

【衣着】 沛县城镇居民人均年衣着消费支出1738元，农村居民人均年衣着消费支出895元，分别比上年增长3.2%和5.4%。

【生活用品及服务】 沛县城镇居民人均年家庭生活用品及服务消费支出1128元，农村居民人均年消费支出886元，分别比上年增长7.9%和11.7%。每百户居民家庭主要耐用物品年末拥有量：空调138.3台、电脑78.1台、汽车21.4辆、移动电话272.4部。

【居住】 沛县城镇居民人均年居住消费支出4087元，农村居民人均年居住消费支出2398元，分别比上年增长5.8%和6.1%。城镇居民人均住房面积为45.9平方米，农村居民人均住房面积为48.58平方米。

【交通】 沛县城镇居民人均年交通消费支出1516元，农村居民人均年交通消费支出1275元，分别

广场晨练

比上年增长18.2%和15.7%。

【教育文化娱乐】 沛县城镇居民人均年教育文化娱乐消费支出2061元，农村居民人均年文教娱乐消费支出1227元，分别比上年增长9.4%和12.1%。教育消费是文教娱乐消费的重点，旅游消费、假日休闲消费则是促进文教娱乐消费的新热点。

【医疗保健】 沛县城镇居民人均年医疗保健消费支出1159元，农村居民人均年医疗保健消费支出626元，分别比上年增长2.7%和10.2%。 （田　鹏）

人口管理

【人口管理】 全县常住人口124.68万人。年内共指导各派出所纠正人口信息数据次项数据缺漏项6314项，注销清理重户人员1106人，全县十六周岁以上人口挂像率达99.9%，有效提高人口信息管理水平。共办理县外迁入1807人次，审核县内迁入4033人，补录户口164人，审核报出生1.74万人，办理迁出市县外人员4617人。换发第二代居民身份证8.80万人，上门为群众办理身份证件212人，临时身份证1.51万件。进一步加强对辖区实有人口日常管理。共列管重点人员2.12万人，新增列管705人，采集重口现实表现信息1.9万条。

（豆红祥）

人口与优生优育

【计划生育服务管理】 宣传全面两孩政策，推行承诺制度，落实各项便民利民措施。共办理生育服务证1.19万对，其中，一孩夫妇4691对，二孩夫妇7246对，批准再生育356对；加大出生性别比综合治理力度。开展专项整治，加强“两非”案件线索排查力度，形成长效机制；坚持利益导向，全面兑现奖扶政策。兑现省奖扶1898人、市奖扶428人、特扶128人。将117个城乡计划生育特殊家庭全部纳入家庭医生签约服务范围，对82户失独家庭实行县镇村三级包挂责任制。开展“幸福家庭”创建活动，争创第四批省级幸福家庭项目县，采取培训、资助、帮扶等有效措施，创建幸福家庭50户，其中，10户达到市创建标准。

（鹿启伟　王牧天）

老龄工作

【概况】 2017年，围绕“五个老有”目标，结合沛县工作实际，重点抓基层、抓落实、抓服务，构建老龄工作新平台，提高老年人优待水平，开展敬老助老创优活动，加强老龄机构及工作队伍建设，着力推动全县老龄工作再上新台阶。沛县大屯街道贾庙村蔡先桥获全国“敬老爱老助老模范人物”称号，县水利局退休干部刘洪志获徐州市“老有所为”先进人物称号，沛县言让公益联盟、沛县金阳光公益协会荣获徐州市“十佳敬老志愿团队”称号，志愿者石玉敏获徐州市“十佳敬老志愿者”称号。

【高龄老人尊老金】 制定下发《关于做好2017年度新增80周岁及以上高龄老人尊老金申请工作的通知》，举办老龄工作业务培训班，在《沛县日报》《沛县发布》上发布申请高龄老人尊老金信息。安排专人负责核实高龄老人信息，及时跟进和掌握信息变化情况。共为全县3.11万名80周岁及以上老年人发放尊老金1970.31万元。

【“安康关爱行动”工作】 按照省、市部署，在全县实施老年人意外伤害综合保险，简称“安康关爱行动”。组织召开全县“安康关爱行动”推进会和业务培训班，提请县政府督查室到各镇进行督导，指导各镇（街道、场）将“安康关爱行动”作为一项日常性工作抓好抓实，确保这项工作持续健康发展。全县为60岁以上老年人办理意外伤害综合保险，参保老年人数达到5.37万人，缴纳保费共284.35万元。

【老龄服务窗口】 为方便老年人及广大群众，在县政务服务中心二楼大厅设立县老龄办服务窗口，负责办理“江苏省老年人优待证”、尊老金的申请及群众来访

市领导到沛县调研老龄工作

接待工作。共接待办理1.23万个老年证、100多位个人申请高龄老人尊老金手续，接待群众来访咨询68余人次。

【优待老年人政策】 县交运部门落实60~69岁老年人半价、70岁以上老年人免费乘坐城区公交车政策，办理老年人乘车优惠卡4638张。县人保部门提高机关、企事业单位退休人员养老金标准，城乡居民养老保险实现全覆盖，每人每月最低115元。县政务服务中心落实70周岁以上城乡居民免费参加新型合作医疗政策。卫计部门落实65周岁及以上老年人定期免费健康体检工作。民政部门按规定提高城市"三无"、"五保"、70周岁及以上低保、残疾人的发放标准。

【尊老敬老活动】 春节前夕，下发《关于2017年春节期间开展向高龄空巢困难老人送温暖活动的通知》；县政府副县长刘雪君带队到朱寨镇百岁老人代表家中走访慰问。汉源街道、朱寨镇、龙固镇、安国镇组织志愿者和公益组织走访慰问敬老院和高龄空巢老人。敬老月及端午节期间组织全县开展爱老助老送温暖活动。各镇老龄办和沛县言让公益、金阳光公益、金溢公益等组织到敬老院走访慰问，为老人包粽子、送温暖献爱心。组织开展爱老助老送温暖活动。8月，下发《关于组织开展2017年敬老月活动的通知》和活动方案。重阳节当天，县委书记李淑侠、县长吴卫东分别走访慰问栖山镇和魏庙镇的百岁高龄老人代表，副县长刘雪君陪同。县老龄协会走访慰问沛县汉兴街道2位百岁老人代表。县红十字会、各镇（街道）、场和沛县言让公益、金阳光公益、金溢公益等组织开展关爱高龄老人走访慰问和文艺演出等活动。杨屯镇走访慰问镇属地7位百岁老人。

【空巢老人关爱】 建立常态化工作机制，形成由各镇（街道、场）民政办（老龄办）牵头的工作组织网络，督促落实家庭关爱责任，加强排查和监管，重点关注其生活安全，编密织牢空巢独居老人安全网。开展信息录入和签订"重点空巢独居老人关爱协议书"工作，实现动态化跟踪管理。

【精神关爱】 组织开展老年精神关爱项目创建工作，推进老年精神关爱工作。按照市老龄办的部署要求，经多方协调，县老龄办下发《2017年沛县老年精神关爱工作实施方案》文件，指导各镇做好1个老年精神关爱和项目创建工作，18个镇（街道）、场的老年精神关爱项目已全面完成。

【老年文体娱乐】 1月16—18日，联合县文体局、县摄影协会在县图书馆举办"迎新春"老年书画摄影展。3月7日，协助"中国好人"张兴良举办庆"3·8"老年人联谊活动。4月18日，联合爱鸟协会在县火车站广场举办了沛县第三十二届爱鸟周暨首届"古玩玉石杯"鸟鸣大赛活动。5月12日，联合县书画协会在县老干部活动中心举办沛县中青年书画家和老干部书画爱好者联谊活动。10月16—18日，在县图书馆举办"喜迎十九大沛县中国人寿杯老年书画摄影作品联展”。10月28日，协助“中国好人”张兴良举办庆祝重阳节老年人联谊活动。12月31日，举办庆祝2018年元旦马丕秀摄影展。

【老龄协会工作】 做好召开沛县老龄协会第二届理事会会员代表大会的换届选举筹备工作。7月12日，召开沛县老龄协会第二届理事会会员代表大会，选举产生沛县老龄协会第二届理事会领导班子。

【宣传工作】 年初在《沛县日报》《沛县发布》上发布申请高龄老人尊老金信息。4月13日，县老龄办走进沛县广播电台《民生热线》栏目接受专访，宣传老年人优待政策和办理程序，解答群众提出的问题。重阳节前，联合县宣传部、民政局等部门在《沛县发布》《沛县新闻广播》等多家媒体上发布“敬老爱老助老倡议书”。（龚　浩）

关心下一代工作

【荣誉称号】 2月，徐州市关工委对长期从事关工委工作的“五老”进行表彰，陈殿泉、季传民等十人受到表彰。4月，县关工委原副主任刘兴远被中国关心下一代工作委员会、中华人民共和国司法部、中央社会治安综合治理委员会办公室评为第三届“关爱明天·普法先行”——青少年普法教育活动先进个人。12月，大屯街道关工委常务副主任李瑞林被江苏省综治委预防青少年违法犯罪工作领导小组、江苏省社会治安综合治理委员会办公室、江苏省关心下一代工作委员会评为2014—2016年度全省“未成年人零犯罪社区（村）”创建工作先进个人。

【主题教育活动】 9月，组织编写2万余字的“学史立志·崇德向善”主题教育宣讲提纲，关工委、文明办、教育局在曙光小学举行启动仪式。仪式后县关工委宣讲团成员分组到县直、各镇（街道）中小学宣讲，各镇关工委组织本镇“五老”到各村小宣讲。受教育中小学生达13.4万余人。

【纪念解放军建军90周年】 以《钢铁长城——庆祝中国人民解放军建军90周年》和《红星闪闪照我心——纪念解放军90华诞，增强青少年责任担当》丛书为读本，在全县中小学开展读书征文活动，此次主题活动共收到征文769篇，有11篇优秀征文获省市一、二、三等奖。

【校外辅导站建设】 配合省、市关工委加大对校外辅导站建设力度，奖励和扶持辅导站3个，资金3.2万元，给7个校外辅导站共配备电脑20台，图书近3000册。龙固镇前程子村校外辅导站被评为全省校外教育工作示范辅导站，大屯街道花园村校外辅导站被评为全省校外教育工作优秀辅导站，沛城街道李集村校外辅导站站长王天仁被评为全省校外教育辅导站工作先进个人。

【爱心救助乡镇行】 配合《关心下一代周报》开展“冰凌花”奖学金发放活动，资助18名学生，发放救助金1.2万元。发放“爱德基金”5360元，资助3名贫困学生。配合市关工委开展“善行徐州、助力梦想”活动，资助学生10名，发放救助金1万元。张寨镇关工委联合社会力量，共筹集资金14万元，全镇44名贫困孤儿及困难家庭孩子得到资助。

（季传民）

社会保障

【概况】 2017年，围绕聚力创新、聚焦富民的发展目标，坚持“稳中求进、改革创新、依法行政”工作基调，牢牢把握民生为本、人才优先工作主线，全力促进就业创业，加快完善社会保障体系，切实加强人才队伍建设，推进人事制度改革，完善工资收入分配制度，构建和谐劳动关系，着力提升公共服务效能，顺利完成全年目标任务。

【就业再就业工作】 城镇新增就业9904人、城镇失业人员再就业4780人、就业困难人员再就业1166人，分别完成全年任务的108%、177%、485.8%；城镇登记失业率2.02%；新增转移农村劳动力12400人，完成全年任务的217.5%；高校毕业生年末总体就业率98%；开发高校毕业生就业见习岗位171人，完成全年任务的114%；城乡劳动者职业技能培训9835人、城乡新成长劳动力技能培训5510人、企业职工岗位技能提升培训5528人，分别完成全年任务的196.7%、239.6%、110.56%；支持成功自主创业4819人、扶持农村劳动力自主创业2014人、创业培训3785人、引领大学生创业141人，分别完成全年任务的385.5%、353%、398%、141%。

【人力资源社会保险】 企业职工养老保险。在职参保8.26万人、实地稽核1.48万人，分别完成全年任务的100.61%、100.7%。基金征缴收入4.26亿元，完成全年任务的132%。

城镇职工医疗保险。参保10.47万人、基金征收3.28亿元，分别完成全年任务的100.10%、128%；工伤保险参保人数6.9万人、基金征收5037万元，分别完成全年任务的100%、179.9%；工伤康复53人，完成全年任务的176.7%；生育保险参保人数4.6万人、基金征收2653万元，分别完成全年任务的100%、221%。

失业保险参保人数8.46万人、基金征收2701万元，分别完成全年任务100.01%、190.8%。

城乡居民养老保险。参保人数29.21万人，完成全年任务100%，基础养老金发放率98%，完成全年任务100%。

【劳动关系调整工作】 规模以上企业劳动合同签订率、已建工会企业集体合同签订率分别达到99%、96%，分别完成全年任务的100%、100%；劳动保障监察举报投诉案件结案率100%、人均主动监察用人单位139户、联动平台举报投诉动态录入率100%、联动平台案件按期运行率100%、劳动保障专职监察人员持证上岗率100%；终局裁决占裁决案件比例28%、仲裁管理信息系统按期运行率100%、仲裁委立案处理案件结案率100%，分别完成任务的107.7%、100%、105%。

医疗保障

【就业政策】 加强促进就业创业政策宣传力度，全面落实创业带动就业、统筹重点群体就业、鼓励企业吸纳就业优惠扶持政策。对1529名符合条件的灵活就业人员发放社会保险补贴361万元，发放2100人次基本医疗保险补贴61万元，为62家企业发放稳岗补贴306万元。

【建立创业载体】 贯彻《全市建设创业型街道（乡镇）、社区（村）和园区工作实施方案》，制定《沛县创业资金管理办法》《创业孵化管理办法》，创建创业型街道1家、创业型镇1家、创业型村（社区）34家、创业型园区1家，创建县级创业孵化基地7个。发放创业担保贷款830万元，扶持成功自主创业4819人。

【提升劳动者技能水平】 全年共开展城乡劳动者职业技能培训9835人，企业职工岗位技能提升培训5528人，创业培训3785人。江苏煤电高级技工学校获批省级“创业示范基地”。

【扶贫行动】 针对“建档立卡低收入农户中的劳动力”群体，推行“人社精准扶贫行动计划”，制定《沛县建档立卡低收入人口就业帮扶实施方案》，实施精准扶贫培训和就业岗位推荐“个性化”帮扶，培训建档立卡低收入人口700余名，举办岗位推荐会17场，推荐就业岗位1600多个，400余人实现转移就业。

【重点群体就业】 做好“三支一扶”高校毕业生就业服务，开发高校毕业生就业见习岗位171个，高校毕业生年末总体就业率%，实名登记率100%。新增农村劳动力转移1.24万人，就业困难人员再就业1166人，城镇登记失业率控制在2.02%。

【就业服务能力】 招聘村级专职劳动保障协理员186名，选址县经济开发区科创园，启动新的人力资源市场建设，全年开展人力资源市场招聘活动34场，为求职者提供就业岗位1万余个，3850人实现就业。

【社保体系】 出台《关于做好参加沛县机关事业单位养老保险制度改革人员核定工作的通知》，召开全县机关事业单位养老保险改革启动大会、全业务上线工作布置会。全县机关事业单位已上线388家，涉及人员3.20万人。完成城乡居民医疗保险制度整合，将原县卫计部门承担的新型农村合作医疗综合管理职能划转至县人社局，并入后机构更名为沛县医疗保险基金管理中心。

【社会保险征缴】 加大社保缴费政策宣传，开展用人单位遵守社会保险法情况监督检查活动，建立社保缴费多部门联动机制，重点推动、公安协警和乡镇卫生院编外人员等群体的参保。全年企业养老、职工医疗、失业、工伤、生育保险参保人数分别达到8.26万人、10.47万人、8.46万人、6.9万人、4.6万人，城乡居民养老保险参保人数29.21万人，城乡居民医保参保103.56万人。

【社会保险待遇】 进城乡居民基础养老金最低标准由每人每月115元提高到每人每月125元，为967名符合条件的医保大重病参保患者提供“二次补助”医疗费用701万元，为2950名慢性病参保患者发放补助资金810万元，提高县镇两级城乡居民医保住院报销比例，住院费用政策补偿比达到80.24%，1.38万名参保病人获得万元以上补偿款。

【社保基金监管】 贯彻《江苏省社会保险基金监督条例》，切实加强基金非现场监督力度，强化社保经办机构内部控制制度建设。组织开展“社会保险基金监督制度建设年”活动，健全完善“四位一体”基金监督体系。加强医保“两定”单位监管力度，共查处“两定”单位医保违规行为113起，收缴违约金120万元，“两定”单位违规率较以往下降近10%。

【人才引进】 将高层次创新创业人才引进纳入全县重点经济工作考核，1名博士成功入选省企业博士后类“双创博士”、14家企业获批省引智项目、4家企业获批省博士后创新实践基地。与北京大学、清华大学等5所“双一流”高校合作共建学生实践基地，首批77名高校本硕学生到沛县实习。

【专技队伍】 调整优化职称评价标准，推荐高级专业技术职务任职资格206人，副高级203人，中级专业技术职务任职资格426人，通过初级任职资格人员621人，组织教育系统进行教学能力测试268人，新增专业技术人才3900人。实施企业职工技能提升培训计划和新型技能大师培育工程，共取得高级技师资格22人、申报企业首席技师7人，获省厅批准杨古荣技能大师工作室1个。新增高技能人才801人，开展职业技能鉴定7400人。

【公务员队伍管理】 完成全县行政机关及参公单位年度考核表彰奖励。推动已参公单位按照公务员制度全面入轨管理，完成财政局预算审核中心、结算中心、市场监管局质量技术监督稽查大队参公登记。做好20名政府序列公务员招录工作，实现“零差错”。制定下发《关于进一步深化公务员考核工作的实施意见》，全面展开公务员平时考核工作。

【人事工资制度】 完成事业单位人员考核工作，2.05万名事业单位人员通过考核评定。审批完成2016年事业单位1.88万名工作人员奖励性绩效工资，对2.2万名机关事业单位在职人员的基本工资标准进行调整审批，做好退休人员退休待遇重新核定工作。按照安置政策，安置军转干部1名。加强人事考试工作的精细化管理，招聘事业单位工作人员17名、合同制卫生类技术人员39名，为开发区招聘20名，文广新体局招聘工作人员12名，教师招聘229名，村级平台协理员招聘186名，考试安全率达100%。

【劳动关系协调机制】 开展化解过剩产能企业劳动关系情况调研，完成40家企业薪酬和企业职工最低工资政策实施效果调查，审批特殊工时工作制企业11家。全县规模以上企业劳动合同签订率99%，已建工会企业集体合同签订率96%。强化调解仲裁组织和人员队伍建设，创新完善调解仲裁机制，提高人民群众对仲裁工作的满意度。共裁决36件，调撤33件，受理案件均在法定的时限内结案，结案率100%。

【监察执法】 开展"农民工工资支付专项检查""2016年度劳动用工书面审查""清理整顿人力资源市场秩序""用人单位遵守劳动用工和社会保险法律法规"等专项执法检查活动，共检查用人单位4600户，涉及9万人，督促13家用人单位为121名职工补办社会保险登记，补缴社会保险费52万元，为2000名农民工追讨工资275万元。

（高永峰　李　盼）

住房公积金管理

【概况】 2017年，全年共归集公积金5.50亿元，提取公积金3.38万人次，共提取3.50亿元，发放贷款1.34亿元，帮助662个家庭购买住房，购房总面积6.55万平方米，总房价3.13亿元。向县政府提供廉租房建设资金1000万元。

【服务民生】 开展"惠民安厦工程"，协调公积金业务承办银行、企业和职工三者的关系，发挥银行资源优势，解决中小企业融资问题，同时促使职工建立公积金制度，享受到公积金制度的优越性。

【智慧公积金】 借助"互联网+"提升公积金服务的效率，做到公积金服务事项"应上尽上、全程在线"，"网上跨行缴存"实现单位公积金归集业务"零跑腿"，清除跨行缴存的障碍，惠及缴存单位。"网上同行部分还贷""网上同行一次性还贷"实现公积金提前还款业务"零跑腿"，提高公积金贷后业务的办事效率。引入"电子印鉴系统"，使缴存职工轻松通过网厅获取公积金缴存证明，进一步简化贷款手续，取消收入证明环节，减少职工出具收入证明到单位盖章的烦琐程序。开办住房公积金贷款变更还款方式和缩短还款期限业务，使职工还款方式更加灵活，减少职工利息支出，使用公积金贷款的优势更加明显。

【公积金制度保障】 启动住房公积金贷款试点工作，放宽公积金贷款条件，取消户口限制，江苏省内正常缴存住房公积金的职工均可办理。放宽公积金提取范围，支付房租可提取，与单位终止劳动关系且男满50周岁、女满40周岁的可提取，遭遇重大疾病的也可提取。扩大公积金缴存范围，重点帮助返乡创业的农民工等人员获取住房公积金。

（李　明）

民政事务

【概况】 2017年，保障改善民生、创新社会治理，各项业务协调发展，多项工作取得新突破。在全市民政重点工作综合评估考核中，被表彰为先进单位。在全市民政信息宣传工作考评中，被表彰为优秀单位。

【减灾救灾】 全年累计拨发省级救灾款物136万元，救助困难群众3.3万余人次。5·12全国防灾减灾日和10·13国际减灾日，组织23家相关单位及18个镇（街道、场）开展上街宣传和咨询活动，共摆放展板205块，发放传单3.5万份，受教育群众5万多人次，取得较好成效。

民主生活会

【低保核查】 开展城乡低保专项清理清查工作，建立26个部门经济核对联动核查机制，制定《沛县申请救助家庭经济状况核对工作规程》，全面开展申请救助家庭经济状况核对工作，通过公安、房产、银行金融等部门，对新申请低保、医疗救助等家庭进行全面核查，严防“人情保、错保、骗保”等现象的发生，经专项整治全年退出低保2138人次。

【医疗与临时救助】 重点突出医疗救助平台的直接救助功能，提高医疗救助比例，全年发放医疗救助资金2630万元，救助1.49万人次，发放临时救助资金102万元，救助939人次。

【慈善救助】 沛县慈善会开展“情暖江苏·爱满彭城”春节慈善慰问活动，共慰问115户，发放慰问金23万元。救助贫困家庭儿童重大疾病49人，发放慈善救助金63.8万元；慈善助学共救助当年考取二本以上困难家庭学生135人，发放助学金41万元。

【社会救助】 全县建档立卡贫困人口78536人，通过排查和提标扩面，将建档立卡贫困人口中需纳入农村低保兜底脱贫但尚未纳入的2188人及时纳入低保；对低保中脱贫人员进行复核，并采取3个月时间的渐退机制，以防再次进入贫困的情况发生。全县共有城乡低保对象1.2万户，约2.25万人，共发放低保金8300万元。

【养老服务体系】 建立健全养老项目跟踪、协调、服务、监督、考核机制。实施总投资2.5亿元的4大类养老项目建设，重点抓好沛县夕阳红护理中心384张、爱颐老年公寓300张、杨屯汉皇老年公寓400张床位建设及沛县嘉华医院护理院、华康医院护理院、国泰医院护理院3家“医养融合”型机构1200张床位建设。实施18个镇（街道）场共114个标准化居家养老服务中心、老年中央厨房、日间照料中心、助餐点项目建设。制定《沛县农村敬老院向区域性养老服务中心转型升级实施办法》，采取公建民营、公办民营等办法，有效推进公办养老机构改革。全面放开养老服务市场，按照“先照后证”简化程序，取消不合理前置审批，建立市场主导的收费管理机制，最大限度激发社会资本参与养老服务。加快养老与医疗、旅游等产业融合步伐，发挥沛县生态、文化、区位、医疗等资源优势，发展旅游度假养老、候鸟式养老等新兴业态，引进知名连锁品牌运营商，打造颐养沛县服务品牌。

【和谐社区】 重点加强对拟达到省级和谐社区建设标准的11个社区、7个省定“为民办实事”项目单位和23个社区综合服务中心建设单位指导开展规范化工作。全县城乡和谐社区达标率分别为96%和89%。推进“政社互动”和城乡社区减负增效，强化社区服务管理体系建设，指导全县384个城乡社区推选产生村务监督委员会，村居代表会议制度、村居小组会议制度，建成率100%，村务公开制度落实率100%。

【社会组织管理】 对行业协会商会类、科技类、公益慈善类、城乡社区服务类社会组织进行直接登记，全年共审批登记社会组织42家，社会组织年检率99%。做好社会组织统一社会信用代码赋码及三证合一换发工作，已通过平台系统办理登记346家，换证40家。根据县委、县政府两办《关于印发沛县行业协会商会与行政机关脱钩实施方案的通知》要求，全县22家行业协会已全部与行政机关脱钩。

【困境儿童】 全县共有困境儿童2196人，其中，孤儿423人，监护人监护缺失的儿童35人，监护人无力履行监护职责的儿童206人，重残、重病及流浪儿童1151人，农村家庭困难的留守儿童及失足未成年人等其他需要帮助的儿童381人，所有困境儿童已录入全省困境儿童信息系统。

【关爱留守儿童】 全县共有留守儿童1417人，留守妇女4643人，留守老人2655人，全县374个村（居）全部建立了留守儿童档案，实行一人一档。下发《沛县开展农村留守儿童“合力监护、相伴成长”关爱保护专项行动实施方案》，为116名监护缺失的农村留守儿童落实监护人，并签订“农村留守儿童委托监护责任确认书”，劝返失学辍学农村留守儿童13名，解决42名农村留守儿童户口问题。

【优抚安置】 按照苏政办发〔2017〕59号文件精神，健全优抚安置工作机制、完善优待抚恤政策、做好退役士兵安置工作，确保优抚安置政策得到落实。已为全县3020名符合参保条件的对象办理住院医疗保险，参保率100%；重点优抚对象中一至六级伤残军人医疗统筹每人每年1万元。组织30名退役换证、调评残、带病回乡人员参加全市医疗体检；组织356名7986部队、8023部队、铀矿开采部队涉核人员参加职业病健康体检。2017年接收退役士兵490人，其中，469人参加了免费职业技能培训，符合政府安置的14人给予岗位或货币安置。全年共发放一次性经济补助金1761万元。

【婚服管理】 严格落实省市关于婚服管理的相关政策，对收费项目进行公示。全年共办理结婚登记1.19万对，离婚登记3434对，补领结婚证6323对，补办离婚证290本，合格率均100%。

【福利彩票】 全县共发行福利彩票5436万元，募集福彩公益金1902余万元，推进福利事业发展。

【殡葬改革】 围绕“节约土地、保护环境、移风易俗、减轻群众负担”目标，按照《县政府办公室关于进一步加强公益性公墓管理的通知》，加强对沛县公益性公墓管理，制定公益性公墓各项规章制度，共建成公益性公墓264个、镇级骨灰堂2个、村级骨灰堂2个；371个行政村成立红白理事会；除夫妻安葬外，70%以上的新死亡人员进入公墓安葬，新死亡人员入公墓安葬4800余人。 （韩友防　燕祥玉）

双拥工作

【概况】 2017年，以创建省级双拥模范县“八连冠”为契机，开展“双拥在基层”活动，开创新时代军民融合深度发展新局面。调整双拥工作领导小组，县委、县政府主要领导担任领导小组组长，坚持领导联系驻军制度和走访慰问制度，八一建军节、春节等节日期间，开展全县范围的走访慰问驻军活动，共支出慰问金、慰问品价值20万元。在建军90周年之际，专门拿出80余万元慰问抗战老战士、烈属、伤残军人。

【双拥文化】 把双拥文化纳入全县文化体系总体规划，通过军地共建文化阵地、共建文化队伍、共搞文化活动，建立各种双拥服务志愿者队伍30多支。通过搭建“两新”（新经济、新社会）组织参与双拥工作的平台，建立拥军服务组织20多个。树立坚持拥军奉献的张浩为省市拥军模范。成功举办“全国名人名家主题书法作品百所军营展”“走近雷锋走近英雄主题图片军营展”全国征集好歌送军营”等持续十多年的全国性的文化拥军活动，已成为在全省有地位、全国有影响力的拥军活动品牌。纪念建军90周年举行的“鱼水情义长”群

10月26日，召开创建省双拥模范县工作推进会

众歌会，表达对驻沛官兵的节日祝贺。烈士纪念日，全县党政机关、社会各界在沛县烈士陵园举办“缅怀革命先烈、继承光荣传统”的凭吊活动。

【拥军优属】 科技拥军纳入科技兴县战略，帮助驻沛部队解决科技练兵中的实际问题纳入拥军范围，下发《关于广泛开展科技拥军活动的实施意见》。帮助部队解决建设难点，投资3000余万元新建消防大队营房、增添消防设备；投资85万元整修武警中队营房营区，帮助驻军解决营建征地、道路扩建、自来水供给等难点问题20多件。全县各窗口单位开设军人优先服务绿色通道，公路、桥梁收费站实行军车免费通行，旅游景点、公共场所军车免费停放，园林旅游景点对军人一律免票。全面落实各项优抚安置政策，按时足额发放各类优抚人员的抚恤补助金。

【拥政爱民】 驻沛县部队参与重点工作建设，协助驻地完成重要路段的环境整治、备勤等保障任务。参与阳光扶贫活动，采取就近包村包户、定点挂钩、结队帮扶的方式，建成扶贫点6个，帮扶贫困户脱贫60户。汛期到来之际，驻沛官兵和民兵预备役人员，坚守微山湖防洪大堤和矿区塌陷村庄，帮助加固防汛堤坝，开挖排水通道，确保群众生命财产安全。

【军民融合】 县委、县政府成立沛县军民融合发展领导小组，下设办公室，统筹推进沛县军民融合产业发展，搭建军民融合项目孵化载体。在县经济开发区设立军民融合科技产业园，逐步引导和支持军民融合项目有机纳入县域产业发展布局。县双拥办印发《关于进一步加强双拥工作推动军民融合式发展的意见》，县经济开发区出台《军民融合发展财政扶持办法》。（燕祥玉）

民族宗教事务

【概况】 2017年，现有37个少数民族成分，少数民族人口1388人。人数较多的分别为回族、满族、苗族、壮族、土家族等少数民族。龙固镇邵马村、大屯街道大莱居委会为两个回民村，人口分别为758人和400人。全县18个镇、场、街道以及大屯煤电公司都有少数民族，其中，北部乡镇少数民族人口较多，城区较少。现有外来少数民族流动人口70人，清真拉面馆8家。

【宗教方面】 全县共有五种宗教组织，即佛教、道教、伊斯兰教、天主教、基督教，信众约4万余人，依法登记的宗教活动场所66处，其中，佛教5处（沛县观音寺、沛县西方禅寺、沛县林堤寺、沛县慈恩寺、沛县自在禅寺），道教2处（灵山圆国观、神仙林道观），伊斯兰教2处（大屯清真寺、龙固清真寺），天主教5处，基督教52处。有4个宗教团体即天主教爱国会、基督教“三自”爱国运动委员会、伊斯兰教协会、道教协会。

【民族工作】 宣传《江苏省少数民族权益保障条例》和《城市民族工作条例》等党的民族政策法规，对少数民族流动人员分门别类、登记造册，实行动态服务与管理。做好对少数民族流动人员的走访慰问工作，保障少数民族群众在子女上学、医疗救助、证件办理、法律援助、就业咨询等方面的合法权益。共办理民族成分更改5人，出具中、高考证明10余份，解决外来少数民族子女入学、入托问题20余次，向清真食品企业介绍少数民族工人10人。

【清真食品监管】 通过查、看、听、问等方式，对徐州新奥、徐州天顶香、徐州馋品轩、徐州香道4家清真食品企业和8家清真拉面馆的重点岗位人员和生产、加工、经营场地进行重点检查，对个别违规行为责令及时整改，对整改不到位的企业坚决予以关停，规范清真食品经营秩序，确保食品生产安全。

【扶贫资金】 争取40万元少数民族发展资金，分别用于2个回民村建设发展项目。龙固邵马村（小型小渠和配套路建设、村内太阳能路灯安装）、大屯大菜居（村内水泥路铺设）。推进少数民族聚居村贫困群众脱贫致富。

【民族宣传】 在民族团结进步宣传月，借助沛县政府网，沛县广播电台以及国家、省市民宗网站，民宗工作QQ群，微信群等宣传平台，宣传党和国家的民族政策；联合县科技局、农委、文广新体局、人民医院等单位开展“送科技、送文化、送健康”系列活动10次，夯实民族团结进步的基层群众基础。开展进机关、进企业、进学校、进社区、进乡镇、进清真寺“六进”活动9次，召开回汉群众座谈会，组织县梆子剧团进民族村演出2次；联合县文广新体局、大屯街道办事处、龙固镇政府开展“民族团结一家亲”文化下乡演出活动4次。

【慈善周活动】 县天主教爱国会主任王荣立到县人民医院为贫困患者送去慰问金和慰问品；基督教“三自”爱国运动委员会开展义诊、关爱老人等活动；佛教界开展“敬老爱老、知恩报恩”为主题的慈善活动；县民族宗教公益慈善协会到胡寨朱阁小学、魏庙中心小学沛县第三中学慰问贫困学生，并送去慰问金。全县宗教界共捐助款物10万余元。

【隐患排查】 制定印发《关于做好民族宗教领域安全维稳工作的通知》，督促各宗教团体、宗教场所做好信访及预警信息的掌握上报工作，落实矛盾纠纷月排查、零报告制度，全年共排查化解各类矛盾纠纷37起。注重宗教活动安全隐患治理，坚持属地管理原则，强化主体责任。制定下发《全县宗教活动场所安全管理实施意见》，督促各宗教团体、宗教场所建立健全安全隐患排查治理制度，举办全县宗教场所负责人、安全员消防安全培训和消防技能演练。各宗教场所共排查房屋、线路老化、私拉乱接、消防设施、食品卫生、围墙等各类安全隐患86起，全部整改到位，预防影响社会稳定事件的发生。

（任衍涛）

龙固镇

【概况】 龙固镇位于江苏省最北部，地处苏鲁两省四县交界，是工业强镇、商贸重镇、历史名镇，是徐州市达标中心镇、江苏省新型示范中心镇、国家级重点镇、国家级生态镇。全镇共有12个行政村、11个居委会、76个自然村，全镇面积66平方公里，镇区面积5平方公里，耕地面积2320.6公顷，人口8万人。

2017年，实现财政总收入3.53亿元，国税总收入1.76亿元，公共财政预算收入2.51亿元，增值税完成1.61亿元。完成固定资产投资24.61亿元，工业开票销售收入达79亿元，实际利用外资802万美元，进出口额完成3200万美元，服务外包完成412万美元，新增工业列统企业2家，荣获全县重点经济工作目标考核一等奖、“工业经济上台阶”一等奖。

【经济建设与发展】 安排专门人员常驻“长三角”“珠三角”等地进行定点招商。推进年产10万吨精制润滑油、年产4.5万吨次氯酸钙、光伏领跑者计划等12个投资5000万元以上的在谈项目。签约落地广朋纺织二期、龙翔废旧金属回收等一批重大项目。投资3亿元的观茂焦化焦炭制气项目在办理环评手续，投资1亿元的皮带长廊项目、投资1.26亿元的中兴化工伽马2项目及投资5亿元的天安化工干熄焦发电项目在建设中，投资1.2亿元的恒辉双创产业园项目、投资1.1亿元的国贸新材料二期项目在进行设备安装，并荣获项目建设二等奖。恒辉编织机械两项产品通过国家科技成果鉴定，其产业化项目荣获中国纺织工业联合会2017年度国家科学技术奖，产品跨入军事和海洋工程领域。天裕电力、恒辉编织机械两家企业获批建立博士后工作站。天裕集团在龙固镇注册江苏璟锋能源有限公司，与华融集团、徐工集团等洽谈深度合作，将在香港联交所挂牌上市。关闭生产工艺和技术装备落后的金泰隆、昊阳、中通、兆鑫工贸等四家化工企业。

【镇区小城市创建】 大沙河连接线、兴龙商贸广场、沙河公园一期及中三园区路、经三路、厂前路、零号大沟提档升级工程等投入使用。沙河公园三座跨河大桥、苏北商城门楼、湖陵公园、中一住宅楼、兴龙商贸广场等地标建筑亮化完成。投资1000万元，完成镇区、园区、村居三项重点镇域绿化工作。高标准实施高圩子、杨圩子美丽宜居村庄建设工程，投资550万元开展镇村环境综合整治，完成徐济路、沙河西路、苏北商城等主要街道和市场的环境综合整治工作，美化外立面，杜绝出店经营、乱停乱放、乱搭乱建等现象。

新建阳光堆肥房两座，在7个村实施垃圾分类处理，垃圾收运体系考核位列全县第一。

【农业现代化】 打造大沙河产业带六个示范区，即上段以桃润源家庭农场为龙头，建成333.3公顷特色蔬菜、66.7公顷优质果品种植示范区；中段以沙河公园为核心，配套休闲观光农业，建成市民休闲健身娱乐示范区；下段以水产示范园为核心，建成266.7公顷莲藕龙虾套养、高效水产养殖示范区；以天好、华科等20家大沙河沿线家庭农场为引领，建成333.3公顷粮食生产全程机械化示范区；以电子商务产业园为核心，打造电商一条街，建成农村电子商务示范区；以高圩子、杨圩子为试点，投资500万元完善基础设施及庄体绿化亮化美化工作，建成美丽宜居村庄示范区。全年新增土地流转面积333.3公顷，农村产权交易完成4大类、115宗，交易额4600万元。新增5家县级示范家庭农场，创建“五好”专业示范合作社2家，通过验收家庭农场服务联盟1家。完成农产品商标注册6个，新创市级名牌产品3个。完成大农合产品注册600家。村级集体经济收入实现1800万元，集体收入均超20万元的村（居）23个，小额扶贫贷款存量953万元。农业农村工作取得全县第四的历史好成绩，12个村（居）荣获全县村（居）重点工作一等奖。

副市长徐东海到龙固镇调研煤盐化项目

【社会事业发展】 改善生态环境，扎实推进“263”专项整治，观茂焦化、天安化工投资8000万元的脱硝设施、熄焦废水处理设施、物料大棚等通过环保部门验收。取缔5家挂车制造企业，其余6家进入工信部目录。全镇32台燃煤锅炉，停用6台、改用燃气24台，拆除2台。取缔铸造企业3家，整改6家。依法依规做好人口识别、审核、公示等工作，完善国网和阳光系统，精准识别1578户、3586人。镇村干部入户走访5000人次，政府代缴医疗保险1860人，资助270名学生，医疗保险报销980万元。扶贫专项资金采取统一管理，精准脱贫428户950人，集中资金建设光伏发电项目、日光温室项目，剩余资金入股富华车业，效益分红人均90.8元，全部发放到农户手中。发放土地深松补贴资金27万元、农机购置补贴86.5万元、小额贷款921万元。尊老金和残疾人补助资金及时足额发放。困境儿童、留守儿童、留守老人、孤寡老人，全部纳入省救助平台。投资80万元改善春龙佳源水、电、路基础配套设施，焦刘村整体搬迁工作完成人口核查和三榜公示，与矿方签订整体搬迁协议。签订南菜园房屋开裂加固补偿协议，补偿资金发放到位。安排专项防汛资金176万元，用于加固堤坝，开挖排水渠，配备防汛物资。投资120万元对农村路桥提档升级。湖陵城遗址被列为县级文物保护单位。注重普法宣传，做好信访稳定工作，化解历史遗留问题。清理无证幼儿园15家、网吧2家、夜市摊点12家。在全县社会治理重点工作目标考核中荣获二等奖。

【干部队伍建设】 推进“两学一做”学习教育常态化、制度化，在工作实践中提升工作标准和工作实效。弘扬“真抓实干、马上就办”作风，充分落实“一线工作法”，全面提升为群众、为企业、为项目服务的水平。加大机关作风检查力度，解决不作为、乱作为、慢作为问题，努力提高政府执行力和公信力。立足于“实”，推进“百千万”集中走访帮扶活动，深入推进百姓办事“零障碍”工程，政务服务逐步走向标准化、便民化、阳光化。扎实推进党风廉政建设和反腐败工作，对违反制度的行为零容忍，营造干部清正、政府清廉、政治清明的发展环境。

2017年度龙固镇各村（居）基本情况表

表7

村（居）名称	户数（户）	人口（人）	人均纯收入（元）	党组织书记	村（居）主任
邵马村	800	4018	10000	许贵力	薛巨文
张王村	760	2760	10500	张家洪	朱本清
焦刘村	790	3120	11600	张守明	肖备战
三河尖村	489	2183	11800	吴春海	李　强
新建村	478	1564	11600	李　勇	渠慎法
新建居	340	1460	12000	时北海	孙学习
果园村	800	3200	12000	刘振伟	程延坤
后洼村	738	2900	12500	张亚洲	张振海
桃园村	945	2920	4950	饶本柱	张尊高
三里居	736	2878	21044	唐好川	左夫华
镇东居	800	2800	19000	姚元武	张秀超
龙东居	904	4277	22000	马广超	张乃芬
前程子村	1400	5800	12000	朱良臣	刘庆芝
奚阁村	502	1986	11800	徐兴旺	徐兴旺
沙河村	402	2160	11500	王永祥	邢广清
姚楼居	425	1435	10000	常相君	赵恩友
韩庄居	225	1217	20500	周洪跃	董文学
张耿庄村	1100	4860	19850	耿传纪	张米增
镇西居	898	4200	20100	祝令民	唐好专
龙西居	425	1936	20200	马会元	唐文峰
中一居	512	2050	13500	陈先立	杨继文
中二居	286	1304	12300	解庆国	姚念成
中三居	1260	3986	17000	刘福建	程传林

（于祥冉）

杨屯镇

【概况】 杨屯镇地处昭阳湖畔，与山东省微山县接壤。全镇总面积87.6平方公里，辖21个行政村（居），总人口7万人。境内煤炭储藏量达5亿吨，中煤集团姚桥矿坐落于此。水路四通八达，苏鲁公路网在此交会，西北绕城直达杨屯沛北经济开发区，京杭运河穿境而过，杨屯河横贯东西，具有500吨级通航能力，粮棉产业园内有粮食运输铁路专线一条。市编办批复成立沛县杨屯粮棉加工产业园党工委和管委会，与杨屯镇党委政府实行“一个机构、两块牌子”区镇合一的管理体制。

2017年，全镇实现地区生产总值36亿元，工业开票销售收入完成32亿元，一般公共预算收入2.4亿元，国税收入实现5400万元，全年用电总量达3亿千瓦时。是江苏省第二批经济发达镇行政体制改革镇、获省级经济发达镇、省级文明镇、省级文化先进镇、徐州市特色小镇等称号。

【经济建设与发展】 依据“创建省级经济开发区，打造徐济区域间实力强镇、滨湖新城”的奋斗目标，2017年，基本建成杨屯新镇区，占地面积3平方公里，建筑面积超120万平方米。重点打造省级经济开发区、省级经济发达镇、国家AAAA级旅游景区三大平台，推进居住向新镇区集中、工业向沛北经济开发区集中、文化旅游向洪福湿地旅游度假区集中。依托25万平方米商贸楼，突出宜居功能，配套组建苏鲁省际商贸中心、供销商城、鑫三角农贸交易市场，建成金融一条街，续建安置楼、文渊佳苑，九纵五横道路框架建成，临镇商贸、临湖旅游、临园物流三大板块初步形成。

沛北经济开发区建成面积1.25平方公里，重点推进新型工业化，拉伸产业链。拓正茂源、江龙炭材、碳纳米管、淳瑞纺机、日高能源等一批科技含量高、附加值高、投资强度大的企业先后落地，纺织、铸造、机电等传统产业逐步向新能源、新材料、新技术等新兴产业转型。

全镇耕地面积2133.3公顷，创建县级示范家庭农场32家、农民合作社120家、农业龙头企业11家，累计流转土地1333.3公顷。推进高科技水产示范园、仙桃示范园、千亩牡丹园、昭阳庄园四大园区和微山湖万亩优质稻米基地建设。

【社会事业发展】 扎实推进精准扶贫，党员干部结对帮扶、扶贫项目开发、扶贫果蔬园建设取得新成效。农民人均可支配收入达到17374元。教育事业持续发展，杨屯中学连续14年获得乡镇中考第一名。卫生事业迈上新台阶，新农合参保率100%。与徐州三院、大屯煤电集团医院结成医联体，以徐州市总分第一名的成绩通过省级示范医院验收。文体中心和图书馆建成全县乡镇功能多、标准高的文化阵地，开展丰富多彩的文体活动，推动精神文明建设。社会治安防控体系基本建成，年内未出现较大安全生产事故。

【沛北经济开发区】 投资8000万元，修建工业大道延伸段，建成环园路，完成园区道路绿化、亮化工程。园内集聚规模企业30家，形成高新技术、粮棉加工、光伏光电、装备制造四大产业板块。多晶硅二期、标准化厂房等重大项目开工建设。投资10亿元的3D微孔覆碳铝箔、投资5.2亿元的锂电池正极、投资8亿元的拓正茂源多晶硅铸锭三期项目签约。投资2亿元搬迁孟店村、投资5000万元建造跨河大桥，实施开发区扩建至5平方公里的规划。5月2日，徐州市政府正式向省政府申报成立沛北经济开发区，成为沛县第一家申报省级经

洪福湿地旅游风景度假区奠基仪式

济开发区的乡镇。

【洪福湿地旅游风景度假区】 11月23日，杨屯镇举行洪福湿地旅游风景度假区奠基仪式。项目由上海福盈集团投资建设，总投资6亿元，占地面积512万平方米，由湖陵古城、禅意小镇、鸡鸣台、洪福寺、昭阳庄园、洪福湾渔场等景区组成。景区由姑苏设计院按照建设江淮生态大走廊重要节点、国家AAAA级旅游景区标准设计，已通过相关专家论证。在禅意小镇建设上，以重建皇家寺院洪福寺为主体，组建寺院、民宿、商业3个建筑群，构建养老住宅、休闲度假、禅家养生3个片区。配套建设洪福湾生态养殖场、农家乐合作社、农耕体验园等。

【三个集中工程】 推进工业产业向沛北经济开发区集中。坚持招大引强，培大育强，搬大建强，集聚企业30家，形成高新技术、粮棉加工、光伏光电、装备制造四大产业板块，新技术、新材料、新能源产业快速崛起。推进农民居住向新镇区集中。完成西仲山、蒋海、王庄的搬迁，杨屯、孔庄、前场、欢口、后屯等村搬迁率达到90%以上。南仲山村、孟店村搬迁正在规划设计。推进文化旅游向洪福旅游风景度假区集中。在昭阳庄园开辟农耕体验区，组织中小学生分批亲近自然，体验农耕，认知农业，昭阳庄园入选全国第三批“中国乡村旅游创客示范基地”；在洪福湾渔场发展生态养殖，完善高密度养殖技术，吸引游客参观游览；在洪福旅游风景度假区周边成立农家乐合作社，统一发展农家乐产业，开发创意农业，观光农业，提升农业的附加值，出台优惠政策，创建田园综合体，推进人、文、产、城有机结合，互推共进，把洪福旅游风景度假区建成雅俗共赏、农旅一体的示范区，生态优先、绿色发展的样板区。

【文体中心】 投资6500万元建成的文体中心，包括3.4万平方米的文化广场和建筑面积1.1万平方米的综合活动中心。文体中心展览馆、书画展室、图书馆、健身房、篮球场、综合活动室等全面开放。鸟鸣大赛、农民广场舞比赛、乘凉晚会、“六一”演出、春节联欢会及湖陵艺术团昭阳书画院等艺术团体举办的各项活动，丰富居民的文化生活。江苏卫视“2017幸福社区行”走进杨屯镇、“梨园春”到杨屯会堂演出。5月23日，全县镇村级综合文体服务中心建设现场会召开。9月28日，全市公共文化设施达标暨应急广播建设推进会的市县领导观摩杨屯镇文体中心。

【运河治理】 拆除17家未纳入“三个一批”（保留一批、整改一批、取缔一批）的企业，停业整顿32家纺织企业。拆除杨屯河码头的42处卸货场、24台吊机。取缔不符合环保要求的梳棉企业，勒令停产没有锅炉使用证的锅炉，根据具体情况，关闭、搬迁、整改不符合养殖环境要求的养殖户。推动纺织企业、铸造企业引进新设备、新技术，推进产业结构转型升级。完善生活垃圾清运市场化运作模式，细化指标，制定奖惩标准。在全县生活垃圾清运考核中，始终保持前三名。8月7日，杨屯镇民间组织言让公益联盟31名青年志愿者组成“绿色世纪”青年环保志愿队，在杨屯镇和微山县张楼镇交界段的昭阳湖畔，开展水环境志愿保护活动。通过捡拾河岸垃圾、打捞水中垃圾袋、发放传单等方式进行环保宣传，提高广大游客和附近渔民的环保意识。

【言让公益联盟】 9月7日，沛县言让公益联盟10多位志愿者先后到安国镇蔡家居委会王虎虎、五段镇三段村张珺的家中，送去现金和生活用品，言让公益联盟多年来资助了十多名困难大学生入学，康言让被授予“徐州市十大最美家乡人”“彭城好人”“最美沛县人”“杨屯镇十佳爱心人士”等称号。

【鑫棉纺织项目快速落地】 总投资7500万元的徐州鑫棉纺织有限公司项目开工建设，在两万多平方米的厂房内安装5条生产线。清梳联机、梳棉机、并条机、气流纺纱机等设备全部从德国引进，主要生产10~32支气流纺棉纱，销往江浙沪。每月可生产气流纺棉纱500吨，每吨产值约1.8万元，企业共吸纳周边70余人就业，二期工程10条生产线正在筹建中。

【企业党建工作】 镇党委围绕发挥党组织的战斗堡垒作用和党员先锋模范作用这一主线，重点在企业创建“两新”（新经济组织、新社会组织）党建工作示范区。2017年底，全镇规模以上企业“两新”党组织发展到95家，其中，沛北经济开发区内企业29家。镇党委制定包挂联系点制度，重点企业由镇党政班子成员联系指导，中小企业由站所长对接。实施“岗位先锋计划”和“人才成长计划”。江苏拓正茂源新能源有限公司党支部，发挥党员作用，注重人才成长，立足科技创新。在党员中开展“岗位争先锋，攻关增效益”活动，公司依托该企业博士后创新实践基地功能平台，引导党员投身技术创新，参与课题攻关，争做岗位技术能手。企业技术部员工李向阳2017年3月获批苏北人才计划，并协助国家“万人计划”领军人才杨春晖申报省市“双创人才”项目。党员杨海申经过认真研究，反复实验，将国外进口的多晶硅铸锭炉改造升级，使生产出的晶体杂质含量大幅降低，晶片发电效率提升近一个百分点，产品竞争力大幅提升。在国内多晶硅销售市场持续走低的形势下，公司产品实行现款限量供货。杨海申团队研发出一种掺入到晶体中的元素硼并批量生产，达到自给自足，每年为企业节省成本180万元。

【江龙炭材】 位于杨屯镇沛北经济开发区的徐州江龙炭材科技有限公司始建于2013年，是徐州市江龙炭素制品有限公司的子公司。母公司不具备石墨化车间和机加工车间，生产的焙烧品要送到河南、河北等地的炭素制品企业进行加工。徐州江龙炭材科技有限公司建立后，补齐短板。2017年，新上新能源项目，延伸了产业链条，降低生产流通成本，拓展业务。企业主要从事各类石墨电极、炭素新材料及其他炭素产品的加工、制造和销售，产品畅销国内各地及马来西亚、泰国、南非、俄罗斯等国家的大型钢厂。年产量3万吨，年产值1亿元。

【洪福湾水产科技示范园】 占地320亩，建有综合服务区、名特渔业区、观赏科普区、休闲垂钓区、设施渔业区、百果采摘区、渔家餐饮区、畜禽养殖及水生植物区八大功能区域。水产园遵循洪福湾生态特点，依托湖湾优势，引进先进技术，完成高新科技与湖湾养殖的对接。投资600万元建成集观赏、科普、育苗、特种养殖于一体的设施渔业智能温室和工业化池塘生态养殖基地。成功将原生活在俄罗斯伏尔加河流域的俄罗斯鲟放养在洪福湾。通过水产养殖全新理论的指导，成功养殖微山湖鲤鱼、南美白对虾、青虾、大闸蟹、青鱼等十几个水产品种，通过“无公害”农产品认证，成功注册“洪福渔”商标，年销售收入500万元。

农场采取循环农业、立体农业模式，在园区形成泥中藕、水中鱼、地上菜、空中树的多层次立体种养格局。2017年，投资600多万元建设桥函路、游客服务中心、观景台、停车场等基础设施，使之与洪福风景旅游度假区相辅相成，成为连接南洋岛、微山岛、滕州红河湿地旅游带上的重要景区之一。

2017年度杨屯镇各村（居）基本情况表

表8

村（居）名称	户数（户）	人口（人）	人均纯收入（元）	党组织书记	村（居）主任
东姚桥	868	3020	18808	任宪华	
西姚桥	568	2200	27361	宋成威	
张　街	530	2190	21931	邵明洋	
彭　屯	560	2000	18808	刘淑英	谭兆仿

续表8

村（居）名称	户数（户）	人口（人）	人均纯收入（元）	党组织书记	村（居）主任
甘　庄	580	2000	12121	赵德军	曹允强
孟　店	561	1950	19605	王观玉	薛乃社
杨　屯	1340	6009	20542	吕中中	张光辉
蒋　海	765	2450	13290	张传国	田朋全
南仲山	613	2860	14998	王安超	杜善芳
张　庄	486	2216	17934	杨继忍	刘庆茹
孔　庄	1200	4100	15038	王学良	
欢　口	760	2279	11661	张居远	张来昌
后　屯	790	2620	12314	陈延苏	吕高伟
大山湾	1086	3200	19439	张先玲	刘纪文
卞　庄	1180	4670	17805	王体华	徐兴义
刘官屯	789	2780	17005	徐久红	徐正可
旧姚桥	653	2425	13729	何世君	欧阳德聘
西仲山	1359	4756	17429	杜宗航	杜　泗
西安庄	1269	5246	14090	田德华	陈西海
赵　楼	1000	3866	17036	孙裕化	孙裕建
许　庙	675	2700	17842	蔡承涛	蔡告状

（杨德俭　陈　萌）

胡寨镇

【概况】 胡寨镇位于沛城东南，总面积82平方公里，耕地4400公顷，人均占有耕地0.08公顷。共有12445户、5.2万人口，辖12个行政村、2个居委会及湖西农场4个分场，共有88个自然村。东临微山湖，京杭运河穿境而过，西靠徐沛公路，境内有鹿口河、王店大沟、顺堤河、苏北堤河等水系，纵横交错，网状交织，镇村公路四通八达，交通便利。素有“鱼米之乡”的美誉，盛产无公害优质水稻，经济作物以设施蔬菜为主。养殖业主要有猪、羊、鸡、鸭、牛及水产品等。

2017年，以项目建设为核心，按照“工业强镇、产业兴镇”的整体思路，以生态优先、加快发展统揽全局，抓住徐沛快速通道大交通的机遇，充分发挥临湖靠城优势，积极融入沛县一刻钟生活圈、徐州半小时经济圈。树立“城湖交融、工商高地、农旅双链、生态胡寨”总定位，坚持“项目园区化、农业产业化、旅游品牌化”打造生态工业区、光伏产业区、农业经济产业园三大板块和农业产业3条路线，做大工业、做强农业、做活服务业。全年财政总收入9258万元，一般预算收入完成7724万元。工业开票销售收入2.8亿元，规模以上工业企业产值77.16亿元，固定资产投资完成12.38亿元，限额贸易企业商品销售额完成6.35亿元；农民人均收入16250元。

【经济建设与发展】 发挥徐沛快速通道，堤顶路和京杭运河的水陆“大动脉”优势，建园区、抓招商、上项目、促发展，推进全镇一、二、三产业协调快速发展。工业园区建设用地5.2公顷，入驻3家企业，徐州东宇路桥公司开工建设。加快推进园区基础设施建设，与高达建设咨询有限公司达成代建协议，完成工业区基础设施用地测绘、详规、备案等工作。在谈重点招商项目13个。围绕生态工业园建设，重点招引科技创新、基础设施配套项目，与浙江至简电气、南瑞集团和爱沙尼亚威尔得洽谈储能和光热发电项目。依据镇生态环境和农副产品资源优势，重点招引农副产品深加工项目和保健野菜加工项目。上海强丰集团田园综合体、中央厨房落户沛县。大力发展开放型经济，培育徐州力志纤维素有限公司胶粉项目、沛县华通手套有限公司手套项目、徐州蓝天农业机械有限公司电动农机具等外贸项目。总部经济招引成效显著诚泰喜医疗器械、环宇运输、东宇路桥华泰劳服、天来建筑等10家企业总部入驻胡寨，年税收1800万元。建成康庄路电商街、胡寨众创科技产业园、带动毛绒玩具、亚格力墙贴、订制镜框等6家实体店商加工企业入驻园区，电商销售额1.2亿元，比上年增长80%。

胡寨镇招商引资 强丰集团签约现场

【社会事业发展】 新增城乡居民社会养老保险12953人，社保扩面102人，城乡居民养老保险发放人数6154人，参保和发放率100%，为企业和群众投保、领保、退保、老年高龄享受补贴服务人数2万人次。办理社会保障卡200人次，办理丧葬补助金100人次。荣获省充分转移镇、江苏省城乡居保示范镇称号。组织开展农村劳动力和在职职工技能培训6期，参培人数264人，发证率100%，培训就业率96%以上。女性电子商务创业人员600人。打造并推介静瑞省级电商示范基地，外派劳务人员500名。全镇“平安家庭”达标率98%以上。关爱贫困家庭儿童，开展巾帼志愿服务和爱心人士结对帮扶活动。扶助48名困境儿童，发放妇女创业贷款26例。全镇239户低保、20户五保扶助金及时发放，44位五保户在草庙敬老院集中供养。铺设农村安全饮水工程管网7万米，新打深水井1眼，井房1座，架设变压器1台，涉及入户数1700户。

镇区建设一座群众文化游园，14个村全部设立农家书屋图书阅览室和健身广场，镇村图书室每家藏书达1000册，群众性文化活动深入人心。以“六一”“十一”等重要节日为契机，开展第五届夏季乘凉晚会、第五届广场舞比赛等一系列的文艺演出活动。为丰富群众文化生活，组织群众参加社会体育指导员培训4次，到县里学习健身舞、秧歌舞等，广泛施教，增强群众精神力量。实施“每村每月放映一场电影”，全年看电影群众2万人次。胡寨镇中心小学、草庙小学、符庄标准化幼儿园建设有序推进。胡寨镇中心小学建成建筑面积3000平方米教学楼一栋，其他两栋教学楼及其他附属设施进入筹建。

【农业结构调整】 主要粮食产物单产、总产均实现连增，保障粮食安全。水稻机插秧等主推技术推广应用率90%以上。依托农机合作组织在吴双楼村，胡寨村、中闸村建设333.3公顷粮食生产全程机械化核心方，核心方内机械化水平达到100%。在沿湖路辛庄村新扩特菜种植基地1处，面积20公顷，主要以养心菜、人参菜、菜用枸杞和菜用穿心莲为主。中闸村新建莲藕龙虾混养基地1处，面积30公顷。隍城村新增莲藕龙虾混养基地3处，面积20公顷。发展绿色生态农业，2017年，新认证无公害企业1家，产品2个，续报产地1家，产品2个。产品认证送检粮食产品15个，合格率100%。农产品质量安全监管站共抽检样品1060个，全部合格。着重培育新型经营业态。全年新增标准化家庭农场10家，新增土地流转面积超366.7公顷，农村产业化、规模化经营程度显著提高。

【新型城镇化】 投入1700多万元启动主干道及镇区综合改建改造工程。镇区实施整体提档升级工程，统一门头、统一外立面、统一绿化亮化。对沛胡路、沿湖路L形线路实施综合改造工程，沿线所有原有树木全部替换补植为高规格、多品种的观赏经济树木，实现珍贵化、效益化、彩色化“三化”效果。所有管线全部入地，通过覆土扩面的形式，沿王店大沟修建3公里的休闲观光廊道。从根本上改善沿线环境，展现“新、特、美”的外部形象。完成覆土扩面、管线入地工程，实施绿化整体规划设计。开展中闸村综合改造工程，占地2.86公顷，建筑面积3.1万平方米，包括道路绿化、供水，路灯已安装到位并交付使用。总投资280万元的进湖路扩建入使用。

【安全稳定工作】 严格排查安全隐患，落实安全生产责任制。开展6次安全生产大检查，共查找出安全隐患45起，对查出的安全隐患及时下达整改通知书，指定落实时限和具体责任人，完善安全生产长效机制。开展社会矛盾化解、社会管理创新和信访积案化解工作，组织全镇机关干部深入基层一线，把矛盾纠纷解决在当地，受理来信来访案件37起、69人次，全部按期办结，其中，化解停诉息访的28起，化解息访率75%，排查出各类矛盾纠纷41起，成功调处40起，化解突出矛盾纠纷17起，无重大群体性事件和重大安全生产责任事故发生，在县综合考核中，荣获社会综合治理第六名。

【党建工作】 开展党建工作，制作宣传专栏24个，横幅36条，开辟党员公开承诺栏23个，设置党员责任岗78个。组织党员干部参与环境卫生整治、扶贫帮困、为发展谏言等活动。组织全镇党员干部“进农村访民情、进农户解民忧、进企业谋发展，与群众同吃、同住、同劳动”，架起与群众的连心桥。加强村社区党组织活动场所建设，2017年，完成2个村办公场所建设，全面规范村级党务、村务公开，落实村组重大事项“四议两公开”决策机制。组织党员、干部认真学习党纪条规，学习《中国共产党党内监督条例》《中国共产党纪律处分条例》，观看警示教育影视片，每月进行一次党风廉政检查，让每一名干部、党员熟知党纪条规，思想上警钟长鸣，使党员干部树立正确的权利观、地位观，弘扬清正廉洁、勤政为民的作风，形成廉洁奉公的良好环境。开展“工作作风提升年”活动，提升镇便民服务中心服务水平，推行机关效能建设，抓好风险岗位廉能管理工作，举办《中国共产党党员领导干部廉洁从政若干准则》系列教育活动，严格执行财务管理、政府集中采购、政务公开和环境优化等一系列制度，认真落实党风廉政建设各项要求和制度。

2017年度胡寨镇各村（居）基本情况表

表9

村（居）名称	户数（户）	人口（人）	人均纯收入（元）	党组织书记	村（居）主任
胡寨村	1150	4632	16550	秦守贵	闫伍华
吴双楼村	477	1739	14650	王　猛	吴德利
陶庄居委会	435	1759	14880	申保安	吴　峰

续表9

村(居)名称	户数(户)	人口(人)	人均纯收入(元)	党组织书记	村(居)主任
杨店村	720	3544	16450	陈广峰	孙　冰
十里铺村	700	2980	15362	韩卫东	苗培龙
符庄村	495	2050	16540	唐清伟	李厚明
草庙村	485	2068	17800	秦真岭	张永芝
狄庄居委会	401	1879	16500		杨海荣
隍城村	1320	5780	16220	赵成春	
曹岗村	476	1960	16500	李成栋	王明伟
辛庄村	463	1760	15800	高道洪	张文东
朱阁村	512	2258	16800	张开民	黄忠成
中闸村	678	4012	16780	高绪营	王开建
鹿口村	636	3500	16760	赵呈振	

（苏宪诚）

魏庙镇

【概况】 魏庙镇位于沛县东南部，徐沛快速通道穿镇而过，通车后至徐州25分钟车程，至沛县10分钟车程，堤顶路、沿湖路、肖五路纵贯全境，北接胡寨镇，南与五段镇相连，西南与张庄镇毗邻，西与张寨镇接壤，东靠微山湖，地处微山湖泛区，系黄河冲积平原，地势平坦。总面积57.22平方公里，镇区面积2.2平方公里，耕地面积3950公顷，辖17个行政村，55个自然村，社会人口58490人，1个党总支，31个党支部，1251名党员。2017年，荣获江苏省农村产权交易市场建设先进集体、徐州市法治创建工作先进单位、徐州市工商联先进基层组织等称号。魏庙镇卫生院张景宏获“江苏省道德模范”称号。

2017年，财政总收入7367万元，一般预算收入5869万元，地区生产总值完成21.75亿元，比上年增长14%。工业总产值完成110亿元，增长14%。社会零售品销售总额36.14亿元，增长48%。社会固定资产投资30亿元，增长26%。农民人均纯收入17007元，增长13.1%。

【经济建设与发展】 成功引进中恒兆建设工程有限公司等总部经济17家，其中6家实现税收贡献。落实好领导包挂制度，提升服务质量，优化“软环境”，加快项目落地达产。新开工项目6家，分别是投资1.2亿元的拓米特工业设备阀门电动执行机构项目、投资1.2亿元的江苏亿拓矿山设备项目、投资0.5亿元的徐州中伦光伏铝型材制造项目、投资0.8亿元的江苏恩惠建筑标准厂房项目、投资0.5亿元的江苏觅利制衣成衣制造项目和投资0.3亿元的徐州天缘食品卤制品加工项目。新上广勤米业二期项目技改项目1个，项目占地2.7公顷，总投资5600万元，项目建成投产后，年开票销售收入可达5.5亿元。

【城乡建设】 投资1100万元用于东风路提档升级综合改造工程，在原东风路的基础上向东延长并拓宽，修铺路长约1200米、宽约27米、路面面积为32400平方米的柏油路面，目前，拆迁工作已顺利完成，后续工作有序推进。投资5500万元，建设留城商都市场，1.2万平方米的综合商贸中心建设方案通过县规委会审批，初步完成场地平整、旧设施拆除及施工围墙等工作，地上停车场已建设完成，商都中心楼基础正在快速施工中。投资54万元建设垃圾中转站，日处理垃圾可达100吨。完成胡堡、斗虎店村高标准农田农业综合开发项目，新建电灌站2座、中沟桥5座、小沟桥4座、防渗渠4公里、混凝土路3.6公里，提升群众生产生活幸福指数。

【社会事业发展】 2017年向病、残、孤、困等人员发放救助金合计817万元。其中，向低保户发放救助金264万元，向五保户发放救助金156万元，发放各类抚恤及救济金397万元。投入46万元为23户危房农户实施危房改造，协调县妇联为100多名创业妇女办理贷款共600万元。开展“送戏惠民过大年”送戏活动，组织开展“三八”节联谊智趣活动，邀请“全国五好文明家庭标兵”张景宏开展“道德讲堂”活动。承办徐州西南片区篮球比赛2场，组织镇村8支队伍参加广场舞比赛，举办庆“六一”“庆中秋、迎国庆”等联欢晚会。改善民生第一目标，补齐民生工程建设领域短板，投资300万元新建1200平方米镇文体活动中心，购置乒乓球台、羽毛球台等体育器材。投资30万元新建灯光篮球场1座。

【农业农村工作】 以徐沛快速通道优质绿色稻麦产业带为核心，推进示范片区建设。快速通道两侧7个村累计流转土地1400公顷，适度规模经营面积占比85%，其中，2017年新增流转土地76.9公顷、新建设高标准农田333.3公顷、新增农田林网173.3公顷。建成以协心家庭农场和万丰农机合作社为示范核心区的333.3公顷复合型粮食生产全程机械化示范基地，核心示范区内粮食生产的六大环节机械化水平达到100%。新创建县级示范家庭农场6家，新增县级示范合作社5家，新增3个“三品”认证农产品和1个市级以上名优农产品，农产品质量不断提升。农村产权交易市场运行规范有序，交易品种、交易宗数和成交额一直居于全省前列，在2017年10月份考评中，综合排名位列全省镇级第四位。

留城步行街

【现代农业园区建设】 以“调结构、促发展、增效益”为指导，加快“三区一园”建设步伐。依托微山湖生态优势和房村历史文化资源，打造东部万亩生态休闲观光农业园区，建成湖区接待中心及生态观光园。依托省级农业产业化龙头企业徐州广勤米业，打造集种植、加工、销售、物流为一体的中部的一、二、三产融合发展示范区，建成3333.3公顷原粮基地，3条日生产能力600吨精米加工生产线已投入运营。以毛寨村嘉农有机蔬菜种植为核心，推进西南部的设施农业示范区发展，建成果蔬园区200公顷。发展房村、双河通湖河沿线高效水产科技园，建成房村26.7公顷高标准水产科技示范园和双河千亩藕虾、藕蟹共作示范园。

【党建工作】 推进“书记项目”，通过“魏庙村市级党员服务中心”项目的开展，加快服务型基层党组织建设。成立轻工业集聚区党支部和协鑫家庭农场党支部，迈出“两新”组织建设的新步伐。投资40万元建成全县首个十九大党建主题广场，广场占地60亩，以党建文化为主线，以景观、标牌等为载体，把习近平总书记系列重要讲话精神、十九大精神解读、党的富民政策和“两学一做”学习教育图文并茂地展现在广大党员群众面前，真正让党的“细胞”动起来，为学习中共十九大精神筑牢载体。党群共富促发展，通过组建佟场村党群共富联合体，成功走出“公司+基地+农户+产业工人”的发展模式，形成党总支领导下，党员模范带动，党群共富的产业新模式，联合体群众人均年增收2万元。

【开展大走访活动】 坚持以密切党群干群关系、服务群众为出发点，围绕持续深化“百千万”大走访活动，主动对接市县包挂帮扶单位，组织全镇党员干部下基层访民情、破难题助发展、解民忧保稳定。组建17个工作队伍，形成市包挂领导和部门指导，县、镇党员干部全员参与，17个村居、16864户、18家企业全面覆盖的走访帮扶网络。通过走访梳理问题10类、1646个，对所反映的问题，通过销号式管理，对应该解决，能够解决的问题，做到即知即办，全部解决。对一时难以解决的，通过调查研究，制订解决预案。对不符合政策法规的，耐心细致地做好解释工作。处理县委交办问题4类、9个，解决9个，解决率为100%。

【脱贫攻坚工作】 做好“阳光扶贫”监管系统建设工作，开展低收入人口信息采集核查和动态调整工作，经三轮动态调整后，全镇建档立卡低收入农户1541户4119人。抓实省精准扶贫项目和省财政集体增收资金项目管理，严把工程质量和资金审批关，高标准完成毛寨、王庄两村综合服务中心建设任务，毛寨村达到新八有标准。5个精准扶贫项目运行良好，实现收益187.2万元。858户、2822人获得人均项目分红收益65元；2017年，全镇372户、1237人实现脱贫。

2017年度魏庙镇各村（居）基本情况表

表10

村名称	户数（户）	人口（人）	人均纯收入（元）	村支部书记	村（居）主任
魏庙村	1180	4757	17600	魏　国	宋　磊
河涯村	748	2768	12860	杜元军	王福至
小楼村	1139	4388	10400	薛富海	黄传栋
王庄村	420	1710	9600	屈召利	刘怀亚
毛寨村	565	2456	10600	刘怀东	黄　栋
韩营村	1010	3459	13260	贾林海	贾方华
冯集村	880	4176	12030	王　振	杨玉刚
佟场村	952	4130	17342	孙守则	佟光前
张洼村	1214	5330	18034	张青松	张　赞
斗虎店村	901	3827	14775	史效强	王亚东
蒋桥村	1057	3960	12180	李敬义	王　敏
胡堡村	686	2779	17400	李克俭	赵　勇
双河村	513	1740	9600	贾继红	毕四冬
杨河村	709	3150	15250	蒋西峰	张开超
孙庄村	609	2476	11079	张　伟	李维义
梅庄村	520	2040	8600	季电峰	宋作艳
房村村	720	3256	8760	张继堂	王金星

（薛　洋）

五段镇

【概况】 五段镇位于沛县东南部，与二省三县四镇毗邻，镇驻地五段村，是沿微山湖一溜十八段的中心区域，“黄金大道”京杭大运河穿境而过，历史人文资源丰富，被市文物部门认定为留城故址。河道纵横，水丰草茂，是优质大米、高产小麦、特种水产品的重要产区。素有苏北“鱼米之乡”之称，成功创建“国家级生态镇”和徐州市第一批“管理示范镇”。全镇总面积48.7平方公里，镇区面积2.1平方公里，社会人口5.1万人，24个党支部，1358名党员。辖14个行政村、3个居委会，耕地面积2600公顷，承包人口3.6万人，湖田面积2266.7公顷，水面面积346.7公顷。

2017年，完成地区生产总值29亿元，全社会固定资产投资25亿元，公共预算收入7690万元，农民人均纯收入17843元，社会消费品零售总额31.49亿元，列统工业增加值22.7亿元，工业应税销售收入5.35亿元，在全县重点工作目标考核中位列第八，社会治理工作全县第二名，农村重点工作考核一等奖比例全县第一。

【经济建设与发展】 2017年，五段镇坚持项目立镇、产业强镇政策目标，工业方面实现增量项目数量多、存量项目质效优。建成投资1亿元的果贝食品果蔬罐头及浓缩果汁生产项目、6000万元的顺泰二期、5000万元的沛县鸿海新能源有限公司分布式光伏项目、3000万元的豪杰玻璃项目、2000万元的新庆纺织技改项目、1500万元的微湖绿源米业项目、1500万元的汉宫酒厂复产项目、1000万元的青岛金佰泰箱包和投资2000万元的嗨贝克食品项目等。即得开工的项目有投资1亿元的10兆瓦晶能光伏项目，5000万元的润通马口铁印刷项目和6000万元的天加8兆瓦分布式光伏发电项目。

五段镇奥体广场

【社会事业发展】 坚持民生优先，聚焦“两个增收”，聚力“阳光扶贫”建设，推进责任落实、政策落实、工作落实，全镇精准扶贫框架初步建成，264户人、744名建档立卡，低收入人口人均年收入突破6000元实现脱贫。组织镇机关党员开展“百千万”走访群众活动。实施8万平方米的三七路提档升级、2个小学校安工程和卫生院服务大厅改造等十大类民生实事。全面落实“四项督查”和“263”专项行动，化解各类历史遗留问题7件，无新增社会信访问题和安全生产事故，保证全镇的安全稳定。

【农业现代化】 坚持以市场为导向，以改革为动力，以富民为核心，加快推进农业现代化，农业方面实现了传统产业模式新、品牌特色逐步显。完成17家县级示范性家庭农场创建，流转土地1万余亩。实施经济薄弱村——龙塘村430平方米综合服务中心、标房扶贫项目建设，完成许口村54公顷土地股份合作社项目和金满仓精准稻米加工扶贫项目。完成水产科技示范园面积为33.3公顷套养示范区建设，带动形成沿湖群众发展药用水蛭、蟾蜍等名特产品的优势产业集群。

【城镇化建设】2017年,以五段新型社区、高庄村省级美丽康居村和3个市级美丽宜居村创建为抓手,开工建设永乐路、入湖路等道路工程10万平方米,奥体广场、红白理事会堂等公益活动场所4万平方米和污水处理等基础设施工程,全面启动生活垃圾分类收集,长效开展好环境整治工作。

2017年度五段镇各村(居)基本情况表

表11

村(居)名称	户数(户)	人口(人)	人均纯收入(元)	党组织书记	村(居)主任
七　段	560	1792	16033	郭召强	褚素华
六　段	620	1829	16581	孔令红	于玉建
后六段	670	2483	15713	徐龙飞	张修红
五　段	892	3099	17031	江玉山	吕夫山
后五段	702	2059	16934	李守德	欧士平
前四段	432	1304	17122	邬德民	程金平
四　段	825	2820	15194	刘清君	张昌芳
高　庄	700	2160	16667	王述俊	权太新
三　段	851	2873	15803	李兴军	刘桂林
张　庄	612	3008	16920	管作永	段玉纯
许　口	890	3651	16625	侯连状	张跃臣
孟　庙	840	2700	16662	刘景桥	刘选美
彭　尧	611	1984	16363	朱邦传	赵　波
余　庄	558	1651	17162	朱开光	马　强
龙　塘	720	2432	15709	姜广虎	戚传军
姜　庄	830	2817	16090	王成杰	魏守峰
旺　湖				刘培花	

(冯诗桐)

张庄镇

【概况】张庄镇地处沛县最南部,素有沛县南大门之称,与铜山区接壤,是徐州至沛县之间的节点镇,辖32个行政村(居),127个自然村,总人口10.23万人,镇域面积104平方公里,其中,镇区面积5.06平方公里、人口2.5万人。

2017年实现地区生产总值60.8亿元,比上年增长9%。财政总收入13377万元,其中公共预算收入11118.2万元,工业开票收入14亿元。农民人均收入19780元,固定资产投资43亿元。实现限额贸易企业商品销售额20.38亿元,实际利用外资113万美元,实现进出口总额1亿元。交通便利,商贸繁荣。徐济高速公路、徐沛公路、徐沛铁路、县道敬五路、崔孟路、肖五路等穿境而过。全国三大农用机场之一的徐州农用航空站及金汇通航直升机培训中心坐落于杨庙村。境内拥有铁路客运站、货运场各2个。拥有张庄、崔寨2个镇级农贸市场,范庄村级农贸市场1个,拥有大型购物超市10家。

【经济建设与发展】"工业兴镇、产业强镇""项目为零一切为零"的理念在全镇形成共识,全员招商、全民招商、精准招商的热潮空前高涨。投资0.6亿元建设4.2万平方米的张庄物流园。盘活僵尸企业汉昌木业3万平方米筹建服装加工、销售产业园，引进总投资6500万元浙江宁波至诚太和服饰有限公司、江苏国泰服饰有限公司兴建的徐州信诗雅服饰有限公司、徐州爱依灿服饰有限公司入驻服装产业园。重点跟踪落实投资3.3亿元的中机生物质清洁能源有限公司的生物质发电项目，开工建设总投资8亿元的6万套远红外线足浴桶、康斯达铝轮廓、福斯特公司二期工程、10兆瓦屋顶光伏发电等项目。

拥有4平方公里的工业集聚区，规划布局新能源（生物质发电、光伏发电）、新康养（桑拿制造）、新加工（轮圈、钢结构、建材）和物流“三区一园”的格局。大中型工业企业200家，形成以中西乐器、桑拿制造、建材机械和农副产品加工为主的工业体系。实现限额贸易企业商品销售额20.38亿元，进出口总额1亿元。

【徐州凯迪桑拿设备有限公司】 徐州凯迪桑拿设备有限公司成立于1996年，是一家专业设计、生产、销售远红外线光波浴房、传统桑拿房、汗蒸房（托玛琳房）、全频谱养生汗蒸房、桑拿炉、远红外光波浴房附件、传统桑拿房附件系列健康产品的知名大型民营企业。从老镇区整体迁址新建2万平方米的标准厂房，设计年产能力30000台桑拿房，年出口额8000万元。公司通过ISO 9001国际质量管理体系认证，产品认证有CE、ROHS以及ETL证书，拥有自营进出口权。公司生产的“KDYSAUNA”“芬浪雨”桑拿房产品远销至北美、南美、欧洲以及东南亚等50多个国家和地区。“KDYSAUNA”品牌获批徐州知名商标，江苏省著名商标在积极申请审核中。并准备申请域外“马德里商标”，开展出口业务，凯迪公司全面实施国际化战略，建立一个具有国际竞争力的全球设计、采购、营销与服务网络。为实现上述目标，公司不断引进国际上成熟的经营设计理念、先进的技术和设备，具有较强的研发能力。

【镇工业园区】 张庄镇工业园区位于镇区北部、徐沛路西侧，是徐州市政府批准的44个特色产业园之一，规划面积3平方公里。园区基础设施配套达到“五通一平”，定位为新能源、木材加工、机械加工产业区3个和物流区1个。园区道路规划为“六纵五横”格局，总长度15公里，总投资1.2亿元。园区启动“两横一纵”的基础设施道路建设，总投资6473万元，修铺长4.3公里的工业一路、工业三路、民富路，路面宽规划红线24米，道路等级为二级，设计时速30千米/小时，全部为雨污分流、弱电入地。3条道路全部竣工通车，三条道路投入使用后提高了园区的承载力。2017年，把“工业强镇、项目兴镇”作为全镇工作的重中之重，全年在谈项目9个，签约5000万元以上的项目3个，亿元以上的项目3个，投资3.3亿元生物质发电项目开工建设、投资1.5亿元的上海康适达摩托赛车轮铝廓生产、投资1.2亿元的中辉钢结构项目入驻园区。全镇按照“楚风汉韵，现代新镇”的设计定位，实施“西扩新区、北拓园区、南延商区”的发展战略，构建“提升主镇区、改造副镇区、做美新镇区”的建设格局，建成国家AA级旅游景区汉韵景区、汉阙游园，建设江南新天地、汉韵花园、汉乡小区、中心商务区、商业步行街和12轨中心小学等工程，修铺海河路、振兴路、镇东环路，配套雨污分流、给水、地下电力管网，同步跟进绿化亮化，实现中心镇和国家级生态镇创建达标。招引落地总部经济企业45家，形成船舶制造维修、建筑、电子、贸易、医疗销售等行业，实现税收721万元。业扩包装2000千伏安，新装变压器7台，完成服务外包100万美元。

【服饰产业园】 位于张庄镇区南部、徐沛路东侧，占地面积127亩，由张庄镇整合汉昌木业闲置资产将其打造为服饰加工、销售产业园。先后引进浙江宁波至诚太和服饰有限公司投资兴建的徐州信诗雅服饰有限公司、江苏国泰服饰有限公司投资的徐州爱依灿服饰有限公司入驻该产业园。两企业总投资1亿元，新上服饰生产机械600余台（套），投入生产后安置就业人员800余人。张庄镇与江阴海澜集团、浙江宁波

汉韵广场

若男服饰有限公司、宁波尚印象服饰有限公司等企业洽谈，几家公司均有很强的投资意愿，并选址在产业园内，投资额近2亿元。镇政府出台优惠政策鼓励和支持镇域附近多家服装生产企业向产业园内转移，以此达到产业集聚发展，形成规模效应，并逐步完善产业链、产业集群并带动服饰设计、面料研发、会展营销、电子商务、物流商贸等相关现代服务业的发展，形成以服饰设计、生产、销售为一体的苏鲁豫皖交界处的服装之都。

【农业农村】 形成“一线两园五基地”的发展格局，一线即沿徐济高速公路“十里桃花、万亩果园”景观带。“两园”即食用菌产业园、天悦山庄旅游观光园，“五基地”即以张楼村为中心的万亩设施菜种植基地、东升农场为中心的万亩出口蔬菜种植基地、朱桥村为中心的万亩特菜种植基地、夹河村为中心的万亩设施菜及苗木、棉种繁育基地、闫楼村为中心的万亩优质稻麦种植基地。全国三大农用机场之一的徐州农用航空站及金汇通航直升机培训中心坐落于杨庙村。拥有张庄、崔寨2个镇级农贸市场2个，范庄村级农贸市场1个。土地流转、新型经营主体培育走在全县前列，新增土地流转面积447.1公顷，农村产权交易三大类207宗，新增县级示范家庭农场8家，创建“五好”专业示范合作社9家。完成农产品商标注册6个。聚焦创业富民，重点抓好农业建设园区化、扶贫开发精准化、加大对朱乔及周边行政村高效设施农业发展规划，整合资源，筹建高标准农产品收储服务中心，建设农产品交易市场，注册朱乔农产品品牌，为农户创造更大的经济和社会效益。

【天悦山庄】 位于沛县张敬路南侧，由江苏天悦生态农业有限公司投资建设，计划总投资1.2亿元，规划面积220公顷，是集园艺观赏、田园观光、果蔬采摘、休闲度假为一体的生态休闲农业项目，也是张庄镇“十里桃花、万亩果园”景观带重要节点项目。天悦山庄秉承现代生态农业发展理念，聘请东南大学建筑学院研究生院教授葛明团队规划设计133.3公顷花卉苗木、26.7公顷有机果蔬、26.7公顷智能温室、13.3公顷观光示范、6.7公顷新品培育、6.7公顷休闲娱乐、6.7公顷经营管理7个功能板块。项目自2014年开工建设，配套200公顷园区水利配套工程及经营管理基础设施，栽植樱花、香樟、榉树、红叶石楠、北美海棠、美国红枫、垂丝海棠66.7公顷，引进66.7公顷油用牡丹。打造朱桥133.3公顷草莓设施菜种植基地，朱桥、夹河、胡集、张庄西等村居新增设施菜面积133.3公顷，充实提升沿徐济高速、崔孟路、敬五路设施农业产业带。形成春以万树绿、夏以百花艳、秋以硕果丰、冬以蜡梅香、融入农事体验和民俗活动的农业旅游品牌。

【社会事业】 城乡低保、农村五保和大病救助工作统筹推进，新型合作医疗实现全覆盖。新农保参保人员达到4.4万人，基础养老金领取率100%，续保率88%，完成1.58万人基础养老金的电子认证，240人的老农保退保合并工作。完成908户低保对象的年审排查，春节期间慰问全镇64户困难户，发放12万元的春荒救济金、11万元的孤儿救助金，对208名留守儿童进行结对帮扶，移风易俗加强殡葬管理。发放小额扶贫贷款1803万元，人口脱贫计划完成100%。投资274.97万元完成农村“一事一议”道路11条11.4公里。夏秋秸秆禁烧工作取得实效。新建和提档升级村级综合服务中心4个。结合开展“百千万”活动，完善结对帮扶机制，实施“多村一业”“一村一品”行动，重点推进3个扶贫开发项目和2个村级服务中心建设，完成6472人的精准扶贫调查及录入工作，完成1700名低收入人口和1个经济薄弱村脱贫任务。

张庄中心小学、黄寺小学、卓洼小学通过江苏省义务教育现代化标准学校验收，张庄中心幼儿园通过江苏省优质幼儿园复验，张庄镇汉韵幼儿园、张庄镇张楼幼儿园高分通过江苏省优质幼儿园验收。完成7所幼儿园的规划布局工作，取缔无证民办幼儿园12家、申请看护点30家。

【朱乔村设施蔬菜基地】 朱乔村是省定经济薄弱村，位于张庄镇西北部，承包地173.8公顷，农户540户，人口2640人。围绕“精准扶贫，做大做强特色农业园区，利用平台，实现农民致富集体增收”目标，村支部、村委会按照“五统一”（统一规划、统一建设、统一技术指导、统一管理服务、统一销售）的模式，实现推动土地经营权流转、优化农业产业结构、提高农业生产效率、拓宽农民收入渠道、增加村集体收入“五位一体”的目标，村集体收入连年稳步提升，完成从薄弱村到特色村再到富民村的高效转变。设施蔬菜销售总体收益达到2800万元。辐射带动周边韩营、杨庙、张孟庄等村劳动力就业，发展高效设施农业面积66.7公顷。完成新园区水、电、路、绿化等配套建设。采取村委会集中土地流转、大户承包引领、农户参与的经营管理模式，统一规划新建设施大棚40公顷，完成全村高效农业全覆盖。发展设施蔬菜133.3公顷，瓜果种植面积26.7公顷，优质辣椒种子繁育面积13.3公顷。形成南部草莓种植、北部设施蔬菜、西部辣椒制种的发展格局。张庄镇将紧密结合县委县政府的部署安排，进一步聚焦创业富民，重点抓好农业建设园区化、扶贫开发精准化、加大对朱乔及周边行政村高效设施农业发展规划，整合资源，筹建高标准农产品收储服务中心，建设农产品交易市场，注册朱乔农产品品牌，让更多的农户参与高效设施农业，创造更大的经济和社会效益。

【胡集敬老院】 位于镇西南部，徐济高速公路右侧、张敬公路北侧，交通方便。是徐州市新农村建设示范单位先进村。胡集敬老院始建于2007年4月，占地0.53公顷。总投资120余万元，可辐射胡集、范庄、刘庄、单集、赵楼、卓洼、白楼、邓楼等行政村，房屋面积1500平方米，床位100张，入住五保老人96人。胡集敬老院院内设有花园、老人活动场所、餐厅、浴室、活动室、水冲厕所、院民宿舍。房屋内配有电视、藤椅、橱柜、床、床头柜、桌、椅、电风扇、洗脸盆、洗脚盆等生活用品，另有老年人活动室、医务室、工作人员和管理人员办公室等，各室和场所配备设施齐全。

【汉韵法治文化广场】 汉韵法治文化广场坐落于新镇区，位于运河路南侧、振兴路东侧，占地面积7万平方米，投资1.5亿元。广场秉承“以法为本、以文为魂、以教育人为宗旨”的理念由常州森绿园林景观设计院设计、常州创新园林工程有限公司承建，在规划建设上充分吸收法治文化和沛县的汉文化元素，突出人文法治效应，展示庄严的法治文化。建设中的汉韵法治文化广场沿南北中轴线对称延展，设有功能娱乐区、主题文化区、休闲运动区、中央水景区等。建设完成微地形、6000平方米的人工湖、下水管网、照明电缆、景点基础、图腾柱雕塑、绿化、道板铺装、景墙、喷泉、亭廊等附属设施。设立主题雕塑、法治格言墙、法治典故浮雕墙、法治文化长廊四种主要形式，展现法治的思想文化。法治格言墙以庄严的字体彰显法的权威。法治浮雕墙主要由两面高3米、长22米的铜色雕刻组成。广场内设有宪法、刑法、民法、行政法四个主题宣传区，以群众喜闻乐见的形式介绍与人民群众生产、生活息息相关的法律法规。

【现代科技装备助增】发展农村电子商务，发展“互联网+农业”农产品电商，新增服务网点9个、全镇农村电商78家，注册大农合2000人。完成兴国、闫楼、吴传楼3个村、333.3公顷核心示范区农业机械化。

【小城镇建设】建立大城管和环卫保洁机制，完成徐沛路、张敬路、张庄农贸市场、崔寨农贸市场等主要街道和市场的环境综合整治工作，美化外立面，杜绝出店经营、乱停乱放、私搭乱建现象。“户分类、组保洁、村收集、镇转运、县处理”的垃圾收运体系高效运行，村庄环境整治通过省住建厅验收，位居全市第一。农村公路安保及管养工程通过省级示范镇验收。投资670万元实施镇村环境综合整治，清理徐沛路、张敬路、崔孟路两侧违章建设23处、乱贴乱画6000处、违规广告牌356块。整治范庄、朱桥、黄寺等6个村居美丽宜居村庄。清理河道15000米，整顿坑塘32个，打捞河道水草12公里。全部拆除禁养区内的养殖场42家，燃煤锅炉40台，关停涉污企业3家、整改6家，16家餐饮服务业全部使用清洁能源并配套安装油烟处理装置。完成成片造林26.7公顷，建设张庄东居、田楼、黄寺等村农田林网200公顷，创建三化示范单位2个。规划启动9万平方米的张庄商业综合体、中心小学东商住小区。投资300万元，实施5条镇区主干道雨污分流，污水厂正常运营。姚赵线、姚田线，补植范敬线垂柳60株，改造新建天庙、赵楼等危桥4座。万顷良田拆迁安置143户，签约131户，拆迁96户。

【社会治理工作】建设平安张庄、法治张庄成效显著，建成市级以上法治文化示范点2个，公众安全感和群众对法治建设满意度分别达到96%、99%，两项指标创历史最好水平。常态化开展“四项督查”行动，高危企业和规上企业实现“智慧安监”全覆盖，安全生产形势总体平稳，全年未发生较大以上生产安全事故。完善食品药品监管体系，保障群众饮食用药安全。

全面梳理排查不稳定因素和矛盾纠纷情况问题，全力以赴化解企业发展、信访突出矛盾。

列入公安机关12名三级以上精神障碍患者逐一进行危险性评估，逐个与其监护人签订责任状，并落实“四帮一”制度。

对全镇4家加油站和4家储存使用少量易制爆化学品的学校和医院全面开展排查整治。整改加油站隐患4处、烟花爆竹零售店隐患2处。烟花爆竹换发证2户，督促整改问题6个。对辖区内26个邮件收寄和投递网点严格执行实名收寄制，寄件人身份证件号码、电话号码营业系统录入率达到100%。

在4条镇村道路、4家中小学校、4家幼儿园或看护点的路段，分别设置标线标志8处、减速带8处，降低事故的发生率。清理整顿幼儿园42家，取缔10家；20家申请看护点。开展校园及周边社会治安综合治理。在张庄中小学、崔寨中小学校分别聘请法制副校长1名，落实专职保安13所，其余学校实行教职员工轮流值班守护，加大上下课、夜自习、考试期间的巡查力度，组织开展对校园及周边治安秩序惩治力度。

2017年度张庄镇各村（居）基本情况表

表12

村（居）名称	户数（户）	人口（人）	党组织书记	村（居）主任
刘　庄	601	2270	邵礼柱	徐继勇
张　楼	980	3886	尤明海	王兆君
范　庄	732	2938	张继国	马保民
单　集	450	1759	单永长	王新建

续表12

村（居）名称	户数（户）	人口（人）	党组织书记	村（居）主任
胡　集	934	3488	黄劲松	张玉燕
卓　洼	645	2420	高绪银	周传银
袁　庄	494	2033	王宪军	朱卫东
邓　楼	451	1789	张　振	耿洪田
白　楼	529	2084	刘进民	王步雪
赵　楼	830	3221	蒋世永	石如飞
张庄东	2255	7307	王淑侠	申　伟
张庄西	1200	4120	姜朝营	睢良龙
姚　楼	501	1934	吕永超	王长新
田　楼	1149	4698	田　峰	田传勋
陈　桥	1063	4100	张永林	刘培金
黄　寺	857	3196	王建设	王培国
朱　庄	612	2383	朱文强	高井泉
阚　庄	463	1782	赵阶科	赵后朋
崔　寨	1704	5280	席凤刚	秦继勇
司　庵	889	3236	李　斌	李大明
于　淹	847	3021	武明星	武明太
闫　楼	688	2525	朱秀锋	闫洪波
吴传楼	761	2639	吴明雷	武时金
兴　国	846	3254	徐忠合	杜庆义
夹　河	792	3093	韩方喜	韩有四
乔　口	606	2295	吴明然	吴明然
祁　庄	789	3102	韩正华	韩正顺
杨　庙	710	2624	杨　伟	万后松
朱　乔	620	2570	朱茂全	罗庆峰
韩　营	643	2572	阚家升	郭宜华
张孟庄	818	3078	张明星	吴德纺
潘　庄	583	2126	田　军	王　伟

张寨镇

【概况】 张寨镇位于沛县城南十公里，辖29个行政村，164个自然村，24119户，总面积106.34平方公里，耕地面积6313.3公顷，承包面积6146.7公顷，户籍人口94149人，其中，农业人口8.34万人。

2017年，全年实现公共财政预算收入8100万元，完成地区生产总值25.6亿元，农民人均可支配收入18097元，固定资产投资20亿元，服务业营业收入2.34亿元，社会消费品零售总额9.8亿元，外贸进出口总额15775万元，开票销售收入13.47亿元。被评为省农业产权交易先进镇。

张寨镇农润观光园

12月，博源农业园被授牌上海外延蔬菜基地，是沛县首家上海蔬菜外延基地。云雪面粉被评为全国百家绿色食品示范企业。创建省级“五好”联合社1家、国家级示范合作社1家。陈油坊村党支部获省农村基层党建工作突出贡献奖，张庙村党支部被评为市级党代表工作室示范点。陈油坊村获评国家级“一村一品示范村”。

【工业经济】 全年招商引资项目建设任务5个，完成6个。完成工业总产值49.43亿元，同比增长15.3%。完成固定资产进项税抵扣400万元，同比增长14倍。工业业扩报装完成1140千伏安。项目建设认定投资完成1.44亿元，完成全年目标任务144%。

【新型农业】 以推进农业供给侧改革为核心，转变农业发展方式，构建集约化、专业化、组织化、社会化相结合的新型农业经营体系。全镇农业总产值19.8亿元，比上年增长9%，粮食总产量达到64130吨，比上年增长3.5%，创历史新高。加速推进粮食生产全程机械化步伐，小麦收种机械化100%、水稻机插率首次突破70%，粮食生产机械化水平79.2%。新增江苏轩瑞芦笋种植基地80公顷，总投资2000万元，基础设施配套基本完成，进入园区2.2公里主道路和园区循环路建成通车。陈油坊万亩葡萄园1000平方米科技超市和农民培训中心建成投入使用，园区葡萄长廊新改建2000米。

【镇村建设】 完成镇区市场西路老徐沛路南段1.2万平方米道路铺设并通车，启动镇区阳光豪庭、学府家苑二期工程，完成2.8万平方米建筑面积。贯彻落实“263”专项行动，开展辖区3条主干道及镇域主要河道水环境整治。清理整顿非法和不符合规范标准的养殖户。推进重大基础设施建设，退出农村宅基地24公顷，土地整理933.3公顷，农业综合开发333.3公顷，农田水利工程666.7公顷。

【社会治理】 2017年，创建“平安张寨”成效突出，实施社会管理创新工程，村级综治办提档升级，提升法治建设群众满意度。强化信访积案化解，严格落实信访维稳工作责任，认真落实“一岗双责”信访责任制，特殊群体越访集访现象有效遏制，极个别缠访、闹访户得到有效稳控。开展“安全生产月”活动，排查治理安全隐患，维护全镇社会大局和谐稳定。

【廉洁政府建设】 常态化、制度化开展“两学一做”学习教育活动，“马上办、盯紧干”的作风得到大力弘扬，组织、协调、督查“三大体系”充分发挥作用，政府各项工作得到高效推进和落实。高质量办理人大代表建议35件、政协委员提案12件，满意率达99%。开展“百千万”大走访活动，领导接访和“每周有约”制度得到落实，群众问政问效、诉求表达的渠道更加便捷顺畅，一些社会关注度高的难点痛点问题得到解决。全面落实政府系统党风廉政建设责任制，严肃惩治一批侵占惠农补贴、违规办理低保的腐败行为。严格落实中央八项规定和省市县委十项规定，坚决防止和纠正“四风”新问题，营造勤政廉洁、风清气正的政务生态环境。

2017年度张寨镇各村（居）基本情况表

表13

村（居）名称	户数（户）	人口（人）	人均纯收入（元）	党组织书记	村（居）主任
菜　园	1213	4950	17283.4	赵世栋	
陈油坊	556	2400	17531.2	孟　凯	王洪运
丁辛庄	729	3040	16888.3	张成军	张慧敏
付　庙	665	2910	16132.2	韩方举	孟建波
关帝庙	680	2200	15695.9	蒋守亮	常　青
韩　集	535	2192	16762.3	刘林桃	韩兆银
李　楼	537	2310	16809.7	孙远见	王　伟
李　庙	956	4216	15976.3	丁　奎	王守华
李　庄	601	2547	15730.8	王新堂	李沛勤
立　寺	742	3100	17017.6	魏加河	朱信合
苗新庄	510	2240	16586.4	鹿丙权	张秀侠
三官庙	576	2290	16591.7	韦帮喜	王增喜
桑　庄	496	2060	16312.3	孟宪同	郭元乐
司　楼	955	3955	16121		张连勤
孙　洼	1168	4492	16814	贺艾沛	闫　伟
唐　楼	1070	4638	16031.2	张开营	汪　海
王　集	560	2070	16873.4	张清成	王　敏
王　元	458	1985	16095.4	丁增新	王　领
魏老家	647	2830	16285.3		魏加良
吴　阁	665	2806	17183	吴庆凯	吴庆凯
吴　集	620	2400	16868.1	陈守辉	陈守辉
辛梨元	666	2711	17014.7	王克俭	张红磊
于　楼	826	3370	17119.4	司苏淼	高清华
玉皇庙	640	2735	16915.3	孟庆志	杨学林
张　集	542	2327	17301.4	张雷	张玉环
张　庙	539	2280	16880.6	王景光	程言虎
张　寨	1380	5096	17698.6	王　建	魏广太
郑　庄	667	2764	16509.8	刘培珍	于　浩
周　庄	656	3010	16986.2	张成利	张晓侠

（李德举）

敬安镇

【概况】 敬安镇地处沛县南端，位于苏鲁豫皖四省通衢交界处，区位优势明显，徐丰公路、敬张公路、沛敬公路以及徐济高速公路穿境而过，交通便利。是周边地区著名的工业强镇、农业大镇、商贸重镇。区域总面积96平方公里，耕地面积4933.3公顷，下辖21个行政村、5个居委会，总人口7.2万人。

2017年，完成地区生产总值72.65亿元，公共财政预算收入3.07亿元，完成固定资产投资49亿元。先后获徐州市重点中心镇，江苏省文明镇荣誉称号。

【经济建设】 全镇完成固定资产投资49亿元，公共财政预算收入3.07亿元，比上年增长16.4%，工业用电量6亿千瓦时，比上年增长20%，工业用电量6.7亿度，比上年增长20%，工业开票销售收入34.6亿元，比上年增长26.7%，完成实际到账外资2000万美元，外贸出口1716万美元。

【社会事业】 改建村级综合服务中心1个，财政资金投入330.9万元，省级项目资金投入220.9万元。新建村级文体活动场所6处，全镇所有村（居）主要路段均有路灯，总投资240万元，为民办实事42件。清洗灌溉机井310眼，疏浚沟渠8.25公里，新修道路8.71公里，一事一议村级道路硬化8267米。全面加强社会综合治理和信访工作，建立综治信息平台，健全三级信访网络，化解各类社会不稳定因素。

【现代农业】 新增土地流转面积333.3公顷，钢架大棚106.7。加强新型经营主体培育，建设示范家庭农场4家、五好农民专业合作社9家、家庭农场联盟3家。农业机械化水平显著提高，通过县粮食全程机械化验收，新增90马力以上农机具7台、秸秆还田机5台，小麦和玉米秸秆还田率均达到98%以上。农产品品牌认证提升明显，无公害农产品认证3个、有机农产品认证1个，名优农产品品牌申报2个。

敬安镇创建小城市街道

【工业园区】 按照全县“一区五园”空间布局，以敬安镇冶金铸造产业园为平台，在金虹钢铁集团、长胜物资回收公司、锦丰纺织等13家企业的基础上，坚持将产业发展、招商引资作为核心工作。敬安镇冶金铸造产业园快速发展，入驻企业13家，完成园区内主要道路发展大道建设，配套完成绿化、亮化、电力、通信、污水管网等基础设施建设，园区新征土地6.7公顷。

【招商引资】 全年招商新开工项目7个，签约项目12个，重点在谈项目6个。推进废旧钢铁拆解加工、万丰纺织3万锭环锭纺、汉裕铝业5万吨铝板带箔、工业园区标准厂房、研发中心等项目，开工建设鸣泉灌排设备、国旭机械科技签约项目。全年新增限额贸易企业2家、服务业企业2家。完成实际到账外资2000万美元，外贸出口1716万美元。完成省级高新企业1家，省级工程技术中心1家，企业研发费用加计扣除178万元。

【小城市建设】 东外环路建设、东外环景观河道打造设计方案通过专委会审查，施工图正在制订中，完成征地拆迁工作。完成老镇区改造、二甲医院迁建、幼儿园建设、三星级酒店建设、锦丰商贸综合体建设等项目设计方案。对中学扩建、小学建设、文化服务中心建设、消防中心建设、垃圾中转站扩建、敬老院建设等项目进行方案设计。完成金虹大道东延长段绿化及亮化工程，完成工业园区道路修铺、老镇区改造健康路东段修铺工作，新民路修铺、工业园区标准厂房、工业园区研发中心、工业园区桥涵、镇区公厕等项目建设工程快速推进，完成东外环、东外环景观河道、市民公园、锦丰商贸综合体、辣椒育种研发中心、二甲医院、中心幼儿园等项目前期征地拆迁工作。敬安镇综合执法局开展镇、村违法建房控制工作，确保建设发展环境良好，全面落实网格化管理制度要求，开展镇区出店经营等专项清理整治工作，确保镇区整洁有序。

2017年度敬安镇各村（居）基本情况表

表14

村（居）名称	户数（户）	人口（人）	人均纯收入（元）	党组织书记	村（居）主任
敬安一居	868	3283	13240	胡跃华	张　英
敬安二居	1310	4900	14190	王　伟	马宝玉
敬安三居	658	2408	13860	陈忠堂	田　勇
郭庄居	550	1900	13900	唐朝勇	
吴庄居	707	2091	13460	吴　领	吴　岭
梁集村	715	2730	13660	宋云华	朱荣侠
杨楼村	700	2850	14950	王庆水	王四龙
新庄村	610	2069	14530	范　杰	袁兴才
新安集村	430	1394	13610	李　健	王玉海
王刷楼村	690	2090	14340	陈宜刚	袁兴华
唐楼村	1050	2320	14780	卢海林	李　凯
小韩口村	690	2740	13600	李香民	刘　艳
大韩口	546	1760	14200	韩政权	李　锐
褚口村	518	1810	13430	褚洪启	褚洪启
郭楼村	489	1979	13870	周文波	王振前
袁大庄村	522	2226	13740	刘洪敏	李祥奎
巩楼村	486	1864	13550	刘洪敏	刘志强
宗楼村	537	2103	13350	高加坦	袁长艳
刘庄村	541	2558	13960	韩　瑞	徐珍玉
各口村	613	2680	13340	张　科	
孙楼村	505	1986	13410	韩　伟	刘传刚
汪楼村	489	1510	13320	马　超	李玉喜
许庄村	500	2350	13870	许洪礼	张洪海
肖吴庄村	450	1701	13460	王玉华	黄小立
韩楼村	753	2841	13220	吴苏坤	肖　鹏
赵庄村	570	2340	13710	巩　沛	刘传永

（杜　强）

河口镇

【概况】 河口镇位于沛县西南部，龙河公路与徐丰公路交会处。镇域面积82.57平方公里，辖18个行政村、81个自然村，总人口6.16万人，耕地面积5485公顷。

2017年，全镇财政总收入完成8340.5万元，一般公共预算收入完成5460.1万元，工业总产值比上年增长15.3%，固定资产投资比上年增长18.2%。

【经济建设与发展】 新签约项目11个，其中，亿元以上项目4个，新开工项目8个。招引深圳汇林达铝模板项目、绿佳农副产品加工项目、顺德果蔬包装加工项目、孟庄物流农贸市场等项目并顺利开工。投资1亿元新签约沛县鋆达10兆瓦光伏电站项目、江苏诚豹纺织项目、徐州鑫添润纺织项目。桃哥桃弟果蔬罐头加工项目及真蒡牛蒡综合加工项目被列为2017年度全县“三重一大”项目，超序时进度完成。海通食品徐州有限公司新增果蔬罐头生产线，江苏沃凯氟密封科技有限公司新上新能源汽车发动机密封组件生产线和激光切割核心部件生产线，按序时投产。加快江苏天水排灌设备生产项目建设进度。推进江苏真蒡生物科技有限公司上市工作，成功收购万通新材，进行资产重组。

【社会事业】 投资245万元，建成李集、封皇庄、共和3个村综合服务中心并投入使用。开展阳光扶贫工作，成立18个工作组，组织业务培训26次，对低收入农户国网信息进行核查录入，全镇实现脱贫736户、2191人。投资20万元，将原计生站办公楼改建成新文化中心，并配置20万元的音响设备，先后举办鸟鸣大赛、揉花比赛、广场舞比赛和农民村晚会演等活动，6支广场舞队受到县委宣传部的表彰奖励。共和、朱楼2个村的群众大联欢成为文化品牌。开展“263”专项整治行动。制定出台《河口镇“两减六治三提升”专项行动实施方案》，全面推行“网格化”和“河长制”管理模式，有序推进燃煤锅炉改造，投资9万元整治孔堤口河、沛敬大沟黑臭水体，完善生活污水管网建设，河口、孟庄、张李庄3个污水处理厂正常运转，提高全镇空气质量，改善生态环境。河口、孟庄卫生院各投资10万元更新医疗设备，群众就医环境得以改善。投资80万元对小学校园环境、校舍教学楼进行绿化和修缮，努力打造美丽校园。河口中心校配备多媒体设备，教育信息化水平实现跨越。镇政府定期组织派出所、安监办、卫生院等单位对中小学校园内外食品、卫生、交通、治安环境等进行巡逻整治，优化学校周边环境。

河口镇孟庄新型社区创建规划鸟瞰图

【现代农业】 坚持“不求主体，但求高效”的思路，把握机遇，因地制宜，加快设施农业基地扩张建设。投资150万元，新建双层膜钢架大棚26700平方米，新增设施蔬菜37.3公顷，辐射带动全镇发展果蔬生产666.7公顷。投资200万元，建设共和村土地股份合作社项目。重点建设农业“三重一大”张李庄设施蔬菜加工项目，新建保鲜库6000立方米，新建办公楼12间共600平方米，新建轻钢结构车间1000平方米。开发“河口牛蒡宴”，印制“舌尖上的牛蒡”大众化吃法彩页，邀请中央电视台一套、七套，《半月谈》、《新华日报》等20家媒体进行宣传报道。积极邀请青海省和江苏省农科院、东南大学、河海大学、市蔬菜所的专家到河口为牛蒡产业发展把脉问诊，开发发酵牛蒡茶、茅台牛蒡酒、真蒡饮料、速冻牛蒡食品及全家福牛蒡宴等一系列新品。全年完成一事一议工程投资245.64万元，建成9个村的水泥道路9.9公里。引导农村土地承包经营权合理有序流转，签订土地流转合同48份，土地流转面积166.7公顷。完善农村产权交易平台，完成交易项目60宗。发展和培育农村经营主体，新增家庭农场6个、合作社联盟2个，5个合作社通过县级验收，张李庄村被评为市级电子商务示范村。

【镇村面貌建设】 完成小城镇建设总投资5500万元，其中，新建房屋投资4830万元，新建房屋面积达6万平方米，基础设施建设投入670万元，铺设人民路东段柏油路面7000平方米，安装路灯100盏，疏通、修建文明路下水管道1200米，新增绿地2000平方米。铺设污水收集管网4100米。完成孟庄新型社区建设总投资2920万元，铺设文卫路、中心街、创富路柏油路面2.1万平方米，铺设雨污分流管网5600米，铺设人行道板砖8700平方米，安装路灯106盏，完成文卫路、中心街、创富路弱电入地铺设工作，完成新建1.2万平方米多层砖混结构与框架结构居民住宅楼建设，栽植行道树600棵，补植花卉苗木300棵。实施小型农田水利重点工程，投资561万元，改造农田水利、节水灌溉设施自然村11个，参与2017年徐州市向丰沛县原水输送工程建设，项目涉及镇4个自然村，全长8.7公里，计划在河口镇汽车站南侧建设面积为8公顷的第二地表水厂。全年共完成孟庄、张李庄、袁圩子等10个村18.6公顷宅基地退出工作。

【社会治理】 “12345”政府服务热线平台共受理191起群众诉求，按期办结率99.5%，群众满意度98.4%。全镇成立18个帮扶工作组，95名党员干部全员参与大走访活动，共走访群众5878户，走访企业11家，走访个体工商经营户110家，走访农民专业合作社133家。走访过程中梳理群众需要镇级层面解决的问题10件，企业需要破解的难题5件，按照县委“清单式交办、销号式管理”的要求，河口镇对以上问题采取有效措施加以解决。开展“六项排查”“四查四防”专项行动，对影响全镇社会稳定的风险点进行“地毯式”排查，做到横向到边，纵向到底，完善镇、村、村民小组三级调解组织，确保把矛盾化解在基层，把问题消灭在萌芽。全镇共排查出不稳定因素48件，均由成立的专项工作组进行化解。推进“阳光信访”工作，严格落实班子成员接访制度，畅通群众信访渠道，对群众反映的合理诉求及时化解。对全镇信访问题进行“拉网式”重点筛查，切实推动“源头治理、解决问题”，做到合理的问题解决到位、诉求无理的教育稳控到位、生活困难的帮扶救助到位。中共十九大召开期间，全镇社会大局和谐平稳，实现“零上访”的预期目标。开展安全生产宣传工作，在全镇营造“关爱生命、关注安全”的社会氛围。全面落实安全生产责任制，深入推进安全生产综合治理，牢固树立“隐患就是事故”的理念，持续开展防患排查活动，成立11个安全生产检查工作小组，由分管班子成员带队，开展15次安全生产大检查活动，发现隐患64条，采取有效措施予以消除。加大食品药品检查力度，全力保障群众舌尖上的安全。

2017年度河口镇各村（居）基本情况表

表15

村（居）名称	户数（户）	人口（人）	人均纯收入（元）	党组织书记	村（居）主任
河　口	1563	5766	15060	汪永龙	汪允同

续表15

村(居)名称	户数(户)	人口(人)	人均纯收入(元)	党组织书记	村(居)主任
燕　湾	913	3488	18518	王中玉	牟海林
河　申	886	3411	17021	孙广周	张仁书
孟　集	576	2184	18019	陶　磊	黄　飞
丁　六	487	1829	15998	吕夫梅	丁　峰
袁圩子	1077	4235	15712	田家齐	梁锡铜
孟　庄	1204	3613	16401	郭振平	孟召河
郑　庄	651	2602	15729	吴运敞	韩方彬
张李庄	973	3826	16064	王宪峰	韩正德
朱　楼	853	3288	16222	韩正刚	吴庆超
孔堤口	1135	4510	15899	孔祥凯	杨烈华
孟三楼	1174	4445	16329	王学军	闫伟
共　和	740	2795	15228	崔祥备	张永猛
田堤口	392	1652	20012	张宜祥	韩方盖
封黄庄	841	3133	19022	封新哲	张成清
李　集	904	3527	14926	王贵芝	韦金宏
吴　河	1052	4154	16198	黄步学	赵庆亚
黄　庄	982	3912	17528	王益安	张永亮

（吴宝亚　梁昊旻）

栖山镇

【概况】 栖山镇地处沛县西南部，海拔41.6米，在全县地势最高，素有“沛县屋脊”之称。全镇总面积95.6平方公里，承包面积5293.3公顷，辖22个行政村，103个自然村，共15428户，社会人口66153人，承包土地人口51605人，党员1924人。

2017年完成地区生产总值20.1亿元，比上年增长8%。固定资产投资完成20.5亿元，比上年增长13.8%。一般公共预算收入完成8262.7万元，完成全年预算的76.5%，农民人均纯收入18920元，比上年增长11.5%。被授予“徐州市电子商务示范镇”称号，栖山镇卫生院被评为徐州市“十佳”健康团队，栖山中学被江苏省教育厅评为标准化社区教育中心，大王楼村被全国红十字会评为“红品项目奖”优秀奖，王店居、何庄村、魏庄村被江苏省爱卫会评为省卫生村(居)。

【经济建设】 栖山镇有一般纳税人企业33家，其中，规模以上工业企业有8家，规模工业完成现价产值40.67亿元，比上年增长27.9%。工业用电量426万千瓦时，同期增长9.5%。建设胡楼工业园区水、电、路及管网等基础设施，实现园区企业为零的突破。有徐州锦业纺织、徐州三野编织机械、徐州恒润祥包装有限公司等6家企业入驻，总投资3.6亿元。共签约宏海精密铸造、翔达钢结构、康仕达消毒药业等项目15个，开工项目9个。完成工业项目投入20.1亿元，其中，规模以上项目投入14亿元，千万元以上项目投入6.1亿元，分别比上年增长24.2%、19%。

【社会事业】 全年无重大安全事故、食品药品及重大刑事案件。取缔12家无证幼儿园，规范整改10家。基本养老和基本

栖山镇袁集村千亩芦笋基地

转土地266.7公顷，累计流转土地2766.7公顷，流转占比52%。全年共创建县级示范家庭农场6家，“五好”农民专业合作社6家，示范家庭农场服务联盟2家。新建农机库500平方米，在魏庄、何庄、姜庙、后孟4个村建设核心示范方333.3公顷。办理跨区农机作业证80台，粮食生产全程机械化稳步推进，秸秆还田面积3200公顷，农机化水平91.6%。

医疗参保率分别为98.5%和94%以上。总投资218.04万元，实施10个村一事一议财政奖补项目，修铺水泥道路7.48公里。开展走访帮扶活动2600人次，走访群众17854户、企业8家，梳理问题597件，帮助解决问题569件。扶贫开发突出“精”和“准”，对确定的扶贫对象分析研判致贫原因，因村制宜，因户制宜，做到“一户一策”，制订脱贫目标，精选脱贫路径，“扶智”与“扶志”相结合，增强“造血”功能。对有劳动能力和意愿的贫困户，帮助其选准产业项目，4个扶贫发展项目有序实施，建成大王楼、蔺楼村2个村级综合服务中心，蔺楼村实现新“八有”目标，发放扶贫小额贷款1239万元，全年完成低收入人口脱贫460户、1150人。

【社会治安】 实施“雪亮工程”，全镇22个村重点路口、场所安装视频监控365个，整个镇区主要部位处于完全监控状态，切实保障良好的社会治安秩序。按照“七五”普法工作计划，共开展法律宣传活动4次，印发宣传资料3500余份。全镇5个标准中心警务室正常运转，配置监控探头、办公电话、警用摩托车等专用设备。构建覆盖全镇东西南北的防控网络，组建警民联系的互动平台，有效维护农村的社会治安，开展全镇平安建设。

【现代农业】 发展中科家庭农场133.3公顷有机蔬菜、王店村西兰花及中药材、大王楼村设施大棚等高效农业园区，建设以胡楼千亩桃园、袁集千亩芦笋、陈庄千亩玫瑰等一批田园综合体。流

【城乡环境】 巩固管理示范镇创建成果，镇区绿化面积达2万平方米，开展镇容“专项整治”行动，建立健全督查巡视制度。推进垃圾收运体系长效管理，严格考核，严格奖惩，严格督查，及时总结，月底兑现奖惩。完成王店农贸市场改造和副镇区中心街道路硬化。胡楼村整村搬迁有序进行，重点打造精品胡楼新型社区。徐楼、刘庄两个自然村整村搬入新村，投入300万元，修铺柏油路1000米，新建游园广场1000平方米，新增绿化面积10000平方米。

【工业强村】 以“突破工业”来开启胡楼工业强村，产业富民新征程。2017年，在胡楼村规划用地33.3公顷建设栖山镇工业园区，入驻企业6家。

2017年度栖山镇各村（居）基本情况表

表16

村（居）名称	户数（户）	人口（人）	人均纯收入（元）	党组织书记	村（居）主任
栖　东	585	2137	13856	李　超	赵恒亮

续表16

村(居)名称	户数(户)	人口(人)	人均纯收入(元)	党组织书记	村(居)主任
栖　西	968	4020	20685	刘　永	蒋业明
大王楼	755	3204	18890	王　晨	闫坤伍
石　楼	636	2436	16552	李建华	王民清
姜梨元	964	2640	15856	姜本友	赵后领
何　庄	790	2818	16630	蔡　伟	朱信书
马　村	668	2246	18952	梁敬海	
姜　庙	474	1982	14680	张石峰	
王梨元	450	1802	13777	徐培文	张　伟
孟　寨	867	3156	18048	刘永林	许守前
蒲　庄	780	2695	17762	张忠民	陈祥平
朱心楼	881	3284	14140	吕永锋	席风暴
周　店	751	3147	17955	任尚文	李后忠
王　店	460	2019	19969	王书信	
袁　集	750	3230	14360	孟凡凯	
李　集	543	2258	19246	李东坡	李子玲
林　楼	525	2021	16185	李子元	程言安
胡　楼	801	2720	20922	王吉永	王吉永
魏　庄	643	3100	14280	魏垂贞	陈安胜
梁　庄	550	2470	18433	张保涛	梁训桥
后　孟	1150	4109	17588	孟　超	魏裕亚
陈　庄	437	1669	17380	谢　凯	

（汪继国）

鹿楼镇

【概况】 鹿楼镇地处沛县最西部，区域面积125.4平方公里，总人口7.79万人，辖24个行政村，138个自然村，1个大沙河林场和5个林业分场。境内大沙河15.8公里纵贯南北，321省道沛丰公路、丰沛铁路横穿东西，徐济高速公路出入口坐落境内。农业资源得天独厚，林木、果品、蔬菜、食用菌、生态肉鸭等农产品生产久负盛名，素有“林果之乡”“肉鸭基地”“黑木耳基地”“农业大镇”之美誉。

2017年，完成地区生产总值52.75亿元，比上年增长13.8%，工业总产值69.6亿元，同比增长17.5%。实现财政收入8472万元，其中，公共财政收入7064万元。规模以上固定资产投资36亿元，同比增长21%，社会消费品零售总额12.3亿元，同比增长18.6%，农民人均纯收入16600元，同比增长7.5%，村集体经济实现收入445万元。

【经济建设】 新增规模以上工业企业12家，新增列统企业6家，外贸进出口完成1500万美元。全镇规模工业企业发展到27家，完成固定资产投资1.2亿元，同比增长10.8%。哥哒食品科技基本竣工，电动汽车装饰材料生产线、汉庭电缆厂房建设完成。鸿

家庭农场

开工建设物流园冷库，魏花园、卢楼村部建设完工并投入使用。走访群众家庭2万余户、企业20家，实现全覆盖。上级交办52件问题全部整改完毕。开展"深化大走访聚力助三夏""大走访大宣讲"等活动，形成"大走访+"综合效应。以"一核三体"为轴线，以八堡、房庄、团结等支部为龙头，加强村级党建示范点创建，全镇三分之一的支部达标。新建420平方米的村部办公室，改变谭寨村的旧貌。

凯包装二期生产线、金霸王水泥项目竣工达产。凤凰电动车生产线、晓凯金属制造有序推进，由丰县鹏举集团投资的项目厂房开工建设，全镇固定资产投资稳步发展。以丰县高新技术产业园东移为契机，做好园区建设，完善南部园区"三纵一横"新格局，实现沛丰路两侧园区无缝对接。新增园区面积266.7公顷，投资额2000万元。新增设施精品果园1000亩，盛凯源家庭农场设施菜项目一期13座高标准钢结构温室大棚建成并种植结束。"水韵花海"旅游观光项目按照序时进度推进，占地53.3公顷。新建标准厂房5万平方米，铺设道路8600米，雨污分流全部配套，新增绿化面积2.3万平方米，园区框架基本形成，建设总面积达到3平方公里。新增土地流转面积353.3公顷，新增家庭农场24家，新培育县级示范家庭农场10家、省级示范家庭农场3家，新创建家庭农场联盟5家，五好农民专业合作社10家。完成沙河西堤12公里截渗沟开挖、十华里景观大道绿化和沙河东堤15.8公里河口路建设。闵提口韩杨庄40.3公顷滴灌项目基本结束。小型农田水利工程完成大沟桥1座，闸站2座，过路涵2座，水泥路2.85公里，过路管涵40座，小管出流40公顷，河道清淤17.4万立方米，实施县乡河道鹿栖大沟护坡绿化2.15万平方米。

【社会事业】 发放农机购置补贴120万元，推广农业新技术3项，申报省级现代农业产业发展项目4个，新增农村电子商务示范点72个，培训新型农民1200人次，农村劳动力转移31765人，扶持自主创业75人，基本养老和基本医疗参保率分别达到96.1%和98.5%。全年发放扶贫小额贷款782万元，完成低收入人口脱贫1719人。扶贫项目有序推进，

【镇村面貌建设】 后段楼村获批省级危房改造示范点，高标准通过省、市、县三级验收。省级"美丽乡村"宋庄新村初步打造成沙河沿岸生态宜居第一个田园乡村。沙河果都园顺利通过省"四星级乡村旅游景点"验收。完成镇区雨污管网二期工程施工方案。建设完成镇文化中心，建筑面积1000平方米，文化广场铺装结束占地0.2公顷。阳光金宇养老院新建房屋1000平方米，推进原鸳楼乡办公楼改造工程，七堡新村硬化道路4.5万平方米。利用集体土地退出政策，实施拆旧建新工程，新鹿楼村新建住宅5000平方米，旧村复垦后节约土地2.7公顷，蔡集自然村整体迁入八堡社区，旧村已拆迁60%以上。启动张伙庄村宅基地退出工作，新型住宅开工建设，围绕顺堤河集中建设特色田园村庄项目已经备案，大朱集、张庄等5个自然村房屋评估公示结束。

2017年度鹿楼镇各村(居)基本情况表

表17

村(居)名称	户数(户)	人口(人)	人均纯收入(元)	党组织书记	村(居)主任
鹿楼村	2412	7835	14050	沈景梦	刘志远
魏花园村	1346	4967	15640	朱海燕	穆　林
杜桥村	780	2682	15774	鹿启辉	王诗义
谭寨村	916	3591	14698	吴德峰	姚登艳
房庄村	946	3507	15778	黄金柱	黄金柱
宋安村	694	2530	14870	吴庆平	葛更仁
赵庄村	542	2012	14980	鹿新华	刘洪喜
黄楼村	664	2431	14290	孟召永	黄绍福
邱庄村	905	3008	14268	邱淑典	邱祥峰
卢楼村	726	2978	14322	陈宝国	陈宝国
陈新庄村	671	2665	14289	刘　伟	刘万春
刘饭铺村	975	3454	14567	石长立	朱守斌
驾楼村	1099	3329	14642	郝敬国	吴廷峰
何庄村	1286	4880	13923	梁德志	宋永文
张和庄村	524	1982	14256	李怀成	张永格
姬庄村	674	2411	14497	姬长友	李广建
曹文村	882	3525	14378	邵长征	王福让
团结村	953	3665	14456	刘岗运	蔡可金
闵堤口村	700	2705	14774	赵厚乾	赵厚战
任董庄村	864	3245	14694	踪　权	任悌胜
高彭庄村	494	1918	14360	戴厚安	高立超
踪平楼村	597	2213	14064	踪允焕	张桂芳
七堡村	684	2845	16080	李和文	李心强
八堡村	741	2867	16069	刘恩永	刘绍军

(徐忠超)

朱寨镇

【概况】 朱寨镇镇域面积82平方公里,辖22个村(居)委员会,107个自然村,总人口66124人。

2017年,完成国内生产总值21.76亿元,农民人均纯收入18595元,比上年增长12%。在全县经济目标考核中排名第五。

【经济建设与发展】 实现工业开票销售收入8.2亿元,规模以上工业增加值稳步增长,全镇列统工业企业扩展至25家。以轻工纺织、板材加工、新型能源为主导的现代产业体系日臻完善,朱寨南北两个工业集中区融合发展的产业布局已具雏形。新兴产业加快崛起,光伏光电产业初具规模,产业培育取得突破性进展,总装机容量35兆瓦。转型传统产业,推进企业融资挂牌,裕丰纺织、锦航纺织、鼎源纺织、嘉信纺织等四家企业实现“新三板”上市。朱寨机电产业园扩容提档,海洋泵业、惠泉泵业入驻园区。全面深化招

县委副书记黄浩观摩国晟光伏“农光互补”项目

才机制，省级引智2项，市级1项。由金牌药业、新格灌排对接引进的市级“双创”人才2个。沛筑复原者郝敬春荣获市委、市政府颁发的“双创之星”奖章。

【招商引资】 围绕培育轻工纺织、冶金铸造、新型能源三大支柱产业，建强招商队伍，驻北上深招商160人次，挖掘驻点及周边地区有价值招商信息32条。2017年签约项目9个，总投资7.59亿元，全部实现开工建设，引进外资2000万美元。国晟光伏“农光互补”项目一期工程并网发电，二期指标申请到位，江苏萨拉曼运动鞋项目主体结构完工，沛县宇航驾驶员培训项目完工运营，徐州久胜电子出口充电器项目建成投产，惠泉泵业、海洋泵业项目投产达效，裕丰纺织1.5万锭、嘉信纺织1万锭环锭纺改扩建项目和春蕾纺织、力帆汽流纺、徐州惠华包装项目顺利实施。投资13亿元的中农批项目、投资1.6亿元的协鑫光伏项目成功签约。沛县纺织原材料物流中心项目、忠旺集团铝模板项目、沛城煤矿技改项目正在洽谈，计划总投资9.5亿元。

【现代农业】 推进沛丰路、沛鸳路“二线六园”高效设施农业发展示范带建设，土地流转面积新增126公顷，高效设施农业133.3公顷，万亩有机水稻种植区建设稳步实施。成功申报县级示范家庭农场6家，农民专业合作社6个。现代农业科技示范园建设有序推进，以创新“特联网+智慧农业”为重点，推动农业服务平台“农管家”发展智慧型农业，成功创建博士站点，顺利实施第四代日光能温室改造。提升现代农业服务体系建设，确权颁证14802户，合同签订、信息导入工作全部完成。土地产权交易平台落实到位，实现了网络平台交易。全镇新增高效节能机械100台（套），农业机械化综合水平80%以上，秸秆综合利用率95%以上。

【扶贫开发】 创新扶贫资金使用方式，支持低收入农户加入合作组织，发展产业项目，就地转化贫困户劳动力200人。积极申报省市扶贫项目，投资200万元的闫集村土地股份合作社项目基本完成，两个服务中心改扩建项目通过验收，王楼、梅村分布式光伏发电项目成功审批，王楼汉运服装加工扶贫项目正式运转。

【环境整治】 以全县新型城市化建设为契机，推进甄楼村美丽康居村建设，健身广场、服务中心、便民超市、村级卫生室等公共服务设施高标准配套，顺利通过市县验收。镇村垃圾收运体系日臻完善，园林绿化达标完成，朱寨大沟清淤、甄楼坑塘整治效果明显，大型垃圾堆积点清理12处，村庄生活环境改善。43鼎燃煤锅炉全部拆除改燃，24家隐患企业、11家污染型小企业全部关停并转，城乡主干道专项整治顺利推进，禁养区18个畜禽养殖全部拆除。

【社会事业】 统筹推进基础设施、文化、教育等社会事业发展，投资近亿元的民生实事落到实处。顺利推进沛公路西延朱寨段征迁工作，朱寨农电站办公楼建成使用，朱寨文化站建设基本竣工，梅村、燕牌坊便民服务中心建设通过验收。成功创建省优质幼儿园1所，马元、闫集等5个村的农电线路改造完成。

2017年度朱寨镇各村（居）基本情况表

表18

村（居）名称	户数（户）	人口（人）	人均纯收入（元）	党组织书记	村（居）主任
朱　寨	1927	6864	16335	燕宪芳	朱宝勤
闫　集	1640	6040	15079	马立建	张　猛
张　楼	509	1890	14516	李印峰	李华峰
王　楼	592	2279	16841	赵祥峰	王茂林
朱　集	819	3243	17169	魏　意	袁　杰
杏　花	518	1955	16150	李高峰	陈宝喜
梅　村	725	2792	15911	李居贞	叶　辉
燕牌坊	1149	4318	14481	燕立奎	燕敦法
蔡小楼	645	2500	15715	李士心	高　建
朱　岗	939	3469	19341	朱信爱	董海峰
蔡　村	647	2374	18332	郁文进	李敬伟
邵　庙	639	2468	18134	燕元超	燕聪聪
甄　楼	485	1811	15814	甄　沛	甄宗法
燕　庙	485	1863	14603	燕　龙	赵　林
马　元	733	3070	15206	张兴峰	闫　峰
黄　庄	946	4205	13749	韩友典	刘运波
罗安子	502	3118	14242	唐士平	耿　雷
蔡　楼	516	3148	18084	赵　建	朱茂成
暗　楼	847	3593	19248	张永胜	田传平
黄　井	410	1868	17814	田皓月	张训良
甄　庙	721	3234	21591	郭世平	徐培桥
闫　寨	537	2022	16359	孙建春	李昌荣

（张　浩）

安国镇

【概况】安国镇位于沛县的西北部，北邻龙固镇，东与杨屯镇相连，西接丰县欢口镇，南有朱寨镇及鹿楼镇，面积103.3平方公里，人口9.6万人，境内有大沙河自然河流，泗水河直通微山湖，张双楼煤矿坐落于境内，518国道、龙河路直通安国，交通便利，安国湖国家湿地公园、国家AAA级旅游景区三诸侯文化园为两大旅游景区。

2017年经济总收入127.4亿元，完成地区生产总值37.1亿元，工业产值78亿元，实现财政收入2.14亿元，人均纯收入17862元，全县排名第九，被评为江苏省旅游景观名镇、汉之源特色小镇、国家生态文明镇。

【经济建设】安国产业集聚区，位于镇区北部，汪堂新村后，规划面积4.14平方公里，并经徐州市人民政府批准，其中，一期建设面积2.07平方公里，2017年，沛县国土资源局下拨一期工业用地，指标22公顷，道路建设总投资8000万元，由政府筹资，已

安国产业集聚区

入驻5家企业，万豪纺织、宝业集团、江苏精益、美晶达能源、宏恩科技，总投资12亿元，项目投资后可增加20亿元开票收入，提供就业岗位3000个。按照“263”行动要求，对周田工业区及蔡家工业区进行升级改造，彻底清除污染严重、耗能高、技术含量低、不能带来效益的企业，经过改造提档升级后，周田工业园区共建厂房5万平方米，入驻规划8家，年产值1.4亿元，提供就业260人，以塑编产业为主。蔡家工业区共建厂房3万平方米，入驻企业4家，年产值1亿元，提供就业130人，以塑编产业为主。

【高效农业】 安国镇耕地面积566.7公顷，东部种稻麦，西部种瓜菜，西部沿大沙河的行政村受沙河的影响，土壤为沙质，适宜种植西瓜，2017年有朱王庄、苗岗、王三庄、程圩子4家高效农业示范园，占地面积1333.3公顷，由县、镇农技部门进行规划设计，总投资2亿元，主要种植庆发特早红、早佳8424，华欣等品种，瓜果品种上市早、品质优、产量高、好管理、经济效益高，亩产达1万斤，高效农业示范园成为安国农业发展的支柱。

【基础设施建设】 安国镇是徐州市中心镇，于2017年通过镇区整体规划，修铺道路三条：复兴西路、陈平路、灌婴北路。亮化路灯57盏，总投资1500万元。为改善镇区环境，配备垃圾车5辆，小车38辆，安排环卫工人55人。

【社会事业】 全镇城乡居民社会养老保险参保人数41616人，60岁以上城乡居民养老金发放13958人，领取率100%，新型城乡合作医院参合人数77809人，参合率98%。安国敬老院被评为省三星级敬老院。建设了贺庄幼儿园，刘迎菊、董林林、卞喜娟3人获省“雏鹰计划”赴美培训名额。张集学校获批“江苏省硬笔书法家协会书法教育培训基地”并授牌。文化体育建设有声有色，举办1次广场舞大赛、1次乘凉晚会、1次诗歌朗诵会、1次乒乓球比赛、1次送春联演出。落实安全生产“一岗双责”制度，与各单位企业签订安全生产责任状110家，无一例安全事故。平安法治建设取得优异成绩，安国镇被评为市法治示范镇。

【扶贫工作】 安国镇共有扶贫户2503家，一般贫困户292家，一般户971家，低保贫困户958家，无低保户，五保贫困户232家，五保户50家，脱贫565家，未脱贫1482家。丁庄、河涯、苗岗3个行政村，由市、县、镇扶贫建设村综合服务中心，每个村建筑面积660平方米，总投资297万元，配备齐全，具有七室二超市一广场功能，利用扶贫资金建设1000立方米冷库标准厂房并外租，贫困人口年人均受益57元。

【上马亭公园】 上马亭公园占地3公顷，由徐州规划设计院规划设计，总投资600万元，上马亭公园以刘邦任泗水亭亭长时与王陵彻夜长谈家事、国事，分手时话别情景为主线建设纪念亭。2017年3月建设，10月完工。因上马亭坐落于园内而命名上马亭公园。此外安国有安国湖湿地公园，AAA级三诸侯文化园，惠国等两个景区两个公园。

2017年度安国镇各村(居)基本情况表

表19

村(居)名称	户数(户)	人口(人)	人均纯收入(元)	党组织书记	村(居)主任
丁 庄	661	2386	17732	郭士彩	郭士彩
蔡 家	835	2874	18108	陈宝锋	张振夏
周 田	712	2892	19103	任 勇	任 勇
安 国	1121	4486	18948	刘运秀	张 龙
灌 婴	619	2358	18703	邵明燕	胡绍东
张双楼	695	2996	19122	郜兴华	高 波
袁 庄	158	363	16706	张维正	张维正
朱王庄	1175	4012	18264	曹家厂	曹家厂
刘 邦	466	2149	17997	苏德华	苏德华
汪 塘	645	2448	19103	刘运超	韦玉贵
小 楼	564	2160	17604	甄在文	侯钦华
韦 元	385	1581	18049	温发贞	张兴朋
二郎庙	770	3265	18174	朱本锋	朱本锋
庙道口	1182	4158	18054	陈思华	刘继武
吴 庙	705	2725	17777	吴允好	刘庆荣
张 庄	933	4072	18395	周 斌	周 斌
刘河涯	910	3220	16969	陈凡印	郝荣田
程圩子	1172	4785	17680	程真华	程真华
王三庄	561	2074	18157	张训侠	张训侠
陈新庄	609	2518	17655	吴广爱	姜长路
郝信庄	688	2342	17400	刘广营	刘广营
马 庄	731	2820	17285	胡吉岭	胡吉岭
五座楼	753	2758	17189	李后勇	李后勇
邵 庄	672	3042	16678	邵 旭	邵 旭
贺 庄	604	2254	17079	贺中选	贺中选
张 集	590	1828	16698	张先雷	张先雷
苗 岗	443	1737	15495	高道民	陈绳华
訾 洼	377	1869	16663	訾立龙	訾立龙
刘 寨	501	1932	17741	刘运永	刘运永
前王庄	1040	3612	17888	王庆喜	孔庆海
后王庄	947	2451	17864	徐允爱	张士波

大屯街道办事处

【概况】 大屯街道地处沛县新城区北部，是沛县副城区。辖10个村委会、15个居委会，总人口12.3万人，面积61平方公里。2017年，蝉联全国文明街道，获首批江苏省生态文明建设示范街道。安庄村获首批江苏省生态文明建设示范村。在全县年度重点经济工作目标考核中，街道办事处荣获综合考核一等奖，单项工作中获工业经济上台阶第一名、项目建设第三名、农业和农村工作二等奖，9个村社区荣获一等奖、15个村社区获二等奖、1个村社区获三等奖。获社会治理重点工作一等奖。

2017年，全社会固定资产投资完成48亿元，社会消费品零售总额69亿元，工业开票销售收入38亿元，固定资产进项税抵扣1650万元，公共财政预算收入3.73亿元。完成外贸进出口额2.3亿元，服务外包562万美元，实际到账注册外资800万美元。

【城郊型现代农业】 新增土地流转171.5公顷，规模经营占比90%。新增县示范家庭农场4家、五好专业合作社7个，2个家庭农场联盟通过验收，宋庄农机合作社获批国家级示范社。农村产权交易成交51宗、成交额3327万元。花园、秦岗、徐庄村级产权制度改革实现新突破，23个新型经营主体获得汉润公司贷款805万元。万亩油菜种植观光园完成定植200公顷。马寺、贾庙等煤塌地综合整治和魏营、花园、朱大庄中央财政项目完工并并通过验收，修铺朱大庄、郝尧等11个村居道路30公里。

【招商引资】 规模以上工业总产值完成260亿元、增加值完成60亿元，高新技术产业产值完成112亿元，工业业扩报装完成增容3.2万千伏安，用电量3.13亿千瓦时。走出去136人次、请进来235人次，完成签约项目19个、开工项目12个，计划总投资24亿元。

【高新区创建】 投资15亿元的润康医药健康产业园开工建设，投资20亿元的中通物流等在谈项目进展顺利。引进市双创人才1人、科技副总1人，完成国际项目合作1个。省博士后创新实践基地申报1个、市企业技术中心认定1个。申报省级高新技术企业2家、省级工程技术研究中心1家、省级众创空间1家。新增发明专利申请40件、专利授权3件、省级高新技术产品4个。总部经济招引落户10家，实现税收4100万元。

江苏省环保厅副厅长（左3）陈志鹏在安庄村垃圾处理中心站调研垃圾分类

【城乡建设】 投资1200万元，高标准完成正阳路、龙湖大道、沛龙路等7条线路的环境综合整治，完成墙体外立面出新改造60万平方米，拆除违章建筑169处、广告门头招牌460处，清理野广告1200处、柴草垃圾300处，典型经验被誉为“大屯模式”在全县推广。完成高新区棚户区改造13万平方米、嘉华医院1万平方米房屋征收。完成润康医药、嘉华医院等土地征收436亩，复垦工矿废弃地21.3公顷，改造危房33户。

【垃圾分类处理体系】 安庄村、郝尧村分类处置中心建成并实现高标准市场化运作，中央电视台对创新举措进行采访，新华网面向全国现场直播，腾讯网、凤凰网等媒体同步转播。累计接待外市县学习观摩20次，被列入江苏省级垃圾分类示范镇。

【生态保护】 扎实推进“263”和“四项督查”专项行动，依法取缔18家砖瓦窑厂、48个鲶鱼养鱼池、26家加油站（点）、48家燃煤锅炉、13处非法码头、12处煤泥晾晒场、7家砂石场，关停

24家土小企业。清理水源地保护区内的4家规模养殖场，清理生活船、渔船、看护船18艘，废弃采砂船3艘，退耕、退渔、退企还湖。在全县率先落实三级河长制度，清理整治5条县级河道、8条镇级河道、70条村级河道和100个坑塘，湖西航道“六改二”疏浚工程大屯段通过验收。安庄获省“水美乡村”称号，马寺、徐庄再获“2016年度水美乡村”。

【社会事业发展】 设立帮扶基金100万元，资助51名贫困大学生、34户大病贫困户。购买4项城市新增公益性岗位和按人均1600元购置门面房出租，共安置208名贫困人口上岗、安排111户、276人经营。推动“百企千岗助困”，特招472名贫困人口就业。结合河长制工作需求，每村从贫困户中选1名合适人员担任巡河员，促进449户、1169人实现脱贫。以200万贴息撬动3000万贷款扶持助推新型经营主体发展壮大。持续推行创业扶持政策和新型经营主体发展激励措施，新增电子商务企业113家、进园区电子商务企业4家，实现销售额8.3亿元，大屯电子商务产业园获批徐州市电子商务示范园区。

【党建创新】 围绕推进“两学一做”学习教育常态化制度化，深化拓展党建工作项目化、党建扶贫、“党建项目+”等特色工作，“以学促做强党建，干群连线‘百千万’”的署名文章刊登在《新华日报》，并在中国江苏网、新华报业传媒网端转载。

【省委书记李强视察安庄】 5月3日，省委书记李强到沛县大屯街道安庄居调研，省委常委、秘书长樊金龙，市委书记张国华，市委常委、秘书长吴新福，县委书记李淑侠陪同。通过访居民、看农户，详细了解安庄集体收入、居民人均收入情况。在皮毛工艺品加工点，李强强调要发挥致富带头人的积极作用，想方设法让更多居民在家门口就业创业，结合实际走出增收致富的发展路子。在发展生态休闲旅游产业，营造生态宜居生活环境的同时，发展杞柳编织、毛绒玩具和渔业养殖等传统特色产业，为居民提供就业创业机会，有效拓宽增收致富路径。

【“9·17”爆燃事故】 9月17日13时许，位于煤电公司上海路147附近的重庆巴王府火锅店突发燃气泄漏爆燃，直接造成包括店主在内的4人全身60%至80%重度烧伤、1人肌腱断裂、10余人轻伤及多辆汽车损毁。当天是周日，事故发生后大屯街道第一时间向县委、县政府汇报，迅速启动突发事件应急处置机制，第一时间组建由县政协主席郝敬彬挂帅的应急处置专门领导小组，抽调县卫计委、民政、公安、宣传等多家部门精干力量，开辟救援紧急通道，事发2小时内将5名重伤员分别送到徐州九七医院和仁慈医院救治，大屯街道从人力、物力、资金垫付等各方面全力做好后勤保障工作，确保伤员得到全面及时救治。截至2017年12月24日工作组最后一批工作人员撤离，累计为伤病员垫付医药费282.6万元。

2017年度大屯街道各村（居）基本情况表

表20

村（居）名称	户数（户）	人口（人）	人均纯收入（元）	党组织书记	村（居）主任
孟　庄	2446	763	17876	李来权	朱亮思
王　坑	2869	717	19030	王敬启	王敦提
贾　庙	2925	397	16187	蔡先栋	蔡先芝
郝　尧	2605	759	17300	邓新成	李宪春
小　屯	2573	674	19607	郭元东	丛地震
大　莱	1092	332	20436	齐心全	唐如启

续表20

村（居）名称	户数（户）	人口（人）	人均纯收入（元）	党组织书记	村（居）主任
夏官屯	1053	294	20761	惠铃和	刘安祥
秦　岗	1442	511	21942	刘自勇	刘　勇
冯　桥	971	241	21048	吴万保	吴万保
宋　庄	1433	359	17844	温瑞祥	张涵燕
朱大庄	1924	516	17588	朱耿光	朱思杰
魏　营	3691	989	21652	魏恒永	杨列文
大王庄	2983	827	19895	李居运	王承山
马　寺	1306	330	18741	曹爱娟（女）	马　锋
齐　心	985	357	20183	杨　浦	张兆锋
大　屯	8113	2492	19668	唐式营	王广新
李大庄	1837	534	16434	李　想	许西伟
小　营	2308	623	19319	刘文方	鲁德庆
关　庄	4075	953	16724	郝大朋	郝敬雷
徐　庄	1443	445	21365		徐龙朋
安　庄	2468	621	21076	宁道龙	宗树雷
丰　乐	4490	1114	20067	吕景福	胡玉方
花　园	1751	473	22230	唐建民	王加政
石大屯	3030	769	18454	赵宝建	石　锋
郝　寨	6089	2101	17764	郝敬东	郝心生

（渠慎启）

沛城街道

【概况】 沛县沛城街道地处江苏省北部苏鲁交界微山湖西畔。沛城街道辖区总面积62.4平方公里，辖14个行政村，16个居委会，居民59329户，户籍人口168812人。辖有微山湖湿地2万多亩，湿地旅游、农林渔资源丰富，水陆路交通便利，有徐沛铁路、徐济公路、京杭运河、沿河、苏北堤河、顺堤河。耕地丰田面积2333.3公顷，高效农业复种面积1000公顷，形成城南设施果蔬、沿湖优质稻米及生态养殖三大农业主导产业，工业经济以农副产品深加工为主，现代服务业汽车4S店、商贸物流、商务电子已成规模。沛城街道是汉文化的发祥地、汉高祖刘邦的故乡，是沛县城区经济文化的中心。被沛县文明委授“2014—2016年度文明单位”称号。

2017年，实现财政收入5.07亿元，一般预算收入3.82亿元，农民可支配收入20093元，社会消费品零售总额2.16亿元。

【经济建设与发展】 完成三里河、龙王庄、杨彭庄、东环南环改扩建项目和南孔庄地块、汽车南站项目地块及五中东道路建设项目等房屋的征收工作。完成2770户的房屋征收任务，征收面积58万平方米，征地175亩。对拟征收地块入户摸底调查1600户，完成415户的安置上房任务。严厉惩治违法违规建设行为，查处违规建设42户，自行拆除29户，强制拆除13户。

【社会事业】 积极推进“阳光扶贫”工作，建档立卡贫困户1040户，包挂党员干部机关工作人员218人。认真完善低保工作，农村446户、973人、城市727户、1573人的弱势群体的低保资金及时足额发放。集中供养五保老人31人，分散供养五保老人123人。临时救助城乡五保、低保、特困户25人次。开展“雷锋精神”志愿活动，2000名志愿者实名注册录入系统。

市委常委、组织部长徐大勇到沛城街道任庄村调研基层党建工作

【现代农业】 沛城万亩农业示范园区提档升级，完成裕龙、华东、敬国三家家庭农场无公害认证，成片造林66.7公顷，商品化育秧面积33.3公顷，秸秆还田及综合利用打捆收储333.3公顷。重大动物疫病防治防疫密度100%。农业项目申报、申请上级扶持资金220万元。完成村级五项重点考核农村电子商务、农机社会化服务体系建设等工作。

【招商引资】 全年签约项目6个，开工项目7个。完成外资800万美元，完成外贸自营出口额3000万美元。城投鼓楼广场等项目进展顺利。

【创建文明城市】 投资600万元，对市政设施老旧城区环境综合治理、市容市貌规范管理，路面上占道经营、乱摆乱卖、跨门槛经营等现象得到治理，村居、社区小农贸市场的垃圾及时清运、卫生保洁到位，社区内外环境卫生、市容市貌得到空前改观。通过开展创建文明城市活动，通过培养市民的文明理念，市民的文明精神、文明意识、文明素质，从根本上得到提升。

【优抚工作】 重点优抚对象276人，其他民政定补对象114人的抚恤补助及时足额打卡发放，办理新增农村籍60岁退役士兵12人。建成15个村级公益性公墓，任庄敬老院升级改造。17名孤儿的救助金及时发放。

【专项整治】 开展“大走访大排查大整治”工作。积极开展“263”专项行动，投资200万元重点解决多项群众反映的在道路交通、农田水利等方面突出问题，彻底清理了金沟村被县垃圾场污染的河道，清理徐沛路两边沟渠，绿化环境。

2017年沛城街道各村（居）基本情况表

表21

村（居）名称	户数（户）	人口（人）	人均纯收入（元）	党组织书记	村（居）主任
李集村	605	3089	18441	李兆洪	李俊华
鹿湾村	1528	7203	19232	李茂华	李茂华
任庄村	626	2650	23276	李素敬	李云泉
蒋庄村	460	1700	16673	温　勇	段焕庆
孔庄村	1036	4850	23288	朱广利	罗　勇
邓园村	600	2255	17492	韩大峰	刘志红

续表21

村（居）名称	户数（户）	人口（人）	人均纯收入（元）	党组织书记	村（居）主任
户屯村	530	2459	18527	王　涛	韩跃起
金沟村	857	3972	21199	袁守克	黄　华
赵圈村	656	2856	18108	宋远军	
封楼村	280	1051	17903	曾召兵	曾召兵
刘庄村	815	3810	19261	李　伟	谢瑞信
石河村	711	2730	17618	张洪峰	张洪峰
潘阁村	271	1140	18681	潘正云	潘正云
纪庄村	400	1986	17505	李德玉	
杨彭庄居	250	1268	17694	胥继沛	宋美峰
郝小楼居	280	1390	20022	郝　恒	郝　恒
东关居	989	4860	18188	杨振民	李新沛
南关居	55	450	18299	刘长声	李克平
西郊居	3010	7962		高兴国	高兴军
泗水居	1245	4396		白　侠	
汤沐居	5603	15623		孟会勇	胡玉雷
大风居	1796	7295		龚逢秀	李艳丽
新风居	2203	5862		王永沛	韩方杰
南潭居	2411	4997		封碧侠	
鼓楼居	4591	12856		马忠元	刘永山
正阳居	3640	9871		朱信海	孙晓慧
新建居	2521	7795		郝大顺	李居功
香城居	6525	15673		冯　杰	杨红艳
汉台居	4943	11648		周脉旗	费　艳
西关居	2716	6524		杜广仁	张爱梅

（李沛生）

汉源街道

【概况】 汉源街道办事处位于沛县城区中部，南与沛城街道办事处相邻，西与汉兴街道办事处相连，北与大屯街道办事处接壤，东与微山县赵庙镇、滨湖新区相邻，是沛县县委、县政府驻地。办事处下辖10个居委会、4个村委会，辖区面积29.5平方公里，社会人口约7万人。全年实际利用外资200万美元，实现社会消费品零售总额830万元。

【经济建设与发展】 按照“招大、招优、招强、招外”的工作要求，把招商引资的重点放在楼宇经济和现代服务业项目上。完成招商引资项目11个，其中，投资亿元以上项目8个，投资亿元以下项目3个，实际利用外资200万美元，实现社会消费品零售总额830万元，超额完成19%，新增规模以上服务业企业2个，新增限额以上批零住餐企业1个。

【城建项目】 着重对辖区内“三重一大”项目25个重点工程，采取领导包挂、责任倒逼、节点推进、协调督促,全力破解项目实施中存在的困难。市重大项目侨城总部经济园酒店主管线装修施工基本结束。县重大项目德信九龙城商业B1投入使用,B2主体封顶。新城区派出所建成投入使用。

【社会事业】 重点做好大病家庭、孤寡老人、困难人群、残疾人等弱势群体的帮扶工作。慈善救助4人,发放低保金44户,705人。发放创业证317人,新兵输送8人。农保、医保参保率均达100%。

【征收安置工作】 完成金融中心、碧桂园、樊哙路扩建改造,闸北、8#、9#地块(李瓦屋、燕庄)等地块征收和八里屯、刘园、韩坝遗留地块拆迁工作,全年征收房屋面积13万平方米。完成新城实验学校、汉源小学、大汉总部经济园、廉政教育中心等项目的入地丈量工作。对孟桥、刘元居451户进行了审核、复核及公示工作,落实御水华庭小区预安置987套,计94013平方米,韩坝居委会遗留49户安置结束,完成御水华庭300户、533套上房结算。

【文明创建】 城乡环境整治成效显著,粉刷墙面、屋面出新20万平方米,新建围墙5万平方米,村居保洁和垃圾收运运转状况良好。推进"263"专项行动,全面实施网格化管理,整治单位、小区违规排污口23处,雨污混流管网10处,清理整治环境污染企业8家,落实街道河道河长制,辖区内坑塘、河道整治工作全面结束。"五项行动"整治全面落实。采用"1+5"安置小区管理运营模式,充分发挥党支部引领,统筹居委会、社区服务站、物业公司、业主委员会、楼长工作室的作用,健全工作机制,规范工作流程,小区管理服务工作规范、有序。清理各类违章建筑400处,粉刷楼道、外墙7万平方米,更换窨井盖1000个,维修路灯80盏,施划停车位300处,添补景观树木1100棵,修整草坪7万平方米,增补20万元分类垃圾箱等环卫设施,对祥和、惠民两个小区电梯进行维护保养。重点围绕全县文明城市创建活动,开展文明创建的宣传,悬挂文明宣传横幅260条,制作文明创建图片200幅,举办文明宣传文艺会演14场次。

小李庄村

【扶贫工作】 对街道988户,2456人进行建档立卡,基本达到"应进则进,应扶必扶"的目标。全年脱贫187户,685人,圆满完成脱贫任务。

【社会稳定】 树立稳定压倒一切的思想,提高政治站位,坚持疏堵结合、依法打击原则,注重隐患排查和矛盾化解,突出抓好"一带一路"、中共十九大会议等重点活动期间的信访维稳工作。采取定期和专项排查、区域和行业排查相结合,落实一案一档,动态管理,排查稳定问题80件。实行分类施案,通过调卷核实、会办研究、公开听证、挂牌督办、政策争取、多方协调等办法,化解信访积案14件。在重大活动期间,采取力量充实、重点帮扶、集中教育、依法打击等多种措施,较好地完成"五个不发生"工作任务。中共十九大期间涌现市级维稳先进个人1名。

【基层创新】 实施村"居"干部

包户工作。街道14个村居120余名干部全部落实村居包户，畅通民情民意沟通渠道，开展“汉源街道发展需要什么，我为汉源发展做什么”为主题的演讲、干部双选等活动。

2017年度汉源街道各村（居）基本情况表

表22

村（居）名称	户数（户）	人口（人）	人均纯收入（元）	党组织书记	村（居）主任
韩坝居委会	568	2374	15650	高绪刚	高绪刚
那庄居委会	206	830	15800	魏明连	龚文化
孟桥居委会	1128	4776	15050	李居梅	魏恒亚
刘园居委会	1106	4192	18000	刘　纪	朱广勤
小街子居委会	795	3053	18000	胡学田	胡学田
王楼居委会	810	3500	15000	张兴洲	付桂闯
北孔庄居委会	1161	4035	19200	甄在国	甄在国
八里屯居委会	520	2320	17000	胡玉周	胡玉仁
四座楼居委会	286	920	16500	主传岭	主传闪
徐王庄居委会	910	3786	16500	张代峰	颜　慧
前滩村委会	536	1716	15800	张洪坤	张洪坤
陈楼村委会	562	2420	12090	徐龙水	屈庆杰
韩楼村委会	626	2150	15500	魏艳梅	刘家龙
刘寨村委会	423	1771	16500	刘　辉	刘　辉

（席　强）

汉兴街道

【概况】 汉兴街道办事处位于沛县城区西部，东与汉源街道相邻，西与朱寨镇接壤、南与沛城街道相连，北与大屯街道相接，辖区面积53.1平方公里，人口约5.3万人，办事处下辖15个居委会、4个村委会，县经济开发区坐落其中。在全县目标考核中名列第一，前宋庄村荣获“江苏省康居村庄”称号，张楼村获“江苏省法制示范先进村”称号。

【项目建设服务】 完成房屋征收1765户，面积36.7万平方米，涉及8个地块。为开发区16个项目提供项目用地93.7公顷，涉及10个村居。安置上房1480套，面积14.8万平方米。

【农业农村工作】 以发展特色农业为目标，深化农村产权制度改革。培育新型主体，“一方、一园、一村、一景”特色农业逐步形成，流转土地200公顷，建设完成县级示范农场7家，创建县级五好合作社3家，注册农场39家，合作社51家，家庭农场年度财务报表全部录入国家市场监督局年鉴系统。加快农村电子商务建设，新增农村电商112家，位居全县第三。“大农合”关注人数前三季度位居全县第一名。

【社会事业发展】 坚持富民为先、惠民为重、利民为本，扩大社会治理和保障覆盖面，让人民群众对改革发展有更多的获得感。开展贫困户和街道、村（居）干部结对帮扶活动，创建“贫困农户+家庭农场（大户、龙头企业）+电子商务”的脱贫模式，为贫困户发放8万元慰问款、物，落实低保、“五保”、临时救助、新农合医疗保险、大病救助、临时救助、优抚、"安康关爱"、意外保险等惠民政策。精准扶贫工作完成一般贫困户432户、1733人，低保贫困户225户、512人，五保贫困户83户、86人，精准脱贫工作完成231户、951人。完成各村（居）小额扶贫贷款581万元。按照"全覆盖、零容忍、严执法、重实效"的总要求抓实安全生产，排查小吃部、小餐饮76家，商场超市3家，幼儿园18家，学生公寓9家，累计督查生产经营单位201家次，处理安全隐患63个，集中清理整顿无证幼儿园18家。建立化解信访矛盾机制和乡村法律顾问制度，充分发挥"五包一"及时调处机制，接待受理并妥善化解群众信访事项116件430人次，举办各类宣传活动10场，发放各类法治宣传资料1100份，增强农民群众维护自身权益和基层干部依法办事能力。在"舞动沛县"第五届广场舞大赛，汉兴街道文体站荣获优秀组织奖，许阁、锦园、侯楼、苗林代表队分别获一等奖、二等奖、三等奖及优秀奖，在徐州市委宣传部、徐州市文体局举办的广场舞大赛中，许阁居广场舞荣获徐州市三等奖。

县政协调研组到汉兴街道所辖企业调研

【城乡管理与建设】 坚持以人为本，围绕干净、规范、秩序，推动城市管理由政府主导向市民自觉转变，以精细化、常态化、便民化管理和服务，推动城市管理上水平、美丽城乡出亮点。稳步推进物业管理"4+X"管理模式。开展"263"专项行动，做好环境保护工作，关闭规模以上养殖场23家，拆除19家，改燃锅炉7家，督促村（居）干部24小时不间断巡查，发动群众监督举报，确保不出现违法生产现象。抓好"六整治""六提升"，投资86万元实施项目28个，逐步完善"户收集、村集中、街道转运、县处理"的垃圾收运体系，形成"户收集—乡镇中转—县城处置"的城乡生活垃圾一体化处理模式。开展村庄环境整治活动，投入资金76万元，完成村内污水处理设施。完善村居基础设施建设，投资300多万元兴建村民休闲、生活设施。

2017年度汉兴街道各村（居）基本情况表

表23

村（居）名称	户数（户）	人口（人）	人均纯收入（元）	党组织书记	村（居）主任
二　堡	463	1870	15995	杨烈军	李德军
大张庄	497	1386	15982	魏恒乾	李心武
马庙村	559	1930	15875	孟　柱	蒋红艳
大董庄	462	1970	16648	董　钢	董良平
四　堡	505	2152	16337	王敦华	徐思永
许　阁	775	3170	15982	陈　强	郑恒道
许塘坊	769	3144	16428	郝敬惠	徐毅忠

续表23

村（居）名称	户数（户）	人口（人）	人均纯收入（元）	党组织书记	村（居）主任
张桥村	395	1436	16339	董良敏	董良权
张楼村	509	2010	15788	赵　胜	赵　胜
范　庄	225	748	16523	葛广成	张　赞
苗　林	629	2600	16535	刘念志	刘训华
南孔庄	560	2150	15883	封新桥	甄宗喜
封　楼	585	2165	15886	封心清	胡沛华
候　楼	550	2312	15766	李　洋	李　洋
铁　西	4294	10789	16252	孟庆忠	孟庆忠
晓鸣寺村	417	1540	15880	徐思峰	崔慧敏
野　场	368	1368	15962	孟宪仁	孟宪新
甄　庄	726	2878	16295	甄宗峰	甄在民
锦　诚	270	1535	16480	刘训华	

湖西农场

【概况】 湖西农场总面积33平方公里，人口1.8万人，耕地面积1900公顷，下辖4个分场，38个自然村。

2017年实现国民生产总值2.81亿元，农业总产值1.82万元，工业总产值4720万元，第三产业总产值6140万元，固定资产投资3亿元，人均纯收入20736元，在2017年全县科学发展考核中进入第一方阵。

无人机施肥

【农业供给侧结构改革】 以消费者需求和提升农业经济效益为目标，调整种养结构。在水稻种植中改过去追求产量变为追求品质，所选种的优质稻“南粳9108”，米质以香糯著名，契合消费者的需求，其市场价格是普通粳米的3倍，且供不应求，效益普通粳稻的2倍。改变过去稻麦轮作的生产方式，发展稻虾轮作3000亩、荷虾共作2000亩，所产龙虾畅销苏鲁豫皖4省，龙虾一季收入超过过去稻麦轮作两季的收入。根据市场需求，改粮食种植为山核桃种植，发展美国薄壳山核桃种植66.7公顷。

【国家级稻渔综合种养示范区】 利用境内“中国五大好水源地”之一的微山湖湖西水源地的优质水和境内的万亩湿地，发展稻鱼混养。其生产模式是稻虾、稻蟹、稻鱼混养连作或共作标准化生产，水稻采用有机、绿色生态种植，全年养虾，两次捕捞上市，种植一季水稻，实现“一水两用”、“一田双收”。每亩一年收获龙虾100~150公斤，加上亩产有机水稻450~500公斤或绿色优质水稻650~700公斤，每亩纯利润5000元以上。经营模式采取公司+基地+家庭农场的经营模式。被评为“国家级稻渔综合种养示范区”。

【招商引资】 先后赴青岛、苏州、杭州、连云港、镇江、兴化、德州、南京、盐城、兖州等10地推介招商，并参团到澳大利亚跨国招商。通过外出推介招商，先后有青岛昌盛日太阳能科技有限公司、山东天意机械股份有限公司澳大利亚商会、黄山多维集团、苏州龙抬头农业科技有限公司等10家公司到湖西农场洽谈论证投资项目。与龙抬头农业科技发展有限公司合作完成200公顷的有机水稻种植项目，与徐州古运河农林牧渔发展有限公司在境内大运河西岸投资7000万元，完成面积133.3公顷的美国薄壳山核桃园区建设。江苏驿通新型建材有限公司计划投资3亿元，建设占地10公顷的城市综合管廊生产线。山东天意机械股份有限公司计划投资2亿元，在沛县经济技术开发区建设pc成套设备模具生产线。

【农业休闲生态观光园】 湖西农场农业休闲生态观光园继2016年基础设施建设后，2017年开始项目建设，在千亩荷花塘上修建3000米的观赏栈道并安立一尊高5米的菩萨塑像。建起百亩有机草莓采摘园和200公顷龙虾垂钓区。栽植各类景观树5000棵，建起5米高的刘少奇过微山湖塑像。

【第二届荷花艺术节暨首届生态龙虾节】 7月16日，江苏徐垦农业发展有限公司在湖西农场农业生态休闲观光园举办第二届荷花艺术节暨首届生态龙虾节。艺术节分为文艺演出、荷花观赏、商贸洽谈三部分。聘请河南刘宗河表演艺术团演出戏曲、歌曲、舞蹈、小品等共20多个节目。县领导、外地客商等6000余人观看演出并观赏荷花，艺术节期间，共洽谈各类投资项目16个。

2017年度湖西农场各分场基本情况表

表24

分场名称	户数（户）	人口（人）	人均纯收入（元）	党组织书记	分场场长
一分场	1363	5674	20929		李延玉
二分场	2268	5657	20287		张继雷
三分场	1242	5165	20606	张　坤	张　坤
四分场	45	68	20440	盛守国	盛守国

（沈兆宏）

人物　荣誉

组织机构及负责人名录

（2017年底）

中共沛县委员会

书　　记　李淑侠

副 书 记　吴卫东　黄　浩

　　　　　赵建东

常　　委　吴以贵　时伯明

　　　　　张　磊　陈　刚

　　　　　徐正冲　于　帆

　　　　　张长缨　赵士鹏

沛县人大常委会

主任、党组书记　张兴涛

副 主 任　杨文民

副 主 任　吕高骥　徐龙彬

　　　　　徐兴常

沛县人民政府

县　　长　吴卫东

副 县 长　吴以贵　曹为民

　　　　　刘华东　辛传坤

　　　　　刘雪君　周俊鹏

　　　　　王小朋　徐　刚

　　　　　梅良杰

党组成员　辛　松

政协沛县委员会

主　　席　郝敬彬

党组书记　揭月华

副 主 席　王素真　贺　伟

　　　　　李令军（兼）　李法伟

中共沛县纪律检查委员会

书　　记　时伯明

副 书 记　张　李　吴传峰

常　　委　魏天峰　朱茂伟

　　　　　孙裕洪　刘黎明

派驻纪检组长　吕福耿　赵忠见

　　　　　　　朱敬中　郭靖中

　　　　　　　孙　鉴　吴庆欢

　　　　　　　蒋　旭　潘　永

　　　　　　　吴玉华　申书勤

　　　　　　　居　梅　张　玲

县人民法院

党组书记、院长　邓建云

党组副书记、副院长　朱伟程

副 院 长　章新古

党组成员　吴　军

县人民检察院

党组书记、检察长　沈善文

副检察长　朱信诚　叶　强

党组成员　张宜华　伊志超

县委工作部门及直属单位

县委办公室

主　　任　杨　琦

副 主 任　吕丕江（常务）

　　　　　姜晓亮　王　培

　　　　　耿　昊

县委研究室

主　　任　姜晓亮

副 主 任　刘天堂

县委机要局

局　　长　曹雷鸣
副 局 长　李云鹏

县委保密委员会办公室（国家保密工作局）
主任（局长）　曹雷鸣

县委督查室
主　　任　张海啸

县委巡察办公室
主　　任　朱茂伟
副 主 任　肖　迪　孙成柱

县委巡察组
组　　长　韩　旭　赵速杰
　　　　　魏月先　郝允跃

县委台湾工作办公室（县政府外事侨务办公室）
主　　任　马允东
副 主 任　胡明生　王友余
主任科员（享受班子待遇）
　　　　　孔德兵

县委组织部
部　　长　张　磊
副 部 长　孟宪锋（常务）
　　　　　王后学　卫宏伟

县人才工作办公室
主　　任　符力鹏

县委宣传部
部　　长　徐正冲
副 部 长　胡红侠（常务）
　　　　　杨林静
　　　　　黄广锋

新闻网络中心
主　　任　张庆来

县委干部理论教育讲师团
团　　长　耿　峰
副 团 长　李郁青

县委统一战线工作部
部　　长　赵士鹏
副 部 长　唐清泉（常务）
　　　　　焦　强

归国华侨联合会
主　　席　程　峰

县民族宗教事务局
局　　长　周兴华
副 局 长　屈胜洪　辛振霖

县委农村工作办公室
主　　任　鹿　彤
副 主 任　崔　雷　张洪艳

县委政法委员会
书　　记　张长缨
副 书 记　张正沛（常务）
　　　　　韩　浩　张大庆
政治处主任　张　波

县社会治安综合治理委员会办公室
主　　任　张正沛
副 主 任　吕全文

县国家安全办公室
主　　任　韩　浩

县综合治理服务中心
主　　任　付　强

县信访局
局　　长　段庆安
副 局 长　郭　萍　黄厚兴
　　　　　刘　强

县委县直属机关工作委员会
负 责 人　王后学
副 书 记　燕　伟

县委党史工作委员会
主　　任　孙　超
副 主 任　胥继礼　朱　磊

县档案局
局　　长　白晓蕾
副 局 长　孙念联　胡光银

县委老干部局
局　　长　魏　翠
副 局 长　苏御鑫

县委党校
校　　长　黄　浩
副 校 长　李锦芬（常务）
　　　　　胡莉莉　肖　平

县行政学校
副 校 长　李锦芬　刘胜峰

县社会主义学校
副 校 长　李锦芬

机构编制委员会办公室
主　　任　朱思瑞
副 主 任　赵云北　朱信一

事业单位登记管理局
局　　长　姜　华

机构编制信息中心

主　　任　张国栋

县人大常委会工作机构

办公室

主　　任　肖新华

副 主 任　尹茂雷　陈　萍　胡　鹏

人事代表联络工作委员会

主　　任　王　前

副 主 任　孙　淼

社会事业工作委员会

主　　任　汪　亿

财政经济工作委员会

主　　任　顾伟群

农村经济工作委员会

主　　任　蒋正亭

内务司法工作委员会

副 主 任　张宜和

县政协工作机构

办公室

主　　任　牛文成

研究室

主　　任　赵丽莉

文史资料与学习宣传委员会

主　　任　季忠义

副 主 任　高宪忠

经济科技与人口资源环境委员会

主　　任　倪士建

教卫文体委员会

主　　任　杨国栋

海外联络与社会法制委员会

主　　任　王玉存

委员工作委员会

主　　任　邵其彬

县政府工作部门及直属单位

县政府办公室

主任、党组书记　董　磊

党组副书记　李成锋

副 主 任　许西锋　袁　永

党组成员　胡明聪　李广略　庄　岩

经济研究中心（政府研究室）

主　　任　许西锋

副 主 任　李洪伟

法制办公室

主　　任　胡明聪

人民防空办公室

主　　任　李成锋

副 主 任　杜光明　贺中锋　王贵军

政务服务管理办公室

主　　任　王银燕

副 主 任　欧阳德宽

行政审批服务中心

主　　任　袁　勇

副 主 任　渠慎江

县应急管理办公室

主　　任　李广略

机关事务管理处

处　　长　庄　岩

副 处 长　张　辉　孙　立

经济开发区

党工委书记　于　帆

党工委副书记、管委会主任　陈怀栋

党工委副书记　武来力

党工委委员、管委会副主任　曹厚生

党工委委员　阎垒武　王　勇　李　严

临港产业园管理委员会

主　　任　时效勇

副 主 任　田　冲

发展改革与经济委员会

党委书记、主任　王德信

党委委员、副主任　饶敦新　程言振　刘　永　杜长春

党委委员　任洪磊　陈　磊　张建长　刘传峰

物价局

党组副书记、局长　陈　磊

副 局 长　张剑峰　孟凡荣

粮食局

负 责 人　饶敦新

党委副书记、副局长　朱守东

副 局 长　吕康祥　李　锋

工业重点项目办公室

主　　任　张建长

副 主 任　高　雷

公共信息服务中心

主　　任　周　振

教育局
党委书记、局长 贺 磊
党委副书记 郑恒良 刘 畅
副局长 杨 平

科学技术局
党组书记、局长 王 苏
副局长 王海岩 朱秀锋

公安局
党委书记、局长 曹为民
党委副书记、政委 赵庆杰
党委副书记 沈一鸣 任泽亚
副局长 王 伦(常务)
郑恒舟
党委委员 段庆安 张 玲
许 杰 肖 飞
白崇宇

司法局
党组书记、局长 张成坤
副局长 宋德忠 王姝雅
张 威

民政局
党委书记、局长 惠 通
副书记、副局长 吴 勇
副书记 王文建
副局长 戚学敏
主任科员(享受班子待遇)
曹 志

监察局
局长 张 李
副局长 朱茂伟

财政局
党组书记、局长 李 颖
党组副书记、副局长 孟 杰
副局长 付长虹 李 永
吴 键
党组成员 李建成

人力资源和社会保障局
党委副书记、局长 刘胜峰
党委副书记、副局长 王昭峰
副局长 李 强
党委委员 徐建平

政府大屯矿区办事处
党委书记、主任 崔 彬
副主任 徐 光

市场监督管理局
党委书记、局长 霍怀玲
副局长 刘昭坤 孟险峰
周 伟 朱 磊
陈 鸿
党委委员 陈 瑞
朱信卫

住房和城乡建设局
党委书记、局长 仝玉彪
副书记 李厚孚 康兆坤
副局长 叶 蔚 解海军
党委委员 周平生 马 凯
张继东
主任科员(享受班子待遇)
李 健

房屋征收办公室
主任 张继东

园林局
党组书记 蒋 涛
党组副书记、局长 陈聚永

旅游园林服务中心
副主任 李红涛

建筑工程服务中心
党委书记、主任 李厚孚
副主任 孙 健

房产服务中心
党组书记、主任 马 凯
副主任 刘 磊 张 军
蒋正勤

规划局
党组书记、局长 胡建锋
副局长 王广跃 孔 刚

环境保护局
党组书记、局长 孟庆凯
副局长 赵沛杰 丁 波
张安华

旅游发展促进中心
主任 孙守访

县汉城景区管理处
副处长 朱信勇
孙守访

交通运输局
党委书记、局长 王沛生
党委副书记 韩大平
党委委员 王 颖 岳 峰
刘继伟

水利局
党委书记、局长 韩有静
副局长 肖开颜 王 成
孔祥运
党委委员 苗后营

农业委员会

党委书记、主任　徐　伟
副 主 任　苏华远　吴明强
党委委员　苏德秋

农业机械管理局

局长、党组书记　田中奎
副 局 长　赵后彬　蔡　慧
主任科员（享受班子待遇）
　　郭　松
党组成员　孙　雪

农业资源综合开发管理局

党组书记、局长　魏胜先
副 局 长　徐劲松　苗　亚

商务局

党委书记、局长　朱志军
副 局 长　姚　华
党委委员　程远见

招商服务中心

主　　任　程远见

统计局

党组书记、局长　满振华
副 局 长　邵　剑
　　张　敏
主任科员（享受班子待遇）
　　王洪涛

文化广电新闻出版与体育局

党委副书记、局长　孙益峰
党委副书记、副局长　石　洪
主任科员（享受班子待遇）
　　郑荣贵　李树雷
副 局 长　韩光杰　吴　磊
　　张　晨　胡　永

广播电视传媒中心

主　　任　尤志峰
副 主 任　司天戎　胡正夫
　　张迎春　曹　伟

卫生和计划生育委员会

党委副书记、主任　董传文
党委副书记、副主任
　　侯召辉（主持党务）
副 主 任　魏言庆　戚敬德
　　刘庆民
党委委员　孟宪勇　张冠军
主任科员（享受班子待遇）
　　谭大顺

县红十字会

常务副会长　张冠军

审计局

党组书记、局长　钟　声
副 局 长　朱北辰　陈向阳
主任科员（享受班子待遇）
　　孟建国
党组成员　赵东方　杨　旭

经济责任审计办公室

主　　任　杨　旭

供销合作总社

党委书记、主任　许海晨
副 主 任　李　颖　邓　晔
　　刘建设

金融工作办公室

主　　任　刘传峰
副 主 任　郝大朋

目标管理办公室

主　　任　潘序忠
副 主 任　司端平　许建华

安全生产监督管理局

党组书记、局长　邱秉人
副书记、副局长　张　强
副 局 长　胡艳丽　解　华
主任科员（享受班子待遇）
　　李光煜　卫昌盛
党组成员　李树彦

老龄工作委员会办公室

主　　任　华大鹏
副 主 任　魏德华

湖区工作办公室

主　　任　王文建

地方志编纂委员会办公室

主　　任　黄厚立
副 主 任　翟文静

墙体材料改革办公室

党组书记、主任　席风波
副 主 任　徐福坤

城市管理局（城市管理行政执法局）

党组书记、局长　任泽亚
党组副书记、副局长　郑　峰
党组成员　王　勇
主任科员（享受班子待遇）
　　文晓东

城管服务中心

副 主 任　吕康峰　罗中保

商业贸易总公司

党委书记、总经理　宋志锋
党委委员　祝传军

物资集团总公司
总经理　左延春
副总经理　张　勇　马　涛
　　燕存真

国有资产管理办公室
负责人　高福军
副主任　史志安　张　勇

国有资产经营公司
董事长　高福军
副书记、总经理　刘哀鸿
副总经理　刘杰英

人民医院
党委副书记、院长
　　任泽强（聘用）
副院长　陈　宏　张慧敏
　　张宜良　吴宝鑫

中医院
党委书记　张洪华
党委副书记、副院长　王艳付
副院长　刘义桥　邓守共

沛县中学
党委书记　贺　磊
校　长　范建银（联合办学）
副校长　司成立
　　邵平安（联合办学）
　　燕海军
　　朱建华（联合办学）

中等专业学校
党委书记、校长　华传阳
副校长　王夫占
　　闫洪卫
　　邵宪永

教师发展中心
主　任　李令军
副主任　朱信平
　　韩英灵

徐州保安职业技术学校
校　长　高广栋
副校长　潘加磊（常务）
　　牛　彪

总工会
党组书记、主席　徐忠良
副主席　罗　慧
主任科员（享受班子待遇）
　　景福民
副主任科员（享受班子待遇）
　　张训洲

共青团沛县委员会
书　记　赵丹宇
副书记　李钧一

妇女联合会
党组书记、主席　苏莎莎
副主席　姜苏芳

科学技术协会
党组副书记、主席　赵呈义
副主席　吴继超

工商业联合会
党组书记　焦　强
主　席　张文华
副主席　卢　莉

文学艺术界联合会
主　席　杨林静

残疾人联合会
党组书记、理事长　赵　义
副理事长　华敬权　贺本翔
党组成员　刘家伟

市直属单位

沛县烟草专卖局（分公司）
党组书记、局长、经理　陈　耀
党组成员、副局长　张　伟
党组成员、副经理　刘茂宏

沛县国税局
党组书记、局长　张卫东
党组成员、副局长　邹亚军
　　武来平
党组成员、纪检组长　周忠华

沛县地税局
党组书记、局长　付宝丽
副局长　朱红岩　袁　超
　　沈贯勤　耿　超

沛县邮政公司
总经理、党委书记　阚延俊
副经理、纪委书记　王文双
副经理、工会主席　张兴刚

沛县电信局
局长、党委书记　辛宏岭
副局长、纪委书记　王尚防
副局长、工会主席　李　剑

沛县供电公司

总 经 理　崔程尧
党委书记　解庆东
副总经理　刘宝童　王　鑫
　　　　　冀永芳
纪委书记、工会主席　李明团

沛县盐务局

党支部书记　贺　晶
局　　长　章　雷
副 局 长　冯正举

沛县气象局

党支部书记、局长　姜仁民
副 局 长　张淑影
纪检书记　吕祥明
气象台长　韩晓华

沛县国土局

党组书记、局长　张京奎
党组成员、副局长　孔昭峰
　　　　　　　　刘新敦
　　　　　　　　韩方义
党组成员、纪检组长　甘　露

省部属企业

大屯煤电（集团）公司

公司董事长、党委书记　包正明
公司副总经理、总工程师
　　　　　吴继忠
公司副总经理　马文智　薛柏会
　　　　　王树斌
公司副总经理、总会计师
　　　　　任艳杰
公司安监局长　唐召信
公司党委副书记、纪委书记
　　　　　赵兴旺

各镇（街道、场）领导机构

龙固镇

党委书记　姜　川
镇　　长　石怀涛
人大主席　胡春颖
党委副书记　张家启
纪委书记　郝敬林
党委组织委员　刘四化
党委宣传统战委员　尤志文
党委政法委员　魏明珂
党委委员、人武部部长　武　鹏
党委委员、副镇长　朱晓伟
副 镇 长　张　顺　封　野
　　　　　秦锦锦　赵　建
主任科员　陈　文
　　　　　（负责龙固园区工作）

杨屯镇

党委书记　王广浩
镇　　长　吴凤英
人大主席　张　婧
党委副书记　张兴和
纪委书记　周广沛
党委组织委员　李龙飞
党委宣传统战委员　王伟清
党委政法委员　訾立位
党委委员、人武部部长　欧正勇
副 镇 长　郝允磐　王存胜
　　　　　史繁华
主任科员　蔡建超

胡寨镇

党委书记　李雨航
镇　　长　陈　静
党委副书记　王　磊
纪委书记　郝大伟
党委组织委员　渠爱中
党委宣传统战委员　毕　旭
党委政法委员　刘　超
党委委员、人武部部长　赵　勇
党委委员、副镇长　王友存
副 镇 长　毛春节　马艳美
　　　　　王　辉

魏庙镇

党委书记　王　凯
人大主席　胡道朋
党委副书记　苗春丽
纪委书记　李延忠
党委组织委员　燕凌飞
党委宣传统战委员　魏　芹
党委政法委员　梁　振
党委委员、人武部部长　孟凡勇
党委委员、副镇长　吴喜武
副 镇 长　刘　杰　杨　建

五段镇

党委书记　王家勇
镇　　长　张兴浩
人大主席　朱广科
党委副书记　姜　帆
纪委书记　吴佩伟
党委组织委员　包如良
党委宣传统战委员　白　洁
党委政法委员　江同玲
党委委员、人武部部长　唐朝彬
党委委员、副镇长　刘　众
副 镇 长　刘　雷　蔡　锋
　　　　　季长征

张庄镇

党委书记　陈　涛

镇　　长　孙道远
人大主席　张景水
党委副书记　时效波
纪委书记　朱广兵
党委组织委员　王　龙
党委宣传统战委员　张　振
党委政法委员　刘　伟
党委委员、人武部部长　刘正国
副 镇 长　王　琦　刘传宪
　　　　　虞根华　蒋　林

张寨镇

党委书记　高立根
镇　　长　张　敏
人大主席　王全林
党委副书记　李后敬
纪委书记　张　鑫
党委组织委员　田海宏
党委政法委员　闫　勇
党委委员、人武部部长　王友清
党委委员、副镇长　张志国
副 镇 长　张振刚　康　帅
　　　　　王　磊

敬安镇

党委书记　王明运
镇　　长　魏广斌
人大主席　杜　超
党委副书记　罗启培
纪委书记　王志涛
党委组织委员　张　丽
党委宣传统战委员　周奉军
党委政法委员　聂　迪
党委委员、人武部部长　张吉峰
党委委员、副镇长　程真枫
副 镇 长　李　飞　马　丽
　　　　　张　卫
　　　　　徐太平

河口镇

党委书记　窦铜顺
镇　　长　孔　涛
人大主席　朱继虎
党委副书记　李祖冠
纪委书记　贺文清
党委组织委员　黄　浩
党委宣传统战委员　赵本正
党委政法委员　段成功
党委委员、人武部部长　宋　懿
副 镇 长　王亚辉　张　翼
　　　　　韩　方

栖山镇

党委书记　姚振川
镇　　长　王书伟
人大主席　杨　静
党委副书记　燕存冲
纪委书记　郑　存
党委组织委员　张艳艳
党委宣传统战委员　姚　亮
党委政法委员　韩正华
党委委员、人武部部长　王瑞卿
党委委员、副镇长　奚道庆
副 镇 长　吴胜蓝

鹿楼镇

党委书记　谢　方
镇　　长　郭险峰
人大主席　唐　钰
纪委书记　刘万青
党委组织委员　刘　开
党委政法委员　苑振峰
党委委员、人武部部长　龚　涛
党委委员、副镇长　郭　军
副 镇 长　乔　静
　　　　　齐运国
　　　　　司兰香

朱寨镇

党委书记　滕　坤
镇　　长　韩方兴
人大主席　罗光亚
党委副书记　梁　清
纪委书记　黄传永
党委组织委员　左传侠
党委宣传统战委员　朱信欢
党委委员、人武部部长　姚新亭
党委委员、副镇长　王　彦
副 镇 长　夏龙新　李守峰

安国镇

党委书记　王金敏
镇　　长　刘平伟
人大主席　朱开靖
党委副书记　吴　峰　李　萍
纪委书记　闫　伟
党委政法委员　李璪籍
党委委员、人武部部长　张朝杰
党委委员、副镇长　吴传良
副 镇 长　张　峥　马培亚
　　　　　邵长仲　宋勇乐

大屯街道　党工委

党工委书记　冯文勇
主　　任　苏增彦
人大主席　张海东
党工委副书记　祝庆勇
纪委书记　秦春艳
党工委政法委员　曹良伟
党工委委员、人武部部长　曹　森
党工委委员、副主任　甄苏杰
副 主 任　朱　磊　孟立群
　　　　　王明利

沛城街道　党工委

党工委书记　朱信勇

主　　任　张　伟
人大工委主任　刘敬帜
党工委副书记　贾春雷
纪委书记　孔德响
党工委宣传统战委员　赵　娟
党工委政法委员　陈　涛
党工委委员、副主任　刘征超
　　　　马方勇
副 主 任　宋永乐
　　　　耿兴盛
　　　　宋　敏

汉源街道　党工委

党工委书记　陈全更
主　　任　贺中建
人大主席　朱信波
党工委副书记　张允东
纪委书记　李　旭
党工委委员、副主任　魏　猛
副 主 任　赵后诚
　　　　魏秀玲
　　　　华明建

汉兴街道　党工委

党工委书记　武来力
主　　任　郑天雷
人大主席　朱　刚
党工委副书记　蔡　瑜
纪委书记　陈　新
党工委委员、副主任　朱　冉
副 主 任　辛忠敏
　　　　张　振
　　　　罗坤鹏
　　　　张　浩

湖西农场

党委书记　魏胜先
党委副书记、场长　蔡可路
副 场 长　肖连民　陈后雷
　　　　勾钦玉
党委委员、纪委书记　马云峰

（县委组织部提供）

2017年度“好人”名录

中国好人

张涛，男，1967年11月出生，沛县众信出租车公司出租车司机，从业20年，面对客人遗失的物品钱财，从不动心、无贪念，被称为“好的哥”。

张涛把服务运营当做事业做，投入最大的热情，力求精益求精，不敷衍了事。他在车厢中为乘客准备了雨伞、晕车药、塑料袋和杂志报刊等，把乘客当作朋友，友善的对待每位乘客。小到一个作业本、一串钥匙、一部手机，大到笔记本电脑、专业设备甚至现金，张涛发现后都会千方百计地归还给失主或及时上交给公司。20年以来，他拾金不昧的好人好事近千件，累计归还失主财物总价值超100万元。

作为一名平凡的出租车司机，张涛虽然没有什么豪言壮举，但在平凡的工作岗位上，二十年坚持做好人做好事，展示“的哥”的风采，展示了城市文明流动窗口的名片。2017年1月，当选诚实守信“徐州好人”。7月，当选“中国好人”。

江苏省道德模范

张景宏，沛县汉源街道刘园居委会阳光小区居民，20多年来，张景宏面对丈夫家7年间连出4次丧事，全家陷入绝望之时，主动挑起家庭重担，将已故哥家的孩子视为己出，靠租房子、做搬运工、送报纸、打零工维持生计，培养6个孩子上大学，其中，2个侄子上大学时已入党，1个侄女发展为预备党员。张景宏和她的家庭先后被授予“全国最美家庭”“全国五好文明家庭标兵户”“中国好人”“中华孝亲敬老楷模提名奖”等20多项称号。

徐州市“老有所为”先进人物

刘洪志，沛县水利局退休干部，78岁，一位有着58年党龄的老党员。几十年来，为沛县的宣传文化事业，不计得失，竭力奉献。尽管他身患重疾，却克服困难，自费出行数万里，查阅图书资料数万卷，以惊人的毅力和不懈的追求，搜集到了大量有价值的沛县文史资料，为沛县的宣传、文化、史志工作作出了重大贡献。他先后被县委、县政府评为首届感动沛县十大新闻人物，荣获宣传文化工作特殊贡献奖、县德艺双馨老文化工作者称号；人民日报、中央电视台、人民网、新华网等多家媒体对他进行了采访和宣传。

刘洪志主动为沛县的宣传、文史工作和发掘汉文化资源发挥余热。他喜欢阅读史志书籍，了解家乡独特的风土人情和历史文化。为沛县文史工作突破一些历史难题和抢救珍贵文史资料,作出了很大牺牲和奉献。退休后的这十几年，他独自一人自费出行20余次，行程数万里，跑遍全国20多个省的200多个市县，查阅图书资料数万卷，搜集到了大量有价值的资料，不仅搜集到了沛县的五部老县志、汉《大风歌碑》的明代全文拓本、元大风歌碑全文缩本、唐伯虎的名画《歌风台》、萧何等9位刘邦重臣的传赞碑拓片、世界刘氏源沛县和朱元璋“明先世家”在沛县的祖籍依据等，还查找到了毛泽东书写的《大风歌》和对刘邦评价的手迹，填补了我县汉文化研究的多个空白点，提供了“筑”的第一手资料，挖掘出“筑”也称“沛筑”的史实，为解决史学界一些历史争议的问题提供了详实依据。

徐州好人

见义勇为好人徐忠典、张继成、孙可，2016年5月18日18时48分，魏庙派出所接110指令：五段辖区三段村庄西头河内有小孩落水了。接警后魏庙派出所民警朱正熙带领辅警徐忠典、张继成、孙可迅速到达现场。看到河内有两个孩子在水中挣扎，情况非常危急，魏庙所辅警徐忠典边跑边迅速脱掉衣服不顾一切跳下水中，由于河堤陡峭，几乎90°，救助非常困难，徐忠典先救起比较危险的一名儿童，紧接着又回头去救另一名儿童，就在大家齐心合力把孩子救上岸后，徐忠典在体力疲乏的情况下又继续返回水中和其他几人一起搜救另一名落水儿童，经过反复几次寻找，终于在水底找到另一名儿童，拖上岸后，民警对孩子紧急抢救，又把几名孩子送往医院救治。魏庙派出所民警携辅警不顾危险，英勇救人的精神值得弘扬。

助人为乐好人刘明、让红玲夫妇，刘明，男，1981年2月出生，群众。让红玲，女，1980年5月出生，群众，沛县杨屯镇杨屯村个体商户。陈红慧，男，河南虞县人，25岁，于2009年8月自家中走失；同年12月，被刘明、让红玲夫妇收养。自收留陈红慧后，刘明、让红玲夫妇二人一直帮助陈红慧寻找家人，时刻留意身边及网上寻找孩子的信息。2017年10月，在公安干警和宝贝回家志愿者的热心帮助下，陈红慧终于见到离别9年的家人。陈红慧对收养他9年的刘明夫妇感情更深，最终选择跟着父亲回家看望母亲后，仍旧回到养父母身边生活。刘明夫妇感人的事迹受到网友和志愿者的广泛关注，并于2017年10月13日被《彭城晚报》头版头条刊载。

沛县好人

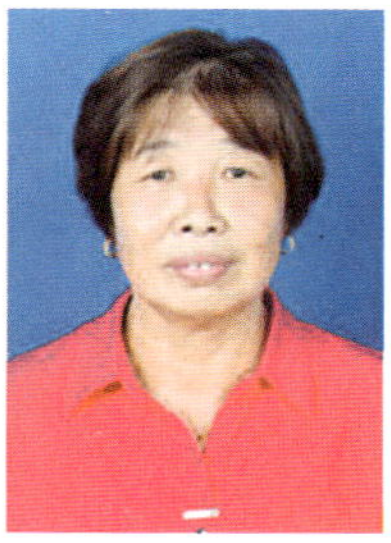

助人为乐好人候选人杨雪，女，1970年出生，群众，沛县魏庙镇冯集村村民。1991年5月的一天，杨雪到镇上赶集，看到地上包裹在襁褓的婴儿，就把孩子抱回了家，因为刚结婚，还没有孩子，就把这个孩子当成他们的第一个家庭新成员，过上幸福的小日子。孩子3岁时还不会走路，而且身高看起来比同龄人矮许多，直到9岁多时才学会走路。最终经医生确诊，患有先天性软骨病，胸部与背部的骨头一直向外生长，走几步就要歇上个半小时，生活不能自理。20年来，因为生活的忙碌及压力，杨雪和丈夫没有生育自己的孩子，把全部的爱都给予了养子。

2017年7月4日，《徐州日报》刊发杨雪的事迹《延续26年不离不弃的爱沛县女子杨雪倾尽所有照顾患软骨病弃婴》。

助人为乐好人李伟，男，1971年8月出生，群众，中国邮政沛县分公司职工。李伟于2014年6月参加中国徐州市蓝天救援队并担任副队长，负责沛县区域范围内的救援工作。李伟积极筹建队伍，已发展队员60人，其中，在中国蓝天救援队总部（北京）注册正式队员40人，预备队员20人，另有志愿者136人。蓝天救援活动是一种纯公益行为，不收取被救援对象一分钱。为提高队员的基本素质和救援技能，李伟多次请县消防大队官兵对队伍纪律、队容、体能进行训练，请县人民医院心内科专家、县红十字会工作人员，对队员传授救援基本常识，并每个星期组织队员到野外训练。同时为更好地服务社会，李伟将蓝天救援队全国电话及本人的手机号码在县公安局110指挥中心进行了报备。李伟参与救援行动60余起，于2016年5获得江苏省志愿者优秀个人贡献奖。

敬业奉献好人梅竞霜，女，1975年10月出生，中共党员，本科学历，1998年参加工作，先后在县公安局法制科、刑警大队、出入境管理大队等处工作，现任县维稳办联络督办科科长。

2010—2015年在县出入境管理大队工作，受理出国（境）申请92000人次，受理量连续6年居全市县级出入境部门第一，实现受理业务零差错、服务结果零投诉和群众满意率100%的工作目标。在加强境外人员管理工作中，她组织查处涉外刑事案件3起、行政案件6起，提起公诉10人，处理“三非”外国人173人，遣送出境外国人162人。其中，她参与办理公安部督办“4·10”组织他人偷越国境特大案件，共查处非法入境缅甸人154人，抓获犯罪嫌疑人10人，彻底摧毁从云南至徐州的组织偷越、运送团伙，此案的侦破受到公安部、省公安厅的肯定和好评。由于工作突出，县公安局出入境管理大队分别被命名为“全省公安系统执法示范单位”、“全省公安系统巾帼文明岗”、徐州“百姓办事‘零障碍’工程金牌服务岗”、“全市公安系统人民满意单位”、“徐州市三八红旗集体”等。她本人于2014年被评为“徐州市巾帼建功标兵”、2016年被评为徐州市劳模等。

敬业奉献好人刘广备，男，1953年11月出生，群众，县水利局清源供水有限公司安国镇分公司水管员。1979年，刘广备接手老朱王庄翻水站的泵站运行和维护保养工作，肩负起上万亩土地的浇灌和排涝责任，至此他再也没有离开过这个岗位，在烈日下举起铁镐，在风雪中铺设管道，保证上万亩农田和千家万户的生产生活用水，一干就是38年。同时他十年如一日照顾着安国镇郝辛庄一对80多岁的孤寡老人——刘家乾夫妇，帮助老人翻盖房屋，老人生病住院悉心照料，让老人安享晚年生活。由于工作突出，他本人在2005年被市水利局评为先进个人，2007、2008、2011年度分别被县爱卫办评选为降氟改水先进个人。2017年12月7日《徐州日报》、11月15日西祠胡同等分别报道了他的事迹。

敬业奉献好人杨其峰，男，1969年8月出生，沛县环卫所垃圾转运车驾驶员。1990年参加工作以来，一直担任垃圾转运车驾驶员。他坚守岗位，忠于职守，不怕苦累，特别是每年的“双高季节”（夏季持续高温，垃圾产量高峰），室外温度高达40多度，城区垃圾量猛增，工作任务尤为繁重，部分职工甚至中暑病倒。面对艰苦的工作环境，杨其峰始终坚持“宁脏我一人，干净千万家”的环卫精神，几十年如一日，披星戴月，早出晚归，确保垃圾日产日清。他的精神感染带动全县环卫工人，为城市的清洁卫生做出突出贡献，被称为“城市黄玫瑰”，曾连续三年荣获县城市管理局颁发的先进工作者荣誉称号。2017年9月，被县委宣传部授予“感动沛县十大最美人物”称号。

敬业奉献好人孟香，女，1968年8月出生，中共党员，沛县商贸总公司酒管办稽查大队长。2006年，县酒管办成立，孟香走上了执法稽查这个女同志涉足不多的职业岗位。10多年的执法历程，她从最初的“门外汉”成为现在的行家里手。工作中，她不断创新模式，注重抓好市场排查，深入分析辖区酒类市场动态，形成了“端窝点、打团伙、破网络、抓首犯、断渠道、清市场”的酒类稽查机制。多年来，她带领执法人员办理备案登记5000家，组织执法检查3000次，查处案件200起，查获各类问题酒类商品5万瓶。沛县酒类管理工作荣获江苏省2012年度酒类流通专项整治工作先进集体、徐州市2012年度酒类流通管理先进单位一等奖。个人先后荣获江苏省酒类流通专项整治工作先进个人、徐州市酒类管理先进个人、县优秀共产党员等荣誉称号，于2017年9月被县委宣传部授予“感动沛县十大最美人物”荣誉称号。

见义勇为好人李永，男，1972年5月出生，群众，栖山镇

供电所职工。2017年11月28日下午3时许，正在走村串户催收电费的李永，途径栖山镇席楼村到汪庄村的大河桥边时，看见一老人落入河中。李永把电动车停放在路边，二话没说，迅速脱掉外衣跳入冰冷的河中，快速游到那个老人身边，由于天气寒冷，老人穿的衣服较多，在将老人托出水面时消耗了李永全身的力气，他沉住气，不慌张，一边安慰老人，一边将老人一点点往岸边拖……慢慢移到岸边，村民伸出援助之手合力把老人抬到岸边。老人被救起后，李永穿上棉衣就离开了。

见义勇为好人候选人朱凯，男，1977年2月出生，中共党员，中移铁通沛县支撑服务中心职工。2017年11月15日中午12时许，朱凯在经过沛沿河舞阳桥时，听到有人掉河里的呼救声，他停下电动车，快速跑上河堤。看到一名五六岁的小男孩被水流冲到河中央，距离河岸约10米远，情况危急，朱凯脱掉身上的工作服、放下手机，跳进河中。游到男孩身旁将其抱出水面，朝岸边游去。将男孩救上岸后，朱凯利用自己曾在部队当卫生员掌握的救生常识，蹲在地上，让男孩脸朝下肚子趴在自己的腿上，用力拍打男孩背部，将男孩肚子里的水控出来。等孩子的家长赶到河边，朱凯将孩子交给家长后，拿上自己的手机与工作服悄然离开了。在事情过去的十几天里，孩子的家人找到朱凯的工作单位送去锦旗以表达感激之情。

见义勇为好人杜建军，男，1977年8月出生，沛县安保学校

教师。2017年11月12日，赵则远在魏庙镇房村一河边钓鱼，拉杆转身时不小心触碰到旁边的高压线，被电击晕厥。正在对岸钓鱼的杜建军看到后迅速跑过去，对赵则远进行心肺复苏施救，施救成功。被救醒后的赵则远一家四处打听救命恩人的下落，半月后终于通过杜建军的同事找到了他，并把一面写有“见义勇为，英勇救人”的锦旗送到他手中，以示感谢。

孝老爱亲好人候选人杨新美，女，1973年6月出生，群众，河口镇共和村村民。生活的困苦没有丝毫磨损她的善良与品德，她没有因家庭的困难而推脱照顾老人与小叔子的责任，在

先后办完爷爷、奶奶、二爷爷、公公四位老人的后事后，在2017年初脱贫致富后翻盖了房屋，建起了一座两层楼房，准备小叔子春节结婚时使用。她二十年如一日，始终坚守着内心向往美好生活的信念，杨新美就像她的名字一样，深刻诠释着爱、敬、诚、善的内涵和中华民族的传统美德，堪称新时期农村妇女的楷模与典范。

孝老爱亲好人候选人蔡先桥，男，1966年生，群众，大屯街

道贾庙村村民。他以淳朴的孝心先后照顾和赡养过百岁的祖母及身患前列腺癌的父亲直至离世，又悉心照顾着身患精神分裂症20多年的妻子和患脑血栓下半身不遂且深度失忆的母亲15年之久，被村民称为“孝子贤孙”。

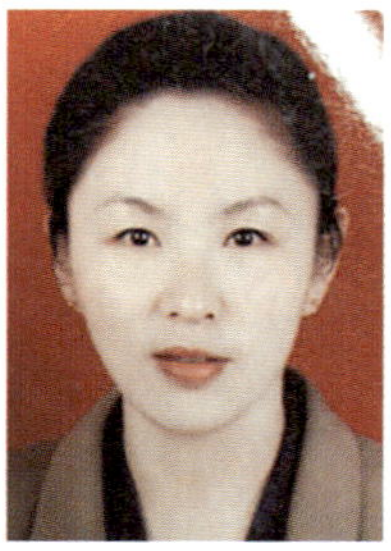

诚实守信好人蒋莉，女，1979年10月出生，高中学历，县九洲劳保用品店的负责人。从业18年来，她始终坚持“人以诚为本，诚以信为基”的经营理念，秉承质量与信誉并重，把为消费者提供最好的商品、最优质的服务、最合适的价格、最满意的服务视为第一要务。在经营中，她严把商品质量关，严格遵守国家商品三包规定，公开诚信承诺：商品一个月内不满意无理由退货。同时蒋莉还是一名热心人，2017年10月，家住任庄敬老院的王姓老人由于行动不便，打来电话想购买一条棉裤，她挑选出适合老人穿的棉裤后亲自送货上门。2016年5月，龙固镇一消费者在购买商品后匆匆离开，将随身携带的手机、银行卡及5万余元现金遗留在店内，她发现后迅速将财物妥善保存，想方设法联系到失主并归还财务。

诚实守信好人朱信春，男，1970年10月出生，大专学历，徐州文君商贸有限公司总经理，县装饰装修行业协会副会长。主要经营欧普照明产品，他始终坚持“信誉第一、用户第一、质量第一、服务第一”的经营理念，以“用户满意我满意”为宗旨。在店堂内公示诚信经营承诺书，承诺以优质的产品、优惠的价格、优良的服务取信于消费者。严格执行国家“三包”规定，实行24小时跟踪服务，确保及时到场、及时服务、及时解决，做到当天问题不过夜。积极组织员工进行售后服务培训，使员工掌握售后服务知识，做到售后服务无死角，真正让消费者放心消费。他经营的公司多次获得县放心消费创建先进单位、诚信单位、“诚信品牌示范单位、消费者满意单位等称号。

2017“最美沛县人”

许曼婷，女，1987年2月出生，中共党员，沛县广播电视台电视新闻部副主任。2011年9月，沛县电视台招聘编辑记者，当时正在张寨镇担任大学生村官的许曼婷一路“过关斩将”，当上一名新闻记者。6年来，她跑田间、走小巷，迎风雪、战酷暑，挖掘报道160余名先进人物和平民英雄，帮助100余位困难弱势群体解除燃眉之急。县广播电视台主打民生栏目《曼婷在现场》已经成为沛县收视率最高的电视节目，“有困难，找曼婷”成为许多老百姓的习惯。先后获得徐州市文明职工、县科学发展考核先进个人、县宣传思想文化工作先进个人等称号。

杨杰华，男，1960年5月出生，沛县张庄镇邮政局投递员。他是一名普通乡村投递员，30年来，他骑坏6辆自行车、3辆摩托车、一辆电动三轮车，骑行70多万公里乡村邮路，可绕地球18圈。他投递报刊、邮件数百万件，无一延误、丢失和投诉。遇到雨雪等恶劣天气，他只

能推车步行，一步一步用双脚量完几十公里邮路，摔倒了、爬起来，再摔倒、再爬起，来不及查看磕破的膝盖和摔肿的胳膊，只是用雨衣裹好邮袋里的报纸、邮件，继续前行。他用坚守与付出，修筑一条承载群众期盼、一心为民的民生邮路。因为经常给村民介绍和推荐良种科技报刊杂志，被县种子公司授予科学种田先进个人，曾20多次被评为县邮政先进工作者，荣获系统报刊大收订投递工种营销能手、县最美投递员等称号。

王宝红，女，1967年5月出生，中共党员，中国舞蹈家协会会员、徐州市舞蹈家协会理事、沛县舞蹈家协会主席、徐州市人大代表、沛县政协委员、县文化馆馆长。1986年以来，王宝红几乎承担了县里所有大、中、小型文艺活动的总导演和舞蹈编导，多次担任中国沛县刘邦文化节开幕式、春晚、广场舞大赛、乘凉晚会等大型文艺演出的执行导演和舞蹈编导。为高质量完成每项工作任务，加班加点是常态，长期超负荷工作和无规律饮食，使她患上了胆囊多发性息肉，常常要忍着揪心的疼痛一遍又一遍指导排练，被人称为基层文化战线的“拼命三郎”。她创编的作品多次在国家及省、市级比赛中获奖。先后被评为全国群文之星、江苏省群文之星等称号。

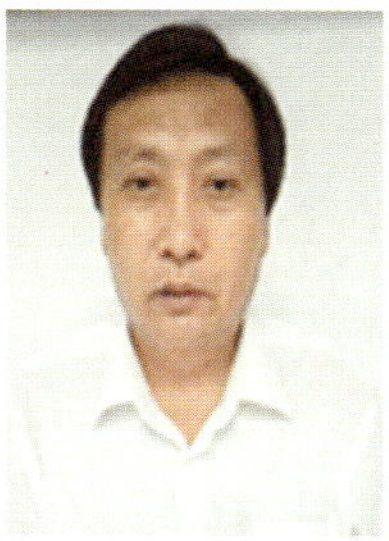

王成启，男，1965年12月出生，沛县红色展览馆馆长。他钟情红色收藏35年，跑遍全国各地，收集了从中国共产党成立，到改革开放近百年历史的红色藏品。2016年3月，利用女儿二层小楼自费创办红色文化展览馆，并免费向社会开放。展览馆藏品丰富，种类繁多，有书籍、报刊、杂志、老照片、连环画、邮票、油画等30多个品种，8万件红色藏品。红馆自成立以来，以征集红色革命文物，挖掘、研究、整理革命历史为己任，弘扬主旋律，传播正能量。先后接待省市县各级参观活动70多场，吸引了安徽砀山、萧县，山东微山，铜山等周边群众前来参观，开馆首月接待群众9000余人。他热衷公益事业，先后联合言让公益联盟、金益爱心协会开展扶贫济困活动，《徐州日报》《彭城晚报》等市县新闻媒体宣传报道到过他的先进事迹。

孟香，女，1968年8月出生，中共党员，沛县商贸总公司酒管办稽查大队长。2006年，县酒管办成立，孟香走上了执法稽查这个女同志涉足不多的职业岗位。10多年的执法历程，她从最初的“门外汉”成为现在的行家里手。工作中，她不断创新模式，注重抓好市场排查，深入分析辖区酒类市场动态，形成了“端窝点、打团伙、破网络、抓首犯、断渠道、清市场”的酒类稽查机制。她带领执法人员办理备案登记5000余家，组织执法检查3000余次，查处案件200余起，查获各类问题酒类商品5万余瓶。沛县酒类管理工作荣获江苏省2012年度酒类流通专项整治工作先进集体、徐州市2012年度酒类流通管理先进单位一等奖。个人先后荣获江苏省酒类流通专项整治工作先进个人，徐州市酒类管理先进个人，县优秀共产党员等荣誉称号。

杨其峰，男，1969年8月出生，沛县环卫所垃圾转运车驾驶员。1990年参加工作以来，一直担任垃圾转运车驾驶员。他坚守岗位，忠于职守，不怕苦累，特别是每年的“双高季节”（夏季持续高温，垃圾产量高峰），室外温度高达40多度，城区垃圾量猛增，工作任务尤为繁重，部分职工甚至中暑病倒。面对困境，杨其峰没有被打倒，发挥“宁脏我一人，干净千万家”的环卫精神，披星戴月，早出晚归，确保垃圾日产日清。他的精神感染带动了所有环卫工人，为城市的清洁卫生做出了应有贡献，被称为“城市黄玫瑰”。曾连续三年荣获县城市管理局颁发的先进工作者荣誉称号。

任圆圆，女，1998年6月出生，沛县湖西农场人，徐州医科大学麻醉学院学生。她还是3个月大婴孩时就失去了母亲，和拄着双拐的父亲相依为命。父亲因为身体残疾，没有工作，仅靠在街头修鞋、修拉链和低保费维持家庭生活。任圆圆是个坚强聪慧的女孩，由于家境贫寒，从小到大没买过新衣服，都是穿老师和别人赠送的，却从不嫌弃。同学们送的糖果和零食，她舍不得吃，总是拿回家给父亲品尝。她从小学习成绩优异，获得过徐州市物理奥林匹克竞赛一等奖。2016年，她以优异成绩考入徐州医科大学临床医学专业，成为一名白衣天使。大学期末考试中，她不负众望，在全系300多人中，取得第2名的好成绩，获得转入徐州医科大学麻醉学院的机会。

吴明塔，男，1985年2月出生，中共党员，沛县公安局鸳楼派出所所长。2007年毕业于江苏警官学院，先后在沛城派出所、县公安局刑警大队等一线公安岗位工作。10年来，他立足本职工作，牢记为民服务宗旨，时刻以“铁心向党、铁志守纪、铁肩担当、铁胆勇为”的徐州公安铁军精神严格要求自己，自始至终不忘初心，不计个人得失，不受金钱诱惑，练就了沉稳刻苦、胆大心细的工作作风，造就了敏锐迅捷、闻风而动的业务技能。曾荣立个人三等功2次，先后被评为江苏省政法系统忠诚卫士、徐州市铁军卫士、县十佳政法杰出卫士、市县公安局人民满意警察等称号。

吴曼，女，1990年4月出生，共青团员，沛县农商银行会计主管。2013年，进入沛县农商行工作，成为一名普通柜员。她上班热情接待顾客，用心服务，下班苦练业务技能、学习理论。从综合柜员岗转到会计主管后，每次遇到年纪大或者身体不适的客户无法前来柜面办理业务，她都会和同事一起上门办理，为他们解决燃眉之急，大家都称她为“天使般的好会计”。曾荣获徐州市首届工匠、沛县工匠等称号。

沛县言让公益联盟，成立于2016年5月，注册会员306人，

爱心志愿者458人。协会秉承“奉献、友爱、互助、进步”的志愿精神，“唱响最美声音，弘扬最美风尚”，开展志愿服务活动，传递社会正能量。协会成立以来，先后组织亲子游园、向日葵关爱、圆梦微心愿、爱心妈妈牵手困境儿童，“罐”爱行动等关爱困境儿童活动，为身处困境的360多名孩子点亮希望心灯。端午节、中秋节、重阳节、春节等传统节日里，为龙固镇、大屯街道、三河尖煤矿、杨屯镇敬老院等190名孤寡老人送去粽子、水果、被褥等食品和生活用品，帮助老人打扫卫生、铺床叠被、洗脚、剪指甲。“言让向日葵读书点”成了孩子们阅读、艺术兴趣培养的乐园。一年来，言让公益联盟共为社会捐献款物价值16万元。2016年，协会获得省优秀社工项目并获扶助金4万元，同年，“言让向日葵读书点”被评为市示范读书点。2017年，言让公益联盟妇联被评为县“三八红旗手集体”。

2017年度镇、街道、区、场重点经济工作目标考核先进单位和先进工作者名单

一、年度综合考核

一等奖

开发区（汉兴街道） 杨屯镇

龙固镇 大屯街道 沛城街道

朱寨镇 敬安镇

二等奖

五段镇 安国镇 汉源街道

张庄镇 鹿楼镇 魏庙镇

湖西农场 河口镇

三等奖

栖山镇　张寨镇　胡寨镇

二、年度单项工作考核

（一）项目建设

一等奖

开发区（汉兴街道）　杨屯镇

大屯街道　沛城街道　敬安镇

二等奖

龙固镇　朱寨镇　安国镇

张庄镇　汉源街道　五段镇

鹿楼镇　河口镇

三等奖

张寨镇　栖山镇　魏庙镇

湖西农场　胡寨镇

（二）工业经济上台阶

一等奖

大屯街道　龙固镇

开发区（汉兴街道）　安国镇

朱寨镇

二等奖

张庄镇　杨屯镇　五段镇

敬安镇　汉源街道　沛城街道

鹿楼镇　栖山镇

三等奖

张寨镇　魏庙镇　河口镇

湖西农场　胡寨镇

（三）农业和农村工作

一等奖

湖西农场　鹿楼镇　安国镇

龙固镇　魏庙镇

二等奖

杨屯镇　大屯街道　张寨镇

五段镇　张庄镇　朱寨镇

敬安镇　沛城街道

三等奖

河口镇　胡寨镇　栖山镇

开发区（汉兴街道）　汉源街道

三、先进工作者

李　勇　刘　猛　尤志国

陈　萌　陈延苏　苏运廷

黄振华　孙　辉　温　勇

张　静　赵　帅　韩秀丽

石祖勇　水爱莲　朱天红

贾继红　孙守东　张　红

渠慎龙　马怜玲　华　伟

刘培河　巩朝升　胡　永

刘文生　冯　飚　秦　梅

汪继国　王培伟　邵长虹

封玲玲　燕洪波　马　琳

赵呈先　柴莉莉　席　强

张永伟　张　媛　岳　岩

梁中海　张玉侠

2017年度县直机关（单位）绩效考核先进单位和先进工作者名单

一、机关（单位）绩效考核先进单位

（一）综合管理部门（32个）

一等奖（14个）：

县纪委机关（监察局）

农工办（扶贫办）　编办

宣传部　政法委　统战部

县委办　政府办　人大办

政协办　组织部　总工会

机关工委　目标办

二等奖（12个）：

政务办（行政服务中心）

妇联　信访局　文明办

档案局　人武部　民宗局

党校　团委　机关事务管理处

党史工委　法制办

三等奖（6个）：

县志办　科协　老干部局

湖区办　台侨办　文联

（二）经济管理部门（18个）

一等奖（7个）：

发改委（中小企业局）

财政局　统计局　农委

商务局　地税局　国税局

二等奖（8个）：

汉城景区管理处　国资公司

金融办　重大项目办　农开局

农机局　墙改办　国资办

三等奖（3个）：

供销总社　物资总公司

商贸总公司

（三）社会发展部门（28个）

一等奖（11个）：

国土局　规划局　建管服务中心

园林服务中心（园林局）　科技局

人保局　住建局　卫计委

水利局教育局　文广新体局

二等奖（11个）：

残联　民政局　房产服务中心

城投公司　房屋征收办公室

老龄办　新闻中心　人防办

广播电视台（广播电视服务中心）

红十字会　人民医院

三等奖（5个）：

矿办　中等专业学校　中医院

安保学校　旅游发展促进中心

（四）监督管理部门（11个）

一等奖（4个）：

市场监督局　城管局　安监局

公安局

二等奖（5个）：

审计局　交运局　检察院

环保局　法院

三等奖（2个）：

司法局　物价局

（五）驻沛垂管部门（22个）

一等奖（8个）：

气象局　供电公司　电信局
人民银行　农村商业银行
公积金中心　移动公司
联通公司
二等奖（9个）：
中国银行　烟草专卖局
人寿保险公司　农业发展银行
建设银行　邮政储蓄银行
消防大队　人民财产保险公司
新华书店
三等奖（5个）：
江苏银行　工商银行　农业银行
盐务局　邮政局

二、机关（单位）先进工作者名单（159人）

梁　凯　邹苏然　张玉青
李　超　李　伟　王金华
张　敏　张兴运　李　鑫
张恒文　蒋焕焕　王乙兴
王月宏　丁　杰　李晓彤
郭　峰　高永峰　刘　颖
秦天明　龚　俐　黄淑萍
胡珊珊　刘长军　刘　敏
刘　冉　陈　涛　朱守刚
赵文康　安　涛　张秀军
辛　娜　吴雪梅　邓永前
李　苏　张　文　闫　涛
宋云笑　董　冰　闫卫东
朱　琳　孙　亮　李　辉
惠　永　张洪涛　张加强
王　东　于秀丽　王　影
刘庆坤　程　强　王　利
张玉兰　张尊健　王君才
唐清磊　孙雪影　卢大根
蒋　萍　孙　彬　李栋梁
时艳秋　朱秋媛　蒋元会
吕婷婷　燕宪清　马文君
胡　锐　张海群　许曼婷
蔡承松　曹　培　邢　坤
朱耿金　魏垂波　王大伟
张宇野　赵　勇　孙志远
马培志　李云晶　张增涛
刘慧玲　胡　炜　张北雁
樊晓华　魏光华　周　茹
张　勇　朱菲菲　谷小庆
姜秀侠　于玉才　张兆美
陈仲平　朱　桢　李　妍
罗　慧　刘晴晴　朱广舒
朱　勇　徐　雯　潘　登
杨　普　孟　威　单俊杰
王　雨　陈振锋　李　辉
吴　峰　马洪英　贾　靖
姚树玲　秦　晶　张彦雷
夏立强　张　静　江同芬
关文正　胡成龙　许　永
汪辉东　杨　飞　陈　磊
李慧慧　郝　浩　祝　峰
孔学东　贺和平　左　伟
张　磊　韩英超　朱晓博
胡光振　徐荣玲　王　淼
张　华　张良新　徐　锋
刘桂华　谢　刚　宋　玮
江正伟　郝进军　董再京
李　巍　张　林　沈群慧
王　萌　胥广福　陈云林
吴明塔　许　涛　曹兴行
燕玉波　韩友防　吴　浩
王发发　陈　晨　甄宗旭

2017年全县社会治理重点工作目标考核先进单位名单

一等奖
安国镇　五段镇　敬安镇
杨屯镇　大屯街道
二等奖
胡寨镇　湖西农场　魏庙镇
沛城街道　龙固镇　河口镇
汉源街道　张寨镇
三等奖
开发区（汉兴街道）　朱寨镇
鹿楼镇　张庄镇　栖山镇

2017年重大项目推进奖为民实事工程先进单位和部门服务奖获奖名单

一、市重大项目推进奖（10个）

一等奖：上海能源2×350MW热电联产项目（发改委、开发区）　洲业汽车生活广场（开发区）
二等奖：沛县老城区商业综合体（沛城街道）　开发区科技创业园（开发区）宝通特种编织机械（龙固镇）
三等奖：拓正茂源多晶硅铸锭（杨屯镇）　沛县临城产业园（大屯街道）　珀然轻量化铝轮毂（开发区）　427省道改建工程（交运局）　沛县城乡供水工程（水利局）

二、县重大项目推进奖（40个）

一等奖：龙工场电商产业园（开发区）　中兴化工伽马2（龙固镇）　泰鑫铁合金（大屯街道）　天裕燃气发电（龙固镇）　东风路改造（住建局、园林局、城管局、开发区）　徐沛快速通道沛县段（交运局、城投公司）、城区道路景观绿化（园林局）　一带一路工程（农委、相关

单位）　国家级稻渔综合种养示范区创建（农委、湖西农场）

二等奖：科沃环锭纺（杨屯镇）　中辉太阳能电池片扩建（开发区）　顺泰环锭纺（五段镇）　安国镇产业集聚区建设（安国镇）　张庄镇工业集聚区建设（张庄镇）　敬安镇工业集聚区建设（敬安镇）　九龙城商业B（汉源街道）　广勤米业二期（魏庙镇）　歌风小学扩建（教育局、城投公司）　农配电网改造（供电公司）　安国湖湿地扩建（旅游局）　粮食生产全程机械化工程（农机局）　休闲观光农业推进工程（农工办）　张寨镇轩瑞芦笋种植（农委、张寨镇）　安国镇设施瓜菜生产基地（农委、安国镇）

三等奖：华丰铝板带技改（开发区）　顺福食品技改（五段镇）　云颐无纺布二期（张寨镇）　乂安整体浴室（河口镇）　锦业环锭纺（栖山镇）　鸿凯包装制品（鹿楼镇）、萨拉曼休闲运动鞋（朱寨镇）　湖西农贸市场（湖西农场）汉祥家园工程（开发区、汉兴街道）　火车站北棚户区改造（征收办、国资公司、沛城街道）　歌风地块棚户区改造（城投公司）　村庄环境综合整治与提升（城管局）　郑集河输水扩大工程（水利局）　高标准基本农田土地治理工程（开发局）　低收入人口下降工程（扶贫办）　鹿楼镇盛源有机果蔬农场（农委、鹿楼镇）

三、为民实事工程先进单位奖（17家）

卫计委　人社局　财政局　民政局　交运局　农工办　残联　妇联　老龄委总工会　园林局　教育局　民宗局　汉城景区管理处　政务中心　智慧办档案局　住建局　文广新体局

四、部门服务奖（20家）

一等奖（5家）：发改委　重大项目办　财政局　住建局　县委县政府督查室

二等奖（7家）：规划局　园林局　目标办　国土局　法制办　农委　征收办

三等奖（8家）：审计局　政务服务中心　商务局　农工办　市场监管局　新闻中心　监审组　科技局

2017年度村（居）重点工作先进单位名单

一等奖村（居）名单（119个）

龙固镇（12个）：中三居　中一居　韩庄居　龙西居　桃园村　中二居　镇西居镇东居　果园村　三里居　沙河村　龙东居

杨屯镇（5个）：后屯村　杨屯居　甘庄居　彭官屯村　孟店居

大屯街道（9个）：贾庙村　小屯村　宋庄村　丰乐村　安庄居　秦岗居　夏官屯居　花园居　大屯居

沛城街道（10个）（含6个街道社区）：任庄居　孔庄村　鹿湾居　李集居　香城居　汉台居　汤沐居　东关居　新风居　西关居

胡寨镇（4个）：胡寨居　曹岗村　吴双楼村　徉庄村

魏庙镇（7个）：佟场村　胡堡村　房村村　魏庙居　韩营村　河涯居　斗虎店村

五段镇（9个）：张庄村　七段村　后六段村　前六段村　彭尧村　余庄村　高庄村　五段居　前四段村

张庄镇（10个）：潘庄居　姚楼居　范庄居　张庄西居　赵楼村　朱桥村　张孟庄村、崔寨居、田楼村、袁庄村

张寨镇（9个）：于楼村、立寺村、张寨居、菜园村、吴阁村、周庄村、桑庄村、王元村、王集村

敬安镇（5个）：敬安二居　孙楼村　巩楼村　袁大庄村　汪楼村

河口镇（4个）：孟庄居　黄庄村　燕湾村　张李庄村

栖山镇（4个）：栖西居　王店居　胡楼居　朱新楼村

鹿楼镇（4个）：八堡村　团结村　姬庄村　鸳楼居

朱寨镇（6个）：燕牌坊村　闫集居　邵庙村　闫寨村　蔡小楼村　马元村

安国镇（8个）：苇园村　魏小楼村　蔡家居　庙道口村　朱王庄居　张庄村　吴庙村　刘寨村

汉兴街道（9个）：张楼村　铁西居　晓鸣寺村　苗林居　许塘坊居　封楼居二堡居　张桥村　大董庄居

汉源街道（2个）：北孔庄

居　王楼居

湖西农场（2个）：一分场　二分场

二等奖村（居）名单（194个）

龙固镇（6个）：后洼村　邵马村　焦刘庄村　前程子村　三河尖村　新建居奚阁村

杨屯镇（12个）：欢口村蒋海村　卞庄村　孔庄村　西安庄村　张庄村　西姚桥居　大山湾村　东姚桥居　赵楼村　许庙村　刘屯村

大屯街道（15个）：郝尧村　魏营居　郝寨居　大菜居　王坑村　朱大庄居李大庄村　孟庄居　关庄村　冯桥居　齐心居　小营居　大王庄居　马寺村　石大屯村

沛城街道（16个）（含8个街道社区）：蒋庄村　封楼村　石河村　赵圈村　潘阁村　金沟村　刘庄村　户屯村　泗水居　南潭居　新建居　正阳居　大风居　郝小楼居　西郊居　杨彭庄居

胡寨镇（5个）：草庙居　中闸村　十里铺村　隍城村　杨店村

魏庙镇（10个）：张洼村　杨河村　毛寨村　冯集村　蒋桥村　黄小楼居　双河村　王庄村　梅庄村　孙庄村

五段镇（5个）：许口村　姜庄村　四段村　龙塘村　后五段居

张庄镇（17个）：吴传楼村　张庄东居　白楼村　杨庙村　卓洼村　单集村　阎楼村　祁庄村　阚庄村　黄寺村　张楼村　邓楼村　夹河居　胡集居　大韩营村　兴国村　刘庄村

张寨镇（15个）：李庄村　张庙村　陈油坊村　三官庙村　关帝庙村　吴集村司楼村　孙洼村　苗新庄村　辛梨园村　唐楼居　郑庄村　丁辛庄村　李楼村　韩集村

敬安镇（16个）：敬安一居　唐楼村　吴庄居　杨楼村　郭楼村　集村　许庄村　赵庄村　郭庄居　肖吴庄村　刘庄村　宗楼村　小韩口村　葛口村　敬安三居　新庄居

河口镇（10个）：孟三楼村　河口居　孟集村　共和村　郑庄村　李集村袁圩子村　田堤口村　河申村　吴河村

栖山镇（12个）：后孟村　何庄村　蔺楼村　魏庄村　陈庄村　袁集村　蒲庄村　栖东居　周店村　梁庄村　孟寨村　李集村

鹿楼镇（10个）：房庄村　鹿楼居　魏花园村　杜桥村　曹文村　七堡村任董庄村　踪平楼村　闵堤口村　邱庄村

朱寨镇（12个）：张楼村　燕庙村　朱寨居　朱集村　王楼村　黄庄村　甄楼村　罗庵子村　蔡楼村　梅村村　蔡村村　甄庙村

安国镇（16个）：刘邦村　张双楼居　安国居　程圩子村　汪塘村　前王庄村訾洼村　二郎庙村　灌婴居　刘河涯村　后王庄村　王三庄村　张集村　马庄村　贺庄村　周田居

汉兴街道（8个）：四堡居　大张庄居　甄庄居　野场居　许阁居　马庙村、南孔庄居　范庄居

汉源街道（6个）：四座楼居　刘园居　韩坝居　八里屯居　韩楼村　孟桥居

湖西农场（2个）：三分场　四分场

三等奖村（居）名单（74个）

龙固镇（4个）：张王庄村　张耿庄居　姚楼居　新建村

杨屯镇（4个）：南仲山村　旧姚桥村　西仲山居　张街居

大屯街道（1）：徐庄居

沛城街道（4个）（含2个街道社区）：邓园村　纪庄村　鼓楼居　南关居

胡寨镇（5个）：陶庄居　朱阁村　狄庄居　辛庄村　鹿口村

五段镇（2个）：三段村　孟庙村

张庄镇（5个）：朱庄村　司庵村　乔口村　于淹村　陈桥村

张寨镇（5个）：张集村　玉皇庙村　魏老家村　付庙村　李庙村

敬安镇（5个）：褚口村　王刷楼村　大韩口村　新安集村　韩大楼村

河口镇（4个）：朱楼村　封皇庄村　丁六村　孔堤口村

栖山镇（6个）：王梨园村　大王楼村　姜梨园村　姜庙村　马村村　石楼村

鹿楼镇（10个）：赵庄村　张伙庄村　刘饭铺村　卢楼村　何庄村　宋庵村陈新庄村　高鹏庄

村　黄楼村　谭寨村

朱寨镇（4个）：暗楼村　朱岗村　杏花村　黄井村

安国镇（7个）：郝心庄村　丁庄居　苗岗村　袁庄居　陈辛庄村　五座楼村邵庄村

汉兴街道（2个）：候楼居　锦诚居

汉源街道（6个）：那庄居　徐王庄居　陈楼村　小街子居　前滩村　刘寨村

禾木青青白鹭飞

文献

2017年度文件目录

中共沛县县委文件

表25

发文日期	原文编号	发文机关	文件标题
2月6日	1	沛委发	关于深入落实农业供给侧结构性改革促进农民持续增收的意见
2月6日	2	沛委发	关于实施2017年重大项目和为民实事工程的通知
2月6日	3	沛委发	关于表彰2016年度镇、街道、区、场重点工作目标考核先进单位和先进工作者的决定
2月6日	4	沛委发	关于表彰2016年度县直机关（单位）绩效考核先进单位和先进工作者的决定
2月6日	5	沛委发	关于表彰2016年度村（居）重点工作先进单位的决定
2月6日	6	沛委发	关于表彰2016年度重大项目和文明城市工程先进单位的决定
2月6日	7	沛委发	关于印发《中共沛县县委常委会2017年工作要点》的通知
2月6日	8	沛委发	关于表彰2016年度城乡建设和管理工作先进单位和先进个人的决定
2月6日	9	沛委发	关于表彰2016年度招商引资工作先进个人和招商服务先进单位的决定
2月6日	10	沛委发	关于表彰2016年度十佳优秀企业家的决定
2月6日	11	沛委发	关于表彰2016年度优秀工业企业的决定
2月6日	12	沛委发	关于2017年招商引资工作的意见
2月6日	13	沛委发	关于加快工业经济创新发展的若干政策意见
2月6日	14	沛委发	关于表彰2016年度农业农村工作先进集体和陷阱工作者的决定
2月6日	15	沛委发	关于表彰2016年度扶贫开发工作先进单位和先进个人的决定
2月6日	16	沛委发	关于表彰2016年度政法工作先进集体和先进个人的决定
2月6日	17	沛委发	关于表彰2016年度信访工作先进集体和先进个人的决定

续表25

发文日期	原文编号	发文机关	文件标题
3月2日	18	沛委发	关于推进2017年度基层党建重点工作的通知
3月2日	19	沛委发	关于印发《县委2016—2021年巡察工作规划》的通知
3月2日	20	沛委发	关于调整沛县创建江苏省文明城市指挥部组成人员和工作职责的通知
3月2日	21	沛委发	关于表彰创建江苏省文明城市先进集体和先进个人的决定
3月2日	22	沛委发	关于印发《沛县"两减六治三提升"专项行动实施方案》的通知
3月2日	23	沛委发	关于印发《沛县"两减六治三提升"专项行动工作计划》的通知
3月2日	24	沛委发	关于印发《县有关部门和单位安全生产工作职责规定》的通知
3月2日	25	沛委发	关于加强和改进人民政协工作的意见
3月2日	26	沛委发	关于2017年度县直机关（单位）绩效考核实施办法
3月2日	27	沛委发	2017年镇、街道、区、场重点经济工作目标考核意见
3月2日	28	沛委发	关于印发《2017年度村居重点工作考评办法》的通知
6月20日	30	沛委发	关于印发《沛县政务服务中心集中行使行政许可权工作方案》的通知
6月20日	31	沛委发	关于印发《县委、县政府领导班子成员2017年党风廉政建设责任目标分解》的通知
6月20日	32	沛委发	关于印发《关于容错纠错鼓励创新先行办法（试行）》的通知
6月20日	33	沛委发	关于加快推进"三清示范区"建设的实施办法
8月16日	34	沛委发	关于印发《沛县生态环境保护工作责任规定（试行）》的通知
8月24日	35	沛委发	关于在全县开展信访稳定"百日会战"的实施方案
7月26日	36	沛委发	关于开展全县社会矛盾和安全隐患大排查大整治深化"百日会战"活动的实施方案
7月26日	37	沛委发	关于持续提高城乡居民收入水平的实施意见
8月14日	38	沛委发	关于调整部分县委常委工作分工的通知
8月16日	39	沛委发	关于建立县领导同志联系包挂重点改革责任制的通知
8月21日	40	沛委发	中共沛县县委关于印发《沛县党委（党组）意识形态工作责任制责任清单》的通知
8月21日	41	沛委发	中共沛县县委关于印发《关于贯彻落实〈中国共产党党委（党组）理论学习中心组学习规则〉的实施细则》的通知
8月21日	42	沛委发	中共沛县县委关于印发《沛县突发舆情事件分级应急相应规范（试行）》的通知
8月21日	43	沛委发	中共沛县县委关于印发《沛县重大突发舆情事件应急处置预案》的通知
8月21日	45	沛委发	关于表彰教育工作先进集体先进个人的决定
11月16日	47	沛委发	关于印发《沛县深化科技体制改革创新驱动城市发展实施方案》的通知
11月20日	48	沛委发	关于认真学习贯彻党的十九大精神的通知
11月22日	49	沛委发	关于对党的十九大安保维稳工作先进集体和先进个人给予表彰的决定
1月5日	1	沛委	关于成立沛县第十七届人民代表大会第一次会议和政协沛县第十届委员会第一次会议临时党委的通知
1月18日	2	沛委	关于调整县四套班子领导包挂及部门帮扶联系点的通知
1月19日	3	沛委	关于成立沛县"两减六治三提升"专项行动领导小组的通知
1月20日	4	沛委	关于郝敬彬等同志职务任免的通知
1月20日	5	沛委	关于胡成彪同志免职的通知

续表25

发文日期	原文编号	发文机关	文件标题
1月23日	6	沛委	关于调整县委全面深化改革领导小组的通知
2月9日	7	沛委	关于给予刘林生开除党籍处分的决定
2月9日	8	沛委	关于成立县城市建设指挥部的通知
2月14日	9	沛委	关于成立全县新型城镇化建设领导小组的通知
2月14日	10	沛委	关于李雨航等同志职务任免的通知
2月14日	11	沛委	关于吴军等同志职务任免的通知
3月9日	12	沛委	关于张炜同志职务任免的通知
3月9日	13	沛委	关于张永锋同志职务任免的通知
3月28日	14	沛委	关于调整沛县维护稳定工作领导小组成员的通知
4月11日	15	沛委	关于调整沛县脱贫致富奔小康工程领导小组组成人员的通知
4月22日	16	沛委	关于成立沛县重点经济工作总指挥部的通知
5月13日	17	沛委	关于成立沛县重大项目建设指挥部的通知
5月13日	18	沛委	关于成立县“百家机关联百镇.千名干部进千村.万名党员入万户”集中走访帮扶活动领导小组的通知
5月13日	19	沛委	关于胡绍斌同志任职的通知
5月13日	20	沛委	关于成立大沙河现代农业产园创建领导小组的通知
5月13日	21	沛委	关于调整县委党的建设工作领导小组成员的通知
5月13日	22	沛委	关于调整县城市建设指挥部组成人员的通知
5月13日	23	沛委	关于调整县黄河故道沿线综合开发领导小组成员的通知
5月13日	24	沛委	关于王伟同志免职的通知
5月13日	25	沛委	关于吴以贵、王伟同志职务任免的通知
5月13日	26	沛委	关于成立沛县落实党风廉政建设责任制暨“三清示范区”建设领导小组的通知
5月13日	27	沛委	关于调整沛县关心下一代工作委员会领导成员及成员单位的通知
5月13日	28	沛委	关于徐刚同志任职的通知
5月13日	29	沛委	关于吴艺同志免职的通知
5月13日	30	沛委	关于成立沛县信访稳定“百日会战”指挥部的通知
5月13日	31	沛委	关于调整沛县行政执法与刑事司法衔接工作领导小组的通知
5月13日	32	沛委	关于成立全县社会矛盾和安全隐患大排查大整治工作领导小组的通知
5月13日	33	沛委	关于成立县“阳光扶贫”工作领导小组的通知
5月13日	34	沛委	关于王广浩等同志职务任免的通知
5月13日	35	沛委	关于牛文成同志免职的通知
5月13日	36	沛委	关于张长缨等同志职务任免的通知
5月13日	37	沛委	关于梅良杰、张长缨同志任免的通知
5月13日	39	沛委	关于关于贺磊等同志职务任免的通知
5月13日	40	沛委	关于孟庆凯等同志职务任免的通知

续表25

发文日期	原文编号	发文机关	文件标题
5月13日	41	沛委	关于朱信平等同志职务任免的通知
5月13日	42	沛委	中共沛县县委关于成立沛县重大突发舆情事件应急处置工作领导小组的通知
5月13日	43	沛委	关于戴谊全等同志职务任免的通知
5月13日	44	沛委	关于朱茂伟等同志职务任免的通知
6月29日	45	沛委	关于韩旭等同志职务任免的通知
7月4日	46	沛委	关于吕福耿等同志职务任免的通知
7月4日	47	沛委	关于阎垒武等同志职务任免的通知
7月21日	48	沛委	关于王昭峰、石洪同志职务任免的通知
7月21日	49	沛委	关于陈涛等同志免职的通知
7月21日	50	沛委	关于调整沛县经济责任审计工作领导小组成员的通知
7月21日	51	沛委	关于徐沛同志退休的通知
7月21日	52	沛委	关于调整县委统战工作领导小组的通知
7月21日	53	沛委	中共沛县县委　沛县人民政府关于调整沛县处置非法集资工作领导小组的通知
8月9日	56	沛委	关于成立沛县深化监察体制改革试点工作小组的通知
8月16日	57	沛委	关于调整县委全面深化改革领导小组的通知
8月17日	58	沛委	关于张鑫等同志职务任免的通知
8月17日	59	沛委	关于调整沛县行政执法与刑事司法衔接工作领导小组的通知
8月17日	60	沛委	关于调整沛县依法治县领导小组成员的工作
8月29日	61	沛委	关于调整沛县国家安全领导小组成员的通知
8月30日	62	沛委	关于调整县禁毒委员会成员的通知
9月5日	63	沛委	关于调整沛县反恐怖工作领导小组组成人员的通知
9月5日	64	沛委	关于调整沛县维护稳定工作领导小组成员的通知
9月5日	65	沛委	关于调整沛县社会治安综合治理委员会组成人员的通知
9月18日	66	沛委	关于戴苏林等同志职务任免的通知
9月18日	67	沛委	关于赵丹宇等同志职务任免的通知

沛县人民政府文件

表26

发文日期	原文编号	发文机关	文件标题
1月10日	1	沛政发	关于县政府领导成员工作分工的通知
1月3日	2	沛政发	关于表彰2016年度优秀提案和提案工作先进单位的决定
1月11日	3	沛政发	关于申请审批沛县矿产资源总体规划（2016—2020年）的请示

续表26

发文日期	原文编号	发文机关	文件标题
1月17日	4	沛政发	关于成立全县城区禁止养殖区域内畜禽养殖场（养殖小区）专项整治工作领导小组的通知
1月20日	5	沛政发	关于成立沛县汉皇老年公寓“1.15”物体打击死亡事故调查组的通知
2月9日	6	沛政发	关于请求批准《沛县城市总体规划（2016—2030）》的请示
2月13日	7	沛政发	关于印发《2017年<政府工作报告>主要目标任务分解方案》的通知
2月16日	8	沛政发	关于调整沛县农业保险试点工作领导小组的通知
2月17日	9	沛政发	关于上报沛县土地利用总体规划调整完善成果的请示
2月14日	10	沛政发	关于优化建设工程防雷许可有关事项的通知
2月22日	11	沛政发	关于申报江苏省知识产权强省建设区域示范工作的请示
2月23日	12	沛政发	关于实施2017年度沛县城乡建设重点工程的通知
3月7日	13	沛政发	关于李淑侠率团一行6人赴澳大利亚、新西兰开展经贸招商活动的请示
1月23日	14	沛政发	关于成立沛县四强物资再生利用有限公司“1.20”废旧铁皮倾倒事故调查组的通知
2月28日	15	沛政发	关于建立沛县社会救助联席会议制度的通知
2月27日	16	沛政发	关于确认2017年沛县汉祥家园棚户区（危旧房）改造工程的请示
2月27日	17	沛政发	关于印发沛县全民健身实施计划（2016—2020年）的通知
3月1日	18	沛政发	2017年沛县“三区”创建绿化实施意见
2月28日	19	沛政发	关于兑现2015—2016年度工业经济转型发展奖励的通知
3月2日	20	沛政发	关于申请将沛县列为2017年扶持村级集体经济发展试点县的请示
3月3日	21	沛政发	关于申请沛县或有债务转化政府债务的请示
3月15日	22	沛政发	关于申请427省道改扩建工程建设用地的请示
3月24日	23	沛政发	关于表彰2016年度安全生产先进单位和先进个人的决定
3月23日	24	沛政发	关于胡明聪等同志职务任免的通知
3月23日	25	沛政发	关于陈冲等同志任职的通知
4月5日	26	沛政发	关于2017年省级现代生态循环农业试点项目的请示的请示
4月7日	27	沛政发	关于上报《沛县大沙河林场改革实施方案》的请示
4月6日	28	沛政发	关于高飞1人随市组团赴西班牙参加马略卡国际警察足球赛的请示
4月11日	29	沛政发	关于提请审批2017年村级公益事业建设一事一议财政奖补实施方案的请示
4月19日	30	沛政发	关于创建国家现代农业产业园的请示
4月25日	31	沛政发	关于表彰2016年度财税审计工作先进单位和先进个人的决定
4月26日	32	沛政发	关于成立众创社区管理工作领导小组的通知
4月26日	33	沛政发	关于申请沛县龙翔众创社区为首批江苏省众创社区备案试点的请示
4月28日	34	沛政发	关于成立2017年经济薄弱村综合服务中心建设工作领导小组的通知
4月26日	35	沛政发	县政府关于成立沛县机关事业单位养老保险制度改革工作领导小组的通知
5月4日	36	沛政发	关于2017年农村集体产权制度改革试点县的请示
5月8日	37	沛政发	关于调整沛县国有资产经营有限公司董事会监事会的通知

续表26

发文日期	原文编号	发文机关	文件标题
5月8日	38	沛政发	关于印发沛县突发事件预警信息发布管理暂行办法的通知
5月9日	39	沛政发	关于印发沛县“十三五”人民防空发展规划的通知
5月18日	40	沛政发	关于李淑侠率团一行4人赴香港开展招商推介活动的请示
5月20日	41	沛政发	关于支持沛县申报光伏领跑者计划示范基地的请示
5月22日	42	沛政发	关于印发沛县科学技术进步奖实施办法的通知
5月18日	43	沛政发	关于成立沛县碧水绕城工程建设指挥部的通知
5月24日	44	沛政发	2017年全县秸秆综合利用实施意见
5月23日	45	沛政发	关于印发沛县2017年度秸秆禁烧工作实施方案和考核奖惩办法的通知
5月28日	46	沛政发	关于聘任国资公司等三家公司财务总监的通知
5月16日	47	沛政发	关于调整沛县清理整顿无证幼儿园工作领导小组的通知
5月16日	48	沛政发	关于调整沛县政府性债务管理领导小组的通知
6月2日	49	沛政发	关于申请审批《徐州市沛县2015年度工矿废弃地复垦利用（第一批）实施方案》的请示
6月2日	50	沛政发	关于申请审批《徐州市沛县2015年度城乡建设用地增减挂钩（第一批）实施规划》的请示
6月26日	51	沛政发	关于印发沛县土壤污染防治工作方案的通知
6月27日	52	沛政发	关于申请调整部分省级生态公益林的请示
6月29日	53	沛政发	关于反映薛传增相关问题的督查专报
7月20日	54	沛政发	关于对县公安局专案顶破先进个人予以表彰的决定
7月7日	55	沛政发	关于成立沛县特色田园乡村建设工作领导小组的通知
6月30日	56	沛政发	关于申请审批《沛县县道公路网规划（2016—2020年）》的请示
7月10日	57	沛政发	关于沛县科技产业园申报江苏省科技产业园的请示申请
5月9日	58	沛政发	关于划定“沛公酒”地理标志产品保护范围的请示
7月12日	59	沛政发	关于申请行使市级人民政府批准变更采购方式职权的请示
7月11日	60	沛政发	关于陈永峰等3人随省组团赴美国参加中小学教学改革专题研修班培训的请示
7月12日	61	沛政发	关于王玫1人随省组团赴加拿大参加乡村教育政策研修班培训的请示
7月18日	62	沛政发	关于表彰第十五届科技进步奖获奖项目的决定
7月21日	63	沛政发	关于任力等2人随省组团赴德国参加学科教师信息化素养专题研修班培训的请示
7月6日	64	沛政发	关于朱小平等1人随省组团赴英国参加中小学教育评价专题研修班培训的请示
8月26日	65	沛政发	关于加强行政调解工作的实施意见
7月17日	66	沛政发	关于调整沛县“河长制”管护工作领导小组的通知
7月25日	67	沛政发	关于调整沛县大沙河产业带综合开发建设管理工作领导小组的通知
7月26日	68	沛政发	关于时秀娟1人随省组团赴澳大利亚参加教师专业发展指导专题研修班培训的请示
7月30日	69	沛政发	关于印发《沛县陈油坊特色田园乡村建设试点工作方案》的通知
7月20日	70	沛政发	关于马洪杰同志职务任免的通知
7月27日	71	沛政发	关于成立沛县第一次全国海洋经济调查领导小组的通知

续表26

发文日期	原文编号	发文机关	文件标题
8月2日	72	沛政发	关于申请创建省级食品安全城市的请示
8月8日	73	沛政发	关于申报第一批国家生态文明建设示范县的请示
8月9日	74	沛政发	关于申请将上海大屯能源热电厂2X350兆瓦机组列入2017年市重大项目建设计划的请示
8月14日	75	沛政发	关于韩英灵1人随省组团赴加拿大参加中小学教师专业发展研究培训班的请示
8月15日	76	沛政发	关于表彰《沛县志》（1978—2008）编纂工作先进单位和先进个人的决定
8月15日	77	沛政发	关于对县公安局专案侦破先进个人予以表彰的决定
8月22日	78	沛政发	关于成立沛县大沙河省级现代农业产业示范园创建领导小组的通知
8月22日	78	沛政发	关于申请创建省级现代农业产业示范园的请示
8月23日	80	沛政发	关于对2016年度考核优秀公务员予以奖励的决定
8月16日	81	沛政发	关于苏增彦等同志职务调整的通知
8月16日	82	沛政发	关于张永峰同志职务调整的通知
8月16日	83	沛政发	关于肖祖部等同志职务调整的通知
8月3日	84	沛政发	关于将“沛县沛公酒”列入地理标志产品保护的请示
8月23日	85	沛政发	关于改革市场主体住所（经营场所）登记方式的实施意见
8月28日	86	沛政发	关于对我县列入2017年市重大项目计划沛县光伏领跑者示范基地项目进行调整的请示
8月29日	87	沛政发	关于人民网市长留言板反映事项督查专报
9月1日	88	沛政发	关于张磊1人赴英国、奥地利、法国开展投资促进活动的请示
9月1日	89	沛政发	关于沛县或有债务转化政府债务的请示
9月7日	90	沛政发	关于统筹推进城乡义务教育一体化优质均衡发展的实施意见
9月8日	91	沛政发	关于印发沛县危险化学品安全综合治理工作领导小组的通知
9月8日	92	沛政发	关于调整安全生产委员会组成人员的通知
8月26日	93	沛政发	关于县政府领导成员分工调整的通知
8月28日	94	沛政发	关于彭辉、孟庆凯同志职务调整的通知
8月28日	95	沛政发	关于石常贤等同志职务调整的通知
9月13日	96	沛政发	关于万贤福等同志职务任免的通知
9月17日	97	沛政发	关于成立沛县“重庆巴王府”火锅店“9·17”燃气爆燃事件调查组的通知
9月20日	98	沛政发	关于印发《沛县2017—2018年秋冬季大气污染防治强化管控方案》的通知
9月27日	100	沛政发	2017年全县秋季农业生产工作意见
9月19日	101	沛政发	关于邓建云同志1人随省团赴台进行司法制度研讨交流活动的请示
9月25日	102	沛政发	关于调整沛县规划委员会组成人员的通知
10月11日	103	沛政发	关于省级文物保护单位大风歌碑和县级文物保护单位元代摹刻大风歌碑异地保护的请示
9月25日	105	沛政发	关于印发《沛县光伏发电技术领跑基地建设工作实施方案》的通知
9月26日	106	沛政发	关于成立沛县光伏发电技术领跑基地建设领导小组的通知
9月21日	107	沛政发	关于设立光伏光电产业基金的意见

续表26

发文日期	原文编号	发文机关	文件标题
10月9日	108	沛政发	关于申报2017年农作物秸秆综合利用试点项目的请示
10月13日	109	沛政发	关于成立徐州天成有限公司热电厂“10·13”高处坠落死亡事故调查组的通知
10月14日	110	沛政发	关于调整部分议事协调机构领导成员的通知
10月16日	111	沛政发	关于申报2017年中央农业生产发展(农村一二三产业融合发展试点农产品产地初加工试点)项目的请示
10月30日	112	沛政发	关于申请用丰沛铁路股份偿还徐州高速铁路投资有限公司债务的请示
10月19日	113	沛政发	关于成立沛县创建国家知识产权强县工程试点县工作领导小组的通知
10月27日	114	沛政发	关于印发《沛县光伏发电技术领跑基地消纳实施方案》的通知
10月25日	115	沛政发	关于成立沛县新沛小区改造工程“10·24”车辆伤害事故调查组的通知
10月13日	116	沛政发	关于成立“沛县海关事务联络处”的请示
11月8日	117	沛政发	关于申请审批《徐州市沛县2016年度工矿废弃地复垦利用(第一批)实施方案》的请示
11月20日	118	沛政发	关于江苏沛北经济开发区申请筹建省级经济开发区的请示
11月13日	119	沛政发	关于聘任沛县汉之源文化旅游发展有限公司董事长、总经理、财务总监的通知
11月10日	120	沛政发	关于程峰同志随市团出访日本、韩国的请示
10月16日	121	沛政发	关于王昭峰、石洪同志职务调整的通知
10月16日	122	沛政发	关于张铜成同志职务调整的通知
10月16日	123	沛政发	关于王念涛等同志职务调整的通知
11月30日	124	沛政发	关于暂缓实施沛县坑口环保热电有限公司超低排放工程改造的请示
12月8日	125	沛政发	关于上海能源2×350兆瓦热电联产项目恢复列入市重大项目考核和沛县光伏发电领跑基地项目不再列入市重大项目考核的请示
12月11日	127	沛政发	关于迅速开展安全生产大检查切实做好岁末年初安全生产工作的通知
12月14日	128	沛政发	关于将沛县“北网”工业业扩报装纳入市对县重点经济工作目标考核范畴的请示
12月20日	129	沛政发	关于成立沛县自然资源统一确权登记试点工作领导小组的通知
12月20日	130	沛政发	关于恳请市政府支持沛县矿地融合发展的请示
12月22日	131	沛政发	关于成立沛县解决农民工工资问题协调工作领导小组的通知
12月29日	132	沛政发	关于印发沛县畜禽养殖禁养区划定方案的通知
12月15日	134	沛政发	关于魏猛等职务调整的通知
12月15日	135	沛政发	关于李媛媛同志职务任免的通知

媒体报道选萃

2017年平面媒体稿件目录

表27

时 间	媒 体	版 面	标 题
3月13日	《人民日报》		发力供给侧·补短板　江苏沛县草庙村支书秦真岭代表增强脱贫产业发展后劲
3月22日	《人民日报》		让便民之举更完善
4月10日	《人民日报》		让乡土人才“香”起来
6月18日	《人民日报》		沛县供电公司党员服务队队员帮农民抢收小麦
8月14日	《人民日报》		土地“钱”力激发　农民生意做大（好政策，让生活更美好）
9月24日	《人民日报》		（图片新闻）江苏沛县“百千万”助力精准扶贫
10月11日	《人民日报》		（提到沛县）人民至上，改革之路越走越宽广
3月6日	《人民日报海外版》		（提到沛县秦真岭）报告有干货　实干铸辉煌
3月14日	《经济日报》		秦真岭代表：农村发展要统筹规划
2月14日	《农民日报》		江苏沛县构建新型社会化服务体系
3月7日	《农民日报》		（提到秦真岭）稳中求进勇改革　创新驱动调结构代表建议：帮助农民应对农业三大风险
5月8日	《农民日报》		菜棚改种羊肚菌收益增10倍
5月10日	《农民日报》		（提到沛县）科技创新助力果蔬产业转型升级
7月3日	《农民日报》		农民“三夏”不再“累弯腰”
9月9日	《农民日报》		（提到沛县）完善法律制度健全抵押贷款机制——江苏省农地经营权抵押贷款的调研与思考
12月11日	《农民日报》		（提到沛县）智慧农业开启种地新时代
12月19日	《新华每日电讯》		从“靠风刮”到上门收　江苏沛县农村生活垃圾分类储运便民美村
5月17日	《中国纪检监察报》	头版头条	（提到沛县）从严规范县级纪委执纪审查审批权

续表27

时间	媒体	版面	标题
2月13日	《中国文化报》		中黎学校举行视频交流活动
12月5日	《中国文化报》		迎着春风去远航
1月26日	《中国县域经济报》	头版头条	从民生出发　向文明挺进——江苏沛县“软硬兼施”让百姓共享发展成果
2月20日	《中国县域经济报》	头版头条	“三地一新”增动能——江苏沛县主动对接大目标谋求大发展
2月20日	《中国县域经济报》	专版	一城好水　两汉源头　苏北明珠　好人沛县
2月9日	《中国县域经济报》		拔穷根　掘富源——江苏沛县增强扶贫“造血功能”
2月16日	《中国县域经济报》		江苏沛县推进机械化助力农业现代化
3月9日	《中国县域经济报》		建设微山湖畔宜居宜业城市
4月17日	《中国县域经济报》		江苏沛县警示教育基地对“外”开放
5月22日	《中国县域经济报》		江苏首家“国”字头纱线基地落户沛县
5月25日	《中国县域经济报》		沛县实施村干部勤廉教育工程
9月7日	《中国县域经济报》	头版头条	示范是这样炼成的——江苏沛县推进农村生活垃圾分类收集处理进行时
9月28日	《中国县域经济报》		为了打造一城好水——江苏沛县全力攻坚环境整治建设生态“水”支撑
3月6日	《中国国土资源报》		产业融合让村民在家奔小康——访全国人大代表、江苏省沛县胡寨镇草庙村党总支书记秦真岭
6月30日	《中国国土资源报》		(提到沛县)江苏徐州:一城青山半城湖
8月17日	《中国国土资源报》		指间江山　掌上风光
9月2日	《中国能源报》		徐州供电公司在沛县胡寨镇开展“育才助学”活动(图片新闻)
6月6日	《中国教育报》		求解优质均衡发展的方程式——江苏省沛县教育改革路径探析
1月11日	《新华日报》		沛县:“三化三基本”推动基层党建全面从严、常态、长效
1月22日	《新华日报》		沛县村级监察审计全覆盖
1月24日	《新华日报》		徐州沛县基督教堂
2月8日	《新华日报》		打工7年，总想着离家更近些
2月21日	《新华日报》		沛县与黎巴嫩青少年交流互动　视频传万里　中黎增友谊
3月6日	《新华日报》		回应社会关切　百姓更多“获得”
3月6日	《新华日报》		(提到秦真岭)稳中求进勇改革　创新驱动调结构
3月11日	《新华日报》		(提到秦真岭)人大代表支招特色小镇建设——特色小镇要有产业有特色有内涵
3月13日	《新华日报》		(提到秦真岭)全国人大代表谈农村电商——三个村庄的“触电”之旅
3月17日	《新华日报》		沛县征集　廉洁“微视频”
3月19日	《新华日报》		(提到秦真岭)只争朝夕,投身“两聚一高”新实践
3月20日	《新华日报》		(提到沛县)江苏行政村　通邮率达100%
3月21日	《新华日报》		土地经营权抵押贷款,沛县这么做——平台牵手,农民拿到低息贷款
3月21日	《新华日报》	头版	“蔬菜之王”走上百姓餐桌　一桌“牛蒡宴”　致富一大片

续表27

时　间	媒　体	版　面	标　题
4月13日	《新华日报》		（提到沛县）楚汉文化寻真
4月17日	《新华日报》	头版	（头版）沛县守好江淮生态走廊北大门
5月5日	《新华日报》		（提到沛县）李强在徐州调研时强调　围绕建设淮海经济区中心城市目标　创新路径打造特色全面提升发展水平
5月5日	《新华日报》		（提到沛县）李强在徐州调研时强调　围绕建设淮海经济区中心城市目标　创新路径打造特色全面提升发展水平
5月9日	《新华日报》		（提到沛县）新理念引领苏北新发展
5月25日	《新华日报》		凡人善举，擦亮“好人沛县”名片
5月30日	《新华日报》	头版	两万亩采煤塌陷地变废为宝　沛县打造全国生态修复治理和传统产业转型示范区
6月1日	《新华日报》		沛县地税：精准服务企业获点赞
6月15日	《新华日报》		沛县栖山镇为民办事有抓手推动发展有资源　夯实“一核三体”村级治理运行机制
6月30日	《新华日报》		沛县：开放式党课上到党员心坎
7月3日	《新华日报》		沛县：以党建为引领谋篇布局　以发展为目标凝心聚力
7月4日	《新华日报》		以学促做强党建　干群连线“百千万”以学促做强党建　干群连线“百千万”
7月11日	《新华日报》		集中建新村　腾地兴产业——记沛县栖山镇胡楼村党支部书记王吉永
7月17日	《新华日报》		江苏专家“抱团”服务基层　“助力特色产业创新行”启幕
7月19日	《新华日报》		（提到沛县）徐州：“富民八计”解增收三题
7月19日	《新华日报》		沛县张寨镇红色文化博物馆开设“微党课”
7月19日	《新华日报》		田野里飞出甜蜜的歌　镜头二：新型城镇化
7月20日	《新华日报》		江苏省道德模范　504　张景宏
8月1日	《新华日报》		（提到沛县）我省粮食部门多措并举化解售粮难
8月9日	《新华日报》		深入一线听民声　精准帮扶求实效
8月16日	《新华日报》		水稻“剃个头”　一亩顶三亩
9月11日	《新华日报》		着力打造“勇担当善作为”党员干部队伍
9月19日	《新华日报》		徐州税警联手破获假车船税税票大案
9月2日	《新华日报》	头版	为基层引才　助村企壮大　沛县小村走出“高精尖”
9月10日	《新华日报》		（提到沛县）我省一批集体和个人荣获中纪委表彰
12月1日	《新华日报》		沛县党建“五个一”助力脱贫攻坚
12月4日	《新华日报》		转型引领看“东方”——　徐州东方运销创新实践回眸
12月7日	《新华日报》		徐州沛县：带着真情切实做好大走访“行动派”
12月9日	《新华日报》		沛县沛城街道爱心牵手小微企业
12月9日	《新华日报》		党旗领航　电商富民　沛县探索振兴乡村发展新路

续表27

时　间	媒　体	版　面	标　题
12月11日	《新华日报》		沛县：全面帮扶强党建　强化引领促发展
12月15日	《新华日报》		创新“两新”党建　助推企业发展
12月20日	《新华日报》		沛县基层党建新思路引领社区新发展
12月20日	《新华日报》	半版	一核三体：沛县村级治理新模式
12月22日	《新华日报》		沛县构建党建引领下的精准扶贫网络
12月26日	《新华日报》		沛县党员活动“三化”同步“三关”落实
12月28日	《新华日报》		沛县：强力推进村党组织书记队伍建设
第七期	《群众》		力争在发挥“三个作用”中干在先走在前
1月18日	《现代快报》	整版	为给5个孩子温暖的家　九旬抗战老兵终身未娶
4月23日	《现代快报》	整版	没有这样的诗人　大地就会失声
4月22日	《扬子晚报》		郑西坡原型是徐州诗人丁可
5月5日	《扬子晚报》		（提到沛县）李强在徐州调研时强调　围绕建设淮海经济区中心城市目标　创新路径打造特色全面提升发展水平
5月25日	《扬子晚报》		省道德模范现场交流会举行
5月18日	《江苏工人报》	头版头条	“沛筑”再扬大风歌

2017年广播电视媒体稿件目录

表28

时　间	媒　体	栏　目	标　题
5月15日	中央电视台4套	《中国新闻》	国礼沛筑制作人郝敬春荣获孔子奖章文化奖
11月24日	中央电视台5套	《体育世界》	实力超群　江苏男子四人队包揽两金
11月26日	中央电视台5套	《体育晨报》	全国技巧冠军赛　江苏男子四人队再夺一金
12月4日	中国国际教育台		沛筑在2017中国大舞台长城演出《大风歌》
1月28日	江苏公共频道	《新闻360》	你家有群吗？六个孩子一个家　向幸福出发
1月29日	江苏卫视	《江苏新时空》	你家有群吗？六个孩子一个家　向幸福出发
1月29日	江苏公共频道	《早安江苏》	你家有群吗？群里的牵挂——六个孩子一个家　向幸福出发
1月30日	江苏公共频道	《新闻空间站》	你家有群吗？六个孩子一个家　向幸福出发
4月7日	江苏人民广播电台	《江苏新闻联播》	“航天育种牛蒡”落户徐州沛县
4月15日	江苏公共频道	《新闻空间站》	好的哥20年初心不改　拾金不昧超百万元
4月15日	江苏公共频道	《晚间新闻》	好的哥20年初心不改　拾金不昧超百万元
4月16日	江苏人民广播电台	《江苏新闻联播》	好的哥张涛荣获“中国好人”称号
5月4日	江苏卫视	《江苏新时空》	李强在徐州调研时强调　围绕建设淮海经济区中心城市目标　创新路径打造特色全面提升发展水平

续表28

时 间	媒 体	栏 目	标 题
5月5日	江苏卫视	《晚间新闻》	李强在徐州调研时强调 围绕建设淮海经济区中心城市目标 创新路径打造特色全面提升发展水平
5月5日	江苏人民广播电台	《江苏新闻联播》	李强在徐州调研时强调 围绕建设淮海经济区中心城市目标 创新路径打造特色全面提升发展水平
5月24日	江苏卫视	《江苏新时空》	江苏省道德模范与身边好人现场交流活动在徐州举行
5月25日	江苏卫视	《晚间新闻》	江苏省道德模范与身边好人现场交流活动
5月24日	江苏人民广播电台	《江苏新闻联播》	江苏省道德模范与身边好人现场交流活动在徐州沛县举行
6月24日	江苏公共频道	《新闻空间站》	全国土地日 推进矿地融合 再现青山绿水
6月25日	江苏卫视	《江苏新时空》	江苏土地、生态融合治理 厚积土地资源 再现青山绿水
6月25日	江苏人民广播电台	《江苏新闻联播》	聚焦生态国土 矿地融合发展
7月18日	江苏公共新闻	《新闻360》	“幸福社区行”走进徐州沛县
7月19日	江苏卫视	《新闻眼》	“2017幸福社区行” 《新闻眼》走进徐州沛县给粉丝发福利啦!
7月26日	江苏卫视	《在现场》	又是一年荷花香 航拍万亩荷塘接天碧
10月14日	江苏卫视	《新闻360》	发展家庭农场 解困“谁来种地”
10月11日	江苏省电视台	《在现场》	9个90后对话“90后”的故事——张立春

歌风台

2017 年沛县国民经济和社会发展统计公报

2018 年 3 月 30 日

2017年，面对复杂多变的宏观经济环境和艰巨繁重的改革发展任务，全县上下认真贯彻县委、县政府决策部署，坚持稳中求进工作总基调，自觉践行新发展理念，以供给侧结构性改革为主线，扎实做好各项工作，经济社会保持平稳健康发展。全县综合实力明显增强，转型升级步伐加快，新旧动力加速转换，发展质量稳步提升，社会事业取得进步，民生福祉持续

一、综合

经济运行总体平稳。初步核算，全年全县完成地区生产总值756.32亿元，按可比价格计算，比上年增长8.6%。其中，第一产业增加值99.64亿元，增长1.8%；第二产业增加值359.36亿元，增长11.1%；第三产业增加值297.32亿元，增长7.9%。

二、农林牧渔业

农业生产保持稳定。全年实现农业总产值192.18亿元，同比增长10.2%。其中农业产值120.92亿元，增长12.2%；林业产值1.12亿元，增长14.2%；畜牧业产值52.39亿元，增长4.5%；渔业产值7.2亿元，增长6.4%；农林牧渔服务业产值10.5亿元，增长21.2%。全年粮食总产量62.32万吨，同比增长3.4%；棉花产量0.29万吨，同比下降27%；肉类总产量17.62万吨，同比增长0.4%，其中猪牛羊肉产量6.02万吨，增长2%；禽肉产量11.4万吨，下降0.5%。禽蛋总产量7.82万吨，与去年同期持平；奶类总产量0.3万吨，增长0.3%。

三、工业和建筑业

工业经济稳定发展。2017年末沛县规模以上工业企业500家。完成规模以上工业增加值356.25亿元，比上年增长12.1%。实现产品销售收入1792.14亿元，比上年增长14.5%；实现利税192.46亿元，增长5.3%；利润100.99亿元，增长7.3%。全县工业用电量27亿千瓦时，增长4.5%。

全年共完成建筑业总产值356.6亿元，比上年增长13.7%。全年商品房施工面积450.5万平方米，同比增长32.7%，商品房竣工面积53.9万平方米，同比增长2.5倍。全年实现商品房销售面积75.4万平方米，下降18.7%，其中住宅66.8万平方米，下降17.1%，商品房销售额35.45亿元，下降10.7%。

四、固定资产投资

固定资产投资平稳增长。全年完成固定资产投资624.45亿元，比上年增长11.4%。其中工业投资463.57亿元，增长15.9%；房地产开发投资28.86亿元，同比增长16.9%。分产业看，全县第一、二、三产业完成投资6.56亿元、473.2亿元、143.87亿元，分别比上年增长2.7%、17.1%、-5.3%。

五、国内贸易和对外经济

消费品市场保持较快增长。我县社会消费品零售总额累计完成275.45亿元，同比增长12.2%。按行业分，批发业完成42.16亿元，同比增长18.8%；零售业完成205.68亿元，同比增长11.1%；住宿业完成7.67亿，同比增长7.7%；餐饮业完成19.95亿，同比增长12.2%。按地区分，城镇完成176.32亿元，同比增长11.7%；农村完成99.13亿元，同比增长13.1%。

外贸进出口高速提升。2017年，全年完成进出口总额达32.53亿元，比上年增长63.1%。其中出口额31.46亿元，同比增长65.7%。全年实际到账外资1.73亿美元，增长32.6%。

六、交通和邮电业

交通运输服务能力稳步提升。投资近2亿元，新购纯电动公交车300辆，新辟优化公交线路6条，投入使用充电桩46个，城市公共交通站点500米覆盖率100%，城市公交分担率达25.6%。交通一卡通在全省13个城市、全国110个城市实现优惠互享。城乡客运一体化步伐加快。全年新改建农村公路104公里、桥梁60座，县道大中修33公里。新购镇村公交车20辆，开通区域公交线路14条，运营里程352公里，新建客运站亭58个，招呼牌140个，全县镇村公交开通率达100%，方便了广大城乡群众出行乘车的需要。完成全县农村客运班线公交化改造，更新报废班线客车137辆，开通了沛县至徐州汽车南站、观音机场的快车定制客运线路2条，较好满足了公众多样化、个性化、差异化出行服务需求。全年，全县客运量达1045.44万人次，客运周转量达19055.52万人公里。

邮电通信业平稳发展。全年邮政业务收入1.63亿元，增长16.5%；电信业务总收入5.51亿元，比上年下降7.2%；年末固定电话用户9.81万户，下降13.5%；年末移动电话用户98.12万户，增长21.7%。互联网宽带接入用户21.63万户，增长89.7%。

七、财政、金融和保险业

财政收入略有增长。全年完成财政总收入（不含基金）71.55亿元，比上年增长2.1%，其中公共财政预算收入54.46亿元，增长5.0%；公共财政预算支出89.07亿元，下降6.1%。

金融运行平稳有序。年末全县金融机构人民币存款余额512.54亿元，增长12.9%，其中居民储蓄存款余额345.77亿元，增长6.6%；年末全县金融机构人民币贷款余额269.01亿元，增长20.9%。

保险行业健康发展。全年保费收入19.04亿元，增长20.1%，其中财产险收入4.41亿元，增长16.7%；人寿险收入14.63亿元，增长21.8%。

八、科学技术和教育

科技创新注入新活力。2017年，我县新增发明专利申请442件、发明专利授权158件。全县拥有有效发明专利270件，万人发明专利拥有量达到2.42件。39件优秀专利获省知识产权局专利资助资金7.8万元。引进长江学者、国家“千人计划”专家4人，入选省“双创博士”10人、省市“双创计划”12人，与北大、清华等5所“双一流”高校合作共建学生实践基地。新增省级众创空间4家、工程技术研究中心3家、技术中心2家、研究生工作站6家、博士后创新基地4家；累计建成国家级技术中心1个、省级科技企业孵化器3家、省级众创空间5家，全县拥有省级企业研发机构56个、市级603个，规模以上工业企业实现了市级以上企业研发机构全覆盖。

教育事业均衡发展。2017年，沛县有各级各类学校164所（含民办学校，不含幼儿园），其中，小学117所，初中25所，普高8所（含完中1所），特教学校1所，中等职业学校2所，九年一贯学校11所。各级各类学校中，民办学校4所。全县中小学在校学生155488人（含民办学校），其中小学113611人，初中30267人，高中11302人，特教中心校308人，全县中等职业学校在校生5414人。全县有幼儿园86所（其中民办幼儿园40所），在园幼儿46436人。义务教育阶段入学率100%，初中巩固率100%，高中阶段入学率97%，学前三年幼儿入园率97.4%。

九、文化、卫生和体育

公共文化服务体系日臻完善。年末全县共有体育馆6个、博物馆1个、影剧院4个，公共图书馆1个。全年送电影6484场、送戏316场、送图书1.5万册。

卫生事业健康发展：2017年末全县共有各级各类医疗卫生机构633各，医院12个、卫生院26个，卫生防疫防治机构2个，妇幼保健机构2个。私立卫生机构（个体诊所）130个。各类卫生机构拥有病床5188张，其中，医院2695张，卫生院床位1584张，共有各类卫生技术人员8091人，其中执业（含助理）医师2974人，注册护士3773人。

体育事业成绩优异。组织参加徐州国际武术节、徐州市举重、柔道，跆拳道、篮球等多项比赛。共获金牌40枚、银牌35枚、铜牌26枚，并获3项获团体第一，4项获团体第二。组织举办了"海情杯"青少年足球赛，来自全国各地的8支队伍参赛，宿迁、沛县、枣庄分获前三名。迎"五一"卡斯特杯全县职工羽毛球比赛，20个代表队150名运动员参加比赛。参加在盐城建湖举行江苏省县级田径比赛，获银牌两枚，铜牌四枚。代表徐州市参加江苏省散打、技巧锦标赛获得金牌3枚，银牌2枚。

十、人口、人民生活和社会保障

年末全县户籍人口（公安局）129.92万人，比去年下降0.6%。根据城乡住户抽样调查，2017年沛县全体居民人均可支配收入23313元，增长9.9%；城镇居民人均可支配收入29776元，增长9.2%；农村居民人均可支配收入17269元，增长9.4%；2017年全县居民人均生活消费支出14649元，增长8.1%；其中，城镇居民人均生活消费支出18025元，增长5.7%；农村居民人均生活消费支出11491元，增长8.7%。

社保体系更加健全。职工养老、医疗、失业、工伤、生育保险参保总人数达到38.69万人，基本养老和基本医保的参保率分别达98.7%和99%以上，城乡居民基础养老金领取标准提高到每人每月125元，机关事业单位养老保险实现全覆盖。保障性住房新开工4013套、建成3583套。发放扶贫小额贷款1.96亿元，全年完成低收入人口脱贫2.1万人。城镇新增就业9904人、登记失业率控制在2.02%。

注：1、本公报为初步统计数。如使用请以《沛县统计年鉴——2018》中数据为准。

2、地区生产总值、各产业增加值数值按现价计算，增长速度按可比价计算。

索　引

说　明

1. 本索引采用主题分析法编制。索引词条按汉语拼音音序排列。
2. 类目、栏目按标引词第一个字的汉语拼音排序。按文内出现的先后顺序排列。
3. 特载、大事记、表格不在索引范围内。

A

B

K

L

M

N

P

Q

R

S

Y

Z

学校全景

沛县第五中学

县教育局长贺磊陪同县领导调研沛县第五中学科学特色教育

沛县第五中学成立于1998年9月，位于沛县城区南部，占地面积4万多平方米。现有3座教学楼，1座综合楼，设有标准塑胶体育场、体育器材室、多媒体教室，开设音乐室、美术室、物理实验室、化学实验室、生物实验室、电脑室、心理咨询室、科技创新活动室等，建设有完善的校园网络。学校拥有现代化教学必备的各种教学设施，所有教学班和各种功能室均实现多媒体教学。校内花木扶疏，绿草如茵，环境优雅，是师生工作学习的好地方。现有高级教师96人，研究生学历5人，学历达标率100%，市、县级名校长、名师、学科带头人等36人。

沛县第五中学坚持“以教学为中心，遵循教育规律，根据学校实际，走自己的路子”的办学指导思想，以“认认真真抓管理，踏踏实实搞教学，实实在在求发展”的工作方针，以“团结、向上、勤奋、求实”的校风，以“崇尚一流，追求卓越”的五中精神，办成了全县一流的初级中学，得到了社会各界的广泛赞誉。先后获得“江苏省教育现代示范初中”“徐州市模范学校”“徐州市和谐校园”“徐州市优秀基层党组织”“徐州市体育卫生艺术教育工作先进集体”“徐州市百佳校园”“徐州市中小学艺术教育特色学校”“国际机器人奥林匹克培训实验学校”“江苏省科学教育特色学校”“联合国教科文组织中国可持续发展教育项目实验学校”“徐州市师德建设先进集体”“徐州市教育系统先进集体”“全国青少年科普创新教育基地”“沛县五四红旗团委”等多项荣誉称号。多项市级以上教研课题顺利结题，多名教师获省市级优质课奖励。机器人和科技创新、陶艺、书法、航模、《春雨》等多项社团活动为学生搭建了个性化的发展平台。

沛县南片初中联盟学区教研活动

沛县第五中学足球队勇夺沛县首届“蜗牛口才杯”青少年校园笼式足球比赛初中组亚军

校园艺术节

《春雨》杂志创刊

第十九届校运会

徐州金虹钢铁集团

董事长李绍云与中国工程院院士王一德签署院士工作站建站合作协议

县委副书记、县长吴卫东到公司调研

徐州金虹钢铁集团有限公司位于江苏省徐州市沛县敬安镇徐丰公路北侧，为民营股份制钢铁企业，创办于1993年，企业注册资金21000万元。公司全部股本是以李绍云为首的9位自然人出资，其中李绍云股份占比为84.37%。公司员工1200人，银行信用等级为AAA级。

公司拥有炼钢生产线1条，主要装备情况为：100t电弧炉1套；轧钢生产线3条，分别为年产80万吨400MPa螺纹钢连铸连轧钢材自动化生产线、年产50万吨热轧钢筋生产线（直条）、年产50万吨热轧钢筋生产线（高速线材、盘螺）。

公司主要产品为钢筋混凝土所用钢筋，品种结构为：普通热轧钢筋HRB400、HRB400E、HRB500、HRB500E6mm~12mm（盘卷）12mm~25mm（直条）；热轧光圆钢筋HPB300 6.5mm~16mm（盘卷）10mm~22mm（直条）。

公司已通过ISO 9001国际质量认证和

一期现代化的高线盘螺生产线

二期现代化抗震螺纹钢生产线

三期连铸

有限公司

ISO 14000 环境管理体系认证，并于 2014 年获得“江苏省工业企业质量信用等级 AA 级”认证，2017 年被江苏省认定为“徐州金虹钢铁集团有限公司技术中心”。生产的拳头产品——“金虹牌”系列圆钢、螺纹钢、盘螺、高线自 2004 年起连续被评为“江苏省名牌产品”，并用于南京地铁、青奥会、京沪高铁等重点工程。2015 年产品进入于徐州市重点建设项目工程，深受客户的好评。产品在淮海经济区及苏南地区占有较大市场份额。

公司依托东北大学牵头，成功在国家科技部申请国家重点研发计划“重点基础材料技术提升与产业化”专项，“长型材智能化装备关键技术”项目、“全废钢连续加料式智能高效炼钢电弧炉关键技术与应用示范”课题已立项。公司实行智能化，绿色、低碳、环保、循环、超高功率冶炼，实现全废钢连续预热加料，快速冶炼，已建成环境友好型电炉短流程示范企业。

崭新的厂容厂貌

江苏省认定企业技术中心

江苏省质量信用AA级企业

质量、环境管理体系证书

名牌产品证书

线

炼钢清洁生产车间

轧钢清洁生产车间

国网沛县供电公司

公司党委中心组召开中共十九大精神专题学习会

全县电力工作会议

战高温　保供电

变电站检修

变电站新景

农网升级改造现场

国网沛县供电公司设有7个职能部室，2个二级机构，下辖15个供电所，承担着全县130万人口、49.03万电力客户的供电与服务任务。全县共有变电站28座，其中220千伏变电站3座、110千伏变电站15座、35千伏变电站10座，主变总容量2575兆伏安。管辖35千伏及以上线路578.52公里，10千伏配电线路214条2751.9公里。

2017年，公司坚持立足大局，紧跟形势，认真贯彻落实各项工作部署，牢牢把握“改革攻坚年”活动主线，强基础、抓规范、促提升，积极应对各种困难和挑战，推动各项工作取得了新成绩、新突破。全社会用电量38.04亿千瓦时，同比增长6.1%，用电总量在全市五县二区中跻身第二。电网调度最高负荷69.42万千瓦，同比增长5.34%。公司完成售电量34.88亿千瓦时，同比增长9.48%。实现连续安全生产10097天。先后荣获省公司职工服务劳动竞赛先进集体、省公司模范职工之家、江苏省厂务公开民主管理先进单位、市公司文明单位、安全生产先进单位等荣誉称号。公司员工屈原勇荣获全国五一劳动奖章。

扶贫济困“一日捐”活动

开展“绿色苏电 智联万家”优质服务主题活动

党员服务队助力沛县“百千万”帮扶行动

暴风雨中忙抢修

新建24小时供电自助服务厅

中国邮政集团公司江苏省沛县分公司

沛县邮政分公司以服务社会、服务民生为己任，依托邮政实物流、资金流、信息流“三流合一”的独特优势，积极发挥着通民、通政、通商的重要作用政务畅通、服务民生和公益活动为切入点，打造政务及公用事业邮政绿色通道，完善农村邮政物流配送体系，促进社会主义新农村建设。借助邮政文化属性，通过书信、贺卡、邮票、包裹等产品与传统文化相结合，形成独特的文化创意产品，成为社会公共文化服务体系的重要组成部分。以满足百姓需求为目的，打造现代化的电子商务平台，搭载航空票务、缴费一站通、邮乐购等便民服务项目，充分利用邮政实物配送网络资源，邮储银行网络支付系统，提供便捷的商品交易和服务。针对中小企业宣传推广难、产品流通难、资金归集难等难题，整合邮政资金、信息、物流三方资源，为其提供“一揽子”解决方案，全心助力中小企业成长，全面助推地方经济发展。

2017 年，沛县邮政累计实现业务收入 1.35 亿元，增幅 9.5%。成功创建 2015—2016 年度江苏省诚信单位，获评徐州市平安企业、徐州市安康杯优胜单位，综合办公室被徐州市内保系统集体嘉奖，中心邮政支局被评为徐州市青年文明号，张庄邮政支局投递员杨杰华被县委宣传部评为“感动沛县十大最美人物”，运营管理部维护员李伟被评为“沛县好人”。

组织党员服务队深入到结对帮扶村开展服务实践活动

党员干部为共和村贫困学生赠送学习用品

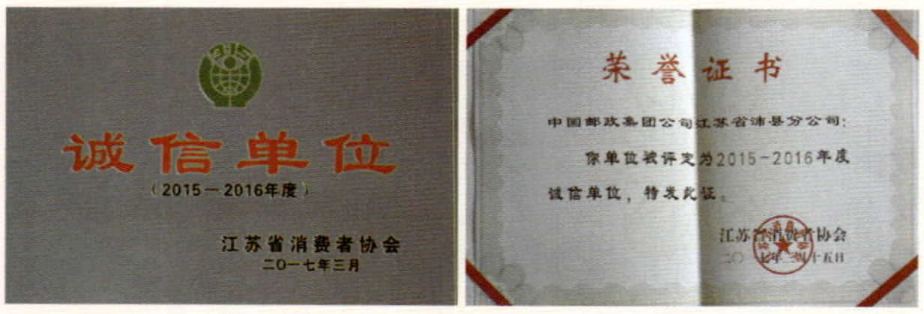

诚信单位

参观廉政教育基地，重温入党誓词

党组书记陈耀在“百千万”集中走访帮扶活动中与贫困户交流

党支部书记刘茂宏慰问道德模范

“道德讲堂”迎来市局“感恩有你”演讲团

沛县烟草专卖局（分公司）

沛县烟草专卖局（分公司）组建于 1983 年 6 月。公司位于沛县迎宾大道 13 号，实施对全县范围内的烟草专卖管理和 5370 余户零售客户的卷烟销售业务。先后获得县级文明单位、先进窗口单位、模范和谐企业、扶贫开发先进单位、预防职务犯罪先进集体、两法衔接先进集体；徐州市模范和谐企业、安全保卫先进单位、徐州市文明行业；江苏省文明单位、江苏省质量信得过班组等光荣称号。

2017 年，县烟草专卖局（分公司）围绕“两聚一全”目标要求，深入践行“1135”工作思路，全局上下凝心聚力，不忘初心，砥砺前行，为加快建设“强富美高”新沛县做出新的贡献。

志愿者服务队伍为老年零售客户美化店堂

扶贫济困“一日捐”

局客户经理为贫困客户送上母亲节鲜花

党员大走访，真情助“三夏”

全体党员重温入党誓词

中国农业发展银行沛县支行

中国农业发展银行沛县支行 2017 年末贷款余额 167705 万元，完成中间业务收入 174 万元，国际结算 1540 万美元，实现账面利润 4859 万元。综合绩效全市第三名，全省等级行考核二类行，创沛县支行历史新高。

支持粮食收购。深入企业调查，现场解决售粮结算中遇到的实际问题，保证了全县粮食收购工作顺利开展。投放贷款 56546 万元，支持收购小麦 21180.5 公斤、稻谷 3160 公斤；储备粮贷款 1714 万元，储备稻谷 200 万公斤，小麦 450 万公斤，实现了企业、农民、政府、银行四满意。

发展“沛县模式”。全国首创土地流转贷款“沛县模式”，得到农发行、省市县委政府、省市金融办、人行、银监局领导的一致好评，高度认可。2017 年发放农村土地流转规模经营贷款 9800 万元，支持新型农村经营主体（家庭农场、农民合作社等）实体经济 240 户，助力实体经济的健康发展，进一步解决实体经济融资难、融资贵的问题。

支持重点项目。发放政府融资平台客户贷款 12 亿元，其中大沙河项目贷款 1 亿元，经济开发区汉润家园棚户区改造贷款 7 亿元，沛县老城区棚户区改造贷款 3 亿元，成为与地方经济相匹配的农业政策性银行。

党风廉政教育

党建工作座谈会

投放贷款 1 亿元支持家庭农场发展

投放贷款 5.6 亿元支持沛县粮食收购

红色教育

职工运动会

投放贷款 12 亿元
支持全县棚户区改造

累计贷款 3.8 亿元支持沛县大沙河综合整治

沛县农村商业银行股份有限公司

董事长黄国锋探望慰问贫困老人

董事长黄国锋在农商行春节晚会发表新年贺词

看望朱寨镇燕牌坊村贫困儿童

冠名 2017 年全国技巧冠军赛暨首届沛县技巧邀请赛

2017 年，沛县农商银行坚持“围绕县域、扎根三农、拓展社区、培植小微”的市场定位，以支持县域经济社会发展为己任，努力提升金融服务水平。优化信贷制度和流程，强化合规经营管理，全力防控各类经营风险，推进精品银行建设，各项工作呈现出稳中有进、整体向好。先后获得 2016 年度徐州银行业政务信息工作一等奖、沛县先进帮扶单位、大学生村官工作先进集体、沛县 2016-2017 年度价格诚信单位、沛县“2015-2016 年度金融保险等公共服务行业满意放心窗口”等多项荣誉称号。

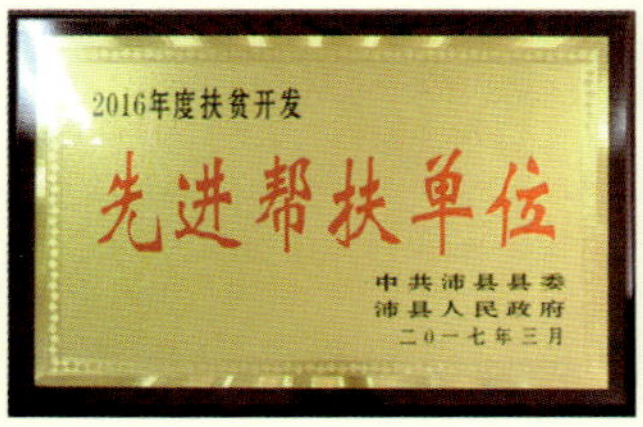

中国人寿保险股份有限公司沛县支公司

2017年，中国人寿沛县支公司遵循“强队伍、善竞争、稳经营、谋创新、防风险”经营方针，严抓基础管理，优化业务结构，夯实队伍根基，外塑良好形象，内强风险管控，奋力开创“价值、成长、和谐、共享”沛县国寿高质量发展的新局面。总保费规模达到6.31亿元，总量全市第一，同比增长12%，刷新了沛县支公司历史纪录，为全省“跨越500亿”作出了应有的贡献。连年稳居沛县保险市场领先的主导地位。各类保险给付、理赔及时，帮助受灾出险单位和个人度过难关，促进了社会的祥和安定，获得县委县政府综合绩效考核先进单位二等奖，排名驻沛金融保险单位前列。

走访贫困农户

组织“为爱健走 将爱传递”公益活动

组织“为爱健走 将爱传递”公益活动

大屯煤电（集团）有限责任公司

姚桥煤矿

减速机产品

内部市场化改革备件超市

采煤工作面液压支架

无人值守中央变电所

2017年，是大屯公司全面深化改革、促进创新发展的启动之年，是开启新征程、谋划新发展的奠基之年。一年来，大屯公司按照中煤集团“稳中提质、改革创新”的总要求，抓住国有企业改革“窗口期”和煤炭市场回暖的有利时机，以“逢山开路、遇水架桥”的勇气和智慧，主动作为、同心协力、真抓实干，克服地质条件极其复杂、安全生产稳定压力大、改革创新和重点工作任务重等困难，统筹推进改革创新和重点工作，优化生产组织，加强产销协同，加快转型发展，强化风险管控，超额完成各项目标任务。

外国专家现场指导设备使用

与泰呈公司合作生产圆盘料

技术创新　节能减排

降本增效 修旧利废

热电项目球形煤仓

江苏有线沛县分公司成立于2015年1月，主要从事广电网络的建设运营、广播电视节目传输、基础电信业务以及数字电视增值业务的开发与经营。公司以丰富的网络资源、安全可靠的运行体系以及全方位的优质服务，成为沛县信息化基础设施和应用平台的重要组成部分。在职员工240余人，下设综合办、人力资源部、财务资产部、技术播控部、工程管理部、公众客户部、集团客户部7个部室和14个乡镇营业部。

2017年，面对复杂严峻的竞争环境，公司上下迎难而上、奋力攻坚，紧紧围绕"整转、转型、提升、保障"4个工作重心，加快农村数字电视整转步伐，拓展转型增值业务，规范各项内部管理，超额完成省公司下达的收入任务，新签代办工程合同及配套费收入双创历史新高。

精准扶贫春节慰问

深入农户走访

江苏有线沛县分公司

圆满完成中共十九大安播保障任务

营业厅期待光临

第二届趣味运动会

与乡镇营业部签订责任状

年度工作会议

省新闻出版广电局局长焦建俊到沛县新华书店调研“十九大重要文件出版物”发行情况

总经理龙飞到五段龙塘村扶贫走访

江苏凤凰新华书店集团有限公司沛县分公司

中共十九大出版物首发式现场

江苏新华书店集团有限公司沛县分公司坚持先进的文化方向，围绕国有文化企业社会效益、经济效益“双效合一”的战略目标，争先创优，拓展市场。中心门店营业面积2000余平方米，图书品种5万余种。2017年，公司投资100余万元，对中心门店进行了大规模升级改造，通过调整卖场布局改善读者购书环境，多维度营造卖场氛围，提升文化价值。

沛县分公司始终把实现社会效益放在企业经营的第一位。2017年，公司积极响应国家“全民阅读”活动号召，认真策划、精心组织“你购书、我买单”“朗读者”“世界读书日”多场有影响力的主题活动。2017年11月份，十九大系列材料的首发式在沛县分公司中心门店举行。首发式中，沛县分公司向部分党政机关开展材料赠阅活动。

沛县分公司一直以来担负着全县学生的课本和图书的发行工作，2017年圆满实现连续39年“课前到书，人手一册”。2017年沛县分公司实现营业收入6767.3 万元，实现销售利润525.37万元，主要经营指标均已超额完成上级下达任务。公司被集团授予教材发行和连锁经营先进单位。

年度工作总结暨表彰大会

朗读活动

店堂一角

徐州华奥纺织有限公司

县委书记李淑侠到公司检查指导工作

拔河比赛

徐州华奥纺织有限公司成立于2007年，位于被中国棉纺织行业协会授予“中国粘胶纱生产基地县”荣誉称号的江苏沛县。

公司经过多年的发展和积累，逐步形成纺纱、织布、并线于一体的集团公司经营模式。旗下有徐州华奥纺织有限公司、徐州华运纺织有限公司、江苏鑫福纤维科技有限公司3家子公司。注册资本金总额8000万元，总资产3.5亿元，员工650人，具备年产各类纱线2.2万吨的生产实力。

公司设备先进，技术力量雄厚。可根据市场及客户需求生产21支至60支等各种规格人棉纱、纯棉纱、混纺纱以及各规格股线。公司拥有完善的内部管理体系，全体员工秉承诚信经营的原则，认真贯彻“质量先行”的操作守则，严把质量关，通过多年的经营，在客户间树立良好的信誉。

迎新年联欢会

细纱车间

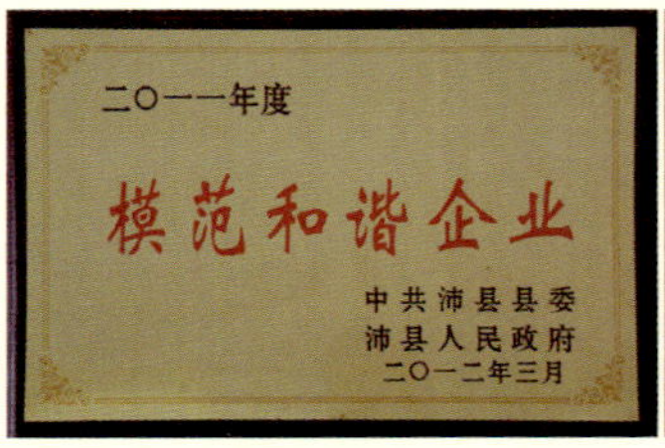

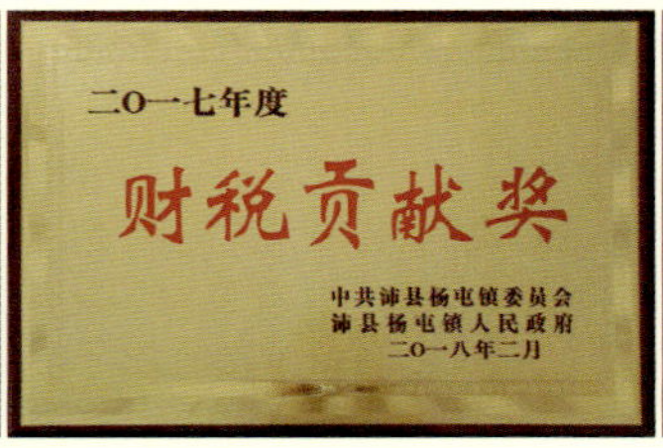

光大国际
Everbright International

光大环保能源（沛县）有限公司

江苏省环保厅副厅长陈志鹏在公司考察调研

沛县能源成立党支部、工会组织

光大环保能源（沛县）有限公司是由中国光大国际有限公司与沛县人民政府合作在沛县成立的全资子公司。项目采用 BOT 特许经营权模式，特许经营期 25 年。项目位于江苏省徐州市江苏沛县经济开发区，设计日处理城市生活垃圾 800 吨，分两期建设。其中一期工程总投资额 2.5 亿元人民币，年处理生活垃圾 18.25 万吨，采用达到国际先进水平的炉排焚烧处理工艺，配置一台 500 吨 / 天炉排焚烧炉，一台 10 兆瓦汽轮发电机组。烟气处理采用“SNCR 脱硝 + 半干法脱酸 + 干法脱酸 + 活性炭吸附 + 布袋除尘”，烟气排放指标达到欧盟 2000 排放标准。渗滤液采用“预处理 + 厌氧反应器 + 二级 A/O+ 超滤 + 纳滤”工艺，处理达标后排入污水处理厂。垃圾焚烧产物炉渣为一般固体废弃物进行综合利用，飞灰稳定固化后进行安全填埋。

2017 年，项目实现发电量 6749.784 万千瓦时，上网电量 5864.448 万千瓦时，处理生活垃圾 184240.2 吨。全年综合厂用电率均值为 13.1%，创造了业内同等规模垃圾发电项目厂用电率最低值的业绩。沛县项目根据环保部全面提升垃圾焚烧发电行业环境管理水平的要求，9 月份率先完成了“装、树、联”三项任务，严格做好小时均值公示，确保了在线监测系统达到上传要求。2017 年机组实现连续安全生产 365 天，先后荣获“徐州市科普教育基地”“2017 年度安全生产先进企业”“中国矿业大学徐海学院实习就业基地”“五一文明班组”等荣誉。

沛县能源组织员工团队拓展活动

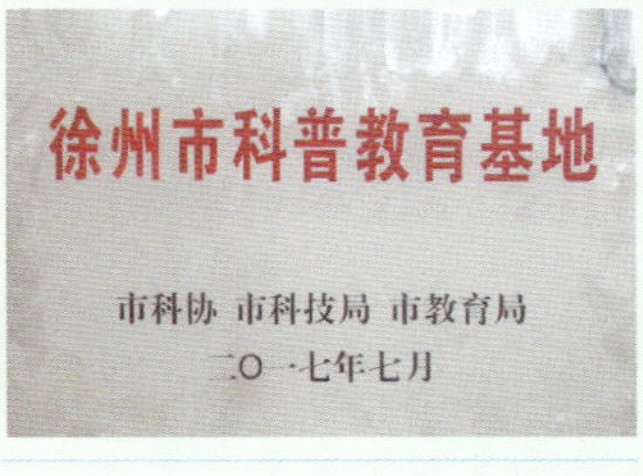

江苏沛公酒业有限责任公司

酿造车间

现代化全自动灌装及包装生产线

公司万吨储酒罐群

酒坛

沛公帝皇酒

沛公地尊酒

江苏沛公酒业有限责任公司是全国500家最大饮料制造企业之一，是江苏省曲酒生产骨干企业，年生产能力达万吨以上，是中国酒类行业协会会员和江苏省酒类协会会员单位。企业拥有“沛公”“沛公家”“汉江山”等13个注册商标。公司拥有3名国家一级品酒师。自1992年起，“沛公”商标连续被评为江苏省著名商标，沛公牌白酒连续被评为江苏名牌产品，被认定为“江苏老字号”和“江苏省非物质文化遗产”。公司通过了ISO9001标准质量管理体系认证和HACCP食品安全体系认证。沛公酒曾获得9个省优，1个部优，2个国际金奖，是江苏省消费者协会推荐产品，是首届淮海经济区“最佳口碑行业品牌”“长江三角洲地区名优食品”和“江苏省优秀品牌企业”。沛公酒业是徐州市AA级重合同守信用企业，是“江苏省管理创新示范企业”和“江苏省信用管理贯标企业”，被评为“江苏省放心消费创建示范单位”和“江苏省放心消费创建诚信品牌企业”。

瓶装生产线

冷凝车间

成品仓库

青島啤酒(徐州)有限公司

研发中心

青岛啤酒（徐州）有限公司的前身是始建于1982年的沛县啤酒厂，先后改为北京啤酒厂沛县分厂、沛县酿酒总厂、徐州市金波啤酒厂。

公司占地110余亩，拥有职工412人。公司注册资金3933万元，其中青啤公司占注册资金的66%，沛县国资公司占34%。资产总额1.064亿元，资产负债率48%。公司拥有15万千升啤酒生产能力，2万瓶/时的两条现代化包装线，50立方米糖化设备，6900立方米的发酵能力。

冷却塔

生产厂区

厂区大门

市委常委、组织部长徐大勇，县委书记李淑侠到高祖酒业调研

中国食品发酵工业研究院白酒中心主任李红教授到高祖酒业指导工作

江苏高祖酒业有限公司

中央电视台《焦点访谈》制片人刘年到高祖酒业调研

中国白酒泰斗沈怡方先生品尝高祖坛酒

荣誉榜

江苏高祖酒业有限公司位于沛县栖山镇。公司秉承“质量立厂”宗旨，严格遵循“水必泉、粮必优、投必时、匠必工、酒必香、味必纯”的酿造古训，不断科学优化制作工序，研究开发出系列优质佳酿，畅销全国，享誉中外，惠及世人。

水为酒之血：采用富含钙、锶、锌等 17 种矿物质及微量元素，且呈弱碱性的天然栖山泉水，酿出的酒具有芳香浓郁、绵柔甘洌的独特味道。

粮为酒之肉：原料采用产自东北的优质糯高粱，辅料采用产自长江流域的稻米壳，质地优良而少杂质。发酵中再加入一定数量的优质大米，酿出的酒醇厚绵甜。

曲为酒之魂：采用高温曲、中温曲混合发酵，以优质小麦、豌豆、大麦等为原料，经人工混合、搅拌、踩制工序，保证了酒曲的好品质。

窖为酒之骨：窖泥采用栖山脚下千年沉浸老土，再加上微山湖畔优质熟土，这些微生物群之丰富可与国家级窖池相提并论。

蒸为酒之韵：采用两道蒸酒法，先将发酵完成的高粱饭倒入蒸馏锅，蒸馏后便得到第一道酒，具有高粱味；蒸馏后的酒糟经冷却，酒液加曲入池再次发酵，蒸馏酒液便流出。

愈久弥香，佳酿也须历沧桑。江苏高祖酒业有限公司十分注重原酒的储存，确保质量上乘。目前，木桶酒海存量可观，50 年窖龄的窖池有 100 余个。

清澈透明、浓郁芳香、醇正甘美。问君哪得妙如许？滴滴“匠心”高祖酒。当代著名书画家范曾先生曾饮罢给于盛赞并挥笔写下：“海内威加忆大风，千杯雅量气如虹。与君一醉丹霞外，胆魄真堪照雪熊”的诗句。

公司外景

高祖坛酒

高祖坛酒是沛县高祖酒业为高端商务精心制作的商务专用酒。该酒聘请白酒酿造专家，经过精心挑选陈年基酒，30 年调味酒，气相色谱分析，计算机数据优化，人工感官勾调后，匀化，静置，精密过滤而成。经上百次品评，行业品评专家鉴定，成功人士试用，赞不绝口。酒体微黄，清亮，清澈透明，闻起窖香浓郁，喝起绵柔爽净，香味纯正协调，尾净陈味悠长。

江苏大汉建设实业集团有限责任公司

江苏大汉建设实业集团有限责任公司，于 2016 年 6 月 15 日成功晋升为房屋建筑施工总承包特级企业，同时荣获建筑行业甲级设计资质，并具备市政工程施工总承包一级、机电工程总承包一级、钢结构工程专业承包一级、建筑装修装饰工程专业承包一级、消防设施工程专业承包一级、防水防腐保温工程专业承包一级、桥梁工程专业承包二级、公路工程施工总承包二级、水利水电工程施工总承包二级等资质。注册资金 35801 万元。

近年来，集团逐步完善规章制度，积极开拓外埠市场，在全国各省、市设有长春、辽河、大连、大庆、哈尔滨、齐齐哈尔、呼和浩特、呼伦贝尔、新疆、北京、济南、济宁、徐州、宿迁、南京、无锡、上海、石家庄、合肥、郑州、西安、青海、银川、甘肃、成都、深圳、广州、淮北、太原、武汉 30 个分支机构。拥有房地产开发、建筑劳务、门窗制作、机械租赁等多个子公司。拥有大、中型施工机械设备数百台，具有雄厚的经济实力，是徐州市建筑业龙头企业、江苏省建筑业百强企业。

春华秋实绘宏图，继往开来谱新篇。大汉集团在几十年的发展过程中，积累了综合型建筑群、智能建筑等各类工程建设的丰富经验，形成了以建筑规模大、技术难度高的群体工程和超深、超高工程、各类建筑工程为特点的技术体系。确立了以“总部服务控制、项目授权管理、专业施工保障、社会协力合作”为内涵，专业管理和计算机辅助管理相结合，标准化、规范化的项目管理模式和工程总承包管理体制。培养造就了一大批专业技术人才，建立了比较完善的组织机构和企业规章制度。

公司凭着良好的技术素质和严谨的工作作风，创造了一批工期短、质量优、信誉高的名优工程，多项工程被评为优质工程及文明工地。先后被评为“质量管理先进单位”“安全管理先进单位”“建筑业先进单位”“国家级重合同守信用企业”“AAA 资信等级”；连年被评为“江苏省综合实力百强企业”“徐州市建筑业龙头企业”；通过各种认证，编制了国家级行业标准 1 项，省级行业标准 2 项，国家级工法 2 项、省级工法 16 项，专利 9 项，省级科技进步奖 1 项，取得了多项科研成果。

面对中国改革开放的新形势，大汉公司正以崭新的理念、科学的管理和优质的服务，严格遵循“国际化、集团化、科学化”的发展思路，着眼于建设现代企业制度，优化资源要素配置，奋力向世界一流的企业迈进！

大汉总部办公楼

沛县滨湖小区

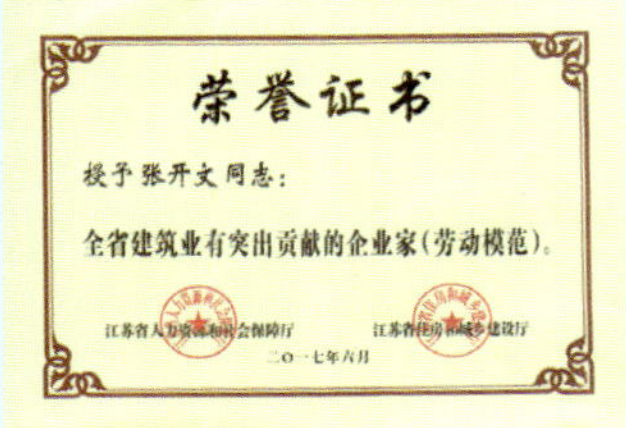
荣誉证书

授予张开文同志：

全省建筑业有突出贡献的企业家（劳动模范）。

江苏省人力资源和社会保障厅　江苏省住房和城乡建设厅

二〇一七年六月

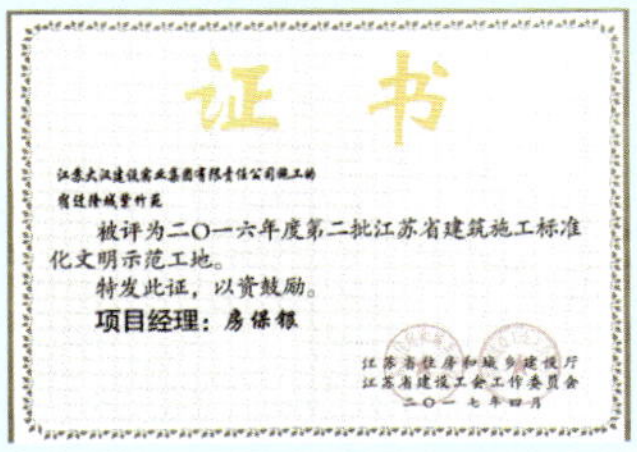
证　书

江苏大汉建设实业集团有限责任公司施工的

宿迁腾城紫竹苑

被评为二〇一六年度第二批江苏省建筑施工标准化文明示范工地。

特发此证，以资鼓励。

项目经理：房保银

江苏省住房和城乡建设厅
江苏省建设工会工作委员会
二〇一七年四月

荣誉证书

张开文委员：

在2017年度创业、创新、创优好委员评选中，成绩突出，被评为好委员。

特发此证，以资鼓励。

政协沛县委员会
二〇一八年一月

辽宁省建设工程世纪杯

证　书

江苏大汉建设实业集团有限责任公司：

你单位施工的　盘锦蓝色康桥A区18#楼

工程荣获二〇一七年度辽宁省建设工程世纪杯（省优质工程）称号，特发此证。

辽宁省建筑业协会
二〇一八年　月

沛县房屋综合开发总公司

县领导检查工作

沛县房屋综合开发总公司成立于1986年9月，是国有企业，具有二级开发资质，注册资金2000万元，隶属于沛县住建局。经过多年的发展，已成为全县实力强大，技术力量雄厚，各项配套服务项目齐全的综合性开发公司。公司有管理人员130余人，各种专业技术人员60余人，其中高级职称的2人，中级职称的18人，初级职称40人。下属有单位徐州正元建设工程公司、沛县天马物业管理有限公司、歌风市场管理办公室等单位。

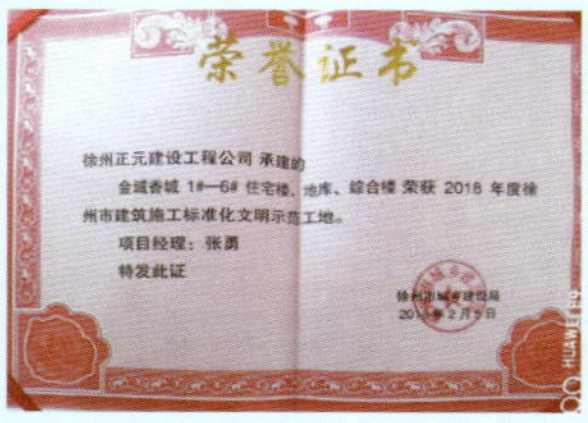

“不忘初心　牢记使命”主题教育

金域香城小区

汤沐二期一角

公司先后开发建设的住宅及营业性用房达100余万平方米。近几年开发建设的主要项目有：鼓楼小区一、二、四期，迎宾小区一、二期，新沛小区东片，怡园小区，歌风新区，泗水大厦，联合建设的市政公司综合楼，小高层住宅古沛小区，汤沐小区，新华家园，汉之源大厦，汤沐小区二期，金域香城小区等工程。

2017年，公司贯彻落实“廉洁高效，担当创新”的住建精神，攻坚克难，抢抓机遇，稳步推进。在施工建设方面以诚信为本，抓质量促安全，搞服务，求效益，构建精品小区，树立名牌工程，为沛县的基础设施建设作出了重要贡献。

文明城市创建

睦邻中心效果图

江苏路通路桥工程

县委书记李淑侠调研检查427省道工程建设

县交通局领导观摩S427工程项目施工

江苏路通路桥工程集团原为徐州公路处所属公路工程施工、养护单位，2000年注册成立。拥有国家建设部批准的公路工程总承包一级资质，及省市建设主管部门批准的市政公用工程施工总承包资质，公路交通工程专业资质，预拌混凝土专业资质，具有承担国内外各级公路、桥梁的资格和能力。

公司下属徐州正大路面工程公司、徐州正大交通检测公司、徐州路通汽车修理厂、徐州路通工贸公司、徐州路通桥梁预制厂、沛县路通汽贸公司、江苏路通职业技能培训有限公司、名扬交通设施有限公司、山东省东营分公司、盐城办事处、安徽办事处等9个全资生产经营实体。

20多年来，先后完成多项国家、省、市重点建设工程，获得诸多奖项，先后通过质量体系认证、环境体系认证、职业健康安全体系认证，资信等级AAA级，被江苏省人民政府资信机构评为“重合同守信用企业”。

集团有限公司

江苏路通工程集团董事长张磊一行检查工程建设

江苏路通工程集团办公区

253 省道沛县段大中修工程

427 省道沛县段改扩建工程

龙工场·淮海

江苏省委巡查组考察龙工场·淮海跨境电商产业园

龙工场·淮海跨境电商产业园坐落于沛县经济开发区，是由国内跨境电商龙头企业大龙网与沛县经济开发区共同投资组建的平台式、聚集式、吸附式的新业态、新模式产业园。

产业园依托大龙网在跨境电子商务的渠道与经验，整合相关平台资源，为淮海经济区乃至全国范围内的企业提供跨境电商全链条的一站式服务，为中国中小企业“走出去”搭建全方位平台，为传统企业转型升级、主辅分离提供支撑，助力淮海经济区跨境电商业的发展壮大。

产业园自运营以来，成功吸附了平台类企业、生产制造类企业、金融类企业、电商类企业、新型服务类企业等共 170 余家企业入驻园区，打造了优质跨境电商平台，推进企业发展、做优做精产业。

2017 年，园区出口总额实现 2 亿美元。被评为“2017 年度徐州市招商引资暨开放性经济工作突出贡献企业”。

产业园将围绕“1-2-3-4”的电子商务发展格局，建立大型电子商务生态产业圈和电子商务产业集群，逐步实现跨境电商生态链的升级，实现淮海品牌走向世界，走向未来的美好夙愿。

徐州市委书记周铁根考察产业园

县委书记李淑侠考察龙工场·淮海跨境电商产业园

企业党支部

跨境电商产业园

龙工场外景

龙工场·淮海创业创新大会

入驻企业

公司全体员工

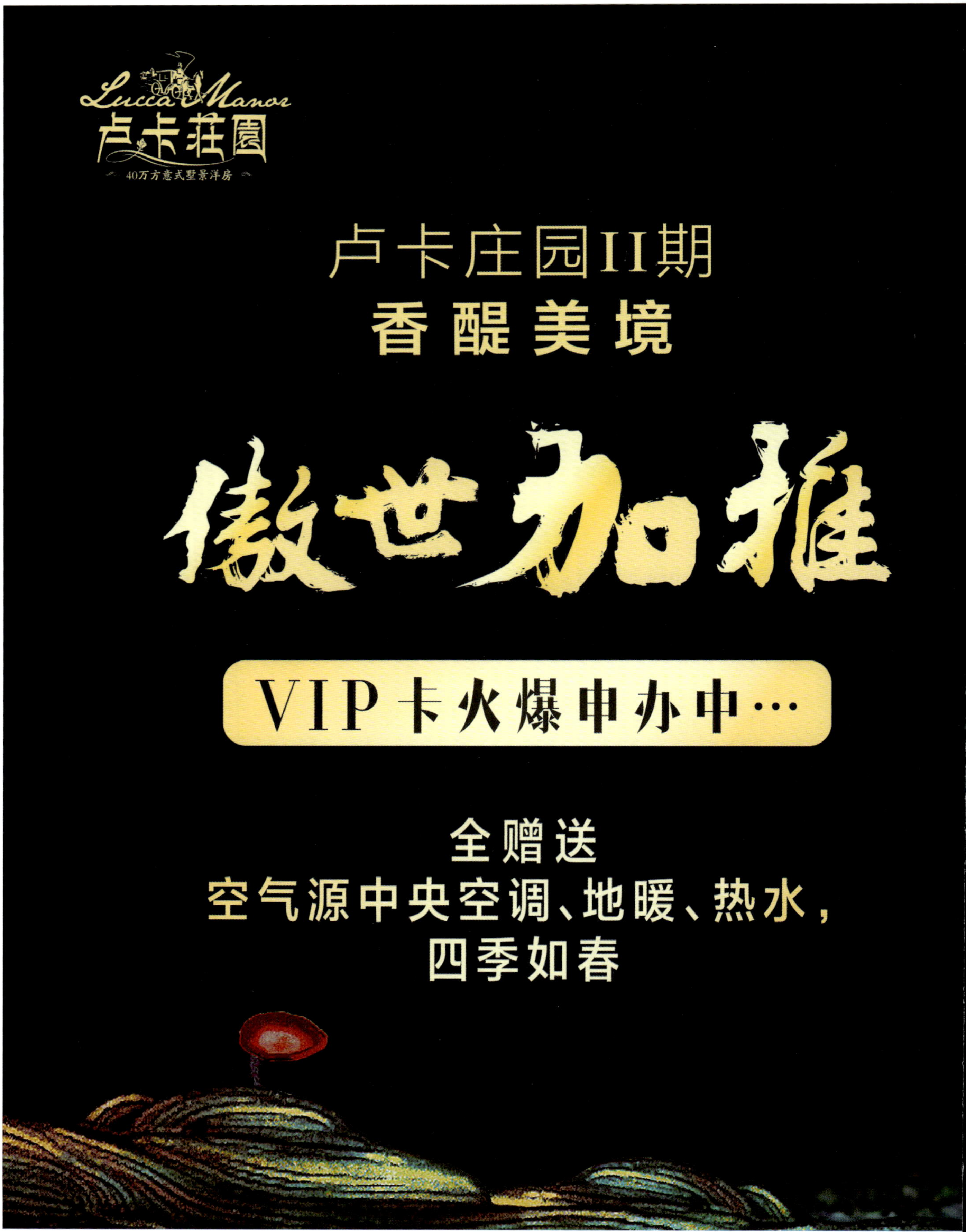
Lucca Manor
卢卡莊園
40万方意式墅景洋房
卢卡庄园II期
香醍美境
傲世加推
VIP卡火爆申办中…
全赠送
空气源中央空调、地暖、热水，
四季如春

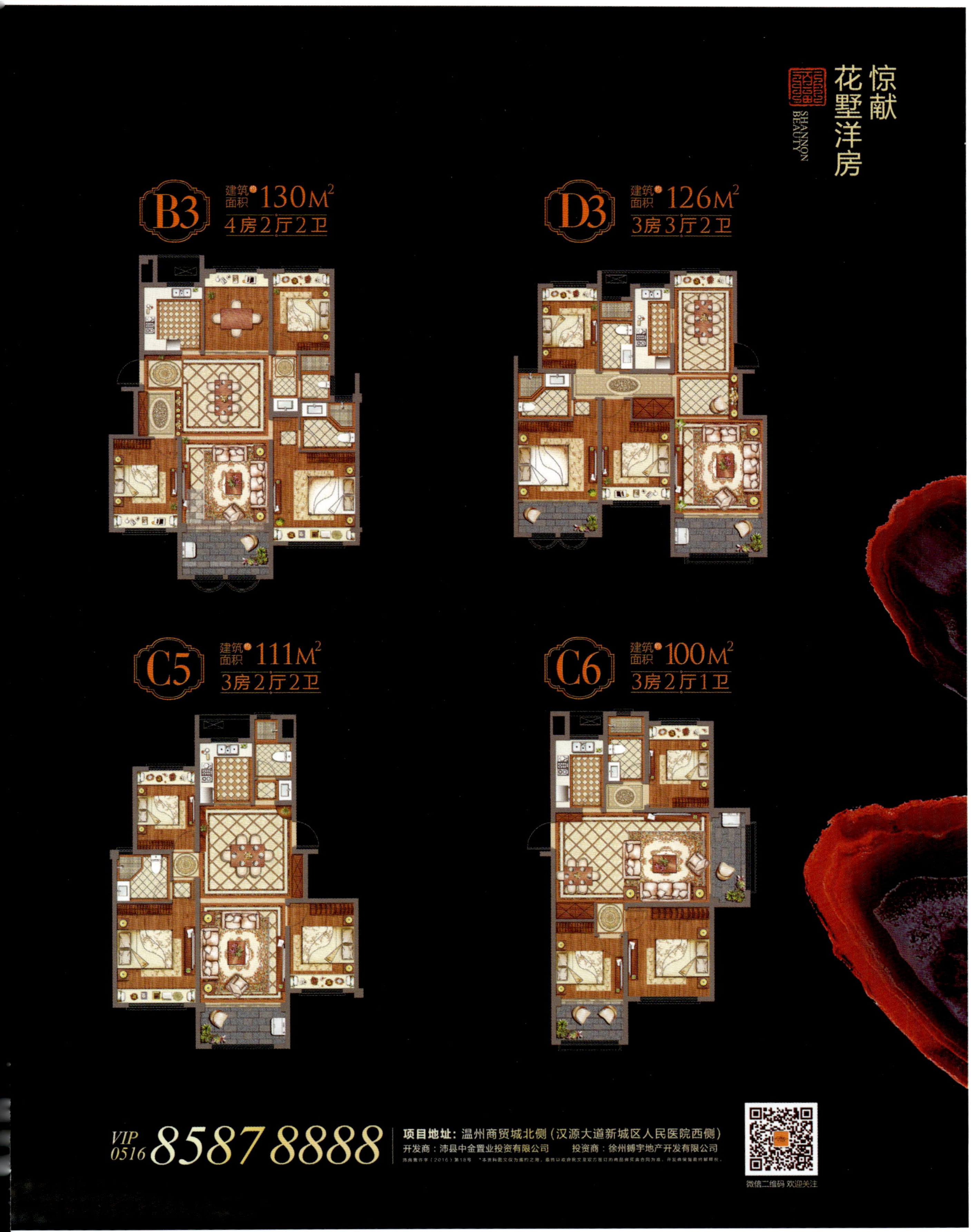
惊献
花墅洋房
SHANNON BEAUTY
B3 建筑面积 130M²
4房2厅2卫
D3 建筑面积 126M²
3房3厅2卫
C5 建筑面积 111M²
3房2厅2卫
C6 建筑面积 100M²
3房2厅1卫
VIP 0516 8587 8888
项目地址：温州商贸城北侧（汉源大道新城区人民医院西侧）
开发商：沛县中金置业投资有限公司 投资商：徐州鏄宇地产开发有限公司
微信二维码 欢迎关注

江苏华昌铝厂有限公司

全景图

江苏华昌铝厂有限公司是中国铝型材领军企业——华昌铝业投资兴办的一家大型铝材生产企业，占地面积315亩，位于江苏徐州沛县新型铝材工业园。

江苏华昌成立于2007年，总投资5亿元，年产能7万吨铝型材。企业拥有挤压生产线23条（其中最大3000美吨），能生产包括1系、2系、5系、6系、7系等多种合金牌号的产品。具备自主设计、生产模具的能力，拥有11台CNC、12台电火花、16台线切割及其他各类模具加工设备。可生产阳极氧化、电泳涂漆、粉末喷涂、氟碳喷涂、转印木纹、断桥隔热等系列产品，产品已广泛应用于建筑、门窗幕墙和工业等领域。

江苏华昌，全面采用ISO 9001-2000质量管理体系，严格按国家标准组织生产，检测中心拥有国外进口的直读光谱仪、大型断面扫描仪、氙灯和紫外灯加速耐侯试验仪、德国徕卡金相显微镜等在内的全套先进检测设备，以完美的检测手段来严格控制产品的质量，所有产品均经过严格检验，以满足国内外相关标准的要求。产品以其良好的性能、适中的价位、优质的服务构筑起了遍布全国各地的营销服务网络，并出口亚、非、欧等多个国家。

华昌铝业放眼世界，展望未来。坚持提供最优质的产品和最专业的技术服务，致力于让全球亿万家庭乐享品质生活！

伟昌铝材展厅

装车区

模具车间全景

现代化的生产车间

国际先进的立式喷涂生产线

国内先进的卧式氧化电泳生产线

自动化立体仓库是我国行业第一座适用于铝型材高层、高密度存储的自动化立体仓库

挤压生产线，目前最先进的精密在线淬火系统及在线温度监测系统和双牵引装置

华昌大厦

宣传彩页目录

沛县政区图

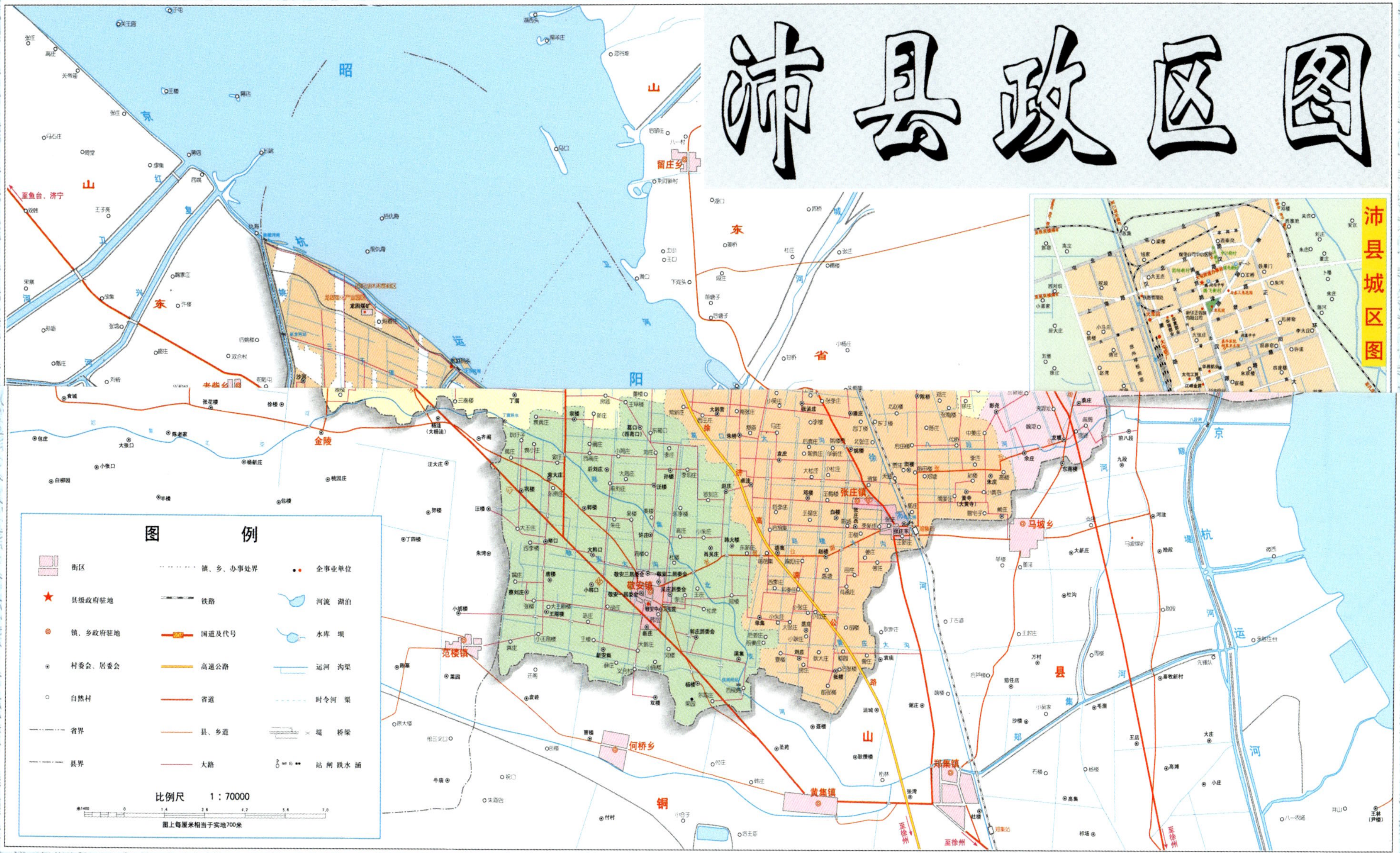

注：此图界线不作划界依据

沛县人民政府 沛县民政局 监制 2016年1月 第一版 定价：30元

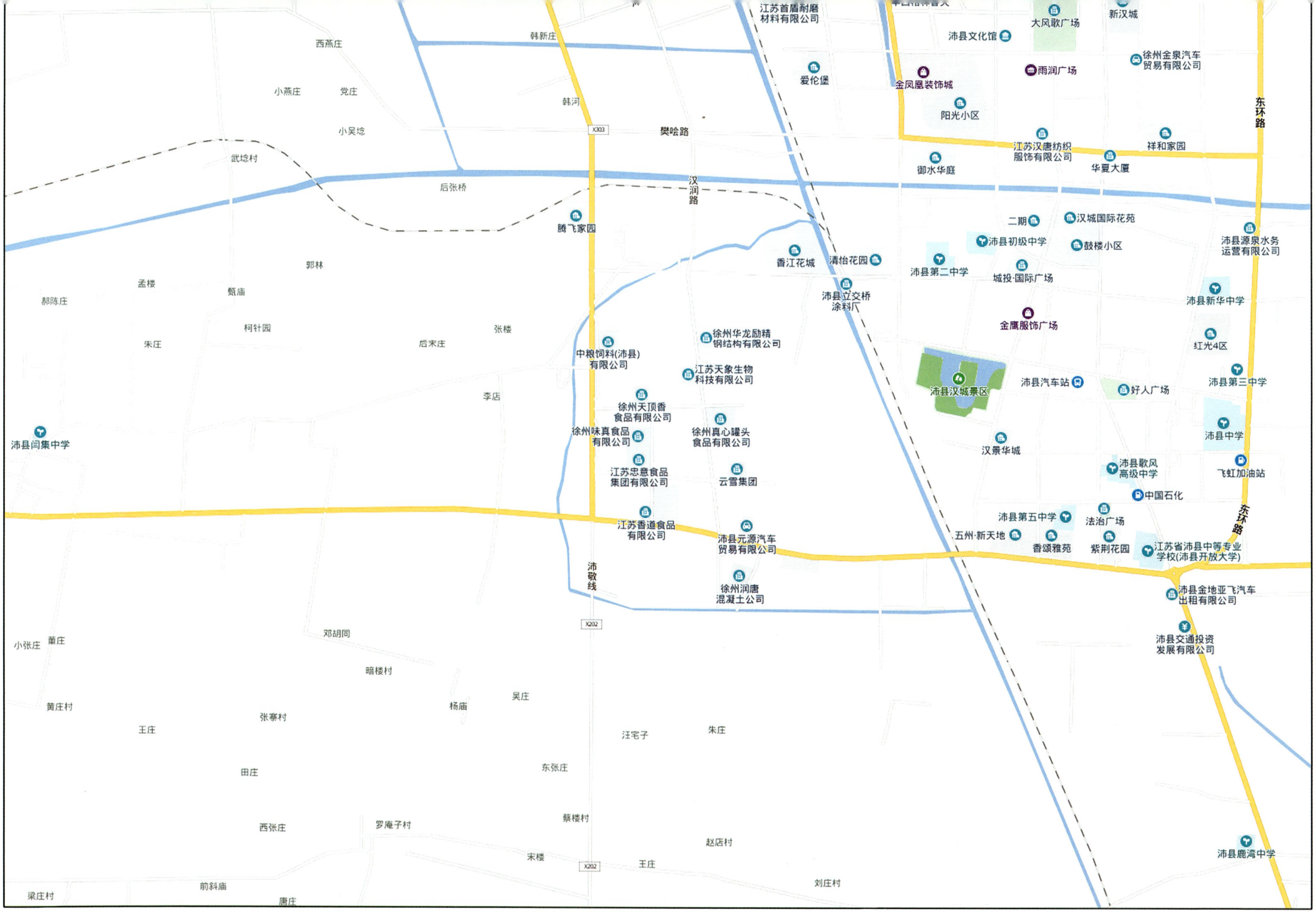
江苏首盾耐磨材料有限公司
大风歌广场
新汉城
沛县文化馆
徐州金泉汽车贸易有限公司
雨润广场
金凤凰装饰城
爱伦堡
阳光小区
东环路
祥和家园
江苏汉唐纺织服饰有限公司
华夏大厦
御水华庭
西燕庄
韩新庄
小燕庄
党庄
韩河
小吴垓
X303
樊哙路
武垓村
后张桥
汉润路
腾飞家园
二期
汉城国际花苑
沛县初级中学
鼓楼小区
沛县源泉水务运营有限公司
香江花城
清怡花园
沛县第二中学
城投·国际广场
沛县立交桥
涂料厂
沛县新华中学
金鹰服饰广场
红光4区
郭林
孟楼
甄庙
郝陈庄
柯针园
朱庄
后宋庄
张楼
徐州华龙励精钢结构有限公司
中粮饲料(沛县)有限公司
江苏天象生物科技有限公司
沛县汉城景区
沛县汽车站
好人广场
沛县第三中学
李店
徐州天顶香食品有限公司
徐州味真食品有限公司
徐州真心罐头食品有限公司
沛县中学
沛县闫集中学
汉景华城
沛县歌风高级中学
飞虹加油站
江苏忠意食品集团有限公司
云雪集团
中国石化
沛县第五中学
法治广场
江苏香道食品有限公司
五州·新天地
沛县元源汽车贸易有限公司
香颂雅苑
紫荆花园
江苏省沛县中等专业学校(沛县开放大学)
沛敬线
徐州润唐混凝土公司
沛县金地亚飞汽车出租有限公司
X202
邓胡同
沛县交通投资发展有限公司
小张庄
董庄
暗楼村
黄庄村
杨庙
吴庄
张寨村
汪宅子
朱庄
王庄
田庄
东张庄
西张庄
罗庵子村
蔡楼村
赵店村
宋楼
王庄
沛县鹿湾中学
刘庄村
前斜庙
梁庄村
唐庄